Neue ökonomische Grundrisse

herausgegeben von

Rudolf Richter

Karl Homann / Andreas Suchanek

Ökonomik: Eine Einführung

Mohr Siebeck

Karl Homann: Geboren 1943; 1963–72 Studium der Philosophie, Germanistik und kath. Theologie in Münster, Promotion zum Dr. phil.; 1971–79 Studium der Volkswirtschaftslehre in Münster, Promotion zum Dr. rer. pol.; 1985 Habilitation für Philosophie; 1986–90 Professor für VWL und Philosophie in Witten/Herdecke; seit 1990 Professor für Wirtschafts- und Unternehmensethik an der Katholischen Universität Eichstätt; seit November 1999 Professor für Philosophie mit besonderer Berücksichtigung der philosophischen und ethischen Grundlagen der Ökonomik an der Universität München.

Andreas Suchanek: Geboren 1961; 1982–86 Studium der Volkswirtschaftslehre in Kiel und Göttingen; 1993 Promotion; 1999 Habilitation; seit 1999 Privatdozent an der Katholischen Universität Eichstätt.

Die Deutsche Bibliothek – CIP-Einheitsaufnahme

Homann, Karl:
Ökonomik : eine Einführung / Karl Homann ; Andreas Suchanek. – Erstaufl. –
Tübingen : Mohr Siebeck, 2000
  (Neue ökonomische Grundrisse)
  ISBN 3-16-146516-4

© 2000 J. C. B. Mohr (Paul Siebeck) Tübingen.

Das Buch wurde von Gulde-Druck in Tübingen auf archivfähigem Papier der Papierfabrik Niefern gedruckt. Den Einband besorgte die Großbuchbinderei Heinr. Koch in Tübingen nach einem Entwurf von Uli Gleis aus Tübingen.

Vorwort

Die Welt ist im Umbruch und sieht sich mit zahllosen ungelösten Problemen konfrontiert. Der Zusammenbruch des Sozialismus und der Prozess der Globalisierung haben die Probleme verschärft. Viele denkende Zeitgenossen stellen drängende Fragen wie die folgenden:

– Warum verbleibt die Arbeitslosigkeit auf so hohem Niveau?
– Warum kommen wir mit dem Umweltschutz nicht besser voran?
– Warum sterben so viele Kinder an Unterernährung?
– Warum wächst die Weltbevölkerung unaufhörlich?
– Warum werden unsere Renten zunehmend unsicher?
– Warum ist der Sozialstaat in die Krise geraten?
– Warum ist der Sozialismus zusammengebrochen?
– Warum florieren die „Schwellenländer"?
– Warum nimmt die Korruption zu?
– Warum ist der Kampf gegen Drogen so aussichtslos?
– Warum sind traditionelle Institutionen von Krisen geschüttelt?

Wen Fragen dieser Art umtreiben, der ist bei der Ökonomik an der richtigen Adresse; jedenfalls wird er bei ihrer Beantwortung an ihr nicht vorbeikommen. Nicht dass die Ökonomik Patentlösungen für alle oder auch nur einige solcher Fragen zu bieten hätte! Aber sie bietet eine *Methode*, wie man Fragen dieser Art rational bearbeiten kann. Dies berechtigt zu der Hoffnung, dass man mit der Lösung der Probleme schrittweise vorankommt.

Diese Hoffnung wollen wir mit dem vorliegenden Buch stärken. Wir knüpfen dabei an Entwicklungen an, die die Theoriebildung in der Ökonomik in den letzten Jahrzehnten durchlaufen hat. In einem gewissen Sinn schließt die moderne Ökonomik an die Klassiker von Adam Smith bis John Stuart Mill an, die keine engen „Wirtschaftswissenschaftler" waren, sondern immer so etwas wie eine Theorie der Gesellschaft mit ökonomischer Methode betrieben haben. Dies schloss normative Fragen wie die nach einer freien und gerechten sozialen Ordnung ein. Die moderne Ökonomik greift diese Fragen mit dem weiterentwickelten Instrumentarium heutiger positiver Wissenschaft wieder auf.

Im Zentrum stehen die Probleme der *Interaktionen* zwischen den Menschen in der entstehenden Weltgesellschaft. Unsere Konzeption kann man daher als *Interaktionsökonomik* bezeichnen; jedenfalls lassen sich nach unserer Auffassung zahlreiche Theorieentwicklungen der letzten Jahrzehnte unter dieser Bezeichnung integrieren. Insofern die handelnden Akteure in allen sozialen Interaktionen ihre individuellen Vorteile im Auge haben, greift die Interaktionsökonomik auf die Handlungstheorie der ökonomischen Neoklassik und ihr Modell des rationalen, eigeninteressierten Akteurs, den berühmt-berüchtigten homo oeconomicus, zurück. Insofern zur Lösung der vielfältigen Interaktionsprobleme Institutionen auf vielen Ebenen eine bedeutende Rolle spielen, greift die Interaktionsökonomik die Neue Institutionenökonomik auf.

Ökonomik wird damit zu einer allgemeinen Theorie der Bedingungen und Folgen menschlicher Interaktionen auf der Grundlage von individuellen Vorteils-/Nachteils-Kalkulationen. Sie geht weit über das lange Zeit dominierende Verständnis als „Wirtschaftswissenschaft" hinaus und gewinnt die verlorengegangene gesellschaftstheoretische und gesellschaftspolitische Dimension zurück.

In diesem Zusammenhang machen wir darauf aufmerksam, dass unsere hier vorgestellte Konzeption von Ökonomik kaum beanspruchen kann, von allen Ökonomen geteilt zu werden; eine solche Konzeption, die auf die ungeteilte Zustimmung aller Fachleute stößt, hat es noch nie gegeben. Wir bitten darum, dies im Gedächtnis zu behalten, wenn im Weiteren öfters von „der Ökonomik" die Rede ist: Viele wichtige und interessante Ansätze, die sich ebenfalls zur Ökonomik zählen, gehen anders vor.

In dem vorliegenden Buch haben wir uns das *Ziel* gesetzt, den Rahmen aufzuspannen, in dem die vielfältigen Interaktionsprobleme der modernen Welt zu diskutieren sind, und das Design, die Grundbegriffe und die Methodik dieser Wissenschaft zu entwickeln. Sie ist zunächst als Einführung für Studierende der Volkswirtschaftslehre und Betriebswirtschaftslehre gedacht, aber ebensosehr auch für Studierende anderer Sozialwissenschaften, sogar für Philosophen, Theologen und Geisteswissenschaftler, sowie schließlich für Politiker, Verwaltungsbeamte, Manager, Journalisten und solche Bürger, denen die „öffentlichen Angelegenheiten" so sehr am Herzen liegen, dass sie in ein Studium der Wissenschaft von den Chancen und Problemen der Generierung von Kooperationsgewinnen eine gewisse Mühe zu investieren bereit sind.

Aus dieser Zielsetzung erklären sich die wesentlichen Unterschiede dieses Buches zu den üblichen „Einführungen". Zwei dieser *Besonderheiten* seien hier ausdrücklich hervorgehoben:

1. Es geht uns vorrangig um eine einheitliche *Konzeption von Ökonomik,* also um den systematischen Zusammenhang ihrer verschiedenen Teilbereiche, statt um die bloße Darstellung einzelner Konzepte und Ansätze, der der methodische Zusammenhang fehlt. Dieser systematische Zusammenhang wird unseres Erachtens durch die Bezeichnung „Interaktionsökonomik" zum Ausdruck gebracht.

2. Es geht uns vorrangig darum zu zeigen, wie „praktische" Probleme in wissenschaftliche Kategorien überführt werden – und zwar in die Kategorien der Ökonomik. Man kann die Welt immer auch aus einer anderen Perspektive, mit anderen Kategorien, beobachten. Die „konstruktivistische" Strukturierungsleistung von Wissenschaft soll damit transparent gemacht und im einzelnen erläutert und begründet werden.

In der Literatur ist dieses Vorgehen neu; uns ist jedenfalls keine „Einführung" bekannt, die in dieser Weise vorgeht. Insofern ist das Buch ein Wagnis. Wir sind es eingegangen, weil wir glauben, dass aus dem entsprechenden Defizit anderer Bücher viele Missverständnisse und Vorurteile gegenüber der Ökonomik resultieren, die in der Gesellschaft verbreitet und für die verschiedensten Politikblockaden zumindest mitverantwortlich sind. Es geht uns darum, die Ökonomik für den Prozess der Selbstverständigung der modernen Gesellschaft fruchtbar zu machen, auch und gerade der *normativen* Selbstverständigung, wenn es um Fragen der Gestaltung gesellschaftlicher Spielregeln geht. Aus dieser Zielsetzung erklären sich einige *Besonderheiten im Aufbau und in der Darstellungsweise* des Buches.

So ist – *erstens* – darauf hinzuweisen, dass wir das Thema, die Ökonomik, in *vier Durchgängen* behandeln. Der Sinn dieser eher unüblichen Vorgehensweise liegt darin, der strukturellen Komplexität des Gegenstandes gerecht zu werden. In jedem Durchgang ist gewissermaßen vom Gegenstand insgesamt die Rede, jedesmal jedoch in einer etwas anderen Form. So bietet der *erste* Durchgang, das erste Kapitel, eine von der Alltagswelt kommende Hinführung, in der Grundprobleme der Ökonomik expliziert werden. Im *zweiten* Durchgang, dem zweiten Kapitel, werden die grundlegenden theoretischen Konzepte: Handlungstheorie, Interaktionstheorie, Institutionentheorie, sowie zentrale Begriffe wie Anreize, Kooperationsgewinne, Regeln und anderes mehr in einer stärker analytisch bestimmten Form dargestellt. Mit dem so gewonnenen Instrumentarium lassen sich die Konzepte der Ökonomik im *dritten* Durchgang, dem dritten, vierten und fünften Kapitel, noch einmal differenzierter angehen, indem nunmehr die grundlegenden Institutionen der modernen Gesellschaft – Demokratie, Markt und Organisation – im Hinblick darauf untersucht werden, wie es mit ihrer Hilfe gelingt, Kooperationsgewinne anzueignen. Im *vierten* Durchgang, dem sechsten Kapitel, wird nun nicht eine noch weitergehende Differenzierung unternommen, sondern die bisherige Vorgehensweise methodologisch reflektiert, um ein Verständnis für den Sinn und die Grenzen der Methode der Ökonomik zu erhalten.

Es ist – *zweitens* – darauf aufmerksam zu machen, dass sich bei einer solchen Vorgehensweise manche Redundanzen ergeben. Diese sind auch gewollt, denn es geht wie in jeder guten Theorie darum, in verschiedenen Situationen und Kontexten die gleichen theoretischen *Strukturen* wiederzuerkennen.

Die Darstellung dieser Strukturen folgt – *drittens* – weniger dem üblichen Lehrbuchstil, der stärker auf formale Systematik, Vollständigkeit und präzise Definitionen abgestellt; die Ausführungen sind eher problemorientiert und argumentativ gehalten.

Weiterhin beschränken wir uns – *viertens* – auch bei den formalen Instrumenten und Techniken auf das unbedingt erforderliche Maß: Sofern formale Darstellungen ansatzweise erfolgen, geht es uns lediglich darum, den Einstieg in eine stärker formal geprägte Argumentation, wie sie vor allem in der Volkswirtschaftslehre üblich ist, zu markieren; für das genauere Kennenlernen der formalen Techniken bedarf es anderer, einschlägiger Lehrbücher.

Fünftens schließlich beschränken wir uns in den Literaturhinweisen am Ende der Kapitel zwei bis sechs auf wenige grundlegende, nicht selten „klassische" Beiträge. Auch im Text sind wir mit Zitaten und mit Anmerkungen äußerst sparsam: Es geht uns um eine möglichst schlanke Argumentation, die durch zu viele Verweise nur belastet würde.

Ein solches Buch ist, auch wenn es die Autoren allein zu verantworten haben, stets ein Produkt, das aus den direkten und indirekten Beiträgen sehr vieler entstanden ist. Zahlreichen Kollegen, die uns Anregungen gaben, können wir an dieser Stelle nur in allgemeiner Form unseren Dank sagen. Gleiches gilt für all jene Studierenden, an denen wir Teile des Manuskripts haben ausprobieren können; ihren Diskussionsbeiträgen ist manche Formulierung, ja sogar manche Gliederung, zum Opfer gefallen und durch eine bessere Alternative ersetzt worden.

Namentlich wollen wir jenen danken, die das gesamte Manuskript sorgfältig gelesen und dessen Qualität durch konstruktive, uns vor manchem Denkfehler bewahrende Kritik und detaillierte weiterführende Hinweise erheblich gesteigert haben: Günther Engel, Rüdiger Waldkirch, Rudolf Richter sowie zwei anonymen Gutachtern. Unserer besonderer Dank gilt ebenfalls Ingo Pies, der uns in zahlreichen Gesprächen half, über konzeptionelle Zusammenhänge Klarheit zu gewinnen. Schließlich bedanken wir uns bei Barbara Hartmann, deren Einsatz für die Anfertigung dieses Buches weit über das üblicherweise zu erwartende Maß hinausging.

Abschließend sei die Verantwortlichkeit präzisiert. Beide Autoren haben das gesamte Manuskript bearbeitet, doch lässt sich die Bearbeitung der Kapitel eins und sechs schwerpunktmäßig Karl Homann, die der Kapitel zwei und vier Andreas Suchanek zurechnen; die verbleibenden Kapitel drei und fünf wurden gemeinsam verfasst.

Inhaltsübersicht

Inhaltsverzeichnis

1. Kapitel

Ökonomik: Theorie menschlicher Interaktionen

2. Kapitel

Die Realisierung von Kooperationsgewinnen

3. Kapitel

Demokratie, Staat und Politik

4. Kapitel

Märkte

5. Kapitel

Organisationen

6. Kapitel

Methodologie der Ökonomik

1. Kapitel

Ökonomik: Theorie menschlicher Interaktionen

Nach dem intuitiven Verständnis vieler Menschen hat es die Ökonomik bzw. die Wirtschaftswissenschaft zentral mit dem Streben nach Vorteilen zu tun. Dieses Verständnis ist ganz richtig, und wir nehmen daher den Faden unserer Überlegungen an diesem Punkt auf.

Allerdings ist dieses Verständnis noch viel zu undifferenziert, um als theoretische Auffassung gelten und näheren, insbesondere kritischen Anfragen standhalten zu können. Man könnte dieses Streben nach Vorteilen nämlich als Kampf aller gegen alle oder als Kampf um die Macht zwischen Personen, Klassen, Ideologien, Organisationen, Staaten und Gesellschaftssystemen verstehen, und man kann in diesem wie immer verstandenen Kampf einen Prozess der Auslese sehen, in dem sich die Stärkeren, die besser Angepassten durchsetzen, während die anderen auf der Strecke bleiben.

Aber diese und ähnliche Formen des Vorteilsstrebens sind – jedenfalls bei uns – nicht gemeint, wenn wir mit dem verbreiteten intuitiven Verständnis zur Charakterisierung der Ökonomik vom Vorteilsstreben ausgehen. Wir folgen vielmehr einer Auffassung, die der Sozialphilosoph John Rawls von der Harvard University in seinem bedeutenden Buch „A Theory of Justice" von 1971 („Eine Theorie der Gerechtigkeit", dt. 1979) auf den Punkt gebracht hat. Er begreift dort die Gesellschaft als „ein Unternehmen der Zusammenarbeit zum gegenseitigen Vorteil" (S. 105). Diese Perspektive hat tiefgreifende Implikationen und weitreichende Folgen für die Theoriebildung. In einer kurzen Analyse verbreiteter Definitionen von Ökonomik werden wir zunächst die Vorzüge dieser Definition erläutern (1.1), bevor wir dann am Beispiel eines alltäglichen Tauschvorgangs Grundbegriffe der Ökonomik einführen (1.2). Wir unterscheiden dann grundlegende Theoriekomplexe der modernen Ökonomik (1.3), um mit ihrer Hilfe unsere grundlegenden Theorieentscheidungen offen zu legen und so der kritischen Diskussion zugänglich zu machen (1.4).

1.1 Definitionen von Ökonomik

Einführungen in eine wissenschaftliche Disziplin beginnen oft mit Definitionen. Obwohl dies mit Problemen verbunden ist, fangen auch wir in dieser Weise an, weil uns dieses Vorgehen erste, vorläufige Klärungen von Problem, Methode und Konzeption von Ökonomik erlaubt.

Es gibt in der Literatur zahlreiche Definitionen von Ökonomik. Aus systematischen Gründen beschränken wir uns auf drei, die wir kurz vorstellen und kritisch kommentieren, um dann als vierte unsere eigene Definition zu geben und zu erläutern.

1. Um den komplizierteren Fragen einer trennscharfen Definition zu entgehen, behilft man sich auch in wissenschaftlicher Literatur oft mit der folgenden *ersten Definition von Ökonomik*:

<blockquote>Ökonomik ist, was Ökonomen tun.</blockquote>

Kommentar: Man kann diese Definition als pragmatisch kennzeichnen: Sie reicht für eine Verständigung im Alltag des Diskussions-, Lehr- und auch Forschungsbetriebes in den meisten Fällen aus. Aber genaueren Nachfragen in interdisziplinären Forschungskooperationen hält sie nicht stand, denn sie kann auf die naheliegende Frage, wodurch denn „Ökonomen" definiert sind, nur antworten: Das sind Leute, die sich professionell mit „Ökonomik" befassen, wodurch die Definition zirkulär wird, d.h. keinerlei inhaltliche Bestimmung, Abgrenzung liefert. Dennoch kann diese Definition einen guten Sinn haben: Sie ist in der Lage, als Korrektur allzu abgehobener, abstrakter und gekünstelter Definitionen zu dienen und die Leser wieder auf den Boden der Realitäten zurückzuholen, indem sie der Devise folgt: Man schaue sich bei Definitionen von Wissenschaften bitte auch an, was die Wissenschaftler im Alltag faktisch tun! Der Satz fungiert dann weniger als eine Definition, sondern eher als Korrektiv zu anderen Definitionen.

2. Den folgenden Vorschlag präsentieren wir als Versuch einer *zweiten Definition*:

<blockquote>Ökonomik ist die Wissenschaft von der Wirtschaft.</blockquote>

Kommentar: Diese Definition ist schon wesentlich besser als die erste, und sie ist faktisch weit verbreitet. Sie definiert die Wissenschaft durch ihren Gegenstandsbereich, und der wird umstandslos als „die Wirtschaft" bestimmt. Beides erscheint prima facie als sehr plausibel: Ökonomik ist danach einfach als „Wirtschaftswissenschaft" zu verstehen, und so lauten schließlich auch die meisten Bezeichnungen der Fakultäten/Fachbereiche an Universitäten und Fachhochschulen, in denen Ökonomik gelehrt wird.

Doch auch diese Definition hat ihre Probleme; zwei davon seien hier erörtert. Zum einen ist die Definition nicht trennscharf, weil sie vom Gegenstandsbereich her denkt und sich die „Gegenstände" in aller Regel einer exklusiven Zuständigkeit nur einer Wissenschaft entziehen, wie etwa die folgenden Fragen zeigen: Gehören das Gebäude, in dem die Zentralbank untergebracht ist, und das Design der Geldscheine zur „Wirtschaft"? Oder: Der Weltmarkt für Getreide wird beeinflusst durch Anbaumethoden, klimatische Bedingungen, Ernährungsgewohnheiten, politische Rahmenbedingungen und anderes mehr. Sind deshalb Agrarwissenschaften, Meteorologie, Ernährungsphysiologie, Politik usw. Teilgebiete der Wirtschaftswissenschaft?

Zum zweiten ist an unsere Fragen im Vorwort zu erinnern, die weit über den Bereich der „Wirtschaft" hinausgreifen – in die Politik, in das Recht, in die Kultur und Psychologie etc. – und die dabei den Anspruch erheben, die große Breite der Fragestellung der Klassiker des ökonomischen Denkens – also von Adam Smith (1723–1790), von David Ricardo (1772–1823), von John Stuart Mill (1806–1873) und Carl Menger (1840–1921), um nur einige zu nennen – ohne Verkürzung wieder aufzunehmen.

3. Die folgende Definition stammt von Lionel Robbins (1898–1984) aus den 30er Jahren des 20. Jahrhunderts. Sie ist anspruchsvoller als die bisherigen, weil sie theoretisch genau durchreflektiert ist. Vermutlich deswegen würden die meisten Ökonomen, vor die Wahl gestellt, für diese Definition votieren. Hier also die *dritte Definition*:

> „Ökonomik ist die Wissenschaft, die menschliches Verhalten
> untersucht als eine Beziehung zwischen Zielen und knappen
> Mitteln, die unterschiedliche Verwendung finden können."[1]

Kommentar: Der Vorzug dieser Definition besteht darin, dass die Wissenschaft Ökonomik nicht mehr von einem Gegenstandsbereich her definiert wird, sondern von einer Fragestellung, einer *Problemstellung*: nämlich dem Einsatz knapper Mittel für alternative Ziele. Damit erfüllt sie die Anforderung, die in der modernen Wissenschaftstheorie formuliert wird, wissenschaftliche Disziplinen durch Bezug auf bestimmte, oft hoch selektive Probleme von anderen Disziplinen mit anderen Problemen abzugrenzen. Das Gebäude der Zentralbank und das Design der Geldscheine sind damit keine „ökono-

---

[1] Im Original heißt es: „Economics is the science, which studies human behavior as a relationship between ends and scarce means which have alternative uses." (Robbins 1935, S. 16).

mischen" Probleme – oder sie sind es nur insoweit, als die Erstellung des Gebäudes und der Entwurf des Designs Mittel beansprucht haben, die man auch für alternative Ziele hätte verwenden können.

Wir werden diesem Definitionsversuch darin folgen, dass Ökonomik vom Problem her zu definieren ist, nicht aber darin, dass Knappheit als das Grundproblem der Ökonomik ausgewiesen wird. Der Grund: Das Problem der Ökonomik wird in dieser Definition grundlegend als *technisches* Problem des „effizienten" Einsatzes von Mitteln für Ziele konzipiert, so als ob all diese Mittel „sachliche" Ressourcen wie Bodenschätze oder Geld wären, die als solche nicht über einen eigenen Willen, über eigene Interessen verfügten. Wenn der Produktionsfaktor „Arbeit" etwa streikt, weil er mit der Entlohnung oder mit Regelungen in der Sozialversicherung nicht zufrieden ist, oder wenn der Produktionsfaktor „Kapital" wegen zu geringer Rendite ins Ausland abzuwandern droht, dann greift ein solches Verständnis von Ökonomik nicht selten zu etatistischen, direkten, oft gesetzlichen, Mitteln der Steuerung der Wirtschaft. Die Interessen der Akteure werden als Störfaktoren einer effizienten Mittelverwendung eingestuft – in Unternehmen ebenso wie in Volkswirtschaften. Man denkt die moderne Wirtschaft im Paradigma der Beziehung des Handwerkers zu seinen Werkzeugen, und man zeigt sich überrascht und nicht selten empört, wenn diese Werkzeuge gewissermaßen als Akteure mit eigenen Interessen und klugen Gegenstrategien aufstehen. Ein solches Verständnis ist kennzeichnend für paternalistische Diktaturen oder kommunistische Traumwelten, nicht aber für eine moderne Gesellschaft, in der sich die Menschen selbst und gemeinsam die Spielregeln ihres Zusammenlebens geben.

Demgegenüber vertreten wir eine Konzeption von Ökonomik, die nicht von einem technischen, sondern von einem *sozialen* Grundproblem ausgeht: Robinson hat ein Knappheitsproblem; zu einem im Vollsinn „ökonomischen" Problem wird dies jedoch erst, wenn Freitag auf der Insel auftaucht. Dadurch wird das Knappheitsproblem zu einem sozialen Problem, was immer zwei Möglichkeiten impliziert, den *Konflikt* und die *Kooperation*. Es kann durchaus sein, dass Robinson eine für ihn befriedigende, eine „optimale" Lösung seines Knappheitsproblems gefunden hat, aber mit der Ankunft Freitags wird diese Problemlösung zur Makulatur, weil Freitag in der Lage ist, aus der optimalen Lösung eine suboptimale Lösung für Robinson zu machen – sei es dadurch, dass er Robinsons Lösung konterkariert, sei es dadurch, dass er durch kooperatives Verhalten Robinson zu einer noch besseren Lösung verhilft.

4. Um deutlich zu machen, dass die technischen Effizienzprobleme grundlegend in eine soziale Dimension eingebettet und von hierher theoretisch analy-

siert werden müssen, unterbreiten wir jetzt unseren eigenen Vorschlag als *vierte Definition*:

> Die Ökonomik befasst sich mit Möglichkeiten und Problemen der gesellschaftlichen Zusammenarbeit zum gegenseitigen Vorteil.

Kommentar: In gewissem Sinne stellt der gesamte Rest des Buches einen Kommentar dieses Vorschlags dar. Ob es sich um die Analyse von Tauschgeschäften auf Märkten, um die Analyse von Unternehmen und ihrer internen Organisation, um die Analyse von Vereinbarungen zwischen Staaten auf einem der verschiedenen „Gipfel" oder um die Analyse von zahllosen anderen Interaktionen handelt, stets zielt die ökonomische Analyse darauf ab, nach den Möglichkeiten und Problemen gesellschaftlicher Kooperation zum gegenseitigen Vorteil zu fragen.

Die Definition stellt die soziale Dimension als dominant heraus, technische Probleme sind in diese soziale Dimension eingebettet. Die Definition ist streng problembezogen: auf das Vorteilsstreben der einzelnen Akteure. Die Definition hebt zentral auf die handlungstheoretische Grundlage der Ökonomik ab, und diese wird als die individuelle Vorteils-/Nachteils-Kalkulation ausgewiesen. Dies reicht weit über den „Bereich der Wirtschaft" hinaus und findet z.B. statt auch bei Fragen des Heiratens und generativen Verhaltens, der Diskriminierung, der Kriminalität und des Drogenkonsums, aber auch in Bereichen wie Politik und Bürokratie und dergleichen mehr.

Vor allem fragt die Wissenschaft Ökonomik nicht nach den Vorteilen des einzelnen Akteurs, sie fragt programmatisch nach den *gegenseitigen* Vorteilen, weil sie nicht die individuelle Handlung betrachtet, sondern die **Interaktion**, die Zusammenarbeit aller Partner. Sie legt damit einen Begriff von Gesellschaft zugrunde, der am kürzesten und prägnantesten von Rawls formuliert wird, der die Gesellschaft als „ein Unternehmen der Zusammenarbeit zum gegenseitigen Vorteil" begreift. Rawls ist Philosoph, und er formuliert diesen Satz als Sozialphilosoph, aber er bringt die Auffassung von Ökonomik präzise auf den Punkt: Seit ihrer Grundlegung durch Adam Smith ist die Ökonomik eine Theorie, in der die gesellschaftliche „Zusammenarbeit zum gegenseitigen Vorteil", also die, wie wir sagen werden, *gesellschaftliche Kooperation*, ihre Bedingungen, ihre Möglichkeiten und ihre Probleme, im Zentrum stehen.

1.2 Interaktionen: Gemeinsame und konfligierende Interessen

Vor dem Hintergrund der von uns favorisierten vorläufigen Definition von Ökonomik führen wir jetzt erste Grundbegriffe dieser Wissenschaft ein. Wir gehen dabei von einem Alltagsbeispiel aus: von einem Tauschvorgang, wie er sich so oder ähnlich jeden Tag unzählige Male abspielt. Dabei geht es uns vor allem darum, den Übergang von der lebensweltlichen Sicht der Dinge in die wissenschaftliche Form methodisch zu vollziehen: So etwas muss man lernen. Wie in vielen anderen Dingen des Lebens ist auch in der Wissenschaft dieser erste Schritt oft der entscheidende für alles weitere, so dass er besondere Aufmerksamkeit verdient.

1.2.1 Der Gebrauchtwagenkauf: Eine Geschichte und ihre ökonomische Interpretation

1.2.1.1 Der Beginn der Geschichte

Ein Student der Betriebswirtschaftslehre hat am Beginn des ersten Semesters sein Appartement in einem Vorort der Universitätsstadt bezogen. Nach zwei Wochen Vorlesungsbetrieb kommt er zu der Überzeugung, dass es vorteilhaft wäre, wenn er über ein Auto verfügte, um bei seinen unregelmäßigen Veranstaltungszeiten von öffentlichen Verkehrsmitteln unabhängig zu sein. In der Wochenendausgabe der Lokalzeitung findet er ein Angebot, das auf seine Bedürfnisse zugeschnitten zu sein scheint. Er ruft an und vereinbart für das Wochenende noch einen Termin. Er trifft auf einen Anbieter, der, wie sich im Gespräch herausstellt, Professor für Ägyptologie an derselben Universität ist. Er hat ein Forschungsfreisemester und will am kommenden Wochenende eine längere Forschungsreise antreten. Vorher aber hat er noch sehr viel zu erledigen, unter anderem will er noch schnell den Zweitwagen, den überwiegend seine Frau gefahren hat, verkaufen, weil dieser auf absehbare Zeit nicht mehr benötigt wird.

Man kann sich gut vorstellen, dass hier eine „Zusammenarbeit zum gegenseitigen Vorteil" möglich wäre: Der Student erhält ein für seine Zwecke passendes Auto, der Professor bekommt das Geld. Beide haben ein *gemeinsames Interesse:* am Tausch Auto gegen Geld, Leistung gegen Gegenleistung.

Doch die Realisierung dieses gemeinsamen Interesses stößt auf Probleme. Das beginnt damit, dass der Student nicht genau weiß, ob das Auto des Professors wirklich seinen Preis wert ist; an einer „Rostlaube", die schon in der nächsten oder übernächsten Woche zur Reparatur muss, hat er kein Interesse. Verdächtig erscheint ihm auch die Eile, mit der der Professor die Verhandlung betreibt: Will er den Wagen schnell loswerden, bevor sich ernste Schäden zei-

gen? Andererseits hat der Student den Kaufpreis nur zum kleineren Teil ver-
fügbar, den Rest will er in Raten überweisen. Das ist wiederum für den Professor ärgerlich: Ihm liegt vor allem daran, die Angelegenheit schnell und un-
bürokratisch abzuwickeln, da zu einer umständlichen Suche nach einem Käufer in der verbleibenden Woche keine Zeit mehr ist; am besten wäre es daher,
wenn er den Erlös bar auf die Hand bekommen und die Angelegenheit defini-
tiv 'abhaken' könnte. In der angebahnten Interaktion jedoch stellt sich für ihn
die Frage nach der Zahlungsmoral des Studenten. Woher weiß er, wie zuverlässig dieser ist? Hatte er nicht einmal im „Spiegel" gelesen[2], dass das Studium der Wirtschaftswissenschaften zum „Opportunismus" anleitet – oder besonders „Opportunisten" anzieht? Nachher muss er sich monatelang damit
herumschlagen, sein Geld einzutreiben, und das ist weiß Gott das letzte, wonach ihm der Sinn steht.

Dem Professor fehlen mithin *Informationen* über die Zuverlässigkeit, die
„Reputation", des Studenten, hinzu kommt, dass er gewisse *Anreize* für den
Studenten zu erkennen glaubt, dass dieser sich vielleicht mit den Zahlungen
Zeit lässt. Ganz ähnlich ergeht es dem Studenten: Ihm fehlen Informationen
über die Qualität des Autos. Und da er den Professor nicht kennt, weiß auch
er nicht so genau, woran er mit ihm ist. Immerhin ist es ja denkbar, dass auch
ein Professor *Anreize* hat, den einen oder anderen Mangel, den der Student
nicht erkennen kann, zu verbergen; im übrigen besteht die Möglichkeit, dass
Qualitätsmängel existieren, die auch der Professor nicht kennt, die er, der
Student, dann aber ausbaden muss. Abgesehen davon würde er ja gerne dem
Professor deutlich machen, dass er, wenn der Tausch zustande käme, auch
pünktlich zahlen würde, aber wie soll er das *in glaubwürdiger Weise* bewerk-
stelligen? Der Professor kennt weder ihn noch Freunde oder Verwandte von
ihm.

Es ist nachvollziehbar, dass die Probleme des in Aussicht genommenen
zweiseitigen Tausches in den Augen eines oder beider Interaktionspartner so
groß erscheinen, dass es nicht sogleich zu einem Vertragsabschluss kommt.
Wir geben beiden eine Pause, sich die Sache noch einmal zu überlegen, und in
dieser Pause wollen wir eine erste ökonomische Reflexion auf den Vorgang
anstellen.

1.2.1.2 Ökonomische Interpretation

Wir analysieren jetzt den Vorgang in zwei Schritten.

1. Bei jedem Tausch, allgemeiner: bei jeder Interaktion, geht der Ökonom
davon aus, dass *gemeinsame und konfligierende Interessen zugleich* vorlie-

---

[2] Vgl. Nr. 37, Jg. 1993, S. 229 f.

gen. Das *gemeinsame* Interesse unserer Akteure ist der Tausch, weil beide nach Vollzug des Tausches sich individuell besser zu stehen glauben: Nur unter dieser Voraussetzung treten sie überhaupt in die Verhandlung ein. *Konfligierend* sind ihre Interessen hinsichtlich der Tauschbedingungen. Diese betreffen hier den Gegenstand der Leistung, dessen Qualität, und den Gegenstand der Gegenleistung, hier die Zahlungsmodalität. Oft ist es der Preis, an dem sich die konfligierenden Interessen manifestieren, was in unserem Beispiel aber auf den ersten Blick nicht der Fall zu sein scheint.

Die gemeinsamen Interessen bestehen in den Vorteilen, die jeder aus dem Tausch, allgemeiner: aus der Interaktion, zieht. Sie heißen in der Ökonomik „Tauschgewinne", engl. „gains from trade" oder – diesen Begriff werden wir in diesem Buch vorziehen – *„Kooperationsgewinne"*. Es handelt sich nicht um dieselben „Güter" – die sind vielmehr verschieden: Nach dem Tausch hätte der Student sein Auto und der Professor sein Geld –, sondern um die abstrakten „Vorteile", die jeder aus dem Tausch zieht. Diese „Gewinne" können auch nicht addiert oder in anderer Weise miteinander verrechnet werden, vielmehr geht es darum, dass jeder aus dem Tausch bzw. der Interaktion individuell Vorteile zieht.

Die konfligierenden Interessen betreffen die *Aufteilung* der Kooperationsgewinne. Beim Konflikt um die Aufteilung der Kooperationsgewinne herrscht schon unter zwei Akteuren *Wettbewerb* um den Anteil an den Kooperationsgewinnen, und auch dies drückt sich meistens im Preis aus. Dieser Wettbewerb ist in einer Welt der Knappheit unausweichlich, er ist immer präsent. Dieser Wettbewerb bringt das Element des Konfliktes in jede menschliche Gesellschaft.

2. Der in Aussicht genommene Tausch scheitert in unserem Beispiel vor der Hand an den Problemen, die beide nicht überwinden können: Wir sprechen von *Interaktionsproblemen*.

Diese Interaktionsprobleme spaltet der Ökonom theoretisch auf in *Informationsprobleme* und *Anreizprobleme*. Er trifft diese Unterscheidung – wie andere Unterscheidungen auch – zu dem Zweck, die unterschiedlichen Elemente unterschiedlich behandeln zu können, weil es „einen Unterschied macht", ob es sich um Informationsprobleme oder um Anreizprobleme handelt: Informationsprobleme behandelt man anders als Anreizprobleme.

Die *Informationsprobleme*, die in Aussicht genommene Interaktionen oft behindern oder gar nicht zustande kommen lassen, werden von der Ökonomik in zwei Klassen eingeteilt, statistische Unsicherheit und strategische Unsicherheit bzw. Verhaltensunsicherheit.

Die *statistische Unsicherheit* bezieht sich auf Unsicherheit über objektive, vorgegebene, durch das Verhalten der Akteure nicht änderbare Parameter, in unserem Fall also die Qualität des Autos, sofern auch der Professor sie nicht genau kennt.

Die *Verhaltensunsicherheit* bezieht sich demgegenüber auf das Verhalten der Interaktionspartner, in unserem Fall also auf das bewusste Verschweigen von Mängeln an dem Auto, das der Student beim Professor immerhin für möglich hält, und auf die „Zahlungsmoral" des Studenten bei der von diesem vorgeschlagenen Teilzahlung.

Auf den Gedanken, dass der Professor möglicherweise Mängel verschweigt, ist der Student gekommen, weil der Professor Vorteile haben könnte, wenn er Mängel verschweigen würde. Der Ökonom spricht von *Anreizen*. Damit sind wir bei der zweiten Klasse von Interaktionsproblemen, den Anreizproblemen. In den **Anreizproblemen** spiegeln sich die konfligierenden Interessen der Akteure. Unter „Anreizen" versteht man in der Ökonomik *verhaltensbestimmende Vorteilserwartungen*. Umgangssprachlich gesagt, geht es zentral um „Interessen", „Motive", „Ziele", die das Verhalten von Interaktionspartnern bestimmen. Dabei unterstellt die Ökonomik, dass die Akteure auf ihren eigenen Vorteil aus sind, was immer sie selbst in ihrer jeweiligen Situation als ihren Vorteil ansehen. Aus der Vielzahl denkbarer Handlungsmöglichkeiten wird jene Handlung ausgewählt, die dem einzelnen Akteur die größten Vorteile bringt bzw. ihn diese erwarten lässt: Somit sind es die Anreize, die sein Handeln bestimmen.

Von besonderer Bedeutung sind natürlich jene Interaktionsprobleme, in denen *Informationsprobleme und Anreizprobleme verbunden* auftreten: Die Möglichkeit, den eigenen Anreizen ein weites Feld der Betätigung zu eröffnen, hängt oft von Informationsdefiziten des Interaktionspartners ab. Die Verhaltensunsicherheit bildet hier gewissermaßen die Kategorie des Übergangs oder des Zusammenwirkens beider Arten von Interaktionsproblemen. Unter Realitätsbedingungen ist das verbundene Auftreten beider Probleme sehr häufig der Fall. Dennoch hilft die analytische Unterscheidung zwischen Informations- und Anreizproblemen theoretisch und praktisch weiter, weil man Informationsprobleme mit anderen Mitteln behebt als Anreizprobleme.

1.2.2 Die Einschaltung eines Autohändlers

1.2.2.1 Die Fortsetzung der Geschichte I

In der Pause, die durch den Abbruch der Verhandlungen entstanden ist, überlegt sich der Student, ob er nicht doch noch zu dem Auto kommen kann, zumal dieses ihm recht preisgünstig erschien und eine für seine Interessen besondere Ausstattung (CD-Anlage) aufwies. Er besorgt sich eine größere

Summe Bargeld, um den Anzahlungsbetrag erhöhen zu können, und meldet sich Anfang der nächsten Woche noch einmal bei dem Professor an.

Dieser erklärt ihm schon an der Tür, dass er leider zu spät komme: Da er zum Wochenende die geplante Forschungsreise antreten müsse und ohnehin noch sehr viel zu erledigen habe, habe er das Auto am Vormittag an den Autohändler zwei Straßen weiter verkauft. Wenn er unbedingt an dem Wagen interessiert sei, könne er ihn ja von dem Autohändler erwerben. Dies hätte auch für den Studenten möglicherweise Vorteile, da er dort mit einer Ratenzahlung keine Probleme bekommen würde. Er erklärt ihm noch den Weg dorthin und wünscht ihm zum Abschied viel Glück.

1.2.2.2 Ökonomische Interpretation

Aus dem ursprünglich ins Auge genommenen Tausch Auto gegen Geld zwischen dem Professor und dem Studenten werden jetzt zwei Tauschvorgänge: (1) vom Professor zum Händler und (2) vom Händler zum Studenten. Wie soll denn das funktionieren? Denn schließlich verdoppeln sich damit doch auf den ersten Blick die Probleme, die den Tausch zwischen dem Professor und dem Studenten verhinderten. Oder werden sie vielleicht doch erleichtert?

Wir betrachten die Tauschvorgänge nacheinander und heben besonders die Merkmale hervor, die durch das Auftreten eines „Intermediärs", des Autohändlers, neu ins Spiel kommen und für die Lösung der Interaktionsprobleme von Bedeutung sind.

1. Betrachten wir zunächst den Tausch zwischen dem Professor und dem Händler. Der Autohändler als Interaktionspartner weist für den Professor zwei wesentliche Vorzüge gegenüber dem Studenten auf: Er zahlt sofort, und er kann den Zustand des Wagens besser beurteilen, so dass die Vermutung verschwiegener Mängel praktisch gegenstandslos wird und das Angebot des Professors als 'seriös' gilt. Hinzu kommt, dass der Händler dem Professor den Vertragsabschluss erleichtert und die Abwicklung bei der Zulassungsstelle etc. abnimmt. Dafür ist der Professor auch bereit, von seinen ursprünglichen Preisvorstellungen abzulassen; die rasche und unkomplizierte Abwicklung ist ihm das in seiner konkreten Situation allemal wert, und außerdem beruhigt ihn auch der Gedanke, dass der Händler schon mit Rücksicht auf seine Reputation davon absehen wird, ihm einen geradezu „sittenwidrigen" Preis zu machen. Ökonomisch heißt das: Die Kosten der Durchführung des Tauschgeschäfts sinken für den Professor beträchtlich. Die Folge: Der Vertrag wird vollzogen, das Auto ist verkauft und auf den neuen Besitzer übergegangen.

2. Was den zweiten Tausch zwischen Händler und Student angeht, treten ebenfalls grundlegende Veränderungen ein. Der Händler hat als neuer Interaktionspartner für den Studenten drei Vorzüge und einen Nachteil.

Erstens kann der Händler das Risiko, dass es sich um eine „Rostlaube" handelt, eingrenzen: Er lässt das Auto gründlich untersuchen und erwirbt so Informationen über dessen wahren Zustand; schließlich verfügt er über Hebebühne, technische Instrumente, Fachleute mit Know-how usw. Zugleich muss er als Händler auf seinen Ruf, seine Reputation, achten: Würde er dem Studenten ein minderwertiges Auto verkaufen, könnte sich das zu seinem Nachteil herumsprechen; umgekehrt kann es sein, dass der Student, wenn er zufrieden sein sollte, das seinen Freunden oder Kommilitonen weitererzählt und damit vielleicht für neue Kunden sorgt.

Angenommen, es werden keine besonderen Mängel festgestellt, dann verbleibt auch für den Fachmann, den Händler, immer noch ein Restrisiko. Jetzt kommt ein *zweiter* Vorzug ins Spiel. Der Händler betreibt sein Geschäft professionell: Er kauft und verkauft viele Autos. Darunter sind natürlich auch solche mit unerkannten Schäden. Aufgrund der großen Zahl der von ihm gehandelten Autos kann er statistisch den Prozentsatz der Autos mit Schäden feststellen und den Gesamtschaden relativ zuverlässig abschätzen. Er weiß aber trotz gründlicher Untersuchungen im voraus, also „ex ante", nicht, welches Auto schadhaft ist. Die Lösung: Er legt den geschätzten Gesamtschaden anteilig auf alle hereingenommenen Wagen um. Er kauft mit einem Risiko-Abschlag und/oder verkauft mit einem Aufschlag für die Übernahme mancher Risiken, und er sieht sich dadurch sogar in die Lage versetzt, eine Garantie für Gebrauchtwagen zu geben, weil er die Garantieleistungen aus dem Risikofonds bestreitet.

Der Händler kann somit etwas, was weder der Professor noch der Student können: Er kann eine Art Versicherung mit sich selbst abschließen. Er kann das Risiko, das für eine große Zahl, nicht aber für den Einzelfall, abschätzbar ist, handhaben. Die Kosten der Schadensbeseitigung bei dem einen Wagen kann er durch die Versicherungsprämien für Wagen, die nicht zu Schadensfällen führen, wieder hereinholen. Er kann einen Ausgleich der Risiken der einzelnen Tauschgeschäfte herbeiführen. Genau dies konnten der Professor und der Student nicht; schließlich wollten sie nicht ständig Autos kaufen und verkaufen. Damit aber würden für den Fall, dass sich Probleme ergeben, dem Schadensfall keine ausgleichenden Tauschgeschäfte ohne Probleme gegenüberstehen.

Schließlich hat der Händler für den Studenten gegenüber dem Professor einen *dritten* Vorzug. Der Händler ist aufgrund der hohen Stückzahlen ge- und verkaufter Autos mit einem Büro ausgestattet. Im Unterschied zum Professor, der Vorlesungen hält, Bücher und Aufsätze schreibt, Forschungsreisen unternimmt und nur alle paar Jahre mal ein Auto verkauft, unterhält der Händler eine Abteilung, die sich bei schleppender Ratenzahlung auf die Eintreibung versteht. Die Kosten der Durchführung von Verträgen sinken damit beträchtlich gegenüber den Kosten des Professors, wenn er die Raten eintreiben müsste, und das ist – man beachte! – zum Vorteil für den Studenten: Dieser hat nunmehr seinerseits bedeutend weniger Schwierigkeiten, sich mit dem Händler auf eine Ratenzahlung zu einigen, vorausgesetzt er glaubt, die fälligen Raten auch zahlen zu können.

Allerdings steht diesen Vorzügen ein *Nachteil* gegenüber: Die Vorteile sind nicht kostenlos zu haben, vielmehr will der Händler für die Vermittlungsleistungen, die er erbringt, auch vom Studenten eine Gegenleistung in Form eines Preises haben, der über dem vom Professor geforderten Preis liegt. Wir wollen hier erst einmal annehmen, dass dem Studenten die veränderten Bedingungen, die Einräumung der Ratenzahlung und das Garantieversprechen, diesen Preis auch wert sind.

Damit ergibt sich, dass durch eine grundlegende *Änderung der Situation*, durch die Zwischenschaltung des Händlers, die zuvor vorhandenen Probleme, die eine „Zusammenarbeit zum gegenseitigen Vorteil" verhinderten, bewältigt werden können. Systematisch waren es vor allem drei Faktoren, die dies ermöglichten:

– bessere Information, sowohl über den getauschten Wagen wie über die jeweiligen Interaktionspartner,
– besseres Risikomanagement sowie
– Senkung der Durchführungskosten von Verträgen.

Die ersten beiden Faktoren beziehen sich stärker auf die Informationsprobleme, der letzte Faktor betrifft stärker die Anreizprobleme.

1.2.3 Die Rolle des Staates

1.2.3.1 Die Fortsetzung der Geschichte II

Als der Händler dem Studenten den Endpreis nennt, bekommt letzterer jedoch neue Probleme: Er ist ja bereit, für die Leistungen des Händlers zu bezahlen, aber dass jetzt – „für nichts und wieder nichts" – auch noch 16 % Mehrwertsteuer aufgeschlagen werden sollen, geht ihm gegen den Strich. Die hätte man ja sparen – und unter den Interaktionspartnern aufteilen – können. Muss das denn wirklich sein? Was geht es eigentlich den „Staat" an, wenn er mit dem Händler einen Tausch vollzieht? Ist das nicht modernes Raubrittertum?

Wir geben dem Studenten noch einmal eine „Auszeit" in der Cafeteria des Autohändlers, um sich seine Entscheidung zu überlegen. In dieser Zeit nehmen wir hier die ökonomische Interpretation der Tatsache vor, dass in praktisch allen Interaktionen zwischen Privaten der *„Staat"* – also letztlich die anderen Mitglieder der Gesellschaft – „die Finger drin hat".

1.2.3.2 Ökonomische Interpretation

Man braucht schon „Theorie", um zu erkennen, was man auf den ersten Blick nicht sieht: Die Gesellschaft, hier in Form des Staates, hat tatsächlich stets die Hand im Spiel, und das hat gute Gründe, denn das ist die Voraussetzung für sehr viele erfolgreich durchgeführte Interaktionen.

Die Eigentumsrechte an dem Auto müssen für die Abwicklung solcher Tauschakte klar sein – spätestens bei der Umschreibung im Kraftfahrzeugbrief muss das „amtlich" geprüft werden. Die Institution „Ratenkauf" ist gesetzlich geregelt, so dass der Händler und der Student relativ kostengünstig dieses Vertragsmuster verwenden können; der Händler verfügt sogar über Vordrucke dafür. Ähnliches gilt für Garantieverträge, auch hier hat der Händler Vordrucke bereit, die sogar auf einen „Gerichtsstand" verweisen. Die Zahlungsabwicklung setzt ein Geld- und Zahlungssystem voraus. Schließlich können Gewährleistungsansprüche, Käufe und Verkäufe auf Ziel mehr oder weniger problemlos nur unter impliziter, wenn auch nicht aktueller, Inanspruchnahme des ganzen Rechtssystems einer Gesellschaft durchgeführt werden: All diese Dinge „sieht" man so lange nicht, wie sich die Tauschbeziehungen problemlos abwickeln lassen – aber sie entwickeln sich nur deswegen so problemlos, weil im Bedarfsfall auf diese Regeln zurückgegriffen werden kann und weil jeder das weiß. Hier sind sogar Fälle wie der geregelt, dass der Autohändler auf der Fahrt zur Zulassungsstelle das Auto zu Schrott fährt: Ohne standardisierte Regelung typischer Interaktionsprobleme durch den „Staat" kämen viele Interaktionen überhaupt nicht zustande. Beobachten können wir das in Ländern ohne entwickeltes und ausgebautes staatliches Rechtssystem, z.B. in Entwicklungsländern oder in den Ländern der ehemaligen Sowjetunion, wo viele Geschäfte nur „cash" abgewickelt werden können, was umfangreichere und längerfristige Interaktionsbeziehungen, von denen eine moderne Wirtschaft lebt, unmöglich macht.

Kurzum: Auch ganz einfach erscheinende Tauschakte setzen eine ganze Rechtsordnung voraus, und insofern ist bei jedem Tausch „die Gesellschaft" beteiligt. Damit wird auch klar, was die 16 % Mehrwertsteuer sollen: Sie sind ein Beitrag zur Aufrechterhaltung dieses kostspieligen Systems, das die Interaktionen zwischen den Partnern so sehr verbilligt. Die stillschweigende Beteiligung „der Gesellschaft" an allen zweiseitigen Interaktionen wird in vielen

Fällen nicht unmittelbar manifest, weil der Kauf im Supermarkt so sehr Routine ist, dass man beim problemlosen Tausch Ware gegen Geld davon nichts mehr wahrnimmt. Systematisch aber muss festgehalten werden, dass selbst so problemlose Tauschakte auf zahllosen höchst artifiziellen Voraussetzungen beruhen, die in jedem Tauschakt auch *implizit* in Anspruch genommen werden. *In Erscheinung* treten sie für den normalen Bürger in der Regel erst, wenn es Probleme gibt – sei es in bezug auf die zugesicherte Qualität der Güter, sei es in bezug auf Gewährleistungsansprüche oder die Übereignung der Leistungen und die Durchsetzung der Ansprüche. Im Grunde verlassen sich bei allen etwas komplexeren Tauschakten bzw. Verträgen die Interaktionspartner implizit darauf, dass sie im Zweifelsfall ja vor Gericht ziehen könnten. Auch der Professor hatte diesen Gedanken in der ersten Verhandlung mit dem Studenten für den Fall, dass dieser mit den Ratenzahlungen nicht pünktlich ist, in Erwägung gezogen und ihn nur wegen der für ihn zu hohen Kosten verworfen.

Wo eine solche Möglichkeit, vor Gericht zu gehen, nicht gegeben oder mit extrem hohen Kosten verbunden ist – oder die Gerichte nicht unabhängig und neutral sind –, werden wirtschaftliche Austauschprozesse ganz erheblich eingeschränkt: z.B. im kriminellen Milieu, auf Schwarzmärkten (wenn man z.B. an Gewährleistungsansprüche bei Schwarzarbeit am Bau denkt), ferner in einem Umfeld, in dem es eine Rechtsordnung auf dem Standard westlicher Rechtsstaaten nicht gibt, und in internationalen Austauschbeziehungen, die oft nur eine sehr rudimentäre gemeinsame Rahmenordnung unter Fortbestehen unterschiedlicher und höchst lückenhafter nationaler Rahmenordnungen kennen.

Der schlimmste Fall sind häufig nicht einmal „ungerechte" Regelungen, sondern unklare Regeln bzw. Eigentumsrechte. Im Zuge des deutschen Einigungsprozesses haben wir viele Beispiele dafür studieren können, dass Industrieanlagen und Grundstücke deswegen nicht produktiv eingesetzt werden konnten, weil die Eigentumsverhältnisse unklar waren und weil mit Rechtsstreitigkeiten von ein bis zwei Jahrzehnten Dauer gerechnet werden musste. Ohne klare Eigentumsrechte weiß ein potenzieller Investor nicht einmal, an wen er sich wenden soll, wenn er ein Grundstück oder eine Fabrik kaufen will. Aufgabe des „Staates" ist es also, für häufig wiederkehrende Interaktionen vorgefertigte institutionelle Formen bereitzustellen, um die Interaktionsprobleme wesentlich zu erleichtern und damit Interaktionen oft erst zu ermöglichen. Dass dafür Kosten aufzuwenden sind, wird während der Kaffeepause auch unserem Studenten plausibel werden.

1.2.4 Marktwettbewerb

1.2.4.1 Die Fortsetzung der Geschichte III

Der Student hat in der Kaffeepause eingesehen, dass die 16 % Mehrwertsteuer keineswegs „für nichts und wieder nichts" anfallen, dass er vielmehr selbst in dieser Interaktion sogar Vorteile davon hat, weil der Kaufvertrag nach gültigen, gegebenenfalls vor Gericht einklagbaren Regeln erfolgt, wobei diese Möglichkeit allein – zusammen mit anderen Faktoren wie der Reputation der Firma – geräuschlos und unsichtbar dafür sorgen wird, dass die Probleme gar nicht erst auftreten.

Aber wenn er jetzt auch den Sinn aller einzelnen Preisaufschläge gegenüber der ursprünglichen Forderung des Professors einsieht – Informationskosten, Risikoaufschlag, Kosten für den Abwicklungs- und Durchsetzungsapparat, Mehrwertsteuer –, dann liegt der Kaufpreis insgesamt über seinen ursprünglichen Vorstellungen. Auf diese Weise bekommt er jetzt neue Probleme, mit dem Endpreis nämlich. Was ist zu tun?

Der Student beginnt, sich von der Fixierung auf dieses bestimmte Auto, das vorher der Professor bzw. seine Frau gefahren hat, zu lösen: Es gibt schließlich auch andere Autos – und es gibt schließlich auch andere Händler, die vielleicht günstigere Angebote haben. Er könnte jetzt zu anderen Händlern gehen und „den Markt" erkunden, aber weil das wieder Zeit, Mühen und Fahrgeld kostet, zumal in einer unbekannten Stadt, versucht er es zunächst damit, dem Autohändler mit Abwanderung zur Konkurrenz zu drohen, um ihn dadurch zu einen Preisnachlass zu bewegen. Schließlich will der Händler ja verkaufen.

1.2.4.2 Ökonomische Interpretation

Aus dieser Fortsetzung III unserer alltäglichen Geschichte vom Kauf bzw. Verkauf eines Gebrauchtwagens sind vor allem drei Komplexe von besonderer Bedeutung für die Ökonomik.

1. Bisher hatten wir es mit dem Tausch – bzw. dem Versuch dazu – zwischen zwei Interaktionspartnern zu tun. Jetzt kommt erstmals der **Wettbewerb** auf einem **Markt** ins Spiel.

Zum Wettbewerb ist folgendes zu beachten. Es gibt zum einen den quasi „*natürlichen*" *Wettbewerb*, der unmittelbar aus der Knappheit folgt, indem unter Knappheitsbedingungen nicht alle Individuen jedes Gut in gewünschter Menge und Qualität haben können, die Güter also am Ende auf einen oder einige zugeteilt werden müssen, während andere leer ausgehen oder nicht soviel bekommen können, wie sie wünschen. Man spricht von der Unvermeidlichkeit von „Rationierung" unter Knappheitsbedingungen.

Von diesem „natürlichen" Wettbewerb, der auch beim einfachen Tausch vorliegt, weil Professor und Student nicht das Auto und das Geld zugleich haben können, ist jener Wettbewerb streng zu unterscheiden, den die Theorie als *Markt-* oder *Leistungswettbewerb* bezeichnet. Allerdings ist darauf hinzuweisen, dass dieser Marktwettbewerb in der Literatur oft vereinfachend nur als Wettbewerb bezeichnet wird, wobei aber in aller Regel aus dem Kontext klar wird, dass der Marktwettbewerb gemeint ist.

Bei der Definition des Marktes folgt die neuere Theorie allgemein dem großen Soziologen und Ökonomen Max Weber (1864–1920):

> „Von einem Markt soll gesprochen werden, sobald auch nur auf einer Seite eine Mehrheit von Tauschreflektanten um Tauschchancen konkurrieren. ... [D]ie beiden Tauschreflektanten [orientieren] ihre Angebote an dem potentiellen Handeln unbestimmt vieler realer oder vorgestellter mitkonkurrierender anderer Tauschinteressenten, nicht nur an dem des Tauschgegners." (Weber 1921/1980, S. 38)

Im Unterschied zum Tausch, bei dem nur zwei Akteure nötig sind, setzt somit ein Markt mindestens drei Akteure voraus, davon mindestens zwei auf derselben Marktseite, die um Tauschchancen mit den Akteuren der anderen Marktseite konkurrieren.

Unser Student versucht, den Autohändler durch Hinweis auf andere Autohändler, bei denen er kaufen könne, zu einem Preisnachlass zu bewegen. Es könnte sein, dass er damit erfolgreich ist, denn der Händler lebt davon, dass er die hereingenommenen Gebrauchtwagen wieder an den Mann bringt. Es könnte allerdings auch der Fall eintreten, dass der Händler den Hinweis des Studenten mit der Bemerkung kontert, es gebe ja schließlich auch andere Nachfrager und es fiele ihm sicher nicht schwer, für ein Auto in so gutem Zustand den geforderten Preis anderweitig tatsächlich zu erlösen.

Auf diese Weise ist ein Markt mit mehreren – hier nur potenziell auftretenden – Anbietern und Nachfragern entstanden. Beide Seiten haben ein gemeinsames Interesse – Tausch – und konfligierende Interessen – Aufteilung der Kooperationsgewinne, ausgedrückt im Preis.

Damit sich der Anbieter um seinen Kunden bemüht, muss dieser oft gar nicht unbedingt zur Konkurrenz hingehen. Um den Autohändler von allzu hohen Preisforderungen abzuhalten, reicht es meist völlig aus, dass der Nachfrager die *Möglichkeit* zur Abwanderung hat bzw. dass *andere Nachfrager von dieser Möglichkeit Gebrauch machen.* Im Frühjahr 1999 z.B. profitierten viele Kunden der Telekom von den billiger gewordenen Telefontarifen, obwohl sie selbst gar nichts getan hatten: Andere Kunden, die von der Telekom tatsächlich abgewandert sind, bescherten den immobilen Telefonkunden gratis diese Vorteile, weil die Telekom fürchten musste, dass bei einer Beibehaltung der hohen Preise immer mehr Kunden abwandern könnten.

2. Auch nach dem Zusammenbruch sozialistischer Planwirtschaften und nach guten Erfahrungen mit der Marktwirtschaft ist vielen Menschen der Gedanke des Wettbewerbs, des Marktwettbewerbs, immer noch suspekt. Im öffentlichen Bewusstsein und in der politischen Diskussion wird der Wettbewerb oftmals – und verstärkt unter Globalisierungsbedingungen – als Bedrohung der Solidarität der Menschen aufgefasst. Dies hat zur Folge, dass viele Menschen und auch politische und intellektuelle Meinungsführer mehr oder weniger große Bereiche des sozialen Lebens vom Wettbewerb ausnehmen möchten: Arbeitsplätze, Wohnungen, den Bereich der „Daseinsvorsorge" und Grundversorgung, vor allem auch medizinische, karitative und soziale Dienste, aber auch Verwaltung, Schul- und Hochschulwesen, „hoheitliche" Tätigkeiten wie Rechtsprechung, Strafvollzug, und vor allem natürlich Rettungswesen, Zuteilung von Organspenden und anderes mehr: An der Not anderer Menschen und an ihrer Daseinsvorsorge dürfe doch niemand privat „verdienen".

Die Leitvorstellung, die im Hintergrund solcher Auffassungen steht, findet in der Wissenschaft ihren Niederschlag in folgender verbreiteter Konzeptualisierung: *Kooperation und Wettbewerb* bilden zwei Extreme sozialen Handelns, und die realen Formen des Austauschs bewegen sich meist irgendwo zwischen diesen zwei Polen. Damit wird der Gegensatz von Wettbewerb und Kooperation konzeptionell festgeschrieben, und ein Schelm ist, der sich dann noch für mehr Wettbewerb ausspricht, weil er dann unvermeidlich einer unsolidarischen Ellbogengesellschaft das Wort reden würde.

Wir halten diese Auffassung für völlig unzweckmäßig und für politisch ruinös, weil damit die Losung „mehr Wettbewerb" unvermeidlich, rein von der theoretischen Konzeptualisierung her, die Forderung nach weniger Solidarität, weniger Kooperation impliziert. Nicht nur auf dem Telefonmarkt erfahren wir demgegenüber die positiven Wirkungen des Wettbewerbs. Auch unser Beispiel zeigt, wozu der Wettbewerb gut ist: Er dient dem Zustandekommen von Interaktionen zwischen den Partnern, für die die anstehende Interaktion am meisten wert ist – die die niedrigsten Preise und/oder das beste Produkt bieten, was die anderen Anbieter und Nachfrager zwingt, sich bei der Suche nach Kooperationschancen ebenfalls anzustrengen. Der Wettbewerb geht nicht in erster Linie um ein bestimmtes Gut, hier das bestimmte Auto, sondern um Kooperationschancen, und er steht im Dienst der gesellschaftlichen Kooperation, *der Wettbewerb ist ein Instrument der Kooperation.* Wer behauptet, der Wettbewerb zwischen den deutschen Bundesländern, den einige Länder (Bayern, Baden-Württemberg, Hessen) durch eine Reform des Länderfinanzausgleichs stärken wollen, kündige die Solidarität auf, hat vom Sinn des Wettbewerbs in der Marktwirtschaft nichts verstanden. Und wer Bereiche der „Daseinsvorsorge" vor dem Wettbewerb und privatem Gewinnstreben schützen will, muss sich fragen lassen, warum er nicht auch den „Metzger, Brauer und Bäcker" des Adam Smith ausnehmen will, denn deren Produkte gehören doch ebenfalls zu den schlechthin lebensnotwendigen Dingen.

Der *Wettbewerb auf dem Markt* ist, systematisch betrachtet, kein „Kampf aller gegen alle"[3], sondern ein *Instrument der Kooperation.*

In der Marktwirtschaft stehen Kooperation und Wettbewerb keineswegs in einem polaren Gegensatz zueinander, wie eine oberflächliche, „phänomenologische" Betrachtung in Politik und Öffentlichkeit oft meint. Vielmehr ist der Wettbewerb „Mittel, aber nicht letzter Zweck"[4]. Als „letzter Zweck" des Marktwettbewerbs gilt die gesellschaftliche „Zusammenarbeit zum gegenseitigen Vorteil", gilt die Erzielung von Kooperationsgewinnen. Insofern der Wettbewerb – unter Bedingungen und aus Gründen, auf die wir später ausführlich zurückkommen werden – ein höchst effizientes Mittel zur Erzielung solcher Kooperationsgewinne ist, steht er im Dienst der Solidarität aller.

Richtig ist, dass im Wettbewerb um das Auto des Professors nur ein Nachfrager erfolgreich sein kann – der nämlich, der dem Händler den höchsten Preis anbietet –, und dass die anderen leer ausgehen. Doch das ist irrelevant für die Beurteilung des Wettbewerbs. Denn der hohe Preis veranlasst diesen und alle anderen Händler, noch mehr Autos anzubieten, so dass das Versorgungsniveau mit Autos insgesamt erhöht wird und dann auch jene zu einem Auto kommen, die dieses eine, bestimmte Auto nicht bekommen konnten. Man darf bei der ökonomischen Analyse also nicht auf den einzelnen Tauschgegenstand schauen, den unter Wettbewerbsbedingungen nur einer bekommen kann. Der Wettbewerb geht vielmehr um *Kooperationschancen:* Schließlich ist es dem Autohändler egal, an welchen Kunden er verkauft, Hauptsache, er verkauft, und unserem Studenten ist es sehr willkommen, wenn er ein Auto gleicher Qualität bei einem anderen Händler billiger erstehen kann. Der Mechanismus des Wettbewerbs veranlasst alle, den Interaktionspartnern etwas zu bieten, das diese veranlasst, sie als Kooperationspartner anderen vorzuziehen,

---

[3] Dieser Begriff geht auf (Thomas Hobbes 1588–1679) zurück, der ihn allerdings nicht auf den Marktwettbewerb, sondern auf den Bürgerkrieg – eine Form des ruinösen Wettbewerbs – bezog.

[4] Vorwort der Schriftleiter zum ersten Band des Jahrbuches „Ordo", 1948, S. XI.

und über die Sequenz von Wettbewerbshandlungen dient dies dem Wohle aller.

3. In den Auseinandersetzungen mit dem Sozialismus und seinem System der Planwirtschaft vor 1989 wurde als Vorzug der Marktwirtschaft oft die „Freiheit" gerühmt, die in der Marktwirtschaft herrsche. Kritiker hielten – und halten – dem entgegen, dass dies die Freiheit nur der Starken, nur der Leistungsfähigen sei, die auf dem Markt bestehen könnten, während die Schwachen und weniger Leistungsfähigen im Marktwettbewerb das Nachsehen hätten. Unser einfaches Beispiel bringt Klarheit in diese Argumentation.

Wenn auf dem Markt für Gebrauchtwagen Wettbewerb – wohlgemerkt: Marktwettbewerb – herrscht, hat unser Student in der Tat die Freiheit, bei diesem oder einem anderen Händler ein Auto zu kaufen. Insofern verfügt er zweifellos über Handlungsfreiheit, weil er Alternativen hat – *auf der Marktgegenseite.* Unter den Händlern auf der Angebotsseite, also den Akteuren auf *derselben Marktseite,* jedoch herrscht keine Freiheit, sondern eher Druck und sogar Zwang, die Tauschbedingungen für den Studenten so günstig zu gestalten, dass man selbst vor den anderen die Chance zur Kooperation erhält. Insofern den Händlern jedoch auf ihrer Marktgegenseite wiederum mehr Nachfrager als nur unser Student entgegentreten, haben auch sie Alternativen und damit die Freiheit, sich ihre Käufer auszusuchen, genau wie umgekehrt unser Student, der sich auf den Wagen des Professors versteift hat, durch das Auftreten weiterer Interessenten für genau diesen Wagen unter Konkurrenzdruck geraten kann. Auf Märkten, im Marktwettbewerb, herrschen also *immer zugleich Druck und Freiheit: Der Druck unter den Konkurrenten auf derselben Marktseite und die Freiheit in bezug auf die Auswahl der Interaktionspartner auf der Marktgegenseite.*

1.2.5 Organisation

1.2.5.1 Der Schluss der Geschichte

Wir nehmen einmal an, dass unser Student mit seiner Drohung, zur Konkurrenz zu gehen, erfolgreich ist und einen Preisnachlass erzielt. Dadurch ermutigt, verlangt er jetzt ultimativ – „Wenn Sie mir weitere DM 300 entgegenkommen, unterzeichne ich sofort den Kaufvertrag" – einen weiteren Nachlass. Darauf antwortet ihm sein Gegenüber: „Ich würde das ja gern tun, aber da muss ich erst den Chef fragen."

Um die Geschichte hier optimistisch, nämlich mit Kooperationsgewinnen, beenden zu können, nehmen wir an, der Chef stimmt zu. So kommt es zum Kaufvertrag und zum anschließenden Tausch Auto gegen Geld. Damit ist unsere Geschichte beendet.

1.2.5.2 Ökonomische Interpretation

Bei diesem Ende unserer Geschichte, die sich so oder so ähnlich tagtäglich in vielfacher Weise abspielt, sind für eine ökonomische Betrachtung vor allem drei Dinge wichtig.

1. Traten bislang nur natürliche Personen – Professor, Student, „Autohändler" – auf, stellt sich jetzt heraus, dass der Verhandlungspartner unseres Studenten Angestellter einer „Firma" ist. Er handelt also nicht auf eigene Rechnung, sondern im Auftrag einer *Organisation*. Offensichtlich verfügt er über einen eigenen Verhaltens-, Entscheidungsspielraum, über eine eigene Kompetenz, aber diese Kompetenz ist begrenzt, so dass er bei Überschreiten dieser Grenzen den „Chef" fragen muss.

Es treten also am Markt keineswegs nur natürliche Personen auf, sondern auch „juristische Personen" wie Firmen. Diese Firmen haben ganz unterschiedliche Rechtsformen, wobei diese Formen vom Staat gewissermaßen als Standardanzüge für die wirtschaftlichen Akteure bereitgestellt werden. Die moderne Theorie spricht von Organisationen, als deren Prototyp die Firma, das Unternehmen, gilt. Juristische Personen und Firmen gibt es erst seit Mitte des 19. Jahrhunderts, es handelt sich um eine kulturelle Erfindung von bedeutender Tragweite. In einer solchen Organisation arbeiten dauerhaft viele Individuen zusammen, und die Aktivitäten werden durch hochkomplexe Kompetenzzuweisungen koordiniert, die teils formell durch das allgemeine Recht, teils durch formelle unternehmensinterne Vorschriften wie die Unternehmensverfassung und den Arbeitsvertrag und teils durch informelle Usancen wie die Unternehmenskultur geregelt werden. Aber widerspricht nicht eine solche Art von dauerhaftem Zusammenschluss mit abgestimmtem, oft weisungsgebundenem Verhalten dem Grundgedanken des Wettbewerbs, der so doch vorteilhaft für die Erzielung von Kooperationsgewinnen sein soll?

2. In der Tat liegt hier ein gravierendes, bis heute nicht abschließend gelöstes theoretisches Problem vor. Ronald H. Coase, der Nobelpreisträger für Wirtschaftswissenschaften 1991, eröffnet 1937 seinen berühmten Aufsatz „A Theory of the Firm" mit folgender Frage: Was kann der Grund dafür sein, dass Menschen, die in einer Gesellschaft mit Marktwirtschaft und Demokratie leben, in der die einzelnen selbst entscheiden sollen, dennoch so viele Interaktionen über Unternehmen abwickeln, also über Gebilde, innerhalb deren als Prinzip der Zusammenarbeit nicht Markt und Wettbewerb, sondern Befehl und Gehorsam gelten, ganz wie im Kommunismus? Gerade im Zuge der Globalisierung beobachten wir eine neue Welle von Zusammenschlüssen großer und größter Firmen, und es kommt regelmäßig die Frage auf, ob solche Zusammenschlüsse nicht ebenso wie die vielfältigen anderen Formen der Zu-

sammenarbeit zwischen Unternehmen den Wettbewerb und damit die Kooperationsgewinne für alle durch Errichtung von Monopolen oder Oligopolen bedrohen. Auch wenn die an solchen Zusammenschlüssen Beteiligten Kooperationsgewinne erzielen – was keineswegs immer der Fall ist –, so geht es der Ökonomik als Wissenschaft um die Kooperationsgewinne der „Gesellschaft", um die Vorteile also nicht nur der *Beteiligten*, sondern auch der *Betroffenen*, z.B. der Kunden, also um die Kooperationsgewinne aller Mitglieder der Gesellschaft.

Generelle Antworten auf diese Fragen lassen sich nicht geben, schon gar nicht am Beginn dieses Buches. Wir sollten uns an dieser Stelle lediglich darüber klar werden, dass der Wettbewerb auf Märkten zu einem beträchtlichen Teil von „Akteuren" vollzogen wird, die als Organisationen, meist als Unternehmen, auftreten und innerhalb ihrer selbst ohne Marktwettbewerb agieren, die also oft innerhalb einer *Hierarchie* aufgrund von Befehl und Gehorsam – heute vielleicht mehr durch indirekte Formen abgestimmten Verhaltens – ihre Aktivitäten koordinieren. Moderne Großunternehmen gehen sogar wieder dazu über, innerhalb ihrer eigenen Organisation Wettbewerb zu etablieren – zwischen Abteilungen, Sparten, aber auch zwischen Personen in derselben Funktion usw. Kartelle sind vom Wettbewerbsrecht zwar verboten, weil sie die Kooperationsgewinne für alle schmälern; aber wir lernen gegenwärtig auf vielen Feldern, dass nicht jede Zusammenarbeit zwischen Firmen schon als „Kartell" eingestuft und untersagt werden sollte.

3. Wenn der Angestellte dem Studenten gern um weitere DM 300 entgegenkommen würde, aber dafür erst seinen „Chef" fragen muss, scheint es doch innerhalb der Firma die Möglichkeit von Interessendivergenzen zwischen dem „Chef" und seinem Angestellten zu geben. Tatsächlich bedeutet die Existenz einer Hierarchie nicht, dass keine Interessenkonflikte mehr existierten; *Befehl und Gehorsam stellen keine Interessenidentität her*, sie werden umgekehrt nur deswegen gebraucht, weil die Interessen des Angestellten von denen des „Chefs" systematisch abweichen. Dies führt zu sehr vielen dornigen Problemen der internen Organisation von Unternehmen und zur Entwicklung elaborierter Managementsysteme, die alle den Zweck haben, die Angestellten auf die Ziele des „Chefs" zu verpflichten. Unser Autoverkäufer könnte z.B. einen Teil seines Gehalts in Form von Prämien für die Anzahl verkaufter Autos beziehen, aber ein solches Entlohnungssystem schafft einen starken Anreiz beim Verkäufer, den Umsatz zu maximieren und nicht den Gewinn, an dem der „Chef" vielleicht interessiert ist: So könnten der angestellte Verkäufer und die Käufer gute Geschäfte auf Kosten der Firma bzw. des „Chefs" machen. Damit erweisen sich diese unternehmens-, organisationsinternen Probleme als äu-

ßerst wichtig für die Realisierung von Interaktionen „zum gegenseitigen Vorteil" und als zentral für die Wissenschaft Ökonomik.

1.3 Grundlegende Theoriekomplexe

Wir haben in 1.2 eine alltägliche Interaktion in die ökonomische Theoriesprache übersetzt. Dabei wurden verschiedene Theoriekomplexe aus der Ökonomik verwendet. Wir sollten diese Komplexe analytisch strikt auseinanderhalten, um nicht Kategorien, die in einen Komplex gehören, unreflektiert auf andere Komplexe zu übertragen, wo sie falsche, irreführende Vorstellungen wecken und dann nur Konfusionen anrichten, was in der Literatur keineswegs selten vorkommt.

Wir unterscheiden drei solch grundlegender Theoriekomplexe:

1. Aktions- oder Handlungstheorie
2. Interaktionstheorie
3. Institutionentheorie

1. Die *Aktions-* oder *Handlungstheorie* wurde z.B. dort benutzt, wo unser Student Pläne machte, Handlungen überlegte und durchführte, die voraussichtlichen Folgen der Handlungen für ihn selbst kalkulierte und danach doch lieber vom sofortigen Kauf absah, usw. Ähnliches taten der Professor und der Autohändler bzw. sein Angestellter. Sie alle hatten dabei die eigenen Ziele im Auge. Ein jeder versuchte, seine Lage mit den ihm zur Verfügung stehenden Mitteln zu verbessern; dabei musste jeder – in einer Welt der Knappheit – allerdings die verschiedensten Restriktionen seiner Pläne, Wünsche, Handlungen ins Kalkül ziehen.

Die ökonomische Theorie folgt bei der Analyse dieser Handlungen dem Satz: Akteure maximieren ihren Nutzen unter Nebenbedingungen. Dabei werden unter „Akteuren" primär, grundsätzlich und letztlich immer *natürliche Personen* verstanden. Im übertragenen Sinn kann man *für ganz bestimmte Fragestellungen* unter „Akteuren" aber auch kollektive Akteure wie Haushalte, Unternehmen und sogar Staaten verstehen. Die Theorie fokussiert hier immer auf einen „Akteur", der seine Interessen verfolgt, und sein Verhalten wird analog dem Verhalten einer natürlichen Person modelliert.

Der Theoriekomplex, der nach dieser Fragestellung arbeitet, trägt in der Theorie verschiedene Bezeichnungen: Aktionstheorie, Handlungstheorie, Entscheidungstheorie. Gearbeitet wird mit dem berühmt-berüchtigten „homo oeconomicus" als „Akteur", der seine und nur seine Ziele im Auge hat. Die Restriktionen werden durchweg als gegeben angesetzt, der Akteur passt sich nutzenmaximierend an.

2. Die *Interaktionstheorie* wurde überall dort benutzt, wo es um die Abstimmung der Handlungen von mindestens zwei Akteuren ging. Damit kommen ganz andere Probleme ins Spiel: Einigungsprozesse und Fragen der Glaubwürdigkeit vertraglicher Zusicherungen, Durchsetzungsprobleme angesichts von Verhaltensunsicherheiten, wechselseitige Abhängigkeiten und konfligierende Strategien mit interdependenten Resultaten und dgl. mehr. Solche interdependenten Resultate will oft keiner der Interaktionspartner, sie stellen sich aber als Resultate der Handlungen der je einzelnen ein. Das Resultat der (geplanten) Interaktion hat kein Interaktionspartner allein in der Hand, jeder ist für die Erzielung eines gewünschten Resultats auf die Mitwirkung des/der anderen angewiesen. Selbst wenn jemand im eigenen Garten seine Ruhe genießen will, müssen andere „mitwirken" in dem elementaren Sinne, dass sie ihn „in Ruhe lassen", was in vielen Weltregionen – aber auch bei uns, wenn man an Lärm- und sonstige Umweltbelastungen denkt – keineswegs selbstverständlich ist. Sogar der Sklave ist kein totes Werkzeug in der Hand des Sklavenhalters, weil er immer darüber entscheiden kann, ob er motiviert oder weniger motiviert arbeitet, so dass der Sklavenhalter für das Erzielen eines hohen Vorteils auf die bereitwillige Mitwirkung seines Sklaven angewiesen ist, die er natürlich kaum „kostenlos" erhält.

Zentrale Probleme der Interaktionsökonomik sind Interdependenz, ein- oder wechselseitige Abhängigkeiten mit der Folge der Ausbeutbarkeit von Leistungen, große, teils dramatische Verhaltensunsicherheiten, Verteilungsprobleme. All diese Probleme können dazu führen, dass Interaktionen, die beide/alle Partner besser stellen könnten, gar nicht erst zustande kommen, weil einer oder beide fürchten, dass die Durchführung mit gravierenden Folgeproblemen für sie selbst behaftet sein könnte: Unser Professor wollte sich auf die Ratenzahlung eines ihm völlig unbekannten Studenten – auch noch der Betriebswirtschaftslehre – nicht einlassen.

Zugleich aber wird deutlich, dass Interaktionen enorme Chancen zur Besserstellung beider/aller Partner enthalten: Die ganze moderne Wirtschaft, die ein Ausmaß an „Wohlstand" hervorgebracht hat, wie es die Weltgeschichte noch nicht gesehen hat, lebt von produktiven Interaktionen. Nichts ist ertragreicher als Interaktionen. Die ganze Ökonomik befasst sich daher mit der Frage, wie man die außerordentliche Produktivität von Interaktionen zum Vorteil aller aneignen kann, ohne dass die Akteure befürchten müssten, in diesem Prozess „der Zusammenarbeit zum gegenseitigen Vorteil" ausgebeutet, über den Tisch gezogen zu werden – eine Befürchtung, die sehr oft zu Behinderungen und Blockaden von produktiven Interaktionsmöglichkeiten führt.

3. Die **Institutionentheorie** wurde in unserer Geschichte genau *zur Lösung, zur Überwindung dieser Interaktionsprobleme* eingesetzt. Es waren private Verfügungsrechte, standardisierte Kauf- und Ratenverträge mit Garantieversprechen und Verweis auf den Gerichtsstand, das Vorhandensein eines „Marktes" inklusive seiner rechtlichen Konnexe, die die Interaktionsprobleme, welche die Interaktion zunächst unmöglich zu machen drohten, letztlich doch ermöglicht haben.

Institutionen sind Regelsysteme, in denen bestimmte Verhaltensweisen verbindlich festgelegt sind. Ihr Sinn besteht darin, die *Verlässlichkeit wechselseitiger Verhaltenserwartungen* herzustellen, damit Interaktionen möglichst problemlos, zügig, kostengünstig durchgeführt werden können – zum Vorteil aller. Institutionen legen standardisierte Verhaltensweisen für häufig wiederkehrende Interaktionsprobleme fest, sie sind gewissermaßen *geronnene Formen für das Management von Interaktionsproblemen.* Als deren Verkörperung trat in unserem Beispiel „der Staat" auf – aber das ist historisch kontingent: Es gibt unzählige andere institutionelle Arrangements zur Lösung von Interaktionsproblemen, angefangen von Konventionen über Moral, Sitte bis hin zu Branchen- oder Berufskodizes oder dem Aufbau eines Reputationskapitals, das dem Partner signalisieren soll, dass man dieses Kapital nicht um kurzfristiger Vorteile aus einer besonderen singulären Interaktion willen aufs Spiel setzen wird – aus langfristigem Eigeninteresse natürlich.

Dieser Theoriekomplex wird neuerdings als Institutionentheorie oder Neue Institutionentheorie, New Institutional Economics (NIE), bezeichnet. In der deutschen Tradition heißt das Ordnungstheorie. In der Soziologie wird bevorzugt von der Theorie der „sozialen Ordnung" gesprochen, wobei die „soziale Ordnung" in einem weiten Verständnis, das auch wir zugrunde legen, vom gelungenen einmaligen Tauschakt bis zur Stabilität gesellschaftlicher oder gar internationaler Ordnungen reicht. Soll besonders auf die Verfassung oder Grundordnung einer Gesellschaft abgehoben werden, bezeichnet man diesen Komplex der Ökonomik als Konstitutionenökonomik. Soll auf die Grundordnung von Organisationen, besonders von Unternehmen, abgestellt werden, spricht man von der Neuen Organisationsökonomik, New Economics of Organization (NEO).

Von besonderer systematischer Bedeutung ist das *Verhältnis dieser drei Theoriekomplexe.* Es lässt sich nach vorstehenden Ausführungen in einem ersten Zugriff folgendermaßen bestimmen.

Ökonomik wird grundsätzlich, systematisch, als *Interaktionsökonomik* bestimmt: Es geht um die „Zusammenarbeit zum gegenseitigen Vorteil". Die Aktions- oder *Handlungstheorie* fokussiert auf jene Kräfte, die die Interaktionen initiieren und permanent in Gang halten, auf das Streben aller natürlichen Personen – sogar aller Lebewesen, sagt die Biologie – nach individueller Besserstellung unter den gegebenen Bedingungen: Die Handlungstheorie ist so unverzichtbarer integraler Bestandteil jeder Interaktionsökonomik; aber sie thematisiert nur den individuellen, nicht den gegenseitigen Vorteil.

Die *Institutionenökonomik* befasst sich mit der Frage, welche Regelsysteme geeignet sind, erwünschte Interaktionen zu ermöglichen und unerwünschte zu unterbinden, und natürlich mit der spiegelbildlichen Frage, welche Regelsysteme dazu weniger oder gar nicht geeignet sind. Es sind so die Institutionen, die darüber entscheiden, welche Resultate aus Interaktionen aufgrund der Handlungen der einzelnen herauskommen. *Institutionen kanalisieren die Aktionen in Interaktionen,* und solche Kanalisierungen können zweckmäßig oder unzweckmäßig bis desaströs sein, wie die Implosion des Sozialismus 1989/90 gezeigt hat.

Die drei Theoriekomplexe hängen in einer entwickelten Ökonomik natürlich sehr eng zusammen. Dabei ist der systematische Ansatz der Interaktionsökonomik übergeordnet, er umfasst wie eine Klammer die Handlungs- und die Institutionentheorie. Warum aber unterscheidet man sie dann so streng?

Unterscheidungen werden immer dann getroffen, wenn es gute Gründe dafür gibt, das so Unterschiedene unterschiedlich zu behandeln. Wir unterscheiden diese drei Theoriekomplexe also deshalb, weil Problemstellung, Begriffe und Methoden in Handlungs-, Interaktions- und Institutionentheorie grundlegend verschieden sind. Wer diese Unterschiede nicht beachtet, begeht schwere Fehler, die verheerende Folgen haben können. Da werden z.B. „Ziele" – eine Kategorie aus der Handlungstheorie – auf den „Staat" übertragen, ohne genau sagen zu können, wer diese Ziele denn eigentlich „hat": alle, einige oder viele Bürger, der Bundeskanzler oder wer? Oder, um ein anderes Beispiel zu nennen: Es wird argumentiert, dass die Persistenz der Arbeitslosigkeit – ein gravierendes Problem zweifellos – auf dem fehlenden „Willen" der Beteiligten beruht, sie zu beseitigen, womit wieder eine Kategorie der Handlungstheorie für Analyse und Lösung gesellschaftlicher Probleme bemüht wird, was zu den zahllosen Appellen an den starken „politischen Willen" der Verantwortlichen – der Politiker, der Unternehmen, der Gewerkschaften – führt, womit ein systematisch verfehlter Ansatz gewählt ist.

Wir werden im weiteren Verlauf des Buches größtes Augenmerk darauf richten, die verschiedenen Theoriekomplexe nicht zu vermischen und Kategorien aus dem einen Komplex nicht unvermittelt in den anderen zu übertragen. Probleme des falschen Gebrauchs bestimmter Kategorien resultieren vor allem daraus, dass die Geschichte der ökonomischen Theoriebildung ganz anders verlaufen ist, als es der heute mögliche systematische Aufriss als Interaktionstheorie nahelegt. So wurde zuerst die Markt- und Preistheorie entwikkelt, die handlungstheoretische Kategorien benutzt, und sie erfuhr einen starken Impuls durch die marginalistische Revolution in der zweiten Hälfte des 19. Jahrhunderts. Das, was wir hier Interaktionsökonomik nennen, wurde erst in der ersten Hälfte des 20. Jahrhunderts in der Oligopoltheorie und der Spieltheorie angedacht. Die Institutionentheorie war zentral für Adam Smith und die Klassiker, sie führte in der Neoklassik bestenfalls ein Schattendasein; die deutsche Ordnungstheorie, die institutionentheoretisch ansetzt, litt hinsichtlich der internationalen Rezeption unter dem Vorurteil, die deutsche Ökonomik sei in der Tradition der historischen Schule generell theoriefeindlich. Erst seit Ronald H. Coase (1937) und (1960), James M. Buchanan/Gordon Tullock (1962), Mancur Olson (1965) und Oliver E. Williamson (1975 und 1985), also seit den 60er Jahren, findet eine dynamische Entwicklung der neuen Institutionenökonomik statt.

Die theoretische Integration der Neuen Institutionenökonomik mit der Neoklassik ist konzeptionell bis heute nicht gelungen, auch wenn mittlerweile viele Vorarbeiten dazu vorliegen. Wir schlagen hier vor, diese Integration unter der Bezeichnung „*Interaktionsökonomik*" zu versuchen.

1.4 Grundlegende Theorieentscheidungen

Wissenschaftliche Theorien verwenden in der Regel strenge Methoden, die unter anderem den Zweck haben, die Widerspruchsfreiheit des Aussagengebäudes zu garantieren. *Innerhalb einer solchen Methode* sind die Argumentationsschritte strengen Regeln unterworfen, jede Abweichung von den Regeln wäre ein „Fehler", und solche „Fehler" sind von den Fachleuten relativ leicht auszumachen.

Allerdings zeigt die Geschichte aller Wissenschaften, dass es verschiedene, konkurrierende Methoden innerhalb derselben Wissenschaft immer gegeben hat: Die *Wahl der Methode* weist also gewisse Freiheitsgrade auf, während es *innerhalb der Methode* solche Freiheitsgrade in der Regel nicht oder in deutlich geringerem Ausmaß gibt. Die Wahl der Methode ist *abhängig von der genauen Problem- bzw. Fragestellung*. Eine Folge ist, dass geringfügige Veränderungen der Problemstellung einen Wechsel der Methode notwendig machen können. Methoden in der Wissenschaft sind daher nicht „richtig" bzw. „wahr" oder „falsch", sondern „zweckmäßig" oder „unzweckmäßig".

Gleichwohl hängen die Erfolgsaussichten von Theorien und wissenschaftlichen Disziplinen ganz entscheidend genau von dieser Wahl der Fragestellung und von der Methode einer wissenschaftlichen Konzeption ab. Es kommt also sehr darauf an, am Anfang einer Konzeption eine möglichst sinnvolle Problemstellung und eine zweckmäßige Methode zu wählen und sich darüber Rechenschaft zu geben: Wenn der Anfang verkorkst ist, wird man die Folgen in allen Weiterungen der Theorie auf Schritt und Tritt zu spüren bekommen.

Wir weisen daher die Grundzüge unserer Auffassung von Ökonomik bereits hier offen aus. Diese Grundzüge beinhalten Fragestellung und Zielsetzung der Wissenschaft Ökonomik, Grundbegriffe, Grundlinien des ganzen Theoriegebäudes, Methode(n) und allgemeine Hintergrundvorstellungen. Dies alles zusammen bezeichnet man als „Paradigma" oder „Konzeption" einer Wissenschaft. Um darauf aufmerksam zu machen, dass die Übernahme von Paradigmen oder Konzeptionen nicht in der gleichen Weise wie der Satz des Pythagoras zwingend demonstriert werden kann, sondern immer auch Freiheitsgrade in der Einschätzung „guter Gründe" für diese „Wahl" aufweist, sprechen wir von *„grundlegenden Theorieentscheidungen"*. Wir weisen sie im Folgenden explizit aus, nachdem wir sie in unserer Geschichte in 1.2 bereits implizit benutzt haben. Die Explikation der Theorieentscheidungen macht die Vorgehensweise transparent und der Kritik zugänglich: Beides muss eine gute Wissenschaft gewährleisten.

1.4.1 Zielsetzung der Ökonomik: Erklärung zwecks Gestaltung

Die Ökonomik gilt heute allgemein als *positive Wissenschaft*, als Erfahrungswissenschaft, als eine Wissenschaft, die untersucht, was in der sozialen Welt *„der Fall ist"*. Dazu gehört auch die Erklärung, warum etwas so ist, wie es ist, und die Prognose, wie sich die Dinge mit oder ohne Eingriffe entwickeln werden. Dass die Ökonomik auch und ganz zentral positive Wissenschaft ist, darf als unstrittig gelten.

Offen ist demgegenüber die Frage, ob die Ökonomik auch untersucht, untersuchen kann, was getan werden *soll*: Wer das bejaht, gibt Empfehlungen zur *Gestaltung* der sozialen Welt, er treibt in diesem Sinn *normative Ökonomik*. Da jede Gestaltungsempfehlung Kenntnisse über soziale Tatbestände und Mechanismen braucht, ist die positive Ökonomik auch für die normative Ökonomik unverzichtbar. Die Frage ist nur, ob die Ökonomik über die positive Analyse hinausgehen und Gestaltungsempfehlungen geben kann und soll.

Wir folgen hier ausdrücklich den Klassikern der ökonomischen Theorie von Adam Smith bis John Stuart Mill und vielen anderen bedeutenden Ökonomen, die immer an der Gestaltung der sozialen Welt als dem letzten Sinn von Ökonomik festgehalten haben. So fragten etwa:

- Adam Smith, wie der „Wohlstand der Nationen" gefördert werden kann;
- John Maynard Keynes (1883–1946), wie die katastrophale Arbeitslosigkeit zur Zeit der Weltwirtschaftskrise von 1929 bekämpft werden kann;
- Friedrich August von Hayek (1899–1992), wie verfehlte Vorstellungen über soziale Gerechtigkeit, die die Funktionsfähigkeit von Märkten beeinträchtigen, korrigiert und „aufgeklärt" werden können;
- Walter Eucken (1891–1950) oder Mancur Olson (1932-1998), wie vermieden werden kann, dass Interessengruppen – ohne es zu wollen, also nicht-intendiert – die Bedingungen für eine produktive wirtschaftliche Entwicklung unterminieren;
- James M. Buchanan, wie Fehlentwicklungen im Staatssektor entgegengewirkt werden kann;
- Milton Friedman, wie man das Problem der Geldentwertung (Inflation) in den Griff bekommt;
- Oliver E. Williamson, welche Formen inner- und überbetrieblicher Zusammenarbeit (horizontale und vertikale Integration) gesellschaftlich erwünscht sind und welche nicht und durch welche institutionellen Arrangements man die erwünschten Formen stabilisieren kann.

Wir folgen diesem Verständnis, nach dem es den Sozialwissenschaften einschließlich ihrer zentralen Disziplin Ökonomik immer um die *Erklärung und Gestaltung* der sozialen Welt geht. Nach unserem Verständnis kann man genauer sagen: Es geht um **Erklärung zwecks Gestaltung**. Es geht darum, die „soziale Ordnung" – angefangen vom einmaligen Tausch bis zum Zusammenleben von Menschen in (unterschiedlichen sozialen Gruppen) der Gesellschaft – zu *gestalten*, wofür positive *Kenntnisse über die Wirkungszusammenhänge* in der sozialen Welt unverzichtbar sind.

Die jeder Wertung sich enthaltende *Analyse* bezeichnen wir als die *positive* Wissenschaft; wenn in die Überlegungen Bewertungen einfließen, was z.B. bei *Empfehlungen* für das Handeln und die Politik der Fall ist, sprechen wir von *normativer* Wissenschaft. Positive Wissenschaft steht nach unserer Auffassung also grundsätzlich im Dienst einer normativen Zielsetzung, nämlich der Gestaltung, der Verbesserung der sozialen Ordnung.

Zwei Bemerkungen sind hinzuzufügen. Zum einen können sich bestimmte Forscher/Forschungen in dem hoch arbeitsteiligen Forschungsprozess auf einen Teil, u. U. sehr kleinen Teil, dieser Zielsetzung konzentrieren, also vor allem auf die breite und detaillierte positive Forschung, was völlig legitim ist; dennoch sollte man den letztlich normativen Sinn, den Gestaltungssinn, dieser positiven Forschungen nicht übersehen. Zum zweiten ist es heute – nach langen und heftigen Diskussionen – klar, dass Wertungen, „Werturteile", nicht unter der Hand in die Wissenschaft eingeschmuggelt werden dürfen, sondern offen auszuweisen sind, um der Kritik zugänglich zu sein, und dass weder Kirchen, Philosophen noch Ökonomen Werturteile verbindlich für alle anderen Menschen fällen können, dass vielmehr für Gestaltungsempfehlungen grundsätzlich auf den Willen der Betroffenen zurückgegangen werden muss; wir kommen darauf im dritten Kapitel zurück.

1.4.2 Ökonomische Handlungstheorie: Nutzenmaximierung unter Restriktionen

Die ökonomische Handlungstheorie ist der insgesamt am wenigsten strittige Teil der modernen Ökonomik. Umstritten ist lediglich der systematische Stellenwert dieser Handlungstheorie: Während die meisten Ökonomen meinen, die Handlungstheorie bilde das Kernstück der Ökonomik überhaupt, bildet sie für unseren Ansatz nur einen, wenn auch unverzichtbaren, Theoriekomplex, der in die Interaktionsökonomik, die den systematischen Kern darstellt, integriert ist.

Das ökonomische Handlungsmodell lässt sich auf die folgende allgemeine Formel bringen:

Individuen maximieren ihren Nutzen unter Restriktionen.

Dieses Grundmodell der ökonomischen Handlungstheorie erfährt bei konkreten Fragen zahlreiche Verfeinerungen und Spezifizierungen. Wir gehen im Folgenden die einzelnen Elemente dieses Grundmodells durch und erläutern sie.

1. *„Individuen":* Ein „Individuum" ist etwas „Unteilbares". In unserem Kontext handelt es sich grundsätzlich um natürliche Personen, die einen – und sei es minimalen – Entscheidungsspielraum haben. Manchmal wird auf ihre „Rollen" – als Familienvater, Manager, Vereinsvorstand etc. – abgehoben, manchmal auf ihren besonderen „Charakter": Dies hat unter Umständen Einfluss darauf, was sie in der jeweiligen Situation als ihren „Nutzen" ansehen.

Aus Gründen, die wir im sechsten Kapitel genauer erörtern, hat sich in der Ökonomik die Konvention durchgesetzt, dass alles, was in der sozialen Welt geschieht, „letztlich" auf das Handeln von „Individuen" zurückgeführt werden muss. Es handelt sich um eine Theorie, die aus methodischen Gründen

„individualistisch" angesetzt ist. Man spricht deshalb vom „methodologischen Individualismus" der Ökonomik. Es ist unmittelbar verständlich, dass eine „Erklärung" der interessierenden Interaktionen und Interaktionsergebnisse wesentlich davon beeinflusst wird, wie das Individuum bzw. die beteiligten Individuen modelliert wird bzw. werden.

Nicht selten werden aber auch Organisationen gewissermaßen als „Individuen", als „korporative Akteure", modelliert; ihnen wird dann unterstellt, dass sie 'Ziele' haben, die sie durch ihr 'Handeln' systematisch verfolgen können. Natürlich handeln im eigentlichen Sinne immer noch natürliche Personen, und wenn mit der bequemen Kurzformel „das Unternehmen *XY*" das „Ziel" verfolgt, seinen Marktanteil zu steigern, Probleme auftreten, müssen wir einen solchen „korporativen Akteur" wieder in Individuen 'zerlegen': Wir machen dann die „black box" des „Unternehmens *XY*" auf und gehen zurück auf Gruppen in der Organisation, z.B. Anteilseigner, Management und Abteilungen, und letztlich, wenn nötig, bis auf die Individuen und ihre Interessen; im 5. Kapitel werden wir diese Überlegungen vertiefen.

2. *„Nutzen":* Der Begriff „Nutzen" ist in der modernen Ökonomik völlig offen und keineswegs nur monetär zu verstehen. Für viele Untersuchungen braucht man Spezifizierungen, die je nach Persönlichkeit, Beruf, Alter, Kultur, Erfahrungen, Plänen und Erwartungen stark differieren können. So kann z.B. ein Manager den Umsatz seines Unternehmens maximieren wollen, weil sein monetäres Einkommen davon abhängt, der Politiker kann seine Wiederwahl betreiben und Wählerstimmen maximieren oder ein Showmaster die Einschaltquoten. Aber es gibt auch viele Menschen, die ihre persönliche Identität vor sich und anderen als „Nutzen" im Sinne der Ökonomik ansehen, ja sogar das Wohlergehen anderer Menschen kann Bestandteil „meines Nutzens" sein, wenn ich mich nämlich „altruistisch" verhalte. Was Individuen als Nutzen ansehen, ist oft von ihrer sozialen Umwelt oder von ihrer Sozialisation oder auch von den Erwartungen anderer bestimmt: Der Ansatz des methodologischen Individualismus unterstellt keineswegs, dass die individuellen Nutzenvorstellungen von der sozialen Umwelt unabhängig seien. Er geht lediglich davon aus, dass Individuen es sind, die „handeln", und dass sie im Handeln ihren jeweiligen Nutzen zu mehren trachten.

Zu beachten ist, dass die Ergebnisse des Handelns unsicher sind. Deswegen wird in der Ökonomik oft mit dem „erwarteten Nutzen" oder „Erwartungsnutzen" argumentiert. An dem Paradigma der ökonomischen Handlungstheorie ändert sich dadurch jedoch nichts.

3. *„Maximieren":* Diese sog. „Verhaltensannahme" der Maximierung ist sehr umstritten. Sie meint keineswegs, dass die Akteure vor jeder Entscheidung komplizierte Maximierungsaufgaben durchrechnen würden: Kritiker weisen

besonders darauf hin, dass dazu die intellektuelle Kapazität der Menschen gar nicht ausreicht. Der Begriff „maximieren" ist so allgemein, dass auch der Fall darunter subsumierbar ist, dass man im Supermarkt kurz vor der Kasse spontan noch eine Tafel Schokolade in den Einkaufskorb legt. Darunter fällt auch, dass man sich bei manchen Entscheidungen, die bewusst kalkuliert werden, mit einem „befriedigenden" Ergebnis zufrieden gibt: Unser Professor hatte mit Rücksicht auf seine knappe Zeit nicht versucht, einen maximalen Verkaufspreis für sein Auto herauszuholen, aber schon einen maximalen „Nutzen" in dem Sinn, dass er seine knappe Zeit mitkalkuliert hatte. Ein anderes Beispiel ist der Vorstand eines Unternehmens, der eine „branchenübliche" und nicht eine maximale Rendite erwirtschaften will. In der ökonomischen Theorie laufen diese Probleme unter der Unterscheidung zwischen „maximizing" und „satisficing", eine Unterscheidung, auf die besonders der Nobelpreisträger Herbert A. Simon hingewiesen hat.

Die Maximierungsannahme – natürlich unter den gegebenen Bedingungen, genauer: unter den wahrgenommenen gegebenen Bedingungen, der „Situation" – wird auch als Annahme der *Rationalität* des Verhaltens bezeichnet: Für die Erklärung menschlichen Verhaltens ist es zweckmäßig, in der Theorie den Individuen rationales Verhalten zu unterstellen, auch wenn ihre Rationalität begrenzt ist, was besonders die Theorie der „bounded rationality" – in der Nachfolge ebenfalls von Simon – geltend macht. Den Grund für die Annahme der Rationalität des Verhaltens – bei Individuen, aber sogar bei Lebewesen wie Einzellern oder bei Genpools in der (Sozio-)Biologie – werden wir im 6. Kapitel ausführlich diskutieren.

4. *„Restriktionen"*: Unter „Restriktionen", engl. „constraints", wird all das zusammengefasst, was den prinzipiell als unbegrenzt angesetzten Wünschen des Individuums Grenzen setzt. Es gibt eine Fülle von Restriktionen, man kann sie wie folgt klassifizieren:

– *„Budgetrestriktionen"*: Das sind Restriktionen, die in dem begrenzten „Budget" des Akteurs begründet liegen. Dies scheint primär auf seine monetären Mittel abzuheben – dies war das Problem unseres Studenten –, aber in einem erweiterten Sinne sind damit begrenzte Fähigkeiten, Kenntnisse, Informationen der Akteure ebenso gemeint wie ihre begrenzte Zeit, Dinge also, die in unserer Geschichte ebenfalls eine wichtige Rolle spielten.
– *„Technische Restriktionen"*: Hierbei handelt es sich um Restriktionen, die dem Stand der Technik geschuldet sind, ebenfalls können die Naturgesetze und mithin auch ökologische Restriktionen darunter gefasst werden. Manche dieser Restriktionen sind strikt vorgegeben, andere im Zuge von Forschung und Entwicklung veränderbar. Bei vielen wirtschaftlichen Wachstumsschüben spielen technische Innovationen eine

bedeutende Rolle, von der Dampfmaschine und vom Webstuhl bis hin zum Internet. Allerdings setzt die breite Ausnutzung technischer Erfindungen in aller Regel voraus, dass zugleich eine dritte Klasse von Restriktionen sich komplementär weiterentwickelt. Gemeint sind:

– *„Soziale Restriktionen":* Diese Restriktionen stehen im Zentrum der Ökonomik, verstanden als Interaktionstheorie. Sie sind deswegen so interessant, weil sie (politisch) veränderbar sind, wenn dies auch nur kollektiv und/oder in längeren Zeiträumen geschehen kann. Man kann die „sozialen Restriktionen" noch einmal unterteilen in Reaktionen der anderen Akteure und Institutionen, angefangen von Konventionen bis zu sanktionsbewehrten Regeln.

Die *Gesamtheit* der Restriktionen, *wie das Individuum sie wahrnimmt*, bezeichnet man als die *„Situation"*; sie bestimmt den Alternativenraum für das Handeln, für die Entscheidungen des Akteurs. Dabei gehören zur „Situation" quasi objektive Gegebenheiten und zugleich auch ihre Wahrnehmung durch das Individuum: Eine „Situation" im Sinne der ökonomischen Handlungstheorie ist immer eine wahrgenommene, eine interpretierte Situation.

Die in der jeweiligen Situation erwarteten Nutzenerwartungen bezeichnet man, wenn und sofern sie das Handeln bestimmen, als *„Anreize"*. In einer vorläufigen Definition können wir Anreize definieren als *situationsbedingte handlungsbestimmende Vorteilserwartungen*. Individuen erkennen in der „Situation" Anreize und folgen ihnen in ihrem Handeln. Mit dieser Begrifflichkeit können wir das Standardmodell der ökonomischen Handlungstheorie auch so formulieren:

Individuen folgen den Anreizen der Situation.

1.4.3 Ökonomik als Interaktionstheorie

Das im Abschnitt 1.4.2 vorgestellte Modell gehört in die Handlungstheorie. Nach unserem Verständnis ist Ökonomik indes grundlegend **Interaktionstheorie**[5]. Dies ist die für uns zentrale systematische Bestimmung, und sie ist

---

[5] Wir ziehen den Begriff „Interaktion" dem in der Neuen Institutionenökonomik oft verwendeten Begriff „Transaktion" vor, der in der aktuellen Diskussion vor allem auf O. E. Williamson zurückgeht. Wir verdanken Williamson viele Einsichten, wie der kundige Leser unschwer feststellen wird, meinen jedoch, dass sein Begriff „Transaktion" noch zu stark auf die Aktivitäten der *unmittelbar beteiligten Akteure* bei der Erfüllung von *Leistungen* abhebt. Demgegenüber ist der Begriff „Interaktion" weiter, er schließt die potenziellen Akteure, d.h. Wettbewerb, ebenso ein wie die nur implizit Beteiligten, die die bila-

erschöpfend. Soweit Ökonomik auf handlungs- bzw. entscheidungstheoretische Mittel zurückgreift, tut sie das *im Rahmen* der Interaktionstheorie[6]. Dies ist eine bewusste Theorieentscheidung: Wir wollen die wichtigsten Gründe dafür nennen und das grundlegende Schema sowie wichtige Implikationen entwickeln; dabei müssen wir etwas ausführlicher werden als bisher.

1.4.3.1 Begründung des systematischen Vorrangs der Interaktion

Die Ökonomik ist eine Sozialwissenschaft, und die soziale Welt besteht nicht aus isolierten und isoliert handelnden Individuen, sondern aus deren Interaktionen im weitesten Sinn. Zumindest über die Knappheit der natürlichen Ressourcen sind die Individuen in einen einzigen, umfassenden Interaktionszusammenhang eingebunden. Wenn man auf die relevanteren Fragenkomplexe der Ökonomik schaut, geht es immer um das Zusammenleben und Zusammenarbeiten von Menschen in einer sozialen Ordnung unter Bedingungen von Arbeitsteilung und Interdependenz.

Viele Lehrbücher lassen die Ökonomik mit dem Problem der Knappheit beginnen und bringen, manchmal explizit, als Paradigma Robinson, der Entscheidungen über die Einteilung seiner Zeit, die Befriedigung seiner verschiedenen Bedürfnisse und investive Vorratshaltung und dergleichen mehr treffen muss. Natürlich muss Robinson solche Entscheidungen treffen, das ist unbestritten. Wir bestreiten allerdings – und das entschieden –, dass dies als Modell für eine moderne Ökonomik im Zusammenhang einer Volkswirtschaft oder gar der globalen Weltwirtschaft angesehen werden kann. Wenn man die Robinson-Welt zum Modell der modernen Wirtschaft macht, behauptet man implizit, in den Entscheidungen Robinsons werde die Struktur der Probleme

---

teralen Transaktionen per Verfassungsvertrag ungestört vonstatten gehen lassen; insofern denken wir den Begriff „Interaktion" systematisch von der Gesellschaft, von den direkt und indirekt Beteiligten und Betroffenen, her.

Auf diese Weise lassen sich auch jene Missverständnisse vermeiden, die in der Transaktionskostenökonomik zum Teil noch bis heute beobachtbar sind, so etwa, wenn behauptet wird, dass es darum gehe, die Transaktionskosten zu minimieren. Ganz abgesehen von der verfehlten handlungstheoretischen Sichtweise der Minimierung (vgl. u. 1.4.6) wird dabei übersehen, dass es auch zahlreiche unerwünschte „Transaktionen" – Kartellabsprachen, Korruption, die Verbreitung von Kinderpornographie und vieles andere mehr – gibt, deren Kosten für die jeweils Beteiligten nach Möglichkeit prohibitiv verteuert werden sollen.

[6] Nicht jede Interaktionstheorie ist ökonomisch, z.B. der „symbolische Interaktionismus" der Sozialphilosophie, in dem es um wechselseitige „Anerkennung" in sprachlich vermittelten Interaktionen geht. Unsere Interaktionstheorie ist darin ökonomisch, dass sie die soziale Welt aus den Vorteils-/Nachteils-Kalkulationen interagierender Akteure erklärt oder gestaltet – wobei es den Akteuren selbst überlassen ist, was sie als „Vorteile" und „Nachteile" ansehen –, und dies eben im Hinblick auf die Frage nach den Chancen und Problemen der Zusammenarbeit zum gegenseitigen Vorteil.

der modernen Welt deutlich – und das ist schlechthin absurd, weil es in der Robinson-Welt keine Interessenkonflikte und kein strategisches Handeln von Gegenspielern gibt. Wer die moderne Welt nach dem Modell der Robinson-Welt konzeptualisiert, wird die besondere Struktur der sozialen Probleme systematisch verfehlen.

Erst mit der Ankunft Freitags auf Robinsons Insel entsteht – im Prinzip natürlich – jene Welt, die modellhaft die Probleme unserer Welt widerspiegelt: gemeinsame und konfligierende Interessen, strategisches Verhalten, Konflikte und Kooperationsmöglichkeiten usw. Natürlich gibt es auch in dieser sozialen Welt Probleme wie die Einteilung der Zeit, die Optimierung technischer Prozesse und anderes mehr, aber selbst die individuelle Zeiteinteilung von heute lebenden Menschen ist nicht von ihnen allein abhängig, sondern eingebunden in die *sozial definierte* Zeiteinteilung mit Arbeitszeit, Kernzeit, Büro- und Ladenöffnungszeiten, Wochenenden und Ferienzeit usw. Und soziale Konflikte um die technische Optimierung sind seit dem Weberaufstand bekannt. Wenn wir die Ökonomik systematisch als Interaktionsökonomik entwickeln, dann steht die soziale Beziehung zwischen den Akteuren im Zentrum der Betrachtung. Zwei oder mehr Akteure interagieren – natürlich unter der Bedingung der Knappheit. Doch bildet *nicht die Knappheit* das Kernproblem, sondern der *Konflikt*, und gelöst wird das Kernproblem *nicht durch „Wohlstand"* oder *Wachstum*, sondern durch *Kooperationsgewinne*, „gains from trade", für jeden einzelnen Interaktionspartner – die natürlich bei Wachstum eher anfallen können als in Krisen. In einer Interaktionsökonomik setzen wir ab ovo immer zugleich gemeinsame Interessen und konfligierende Interessen an: gemeinsame Interessen an der Kooperationsgewinne versprechenden Interaktion und konfligierende Interessen hinsichtlich der individuellen Beiträge zur Realisierung sowie der Aufteilung der Kooperationsgewinne. Wir erhalten theoretisch und sogar logisch ein ganz anderes Theoriedesign als in einer Robinson-Ökonomik, die nur auf handlungstheoretische Kategorien zurückgreifen kann.

Die grundlegende Annahme der hier entwickelten Konzeption von Ökonomik lautet mithin, dass Interaktionen *stets* geprägt sind von gemeinsamen *und* konfligierenden Interessen und den daraus resultierenden Handlungsanreizen der Interaktionspartner. Daraus folgt, dass sowohl die Annahme rein gemeinsamer Interessen wie auch die Annahme reiner Interessenkonflikte für eine Strukturierung von Interaktionsproblemen grundsätzlich ungeeignet sind[7]. Dies lässt sich wie folgt begründen:

---

[7] Das bedeutet nicht, dass 'reine' Koordinations- bzw. Konfliktspiele nicht auch von Interesse wären; wir kommen im zweiten Kapitel darauf zurück. Gleichwohl sind wir der Meinung, dass eine problemadäquate Strukturierung von Interaktionsproblemen – eben dies ist das Ziel der Ökonomik – wegen der im Text genannten Gründe vom Vorliegen

– Die Annahme rein gemeinsamer Interessen ist gleichbedeutend mit der Ausblendung von (potenziellen) Interessenkonflikten, die jedoch oft der wesentliche Grund sind dafür, warum so offenkundig gemeinsame Interessen wie z.b. der Schutz der natürlichen Umwelt oder die Beseitigung von Arbeitslosigkeit nicht realisiert werden.

– Umgekehrt gilt jedoch auch, dass die manchmal nur implizit getroffene Annahme reiner Interessenkonflikte einen denkbar ungünstigen Ausgangspunkt für die Betrachtung gesellschaftlicher Probleme darstellt, weil es dann keine Chancen für produktive, Kooperationsgewinne, d.h. Vorteile für alle, generierende Interaktionen gibt. Doch liegt genau diese Annahme in gewisser Hinsicht den in der Öffentlichkeit oft zu findenden Verteilungsdiskussionen zugrunde, ob es um die Frage der „sozialen Gerechtigkeit" geht, um die „Teilung der Arbeit" oder die Verteilung zunehmend knapper werdender Umweltressourcen. Die Konzentration auf die Verteilungsfrage lenkt die Aufmerksamkeit nur auf die Interessenkonflikte, lässt aber die stets auch vorfindbaren gemeinsamen Interessen und damit auch das Potenzial, nach allseits zustimmungsfähigen Lösungen zu suchen, systematisch außer Betracht: Wenn die Theorie sie nicht vorsieht, wird nicht nach ihnen gesucht, und dann findet man sie auch nicht.

Im folgenden Abschnitt werden wir das grundlegende Schema kennenlernen, das der Analyse von Interaktionen dient, und das heißt: der Analyse von Situationen, in denen sich Akteure mit gemeinsamen und konfligierenden Interessen befinden.

1.4.3.2 Dilemmastrukturen als Schema der Interaktionsökonomik

Das Grundproblem der Zusammenarbeit zum gegenseitigen Vorteil wird mit dem Begriff *Dilemmastruktur* bezeichnet. Eine Dilemmastruktur charakterisiert die *Situation, in der Interessenkonflikte die Realisierung der gemeinsamen Interessen verhindern.* Im Einzelfall kann es dafür viele verschiedene Gründe geben, doch letztlich gehen sie stets auf die nachfolgend genannten Anreizbedingungen zurück: *Zum einen* kann der einzelne Akteur die Befürchtung haben, dass sein Beitrag zur Realisierung des gemeinsamen Interesses von dem bzw. den anderen „ausgebeutet" wird; *zum anderen* kann es – spiegelbildlich dazu – sein, dass er selbst einen Anreiz hat, den Beitrag eines oder

---

gemeinsamer und konfligierender Interessen ausgehen und die 'reinen' Spiele gegebenenfalls als Grenzfälle des Normalfalls interpretieren sollte. Selbst bei „Konventionen" wie dem Rechtsfahren im Straßenverkehr oder den Regeln der Sprache lassen sich Interessenkonflikte finden, wenn man vom Status quo und nicht von einer tabula rasa ausgeht; ein schönes Beispiel ist die Rechtschreibreform.

mehrerer Interaktionspartner „auszubeuten"[8]. Zu beachten ist hier insbesondere der für Interaktionssituationen charakteristische Umstand, dass die *Erwartungen hinsichtlich des/der anderen* für das eigene Verhalten eine zentrale
Rolle spielen: Bereits die Vermutung, dass man selbst von dem bzw. den anderen „ausgebeutet" werden könnte, wenn man sich im Sinne des gemeinsamen Interesses verhält, kann dazu führen, den eigenen Beitrag zur Realisierung des gemeinsamen Interesses nicht zu leisten; man kann ein solches Verhalten als *„präventive Gegenausbeutung"* bezeichnen. Diese Grundstruktur
ist konstitutiv für die Ökonomik, weil es ihre Problemstellung auf den systematischen Kern reduziert.

Im Fall des Gebrauchtwagenkaufs verhinderte etwa die Befürchtung des
Professors, vom Studenten im Hinblick auf die vereinbarte Bezahlung „ausgebeutet" zu werden, aber auch die Befürchtung des Studenten, vom Professor
durch die Überlassung einer „Rostlaube" „ausgebeutet" zu werden, die Realisierung des an sich von beiden gewünschten Tausches. Es ist aber auch eine
Form der „Ausbeutung", wenn man es bei der Steuererklärung nicht so genau
nimmt („Die anderen machen das doch auch so!"), also in Situationen, in denen keine Face-to-face-Interaktion vorliegt und die Interaktion statt dessen
mit sehr vielen anderen in eher indirekter Weise stattfindet. Im Verlaufe des
Buches werden wir zahlreiche weitere Situationen dieser Art kennenlernen.

Dilemmastrukturen lassen sich anhand eines sehr populären Modells der
Spieltheorie illustrieren, dem sogenannten „Gefangenendilemma"[9]. Die Besonderheit dieses Modells besteht darin, dass es eine Situation darstellt, in der
die beteiligten Akteure ihren Anreizen folgen, also sich als rationale Nutzenmaximierer im Sinne der ökonomischen Handlungstheorie verhalten, und sie
gerade dadurch die in dieser Situation möglichen Kooperationsgewinne verfehlen. Das Gefangenendilemma bzw. die als Gefangenendilemma ausgelegte
Interaktionsstruktur enthält *zwei Voraussetzungen*:

(1) Das Resultat kann keiner der Akteure allein bestimmen, es hängt immer
auch davon ab, was der andere – gegebenenfalls in antizipierter Reaktion auf
den einen – tut. Man spricht von der *Interdependenz des Verhaltens*.

---

[8] Zu beachten ist, dass der Begriff „Ausbeutung" in einem weiten und wertneutralen
Sinne verstanden werden sollte.

[9] Der Name „Gefangenendilemma" geht zurück auf die Interpretation, die A. Tucker
diesem Modell zugrundelegte. Danach handelt es sich bei den Akteuren um zwei Gefangene, die vom Staatsanwalt einzeln befragt werden. Sie können eine ihnen zur Last gelegte
Straftat „leugnen" (also untereinander kooperieren) oder „gestehen" (defektieren) und
erhalten je nach Ergebnis *beider* Aussagen entsprechende Strafen. Obwohl es für beide
Gefangenen am besten wäre, wenn jeder die Straftat leugnet, werden sie beide aufgrund
der Anreizbedingungen der Situation (Kronzeugenregelung) gestehen.

(2) Es gelingt den Akteuren *nicht*, ex ante eine *wirksame und daher glaubwürdige Verhaltensbindung* zustande zu bringen.

Der Einfachheit halber setzt man eine Zwei-Personen-Gesellschaft mit den Akteuren Frau *i* und Herrn *j* an[10]. Beide verfügen über zwei Handlungsmöglichkeiten („Strategien"): Kooperieren und Defektieren (von engl. defection: Davonlaufen, Verrat). Die vier möglichen Resultate dieser Interaktion werden in einer Matrix wiedergegeben; die Zahlen repräsentieren die Bewertungen des jeweiligen Resultats, wobei vor dem Komma die Auszahlung für Frau *i* und nach dem Komma die für Herrn *j* notiert wird. Die klassische Auszahlungsmatrix, in der die vier Quadranten in römischen Ziffern durchgezählt werden, sieht wie folgt aus:

		Herr *j*	
		kooperieren	defektieren
		I	II
	kooperieren	*3, 3*	*1, 4*
Frau *i*		III	IV
	defektieren	*4, 1*	*2, 2*

Die Rangordnung der Ergebnisse/Quadranten gemäß den Präferenzen der Akteure lautet:

für Frau *i*:   III – I – IV – II;
für Herrn *j*:   II – I – IV – III.

Überlegt man zunächst aus der Sicht von Frau *i*, welche Handlungsweise in dieser Situation für sie besser ist, *so stellt sie sich, wenn sie nicht kooperiert, auf jeden Fall besser, egal, was Herr j tut.* Wenn er kooperiert, kann sie diese Vorleistung „ausbeuten" und durch ihr Defektieren eine Auszahlung von *4* – gegenüber *3* im Fall ihrer eigenen Kooperation – erlangen; wenn hingegen Herr *j* auch nicht kooperiert, würde sie im Fall der eigenen Kooperation selbst ausgebeutet, d.h. auch hier stellt sie sich durch die Defektion besser. Spieltheoretisch formuliert: *Defektieren ist die dominante Strategie.*

Doch dieselben Überlegungen gelten nun auch für Herrn *j*; auch er stellt sich durch Defektieren besser unabhängig davon, was Frau *i* wählt. Das frappierende Ergebnis: Aus ihrer individuellen Sicht ist es für jeden besser, nicht zu kooperieren, doch genau dann landen sie im vierten Quadranten, jeder erhält *2*, und das ist

---

[10] Wir werden Frau *i* und Herrn *j* noch häufiger begegnen. Wir haben diese Namen gewählt, um bereits auf die Gepflogenheit von Ökonomen vorzubereiten, Akteure mit *i*, *j* usw. zu bezeichnen.

ein Ergebnis, bei dem sich *beide* schlechter stellen, als sie in dieser Situation könnten; man spricht – mit Blick auf den italienischen Soziologen und Ökonomen Vilfredo Pareto (1848–1923) – von einem *pareto-inferioren* Ergebnis. Würden sie kooperieren, würden sie Kooperationsgewinne realisieren: Beide erhielten eine Auszahlung von *3*, das Ergebnis wäre *pareto-superior:* Beide stellen sich im Vergleich zum Status quo im Quadranten IV besser.

Man kann das Resultat auch in folgender Formel zusammenfassen: Individuelle Rationalität führt bei dieser Problemstruktur in die *soziale Falle.* Diese ist definiert als Zustand, zu dem für jeden einzelnen – nicht etwa für beide gemeinsam: es werden keine Nutzen interpersonell addiert – ein besserer Zustand denkbar ist, der im Quadranten I abgebildet ist. Diese Lösung können die Akteure in Ermangelung einer wirksamen Verhaltensbindung nicht erreichen – im Modell wohlgemerkt.

Allgemein formuliert: *Die Verwirklichung gemeinsamer Interessen scheitert an der Struktur der Situation.* Genau deshalb ist dieses Schema für die Ökonomik grundlegend: Es bildet den Ausgangspunkt dafür bzw. leitet dazu an, *in den Situationsbedingungen der beteiligten Akteure* nach jenen Faktoren zu suchen, die die Zusammenarbeit zum *gegenseitigen* Vorteil verhindern. Diese Faktoren haben zwar mit den konfligierenden Interessen zu tun, sind aber nicht mit diesen identisch.

1.4.3.3 Die Bedeutung des Schemas für die Ökonomik

In dem vorliegenden Buch bildet das *Konzept der Dilemmastrukturen* das grundlegende Analyseinstrument für Interaktionen. Wir verwenden dieses Konzept *anders als in der Spieltheorie.* Deswegen haben wir davon gesprochen, dass das Konzept Dilemmastrukturen mit Hilfe des Gefangenendilemmas der Spieltheorie „illustriert" wird. Wir verwenden Dilemmastrukturen als „Schema". Als „Schema" bezeichnet man die Grundstruktur, die in allen Variationen – von Figuren, Bauwerken, hier vor allem in Argumentationen – identisch bleibt und sich erkennen lässt. Mit dem Begriff „Schema" soll zugleich die Tätigkeit des „Schematisierens" assoziiert werden: Wir sind es, die als Wissenschaftler alle Interaktionsprobleme auf dieses Konzept Dilemmastrukturen ziehen und mit Hilfe dieses Konzepts analysieren[11].

---

[11] Die mathematische Spieltheorie geht anders vor: Sie fokussiert auf Unterschiede in den „Spielen" und bringt sie in teils hochkomplexe Modelle. Dies ist legitim und sinnvoll, doch ist zu beachten, dass unterschiedliche *Probleme* vorliegen. Die Spieltheorie ist eine Theorie, die sich mit der Frage *optimaler Strategien* von Akteuren in unterschiedlichen Siuationen befasst; unser Schema der Dilemmastruktur dient dazu, die elementare, nicht weiter reduzierbare Logik des Grundproblems aller Sozialwissenschaften, des *Problems der sozialen Ordnung,* darzustellen. Es handelt sich also nicht um eine unmittelbar empirische Struktur, sondern um einen theoretischen Rahmen, ein Schema, mit dessen Hilfe

Alle gelungenen und gescheiterten Interaktionen in unserem Beispiel vom Autokauf lassen sich in diese Struktur bringen. Der Professor befürchtete, wenn er sich zwecks Realisierung von Kooperationsgewinnen auf die vom Studenten gewünschte Ratenzahlung einlässt, durch die Säumigkeit des Studenten benachteiligt zu werden, während unser Student umgekehrt gravierende Mängel am Auto befürchtete, die der Professor nicht wusste oder verschwieg; beide brachen die Verhandlung zunächst ab. Bei den gelungenen Interaktionen zwischen Professor und Autohändler sowie Autohändler und Student konnten wir genau die Gründe nennen, warum die – in Dilemmastrukturen immer latent vorhandene – Gefahr der Ausbeutung geringgehalten werden konnte: bessere Informationen, Garantie aufgrund interner Versicherung, Standardverträge mit kostengünstiger Durchsetzungsmöglichkeit etc. Und auch zwischen dem Autohändler und seinem Verkäufer wurde der Vertrag eingehalten, indem der Verkäufer wegen begrenzter Handlungskompetenz den Chef fragte; er tat das, um den Sanktionen für Kompetenzüberschreitung, an der er etwa wegen Umsatzbeteiligung ein grundsätzliches Interesse hatte, zu entgehen.

Man kann all diese Dinge auch anders analysieren, und sie werden innerhalb der Ökonomik durchaus anders analysiert. Wenn wir in unserer Konzeption durchgängig, d.h. methodisch bewusst und einheitlich, die Analyse mit Hilfe des Konzepts Dilemmastrukturen vorziehen, müssen dafür „gute Gründe" sprechen. Einige wichtige führen wir hier in der gebotenen Kürze auf.

– In Interaktionen liegen *immer zugleich gemeinsame und konfligierende Interessen* vor: Ohne gemeinsame Interessen gäbe es keine Interaktionsmöglichkeiten, ohne konfligierende Interessen gäbe es keine Interaktionsprobleme. Das Konzept Dilemmastrukturen bildet genau diese allgemeine Problemstruktur aller Interaktionen ab.
– Alle ökonomischen Probleme sind *zweiseitiger bzw. mehrseitiger, nie nur einseitiger Natur.* Daher hängt das Resultat niemals von dem Verhalten eines einzigen Interaktionspartners ab, es entsteht vielmehr aus dem Zusammenwirken beider, aus der „Interdependenz des Verhaltens".
– Die „gemeinsamen" Interessen der Akteure führen *keineswegs eo ipso zu einem „gemeinsamen", im Sinne eines abgestimmten, Handelns,* sondern aufgrund der Anreizstrukturen *zum Gegenteil.*
– Die situativen Anreizstrukturen für die Akteure sind so, *dass sie auf die Strategie „defektieren" setzen müssen,* auch wenn sie dies im normalen,

---

konkrete empirische Interaktionen unter Beiziehung der konretisierenden Faktoren analysiert werden können. Im Rahmen konkreter Situationsanalysen sind spieltheoretische Modelle eine wertvolle Hilfe, doch das Schema der Dilemmastruktur stellt so etwas wie die drei Newtonschen Gesetze im Rahmen der klassischen Physik dar.

umgangssprachlichen Sinne gar nicht „wollen", weil sie sich nur so gegen die drohende „Ausbeutung" ihres kooperativen Verhaltens durch den bzw. die anderen schützen können.

– In dieser Situation an die Akteure (moralische) Appelle zum Kooperieren zu richten, bedeutet, ihnen die Ausbeutung durch die Interaktionspartner zuzumuten; *in dieser Problemstruktur bewirken Appelle daher so gut wie nichts.*

– Das Schema ist so konstruiert, *dass die Kooperationsgewinne systematisch verfehlt werden:* Dies ist keine direkte Behauptung über die Realität, sondern über eine logische Struktur: Sie hat den Zweck, das Augenmerk des Wissenschaftlers auf *jene Faktoren* zu lenken, die in der Realität die Kooperationsgewinne *dann doch ermöglichen,* indem man gewissermaßen vom Gegenteil, von der Unwahrscheinlichkeit der Interaktion, ausgeht. Das Schema enthält durch diesen Kunstgriff eine leistungsfähige *Heuristik,* eine Denk- und Suchanweisung für die Forschung. In unserem Beispiel haben wir auf diese Weise die Institutionen gefunden, die die Aneignung der Kooperationsgewinne aus den verschiedenen Interaktionen trotz der ursprünglichen Interaktionsprobleme doch noch ermöglicht haben. Zugleich kann man – per Umkehrschluss – auch herausfinden, woran die Aneignung möglicher Kooperationsgewinne scheitert.

Damit sind wir im Zentrum der Fragestellung moderner Ökonomik: Es geht um Aneignung von Kooperationsgewinnen in Interaktionen. Da alle Interaktionen durch Dilemmastrukturen gekennzeichnet sind, gilt prinzipiell, dass diese Aneignung von Kooperationsgewinnen nur möglich ist durch eine *Abstimmung des Verhaltens aller Beteiligten,* und das heißt: durch eine *institutionelle Koordination der Handlungen aller.* Damit sind wir beim dritten Theoriekomplex, der Institutionentheorie, und wir machen zunächst auf folgende weitere Theorieentscheidung aufmerksam.

1.4.4 Die Zweistufigkeit der Ökonomik

1.4.4.1 Die Bedeutung von Institutionen

Das Konzept Dilemmastrukturen dient dazu, die Problemstrukturen von Interaktionen zu explizieren. Viele erwünschte, d.h. beide Partner besser stellende, pareto-superiore Interaktionen scheitern an den Ausbeutungsrisiken, die sie infolge der Interdependenz eingehen müssen.

Genau auf diese Problematik sind Institutionen zugeschnitten: Institutionen sind Regelsysteme, die die wichtigsten, häufig wiederkehrenden Interaktionsprobleme dadurch lösen, dass sie bestimmte Handlungsweisen, also z.B. Ausbeutung durch Nichterfüllen des Vertrages, unterbinden. Auf diese Weise entsteht jene Verlässlichkeit wechselseitiger Verhaltenserwartungen, die Akteure brauchen, um sich auf grundsätzlich dilemmatische, im Prinzip aber produktive Interaktionen überhaupt einlassen zu können. Institutionen sind damit zu verstehen als *standardisierte Lösungen von dilemmabedingten Interaktionsproblemen.* So brachten unsere Interaktionspartner ihre gewünschten Interaktionen, weil sie durch Abhängigkeiten mit der Gefahr einseitiger oder wechselseitiger Ausbeutung gekennzeichnet waren, nur dadurch zustande, dass sie sich unter das Dach des Institutionengefüges einer modernen Gesellschaft begaben: Vertragsrecht, Markt und Wettbewerb, Geldwesen sowie der ganze Komplex der Instrumente zur Abwicklung und Durchsetzung der Verträge.

Regeln *begrenzen* Handlungsmöglichkeiten: Säumige Ratenzahlungen werden untersagt und mit Sanktionen belegt, Garantieversprechen legen die Kostenaufteilung bei Schäden fest, Arbeitsverträge begrenzen Kompetenzen, der „Markt" begrenzt unangemessene Preisforderungen, usw. Zugleich *erweitern* die Regeln die Interaktionsmöglichkeiten: Durch verbindliche – und durchgesetzte – Regeln erst werden Interaktionen möglich, die ohne solche nicht möglich waren: Der Student kam zu dem Auto nur, weil die angesprochenen Regeln vorlagen und weil er von deren Verlässlichkeit, Durchsetzbarkeit ausgehen konnte.

Wir erhalten damit folgendes Paradox: *Interaktions*möglichkeiten werden erweitert durch *Handlungs*beschränkungen. Die Verlässlichkeit wechselseitiger Verhaltenserwartungen ermöglicht Interaktionen, indem sie die schwierigen Interaktionsprobleme, die Informations- und Anreizprobleme in Interaktionen aufgrund der Dilemmastrukturen, überwinden. Gegenwärtig wird laut geklagt über ein Zuwenig an Handlungsmöglichkeiten, was erwünschte Interaktionen unmöglich mache, z.B. über die restriktiven Ladenschlusszeiten in Deutschland. Das ist richtig. Aber ebenso richtig ist, was oft übersehen wird, dass auch ein Zuviel an Handlungsmöglichkeiten, die Möglichkeit von Ausbeutung durch Nichterfüllen von Verträgen in Russland z.B., in Dilemmastrukturen die Interaktionen unmöglich machen kann, weil rationale Akteure in solchen Strukturen trotz denkbarer Kooperationsgewinne lieber von vornherein auf solch riskante Interaktionen verzichten.

1.4.4.2 Die Zweistufigkeit: Handlungen und Handlungsbedingungen

Dieser Zusammenhang lässt sich durch die Unterscheidung von Handlungen und Handlungsbedingungen – oder in der Sprache des Sports: von Spielzügen und Spielregeln – und die daraus unmittelbar folgende Zweistufigkeit der Analyse präzisieren.

Handlungen betreffen solche Parameter, die der Handelnde selbst „in der Hand" hat, die er selbst kontrolliert. Demgegenüber umfassen die *Handlungsbedingungen* solche Parameter, die das Handeln des einzelnen zwar wesentlich (mit-)bestimmen, die er aber selbst nicht „in der Hand" hat, die er nicht kontrolliert, jedenfalls nicht im in Frage stehenden Handlungsvollzug. Zu den Handlungsbedingungen gehören unveränderbare Bedingungen wie Naturgesetze, aber auch langfristig sich verändernde Bedingungen wie Bevölkerung, Klima, und es gehören dazu vor allem jene Regelwerke, Institutionen, die politisch geändert werden können, aber meist nur mittel- oder langfristig und grundsätzlich nur kollektiv. Daher sind diese Regelwerke ihrerseits Resultate von Interaktionen und unterliegen den allgemeinen Interaktionsbedingungen, die wir oben analysiert hatten.

Um einen Eindruck von der Bedeutung der Unterscheidung von Handlungen und Handlungsbedingungen, Spielzügen und Spielregeln zu gewinnen, zeigen wir sie hier für ein Unternehmen auf.

Handlungen	Handlungsbedingungen
Ziele, Motive, Interessen	natürliche Bedingungen (z.B. Natur-
Mittel	gesetze)
Käufe, Verkäufe	kulturelle, gesellschaftliche Bedingun-
Preispolitik	gen (z.B. allgemeiner Bildungs-
Produktpolitik	stand, Konventionen)
Werbemaßnahmen	Rahmenordnung
Service	Verfassung
Konditionen	Gesetze
Löhne und Gehälter	Wirtschaftsordnung
Betriebsklima	Wettbewerbsordnung
etc.	Justizapparat
	Verwaltungsvorschriften
	Transaktionseigenschaften
	Marktbedingungen
	Konjunkturlage
	etc.

Wenn die Ergebnisse von Handlungen nicht befriedigen oder gar als moralisch empörend empfunden werden wie das tägliche Verhungern zahlloser Kinder in den armen Ländern dieser Welt, dann kann man dies im Prinzip, rein theoretisch, auf die Handlungen oder die Handlungsbedingungen zurechnen. Für eine *Interaktionsökonomik* jedoch bleibt nur eine Zurechnungsmöglichkeit: Da alle Interaktionspartner wegen der immer vorhandenen Ausbeutungsgefahr stets ihren individuellen Nutzen maximieren (müssen), ist das Erreichen oder Verfehlen der beide/alle besser stellenden Lösung abhängig von den Handlungsbedingungen, von den Regeln, Institutionen, die die glaubwürdige Verhaltensbindung der Akteure verkörpern. Ökonomik setzt also ein strikt identisches Handlungsmodell in allen Interaktionen an – Akteure maximieren ihren Nutzen unter Nebenbedingungen – und rechnen die Resultate grundsätzlich nicht auf die Handlungen zu – Ziele, Motive wie Egoismus o. ä. –, sondern auf die Handlungsbedingungen allgemein und insbesondere auf die prinzipiell gestaltungsfähigen Handlungsbedingungen, also auf Regeln, Institutionen: Diese letzteren bilden daher den Ansatzpunkt für die politische Gestaltung der Interaktionen (s. 1.4.5).

1.4.4.3 Die Problemabhängigkeit dieser Unterscheidung

Jede ökonomische Analyse muss in dem Sinne **zweistufig** vorgehen, dass sie zwischen solchen Parametern, die ein Akteur in der jeweiligen Handlung kontrolliert, über die er entscheidet und über die seine „Intervention" erfolgt, und solchen, die bei seiner Intervention „gegeben" sind, unterscheidet. Man darf nun allerdings nicht meinen, was in der Handlung *A* „gegeben" ist und daher zu den Handlungsbedingungen zählt, gehöre in den Handlungen *B, C, D* usw. ebenfalls zu den Handlungsbedingungen. Ein Familienvater z.B., der heute über das erforderliche Eigenkapital zum Erwerb eines Einfamilienhauses im Grünen nicht verfügt – eine klassische Budget-Restriktion –, kann diese Bedingung durch mehrjähriges Sparen – eine fortgesetzte Handlung – verändern. Die Kompetenzbeschränkung des Autoverkäufers war bei diesem Kauf eine Handlungsbedingung; beim Abschluss des Anstellungsvertrages zwischen dem Händler und seinem Angestellten gehörte diese spätere Bedingung zur Handlung, weil er ihr zustimmen oder sie ablehnen konnte. Die Spielregeln in der Gesellschaft, z.B. Bestimmungen des Umweltrechts, stellen für die unter ihnen agierenden Unternehmen Handlungsbedingungen dar; aber für die gesetzgebende Körperschaft gehört der Erlass solcher Gesetze zu den Handlungen – was man sogar für die Bemühungen der Unternehmen, die Bestimmungen zu ändern, geltend machen muss.

Doch auch solche Handlungen wie die Etablierung einer Unternehmensverfassung bzw. Unternehmenskultur oder der Erlass von Gesetzen durch das Parlament stehen ihrerseits wiederum unter Handlungsbedingungen: den Eigentumsverhältnissen, den Geschäftsfeldern, der Geschichte eines Unternehmens bzw. der Verfassung, den übrigen Rechtsverhältnissen, der Geschäftsordnung des Parlaments bei der Gesetzgebung usw.

Was Handlung und was Handlungsbedingung ist, hängt damit nicht von irgendwelchen inhärenten Qualitäten der Dinge ab, sondern von den *Problemen, die gerade analysiert werden.* Aus der *Problemabhängigkeit der Unterscheidung* von Handlungen und Handlungsbedingungen folgt, dass die systematische Zweistufigkeit der ökonomischen Analyse als *relative* oder *problemabhängige Zweistufigkeit* aufzufassen ist: Sie ist der Forschungsstrategie, der Fragestellung, geschuldet, nicht unmittelbar der „Realität".

Im allgemeinen Diskurs der Ökonomik werden Wirtschaftsordnungen, politische Verfassungen, Rechtssysteme, aber auch Unternehmens- oder Organisationsverfassungen meist als Handlungsbedingungen auftreten, während einzelne Politikmaßnahmen oder Entscheidungen der Unternehmensleitungen meist als Handlungen geführt werden. Aber wir sollten uns nicht täuschen lassen: In seinem Versuch einer ökonomischen Rekonstruktion von Präferenzen, die in der Literatur allgemein unter die Rubrik Handlungen gezählt werden, weil sie wie nichts anderes vom Akteur selbst kontrolliert werden, argumentiert der Nobelpreisträger von 1992, Gary S. Becker, dass im Augenblick der „Intervention", also der Handlung, auch die Präferenzen „gegeben" sind und zu den „Restriktionen" gehören. Es hängt eben alles von der jeweiligen Fragestellung ab! Oder um es mit den Worten eines weiteren Nobelpreisträgers, nämlich Milton Friedmans, zu sagen: „Everything depends on the problem." (Friedman 1953, S. 36)

Aber dieses scheinbar willkürliche Vexierspiel von Handlungen und Handlungsbedingungen, das wir freilich als methodisch kontrolliert ausgewiesen haben, ändert nichts an der *grundsätzlichen Zweistufigkeit jeder ökonomischen Analyse.*

1.4.4.4 Handlungsbedingungen – Handlungen – Handlungsfolgen

Die Gesamtheit der Handlungsbedingungen, dessen also, was bei der Intervention als „gegeben" angesetzt wird, nennt man in der Ökonomik die „Situation". Die Akteure handeln, entscheiden im Blick auf ihre „Situation" und versuchen, durch ihre Intervention ihren Nutzen zu maximieren.

Damit produzieren sie Handlungsfolgen: Sie verändern die bestehende Situation und bringen – in Interaktionen gemeinsam – eine neue Situation hervor, die dann für die nächstfolgende Handlung als „gegeben" zu den Handlungsbedingungen zu schlagen ist, usw. Schematisch lässt sich dieser Prozess wie folgt darstellen[12]:

Handlungsbedingungen$_{t1}$ ⇨ Handlungen$_{t1}$ ⇨ Handlungsfolgen$_{t1}$ = (Situation$_{t1}$) (Resultat)

= Handlungsbedingungen$_{t2}$ ⇨ Handlungen$_{t2}$ ⇨ usw. (Situation$_{t2}$)

Da die Akteure im ökonomischen Handlungsmodell wegen der grundlegenden Dilemmastruktur immer dasselbe tun, nämlich ihren Nutzen maximieren, kann man nach diesen Ausführungen die Ökonomik wie folgt kennzeichnen: *Ökonomik ist Theorie der Handlungsfolgen in Abhängigkeit von den Handlungsbedingungen in Interaktionen.*

Dies ist unmittelbar plausibel, es sind nur zwei Ergänzungen erforderlich. Zum einen meint die „Situation" immer das Gesamt der Handlungsbedingungen, *so wie der Akteur sie* – bewusst oder unbewusst – *wahrnimmt*; es handelt sich in der Ökonomik immer um eine subjektiv gedeutete, interpretierte, verstandene Situation und nicht um eine Situation, wie etwa der wissenschaftliche Ökonom sie – vermeintlich „objektiv" oder „richtig" – wahrnimmt[13]! Zum anderen implizieren die Handlungsbedingungen und die Handlungsfolgen im Rahmen der Interaktionsökonomik immer auch den/die anderen, ihre Interessen, Wünsche, Situationswahrnehmungen, Anreize, Strategien und Gegenstrategien. Es „handelt" immer der einzelne, das Individuum, aber er kontrolliert allein weder die Handlungsbedingungen noch die Handlungsfolgen.

1.4.4.5 Die Übersetzung ins Konzept Dilemmastrukturen

Es verbleibt jetzt noch die Aufgabe, die Zweistufigkeit der ökonomischen Analyse in unser grundlegendes Konzept Dilemmastrukturen zu übersetzen: In 1.4.3 war von Zweistufigkeit nicht die Rede, und auch in den i.e.S. spieltheoretischen Lehrbüchern findet man diesen Gedanken eher selten.

Die Normalform-Darstellung des Gefangenendilemmas stellt explizit allein die Spielzüge dar; in der Spieltheorie werden sie „Strategien" genannt. Wo sind die Spielregeln, die Institutionen?

---

[12] Mit dem tiefgestellten t1, t2 usw. werden verschiedene Zeitpunkte markiert. „Handlungsbedingungen$_{t1}$" ist dementsprechend zu lesen als „Handlungsbedingungen zum Zeitpunkt t1".

[13] Gleichwohl handelt es sich auch in der Wissenschaft um eine durch den Wissenschaftler, d.h. in seinen Kategorien erfolgende, *rekonstruierte* Situationsdeutung, d.h. der Wissenschaftler versucht, die Situationswahrnehmung der Akteure in seinen Begriffen darzustellen.

Die für die Interaktionsökonomik so wichtigen Spielregeln – auf der Unterscheidung beruht die Zweistufigkeit – sind allerdings, wenn auch nur implizit, vorhanden: Sie finden ihren Niederschlag in den payoffs, den Auszahlungswerten, des „Spiels", also der Handlungen. Die Spielregeln konstituieren ein Spiel, und eine Änderung der Spielregeln konstituiert ein neues, ein anderes Spiel – mit anderen Auszahlungen. Die vielen Arten und Typen von Spielen, die die Spieltheorie erforscht hat, verkörpern unterschiedlichste Spielregeln. – Wir illustrieren dies an einer Veränderung unseres Grundmodells von Dilemmastrukturen.

Im originären Gefangenendilemma ist kein Grund zu finden, dass ein Akteur von der Defektionsstrategie abweichen sollte: Er würde dann bei diesen Auszahlungen, d.h. bei diesen Spielregeln, „irrational" handeln, und dies kann – jetzt philosophisch argumentiert – nicht einmal eine Ethik von ihm verlangen. In *diesem* Spiel ist Defektieren die dominante Strategie, und die Akteure geraten in die „soziale Falle", also zu einem Resultat, zu dem für jeden einzelnen ein besseres denkbar ist. Der sachliche Grund: Sie bringen eine glaubwürdige Verhaltensbindung, d.h. eine Institution, nicht zustande. Die Handlungsbedingungen in ihrer Gesamtheit, die „Situation" also, erzwingt logisch dieses Ergebnis: Moralische oder sonstige Appelle helfen nichts.

Das für jeden einzelnen bessere, also pareto-superiore Resultat lässt sich nur erreichen, wenn man die „Situation" ändert. Das bedeutet, wenn man die Spielregeln ändert, was zu einem anderen Spiel, d.h. zu anderen Resultaten führt. Durch die Einschaltung des Autohändlers entsteht ein anderes Spiel, genauer: Es entstehen zwei andere Spiele – aufgrund deutlich verbesserter Informations-, Anreiz- und Abwicklungsbedingungen. Das Ergebnis: Defektieren lohnt sich nicht mehr, und die Akteure stellen so die Abwicklung der Tauschvorgänge zu solchen Bedingungen sicher, die es ihnen ermöglichen, d.h. rational erscheinen lassen, sich auf die Interaktionen einzulassen, weil sie jetzt die Ausbeutung nicht mehr befürchten müssen.

Technisch lässt sich dies so darstellen: Wenn man die Handlungsbedingungen z.B. so ändern könnte, dass „Defektieren" mit einer Strafe belegt wird, ergibt sich eine andere Auszahlung, die dann ein anderes Handeln „rational" macht. Wir erhalten dann die folgende Auszahlungsmatrix, wobei man sich unter dem Term „-3" eine Sanktion vorzustellen hat, die den Akteur in seiner Präferenzordnung um drei Einheiten zurückstuft:

| | | Herr *j* | |
		kooperieren	defektieren
		I	II
	kooperieren	*3, 3*	*1, 4-3*
Frau *i*		III	IV
	defektieren	*4-3, 1*	*2-3, 2-3*

Jetzt lohnt Defektieren nicht mehr: Weder lohnt es für den Studenten, bei der Ratenzahlung säumig zu sein, weil der Autohändler die Raten plus Eintreibungskosten gegen ihn durchsetzen wird, noch lohnt es für den Angestellten, seine Kompetenzgrenzen zu überschreiten, weil der Chef ihm Nachteile auferlegt, und es lohnt auch nicht für den Händler, dem Studenten bewusst eine „Rostlaube" zu verkaufen, weil er über den Garantievertrag und über den Verlust an Reputation massiv für diese Täuschung zur Kasse gebeten wird.

1.4.5 Theorie der Steuerung: Handlungstheorie und Gesellschaftstheorie

Eine Sozialwissenschaft, die soziale Tatbestände erklären will, um sie zu gestalten, muss eine Antwort auf die Frage geben, wo sie bei der Gestaltung ansetzt. Eine Ökonomik, die Interaktionen zwecks Erzielung von Kooperationsgewinnen ins Zentrum der Betrachtung rückt und damit die Bedeutung von Institutionen hervorhebt, hat auf die Gestaltungs- bzw. Steuerungsproblematik implizit bereits die Antwort gegeben: Ansatzpunkt für die Steuerung der Gesellschaft sind nicht die Handlungen, sondern die Handlungsbedingungen, und unter diesen der gestaltungsfähige Teil derselben: die Institutionen.

Es ist in der Theoriebildung also scharf zwischen Handlungstheorie und Institutionentheorie, allgemeiner: Gesellschaftstheorie zu unterscheiden, und es ist streng darauf zu achten, gesellschaftliche Probleme nicht in handlungstheoretischen Kategorien auszulegen und anzugehen. Es ist unzweckmäßig, die Gesellschaft als ein großes Individuum anzusetzen, das über einen einheitlichen „Willen" verfügte, das seine „Ziele" mit den geeigneten „Mitteln" – gegebenenfalls unter Inkaufnahme von Nebenwirkungen – verfolgen würde, usw. Die Beseitigung der Arbeitslosigkeit hängt nicht vom „Willen" irgendwelcher Akteure ab – die wollen handlungstheoretisch immer dasselbe: Maximierung ihres individuellen Nutzens –; weil in Dilemmastrukturen kein einzelner Akteur das Ergebnis kontrolliert, hängt die Beseitigung der Arbeitslosigkeit vielmehr von dem geeigneten Regelsystem ab. „Geeignet" ist ein Regelsystem dann, wenn es dafür sorgt, dass solche Handlungen, die alle Betroffenen besserstellen, auch den individuellen Nutzen aller Beteiligten – unter den jeweiligen, artifiziell etablierten Bedingungen – maximieren.

Die Ökonomik verwendet hier die Denkfigur der *nicht-intendierten Folgen intentionaler Handlungen*. Die Handlungen der Akteure sind durchaus intentional, aber eigeninteressiert-intentional; die gesellschaftlichen Ergebnisse stellen sich als von niemandem intendierte Nebenprodukte solch eigeninteressierter Handlungen ein. Steuerungsvariablen sind gesellschaftstheoretisch, gesellschaftspolitisch die Bedingungen, die Regeln, die Institutionen: Sie bestimmen die Handlungsanreize der Akteure und kanalisieren so deren Handeln.

Das bedeutet: Wer bestimmte gesellschaftliche Resultate – wie z.B. den Abbau der Arbeitslosigkeit, Umweltschutz, steigende Geburtenraten und sinkende Kriminalitätsraten und dgl. mehr – erreichen will, *kann grundsätzlich nicht bei den Intentionen der Akteure ansetzen*; er fiele damit in die Handlungstheorie zurück, die insofern strukturkonservativ ist, als sie Handeln unter *gegebenen Bedingungen* thematisiert. Der Gesellschaftspolitik geht es demgegenüber um die Gestaltung der Bedingungen unter *gegebener, nämlich „ökonomischer", Handlungslogik der Akteure*.

Das bedeutet zugleich, dass gesellschaftlich unerwünschte Resultate grundsätzlich nicht dem Werteverfall, der Charakterschwäche der Bürger, Politiker oder Unternehmer etc. oder ihrem fehlenden politischen „Willen" zugerechnet werden können – das wäre wieder Handlungstheorie –, sondern auf unzweckmäßige Handlungsbedingungen, Institutionen zugerechnet werden müssen.

Gesellschaftlich erwünschte Resultate müssen methodisch als Nebenprodukte eigeninteressierter Handlungen ins Spiel kommen, nicht jedoch als von einigen/allen intendierte, dann als „gemeinsam" bezeichnete Ziele. Dies ist der Sinn des berühmten Satzes von Adam Smith, der am Beginn der Wissenschaft Ökonomik steht: „Nicht vom Wohlwollen des Metzgers, Brauers und Bäckers erwarten wir das, was wir zum Essen brauchen, sondern davon, dass sie ihre eigenen Interessen wahrnehmen. Wir wenden uns nicht an ihre Menschen- sondern an ihre Eigenliebe, und wir erwähnen nicht die eigenen Bedürfnisse, sondern sprechen von ihrem Vorteil." (Smith 1776/1983, S. 17) Oder kurz: Der Wohlstand aller hängt nicht vom Wohlwollen der Akteure ab. Mit der Beseitigung der Arbeitslosigkeit ist daher nur zu rechnen, wenn die Unternehmen durch Einstellung von Arbeitslosen ihre Gewinne steigern können. Das intentionale Handlungsmodell ist als Modell für die Steuerung von Gesellschaften völlig ungeeignet, weil es sich bei letzterer nicht um Handlungen, sondern um Interaktionen und ihre institutionelle Gestaltung handelt.

Die folgende Abbildung stellt die Handlungs- und Gesellschaftstheorie gegenüber und zeigt, dass sich veränderte gesellschaftliche Resultate aufgrund veränderter Bedingungen, d.h. veränderter Regeln, die veränderte individuelle Handlungen nach sich ziehen, ergeben.

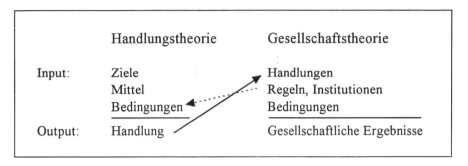

	Handlungstheorie	Gesellschaftstheorie
Input:	Ziele	Handlungen
	Mittel	Regeln, Institutionen
	Bedingungen	Bedingungen
Output:	Handlung	Gesellschaftliche Ergebnisse

Während z.B. die Individualethik zur Veränderung individueller Handlungen bei den Zielen – dem Willen, den Präferenzen – ansetzt, was in der Handlungstheorie grundsätzlich in Ordnung ist, da sie unter „gegebenen" Bedingungen arbeitet, setzt die Gesellschaftstheorie bei der Veränderung der Handlungsbedingungen an und setzt darauf, dass sich alle Individuen an die veränderten Bedingungen – z.B. niedrigere Lohnnebenkosten – rational anpassen. Selbst in unserem einfachen Beispiel kam der Student an das Auto des Professors erst durch eine grundlegende Veränderung der Interaktionsbedingungen – und keineswegs durch einen Sinneswandel des Professors – etwa der Art, dass er jetzt plötzlich zu der Einsicht gekommen wäre, er dürfe doch nicht Studenten der Betriebswirtschaftslehre diskriminieren, nur weil der „Spiegel" denen einmal besonderen Opportunismus attestiert hatte.

1.4.6 Maximierungsparadigma versus Koordinierungsparadigma

Es gilt in der Ökonomik als unstrittig, dass individuelles Handeln nach dem Schema analysiert wird: Akteure maximieren ihren Nutzen unter Restriktionen.

Was aber geschieht in der Interaktion? „Maximieren" die Interaktionspartner hier irgendeine gemeinsame Zielgröße, und was könnte das sein? Ebenfalls den – nunmehr gemeinsamen – „Nutzen"? Oder streben sie nach „gesellschaftlicher Effizienz"?

Viele Denk- und Redeweisen, die auch in der Ökonomik verbreitet sind, wie z.B. „gesamtwirtschaftliches Wachstum" oder andere wirtschaftspolitische „Ziele", unterstützen diese Vorstellung. In älteren Publikationen ist auch öfter von „kollektiv schlechtester" bzw. „kollektiv bester" Lösung im Gefangenendilemma die Rede, so als ob hier die Nutzen der Akteure zusammengezählt würden. Was geschieht aber, wenn der Nutzen von Frau *i* steigt und der des Herrn *j* sinkt? Kann man hier Nutzen interpersonell verrechnen?

Nach unserer Auffassung ist es grundsätzlich *verfehlt*, in Interaktionen einen *kollektiven Maximanden* anzunehmen. Die Individuen *maximieren* jeweils ihren *individuellen Nutzen*, und sie benutzen dazu als *Instrument* die Interaktion mit anderen, die ihrerseits in dieser Interaktion ebenfalls *ihren individuellen Nutzen maximieren* wollen. Die *Maximierungsvorstellung* gehört in die *Handlungstheorie*. Was demgegenüber in *Interaktionen* geschieht, nämlich die Abstimmung des Verhaltens, ist streng davon zu unterscheiden. Wir bezeichnen es als *„Koordinierung der Handlungen"* zweier oder mehrerer nutzenmaximierender Akteure. Aus diesem Grund ist für die *Handlungsanreize* der Interaktionspartner grundsätzlich nur von Bedeutung, *was für sie individuell herauskommt*, nicht jedoch, was für andere aus der Interaktion herauskommt. Natürlich scheint das bei einem „Altruisten" anders zu sein, aber der Ökonom verwendet hier, um methodisch konsistent zu bleiben, den Kunstgriff, das Wohlergehen von Herrn *j* als Teil des Nutzens von Frau *i* zu interpretieren, so dass er konsequent beim Maximierungsparadigma für Frau *i* bleiben kann, in dem dann der Nutzen des Herrn *j* als Element auftritt. Der Begriff Nutzen ist, wie bereits ausgeführt, völlig offen.

Was aber tritt in Interaktionen an die Stelle der Nutzenmaximierung, der Maximierung einer Zielfunktion, da man doch auch in Interaktionen eine „Größe" braucht, *auf die hin* das Interaktionssystem – politisch – ausgerichtet werden soll? Und haben wir nicht selbst von „gemeinsamen Interessen" der Interaktionspartner gesprochen, deren Realisierung als Ziel der Interaktion angenommen werden muss, wenn sie überhaupt stattfinden soll?

Es geht darum, dass solche Interaktionen zustande kommen, von denen sich beide/alle Partner eine *individuelle* Nutzensteigerung versprechen. Das *gemeinsame* Interesse geht auf das Zustandekommen von produktiven, für beide vorteilhaften, d.h. Kooperationsgewinne realisierenden Interaktionen, und dazu ist – auf der Meta-Ebene – die durch *Institutionen erfolgende Abstimmung erforderlich*, durch die es möglich wird, dass die erwünschten Interaktionen zustande kommen und die unerwünschten wie Raub und Steuerhinterziehung unterbunden werden. Oder kürzer: *Das gemeinsame Interesse betrifft die erwünschten Interaktionen als solche, sonst nichts.* Auf diese Weise können beide/alle Interaktionspartner ihre je individuellen Ziele besser verfolgen. Es mag sich dabei um einmalige oder wiederholte, kurz- oder langfristige, einfache oder komplexe, auf Handlungen oder auf Handlungssequenzen, d.h. Regeln bezogene, um zweiseitige oder mehrseitige Abstimmungsprozesse handeln. Es geht darum, dass die Interaktionspartner – worunter wir die aktiv werdenden Beteiligten und die passiv Bleibenden, aber Betroffenen, zugleich verstehen – den in Frage stehenden Institutionen *zustimmen* können, weil diese Institutionen die Voraussetzung für die Realisierung von Kooperationsgewinnen aller Beteiligten und Betroffenen bilden.

Was bedeutet: An den Platz der *Zielfunktion im Maximierungsparadigma der Handlungstheorie* tritt im Rahmen der *Interaktionstheorie die Idee der Zustimmung (zu Regeln) im Koordinierungsparadigma.* Die Akteure verfolgen grundsätzlich verschiedene Ziele, genau wie im Straßenverkehr der eine nach Frankfurt/Main, der andere nach München, der dritte nach Moritzburg bei Dresden, usw. will: Was sie brauchen, um ihre individuellen Ziele sicher, schnell und bequem zu erreichen, ist eine gute Straßenverkehrsordnung, mehr nicht.

Wir machen diesen Unterschied zwischen Maximierungs- und Koordinierungsparadigma so scharf, weil oft ganz umstandslos von „gesellschaftlichen" Zielen geredet wird; diese Vorstellungswelt „gemeinsamer Ziele" hatte der Nobelpreisträger von 1974 Gunnar Myrdal (1898–1987) bereits 1930 als „kommunistische Fiktion" bezeichnet und darauf hingewiesen, dass dann immer die Gefahr naheliegt, solche Ziele mit totalitären Mitteln durchzusetzen (Myrdal 1930/1963, S. 48 u. pass.). Diese Vorstellung von Politik ist obsolet geworden.

Diese Theorieentscheidung für den scharfen Unterschied zwischen Maximierungs- und Koordinierungsparadigma werden wir im 3. Kapitel wieder aufgreifen und von einer etwas anderen Perspektive beleuchten, wenn wir die Theorie der Demokratie entwickeln.

1.4.7 Der Begriff von Gesellschaft

Von großer Bedeutung für die Theorieentscheidungen der ökonomischen Literatur ist schließlich das Verständnis von Gesellschaft. Hier lassen sich zwei grundlegende Richtungen unterscheiden, die wir in anderem Zusammenhang bereits kennen.

Die *eine Richtung* fasst die Gesellschaft grundsätzlich als *„Kampf aller gegen alle"*, als bellum omnium contra omnes, auf: Diese Formulierung stammt von Thomas Hobbes, aber wir zögern, ihn selbst dieser Richtung zuzurechnen, weil der Kampf aller gegen alle, der sogenannte „Naturzustand", bei ihm nur die Modellierung der *Problemstellung*, d.h. den Startpunkt der theoretischen Analyse, darstellt, während es ihm im „Gesellschaftszustand" um eine produktive Überwindung dieses Naturzustandes geht.

Die Gesellschaft wird in dieser Richtung als Arena von Macht- und Verteilungskämpfen vorgestellt, wobei diese Kämpfe entlang verschiedener Linien verlaufen können: Klassen, Rassen, Religionen, Staaten, Kulturen/Zivilisationen, reichen und armen Ländern, und dgl. mehr. In der (Sozio-)Biologie geht es um den struggle of life, um das Überleben, wobei offen ist, wovon, von Individuen, von Arten oder von Genpools. In Gang gehalten werden diese Kämpfe durch die Knappheit der Ressourcen, die eine Rationierung nötig macht.

Diese Theoriewelt ist in den heutigen öffentlichen Diskussionen, aber auch in den Diskursen der Sozialwissenschaften weit verbreitet: Konkurrenz- und Konflikttheorien, Machttheorien und Verteilungstheorien leben in dieser Theoriewelt. Damit sind Vorentscheidungen gefallen: Solche Theorien bzw. entsprechende Theorieteile fokussieren auf die *konfligierenden Interessen* und übersehen nicht selten völlig, dass Interaktionen immer auch von gemeinsamen Interessen gekennzeichnet sind.

Die *andere Richtung* begreift die Gesellschaft genau umgekehrt als Arena der Verfolgung *gemeinsamer Interessen*. Dies führt zu einem harmonistischen Gesellschaftsverständnis. Ältere Konzepte fassten die Gesellschaft, den Staat, als großen Organismus auf, in dem alle Glieder ihren Platz haben und funktional für das übergeordnete Ganze zusammenwirken. Sozialistische Theorien gingen von Gegensätzen zwischen den Klassen aus, behaupteten aber innerhalb der Klassen gemeinsame Interessen und leugneten – und unterdrückten – die konfligierenden Interessen innerhalb der „Arbeiterklasse". Moderne Varianten sind Auffassungen, nach denen ein Staat, eine Nation, eine Staatengemeinschaft mehr seien und sein müssten als ein Zusammenschluss von Individuen zur Verfolgung individueller Interessen, und sie wollen in der Gesellschaft so etwas wie eine Gemeinschaft mit gemeinsamen Zielen, gemeinsamen Werten, mit gemeinsamer Kultur und dergleichen mehr sehen. Diese Richtung zeigt sich regelmäßig besorgt über Individualisierung und Ökonomisierung, Verlust des Gemeinsinns und Verfall der Werte. Solche Gedanken werden heute philosophisch-soziologisch vor allem von der Richtung des Kommunitarismus formuliert, die unter Politikern wie Bill Clinton, Tony Blair, Gerhard Schröder und Kurt Biedenkopf Anklang findet.

Diese Theoriewelt glaubt, von gemeinsamen Zielen von bzw. für Kollektive wie Staaten ausgehen zu können oder ausgehen zu müssen, weil andernfalls Politik, handlungstheoretisch als Durchsetzung von Zielen mit entsprechenden Mitteln konzipiert, gar nicht möglich sei. In unserer Sprache fokussiert diese Richtung auf gemeinsame Interessen in allen Interaktionen und verhält sich entweder naiv oder etatistisch-autoritär-totalitär gegenüber den konfligierenden Interessen.

Zu leicht würde man es sich nun mit der einfachen Behauptung machen, beide Richtungen hätten teilweise recht, man müsse eine Vermittlung versuchen und von Fall zu Fall, also ad hoc, entscheiden, welche Interessen dominieren. Das ist zwar intuitiv nicht ganz falsch: Schließlich sind auch wir davon ausgegangen, dass in allen Interaktionen zugleich gemeinsame und konfligierende Interessen angesetzt werden müssen. Unbefriedigend bliebe aber bei einer solchen Auffassung, dass die „Mischung" der Interessen völlig willkürlich, nach Augenschein oder Intuition des Forschers, und einzelfallbezogen, also insgesamt untheoretisch, bestimmt würde. Demgegenüber benutzen wir ein Gesellschaftsmodell, dessen Grundbestimmungen theoretisch präzise entwickelt und methodisch ausgewiesen werden, und wir behaupten ferner, dass diese Theorieentscheidung enorme theoretische Folgen für die ganze Ökonomik haben wird.

Für uns ist die Gesellschaft „ein Unternehmen der Zusammenarbeit zum gegenseitigen Vorteil" (Rawls 1971/1979, S. 105). Auch wenn Rawls später gewisse Korrekturen vornehmen zu müssen glaubt, verwenden wir sie hier programmatisch: Die Gesellschaft betrachten wir als Arrangement, in dem die Individuen sich wechselseitig zu größeren Vorteilen verhelfen. Dabei haben sie – dies ist nicht mehr Rawls – *systematisch immer* zugleich gemeinsame und konfligierende Interessen. Über dieses „zugleich" bzw. „und" können wir präzise Aussagen machen, indem wir die Struktur als Dilemmastruktur auslegen bzw. rekonstruieren.

Fassen wir abschließend die Essenz noch einmal zusammen: Zentrales Merkmal der generellen Grundstruktur aller Interaktionen, der Dilemmastruktur, ist das Nicht-Erreichen theoretisch möglicher Kooperationsgewinne, d.h. der Vorteile für beide/alle, aufgrund der individuellen Anreizsituation, technisch: ein *pareto-inferiores Gleichgewicht*. Dieses Ergebnis geht im wesentlichen auf zwei Bedingungen zurück:

- Keiner der Interaktionspartner kontrolliert allein das Ergebnis (Verhaltensinterdependenz).
- Wer im Sinne des gemeinsamen Interesses vorleistet, setzt sich der Ausbeutung aus.

Weiterhin sei daran erinnert, dass unter den „gemeinsamen" Interessen nicht, wie das in der zweiten Richtung des Gesellschaftsverständnisses der Fall war, inhaltliche Gemeinsamkeiten wie gemeinsame Ziele oder Werte verstanden werden, sondern lediglich ein formales Ziel oder Meta-Ziel: *Gemeinsam* ist den Akteuren *nur das Interesse an der Interaktion*, genauer an den Interaktionen, weil und sofern sie Kooperationsgewinne versprechen. Diese Konzeptualisierung lässt zu, dass die Akteure trotz – oder gerade wegen – unterschiedlicher Ziele in einer Gesellschaft *nach Regeln interagieren* können, die soziale Ordnung stabil bleibt und alles dem gegenseitigen Vorteil dient. In unserer Geschichte aus 1.2 wollte der Professor das Geld, der Student das Auto, der Autohändler Gewinn und sein Angestellter eine Umsatzprämie. Sie wollen grundsätzlich nie – und in der Realität systematisch nur zufällig – dieselben inhaltlichen Ziele, und spätestens bei der Aufteilung der Kooperationsgewinne befinden sie sich – in der Theoriewelt der Ökonomik wohlgemerkt – im Konflikt.

Schließlich ist noch einmal an den systematischen Zusammenhang von Interaktionen und Institutionen zu erinnern: Die Interaktionsprobleme werden durch Regeln, Regelsysteme, Institutionen überwunden. Insofern gehören *Dilemmastrukturen und Institutionen systematisch zusammen wie Problemexposition und Problemlösung*. Gesellschaften, insbesondere moderne Gesellschaften, sind nicht „zielverknüpft", sondern „regelverknüpft" (F. A. von Hayek 1976/1981, S. 62), sie sind intentional entkoppelt und institutionell verknüpft. Die Informations- und Anreizprobleme aller Interaktionen, die sich in Dilemmastrukturen niederschlagen, werden durch Institutionen bearbeitet und im günstigen Falle überwunden – zum gegenseitigen Vorteil der Interaktionspartner/der Gesellschaftsmitglieder.

Lektürevorschläge

Das erste Kapitel soll, neben seinem einführenden Charakter, grundlegende Theorieentscheidungen der in diesem Buch entwickelten Konzeption offenlegen. Aus diesem Grund geben wir hier, abweichend von dem Verfahren der Lektürevorschläge in den folgenden Kapiteln, lediglich Hinweise auf solche Arbeiten, die diese Interaktionsökonomik weiter explizieren.

Es handelt sich im einzelnen um Gerecke 1998, Homann 1988, Kap. 3, 1994, 1994a, 1997, 1999 und 1999a; Pies 1993, 1999, Suchanek 2000.

Zusammenfassung

1. Die Ökonomik wird als Interaktionsökonomik entwickelt; dadurch wird das Konzept Dilemmastrukturen zentral. Für Interaktionen werden generell gemeinsame und konfligierende Interessen angesetzt.

2. Die dilemmastrukturbedingten Interaktionsprobleme lassen sich als Informationsprobleme und Anreizprobleme explizieren.

3. Die Interaktionsökonomik impliziert eine ökonomische Aktions- oder Handlungstheorie. Diese folgt dem Analyseschema: Akteure maximieren

ihren Nutzen unter Nebenbedingungen; oder: Akteure folgen ihren Anreizen.

4. Die Interaktionsökonomik führt zu einer ökonomischen Institutionentheorie: Die Funktion von Institutionen besteht darin, als – formelle und/oder informelle – Regelsysteme häufig wiederkehrende Interaktionsprobleme in berechenbarer Weise zu lösen. Institutionen stellen so Handlungsbedingungen, Restriktionen, dar.

5. Daraus folgt: Die Ökonomik muss zweistufig, mit Hilfe der Unterscheidung zwischen Handlungen und Handlungsbedingungen, zwischen Spielzügen und Spielregeln, arbeiten. Es handelt sich um eine problemabhängige und in diesem Sinne relative Zweistufigkeit.

6. Daraus folgt des Weiteren: Die Steuerung der modernen Wirtschaft und Gesellschaft erfolgt nicht über die Handlungsmotive oder Handlungsziele der Akteure, sondern über die – zum Teil politisch gestaltbaren – Handlungsbedingungen, die das eigeninteressierte Handeln der Akteure kanalisieren.

7. Daraus folgt schließlich: Auf der Ebene der Gesellschaft geht es um die Koordinierung der Handlungen der Akteure, während es auf der Handlungsebene um die Maximierung des Nutzens eines jeden einzelnen Akteurs geht. Es ist daher als Kategorienfehler einzustufen, wenn das Maximierungsparadigma einer Interaktions- bzw. Gesellschaftstheorie zugrunde gelegt wird.

8. Die Gesellschaft wird – heuristisch – als „Unternehmen der Zusammenarbeit zum gegenseitigen Vorteil" (J. Rawls) verstanden.

Schlüsselbegriffe

Aktions- bzw. Handlungstheorie	Institutionentheorie
Anreize	Interaktionsökonomik
Dilemmastrukturen	Interaktionsprobleme
Gesellschaftsbegriff	Maximierungsparadigma und Koordinierungsparadigma
Handlungen und Handlungsbedingungen	Organisation
Informationsprobleme und Anreizprobleme	Staat
	Zweistufigkeit

2. Kapitel

Die Realisierung von Kooperationsgewinnen

Dieses Kapitel bildet den zweiten Durchgang durch das Grundthema der Ökonomik. Wiederum geht es um Interaktionen und die sich dabei ergebenden Kooperationsgewinnen potenziellen Kooperationsgewinne, um die Schwierigkeiten, sie anzueignen angesichts diverser Informations- und Anreizprobleme, und um die (institutionellen) Möglichkeiten, diese Schwierigkeiten zu bewältigen. In diesem Durchgang werden die grundlegenden theoretischen Konzepte diskutiert, mit deren Hilfe dann im dritten Durchgang die gesellschaftlichen Institutionen analysiert werden können.

Diese Konzepte können als Schemata verstanden werden, die unsere Sicht der Wirklichkeit – besser noch: unsere Sicht der *Probleme* – strukturieren. Insofern könnte man sagen, es geht darum, *ökonomisch denken zu lernen*. So wird man im Folgenden häufig die Wendung finden „Nehmen wir an, dass ...". Es gibt zahlreiche Anekdoten über diese für Ökonomen typische Formel – so etwa von dem Ökonomen, der auf einer einsamen Insel mit einer Konservendose sitzt und das Problem, sie zu öffnen, wie folgt 'löst': „Nehmen wir an, wir hätten einen Dosenöffner, ..." Tatsächlich aber steckt dahinter buchstäblich *Methode*, nämlich die Idee, sich bestimmte Situationskonstellationen in radikal vereinfachter Weise vorzustellen, um auf diese Weise die grundlegenden Zusammenhänge der Probleme verstehen zu können. Wichtig ist es dann natürlich, die Annahmen problemadäquater zu treffen als der Inselökonom, und genau das meinen wir mit „ökonomisch denken": eine *problemorientierte, methodisch kontrollierte Rekonstruktion sozialer Phänomene.*

Der zweite Durchgang erfolgt in vier Schritten: Im ersten Schritt (2.1) diskutieren wir die grundlegenden Konzepte der Handlungstheorie. Sie steht aus didaktischen Gründen – gewissermaßen als 'Propädeutikum' – am Anfang, da das Wissen um die Wirkungsweise verschiedener Anreizkonstellationen für die Betrachtung des eigentlichen Problemgegenstands der Ökonomik: Interaktionen und die sie koordinierenden Institutionen, benötigt wird.

Im zweiten Schritt (2.2) untersuchen wir genauer, was aus der Tatsache der Existenz anderer Akteure folgt, welche Chancen – nämlich Aussichten auf Kooperationsgewinne – und welche Probleme – nämlich Informations- und Anreizprobleme – bestehen. Überlegungen zu den Lösungsmöglichkeiten der Probleme, den Institutionen, erfolgen im dritten Schritt (2.3). Schließlich können im vierten Schritt auf der Basis der bis dahin gewonnenen Einsichten genauere Betrachtungen über die grundlegenden Formen der Generierung von Kooperationsgewinnen angestellt werden (2.4).

2.1 Handlungstheorie

Im ersten Kapitel wurde die Handlungstheorie der Ökonomik zusammengefasst in der Formel „Individuen folgen ihren Anreizen" bzw. – in der technischeren Version – „Individuen maximieren ihren Nutzen unter Restriktionen". In diesem Abschnitt werden die Grundlagen der Handlungstheorie genauer ausgeführt.

Wir beginnen mit einem Begriff, den wir als generelle Grundlage für die Ökonomik abgelehnt haben: *Knappheit* (2.1.1). Für die Handlungstheorie ist er durchaus zweckmäßig, ebenso wie andere handlungstheoretische Begriffe wie „Ziel", „Mittel", „maximieren", „Optimum" und dergleichen mehr. Er ist gewissermaßen die handlungstheoretische Grundlage dafür, dass der Ökonomik nicht die Arbeit ausgehen wird, ganz im Gegenteil. Wie wir zeigen werden, ist systematisch nicht damit zu rechnen, dass individuelle Knappheitssituationen mit der Zeit verringert oder gar ganz überwunden werden. Das liegt natürlich auch ganz wesentlich an der Existenz anderer Akteure, die, gewollt oder ungewollt, permanent Einfluss auf die individuellen Knappheitsbedingungen nehmen.

Mit der Erörterung des Begriffs „Anreize" beginnt dann die Vorstellung der grundlegenden Konzepte handlungstheoretischer Analysen (2.1.2). In 2.1.3 wird anschließend erläutert, wie in der Ökonomik die Reaktion der Akteure auf ihre Anreizsituation dargestellt wird: in Form der Modellierung der *relevanten Alternativen* und der Annahme, dass die Akteure die *beste* der Alternativen wählen, also ihren Nutzen maximieren. Als methodisches Instrument solcher Analysen hat sich die *Marginalanalyse* als ein außerordentlich leistungsfähiges Instrument erwiesen, so dass wir dieser Technik den nächsten Abschnitt 2.1.4 widmen. Anhand der Marginalanalyse lässt sich insbesondere das wichtigste handlungstheoretische „Gesetz" der Ökonomik herleiten: das „Gesetz der fallenden Nachfragekurve" (2.1.5).

Allerdings sind die Alternativen, vor denen Individuen stehen, auch häufiger durch Bedingungen gekennzeichnet, die durch die Marginalanalyse nicht erfasst werden können; diese Bedingungen können in allgemeinster Form mit dem Begriff „Unteilbarkeiten" charakterisiert werden. Wir greifen hier eine besonders wichtige Form von Unteilbarkeiten heraus, nämlich die *Bindungswirkung von Investitionen in Vermögenswerte* (2.1.6). Dieses Konzept ist deshalb von besonderer Bedeutung, weil der Begriff „Investition" in der Ökonomik *sehr* weit gefasst wird: So ist z.B. der Verzicht auf einen kurzfristigen Vorteil um der Wahrung des guten Rufes willen eine Investition in den Vermögenswert „Reputation".

Doch obwohl in den konkreten Einzelsituationen von Individuen in der Regel eine Fülle solcher Bindungswirkungen existieren, ist die Marginalanalyse für die Ökonomik ein sehr wichtiges Instrument. Den Grund erörtern wir in 2.1.7: Wenngleich auch viele Einzelfälle durch Unteilbarkeiten gekennzeichnet sind, ergibt sich doch bei der Betrachtung einer Vielzahl von Einzelfällen, d.h. im *Aggregat*, eine Tendenz, die mit der Marginalanalyse sehr gut erfasst werden kann.

2.1.1 Knappheit

Es gibt keine gesellschaftliche Knappheit. Wohl aber erfahren Akteure, dass ihre individuellen Mittel – materielle und finanzielle Ressourcen, Zeit, Wissen und individuelle Fähigkeiten („Humankapital") usw. –, die sie für ihre individuellen Ziele einsetzen können, knapp sind. Diese Knappheit ist *universal*.

Hier könnte allerdings ein Nicht-Ökonom einhaken und behaupten, dass die individuelle Knappheit doch erheblich reduziert wurde, jedenfalls in den Industrieländern. Das ist in gewissem Sinne richtig, bezieht sich aber auf einen *absoluten* Knappheitsbegriff.

Absolute Knappheit meint soviel wie „Mangel"; bei festgelegtem Ziel ist von dem dafür vorgesehenen Mittel zu wenig vorhanden; so leidet ein Verhungernder offensichtlich an absoluter Knappheit an Nahrungsmitteln. Hier werden weder unterschiedliche Ziele noch unterschiedlich einsetzbare Mittel betrachtet.

Das ist jedoch nicht der Knappheitsbegriff der Ökonomik. Knappheit im ökonomischen Sinne ist *immer relativ, nie absolut* gemeint, und es ist die relative Knappheit, die den Betrachtungen der ökonomischen Handlungstheorie zugrunde liegt in Form der Annahme, dass alle Akteure permanent danach trachten, sich besserzustellen, in einem „beständigen Fortgang von einem Wunsch zum andern, wobei die Erreichung des ersteren immer dem folgenden den Weg bahnen muss" (Hobbes 1651/1980, S. 90).

Bei der ***relativen Knappheit*** geht es darum, wie Akteure verfügbare Mittel in bezug auf *verschiedene* Ziele so einsetzen, dass sie ihren Nutzen maximieren. Die Knappheit wird dabei nicht überwunden, das Problem besteht einzig in der Wahl des bestmöglichen Einsatzes der Mittel. Der Tatbestand der Knappheit wird hierbei gar nicht verändert, er ist vielmehr Voraussetzung dafür, überhaupt eine ökonomische Entscheidung treffen zu müssen bzw. zu können. Im Vorgriff auf die gleich näher ausgeführten Erläuterungen sei darauf hingewiesen, dass die nicht gewählte, also zweitbeste Alternative die „Kosten", nämlich die „Opportunitätskosten der besten Alternative" darstellen.

Nun verändert sich die individuelle Knappheitssituation – vor allem aufgrund der Existenz anderer Akteure – permanent. Insgesamt haben im Laufe der Zeit die Mittel, die vielen Individuen zur Verfügung stehen, enorm zugenommen. Ist damit für diese Individuen das Knappheitsproblem entschärft?

Die Antwort ist interessanterweise kein klares Ja, sondern ein für Theoretiker typisches „Es kommt darauf an". Ein entscheidender Punkt liegt darin, dass im Laufe der Zeit *neue Möglichkeiten* der Nutzenstiftung entwickelt werden, die nun aber ihrerseits wieder den Einsatz knapper Ressourcen erfordern. Ökonomisch formuliert liegt hier der zunächst verblüffende Umstand vor, dass die (Opportunitäts-)Kosten *steigen* aufgrund der Entwicklung neuer, attraktiver Alternativen, die eine bisher erstbeste zur zweitbesten oder drittbesten Alternative werden lassen und die (Opportunitäts-)Kosten in genau diesem Maße erhöhen. Überspitzt könnte man daher sagen, dass Knappheit in diesem Sinne, nämlich als relative Knappheit, *kein Problem des Mangels, sondern des Überflusses* (an Alternativen bzw. an erreichbaren, jedoch konfligierenden Zielen) ist.

Insofern lässt sich tatsächlich nicht eindeutig sagen, ob die Knappheit für die Individuen zu- oder abgenommen hat. Abgenommen hat z.B. für die meisten Menschen in den entwickelten Marktwirtschaften die Knappheit an Lebensmitteln, zugenommen hat für sie dagegen in der Regel etwa die Knappheit der Zeit.

Im übrigen ist anzumerken, dass eine Gesellschaft ohne Knappheitsprobleme vermutlich auch gar nicht wünschenswert wäre, da Knappheit als beständige Spannung zwischen Erwünschtem und Realisierbarem Grundlage für die Entfaltung menschlicher Leistung ist. Knappheit kann – handlungstheoretisch gesehen – dieselben Funktionen erfüllen, die wir später – im Kontext der Interaktionstheorie – hinsichtlich des Wettbewerbs noch ausführlicher erörtern werden, und das ist neben der eben genannten Funktion der Stimulation menschlicher Leistungsfähigkeit vor allem die Anregung zur Suche nach und Erfindung von neuen Mitteln und Wegen, die eigenen Ziele noch besser als bisher zu verwirklichen bzw. neue, anspruchsvollere Ziele anzustreben.

Es ist deshalb nicht zu befürchten, dass die Ökonomik die (handlungstheoretische) Grundlage ihres Problems verliert, indem alle Menschen mit genau der Situation zufrieden wären, in der sie sich augenblicklich befinden, ohne nach weiteren Vorteilen zu streben. Deshalb dürfte es eine gute Investition sein, die weiteren Ausführungen zu studieren.

2.1.2 Anreize

Im ersten Kapitel wurde bereits deutlich, dass und warum *Anreize* für die Ökonomik zentral sind: Sie sind als „situationsbedingte handlungsbestimmende Vorteilserwartungen" nichts anderes als die *Gründe*, die die Akteure für ihr Verhalten haben. Das Verhalten des Professors, des Studenten oder des Gebrauchtwagenhändlers wurde durchweg bestimmt durch die Anreizbedingungen der Situation. Natürlich war das Beispiel konstruiert, es hätte ebensogut anders ausfallen können, denn es gibt eine Fülle unterschiedlicher Konstellationen von Anreizbedingungen. Im Folgenden wollen wir zunächst einen Eindruck vermitteln von der Vielfalt von Anreizbedingungen, bevor wir anschließend genauer analysieren, wie die Reaktion auf die Anreize modelliert wird.

Beginnen wir mit einem Beispiel, das die Vielfalt von Anreizwirkungen im Alltag verdeutlicht:

Nehmen wir an, in einem Dorf gab es bislang einen einzigen Friseur, bei dem ein einfacher Haarschnitt DM 20,- kostete. Nachdem ein weiterer Friseur einen Laden eröffnete und die gleiche Leistung für DM 18,- anbot (was war wohl sein *Anreiz*?), wechselten viele zu dem „Neuen". Der niedrigere Preis stellte für sie den entscheidenden *Anreiz* dar.

Allerdings gab es auch Kunden, die sich weiterhin wie bisher vom „Alten" die Haare schneiden ließen. Zwar galt auch für sie der *Anreiz* des geringeren Preises, aber es gab offenbar andere *Anreize*, die einem Wechsel ihres Friseurs entgegenwirkten, z.B. die alte Freundschaft, die Sicherheit, 'seinen' Schnitt zu bekommen, vielleicht auch die Nähe zur eigenen Wohnung usw.

Der Wettbewerb, den der „Neue" entfacht hatte, wurde für den „Alten" zu einem *Anreiz*, sich seinerseits Gedanken zu machen, mit welchen *Anreizen* er Kunden zurückgewinnen konnte, und er kam auf die Idee, auch seinerseits die Preise zu senken – zur Freude seiner Kunden.

Allerdings freuten sich nicht alle, der „Neue" fand keinen Gefallen an der Maßnahme. Er überlegte, ob er darauf wiederum mit einer Preissenkung reagieren sollte, um neue *Anreize* für die Kunden zu bieten; er überlegte allerdings auch, welche Wirkungen dies auf seinen Konkurrenten haben würde, und kam zu dem Schluss, dass hier leicht ein für beide ruinöser Wettbewerb entfacht werden könnte. Daraufhin entschloss er sich, seinen Konkurrenten zu einem Glas Wein einzuladen, um mit ihm die schwierige Lage zu besprechen.

Man könnte diese Geschichte nach Belieben fortsetzen und würde immer wieder verschiedenste Anreize ausfindig machen, die erklären, warum die Akteure der Geschichte so handelten, wie sie handelten. Betrachten wir statt dessen die Wirkungen von Anreizen in anderen Situationen.

Beispiele für Anreize:

- Es wird berichtet, dass der englische König Heinrich IV. Gesetze erließ gegen das öffentliche Tragen von wertvollem Schmuck. Nachdem diese Gesetze zunächst nicht viel fruchteten, ließ er einen Zusatz bekanntmachen, nach dem Prostituierte und Diebe von der Regel ausgenommen seien. Daraufhin, so heißt es, sei eine deutlich bessere Befolgung zu beobachten gewesen. Das Beispiel zeigt zunächst, dass jedes Gesetz, das durchgesetzt werden soll, wirksame Anreize für jene bieten muss, die es befolgen sollen. König Heinrich kam auf die Idee, sich dabei *sozialer Anreize* zu bedienen; kaum jemand möchte als Prostituierte oder als Dieb angesehen werden, und deshalb verzichten all jene, für die das gilt, darauf Schmuck zu tragen, weil sie jetzt genau das befürchten mussten.
- Nach einem Vorschlag eines amerikanischen Ökonomen sollten die Lenkräder von PKW's nicht mit Airbags, sondern mit einem großen spitzen Dorn, der auf den Fahrer zeigt, ausgestattet sein. Die Überlegung, die hinter diesem Vorschlag steckt, ist, dass auf diese Weise die Zahl der Unfälle deutlich reduziert werden könnte, weil die Menschen einen ausgeprägten Anreiz hätten, sehr viel vorsichtiger zu fahren. Tatsächlich hat sich gezeigt, dass zusätzliche Sicherheitsmaßnahmen wie Sicherheitsgurte oder eben Airbags nicht dazu führen, die Zahl der Todesopfer und Verletzten bei Verkehrsunfällen zu reduzieren: Durch das Gefühl höherer Sicherheit steigt die subjektive Risikobereitschaft, d.h. der Anreiz zu einem riskanteren Fahren. Oder ausgedrückt in Kategorien, die wir im folgenden noch kennenlernen werden: Gemäß dem *Gesetz der fallenden Nachfragekurve* führt der *gesunkene Preis* für riskanteres Fahren zu einer *erhöhten Nachfrage* nach riskanteren Fahrmanövern, die offenbar vielen Menschen direkt oder indirekt Nutzen stiften.
- Nicht wenige Unternehmen gehen dazu über, ihren Managern einen Teil ihrer Gehälter in Form von Optionen auf Aktien des eigenen Unternehmens auszuzahlen, die sie frühestens nach einer festgelegten Frist von einigen Jahren veräußern dürfen. Auf diese Weise haben die Manager

einen Anreiz, ihr Unternehmen (langfristig) profitabel zu führen, da sie dann von steigenden Aktienkursen profitieren, während Verluste den Wert ihrer Optionen mindern.

- Selbstbeteiligungen bei Versicherungen haben den Sinn, den Versicherten einen Anreiz zu geben, genügend Sorgfalt für die Vermeidung des Eintritts von Schadensfällen aufzuwenden. Der Anreiz für diese Sorgfalt verringerte sich eben durch den Abschluss einer Versicherung, da man dann im Schadensfall kompensiert wird. Dieses als *Problem versteckter Handlungen* bezeichnete Phänomen wird uns später noch in verschiedenen Kontexten wiederbegegnen.

- Bei vielen Schuldnerländern ließ sich beobachten, dass sie ihre im Ausland aufgenommenen Kredite relativ pünktlich bedienten, auch wenn das für den Staatshaushalt enorme Härten bedeutete. Der entscheidende Anreiz für dieses Verhalten war der Wunsch, auch künftig Kredite erhalten zu können.

Diese Beispiele, die beliebig fortgesetzt werden könnten, zeigen, dass Anreize gewissermaßen allgegenwärtig sind und dass sie manche Handlungen, die auf den ersten Blick nicht sogleich verständlich sein mögen, erklären können. Deshalb sind Anreize ein zentraler Bestandteil des folgenden Schemas:

Handlungsbedingungen ⇨ Handlungen ⇨ Handlungsfolgen

Soziale Phänomene – hier dargestellt als *Handlungsfolgen* – werden erklärt durch die *Handlungen* von Individuen, die ihrerseits verständlich werden als (rationale) Reaktionen auf die *Handlungsbedingungen*, die Anreizbedingungen der Situation, in der sich die Handelnden befinden. Die Frage, mit der man die Situationsanalyse beginnt, lautet dann: Welche Interessen (Anreize) hatten die beteiligten Akteure daran, sich so zu verhalten, dass es zu den beobachteten Handlungsfolgen kam?

Es ist zu beachten, dass dies nicht im Sinne einer *Verschwörungstheorie* zu verstehen ist. Wenn man an einem sonnigen Feiertag beim Ausflug in die Berge statt der erhofften Ruhe und Einsamkeit alle möglichen anderen Touristen findet, so hat das ziemlich sicher keiner der Beteiligten angestrebt, es sind nur alle ihren Anreizen gefolgt, das schöne Wetter zu nutzen. Soziale Ereignisse durch individuelle Handlungen zu erklären, heißt also keineswegs, dass es diese Ereignisse sind, die von den Akteuren angestrebt werden. In aller Regel ist dies gerade nicht der Fall: *Soziale Ereignisse sind zu verstehen als nicht-intendierte Resultate intentionaler Handlungen.* So haben wir mit dem Gefangenendilemma bereits ein grundlegendes Schema kennengelernt, in dem die individuellen Anreize ein sozial unerwünschtes[1] Ergebnis hervorbringen. Umgekehrt werden wir im vierten Kapitel einen anderen für die Ökonomik zentralen Fall besprechen, in dem sozial erwünschte Ergebnisse das Resultat individueller Handlungen sind, von denen keine auf dieses Ergebnis gerichtet ist: den (funktionierenden) preisbildenden Markt.

Die Analyse von Anreizen ist auch dann wichtig, wenn man im Rahmen von politischen Gestaltungsvorschlägen abschätzen will, welche Folgen die Änderungen von Bedingungen, z.B. eine Steuererhöhung, die Erfindung neuer Produktionstechniken, der Beitritt zur Europäischen Union usw., haben könnten. Dann betrachtet man, wie sich durch die Reform die Anreize ändern, welche Handlungen daraus folgen und welche Wirkungen diese Handlungen haben. Die folgenden Beispiele sollen diesen Zusammenhang deutlich machen.

Beispiele für Anreizanalysen:

- In der Entwicklungshilfe war das Phänomen beobachtbar, dass Geberländer Empfängerländern aufgrund der großen Armut und der schlechten Lebensbedingungen Kapital zur Verfügung stellten. Gerade der Transfer von Finanzkapital statt Sachleistungen hatte prima facie den großen Vorzug, dass die Empfänger selbst entscheiden können, wo sie die Gelder am sinnvollsten und effektivsten einsetzen. Allerdings wurde dabei unterschätzt, dass der beste Einsatz dieser Mittel *aus Sicht der empfangenden Individuen*, d.h. der herrschenden Eliten des Landes, ein anderer sein könnte als derjenige, der in der Intention der Geber lag. Mehr noch: Die Bindung der Vergabe dieser Gelder an entsprechend schlechte Lebensbedingungen im Empfängerland bedeutete für die Eliten in diesem Land einen starken *Anreiz*, die Lebensbedingungen gerade nicht zu verbessern, um auch weiterhin in den Genuss der Transfers zu kommen.
- Schon manchmal hat ein Professor den Wunsch eines Studenten, seine Note mit Hinweis auf seine schwierigen persönlichen Umstände aufzubessern, zwar ungern, aber doch deutlich zurückgewiesen im Wissen

---

[1] Formulierungen wie „sozial erwünscht/unerwünscht" oder auch „gesellschaftlich erwünscht/unerwünscht" u.ä. sind strenggenommen fehl am Platz, denn sie legen eine handlungstheoretische Sichtweise für gesellschaftstheoretische Sachverhalte nahe (vgl. dazu oben 1.4.5). Man kann sie jedoch als Kurzformel für die Beschreibung von Zuständen nehmen, über die in der Gesellschaft hinreichend Übereinstimmung besteht, z.B. dass hohe Arbeitslosigkeit gesellschaftlich unerwünscht oder Währungsstabilität gesellschaftlich erwünscht ist.

darum, dass dadurch ein *Anreiz* für andere Studenten geschaffen wird, den Erwerb guter Noten nicht durch fachliche Leistungen zu erbringen, sondern indem man sich in ähnliche Umstände bringt. Derartige Sachverhalte, das Problem *potenzieller Präzedenzfälle*, kommen sehr häufig vor. Dabei geht es fast immer darum, in Einzelfällen besondere Hilfen zu geben, Subventionen, Ausnahmeregelungen, Sonderzuwendungen etc., die für diesen Einzelfall auch angemessen erscheinen; doch ist es sehr wichtig, dabei im Auge zu haben, ob durch die Vergabe dieser Hilfe *für andere ein Anreiz geschaffen wird*, sie ebenfalls in Anspruch zu nehmen. Ein besonders schwierig zu handhabendes Beispiel hierfür ist das Problem, ob man den Forderungen von Terroristen nachkommt, um ein Blutvergießen zu verhindern. In der jeweiligen Situation mag das das Beste sein, doch kann sich ein solches Nachgeben für *künftige* Aktivitäten von Terroristen als sehr nachteilig erweisen, denn man setzt dadurch *Anreize*, ähnliche Taten zu wiederholen. In weniger drastischer Form, aber dafür sehr viel häufiger, stehen Eltern im Umgang mit ihren Kindern vor ähnlichen Problemen.

• In Moskau mussten 1997 für Verkehrsverstöße sehr hohe Strafen bezahlt werden. Vermutlich sollte auf diesem Wege das Verkehrschaos auf Moskaus Straßen verringert werden; faktisch wurde damit jedoch vor allem eine inoffizielle Gehaltserhöhung der Moskauer Verkehrspolizisten erreicht, denn durch diese Regelung wurde der *Anreiz* geschaffen bzw. verstärkt, dass Verkehrssünder gegen die Zahlung eines „angemessenen Entgelts" für den jeweiligen Verkehrspolizisten weiterfahren können. Ob das so intendiert war, ist uns nicht bekannt.

Eine Schwierigkeit, der man immer wieder begegnet, wenn man mit Anreizen als „situationsbedingten handlungsbestimmenden Vorteilserwartungen" argumentiert, besteht darin, dass viele Menschen unter diesem Konzept nur materielle, insbesondere monetäre Anreize verstehen. Eine solche Sichtweise verschenkt den Großteil der analytischen Leistungsfähigkeit dieses Konzepts, die darin besteht, dass erstens *alle* handlungsbestimmenden Vorteilserwartungen betrachtet und zweitens *in einen systematischen Zusammenhang gebracht* werden können. So kann man dann im Rahmen ökonomischer Modelle z.B. analysieren, dass sich die Menschen ihr gutes Umweltgewissen etwas kosten lassen, aber eben nicht beliebig viel, und dadurch kann man nicht nur genauer als vorher, sondern auch im Rahmen *eines* Modells bestimmen, bei welchen Anreizkonstellationen Menschen bereit sind, umweltverträglichere Produkte zu kaufen, und wann nicht. Es gibt m.a.W. verschiedene *Arten* von Anreizen.

Beispielhaft und ohne Anspruch auf Vollständigkeit seien einige dieser Formen genannt.

Beispiele für Arten von Anreizen:

- *Monetäre Anreize* sind zweifellos eine der wichtigsten Arten. Das geht v.a. darauf zurück, dass Geld den großen Vorzug hat, für eine sehr große Fülle von Handlungsmöglichkeiten zu stehen. Und es ist deshalb weder erstaunlich noch verwerflich, wenn Menschen großen Wert darauf legen, genügend davon zu besitzen.
- *Soziale Anreize* stellen eine andere wichtige Art dar, die erheblichen Einfluss auf das eigene Verhalten hat. Es macht bei vielen alltäglichen Handlungen einen Unterschied, ob man den Eindruck hat, dabei allein zu sein oder von anderen beobachtet zu werden bzw. werden zu können. Auch werden manche Güter, die in der Ökonomik „Statusgüter" genannt werden, weniger wegen ihrer sachlichen Funktion gekauft als vielmehr um ihrer Symbolwirkung in der sozialen Bezugsgruppe willen, so z.B. bestimmte Kleidung, Automarken usw.
- Wie wir im folgenden Abschnitt und auch später immer wieder sehen werden, ist eine gute *Reputation* eine besonders wichtige Variante des letztgenannten Anreizes. Der Wunsch, bei anderen als verlässlicher Partner, Mitarbeiter oder Interessenvertreter zu gelten, kann sich nachhaltig auf das eigene Verhalten auswirken.
- Wenn man befürchten muss, beim Übertreten von Gesetzen oder dem Bruch von Verträgen *bestraft* zu werden, stellt diese Strafe einen Anreiz zur Regelbefolgung dar. So kalkulieren bei kleineren Verkehrsdelikten viele Menschen bewusst oder unbewusst nach dem (ökonomischen) Muster, wie hoch die Strafe des Fahrens mit überhöhter Geschwindigkeit oder des Falschparkens ist und wie hoch die Wahrscheinlichkeit ist, entdeckt zu werden, und dieser Anreiz wird abgewogen gegen den Anreiz, rascher am Ziel zu sein und/oder endlich den Wagen irgendwo parken zu können.
- Nun sind Strafen natürlich nicht der einzige Anreiz, Regeln und Gesetze zu befolgen; in diesem Falle wäre das menschliche Zusammenleben sehr unerfreulich. Oft genug ist es die *Anerkennung (der Geltung) von Regeln*, die als Anreiz fungiert. So befolgen viele Menschen Gesetze, nicht weil sie die Strafe fürchten, sondern weil sie es so gelernt haben oder weil sie den Sinn des Gesetzes einsehen und respektieren. Insofern können – aus Sicht des Ökonomen – auch *moralische Prinzipien bzw. Argumente* Anreize darstellen, sofern die Akteure sie als solche anerken-

nen. Die (subjektiv empfundene) Moralität einer bestimmten Handlungsweise kann in manchen Fällen der entscheidende Grund sein, sie auszuführen. Man lässt sich dann die *eigene Identität* – im Sinne des Handelns in Übereinstimmung mit den eigenen Wertvorstellungen – etwas kosten, wenngleich auch hier wieder angenommen werden kann, dass diese Kosten nicht beliebig hoch sein dürfen; einer systematischen „Ausbeutung" durch andere – auch wenn die das oft gar nicht beabsichtigen – dürfte solches Verhalten nicht lange standhalten.

- Ähnlich ist es mit *intrinsischer Motivation*, z.B. Freude an der Arbeit. Aus Sicht der Ökonomik kann auch sie als eine Art von Anreizen betrachtet werden, die das Handeln von Akteuren bestimmen kann.

Wichtig ist die Berücksichtigung der verschiedenen Arten von Anreizen vor allem auch dort, wo es um das Verhalten von Akteuren geht, die im direkten oder indirekten Auftrag anderer handeln, also Manager, Arbeitnehmer, Politiker, Verwaltungsbeamte, Journalisten usw. Ihre vertraglich fixierten Aufgaben oder aber der Wettbewerb „zwingen" sie wegen der mit einer Abweichung verbundenen Sanktionen zu Maßnahmen, die aus der Sicht Außenstehender negativ zu beurteilen sind. Indes ist es in derartigen Fällen unangemessen, an die Akteure Forderungen zu richten, die mit ihren Aufgaben bzw. Arbeitsbedingungen nicht im Einklang stehen.

Wenn also z.B. Beamte oder Angestellte von Sozialämtern darauf bestehen, dass bestimmte Formulare ausgefüllt, Belege herbeigeschafft und Kriterien nachweislich erfüllt sein müssen, statt im Einzelfall 'unbürokratische' Hilfe zu leisten, dann liegt das daran, dass sie genau dazu *verpflichtet* sind; ihr Handeln unterliegt institutionellen Anreizbedingungen, die darauf gerichtet sind, diese Dinge zu tun, und in der Regel lassen sich dafür gute Gründe finden, wie wir bei der Erörterung der Funktionen von Institutionen noch sehen werden.

Generell ist bei Anreizanalysen zu beachten, dass Handlungen als Resultat *aller* Anreize zu betrachten sind. Dadurch wird es möglich, die verschiedenen Verengungen des Blickwinkels aufzuheben, bei denen das Verhalten stets nur auf einzelne Bedingungsfaktoren zurückgeführt wird und andere für die Akteure auch wichtige Bedingungen vernachlässigt werden. So sind es beispielsweise Ausnahmesituationen (und auch eher Ausnahmepersönlichkeiten), in denen einzelne moralische Werte derart überragend sind, dass sie allein das Handeln determinieren. Im Alltagshandeln gilt vielmehr, dass man sich zwar eigene Beiträge zu moralischen Zielen wie Umweltschutz oder Gerechtigkeit schon mal was kosten lässt, aber erstens nicht beliebig viel, zweitens will man dann auch sicher sein, dass der eigene Beitrag einen Unterschied macht, also etwas bewirkt, und drittens muss der subjektive Wert dieser Wirkung vom Handelnden höher eingeschätzt werden als die *Alternative*, die sonst mit dem Beitrag realisierbar gewesen wäre.

Das Gleiche gilt für Anreize anderer Art. Monetäre Anreize spielen zweifellos eine wesentliche Rolle, doch wenn man die Aufmerksamkeit ausschließlich auf sie richtet, geraten leicht andere Bedingungen aus dem Blick, die ebenfalls relevant sind; nur die wenigsten Menschen tun tatsächlich für Geld alles, auch wenn die Geringschätzung des Geldes selten so ausgeprägt sein mag wie bei jenem berühmten Professor, der einen hochdotierten Vortrag ablehnte mit den Worten, seine Zeit sei ihm zu schade zum Geldverdienen.

Die Berücksichtigung *aller* Anreize ist vor allem dann wichtig, wenn man mit bestimmten Maßnahmen gezielt versucht, über eine Gestaltung der Anreize ein bestimmtes Verhalten zu fördern. Ein Beispiel dafür ist die Belohnung von Mitarbeitern in Abhängigkeit von kostensenkenden Maßnahmen, die sie in ihrem Verantwortungsbereich durchsetzen. Wenn die Anreize attraktiv genug sind, werden vermutlich tatsächlich bald Kostensenkungen zu beobachten sein, doch vielleicht auch Qualitätsminderungen des Produkts, das dort hergestellt wird. Indem durch die Anreize die Aufmerksamkeit auf ganz bestimmte Bereiche gelenkt wird, können gleichzeitig andere Aufgaben leiden.

Eine andere Form von Wechselwirkungen zwischen verschiedenen Anreizen kann auftreten, wenn beispielsweise monetäre Anreize unter Umständen andere produktive Anreize, z.B. intrinsische Motivation, zerstören. Das klassische Beispiel ist das Blutspenden, bei dem beim Übergang von freiwilligen zu bezahlten Spenden teilweise ein *Rückgang* zu beobachten war (Titmuss 1970). Offenbar gab es Spender, die ihr Blut aus der Motivation bereitstellten, auf diese Weise eine sozial wichtige Tat zu tun; sobald aber das Blutspenden bezahlt wurde, gewannen sie den Eindruck, der Kommerzialisierung eines weiteren Bereichs zum Opfer zu fallen, und zogen sich daraufhin zurück. Gegenwärtig wird insbesondere in der Organisationstheorie intensiv über die möglichen Wechselwirkungen von intrinsischer Motivation und anderen Anreizen diskutiert.

2.1.3 Die Wahl der besten Alternative

Jetzt kommen wir zur Frage, wie die Akteure auf die Anreize reagieren. Die grundsätzliche Antwort wurde bereits im ersten Kapitel genannt: Die Akteure reagieren, indem sie ihren Nutzen unter Nebenbedingungen maximieren. In anderer Formulierung besagt das, dass die *Akteure zwischen den für sie realisierbaren Alternativen die aus ihrer Sicht beste wählen.* Dabei kann es sich um „Entweder-oder-Entscheidungen" handeln, oft aber auch um „Mehr-oder-

weniger-Entscheidungen", bei denen sich dann die Frage nach dem besten, dem optimalen Kompromiss stellt. Zum letzteren Typus werden wir unter dem Stichwort „Marginalanalyse" noch einiges sagen.

Die Alternativen, zwischen denen die Akteure zu wählen haben, können unterschiedlichster Art sein.

Beispiele für Handlungsalternativen:

- Soll man ein neues Auto kaufen oder noch warten und lieber Urlaub auf Kreta machen?
- Soll man gleich nach dem Abitur mit dem Studium beginnen oder erst eine Lehre machen?
- Soll man für die EDV im Unternehmen neue Software anschaffen oder nicht?
- Soll man den Gewinn ausschütten oder im Unternehmen einbehalten und wieder investieren?
- Soll man auf die Streikdrohung des Tarifpartners mit Kompromissbereitschaft reagieren oder mit einer harten Linie?
- Soll man als Regierung ein internationales Abkommen zum Klimaschutz unterstützen oder nicht?
- Soll man ein gesellschaftliches Problem als Nullsummen-Spiel oder als Dilemmastruktur modellieren?

Wir wollen die Liste der beliebig fortsetzbaren Beispiele hier abbrechen und zunächst auf die beiden folgenden Aspekte hinweisen:

1. Die Akteure, die vor solchen Entscheidungen stehen, sind letztlich natürlich immer konkrete Individuen. Allerdings zeigen manche Beispiele, was wir bereits im ersten Kapitel ausführten und im weiteren Verlauf des Buches noch ausführlicher erörtern werden: Es ist oft üblich, zweckmäßig und auch unproblematisch, Organisationen oder Teileinheiten von ihnen (Unternehmen, Abteilungen, Verbände, Regierungen usw.) als Akteure zu modellieren, die sich zwischen Alternativen zu entscheiden haben. In diesem Fall ist unter Umständen sorgfältig auf den oben genannten Aspekt der Anreizkompatibilität zu achten; wenn eine Entscheidung zwischen Alternativen von mehreren Individuen getroffen werden muss – eine *kollektive Entscheidung* –, kann sich sowohl die Wahrnehmung als auch die Bewertung der Alternativen aus Sicht des Kollektivs und der einzelnen Individuen erheblich unterscheiden – mit Folgen für die getroffene Entscheidung.

2. Es gehört zu den wichtigsten und zugleich schwierigsten Dingen der ökonomischen Rekonstruktion von Problemen, die ***relevanten Alternativen*** ad-

äquat zu modellieren. Das betrifft auch die hier diskutierte Rekonstruktion der Alternativen, wie sie sich aus der Sicht der einzelnen Akteure stellen, deren Verhalten analysiert wird: Welche Handlungsbedingungen sind als gegeben, welche als veränderbar anzusehen? Welchen zeitlichen Horizont muss man ansetzen? Welche Folgen evtl. auch langfristiger Art sind noch zu berücksichtigen? Und natürlich auch: Welche Interaktionsbeziehungen machen einen Unterschied? Wer ist (noch) betroffen, und welche Reaktionen sind (noch) zu erwarten? Je nach Beantwortung dieser und ähnlicher Fragen stellen sich die Alternativen anders, und das hat natürlich Folgen dafür, was als beste Alternative anzusehen ist.

Es gibt zwei Begriffe, die bei dem Vergleich der relevanten Alternativen eine wichtige Rolle spielen. Der eine, in der Ökonomik bislang seltener benutzte Begriff ist der der *Rente*. Damit ist hier natürlich nicht der regelmäßige Bezug von Einkommen im Ruhestand gemeint, Rente bezeichnet in diesem Kontext vielmehr die *Nutzendifferenz zwischen der erstbesten und der zweitbesten Alternative*. Wenn also später z.B. von „Kooperationsrenten" die Rede ist, so ist damit jener *zusätzliche* Nutzen gemeint, den der einzelne erlangt, wenn er kooperiert, im Vergleich zu seiner nächstbesten Alternative, bei der er nicht oder in anderer Weise kooperiert.

Der zweite, in der Ökonomik grundlegende Begriff zur Analyse der relevanten Entscheidungen lautet *Alternativ-* oder *Opportunitätskosten*. Der Name weist bereits darauf hin, dass darunter nicht das zu verstehen ist, woran ein Nicht-Ökonom zuerst denkt, wenn er den Begriff „Kosten" hört, nämlich das Geld, das man für den Badeanzug, den Computer oder die Mietwohnung aufwendet; gemeint ist auch nicht der „sachzielbezogene, bewertete Verzehr von Gütern in einer Unternehmung", wie der Kostenbegriff in der Betriebswirtschaftslehre gefasst wird. Systematisch haben Kosten im ökonomischen Sinne – wie auch die Preise (vgl. 2.1.5) – nichts mit Geld zu tun, auch wenn der Einfachheit halber sehr oft monetäre Größen zur Darstellung und zur Verrechnung benutzt werden. Opportunitätskosten bezeichnen vielmehr den *entgangenen Nutzen der zweitbesten – und das heißt der besten nichtgewählten – Alternative*. Wer studiert, kann in dieser Zeit keine Lehre machen, und das „kostet" ihn einiges an entgangenem Einkommen – zumindest in den ersten Jahren (später fallen dann, wie zu hoffen ist, die Erträge der Investition, dem Studium, an). Und wenn sich ein Unternehmen zu einer „hire-and-fire"-Personalpolitik entschließt, so gewinnt es zwar Flexibilität, muss aber als „Kosten" im hier gemeinten Sinne etwa in Kauf nehmen, dass die Mitarbeiter weniger firmenspezifische Investitionen[2] tätigen, sich weniger mit dem Unter-

---

[2] Wir werden später genauer erläutern, was damit gemeint ist.

nehmen identifizieren und somit insgesamt eine geringere Produktivität an den Tag legen werden.

Alle Entscheidungen *für* eine Alternative werden also aus ökonomischer Sicht immer zugleich auch als Entscheidungen *gegen* andere, ebenfalls erwünschte Alternativen betrachtet; es gibt keine Entscheidung ohne Kosten. Es ist diese systematische Berücksichtigung der gewissermaßen unsichtbar bleibenden Kehrseite jeder Entscheidung, die diesen Aspekt der ökonomischen Methode so leistungsfähig sein lässt; der Blick wird nicht nur auf das, was man will – oder glaubt, was andere wollen (sollen) – gelenkt, sondern immer auch auf das, was es „kostet" im Hinblick auf damit nicht mehr realisierbare Möglichkeiten. Zugrunde liegt dieser Betrachtungsweise die Annahme *universaler Knappheit* (vgl. o. 2.1.1), der Umstand, dass die Akteure aufgrund ihrer nur begrenzt verfügbaren Mittel nicht all ihre angestrebten Ziele verwirklichen können; die nicht verwirklichten Ziele bilden die Grundlage für das, was der Ökonom als „Kosten" bezeichnet.

Die Alternativen, vor denen ein Akteur steht, können vom Typ „Entweder-oder-Entscheidungen" oder vom Typ „Mehr-oder-weniger-Entscheidungen" sein. So ist z.B. auch heute noch für viele Menschen die Frage der Heirat eine „Entweder-oder-Entscheidung"; hingegen betrifft die Frage, wie man das Haushaltsgeld auf die einzelnen Lebensmittel, Kleidungsstücke usw. aufteilt, „Mehr-oder-weniger-Entscheidungen". Auch die Wahl, ob man lieber ein größeres Auto kauft und dafür beim Urlaub spart oder ein kleineres Auto erwirbt mit der Folge einer verbesserten Ausstattung der Urlaubskasse, ist vom Typ „Mehr-oder-weniger-Entscheidungen".

Für die Analyse solcher „Mehr-oder-weniger-Entscheidungen" – einschließlich der Folgen solcher Entscheidungen für soziale Ergebnisse – hat die Ökonomik ein sehr leistungsfähiges Instrumentarium entwickelt, die Marginalanalyse.

2.1.4 Die Marginalanalyse

Der Begriff „Marginalanalyse" leitet sich von dem Umstand her, dass für die Analyse des Verhaltens sehr oft nur die „marginalen", die letzten, Einheiten eines Gutes von Bedeutung sind; das gilt vor allem dann, wenn es um die Analyse von Veränderungen des Verhaltens geht.

Wenn z.B. der Student in unserem Beispiel aus dem ersten Kapitel nach erfolgloser Verhandlung mit dem Professor abends sein Unglück in einigen Glas Bier zu ertränken sucht, stellt sich ihm, sobald er damit einmal angefangen hat, die Frage, *wieviel* er trinken sollte, eine typische „Mehr-oder-weniger-Entscheidung". Und zur Klärung dieser Frage muss man auf die

„marginalen" Einheiten achten, denn sie sind es, bei denen sich die Frage nach dem Wieviel entscheidet. Die ersten Gläser Bier stiften unserem Studenten fraglos einen hohen Nutzen, doch ist anzunehmen, dass mit dem Genuss weiterer Gläser der zusätzliche („marginale") Nutzen, der *Grenznutzen*, abnimmt, den ihm ein weiteres Glas bringen würde. Und irgendwann kommt vermutlich der Punkt, wo ihm ein weiteres Glas Bier *weniger Nutzen gestiftet hätte, als ihn dieses Bier kostet*; die *Grenzkosten*, also die Kosten des zusätzlichen Glases Bier, wären höher gewesen als der Grenznutzen, und das genau ist der Punkt, an dem jeder vernünftige Nutzenmaximierer beschließt, aufzuhören[3]. Dabei ist daran zu erinnern, dass sich die Grenzkosten als *Opportunitätskosten* ergeben, also als Nutzenentgang der nächstbesten (nichtgewählten) Alternative.

Betrachten wir diesen Zusammenhang graphisch:

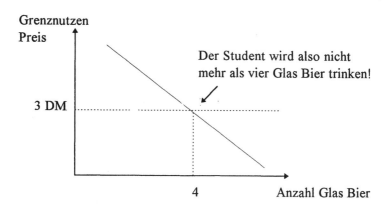

Abb. 2-1: Der Zusammenhang von Preis und Grenznutzen

In der Graphik sind zwei Kurven (Geraden) zu sehen: erstens diejenige, die den Preis pro Glas Bier angibt, nämlich 3 DM – sie verläuft horizontal, denn der Preis ändert sich ja nicht –, und zweitens jene Kurve (Gerade), die den Grenznutzen des Studenten angibt[4]. Sie hat negativen Verlauf, denn der zu-

---

[3] Es können natürlich soziale Anreize wirken, die zum Weitertrinken animieren; dann sind die relevanten Alternativen anders zu modellieren; an der Entscheidungsregel, dann aufzuhören, wenn Grenznutzen = Grenzkosten sind, ändert sich jedoch nichts.

[4] Hierzu sind zwei Anmerkungen zu machen. Zum einen ist die Grenznutzenkurve kontinuierlich (durchgehend) gezeichnet, obwohl der Wirt sicherlich Schwierigkeiten machen würde, wenn der Student 0,3991 Glas Bier bestellen wollte. Das ist in der Öko-

sätzliche Nutzen eines weiteren Glases Bier sinkt mit der Menge des Konsums. Als vernünftiger Mensch wird der Student nur dann ein weiteres Glas Bier bestellen, wenn dieses Glas ihm das auch wert ist. Laut Graphik ist die Grenze mit dem vierten Glas erreicht. Bis zu diesem Punkt ist die Order eines weiteren Bieres dem Studenten das Geld allemal wert, danach hingegen ist der Grenznutzen, also der zusätzliche Nutzen weiteren Bierkonsums, weniger wert als der Preis, den der Student als Gegenleistung entrichten muss. Das Nutzenmaximum wird dort erreicht, wo der Grenznutzen des weiteren Bierkonsums genau dem Preis entspricht, den man dafür entrichten muss.

In ähnlicher Weise spielt die Betrachtung der marginalen Einheiten eine zentrale Rolle, wenn es etwa um die Herstellung von Produkten geht. Wenn sich ein Unternehmen überlegt, ob es von einem Produkt eine weitere Einheit herstellen soll, so stellen sich zwei Fragen:

1. Welche Kosten („Grenzkosten") verursacht die Herstellung dieser *zusätzlichen* Einheit des Produktes?

2. Welchen Ertrag („Grenzerlös") bringt sie?

Nehmen wir an, ein Unternehmen produziert ein Gut, dessen Herstellungskosten mit der Menge steigen, d.h. die Steigung der Grenzkostenkurve ist positiv. Am Markt kann dieses Gut zu einem Preis – und das ist zugleich der Grenzerlös – von 30 Einheiten verkauft werden. Die folgende Graphik zeigt diesen Zusammenhang:

---

nomik üblich; es dient im wesentlichen der Vereinfachung der Darstellung – und unter formalen Gesichtspunkten: der Berechnung – und ist bei vielen Problemanalysen auch unproblematisch. Vgl. dazu auch unten 2.1.7.

Zum zweiten sei darauf hingewiesen, dass in der Graphik der Preis und der Grenznutzen auf einen gemeinsamen Maßstab bezogen werden. Das ist nicht selbstverständlich, so wird der Preis ja in Geldeinheiten gemessen, was für den Nutzen keineswegs selbstverständlich ist. Diese Vereinheitlichung des Wertmaßstabs – der oft aus Gründen empirischer Beobachtbarkeit monetär ist – ist unumgänglich und ebenfalls ein methodisches Vorgehen, über das nachzudenken sich lohnt. Es ist ein Beispiel dafür, dass in der Theorie Dinge vergleichbar gemacht werden, die oft zunächst gar nicht vergleichbar scheinen. Und das ist nicht etwa ein Fehler, sondern eine Leistung; ein Fehler ist es nur, wenn man die jeweilige Perspektive für die einzige oder gar einzig mögliche hält.

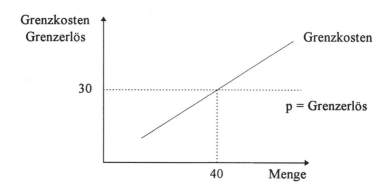

Abb. 2-2: Der Zusammenhang von Grenzkosten und Grenzerlös

Solange der Grenzerlös die Grenzkosten übersteigt, lohnt sich die Herstellung. Wenn jedoch die Grenzkosten den Grenzerlös übersteigen, wird man die Produktion zusätzlicher Einheiten einstellen[5].In dem graphisch dargestellten Beispiel wird das Unternehmen daher 40 Einheiten des betreffenden Gutes produzieren.

Anhand von einigen Beispielen wollen wir einen Eindruck vermitteln, welche Bedeutung die Marginalbetrachtung hat.

Beispiele für Marginalanalysen:

- Jeder Student und jede Studentin muss Klausuren schreiben. Dabei ist das Problem zu lösen, dass die Mittel knapp sind im Hinblick auf das Ziel, eine möglichst gute Note zu erreichen. Wenn z.B. zwei Aufgaben gelöst werden sollen, geht die Zeit, die man der einen Aufgabe widmet, für die Bearbeitung der anderen Aufgabe verloren. Es wäre nun unzweckmäßig, eine Aufgabe möglichst perfekt lösen zu wollen, dafür aber keine Zeit mehr zu haben zur Lösung der anderen. Der Ertrag der

---

[5] In der fachwissenschaftlichen Diskussion um diese Überlegungen ist viel Verwirrung ausgelöst worden durch die (verfehlte) Frage, ob Unternehmen *bewusst* solche Marginalbetrachtungen anstellen oder nicht. Sie tun das in aller Regel nicht, das macht jedoch diese Art der ökonomischen Rekonstruktion nicht falsch. Zum einen geht es bei der Anwendung dieser Methode nicht um den konkreten Einzelfall, sondern um ein Aggregat (vgl. 2.1.7), zum anderen ist eine dem Alltagsverstand ungewohnte Beschreibung eines Sachverhalts allein deshalb, weil sie ungewohnt ist, noch nicht falsch. Einer der berühmtesten Aufsätze zur Methodologie der Ökonomik befasst sich mit diesem Thema (Friedman 1953).

investierten Zeit bei der Lösung einer Aufgabe nimmt in der Regel ab, d.h. der *Grenzerlös* pro Zeiteinheit ist zu Beginn hoch, später sinkt er immer weiter. Daher ist es sinnvoll, sich der einen Aufgabe zu widmen, bis der zusätzliche Erlös (pro Zeiteinheit) einer weiteren Bearbeitung geringer ist als der Grenzerlös, den die Bearbeitung der anderen Aufgabe erbringt.

- Ein sehr einfach strukturiertes (Modell-)Unternehmen hat in seinem Budgetplan zwei allgemeine Punkte: „Aufwendungen für produktive Tätigkeit" und „Aufwendungen für Lobby-Arbeit". Solange eine aufgewendete DM für produktive Tätigkeiten mehr bringt als für Lobby-Arbeit, wird sie dafür verplant. Sobald jedoch der Grenzerlös produktiver Tätigkeit pro aufgewendeter DM unter dem der Lobby-Arbeit liegt, wird das Geld für letzteres eingesetzt. Auch hier steuert der Grenzerlös, den das Geld in seinen verschiedenen Verwendungen erbringt, die Entscheidung, wie es eingesetzt wird.
- In der Umweltpolitik wird als eine Maßnahme die sogenannte „Joint Implementation" diskutiert, bei der z.B. deutsche Unternehmen chinesische Unternehmen unterstützen bei ihren Bemühungen um die Reduktion umweltschädlicher Schadstoffemissionen. Dem liegt folgender Sachverhalt zugrunde: Beim Ziel der Reduktion von Emissionen haben die deutschen Unternehmen durch Einsatz entsprechender Technologien erhebliche Erfolge erzielt. *Zusätzliche* Reduktionen würden erhebliche Kosten zeitigen, d.h. die Grenzkosten weiterer Technologien wären im Verhältnis zu deren Grenzerlös oft zu hoch. Umgekehrt ist das Verhältnis in den chinesischen Unternehmen: Hier können mit relativ geringen Grenzkosten hohe Grenzerlöse bei der Emissionsreduktion erzielt werden. Gerade bei CO_2-Emissionen, die grenzüberschreitende Wirkung haben, ist es deshalb sinnvoll, die für die Reduktion vorgesehenen Mittel dort einzusetzen, wo sie den größten Grenzerlös erbringen.

Die Betrachtung der marginalen Einheiten ist also deshalb von so großer Bedeutung, weil sich bei ihnen – bei Mehr-oder-weniger-Entscheidungen – entscheidet, *wieviel* man von einem Gut oder einer Dienstleistung nachfragt oder auch anbietet. Das heißt zugleich, dass es die marginalen Einheiten sind, bei denen sich Anpassungsprozesse vollziehen; wir werden diesen Zusammenhang im nächsten Abschnitt diskutieren.

2.1.5 Das „Gesetz der fallenden Nachfragekurve"

2.1.5.1 Das „Gesetz"

Wenn sich Anreize ändern, ändert sich in der Regel auch das Verhalten; die relevanten Alternativen verändern sich. Eines der wichtigsten Schemata der Ökonomik, das *Gesetz der fallenden Nachfragekurve*[6], macht hierzu eine allgemeine Aussage. Es besagt, dass – *unter sonst gleichen Bedingungen,* lat. ceteris paribus, abgekürzt c. p. – die Nachfrage nach einem Gut x zurückgeht, wenn p, der Preis, von x steigt.

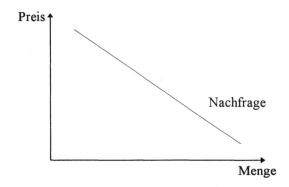

Abb. 2-3: Das Gesetz der fallenden Nachfragekurve

Dieses Gut x kann vieles sein, Frühstücksmarmelade, Dauerwellen, Grundstücke, Wertpapiere, aber auch die Leistung von Mitarbeitern kann ökonomisch als ein nachgefragtes Gut betrachtet werden bis hin zu solchen „Gütern" wie Gesundheit oder einem guten Gewissen; d.h. *alles, was nicht umsonst zu haben ist, also seinen Preis hat, lässt sich als ein nachgefragtes Gut modellieren.*

Die Rede, dass alles seinen Preis hat, ist keineswegs gleichbedeutend mit der Aussage, dass alles mit Geld zu bezahlen ist, denn die Preise, von denen die Ökonomen sprechen, sind keineswegs immer Geldpreise. *Systematisch* haben diese Preise, ebenso wie Kosten, gar nichts mit Geld zu tun, auch wenn es bei vielen Gütern oft zweckmäßig ist, den Geldpreis anzusetzen. Aber der

---

[6] Wir halten die Ausführungen hier sehr knapp, denn das Gesetz, seine formale Darstellung und Herleitung, wird in vielen Lehrbüchern der Mikroökonomik ausführlich behandelt. Uns geht es hier vor allem um die Einordnung dieses Sachgebiets in die Konzeption.

Preis, für den ein hochqualifizierter Mitarbeiter gute Leistungen erbringt, ist praktisch immer mehr als nur das Geld, das er dafür erhält; der Preis, den ein Politiker für eine unpopuläre Entscheidung zahlt, besteht vielleicht im Verlust von Wählerstimmen, und der Preis, den man für die eigene Gesundheit zahlen muss, meint oft den *Verzicht* auf so manche Annehmlichkeit, die man eigentlich sehr schätzt. Insofern gilt für Preise das Gleiche wie für (Opportunitäts-)Kosten: Der Preis einer Sache ist der damit verbundene *Verzicht auf andere Dinge, die man auch schätzt und die einem Nutzen stiften.* Das können 8.99 DM für eine Waschlotion sein, der Verzicht auf den geplanten Urlaub, um einen lohnenden Auftrag rechtzeitig fertigzustellen, oder auch der Verzicht auf das Junggesellendasein, wenn man den Bund fürs Leben schließt usw. Preise sind also immer *relative* Preise, nämlich relativ zu den Alternativen.

Das Gesetz der fallenden Nachfragekurve besagt also in anderer Formulierung: Wenn sich eine Alternative verteuert, wird sie in geringerem Maße nachgefragt. Das ist natürlich eine sehr allgemeine Formulierung, aber genau darin liegt auch – wie ja generell in der Theorie – ihr Vorzug: Wenn man sie einmal verstanden hat, lässt sie sich für die unterschiedlichsten Phänomene nützlich anwenden, wie wir gleich wieder an einigen Beispielen zeigen wollen. Zunächst erörtern wir jedoch die beiden wichtigsten Gründe, die erklären, warum mit steigendem Preis die Nachfrage sinkt und umgekehrt.

2.1.5.2 Die Begründung

Ausgangspunkt der Überlegungen ist die Tatsache, dass jeder Akteur nur beschränkte Mittel zur Verfolgung seiner Ziele, und damit zur Erhöhung seines Nutzens, hat. Der Fachausdruck für diesen Tatbestand lautet **Budgetrestriktion**. Nicht wenige werden sich dieser Restriktion gegen Monatsende schmerzlich bewusst. Und da man dabei schon wieder ans Geld denkt, sei daran erinnert, dass es z.B. auch eine Budgetrestriktion hinsichtlich der verfügbaren Zeit gibt und der Preis, eine Stunde mit dem Computer zu spielen, höher oder niedriger sein kann je nachdem, was man sonst in der Zeit hätte tun können.

In dieser Budgetrestriktion liegt ein erster Grund, warum gestiegene Preise zu geringerer Nachfrage führen. Wenn man davon ausgeht, dass ein Teil des Budgets für den Erwerb des Gutes x vorgesehen ist, bedeutet ein gestiegener Preis eines Gutes dann immer auch, dass man bei gleichem Budget nunmehr weniger vom Gut x erwerben kann. Der Fachbegriff lautet hier **Einkommenseffekt**. Durch die Preiserhöhung ändert sich die *Kaufkraft des Einkommens*. Wie und in welchem Ausmaß dieser Einkommenseffekt wirkt, hängt vor allem von der Bedeutung ab, die das betreffende Gut für die Nachfrager hat.

Der zweite Grund für den Verlauf der Nachfragekurve betrifft die Ausweichmöglichkeiten – technisch formuliert: die *Substitutionsmöglichkeiten* – der Akteure. Dementsprechend lautet der Fachbegriff **Substitutionseffekt**. Mit ihm wird der Umstand beschrieben, dass Alternativen zu x – „Substitute" – bei einem Preisanstieg von x an Attraktivität gewinnen. Wenn der Preis für Schweinefleisch steigt, der für Geflügel jedoch gleich bleibt, gibt es für den Haushaltsvorstand einen Anreiz, der Familie häufiger als früher ein Hähnchen auf den Mittagstisch zu bringen statt des Schweinelendchens. Dementsprechend sind Reaktionen auf Preisänderungen um so ausgeprägter, je besser die Substitutionsmöglichkeiten sind. Damit befasst sich der folgende Punkt.

2.1.5.3 Elastizitäten

Eine wichtige Frage ist, wie schnell und in welchem Ausmaß sich Nachfrager an veränderte Preise anpassen. Wenn Kunden nur wenig auf Preissteigerungen reagieren, ergibt sich für Anbieter ein Anreiz, solche Preissteigerungen durchzusetzen. Nehmen wir beispielsweise an, der einzige Bäcker im Dorf verkaufte bislang morgens 400 Brötchen für 30 Pfennig – d.h. er nimmt mit den Brötchen 120,- DM ein. Da sein Sohn studieren will und er dringend mehr Geld benötigt, setzt er versuchsweise den Preis auf 40 Pfennig hoch. Daraufhin geht die Nachfrage tatsächlich zurück, aber nicht sehr viel, denn wer es gewohnt ist, zum Frühstück sein Brötchen zu verzehren, lässt nur ungern davon. Dennoch werden einige nunmehr auf Müsli umsteigen, und so sinke die Nachfrage auf 360 Brötchen. Immerhin gelingt es dem Bäcker dadurch, seinen täglichen Umsatz um 24,- DM zu steigern (0,40 DM x 360 = 144,- DM).

Anders wäre es ihm ergangen, wenn er sein Geschäft in der Stadt hätte, wo in der Nähe andere Bäckereien ansässig sind. Weil es für die Brötchenkäufer hier weniger teuer ist, auf andere Bäcker auszuweichen, müsste er solche Ausweichreaktionen erwarten, auch wenn ihm einige Kunden bleiben werden, für die der Weg zu weit ist oder die weiterhin gern gerade bei ihm kaufen möchten. Nehmen wir an, hier sinke die Nachfrage bei einem Preisanstieg von 10 Pfennig auf 250 Brötchen, so dass er hier mit einem Umsatzverlust von 20,- DM rechnen müsste (0,40 DM x 250 = 100,- DM). Derartige Unterschiede in der Anpassungsmöglichkeit und -fähigkeit sind aus naheliegenden Gründen oft von großer Bedeutung bei der Analyse ökonomischer Probleme.

Ein hilfreiches Konzept für die Analyse solcher Anpassungsreaktionen ist der Begriff *Elastizität*. Mit ihm lässt sich die *relative* Änderung – und damit das Ausmaß der Anpassung – einer Größe bei einer Änderung einer anderen angeben, also beispielsweise eben die Änderung der nachgefragten Menge bei einer Änderung des Preises, die sogenannte *Preiselastizität*. Mit Hilfe formaler Überlegungen lassen sich diese und andere Elastizitäten sehr präzise definieren, doch wir begnügen uns hier mit der einfachen Unterscheidung elastischer und unelastischer Reaktionen. Wie die Bezeichnung nahelegt, liegt im Fall einer elastischen Reaktion eine erhebliche Anpassungsfähigkeit vor, so etwa bei den Kunden in der Stadt, deren Nachfrage angesichts vorhandener Alternativen sehr viel stärker auf die Preisänderung reagierte als im Fall der – unelastischen – Reaktion der Dorfbewohner.

2.1.5.4 Anwendungen

Das „Gesetz der fallenden Nachfragekurve" lässt sich in außerordentlich vielfältiger Weise nutzen, etwa bei der Nachfrage nach Kaffee, nach aus Japan importierten Mittelklassewagen, nach Grundstücken in Berlin oder nach Realschullehrern. Man gewinnt wichtige Einsichten bei der Analyse der Wirkungen von Steueränderungen, von Beschäftigungsprogrammen oder von neuen Umweltauflagen und dergleichen mehr.

Betrachten wir einige Beispiele, zunächst eher solche aus dem wirtschaftlichen Bereich, anschließend auch aus anderen Themenfeldern, wobei deutlich wird, dass diese ökonomischen Denkmethoden keineswegs auf den 'Bereich' der Wirtschaft beschränkt sind.

Beispiele für Anwendungen des Gesetzes der fallenden Nachfragekurve:

- Bekanntlich existierte das kirchliche Gebot für Katholiken, freitags kein Fleisch zu essen, was darauf hinauslief, dass Freitags Fisch auf den Tisch kam. Nach dem Zweiten Vatikanischen Konzil (1962–1965) wurde dieses Gebot aufgehoben. Der amerikanische Ökonom Frederick W. Bell untersuchte nun in Neu-England, wo etwa 45 % der Bewohner Katholiken sind, wie sich daraufhin die Fischpreise änderten. Vor der Aufhebung des Gebots wurde die Nachfrage nicht nur durch die persönlichen Geschmacksvorlieben bestimmt, sondern auch durch den Anreiz, seiner Pflicht als guter Katholik Genüge zu tun. Nachdem dieser Anreiz aufgrund der Aufhebung des Gebots wegfiel, verringerte sich die Nachfrage mit der Folge, dass eine Preissenkung zu erwarten war. Genau das geschah: Die Preise sanken im Durchschnitt um über 10%.
- Welchen Unterschied macht es, ob man eine Steuer auf die Verwendung elektrischer Energie oder auf den Besuch von Vergnügungsparks erhebt? Natürlich lassen sich einige Unterschiede finden; einer davon, der für die Beurteilung derartiger Maßnahmen wichtig ist, lässt sich anhand des Gesetzes der fallenden Nachfragekurve ermitteln: Die Nachfrage nach elektrischer Energie reagiert sehr viel *unelastischer* als die nach Vergnügungsparks, was vor allem darauf zurückgeht, dass sich für Ver-

gnügungsparks sehr viel leichter Substitute finden lassen als für elektrische Energie. Das hat unter anderem zwei Konsequenzen: Erstens sind die Einnahmen aus der Energiesteuer beständiger, weil die Steueradressaten weniger Ausweichmöglichkeiten haben, zweitens führt die Angewiesenheit der Menschen auf elektrische Energie dazu, dass mehr Menschen, und von ihnen etliche in härterem Maße, betroffen sind als im anderen Fall.

- Zu verschiedenen Zeiten war es unterschiedlich 'teuer', seine politische Überzeugung kundzutun. Während zu Zeiten des NS-Regimes die Äußerung kritischer Überzeugungen unter Umständen mit einem Aufenthalt im KZ bezahlt werden musste, ist es heute – wenn auch keineswegs überall – nahezu kostenlos, seine Meinung zur gegenwärtigen politischen Führung kundzutun. In entsprechender Weise kann man Äußerungen der Menschen beobachten. Das Gesetz der fallenden Nachfragekurve eröffnet hier ein besseres Verständnis, unter welchen Bedingungen man mit kritischen Äußerungen rechnen kann – nämlich dann, wenn es nicht zu teuer ist –, und das ist in vielfacher Hinsicht wichtig. Denn es gibt viele Situationen, in denen es auch heute noch relativ teuer sein kann, seine eigene Überzeugung zu äußern. Es kann einen Politiker Stimmen, einen Geschäftspartner den lukrativen Auftrag, einen Mitarbeiter die Versetzung in eine andere Abteilung kosten, und in einer Partnerschaft kann es das Ende bedeuten.

- G. S. Becker hat gezeigt, dass und wie sich die Nachfrage nach Kindern in Abhängigkeit von Veränderungen der relativen Preise verändern[7]. Wenn es für die Mütter, die üblicherweise mit dem Aufziehen der Kinder betraut sind, teurer wird, daheim zu bleiben, d.h. wenn der Preis steigt, wird man – nicht unbedingt im Einzelfall, wohl aber in der Tendenz – beobachten können, dass die Zahl der Kinder in dieser Gesellschaft abnimmt. Dabei spielt auch eine Rolle, ob und welche Aktivitäten für die Mütter mit der Kindererziehung harmonieren – ökonomisch formuliert: welche Aktivitäten *komplementär* zur Kindererziehung sind: „Frauen, die solchen komplementären Tätigkeiten nachgehen, [haben] einen Anreiz, Kinder zu bekommen, weil Kinder unter diesen Umständen nicht so viel von ihrer Zeit beanspruchen. Das erklärt beispielswei-

---

[7] Solche Themen gehören zu den Gründen, aufgrund deren Ökonomen misstrauisch trachtet werden: Selbst Kinder machen sie zu 'Gütern'. Bei genauerer Betrachtung zeigt sich indes, dass derartige Analysen keineswegs aus der gefühllosen Distanz des Wissenschaftlers erwachsen, sondern gerade durch den Wunsch motiviert sein können, „auf der Suche nach einer besseren Welt" (Popper 1984) all jene Denkwerkzeuge zu nutzen, die für eine Lösung der gesellschaftlichen Probleme nützlich sein können.

se, warum Frauen von Milchbauern mehr Kinder haben als Frauen von Getreidebauern: Die Milchwirtschaft hindert sie an Tätigkeiten fern vom Hof, und Arbeit auf dem Hof ist eher komplementär zu Kindern als Arbeit außerhalb des Hofes." (Becker 1996, S. 104)

Nun erfolgen die mit dem Gesetz der fallenden Nachfragekurve modellierten Anpassungsprozesse nicht vollkommen isoliert von den sonstigen Bedingungen, sie sind vielmehr eingebettet in sachliche, zeitliche und vor allem soziale Zusammenhänge, d.h. die *Alternativen*, vor die die Akteure gestellt sind, sind mal einfacher, mal komplexerer Natur. So ist es relativ einfach, von einer Marmelade auf eine andere zu wechseln, bei einem Wechsel der Automarke hingegen kann schon hinzukommen, dass die nunmehr zuständige Werkstatt weiter entfernt und ihr Service nicht so gut ist. Noch komplexer wird es bei einem Wohnungs- oder Berufswechsel. Hier spielen verschiedene Zusammenhänge mit hinein, die die Entscheidung zwischen den relevanten Alternativen erschweren. Dies gilt insbesondere im Hinblick auf jenen Punkt, dem wir uns im folgenden Abschnitt zuwenden, den *Umgang mit Vermögenswerten*. Hier kann es geschehen, dass Anpassungen an Preisänderungen, die man möglicherweise aufgrund des Gesetzes der fallenden Nachfragekurve erwartet hätte, ausbleiben bzw. anders als erwartet ausfallen.

2.1.6 Investitionen in Vermögenswerte

Bei den Alternativen, die sich den Akteuren bieten, spielt die *Zeit* oft eine wichtige Rolle; heutige Entscheidungen haben Auswirkungen in der Zukunft, die Handlungsfolgen von heute sind die Handlungsbedingungen von morgen. Es ist ein besonderes Merkmal der Spezies Mensch, dass sie in der Gegenwart 'Verzicht' üben kann, um künftig ein höheres Nutzenniveau zu realisieren: Menschen können *investieren*. Diese möglicherweise unscheinbar wirkende Behauptung hat sehr weitreichende Konsequenzen; so werden wir noch ausführlicher erörtern, dass die Beachtung von Regeln und die Anerkennung von Verträgen – also die Akzeptanz dieser Institutionen als Beschränkungen des eigenen Alternativenraums – als Investitionen zu verstehen sind.

Investitionen erfolgen grundsätzlich als Investitionen in *Vermögenswerte*. Als Vermögenswert bezeichnet man in der Ökonomik alles, was *künftig Erträge abwerfen* bzw. *Nutzen stiften* kann. Das kann natürlich sehr viel sein, der Computer, das Auto, ein Grundstück, eine Maschine usw., der ökonomische Fachbegriff für diese Art von Sachwerten lautet *Sachkapital*. Vermögenswerte können auch abstrakter sein, z.B. eine Lizenz zum Taxifahren, die Übertragungsrechte für die nächste Fußballweltmeisterschaft oder die Reputation eines Unternehmens. Auf zwei Vermögenswerte wollen wir hier besonders hinweisen, auf das Human- und das Sozialkapital[8].

Mit **Humankapital** bezeichnet man die Fähigkeit von Akteuren, durch ihre Leistungen Erträge zu erwirtschaften, wobei nicht nur direkt konkrete arbeitsbezogene Kenntnisse und Fertigkeiten dazu zu rechnen sind, sondern auch allgemeiner jene Dispositionen und Fähigkeiten, die eher indirekt zum eigenen Erfolg beitragen, also z.B. Kooperations- und auch Konfliktfähigkeit, einschließlich der entsprechenden Reputation, und – in unserer Zeit von besonderer Bedeutung – Lernfähigkeit. Die Nobelpreisträger Theodore W. Schultz und Gary S. Becker haben ebenso wie neuere Theorien über die grundlegenden Faktoren wirtschaftlichen Wachstums gezeigt, dass Investitionen in Humankapital Schlüsselvariablen der wirtschaftlichen und gesellschaftlichen Entwicklung bilden.

Ebenfalls von zentraler Bedeutung ist das **Sozialkapital**. Dieser Begriff ist noch nicht so eindeutig definiert wie der Begriff Humankapital. Oft bezeichnet er informelle soziale Strukturen, also z.B. gute nachbarschaftliche Verhältnisse, die es ermöglichen, sich im Bedarfsfall wechselseitig zu unterstützen, aber auch 'einfach so' nutzenstiftend sein können. Nicht weniger wichtig ist das Sozialkapital – wenn es denn vorhanden ist – in Betrieben, Büros oder anderen Arbeitsstätten, wo es als Arbeitsatmosphäre die Zusammenarbeit und damit die Produktivität positiv beeinflussen kann. Zum Sozialkapital gehört auch die Art der kommunalen Zusammenarbeit zwischen den Behörden und den Bürgern, die durch den Grad der Beteiligung von Bürgern an lokalen Projekten, die Qualität der Informationsdienste, den Zustand öffentlicher Einrichtungen usw. bestimmt wird. Es ist verständlich, dass ein höheres derartiges Sozialkapital tendenziell auch zu leistungsfähigerer Politik, produktiven Wirtschaftsstrukturen und generell zu höherer Zufriedenheit der Bürger führt. Fasst man es noch weiter, sind auch Institutionen darunter zu fassen, da sie dazu dienen, künftige Erträge zu ermöglichen, indem sie das Verhalten der Akteure in produktiver Weise koordinieren[9].

---

[8] Man spricht auch von Human- bzw. Sozialvermögen; wir benutzen jedoch die anderen Begriffe, die sich eingebürgert haben.

[9] Insbesondere beim Sozialkapital taucht allerdings das Problem auf, dass es auch Formen gibt, die die Realisierung von Kooperationsgewinnen gerade verhindern, wenn z.B. enge Familienbande das Klima für Vetternwirtschaft und Korruption begünstigen. Handelt es sich auch dann um einen Vermögenswert? In der Literatur herrscht hierzu noch keine begriffliche Klarheit. Wir verzichten deshalb an dieser Stelle auf eine eindeutige Festlegung. In der Regel kann man aber davon ausgehen, dass mit „Sozialkapital" produktive soziale und/oder institutionelle Strukturen gemeint sind.

Der Bestand an und die Produktivität von Vermögenswerten hängen wesentlich von der Art und der Höhe der Investitionen der Akteure ab. Das betrifft sowohl die Erhaltung vorhandener und den Aufbau neuer Vermögenswerte als auch die Bedingungen, unter denen die Vermögenswerte ihre Produktivität entfalten, denn oft sind Vermögenswerte, wenn sie isoliert von anderen Produktionsfaktoren sind oder unter ungeeigneten Bedingungen eingesetzt werden, nur von geringem Wert. So nutzen Spezialmaschinen nichts ohne kompetente Fachkräfte mit dem entsprechenden Humankapital zu ihrer Bedienung; so hat sich in Projekten der Entwicklungshilfe wiederholt gezeigt, dass prinzipiell hochproduktive High-Tech-Technologien unter den Bedingungen des Einsatzes in einem afrikanischen Staat weniger nützlich waren als sehr einfache, aber situationsangepasste Technologien. Und ein ganz besonderer Vermögenswert ist oft die *Zeit,* die, wie das Sprichwort sagt, Geld ist, wenn auch sicherlich nicht unter allen Umständen.

Nutzenmaximierende Akteure investieren in Vermögenswerte, um auf diese Weise höhere künftige Erträge zu erwirtschaften, als sie ohne die Investition erhalten würden[10]. Wie weitreichend diese Überlegung – und damit auch der Begriff der Vermögenswerte – ist, zeigt sich, wenn man sich überlegt, dass man mit seinen *heutigen* Handlungen immer auch zugleich *künftige* Handlungsbedingungen mitbestimmt (vgl. o. 1.4.4.4):

Handlungsbedingungen$_{t1}$ $\Rightarrow$ Handlungen$_{t1}$ $\Rightarrow$ Handlungsfolgen$_{t1}$ =

= Handlungsbedingungen$_{t2}$ $\Rightarrow$ Handlungen$_{t2}$ $\Rightarrow$ usw.

Die Wahl der Studienrichtung, des Arbeitsplatzes, des Standorts einer neuen Unternehmung, von langfristigen Beziehungen persönlicher oder geschäftlicher Art und vieles andere mehr können aus dieser Sicht durchweg als Investitionen interpretiert werden, mit denen der Aufbau oder der Abbau von Vermögenswerten verbunden ist, die ihrerseits die späteren Erträge, worin immer diese bestehen mögen, mitbestimmen.

Mit Investitionen sind stets Komplikationen verbunden, von denen wir an dieser Stelle zwei hervorheben wollen. Zum einen bedeutet jede Investition, wie bereits genannt, das Eingehen von *Bindungen,* zum anderen ist, weil die Zukunft grundsätzlich ungewiss ist, jede Investition mit *Unsicherheit* behaftet. Beide Umstände werden sich im weiteren noch als höchst folgenreich erweisen. Wir wollen die Implikationen schon hier kurz andeuten.

---

[10] Es sei noch einmal daran erinnert, dass es sich hier keineswegs nur um monetäre oder materielle Erträge handeln muss, dass vielmehr die gesamte Palette von Anreizen, wie sie oben unter 2.1.2 skizziert worden ist, zu berücksichten ist.

Die mit Investitionen eingegangenen Bindungen können sachlicher, zeitlicher und/oder sozialer Art sein. Eine *sachliche* Bindungswirkung liegt beispielsweise vor, wenn man in ein Buchhaltungssystem investiert hat, dass nur mit spezifischer Software und auf entsprechenden Rechnern läuft; ein anderes Beispiel ist ein Unternehmen, das sich für eine bestimmte Technik bei der Fertigung seines Produkts entschieden hat und nun darauf zumindest in der kurzen Frist festgelegt ist. *Zeitliche* Bindungswirkungen ergeben sich, wenn die Erträge von Investitionen nicht unmittelbar, sondern erst mittel- oder langfristig anfallen. Der *soziale* Aspekt schließlich zielt auf unser durchgängiges Thema, die Tatsache, dass soziale Ergebnisse stets aus interdependenten Handlungen resultieren, und das heißt hier, dass die Aneignung der Erträge der Investitionen immer auch abhängt vom Verhalten anderer Interaktionspartner, ihrem Informationsstand und ihren Anreizen.

Diese Bindungen sind in der Ökonomik in doppelter Hinsicht von Bedeutung: Zum einen muss man sie beachten, um das Verhalten der Akteure besser zu verstehen bzw. erklären zu können; beispielsweise können sie der Grund sein, warum scheinbar lohnende Investitionen unterbleiben: Die Akteure befürchten, ausgebeutet zu werden, und sie scheuen daher das Risiko der Bindungen; wir werden darauf wiederholt zurückkommen. Zum anderen sind die Bindungen wichtig im Hinblick auf die zentrale Fragestellung der Ökonomik: *Wie lassen sich durch institutionelle Arrangements gesellschaftlich erwünschte Investitionen fördern?* Die Funktion der Institutionen besteht dabei darin, erwünschte Bindungen abzusichern gegen die *Unsicherheiten* bzw. *Risiken*[11], die mit ihnen verbunden sind.

Diese Risiken ergeben sich zum einen aus Veränderungen der Umwelt. Die Entwicklung neuer Techniken kann das bestehende Sachkapital mit einem Schlag wertlos werden lassen; das Gleiche gilt für Humankapitalinvestitionen in Fähigkeiten, die im Zuge des technischen Fortschritts überflüssig geworden sind. Auch kann durch den Bau einer neuen Straße direkt vor dem eigenen Grundstück dessen Wert erheblich sinken, und nach 1989 gewannen die Mauergrundstücke in Berlin dramatisch an Wert, ohne dass ihre ehemaligen Eigentümer dazu etwas beigetragen hätten.

Zum anderen liegen Risiken im Verhalten der Interaktionspartner begründet: Haben die Bewerber die Eigenschaften, die sie von sich behaupten? Ist der Vertragspartner zuverlässig? Wie reagieren die Lieferanten bei unvorhergesehenen Zwischenfällen usw.? Hierbei ergeben sich gerade wegen der Bindungswirkung von Investitionen für die Interaktionspartner Möglichkeiten,

---

[11] In der Literatur werden Unsicherheit und Risiko oft unterschieden, was an sich zweckmäßig ist. Gleichwohl verzichten wir hier aus Gründen der Vereinfachung auf diese Unterscheidung und werden in der Regel von Risiko sprechen.

diese zu ihren Gunsten, jedoch zu Lasten des Investors auszunutzen. Und möglicherweise führen solche Befürchtungen wiederum dazu, solcherart riskante Investitionen zu unterlassen.

In manchen Fällen handelt es sich auch um das Verhalten sehr vieler Interaktionspartner, das über den Wert von Vermögenswerten (mit-)entscheidet und dementsprechend mögliche Investitionen – z.B. in Werbekampagnen, in Unternehmen oder in politische Aktivitäten zwecks institutioneller Reformen – unterschiedlich riskant sein lässt.

Bevor wir uns diesen und weiteren Problemen von Interaktionen und den institutionellen Möglichkeiten des Umgangs mit ihnen weiter widmen, folgen zunächst einige methodische Bemerkungen, die sich mit der Unterscheidung von Einzelfall- und Aggregatanalyse befassen, einer Unterscheidung, die für die Anwendung der Anreizanalyse, aber auch für das Verständnis der Ökonomik generell von erheblicher Bedeutung ist.

2.1.7 Einzelfall und Aggregat

Nach der aufmerksamen Lektüre der vorangegangenen Abschnitte mag sich der Eindruck eines Widerspruchs aufdrängen: Im Abschnitt 2.1.5 sprachen wir vom „Gesetz" der fallenden Nachfragekurve, bei dem ja offenbar unterstellt wird, dass die Akteure selbst auf kleinste Preis- bzw. Anreizänderungen sogleich reagieren. Anschließend wurde auf die Bindungswirkung von einmal getätigten Investitionen hingewiesen, die dazu führt, dass eine solche Anpassungsreaktion ausbleiben kann, eben weil die Akteure gebunden sind. Betrachten wir einige Beispiele.

Beispiele für Bindungswirkungen von Investitionen:

- Frau *i* hat sich, nach längerem Nachdenken, für einen Arbeitsplatz in München entschieden, der ihr insgesamt attraktiver erscheint als ein alternatives Angebot aus Freiburg. Nachdem sie angenommen und sich in München eingerichtet hat, erreicht sie die Nachricht, dass der Freiburger Arbeitgeber bei seinem Angebot noch einmal kräftig draufgelegt hat. Zu einem früheren Zeitpunkt hätte sie das bewogen, sich für Freiburg zu entscheiden, doch nachdem sie einmal in München in ihre Lebensbedingungen (Wohnung, Bekanntschaften usw.) 'investiert' hat, bleibt eine Reaktion auf die Anreizänderung infolge des höheren Angebots aus.
- Ein Unternehmen bezieht seit langem ein Vorprodukt von einem bestimmten Lieferanten. Nun hat ein Konkurrent dieses Lieferanten seine Preise für das Vorprodukt deutlich gesenkt. Dennoch muss das nicht heißen, dass das Unternehmen sofort zum preisgünstigeren Anbieter

wechselt. Möglicherweise hat es zu dem bisherigen Lieferanten eine gute Beziehung aufgebaut, also in Sozialkapital investiert, was auch bedeutet, dass es in besonderen Umständen auch auf ihn rechnen kann, wenn es etwa um Serviceleistungen, Termine oder sonstige Sonderbedingungen geht. Auch hier kann in solchen Fällen eine Anpassung an veränderte Preise unterbleiben.

- Ein Unternehmen hat sich seit langem bemüht, eine gute Reputation im Hinblick auf Umweltschutz aufzubauen. Nun wird ihm von einem anderen Unternehmen ein neues Fertigungsverfahren für seine Produkte angeboten, das erhebliche Kosteneinsparungen mit sich bringen würde, allerdings auch mit merklichen Umweltbelastungen verbunden wäre. Trotzdem wird sich das Unternehmen möglicherweise gegen die Umstellung entscheiden, weil es in der Folge erhebliche Verluste seines Vermögenswerts Reputation befürchtet.

Wie passt es zusammen, dass einerseits aufgrund der Bindungswirkung von Vermögenswerten Anpassungen an veränderte Bedingungen – und das heißt in dem weiten Sinne des Begriffs immer auch: veränderte Preise – oft unterbleiben werden, man aber andererseits in der ökonomischen Ausbildung extensiv mit marginalanalytischen Modellen konfrontiert wird, wo derartige Bindungen („Unteilbarkeiten") keine Rolle spielen?

Die Antwort liegt in der Unterscheidung von Einzelfall- und Aggregatbetrachtung. Wir waren hier – in der Handlungstheorie – zunächst von *einem* Akteur ausgegangen, der sein Verhalten an den Anreizbedingungen der Situation orientiert. Es wäre jedoch verfehlt zu meinen, dass die Ökonomik wirklich beansprucht, konkretes Einzelfallverhalten auf diese Weise erklären zu können; das ist in der Regel auch *gar nicht ihr Problem*. Vielmehr geht es darum, soziale Ereignisse, d.h. *aggregierte* Größen, zu erklären. So ist beispielsweise das Gesetz der fallenden Nachfragekurve genau darauf zugeschnitten, Aussagen über aggregierte Größen zu treffen. Wenn dann eine Preisänderung beobachtet wird, mag es durchaus sein, dass einige Akteure in ihrer Situation – z.B. aufgrund von Bindungswirkungen – auf diese Anreizänderung nicht reagieren, andere hingegen werden es tun, und so ergibt sich im Aggregat eine Reaktion, die sich mit Hilfe des Gesetzes sehr gut darstellen lässt, weil sie das „repräsentative" bzw. „durchschnittliche" Verhalten modelliert.

Beispielsweise kann man anhand des Gesetzes relativ sicher abschätzen, dass eine Erhöhung der Tabaksteuer dazu führt, dass insgesamt, d.h. im Aggregat, weniger geraucht wird. Dabei kann man im Einzelfall vermutlich recht unterschiedliches Verhalten beobachten: Der Nichtraucher hält die Steuer für eine ausgezeichnete Maßnahme, ändert sein eigenes Verhalten jedoch nicht –

warum sollte er auch? Der gut betuchte Gelegenheitsraucher ändert sein Verhalten kaum, für ihn ist die Steuer kaum merklich. Der arbeitslose Kettenraucher hingegen wird von der Steuer merklich getroffen, der Druck seiner Budgetrestriktion zwingt ihn, fortan seinem geliebten Laster weniger zu frönen.

Deshalb ist es oft möglich, mit dem Modell der Nachfragekurve zu arbeiten, was ja eine kontinuierliche Anpassung selbst an kleine („marginale") Änderungen unterstellt und nicht etwa sprunghafte Veränderungen. Zwar werden im Einzelfall nicht wenige Anpassungsreaktionen an veränderte Preise bzw. Anreizbedingungen für den einzelnen keineswegs Mehr-oder-weniger-Entscheidungen sein, sondern Entweder-oder-Entscheidungen, doch wenn sehr viele solcher Entscheidungen betrachtet werden, ergibt sich im Aggregat jenes Bild, wie es von den Kurven der Ökonomen dargestellt wird.

Das heißt aber nicht, dass die Betrachtung von Einzelfällen grundsätzlich belanglos bliebe. Vielmehr hängt es – wie immer – vom Problem ab, welche Bedeutung dem Einzelfall zukommt und auch, was als Einzelfall anzusehen ist. So werden wir im fünften Kapitel erörtern, dass es sich bei dem Akteur, dessen Verhalten modelliert wird, auch um eine Organisation, möglicherweise gar um einen Staat, handeln kann, und dann wird der Einzelfall natürlich oft relevant. Ebenso verändert sich die Bedeutung des Einzelfalls mit dem Ausmaß der Betroffenheit; eben deshalb sind ja solche Märkte wie der Arbeitsmarkt, der Wohnungsmarkt oder der Markt für Gesundheitsleistungen sehr viel schwieriger zu behandeln als der Markt für Dosensuppen.

Die Unterscheidung von Einzelfall und Aggregat ist nicht zuletzt deshalb von besonderer Bedeutung, weil die isolierte Betrachtung nur einer der beiden Seiten leicht zu unangemessenen Einschätzungen der Situation führen kann. So kann die Aggregatbetrachtung durchaus dazu führen, dass man vergisst, dass hinter diesen Größen konkrete Einzelschicksale stehen: Die Erhöhung der Arbeitslosenquote um 0,01 % birgt für etliche der Betroffenen gewiss enorme Dramatik, die jedoch bei der – notwendigen – Betrachtung der Aggregatgrößen nicht mitvermittelt werden kann. So steht ein Politiker, der nur auf das Aggregat schaut, in Gefahr, den Kontakt zu (potenziellen) Wählern zu verlieren.

Noch wichtiger aber ist die entgegengesetzte Form einer einseitigen Betrachtungsweise, die in der öffentlichen Diskussion sehr viel häufiger anzutreffen ist: Die Betrachtung von dramatischen oder spektakulären Einzelfällen kann leicht den Blick auf das Aggregat verstellen. So führt gerade das Erleben der persönlichen Dramatik eines Sturzes in die Arbeitslosigkeit dazu, Maßnahmen zu fordern, die aggregierte Zusammenhänge und damit auch die möglichen negativen Folgen vernachlässigen, z.B. ein verfassungsmäßig garantiertes „Recht auf Arbeit". Genau diese Zusammenhänge sind es, um deren Aufklärung die Ökonomik bemüht ist. Und es ist die damit unumgänglich verbundene Relativierung des konkreten Einzelfalls, die der Ökonomik regelmäßig eine solch schlechte Presse bringt, wenn sie beispielsweise bei Krankenhausleistungen oder sozialen Unterstützungsleistungen danach fragt, welche (Fehl-)Anreize die institutionelle Gestaltung dieser Leistungen bietet, was sie kosten, wer sie bezahlen soll, welche Anreize derjenige dafür hat usw.

Besondere Bedeutung kommt der Berücksichtigung des Zusammenhangs von Einzelfall und Aggregat im Hinblick auf die zeitliche Dimension zu, denn das betrifft die Analyse von Regeln. Regeln betreffen praktisch immer eine Vielzahl von Einzelfällen, und oft erfüllen sie unter normalen Bedingungen auch gut ihre Funktion. Jedoch kann es immer auch zu besonderen Umständen kommen, in denen die Regel mit einer besonderen Zumutung für die Betroffenen verbunden ist: Einem bislang von den einschlägigen Regelungen nicht vorgesehenen Fall eines Bedürftigen wird aufgrund fehlender Rechtsgrundlage keine Sozialhilfe gewährt; dem Käufer eines schadhaften Produkts wird, weil für diesen Fall keine Haftungsregelung existiert, kein Schadenersatz gezahlt; ein kleiner Biobauer (vgl. u. 4.4.1) muss, wenn er mit seinen Kollegen Getreidesaatgut tauscht, das für ihn teure Zulassungsverfahren eines kommerziellen Saatguttausches zahlen; die persönlichen Umstände eines Prüflings bei der Bewertung von Prüfungsleistungen finden keine Berücksichtigung usw. Es sind diese manchmal spektakulären Fälle, die dann die Medien gern aufgreifen, ohne indes auf die Funktion der zugrunde liegenden Regelung einzugehen; d.h. es wird nicht darauf hingewiesen, dass diesem Einzelfall einer Regelabweichung zahlreiche andere Fälle gegenüberstehen, in denen die Anwendung der Regel erwünschte Resultate erbringt. In solchen Situationen ist es von grundlegender Bedeutung, einschätzen zu können, ob es sich hier um einen zu vernachlässigenden Einzelfall handelt oder um einen, dem systematische Bedeutung zukommt. Das Gleiche gilt natürlich für Analysen anhand des Gesetzes der fallenden Nachfragekurve: Eine kurzfristige Preisschwankung ist anders zu betrachten als eine dauerhafte Änderung.

Die Bedeutung des Verständnisses dieses Zusammenhangs liegt vor allem darin, dass die Regeln und die Politikmaßnahmen, mit denen erwünschte *aggregierte* Folgen erreicht werden sollen, gerade in der Demokratie immer der *Zustimmung* der Betroffenen bedürfen, die jedoch – aus guten Gründen – den Einzelfall, nämlich sich selbst, vor Augen haben. Aus diesem Grund sind Sozialversicherungen in einer Marktwirtschaft so bedeutsam. Man erreicht die Zustimmung zu institutionellen Arrangements, die aggregiert erwünschte Ergebnisse bringen, jedoch im Einzelfall erhebliche Zumutungen bereithalten – und das trifft zweifellos für eine Marktwirtschaft zu –, nur dann, wenn man denjenigen, die zustimmen müssen, gewisse Absicherungen für den Fall bietet, dass sie im konkreten Fall auch mal zu den Verlierern gehören. Und gerade hier ist es wichtig, immer auch das Aggregat im Auge zu haben, weil es sonst rasch zu unerwünschten Anreizwirkungen oder Problemen der Finanzierbarkeit kommt. Der gegenwärtige Zustand der Sozialversicherungssysteme zeigt die Relevanz dieser Überlegungen. Um diese Zusammenhänge besser zu verstehen, ist allerdings noch einige theoretische Arbeit nötig.

Lektürevorschläge

Der 'Klassiker' der ökonomischen Handlungstheorie ist Gary S. Becker. Ihm vor allem ist zu verdanken, dass das Modell des rationalen, eigeninteressierten Akteurs als *Methode* begriffen und auf die unterschiedlichsten Themenbereiche angewendet wird. Zu empfehlen sind insbesondere der Einleitungsaufsatz zu seinem Buch „Der ökonomische Ansatz zur Erklärung menschlichen Handelns" (1976/1982) sowie seine Rede anlässlich der Verleihung des Nobelpreises „Die ökonomische Sicht des Verhaltens" (1993/1996).

Eine leicht verständliche Darstellung, die diese Perspektive auf die Analyse volkswirtschaftlicher und anderer Zusammenhänge ausweitet, bietet David Friedman (1999).

Der Bindungscharakter von Investitionen wird von Oliver E. Williamson betont, siehe insbesondere 1985/1990, S. 60 ff.

Zusammenfassung

1. Individuelle Wahlhandlungen ergeben sich aus allen Anreizen einer Situation. Es gibt unterschiedliche Formen von Anreizen, monetäre, soziale, moralische usw., und sie stehen teils in substitutiver (konkurrierender), teils in komplementärer (sich ergänzender) Beziehung.

2. Individuen vergleichen – ausgehend von den situativen Anreizbedingungen – Alternativen (Güter, Handlungen, Handlungssequenzen, Regeln) und entscheiden sich für jene Alternative mit dem höchsten Nettonutzen („Rente"). Die Kosten dieser Wahl bestehen im entgangenen Nutzen der nächstbesten Alternative („Opportunitätskosten").

3. Reaktionen auf Kostenänderungen von Alternativen können gemäß dem Gesetz der fallenden Nachfragekurve dargestellt werden. Dieses Gesetz besagt, dass mit steigendem (subjektiven) Preis einer Alternative weniger von ihr nachgefragt wird. Die Anpassung erfolgt umso ausgeprägter, je länger der Anpassungszeitraum, je besser die Verfügbarkeit von Substituten und je geringer die Bindungswirkungen sind.

4. Eine (Re-)Investition in Vermögenswerte ist die – für einen selbst der Intention nach vorteilhafte – Änderung künftiger Handlungsmöglichkeiten zur Realisierung künftiger Erträge. Eine zentrale Größe hierbei sind die Erwartungen hinsichtlich der Bedingungen, unter denen die Erträge anfallen, und das damit verbundene Risiko. Aufgrund der Bindungswirkung früherer Investitionen können Reaktionen auf Kostenänderungen von Alternativen ausbleiben; umgekehrt können aufgrund vermuteter – evtl. nicht berechenbarer – Kostenänderungen Investitionen ausbleiben.

5. Bei der Anreizanalyse ist genau zu unterscheiden zwischen der Analyse eines konkreten Einzelfalls und der Erklärung eines Aggregats individueller Reaktionen.

Schlüsselbegriffe

Anreiz	Kosten, Opportunitätskosten
Bindung	Marginalanalyse
Elastizität	Nachfragekurve
Investition	Rente
Knappheit	Vermögenswert

2.2 Interaktionstheorie

Mit der ökonomischen *Handlungstheorie* haben wir die Grundlage gelegt, das Verhalten von Akteuren generell analysieren zu können. Annahme war dabei stets, dass die Akteure ihre Entscheidungen unter *gegebenen* Handlungsbedingungen treffen.

Nun gehören im sozialen Leben für jeden Akteur die anderen Akteure und ihre Handlungen ebenfalls zu den Handlungsbedingungen, doch sind sie ganz besonderer Art; sie sind sozusagen 'lebendige' Restriktionen: Akteure können *aufeinander* reagieren. Damit ergeben sich grundsätzlich neue Chancen, aber auch neue Probleme: Kooperationen werden möglich, ebenso aber auch Konflikte. Damit gelangen wir zum theoretischen Kern unserer Ökonomik: zur *Interaktion.*

Auch wenn die gesamte Konzeption als „Interaktionsökonomik" bezeichnet werden kann, lässt sich doch auch ein einzelner Theoriekomplex mit dem Begriff „Interaktionstheorie" kennzeichnen; ihn entwickeln wir nachfolgend in den Grundzügen.

Wir entfalten die Überlegungen in drei Schritten: Zunächst verdeutlichen wir die eben skizzierte Besonderheit von Interaktionen, die strategische Interdependenz, genauer (2.2.1). Anschließend diskutieren wir unterschiedliche Konstellationen gemeinsamer und konfligierender Interessen (2.2.2), um schließlich auf die spezifischen Probleme einzugehen, die sich in Interaktionen ergeben (2.2.3).

2.2.1 Strategische Interdependenz

Worin liegt die Besonderheit des Umstands, dass der Mitarbeiter, der Geschäftspartner, der Verhandlungsführer der anderen Regierung – allgemein: die Interaktionspartner – handlungsfähige Akteure sind, die auf die Handlungen anderer Spieler *reagieren* können? Oder anders formuliert: Worin liegt das grundsätzlich Neue, wenn Freitag auf Robinsons Insel eintrifft? Um das besser zu verstehen, erläutern wir im folgenden den Unterschied zwischen parametrischem und strategischem Verhalten.

Das Kennzeichen *parametrischen* Verhaltens ist es, dass gerade *keine* strategischen Zusammenhänge vom Akteur berücksichtigt werden. Sein Verhalten richtet sich einerseits nach den für ihn gegebenen Handlungsbedingungen, die seinen Alternativenraum festlegen, und andererseits nach den Entscheidungsvariablen, die er innerhalb dieses Alternativenraums kontrollieren kann. Ein typisches Beispiel ist die Frage, ob man zum Spaziergang einen Regenschirm mitnehmen soll oder nicht. Auch wenn man manchmal einen anderen Eindruck haben mag, so steht doch fest, dass das Wetter *nicht* auf die eigene Entscheidung *reagiert*, und deshalb braucht man mögliche Reaktionen des Wetters bei der eigenen Entscheidung auch nicht ins Kalkül zu ziehen.

Anders ist es bei *strategischem* Verhalten. Hier reagiert der Mitspieler/Gegenspieler auf das eigene Verhalten, so dass das Resultat aus der *Interdependenz* des Verhaltens beider/aller entsteht. Zum genaueren Verständnis wollen wir vier Stufen strategischer Interdependenz unterscheiden.

1. Auf der ersten Stufe gilt, dass die *Handlungsbedingungen* eines Akteurs (zum Teil) nunmehr *in den Handlungen bzw. Handlungsmöglichkeiten anderer Spieler* bestehen. Daraus ergibt sich genau das, was wir im ersten Kapitel am Gefangenendilemma diskutiert haben: *Soziale Zustände sind das Ergebnis der Handlungen mehrerer Akteure*, und das heißt, dass *jeder Akteur über die Höhe der Auszahlungen wenigstens einiger anderer Akteure mitbestimmt*.

2. Nun ist diese Form strategischer Interdependenz – der Umstand, dass ein Spieler die Auszahlungen eines anderen Spielers mitbestimmt und umgekehrt – sehr allgemeiner Art. Eine spezifischere Form strategischer Interdependenz liegt vor, wenn ein Interaktionspartner *sein Verhalten gezielt am Verhalten des anderen orientiert*.

Nehmen wir beispielsweise an, ein Regionalsender müsste entscheiden, ob er am Freitagabend eine Sportsendung oder einen Dokumentarfilm sendet; er orientiert sich dabei an seinem Ziel, möglichst hohe Einschaltquoten zu erzielen. Die Entscheidung hängt natürlich auch davon ab, was andere Sender anbieten. Der Einfachheit halber nehmen wir weiter an, dass nur ein weiterer überregionaler Sender existiert, der sich zwischen der Ausstrahlung eines Sportereignisses, dessen Rechte er erworben hat, und einer Talkshow zu entscheiden hat:

		GS	
		Talkshow	Sportübertragung
	Doku	I *2, 1*	II *3, 5*
RS	Sport	III *4, 1*	IV *1, 5*

Der Regionalsender RS, der über die Zeilen entscheidet und dessen Auszahlungen vor dem Komma stehen, steht prima facie vor einer Entscheidung, deren Ergebnis nicht allein von ihm abhängt, sondern auch von der Entscheidung des großen Senders GS, je nachdem, für welches Programm dieser sich entscheidet, ist für RS „Doku" oder „Sport" die bessere Alternative. Nun kann RS *erschließen*, welche Entscheidung besser ist, indem er die (vermutliche) Entscheidung von GS analysiert und daraus Rückschlüsse für die eigene Entscheidung zieht.

Da für GS die Entscheidung von RS – annahmegemäß – keine Auswirkung hat (man betrachte die Auszahlungen von GS), ist seine Entscheidung leicht zu ermitteln: Die Sportübertragung ist vorteilhafter. Aus diesem Wissen kann nun RS die nötige Information für die eigene Entscheidung gewinnen. Als Ergebnis stellt sich ein, dass GS die Sportübertragung und RS die Dokumentation sendet. Ein solches *Ergebnis, bei dem keiner der Akteure mehr einen Anreiz hat, von seiner Entscheidung abzuweichen*, nennt man *Gleichgewicht*[12].

Auf dieser zweiten Stufe strategischer Interdependenz sind also nicht nur die sozialen Zustände Resultate interdependenter Handlungen, es kommt hinzu, dass mindestens ein Akteur *das eigene Verhalten am Verhalten (mindestens) eines anderen Akteurs orientiert.*

---

[12] Nicht zuletzt aufgrund des Umstands der strategischen Interdependenz ist eine präzise Bestimmung des Gleichgewichtsbegriff in der Spieltheorie komplizierter, als wir ihn hier angeben. Wir müssen hier auf die spieltheoretische Literatur verweisen.

3. Indes ist auch damit noch nicht jenes Phänomen angesprochen, an das vermutlich die meisten Menschen denken, wenn sie den Begriff „strategische Interdependenz" hören. Für sie hat das etwas damit zu tun, das Verhalten eines anderen zu beeinflussen; damit wird die dritte Stufe strategischer Interdependenz erreicht. Betrachten wir dazu das folgende Beispiel[13]:

		Herr *j*		
		A	*B*	
Frau *i*	*a*	I *4, 3*	*9, 1* 	II
	b	III *0, 2*	*5, 4* 	IV

Frau *i* kann die Zeilen, d.h. *a* oder *b*, wählen, Herr *j* die Spalten, d.h. *A* oder *B*. Für Frau *i* liegt es nahe, sich für *a* zu entscheiden, denn sie steht sich damit auf jeden Fall besser; *a* ist für sie **dominante Strategie**. Für Herrn *j* bedeutet das indes, dass er dann, wenn er *A* wählt, 3 Nutzeneinheiten erreicht, bei *B* jedoch nur 1. Also wird er sich für *A* entscheiden. Allerdings ist dieses Ergebnis für beide nicht recht erfreulich, denn sie könnten sich mit der Kombination {*b; B*} beide besser stellen; das jetzige Ergebnis ist **pareto-inferior**.

Man mag sich fragen, warum sie das nicht tun. Die Antwort liegt zunächst in einer spezifischen Annahme der spieltheoretischen Modellierung, nämlich der Annahme *unabhängigen Verhaltens*. Gemeint ist damit, dass beide Spieler ihr Verhalten *nicht koordinieren* (können)[14].

Wenn sich also Frau *i* mit Herrn *j* nicht absprechen kann, müsste sie befürchten, dass, wenn sie *b* wählt, er *A* gewählt hat, was für beide noch weniger wünschenswert wäre. Warum aber sollte er *A* wählen? Eben weil er vermuten muss, dass Frau *i* das Risiko, *b* zu spielen, nicht eingeht.

Frau *i* kann nun möglicherweise etwas tun, was aus handlungstheoretischer Sicht zunächst unsinnig anmuten muss: Sie kann die bessere ihrer augenblicklichen Alternativen, d.h. *a*, für sich selbst unattraktiv machen. Sie muss dies allerdings in einer Weise tun, dass Herr *j* es mitbekommt, denn genau darin liegt der Sinn dieser Maßnahme. Nehmen wir beispielsweise an, dass Frau *i*

---

[13] Wir wählen hier mit Absicht einmal ein rein formales Beispiel, eine Vorgehensweise, wie sie vor allem in der Volkswirtschaftstheorie üblich ist. Es ist eine empfehlenswerte Übung, sich zu überlegen, welche lebensweltlichen Situationen mit dem dargestellten Spiel plausibilisiert werden könnten.

[14] Der Sinn dieser Annahme liegt darin, eben jene Bedingungen genauer zu untersuchen, die zur Koordination des Verhaltens führen oder auch nicht. Um dieses Problem zu untersuchen, darf man nicht schon seine Lösung vorausgesetzt haben.

ihre eigene Option a so verändert, dass ihr Nutzen im Fall ihrer Wahl sich jeweils um 5 Einheiten verschlechtert, dann bekommen wir folgende Matrix:

		Herr j	
		A	B
Frau i	a	I $(4\text{-}5 =) \text{-}1,\ 3$	II $(9\text{-}5 =)\ 4,\ 1$
	b	III $0,\ 2$	IV $5,\ 4$

In dieser neuen Konstellation liegt es für beide nahe, sich für b resp. B zu entscheiden und damit das – nunmehr – für jeden von beiden beste Ergebnis zu erreichen. Die Besonderheit liegt hier darin, wie das pareto-superiore Ergebnis erreicht worden ist: *Frau i hat in die Erwartungen von Herrn j hinsichtlich ihres eigenen Verhaltens investiert*, indem sie, für ihn sichtbar, ihre Option a unattraktiv machte. Wenn Unternehmen, Politiker usw. auf ihre Reputation achten, so liegen hier Investitionen genau solcher Art vor: Sie investieren in diesen Vermögenswert, indem sie sich, *für andere sichtbar und glaubwürdig*, selbst bestimmte Verhaltensbeschränkungen auferlegen.

Damit derartige Investitionen, die den Interaktionspartnern ein bestimmtes eigenes Verhalten *signalisieren*, Aussichten auf Erfolg haben, müssen zwei Bedingungen erfüllt sein: Erstens müssen die Interaktionspartner die **Information** erhalten, dass man jetzt und künftig ein bestimmtes Verhalten an den Tag legt, und zweitens muss diese Information **glaubwürdig** sein, d.h. es muss der Eindruck entstehen, dass man auch tatsächlich den **Anreiz** hat, sich so zu verhalten, denn bloße Beteuerungen reichen nicht.

Nach den bisherigen Überlegungen liegt das systematisch Neue bei der Analyse von Interaktionen darin, dass beide Akteure wechselseitig Kontrolle über die Auszahlungen des anderen ausüben, und deshalb haben beide Akteure ein Interesse, mögliche Wirkungen des eigenen Verhaltens auf andere zu berücksichtigen, da deren Reaktionen wiederum Wirkungen auf sie selbst haben. Schematisch lässt sich das wie folgt darstellen:

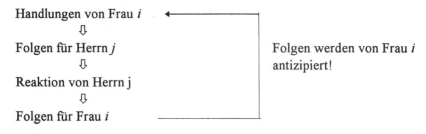

Frau *i* hat einen Anreiz, diese Zusammenhänge bei ihrer Handlung bereits zu berücksichtigen, und dies um so mehr, je größer der Nutzen bzw. der Schaden ist, der ihr durch die Reaktion von Herrn *j* zugefügt werden kann. Das Gleiche gilt natürlich umgekehrt.

4. Nun könnte man sagen, dass all diese Überlegungen doch auch im Rahmen der Handlungstheorie unter der Überschrift „Anreizanalyse" hätten abgehandelt werden können; es sei halt eine etwas komplexere Art von Anreizen, indem man nun die Reaktionen anderer berücksichtigt. Das ist nicht ganz falsch; daher kommt nun, als die *vierte* Stufe strategischer Interdependenz, jener Aspekt, der den systematischen Zusammenhang von Interaktionen und Institutionen konstituiert, und damit sind wir eindeutig im *systematischen Zentrum unserer Interaktionstheorie*.

Wie im ersten Kapitel bereits ausgeführt wurde, ist in Dilemmastrukturen, wie sie durch das Gefangenendilemma illustriert wurden, keiner der Spieler allein in der Lage, ein gewünschtes Ergebnis zu erreichen. Nur durch die Koordination ihrer Handlungen – genauer: nur durch **kollektive Selbstbindung** – können sie Kooperationsgewinne realisieren, und das Mittel dieser kollektiven Selbstbindung ist irgendeine Form institutioneller Abstimmung. Das ist keine Frage, die handlungstheoretisch behandelbar wäre, vielmehr ist hier der systematische Anknüpfungspunkt für die *Institutionentheorie* im Rahmen der *Interaktionstheorie*. Doch bevor wir darauf näher eingehen, ist noch einiges zu sagen zu strategischen Situationen. Wenden wir uns zunächst verschiedenen Konstellationen gemeinsamer und konfligierender Interessen zu.

2.2.2 Elementare Konstellationen

Wir beginnen mit Spielen, in denen es keinerlei Interessenkonflikt gibt; daran schließt die Darstellung des anderen Extremfalls, der reinen Konfliktspiele, an. Diese beiden Konstellationen sind nicht deshalb von vorrangigem Interesse, weil sie empirisch häufig vorkämen, sondern deshalb, weil die Konzentration auf den Aspekt gemeinsamer oder konfligierender Interessen spezifische Zusammenhänge deutlich werden lässt. Anschließend werden noch zwei Spiele mit unterschiedlichen 'Mischungen' der Interessenlagen betrachtet.

2.2.2.1 Spiele mit rein gemeinsamen Interessen

Der erste Fall, den wir behandeln, betrifft Interaktionskonstellationen, in denen keinerlei konfligierende Interessen und daraus resultierende Anreizprobleme bestehen. Sofern überhaupt ein Problem für die Spieler vorliegt, besteht es darin, die nötige Information für die Koordination ihrer Handlungen zu bekommen, damit ihr gemeinsames Interesse realisiert werden kann. Daher bedarf auch die gezielte Realisierung gemeinsamer Interessen immer irgendeiner Form der Abstimmung der individuellen Handlungen, und ist deshalb immer mit dem Eingehen wechselseitiger Abhängigkeiten verbunden.

Formal lässt sich ein solches Spiel dadurch definieren, dass die möglichen Ergebnisse von beiden Spielern in der gleichen Reihenfolge bewertet werden, oder in einer schwächeren Version: dass das beste Ergebnis aus Sicht jedes Spielers mit dem besten Ergebnis des/der anderen übereinstimmt. Als Beispiel kann folgendes Spiel dienen:

		Herr *j*	
		Treffen	kein Treffen
	Treffen	I *1, 1*	II *0, 0*
Frau *i*	kein Treffen	III *0, 0*	IV *0, 0*

Zwei potenzielle Geschäftspartner, Frau *i* und Herr *j*, möchten sich gern treffen, um die Möglichkeiten künftiger Geschäftsbeziehungen auszuloten. Ihr (vorerst und im Hinblick auf dieses Spiel) einziges Problem besteht darin, einen gemeinsamen Treffpunkt und eine feste Zeit zu finden, an dem das Treffen stattfinden kann.

Jeder hat eine bestimmte Strategie, die ihn auf keinen Fall schlechter, wohl aber unter Umständen besser stellen kann, also eine dominante Strategie, und jeder kann zudem sehen, dass es sich auch für den anderen so verhält. Deshalb wird es kein Problem sein, ein Treffen zu vereinbaren.

Wie schon im ersten Kapitel ausgeführt, ist die Modellierung sozialer Situationen als Spiel mit reinen gemeinsamen Interessen für die ökonomische Analyse gesellschaftlicher Probleme eher problematisch und vorrangig von analytischem Interesse. Praktisch jede relevante Problemsituation, die Gegenstand ökonomischer Analysen ist, ist durch das Vorliegen gemeinsamer *und* konfligierender Interessen gekennzeichnet – oder besser: als eine solche Situation mit „gemischten" Interessen zu betrachten. So ist insbesondere die Aufteilung der Kooperationsgewinne oft ein Anlass für Interessenkonflikte, aber auch die Tatsache, dass die Realisierung gemeinsamer Interessen praktisch immer (Opportunitäts-)Kosten hat, deren Höhe vom eigenen Engagement und dem der Kooperationspartner abhängt. Nimmt man in solchen Situationen an, dass ein Spiel mit reinen gemeinsamen Interessen vorliegt, blendet man oft gerade die eigentlichen Probleme aus, da in diesen Spielen die Aufteilung definitionsgemäß kein Problem darstellt.

Relativierend ist allerdings hinzuzufügen, dass das Studium reiner Koordinationsspiele Aufschluss zu geben vermag über solche Institutionen, die im Wesentlichen auf reine Koordinationsprobleme abstellen, typischerweise etwa **Konventionen**, die etwa von dem Philosophen David Hume, dem Ökonomen Carl Menger und anderen analysiert wurden[15]. Im Vordergrund ihrer Untersuchungen stand allerdings die Frage der *Entstehung* dieser Institutionen, weniger die *Gestaltung*. Wenn es jedoch, wie in der hier vorgestellten Konzeption von Ökonomik vor allem um eine „Erklärung zwecks Gestaltung" geht, spielen die im Status quo vorfindbaren Interessenkonflikte auch bei jenen Problemen mit hinein, bei denen es vorwiegend um Koordinationsprobleme geht; man denke etwa an die Rechtschreibreform.

2.2.2.2 Reine Konfliktspiele (Nullsummen-Spiele)

Den Gegenpol zum vorangegangen Typus von Spielen bilden die reinen Konfliktspiele, die oft auch **Nullsummen-Spiele** genannt werden[16]. Sie sind dadurch gekennzeichnet, dass das, was der eine gewinnt, die andere verliert oder umgekehrt. Oft werden Verteilungsfragen auf diese Weise modelliert, mit weitreichenden Folgen für die Politikberatung, da diese Problemsicht die Politik oft unausweichlich in Blockaden führt, weil die Verlierer Widerstand leisten.

Der entscheidende Grund dafür, dass Nullsummen-Spiele für reale Probleme ungeeignete Modelle darstellen, liegt in ihrer Eigenschaft, dass bei den verschiedenen möglichen Ergebnissen, die aus den verschiedenen Strategienkombinationen resultieren können, *Werte weder geschaffen noch zerstört werden*. Genau das aber ist praktisch niemals der Fall; vielmehr ist es, wie schon im Abschnitt 2.1.4 angedeutet, praktisch immer so, dass bei unterschiedlichen Handlungen der Interaktionspartner irgendwelche Vermögenswerte bis hin zum Sozialkapital betroffen sind. Und genau darin liegt die Basis, auf der sich gemeinsame Interessen finden lassen, denn *der Schutz produktiver Vermögenswerte verspricht Kooperationsgewinne* (vgl. 2.4.1).

---

[15] Als Lektüre hierzu empfiehlt sich Lewis 1969/1975.

[16] Eine präzisere Bezeichnung für Nullsummen-Spiele lautet „Konstantsummenspiele". In Konstantsummenspielen addieren sich die Auszahlungen der Spieler bei jedem Ergebnis zu der gleichen (konstanten) Summe; ist die Summe *0*, spricht man von einem Nullsummen-Spiel. Jedes Konstantsummenspiel lässt sich durch eine lineare Transformation in ein Nullsummen-Spiel überführen, indem man die Summe der Auszahlungen auf null normiert, z.B. statt (*3, 1*) und (*4, 0*) als Ergebnisse eines Konstantsummenspiels können dieselben Auszahlungen auch in einem Nullsummen-Spiel dargestellt werden als (*1, -1*) und (*2, -2*). Wegen der größeren Bekanntheit des Begriffs Nullsummen-Spiele werden wir ihn im weiteren verwenden.

Betrachten wir dazu das folgende Beispiel, das wir zunächst als Nullsummen-Spiel modellieren. In diesem Beispiel geht es darum, den Unternehmensgewinn zwischen Aktionären – vertreten durch die Arbeitgeber –, in Form einer höheren Dividende, und Arbeitnehmern, in Form von höheren Löhnen und Gehältern, aufzuteilen.

| | | Arbeitnehmer | |
		Kompromiss	harte Linie
Arbeit- geber	Kompromiss	I 50%, 50%	II 45%, 55%
	harte Linie	III 60%, 40%	IV **50%, 50%**

Beide Spieler, Arbeitgeber und Arbeitnehmer, haben jeweils zwei Strategien: Sie können eine harte Linie fahren oder Kompromissbereitschaft zeigen. Sind beide Seiten kompromissbereit, erhält jede Seite die Hälfte, also 50%, der zu verteilenden Gewinne. Fahren beide Seiten eine harte Linie, so ergibt sich die gleiche Aufteilung, allerdings erst nach einem harten Verhandlungsmarathon.

Wenn wir davon ausgehen, dass die Spieler diese Informationen haben – und auch wissen, dass die anderen sie kennen usw. –, ergibt sich als Lösung eine je hälftige Aufteilung nach harten Verhandlungen. Dieses Ergebnis kommt zustande, da keine der beiden Seiten einen *Anreiz* hat, auf die andere Strategie zu wechseln; für beide ist „harte Linie" *dominante Strategie*, da sie sich in jedem Fall besserstellen. Würden etwa die Arbeitnehmer von vornherein Kompromissbereitschaft zeigen, würden die Arbeitgeber das ausnutzen, indem sie durch das Vertreten der harten Linie 60% des Gewinns für sich aushandeln würden. Umgekehrt würde die bereits zu Beginn der Verhandlungen gezeigte Kompromissbereitschaft der Arbeitgeber für die Arbeitnehmer einen Anreiz darstellen, ihrerseits durch Festhalten an der harten Linie statt 50% nunmehr 55% zu bekommen[17]. Weil beide Parteien – annahmegemäß – das wissen, werden sie beide an der harten Linie festhalten, um sich dann, nach den üblichen Marathonsitzungen, doch auf die 50/50 - Aufteilung zu einigen.

Nun könnte man, mit Hilfe des gesunden Menschenverstandes, behaupten, das gleiche Ergebnis hätte im Prinzip doch auch durch die beiderseitige Kompromissbereitschaft erlangt werden können, und man hätte sich die lästigen Kampfrituale, die endlosen Sitzungen, die Schlafdefizite und den hohen Kaffeeverbrauch sparen können.

---

[17] Die Asymmetrie in den Auszahlungen ist willkürlich gewählt.

Unser Modell informiert uns indes darüber, dass und warum das nicht zutrifft. Keine Seite hätte es sich in dieser Situation leisten können, die Verhandlungen sofort mit Kompromissen zu eröffnen, denn das würde sofort von der anderen Seite ausgenutzt. Das Modell vermag mithin ein Verständnis für das so oft beobachtete Phänomen zu vermitteln, warum am Ende von langen und für alle Beteiligten zeitaufwendigen und mühseligen Verhandlungen Ergebnisse herauskommen, von denen man den Eindruck hat, dass man sich darauf doch hätte gleich einigen können. Dass dies nicht geschah, lag eben daran, dass jede Partei weiß: Wenn sie mit einer entsprechenden Verhandlungsposition *einsteigt*, wird die andere Seite das ausnutzen, um sich besserzustellen.

Allerdings bietet die Modellierung als Nullsummen-Spiel auch keinen Hinweis auf gemeinsame Interessen. Um dem Sachverhalt Rechnung zu tragen, dass die Spieler gemeinsame *und* konfligierende Interessen haben, muss anders modelliert werden.

2.2.2.3 Spiele mit gemeinsamen und konfligierenden Interessen

Nehmen wir zu diesem Zweck an, dass *beide Parteien* es eigentlich *vorziehen würden*, nach kurzer Verhandlungsdauer zu demselben Ergebnis zu kommen ohne den ganzen üblichen Klamauk. Offensichtlich liegt dann kein Nullsummen-Spiel mehr vor: Es existieren neben den Interessenkonflikten auch gemeinsame Interessen. Es fällt nicht schwer, sich vorzustellen, dass das nachfolgende Gefangenendilemma eine adäquate Darstellung der Situation gibt[18]:

		Arbeitnehmer	
		Kompromiss	harte Linie
Arbeit-	Kompromiss	I *3, 3*	II *1, 4*
geber	harte Linie	III *4, 1*	IV *2, 2*

Die Auszahlungen sind jetzt nach der Reihenfolge geordnet, in der die Parteien die Ergebnisse bewerten. Das beste Ergebnis für die Arbeitgeber kommt zustande, wenn sie nach kurzen Verhandlungen aufgrund der Kompromissbereitschaft der anderen Seite sowie ihrer eigenen harten Linie das für sie günstigste Verhandlungsergebnis erzielen. Am zweitbesten stellen sie sich, wenn sie das Ergebnis, das auch nach langen Verhandlungsmarathons herauskäme, aufgrund beiderseitiger Kompromissbereitschaft rasch erzielten. Am schlech-

---

[18] Man beachte, dass es sich *um die gleiche Situation wie zuvor* handelt, nur dass die Perspektive jetzt eine andere ist.

testen sind sie allerdings gestellt, wenn es zwar schnell geht, weil sie selbst bereits zu Beginn Kompromissbereitschaft zeigen, doch genau deshalb mit dem für sie schlechtesten Verhandlungsergebnis herauskommen. Da ist es immer noch besser, sie richten sich auf lange Nächte ein, holen mehr heraus und erreichen so wenigstens das zweitschlechteste Ergebnis. In gleicher Weise kann man die Auszahlungen für die Arbeitnehmer ermitteln.

Noch deutlicher wird der Charakter eines Spiels mit gemischten Interessen, wenn man die Möglichkeit in Betracht zieht, dass es im Falle einer beiderseitigen harten Linie zu einem Arbeitskampf kommt, der für beide Seiten erhebliche Kosten bringt. Dies gilt insbesondere angesichts der Tatsache, dass solche Situationen nicht selten auch eine Eigendynamik in sich bergen, die die beteiligten Akteure nicht vollständig kontrollieren können. Auch dieser Fall lässt sich in der oben dargestellten Form des Gefangenendilemmas modellieren: In diesem Fall hat jede Partei einen Anreiz, selbst keine Vorleistungen zu erbringen, da sie befürchten muss, von der anderen ausgebeutet zu werden, aber zugleich lassen sich – im Unterschied zur Darstellung als reines Nullsummen- bzw. Verteilungs-Spiel – auch gemeinsame Interessen und damit Einigungschancen und Aussichten auf Kooperationsgewinne ausmachen.

Wir können an dieser Stelle offenlassen, ob es Institutionen gibt, die es den Parteien ermöglichen, aus dieser Dilemmastruktur herauszukommen – Beispiele wären langfristig geltende Verteilungsregeln, die häufige Verhandlungen überflüssig machen (allerdings ist dann bei der Aushandlung der Verteilungsregel mit *sehr* intensiven Verhandlungen zu rechnen, auch sind dann beide Parteien festgelegt und können sich situativen Änderungen nicht anpassen), verbindlichen Orientierungen an anderen („Pilot"-)Abschlüssen oder die Einschaltung von Verhandlungsvermittlern. Zu beachten ist dabei auch, dass die Kosten der jeweiligen Institution die durch sie erzielten Kooperationsgewinne nicht aufzehren sollten.

Natürlich können auch andere Faktoren für die Situationsbeurteilung wichtig werden, die den Interessenkonflikt verschärfen können. So könnte einer Seite, vielleicht auch beiden, aus anderen Gründen daran gelegen sein, eine harte Linie zu wählen. Vielleicht versucht man auf diese Weise eine spezifische *Reputation* für künftige Verhandlungen zu erwerben. Oder die Verhandelnden sind Funktionäre, die im Auftrag anderer verhandeln, dann ist es für sie wichtig, gegenüber denjenigen, die sie vertreten (der „Basis"), den Eindruck zu vermeiden, sich allzuleicht auf einen Kompromiss geeinigt zu haben usw. In diesem Fall müsste man wiederum die Auszahlungen ändern, und zwar müssten die Auszahlungen der Strategie „harte Linie" gegenüber jenen der Strategie „Kompromiss" einen Aufschlag bekommen. Doch auch in diesen Fällen wird man praktisch immer davon ausgehen können, dass es sich nicht um ein reines Konfliktspiel handelt, bei dem es sich nicht lohnen würde, nach Kooperationsgewinnen, d.h. nach Verbesserungsmöglichkeiten zum Status quo, zu forschen.

Wir halten zwei wichtige Einsichten fest: Erstens impliziert die Modellierung von Interaktionen als Nullsummen-Spiel systematisch die Ausblendung aller (!) gemeinsamen Interessen, was insbesondere für alle Arten normativer Fragestellungen und Diskussionen einen grundlegenden Nachteil bedeutet. Zweitens zeigt sich, dass die Wirklichkeit nie nur eine Betrachtungsweise zulässt. Eine Situation ist nicht einfach ein Nullsummen-Spiel oder nicht; es hängt vielmehr immer auch (natürlich nicht nur) von unserer Betrachtungsweise ab, welche Aspekte in den Blick kommen und welche nicht. D.h. die Wirklichkeit lässt uns (erhebliche) Freiheitsgrade bei der Wahl der Schemata und Perspektiven, für die natürlich gleichwohl gilt, dass sie der Wirklichkeit angepasst sein müssen. Ein einfaches Beispiel hierfür sind die bekannten unterschiedlichen Perspektiven des Optimisten und des Pessimisten bei der Betrachtung eines halbvollen bzw. halbleeren Glases. Ein relevanteres Beispiel betrifft die Ausgaben für die Sozialpolitik, die von manchen als „Umverteilung", von anderen als „Investition" betrachtet werden. Jedoch regt nur die letzte Betrachtungsweise systematisch die Frage an, welche Formen von Investitionen gesellschaftlich sinnvoll sind.

Anders formuliert: Wir können durch die Modellierung des Problems als Dilemmastruktur den gleichen Erkenntnisgewinn erzielen wie durch die Modellierung als Nullsummen-Spiel. In beiden Modellierungen wird deutlich, warum die Struktur der konfligierenden Interessen zu dem beobachtbaren Verhalten führt. Jedoch hat die Modellierung als Dilemmastruktur den Vorzug, *zugleich* die gemeinsamen Interessen und die damit verbundenen potenziellen Kooperationsgewinne in den Blick zu bringen. Wenn nun jemand meint, dass es vielleicht gar keine gemeinsamen Interessen gäbe, so dass es sich „in der Wirklichkeit" doch um ein Nullsummen-Spiel handele, dann sei er darauf hingewiesen, dass eine der wichtigsten Funktionen der Modellierung solcher Situationen als Dilemmastruktur darin besteht, überhaupt erst einmal nach gemeinsamen Interessen zu *suchen*; praktisch alle großen Entdeckungen und Erfindungen der Menschheit „gab" es zunächst nicht bzw. wurden nicht wahrgenommen, bis jemand darauf kam, danach zu suchen, sei es nach den Fallgesetzen oder dem Sauerstoff, oder der Möglichkeit, eine dauerhafte soziale Ordnung zu etablieren.

Neben dem Gefangenendilemma gibt es eine Vielzahl weiterer spieltheoretischer Modelle von Situationen, in denen die Spieler gemeinsame und konfligierende Interessen haben. Diese Spiele stellen nicht immer Dilemmastrukturen dar, sind aber gleichwohl oft von hohem analytischen Wert. Im Folgenden erörtern wir zwei andere elementare Konstellationen gemischter Interessen, das Spiel „Kampf der Geschlechter" und das „Chicken-Game".

„Kampf der Geschlechter"

Wir betrachten zunächst ein Spiel, in dem der Koordinationsaspekt bzw. das Moment des gemeinsamen Interesses überwiegt, obwohl die Bezeichnung, unter der es in der Spieltheorie firmiert, das nicht vermuten lässt; es handelt sich um den **Kampf der Geschlechter** („battle of the sexes").

Diese martialisch klingende Bezeichnung geht auf die Story zurück, mit der dieses Spiel eingeführt wurde. In einer unwesentlich modifizierten Variante lautet sie folgendermaßen:

		Herr *j*	
		Fußball	Ballett
Frau *i*	Fußball	I $\qquad$ *3, 2*	II $\qquad$ *0, 0*
	Ballett	III $\qquad$ *1, 1*	IV $\qquad$ *2, 3*

Frau *i* und Herr *j* wollen gern den Abend zusammen verbringen; das ist ihr gemeinsames Interesse. Allerdings gibt es einen Interessenkonflikt darüber, wo dies geschieht. Frau *i* ist zwar eigentlich Ballettliebhaberin, aber sie weiß, dass Herr *j* Fußballfan ist, und im gegenwärtigen Stadium ihrer Beziehung zöge sie deshalb tatsächlich Fußball dem Ballett vor („weil er es doch so gern mag"); allerdings würde sie, wenn sie allein gehen müsste, natürlich Ballett bevorzugen. Umgekehrt ist Herr *j* zwar tatsächlich 'eigentlich' Fußballfan, doch weiß er seinerseits um die Vorliebe von Frau *i* für Ballett und möchte deshalb, dass sie beide sich dorthin begeben. Indes würde auch er, wenn er denn allein gehen müsste, seine 'eigentliche' Präferenz Fußball dem Ballett vorziehen[19].

Dadurch ergeben sich die in der Matrix dargestellten Auszahlungen: Frau *i* stellt sich am besten (Auszahlung: *3*), wenn sie zusammen sind, und zwar beim Fußball; die zweitbeste Lösung (Auszahlung: *2*) aus ihrer Sicht ist es,

---

[19] Das Spiel ist hier etwas komplexer dargestellt als in anderen Lehrbüchern, dennoch meinen wir, dass es vielen vertraut sein dürfte aus der ersten Zeit von Partnerschaften (später gibt sich in der Regel diese komplizierende Präferenzumkehr). Und jene, die es (noch) nicht kennen, können sich hier auf solche Situationen einstellen.

wenn sie im Ballett zusammen sind[20]. Die zweitschlechteste Lösung ist es (Auszahlung: *1*), allein im Ballett zu sitzen, und in der schlechtesten aller Welten befindet sie sich (Auszahlung: *0*), wenn sie allein beim Fußball ist. Analog lassen sich die Werte des Mannes erklären.

Welche Lösung wird sich in einem solchen Fall ergeben? Aus Sicht der Spieltheorie sind zwei Gleichgewichte möglich: Da bei beiden das gemeinsame Interesse, das Zusammensein, dominiert, werden sie sich entweder beim Fußball oder beim Ballett wiederfinden. Mehr lässt sich allerdings bei diesem Informationsstand nicht sagen.

Das sieht allerdings anders aus, wenn beide nacheinander ihre Entscheidung treffen. Wenn beispielsweise Frau *i* zuerst am Zuge ist, hat sie einen Vorteil; man spricht vom *Vorteil des Anziehenden* („first-mover advantage"). Eine nette Illustration des Vorteils der Anziehenden liefert T. Schelling (1960/1980, S. 146): Wenn die beiden telephonieren, um sich zu verabreden, könnte beispielsweise Frau *i* sagen: „Ich mache mich jetzt auf zum Fußball" – *und auflegen*. Auf diese Weise hat sie sich *gebunden*, und da die Realisierung der Kooperationsgewinne eine *Abstimmung* der Strategien verlangt – die Strategien sind *komplementär* –, ist der Mann eben um dieser Kooperationsgewinne willen genötigt, ihr zu folgen[21].

Ein typisches Beispiel für eine solche Konstellation gemeinsamer und konfligierender Interessen ist es, wenn zwei Geschäftspartner einen Vertrag aushandeln. Das Zustandekommen des Vertrages entspricht dem stark ausgeprägten gemeinsamen Interesse, doch können bei manchen Einzelheiten konfligierende Interessen auftreten, die eine unterschiedliche Festlegung einzelner Details des Vertrags zum Gegenstand haben. Falls es mehrere solcher Konstellationen gibt, bietet es sich an, abwechselnd Zugeständnisse zu machen.

---

[20] Es ist aus ihrer Sicht nur die zweitbeste Lösung, weil sie unterstellt, dass *er* ja ʻeigentlichʼ lieber beim Fußball wäre (was im übrigen ja nicht ganz stimmt, doch die damit verbundenen hochkomplexen Probleme überlassen wir den Psychologen und Philosophen).

[21] Das Gegenstück dazu ist der *Vorteil des Nachziehenden* („second-mover advantage"), bei dem der Nachziehende einen Vorteil hat. Das ist dann der Fall, wenn ihm die mit dem Spielzug des ersten Spielers erfolgende Festlegung die Möglichkeit gibt, genau dies auszubeuten. Ein Beispiel für den Vorteil des Nachziehenden ist es, wenn zwei Unternehmen in einem Preiswettbewerb stehen und eines von beiden seinen Preis zuerst festlegen muss. Das zweite Unternehmen hat dann die Möglichkeit, diesen Preis zu unterbieten und so die Nachfrage auf sich zu lenken.

„Chicken Game"

Ein anderes Spiel mit gemeinsamen und konfligierenden Interessen ist das sogenannte *Chicken-Game*. Hier sind die konfligierenden Interessen sehr viel stärker ausgeprägt als die gemeinsamen. Dieses Spiel hat seinen Namen von der Geschichte zweier Jugendlicher, die mit Autos aufeinander zu fahren; derjenige, der als erster ausweicht, ist der Feigling („chicken"):

		Frank	
		nicht ausweichen	ausweichen
Jim	nicht ausweichen	I -100, -100	II **10, -5**
	ausweichen	III **-5, 10**	IV 0, 0

In diesem Spiel ist das gemeinsame Interesse nur schwach ausgeprägt; beide wollen das ungünstigste Ergebnis, den Zusammenstoß, vermeiden. Davon abgesehen dominiert der Interessenkonflikt, keiner möchte als Feigling dastehen, aber ob man das tut, hängt auch wesentlich vom Verhalten des anderen ab.

Auch dies ist wieder ein Fall, in dem die Spieltheorie keine eindeutige Lösung liefern kann. In diesem Spiel ergeben sich vielmehr zwei Gleichgewichte, nämlich die beiden möglichen Kombinationen, in denen einer ausweicht und der andere nicht.

Dieses Spiel ist insofern von besonderem Interesse, weil seine Struktur solchen Situationen entspricht, in denen Konkurrenz um ein Gut, eine Ressource, eine Position usw. besteht, die nur einer erhalten kann, und das Hauptproblem besteht darin, die Kosten dieser Konkurrenz zu begrenzen. So geht es im folgenden Beispiel darum, dass zwei Firmen um eine Marktnische konkurrieren, die nur Platz für eine von ihnen lässt. Versuchen es beide, kommt es zu einer ruinösen Konkurrenz:

		U 2	
		Markteintritt	kein Markteintritt
U 1	Markteintritt	I -10, -12	II **18, 0**
	kein Markteintritt	III **0, 20**	IV 0, 0

Wie zuvor gibt es zwei mögliche Gleichgewichte als Lösungen; in jedem Gleichgewicht hat ein Unternehmen die Marktnische besetzt, das andere bleibt draußen. Zu beachten ist dabei, dass die Auszahlungen in jedem der beiden Gleichgewichte *asymmetrisch* sind. Jenes Unternehmen, das die Marktnische besetzt hat, kann sich als Gewinner fühlen. Das andere hat zwar vielleicht keine Kosten aufgewendet, wird sich aber *relativ zum Konkurrenten* als Verlierer ansehen. Genau deshalb stellt das Chicken-Game die Struktur einer konfliktintensiven Interaktion dar.

In solchen Situationen kann ebenfalls derjenige, der als erster ziehen kann, einen erheblichen Vorteil erreichen, da es für den Nachziehenden vorteilhafter ist, klein beizugeben, statt es zum schlimmsten Fall kommen zu lassen. Doch gibt es nicht selten auch den Fall, in dem sich die aggressiven Verhaltensweisen gegenseitig aufschaukeln, so dass es doch zur Konfrontation kommt.

Nicht wenige Institutionen lassen sich rekonstruieren als Versuch, den für beide schlimmsten Fall zu vermeiden, auch auf Kosten einer asymmetrischen Lösung, bei der einer besser, der andere schlechter dasteht. Ein klassisches Beispiel für eine solche institutionelle Lösung ist die Zuteilung von Verfügungsrechten auf der Basis „wer zuerst kommt, mahlt zuerst".

2.2.3 Informations- und Anreizprobleme in Interaktionen

2.2.3.1 Die Bedeutung von Orientierungspunkten

Im ersten Kapitel haben wir ausgeführt, dass die Realisierung von Kooperationsgewinnen – und das heißt: von gemeinsamen Interessen – scheitern kann an Informations- und an Anreizproblemen. In diesem Abschnitt wenden wir uns zunächst 'reinen' Informationsproblemen in Interaktionen zu, bei denen es ausschließlich darum geht, Abstimmungsschwierigkeiten zwischen den Interaktionspartnern zu lösen. Ein Beispiel dafür ist das folgende Spiel:

		Herr *j*	
		A	*B*
	I		II
a		*1, 1*	*0, 0*
Frau *i*	III		IV
b		*0, 0*	*1, 1*

Für Frau *i* und Herrn *j* gibt es zwei Möglichkeiten, sich durch eine Abstimmung ihrer Strategien besserzustellen, sie müssen entweder {*a; A*} oder {*b; B*} spielen, um jeweils eine Auszahlung von 1 zu erhalten. Ein Problem liegt hier insofern vor, als jeder Spieler herausfinden muss, was der andere spielen wird. Jeder braucht ein *verlässliches Signal, um das eigene Verhalten auf das des anderen abzustimmen*; die Struktur der Situation, wie sie in der Matrix dargestellt ist, bietet von sich aus keinen Anhaltspunkt für eine Abstimmung.

Es kann nun sein, dass es für die beiden einen *Orientierungspunkt* gibt, der ihr Verhalten koordiniert; in der Spieltheorie spricht man hier von einem „focal point". Typische Beispiele für Orientierungspunkte sind Sprachregeln, Regeln zur Messung von Zeit, Landesgrenzen, Ampeln usw. Ein anderes Beispiel sind Präzedenzfälle, die bei künftigen, ähnlich gelagerten Entscheidungs- oder Verhandlungsproblemen Vorbildfunktion übernehmen. Aus diesem Grund kann es auch vorkommen, dass bei internationalen Verhandlungen über ein neues Thema, von dem die Beteiligten wissen, dass es fortan wiederholt auf ihrer Agenda stehen wird, dem ersten Verhandlungsabschluss besondere Bedeutung zukommt, weil er voraussichtlich künftig einen solchen Orientierungspunkt darstellt. Für die beteiligten Akteure kann es sich unter solchen Umständen auch lohnen, in solche Orientierungspunkte zu investieren[22].

Dieses Beispiel zeigt auch, dass die Informationsleistung von Orientierungspunkten ambivalent ist. Sie können das Verhalten der Akteure unter Umständen auch auf ein Gleichgewicht hin koordinieren, das pareto-inferior ist, weil es den Situationsbedingungen nicht gut angepasst ist. Dabei mag es durchaus einmal so gewesen sein, dass die Koordinationsleistung des Orientierungspunktes zu Beginn effizient gewesen ist, doch haben sich vielleicht in der Zwischenzeit Änderungen ergeben, die den bisherigen Orientierungspunkt weniger zweckmäßig werden lassen.

Genannt sei schließlich noch eine Form von Orientierungspunkten, auf die wir unter Punkt 5.3.2.4 zurückkommen werden: Unternehmensleitsätze, aber auch das Verhalten von Führungskräften in Organisationen können oft in dieser Weise verstanden werden.

Auf zwei Merkmale von Orientierungspunkten wollen wir aufmerksam machen: Erstens müssen sie eine gewisse *Stabilität* aufweisen, um dauerhaft Orientierung bieten zu können. Darin liegt generell ein typisches Merkmal für Institutionen. Zweitens müssen sie, um den Interaktionspartnern auch tatsächlich Orientierung bieten zu können, relativ *einfach und gut verständlich* (identifizierbar, interpretierbar usw.) sein.

---

[22] Auch Ideologien, also gemeinsam geteilte Überzeugungen darüber, wie die Realität beschaffen ist und wie sie beschaffen sein sollte, stellen (komplexe) Orientierungs'punkte' dar Der Begriff „Ideologie" ist dabei in einem wertneutralen Sinne zu verstehen. D.C. North hat in seinen Arbeiten auf die Bedeutung von Ideologien hingewiesen (North 1981/1988, 1990/1992).

2.2.3.2 Anreizprobleme

Als Anreizprobleme bezeichnen wir den Fall, dass Interessenkonflikte die Realisierung von Kooperationsgewinnen verhindern. Der Bezug auf die gemeinsamen Interessen ist zu beachten; wenn diese Basis gemeinsamer Interessen fehlt, liegt zunächst darin die grundlegendere Schwierigkeit.

Zu Anreizproblemen kommt es immer dann, wenn Kosten und/oder Erträge einer Handlung nicht bei dem Handelnden selbst, sondern bei anderen anfallen, wodurch rationale Akteure von solchen Interaktionen Abstand nehmen. Daraus ergibt sich, dass potenzielle Kooperationsgewinne unausgeschöpft bleichen. Man spricht in diesem Zusammenhang oft von dem *Problem fehlender Anreizkompatibilität*. Das grundlegende Beispiel fehlender Anreizkompatibilität haben wir bereits vorgestellt, es handelt sich um das Gefangenendilemma. Die Anreizbedingungen der Situation bringen es mit sich, dass keiner der beteiligten Akteure so handelt, wie es zur Realisierung des gemeinsamen Interesses nötig wäre.

Die Gründe für konfligierende Interessen sind vielfältiger Art. Das beginnt mit emotional bedingten Konflikten, die – übrigens ebenso wie wie ihr Gegenteil – auch in Politik und Wirtschaft zweifellos eine wesentliche Rolle spielen können. Doch sind die für ökonomische Probleme in der Regel relevanteren Fälle jene Interessenkonflikte, die letztlich stets zurückgehen auf den Wettbewerb um knappe Ressourcen oder auf die Aufteilung der durch den Einsatz von Ressourcen erzielten Kooperationsgewinne. Dazu gehören auch jene eher indirekten Formen, wenn jemand seinen Beitrag – in Form von Geld, Zeit, Mühe oder auch der Beachtung bestimmter Spielregeln – für die Verwirklichung gemeinsamer Interessen nicht leistet, weil ihm andere Interessen wichtiger sind.

Im Hinblick auf die Lösung solcher Anreizprobleme spielt der vom amerikanischen Ökonomen Mancur Olson geprägte Begriff der *selektiven Anreize* eine wichtige Rolle. Gemeint ist damit, dass wirkungsvoll nur jene Anreize sind, deren Folgen *vom Handelnden selbst* als für ihn (positiven oder negativen) Nutzen stiftend *wahrgenommen* werden, so dass eine *Rückkopplung* von Handlungsfolgen zu der Handlung bzw. dem Handelnden vorliegt. Beispielsweise werden wir unter Punkt 5.4.2 das folgende Problem diskutieren, mit dem sich Gewerkschaften konfrontiert sehen: Die von ihnen ausgehandelten Bedingungen kommen auch Arbeitnehmern zugute, die nicht der Gewerkschaft angehören. Für diese Arbeitnehmer gibt es einen Anreiz zum Trittbrettfahren; sie kommen in den Genuss der Vorteile, ohne selbst Beiträge zahlen zu müssen. Die Gewerkschaften müssen deshalb ihren Mitgliedern immer auch (selektive) Anreize in irgendeiner Form von Vorteilen bieten, in deren Genuss sie nur durch einen Beitritt kommen, z.B. Rechtsschutz bei Streitigkeiten mit dem Arbeitgeber.

Ein anderes Beispiel betrifft das Umweltverhalten. In den seltensten Fällen kann jemand, der sich umweltbewusst verhält, die Wirkungen seines Verhaltens für die Umwelt direkt wahrnehmen, so dass diese Wirkungen auch kaum als direkte Anreize zur Geltung kommen können. Oft bedarf es der institutionalisierten Verbindung mit anderen – selektiven – Anreizen wie sozialer Anerkennung, monetärer Honorierung oder gesetzlicher Sanktionierung, um das aus gesellschaftlicher Sicht gewünschte Verhalten zu erreichen.

2.2.3.3 Informationsasymmetrien

Mit *Informationsasymmetrien* werden solche Situationen bezeichnet, in denen die Interaktionspartner unterschiedliche Informationen haben über Bedingungen, die für beide wichtig sein können: Der Arzt weiß über Krankheiten mehr als der Patient, der Mechaniker mehr über das Innenleben von Autos als der ratlose Autofahrer, die langjährige Sekretärin mehr über die Organisation eines Büros als der Professor.

Informationsasymmetrien sind oft von Vorteil; die Marktwirtschaft lebt davon, wie wir im vierten Kapitel ausführen werden. Jedoch können Interaktionen daran scheitern, dass ein Akteur über Informationen verfügt, die für seine Interaktionspartner wichtig sind, er jedoch keinen Anreiz hat, sie zu offenbaren, so dass sie auf die Interaktion verzichten.

Wir werden im folgenden zwei allgemeine Fälle behandeln, in denen das der Fall ist, die Problematik versteckter Merkmale und die Problematik versteckter Handlungen.

Die Problematik versteckter Merkmale

Das Eingangsbeispiel unseres Buches behandelte bereits einen Fall, bei dem versteckte Merkmale ein Problem waren: Der Student wusste nicht, welche Qualitätseigenschaften der Wagen des Professors besaß. Einige weitere Beispiele:

Beispiele für das Problem versteckter Merkmale:

- Der Personalchef hat für einen wichtigen Posten 400 Bewerber. Wie findet er den passenden heraus? Natürlich sagen alle, dass sie genau die richtigen Eigenschaften besitzen, die man für den Posten haben muss, doch dürfte das kaum in allen Fällen zutreffen.

- Ein Autofahrer will eine Vollkaskoversicherung abschließen. Woher weiß die Versicherung, wie hoch das Risiko eines Unfalls ist? Denn natürlich wird der Autofahrer sagen (womöglich auch selbst davon überzeugt sein), dass er zu den 10% der besten Autofahrer gehört.
- Ein Kunde möchte von einer Bank einen Kredit für das Unternehmen, das er zu gründen beabsichtigt. Doch auch wenn er sagt, dass die Ertragsaussichten es problemlos ermöglichen werden, den Kredit pünktlich zu tilgen, woher weiß die Bank, dass das stimmt?
- Der ökologiebewusste Kunde achtet beim Kauf seiner Frühstücks-Cerealien darauf, dass sie aus kontrolliert biologischem Anbau stammen. Aber woher weiß er, dass das tatsächlich zutrifft?

Die Beispiele zeigen, worin das *Problem der versteckten Merkmale* besteht: Der uninformierte Akteur kann nicht einschätzen, welche Ausprägungen die relevanten Merkmale des von ihm gewünschten Gutes oder der Leistung tatsächlich haben; das weiß nur sein Interaktionspartner. Wenn dieser behauptet, die Merkmalsausprägungen seien genau auf die Bedürfnisse des anderen zugeschnitten (und deshalb leider auch nicht ganz billig), so kann er recht haben, vielleicht macht er dem uninformierten Akteur aber auch etwas vor. Die Frage ist also: *Gibt es hinreichend verlässliche Signale, auf die der uninformierte Akteur seine Einschätzung stützen kann?*

Wenn das nicht der Fall ist, gibt es Probleme. So können an sich produktive Interaktionen unterbleiben, weil der uninformierte Akteur befürchtet, dass ihm eine schlechte Qualität angeboten wird: Die Bank lehnt die Kreditgewährung ab, der Kauf eines No-name-Produkts unterbleibt, der unbekannte Bewerber wird nicht eingestellt usw., obwohl vielleicht Kooperationsgewinne angefallen wären. Insofern ist es keineswegs nur ein einseitiges Problem. Auch die informierten Akteure, z.B. qualifizierte Bewerber oder Anbieter von Frühstücks-Cerealien, die hohe ökologische Qualitätsansprüche erfüllen, haben ein Interesse daran, ihre gute Qualität kundzutun; ihr Problem besteht darin, wie sie sich von Konkurrenten unterscheiden können, die zwar die gleiche Qualität behaupten, sie jedoch nicht erfüllen.

Wir hatten bereits zu Beginn dieses Abschnitts 2.2 davon gesprochen, dass ein Akteur möglicherweise in die Erwartungen des anderen *investiert*. Der Fall versteckter Merkmale ist ein typisches Beispiel, wo man solche Investitionen findet: Jene Akteure, die gute Qualitäten anbieten können, werden versuchen, dies zu *signalisieren*, und das Problem besteht dann darin, dass das Signal *verstanden wird* (Informationsaspekt) und dass es *glaubwürdig* ist (Anreizaspekt).

Ein typisches Beispiel für einen Vermögenswert, der ein solches Signal darstellt, ist ein Hochschulabschluss, und genauer: die Note (und vielleicht andere Merkmale) des Abschlusses. Dem möglichen künftigen Arbeitgeber wird damit signalisiert, dass bestimmte Qualifikationen vorliegen, die andere Bewerber ohne dieses Signal – bzw. dessen 'gute' Ausprägungen – nicht oder nicht in dem Maße besitzen.

Andere Signale, die diesen Zweck erfüllen können, sind etwa ein guter Ruf, den man sich nicht durch Lieferung schlechter Qualitäten zerstören will, oder die Ausstellung von Garantien, die der Behauptung Glaubwürdigkeit verleihen, dass das angebotene Produkt die versprochene Qualität aufweist.

Doch auch die uninformierten Akteure können manchmal etwas tun, um die gewünschte Interaktion zustande kommen zu lassen. Sie können z.B. Bedingungen setzen, die die gewünschte Auswahl von Interaktionspartnern begünstigen. Ein Beispiel hierfür sind die differenzierten Versicherungsklassen, die Versicherungen anbieten: Die Klasse mit niedrigen Beiträge und höhere Eigenleistungen im Schadensfall zieht andere Versicherungsnehmer an als die Klasse mit höheren Beiträgen und niedrigeren Eigenleistungen. Ein anderes Beispiel betrifft die Art der Prämienzahlung, die eine Firma ihren Vertretern anbietet, um jenen, die keine geeigneten Kandidaten für diesen Posten sind, von vornherein einen Anreiz zu geben, sich erst gar nicht zu bewerben: Wer wenig Kunden gewinnt, verdient fast nichts, während ein sehr fähiger, d.h. zahlreiche Kunden akquirierender Vertreter hohe Prämien kassiert.

In vielen Fällen haben sich auch allgemeine institutionelle Vorkehrungen herausgebildet, die dieses Problem entschärfen und die potenziellen Kooperationsgewinne möglich werden lassen. Zu nennen sind beispielsweise gesetzlich vorgeschriebene Qualitätsstandards, Zugangsberechtigungen, die man als Angehöriger einer bestimmten Berufsgruppe vorweisen können muss, Haftungsregeln usw.

Die Problematik versteckter Handlungen

Während das Problem der versteckten Merkmale ein Problem ist, das sich *ex ante*, im Vorfeld, einer möglichen Interaktion ergibt und sie unter Umständen verhindern kann, ist das **Problem der versteckten Handlungen** eines, das sich *ex post* ergeben kann, sobald die Akteure in eine Interaktionsbeziehung eingetreten sind. Allerdings ist zu beachten, dass es auch hier möglich ist, dass erst gar keine Interaktion zustande kommt.

Der Problematik liegt zugrunde, dass zwischen den Kooperationspartnern vereinbart wurde, dass einer für den anderen eine bestimmte Leistung erbringt, die vom anderen jedoch nicht beobachtet werden kann. Dieses Problem der versteckten Handlungen tritt sehr oft auf; hier wieder einige Beispiele für die daraus folgenden Probleme:

Beispiele für Probleme versteckter Handlungen:

- Ein Vertreter kehrt zurück, ohne viel Erfolg aufweisen zu können. Woher weiß sein Chef, dass es nicht an seiner mangelnden Leistung liegt, sondern an den ungünstigen äußeren Umständen, auf die der Vertreter keinen Einfluss hatte?
- Herr *j* meldet seiner Versicherung den Brand seiner Scheune. Woher weiß die Versicherung, dass er sich nicht auf diese Weise sanieren will?
- Die Lohnfortzahlung im Krankheitsfall ist zweifellos eine soziale Errungenschaft, aber sie führt auch dazu, dass der Anreiz verstärkt wurde, sich auch dann einmal krank zu melden, wenn es einem gar nicht so schlecht geht; der Arbeitgeber kann ja nicht kostenlos beobachten, *wie* schlecht es einem geht[23].

Das Problem der versteckten Handlungen wird oft auch als ***moralisches Risiko*** ("moral hazard") bezeichnet. Das Problem liegt darin, dass *nach* dem Abschluss von Verträgen eine Vertragsseite, oft *Agent* genannt, geringere Anreize hat, die vertraglich vorgesehenen Leistungen tatsächlich zu erbringen, und die andere Seite, oft *Prinzipal* genannt, dies nicht zweifelsfrei feststellen kann. Wie im Fall des Problems der versteckten Merkmale entstammt der Begriff ursprünglich der Versicherungsbranche, wo damit das Phänomen bezeichnet wird, dass jemand, der gegen eine bestimmte Art von Schäden einen Versicherungsvertrag abschließt, nach Abschluss des Vertrags weniger Sorgfalt zur Vermeidung des Schadens aufwendet als vorher, da er jetzt im Schadensfall kompensiert wird; unter Umständen trägt er sogar gezielt zum Eintreten des Schadens bei, wie das oben genannte Beispiel der Feuerversicherung illustriert[24]. Die grundlegende Ursache dieses Problems sind auch hier asymmetrische Informationsstrukturen: Die Versicherung kann nicht beobachten, ob der Schaden, sofern er eintritt, durch den Versicherten mitverursacht wurde oder nicht. Und auch hier hat der informierte Akteur, der Agent, einen

---

[23] Es ist daran zu erinnern, dass es hier um Behauptungen über Aggregatgrößen und nicht über einzelne Akteure geht; wir sprechen lediglich im Singular.

[24] Ein kurioses Beispiel für das Scheitern eines solchen Versuchs ist die Geschichte von dem Mann, der eine Kiste Zigarren kauft und hoch gegen Feuer versichert. Dann setzt er sich gemütlich in seinen Schaukelstuhl und raucht eine Zigarre nach der anderen. Anschließend meldet er den 'Schaden' der Versicherung. Nach anfänglicher Weigerung zahlt diese, zeigt ihn jedoch wegen Brandstiftung und Versicherungsbetrugs an.

Anreiz, seinen Informationsvorsprung zu seinen Gunsten auszunutzen, was jedoch zugleich zu Lasten der anderen Seite, des Prinzipals, geht, so dass ein typischer Fall von *Anreizinkompatibilität* vorliegt. Der Informationsvorsprung bringt hier für den Agenten den Anreiz mit sich, sich weniger anzustrengen und das schlechtere Ergebnis auf die Umwelt („die anderen waren's") zu schieben.

Wiederum ist darauf aufmerksam zu machen, dass es sich nicht um ein einseitiges Problem handelt, denn auch hier können Interaktionen und die mit ihnen verbundenen Kooperationsgewinne gar nicht erst zustandekommen, weil der Prinzipal wegen der Befürchtung, vom Agenten ausgebeutet zu werden, die Interaktion erst gar nicht eingeht; damit entgehen aber auch dem Agenten Kooperationsrenten. Wenn z.B. jemand ein Haus kaufen will, sich aber der an sich vorteilhaften Vermittlung über einen Makler nicht bedient wegen der Befürchtung, übervorteilt zu werden, so ist das auch ein Problem für Makler.

Auch hier gibt es natürlich verschiedene Möglichkeiten, die Informations- und Anreizprobleme zu entschärfen. So kann der Prinzipal versuchen, seine Informationslage zu verbessern, etwa indem er den Agenten *kontrolliert*, also trotz beschränkter Möglichkeiten und anfallender Kosten bemüht ist, seinen Informationsstand zu verbessern. Eine andere Möglichkeit besteht für ihn darin, die Anreize des Agenten zur *Selbstkontrolle* zu verbessern. In Beschäftigungsverhältnissen geschieht dies beispielsweise durch *Erfolgsbeteiligungen* des Agenten. Wenn dieser dann eine schlechtere Leistung bringt, so spürt er das nunmehr unmittelbar. Eine Variante dieser Form der Rückkopplung nutzen vor allem Versicherungen, indem sie in Schadensfällen Selbstbeteiligungen zur Bedingung machen. Eine weitere Möglichkeit besteht auf Seiten der Agenten z.B. im Aufbau einer Reputation, die gewissermaßen ein Pfand darstellt, so etwa im oben angeführten Beispiel die Reputation als Makler.

2.2.3.4 Ausbeutbarkeit spezifischer Investitionen

Abschließend zum Thema Interaktionstheorie wollen wir eine weitere generelle Problematik behandeln, die dazu führen kann, dass erwünschte Interaktionen unterbleiben. Wir können hierbei anschließen an Überlegungen aus dem Abschnitt 2.1.6, wo von Investitionen in Vermögenswerte die Rede war. Dort wurde gesagt, dass Investitionen stets mit Bindungswirkungen einhergehen. Im Kontext der Interaktionsanalyse tritt dabei der Aspekt sozialer Bindungswirkungen in den Vordergrund: Viele produktive Aktivitäten, genauer: *spezifische Investitionen*, sind mit dem *Eingehen einseitiger oder wechselseitiger Abhängigkeiten* verbunden, mit der Folge, dass diese Aktivitäten zwar ertragreich, aber auch riskant sind[25]. Die Produktivität ebenso wie die Risiken der Investitionen rühren daher, dass sie *für spezifische Zwecke* getätigt worden oder an *spezifische Bedingungen* geknüpft sind, unter denen sie ihren Ertrag bringen. Zum Interaktionsproblem kann das dann werden, wenn der Interaktionspartner diesen Umstand zu seinen Gunsten ausnutzen kann, weil derjenige, der die Investition unternommen hat, über keine guten *Alternativen* verfügt. Wie weitreichend die Bedeutung dieser Problematik ist, zeigt sich daran, dass *in Dilemmastrukturen generell die kooperative Strategie als eine spezifische Investition interpretiert werden kann.*

Auch hier wieder einige Beispiele, um die Problematik deutlich zu machen:

Beispiele für die Problematik spezifischer Investitionen:

- Ein Lieferant eines großen Unternehmens hat für die Fertigung eines Großauftrags Spezialmaschinen erworben, um den besonderen Anforderungen dieses Großauftrags gerecht zu werden. Da er diese Spezialmaschinen für die Belieferung anderer Kunden nicht nutzen kann und ein Verkauf mit deutlichen Wertminderungen verbunden wäre, könnte der Abnehmer versucht sein, im Rahmen von *Nachverhandlungen* bessere Konditionen für sich herauszuhandeln mit der Drohung, sonst den Auftrag generell zurückzuziehen.
- Nachdem ein Mitarbeiter sich intensiv in firmeninterne Arbeitsprozesse eingearbeitet hat, hat er „firmeninternes Humankapital" erworben. Unter Umständen wird ihm das jedoch bei einem Wechsel des Arbeitsplatzes wenig nützen, so dass der Wert dieser Investition in der zweitbesten Verwendung erheblich sinkt. Sein Arbeitgeber könnte diese Situation gewollt oder ungewollt ausnutzen, indem er seine Gegenleistungen – Lohn, Prämie, Zusatzvergünstigungen, Aufstieg usw. – reduziert.
- Ein Unternehmen schließt ein Abkommen mit der Bahn, einen Großteil der Transporte über die Schiene laufen zu lassen. Zu diesem Zweck werden eigens Schienen ins Werk verlegt und die Verladetechniken ganz darauf abgestimmt. Sobald diese Investitionen einmal erfolgt sind, könnte die Bahn die Preise für die Beförderung erheblich erhöhen, ohne dass sie gleich befürchten müsste, dass das Unternehmen auf alternative Transportmöglichkeiten umsteigt.

Die Beispiele machen deutlich, dass die zentrale Problematik darin liegt, dass Akteure sich durch solche Investitionen an ihre Interaktionspartner *binden*:

---

[25] Es sei darauf hingewiesen, dass wir den Begriff der spezifischen Investitionen allgemeiner fassen, als dies in der Literatur oft üblich ist.

Deswegen bezeichnet man diese als *spezifische*, manchmal auch präziser als *beziehungsspezifische Investitionen*. Diese Bindung ist die Voraussetzung dafür, dass sie eine Kooperationsrente erzielen können, d.h. die Rente ist der Anreiz für die spezifische Investition; zugleich aber bringt sie das Problem mit sich, dass sie von den Interaktionspartnern, von denen die Erträge der Investition ebenfalls abhängen, ausgebeutet werden kann, und in all den genannten Fällen kann das dazu führen, dass die gewünschten Investitionen von vornherein unterbleiben. Für den Investor besteht das Problem darin, nicht genügend Sicherheit zu haben, dass die Anreizbedingungen seines Interaktionspartners Ausbeutungsversuche, beispielsweise durch Nachverhandlungen, ausschließen; unter Umständen kann schon allein die entsprechende Befürchtung ausreichen. Auch hier sind also Informations- und Anreizprobleme oft verquickt. Manchmal kann schon eine bessere Kenntnis des Interaktionspartners das nötige Vertrauen für die spezifischen Investitionen bewirken, oft wird man indes weitere Absicherungen wünschen, die die Erwartung anreizkompatiblen Verhaltens stärken.

Für die Bewältigung dieser Probleme gibt es verschiedene institutionelle Möglichkeiten, von denen wir hier nur einige kurz andeuten, da wir später an verschiedenen Stellen ausführlicher darauf eingehen werden. So besteht eine der nächstliegenden Möglichkeiten darin, *vertragliche Absicherungen* zu treffen, die gerichtlich durchsetzbar sind – was natürlich unter anderem funktionsfähige Gerichte voraussetzt; in internationalen Geschäftsbeziehungen ist das beispielsweise keineswegs selbstverständlich.

Eine andere Möglichkeit sind *langfristige Vertragsbeziehungen*. Sie verheißen jedem der Vertragspartner für die Zukunft weitere Kooperationserträge. Würde nun einer der beiden aus kurzfristigen Vorteilserwägungen defektieren, würde er damit die künftigen Erträge, die er aus der Beziehung erwirtschaften könnte, aufs Spiel setzen.

Eine weitere Möglichkeit besteht darin, dem Interaktionspartner, der spezifisch investiert, *Mitentscheidungsrechte* einzuräumen. Ein typisches Beispiel, auf das wir in Abschnitt 5.3.2.3 eingehen werden, ist die Einführung von *Mitbestimmung*. Sie gewährt Mitarbeitern, die firmenspezifisch investieren, die Möglichkeit, auf Entscheidungen des Unternehmens, die den Wert ihres Humankapitals oder dessen Erträge betreffen, einzuwirken; und das wiederum ist eine Voraussetzung dafür, dass sie sich auf solche Investitionen (verstärkt) einlassen.

In manchen Fällen können spezifische Investitionen auch selbst zu einem Instrument der Ermöglichung von Kooperationen werden, indem sie von *beiden* Partnern unternommen werden, z.B. beim *Franchising*. Hierbei handelt sich um eine Kooperation im Vertriebssystem: Der Franchise-Geber räumt dem Franchise-Nehmer das Recht ein, selbständig einen Betrieb unter dem (Firmen-)Namen des Franchise-Gebers zu führen. Die Vorteile für den Geber liegen in der Marktausdehnung unter Ausnutzung der besonderen, lokalen Kenntnisse und Fähigkeiten des Nehmers, der auch einen Großteil der Risiken trägt; die Vorteile für den Nehmer liegen in der Teilhabe am (Vermögenswert des) guten Namen(s) und in der Möglichkeit, am Know-how des Gebers zu partizipieren inklusive der Entlastung bei vielen betrieblichen Entscheidungen. Beispiele für diese Kooperationsform lassen sich etwa im Automobilhandel, in der Getränkebranche, bei Gast- und Raststätten, Tankstellen usw. finden. Wenn nun ein Franchise-Geber mit hoher Reputation für guten Service seinen guten Ruf einem Franchise-Nehmer zur Verfügung stellt, so muss er die Möglichkeit bedenken, dass der Nehmer den mit dem guten Ruf verknüpften Leistungen nicht nachkommt. Um solchen Fällen vorzubeugen, kann der Geber den Nehmer zu spezifischen Investitionen veranlassen, die Anreizkompatibilität gewährleisten sollen. Wenn z.B. der Nehmer selbst in die Einrichtung des Ladens investieren muss, ihn zugleich aber nur vom Geber mietet, hat er ein Interesse daran, hinreichend lang das Geschäft zu führen, um diese Investitionen zu amortisieren. Allerdings muss dann der Nehmer seinerseits darauf achten, dass der Geber diese spezifischen Investitionen nicht ausbeuten kann, etwa indem er geringfügige Mängel zum Vorwand nimmt, den Franchisevertrag zu kündigen.

Lektürevorschläge

Das formale Gerüst für die Analyse von Interaktionen liefert die Spieltheorie. Hierzu liegen mittlerweile zahlreiche Einführungen vor. Als 'Klassiker' empfehlen wir von Schelling 1960/1980. Neuere, leicht lesbare und anwendungsbezogene Lektüre ist Dixit/Nalebuff 1991/1995. Als problemorientierter Einstieg für das Kennenlernen der Technik eignet sich sehr gut Gardner 1995.

Die drei grundlegenden Interaktionsprobleme, die Probleme versteckter Merkmale und versteckten Handelns sowie spezifischer Investitionen, werden in den Standardwerken der Neuen Institutionenökonomik abgehandelt, wo auch auf die Originalliteratur hingewiesen wird. Zu nennen ist hier etwa Milgrom/Roberts 1992, Richter/Furubotn 1996/1999 und, für eine formale Darstellung, Schweizer 1999.

Zusammenfassung

1. In Interaktionen ergeben sich genuin neue Chancen und Probleme für die Akteure aufgrund der strategischen Interdependenz des Handelns.

2. Strategische Interdependenz bedeutet, dass (1) soziale Zustände aus interdependenten Handlungen resultieren, wobei Akteure die Auszahlungen anderer Akteure partiell kontrollieren, dass (2) die Akteure ihr Handeln an den erwarteten Handlungen anderer Akteure orientieren, dass (3) Akteure möglicherweise in die Erwartungen anderer Akteure hinsichtlich ihres eigenen Verhaltens (in die eigene Reputation) *investieren*, und dass (4) die Akteure durch die Abstimmung ihrer Handlungen die Möglichkeit haben, Kooperationsgewinne zu realisieren.

3. Interaktionen sind geprägt von gemeinsamen und konfligierenden Interessen, die in unterschiedlichen Mischungsverhältnissen auftreten können.

4. Die Grundlage gemeinsamer Interessen sind mögliche Kooperationsgewinne, deren Realisierung erschwert oder gar verhindert werden kann aufgrund von *Informationsproblemen* sowie aufgrund von *Anreizproblemen*.

5. Informationsprobleme betreffen das Fehlen der hinreichend verlässlichen Kenntnis von Bedingungen, die für individuelle Investitionen in erwünschte Kooperationen nötig sind.

6. Anreizprobleme in Interaktionen resultieren allgemein aus knappheitsbedingten Interessenkonflikten; Probleme von besonderer Bedeutung betreffen (1) die Ausbeutbarkeit spezifischer Investitionen, (2) die Problematik versteckter Merkmale und (3) die Problematik versteckter Handlungen.

Schlüsselbegriffe

Anreizprobleme
Ausbeutbarkeit spezifischer Investitionen
Glaubwürdigkeit
Informationsprobleme
Kooperationsgewinne
Orientierungspunkte

Problem versteckter Handlungen
Problem versteckter Merkmale
Reputation
Strategische Interdependenz
wechselseitige Verhaltenserwartungen

2.3 Institutionentheorie

2.3.1 Einführende Bemerkungen

Nachdem wir im vorigen Abschnitt 2.2 erörtert haben, dass und inwiefern Interaktionen die Chance zu Kooperationsgewinnen eröffnen, zugleich aber diverse, letztlich immer dilemmastrukturbedingte Probleme ihrer Aneignung

mit sich bringen, kommen wir nun zur Frage, wie sich diese Probleme überwinden lassen. Die Realisierung von Kooperationsgewinnen verlangt stets die
Abstimmung der Handlungen, und *Institutionen* stellen nichts anderes dar als
Mechanismen für eine solche Abstimmung, d.h. eine Gestaltung der Handlungsspielräume der Interaktionspartner, durch die Informations- und Anreizprobleme in Interaktionen behoben werden sollen. Im ersten Kapitel hatten
wir in diesem Zusammenhang von der *relativen Zweistufigkeit* gesprochen:
Die Veränderung der Spielregeln lässt andere Spielzüge vorteilhaft werden.

Um einen Eindruck davon zu vermitteln, was alles mit „Institution" gemeint sein kann, folgen einige mehr oder weniger willkürlich gewählte Beispiele.

Beispiele für Institutionen:

- *Verfassungen* bilden das Fundament eines dauerhaften Zusammenschlus-
  ses von Individuen, indem sie grundlegende Bestimmungen enthalten,
  die auch institutionelle Regelungen nachgeordneter Ebenen betreffen
  (vgl. dazu unten Abschnitt 2.3.3).
- Das *Kartellrecht* soll verhindern, dass unerwünschte, weil die Konsumenten benachteiligende, Kooperationen zwischen Unternehmen stattfinden.
- Das *Strafrecht* legt – unter anderem – fest, welche Handlungen als gesellschaftlich unerwünscht angesehen werden und wie sie verfolgt und
  bestraft werden.
- Mit Hilfe von *Verträgen* (Kaufverträge, Arbeitsverträge, Mietverträge
  etc.) werden Tauschprozesse ermöglicht, wobei viele – allerdings nie
  alle – Bedingungen festgelegt werden, die absichern sollen, dass auch
  tatsächlich die jeweils erwünschten Leistungen und Gegenleistungen erbracht werden.
- Die *Straßenverkehrsordnung* ermöglicht es einer sehr großen Zahl von
  Verkehrsteilnehmern, ihre je individuellen Mobilitätsziele zu erreichen,
  ohne dass vorher immer zu klären wäre, wer wann wohin fahren darf.
- *DIN-* (Deutsches Institut für Normung) oder *ISO-* (International Stan-
  dardizing Organisation) *Normen* helfen durch die Bereitstellung von
  Standards, Vergleiche anzustellen, passende Größen zu besorgen usw.
- *Unternehmensleitsätze* dienen dazu, die Mitarbeiter eines Unternehmens
  auf bestimmte Verhaltensweisen zu verpflichten und dies zugleich nach
  außen zu signalisieren, um auf diese Weise die Verlässlichkeit wechselseitiger Verhaltenserwartungen in und mit den Unternehmen zu gewährleisten.

- Die *Sprache* eines Landes bzw. Sprachraums kann ebenfalls als ein System von Regeln verstanden werden, mit dessen Hilfe Individuen ihre Aktivitäten koordinieren.
- *Höflichkeitskonventionen* machen das Zusammenleben angenehmer (auch eine Form von Kooperationsgewinnen); so formulierte der amerikanische Ökonom R. McKean: „Das Leben wäre sehr viel teurer [im ökonomischen Sinne entgangenen Nutzens; KH/AS], wenn die Leute immer griesgrämig wären und sich mit »Fall doch tot um« statt mit »Guten Morgen« begrüßen würden." (McKean 1975, S. 34)
- In manchen Ländern der Erde existieren *Sitten* bzw. *Bräuche*, dass nach dem gelungenen Abschluss eines Geschäfts einer der Geschäftspartner dem anderen ein Geschenk überreicht. In anderen Ländern existieren Regeln, nach denen das als völlig unangemessen anzusehen wäre.

Diese Liste könnte nach Belieben verlängert werden, doch dürfte sie ausreichen, um bereits einen Eindruck von dem zu erhalten, was mit dem Begriff „Institution" gemeint sein kann. Ganz allgemein kann man sagen: *Institutionen strukturieren Interaktionen*. Grundsätzlich bezeichnet der Begriff „Institutionen" ganze *Regelsysteme*, auch wenn manchmal einzelne Regeln als Institution charakterisiert werden.

Institutionen regeln dilemmastrukturbedingte Interaktionsprobleme, indem sie Verlässlichkeit in die Handlungen der Akteure bringen. Indem sie Akteuren bestimmte Handlungsweisen erlauben, gebieten oder verbieten, ermöglichen sie, wechselseitig verlässliche Erwartungen über das Verhalten anderer zu bilden. Um diese Aufgabe zu erfüllen, müssen Institutionen eine gewisse Dauerhaftigkeit aufweisen und wirksame Anreize signalisieren, andernfalls könnte man keine Erwartungen – zumindest keine verlässlichen – bilden. Die verlässliche, glaubwürdige Verhaltensbindung hatten wir als Grundproblem von Interaktionen herausgestellt.

Institutionen dienen somit dazu, Handlungen der Akteure so zu koordinieren, dass die gemeinsamen Interessen verwirklicht werden können und die Kosten, die für die einzelnen Akteure aus Informations- und Anreizproblemen resultieren und nicht selten produktive Interaktionen verhindern können, so gering wie möglich gehalten werden, wobei der relevante Bezugspunkt letztlich immer die gemeinsamen Interessen *aller Betroffenen* sind. Es geht mithin keineswegs darum, jegliche Art gemeinsamer Interessen irgendwelcher Interaktionspartner zu fördern: So liegt es nicht im gesellschaftlichen Interesse, dass die Mitglieder einer Verbrecherorganisation ihre Ziele besser verfolgen können, im Gegenteil. Daher gibt es verschiedene Institutionen, die die Kosten derartiger Interaktionen *erhöhen*, also die Informations- und Anreizprobleme für die Mitglieder dieser Organisation verstärken sollen, damit es nicht zu solch unerwünschten Interaktionen kommt. Kronzeugenregelung und Kartellverbot sind solche Regelungen.

Betrachten wir einige Beispiele für Fragestellungen, die die Institutionen, die Spielregeln, der jeweiligen 'Spiele' betreffen.

Beispiele für Fragestellungen, die Institutionen betreffen:

- Es hat in den letzten Jahren vermehrt Versuche gegeben, Branchenvereinbarungen aufzustellen, die gewährleisten sollen, dass alle Mitglieder der Branche bestimmte Standards bezüglich Umweltschutz, Korruptionsbekämpfung oder ähnlicher gemeinsamer Interessen einhalten. Der Erfolg fiel recht unterschiedlich aus. Wovon hängt es ab, ob eine Branchenvereinbarung von allen Beteiligten respektiert wird? Wann ist eine Branchenvereinbarung überhaupt – anders als ein Kartell – gesellschaftlich erwünscht, so dass sie von den gesetzlichen Rahmenbedingungen begünstigt und nicht erschwert werden sollte?
- In den USA können nicht nur natürliche Personen, sondern auch Organisationen strafrechtlich verfolgt und zu – unter Umständen sehr hohen – (Geld-)Strafen verurteilt werden. Dieser Umstand führt dazu, dass es in diesen Organisationen erhebliche Anreize dafür gibt, die entsprechenden Vergehen, die ja letztlich immer von Menschen begangen werden, durch geeignete Maßnahmen innerhalb der Organisation zu unterbinden. Eine interessante Frage lautet nun, ob man in Deutschland, etwa im Rahmen der Korruptionsbekämpfung, ähnliche institutionelle Regelungen einführen soll. Die amerikanischen Erfahrungen sprechen dafür. Dagegen wurde jedoch von deutschen Juristen eingewandt, dass derartige Regelungen – d.h. die strafrechtliche Verfolgung von Organisationen – ein Fremdkörper im bisherigen Rechtssystem sein und eine Fülle von juristischen Problemen nach sich ziehen würden.
- In der Debatte um die europäische Währungsordnung stellte sich die Frage, welche Spielregeln man den Hütern der europäischen Währung vorschreiben soll, z.B.: Welcher Grad von Unabhängigkeit der Zentralbank ist sinnvoll? Zweifellos ist es wünschenswert, sie aus dem politischen Tagesgeschäft herauszuhalten und den Begehrlichkeiten der Politiker zu entziehen. Andererseits stellt sich das Problem der demokratischen Kontrolle: Bis zu welchem Maße ist Unabhängigkeit mit den Regeln des demokratischen Rechtsstaats vereinbar?

- Zahlreiche Beispiele ließen sich nennen aus dem großen Gebiet der Rechtsangleichung im Zuge der europäischen Integration. So lässt beispielsweise die Freizügigkeit zwischen den Mitgliedstaaten der EU eine Reihe von Fragen akut werden, die vorher höchstens Ausnahmecharakter hatten – etwa nach dem Italiener, der in Deutschland, Belgien und Frankreich verschiedenen Tätigkeiten nachging, dann in seine Heimat zurückkehrte und nun vom italienischen Staat eine Rente beziehen möchte.

Zahlreiche weitere Beispiele ließen sich anführen; wir werden im Weiteren auch immer wieder auf Fragen, geeignete Institutionen betreffend, stoßen. Bei jeder dieser Fragen gibt es zahlreiche, z.T. komplexe Zusammenhänge, die man kennen muss, um die institutionellen Alternativen im konkreten Fall adäquat einschätzen zu können; wir können sie hier allenfalls ansatzweise behandeln. Gleichwohl gilt für die genannten Beispiele ebenso wie für die Vielzahl der anderen Themen, die wir hier hätten nennen können, dass es bei der Analyse der institutionellen Zusammenhänge einige grundlegende Überlegungen gibt, die generell von Bedeutung sind; denen werden wir uns im folgenden widmen.

Zunächst wird einiges ausgeführt zur Informations- und Anreizfunktion von Institutionen (2.3.2). Es folgen Überlegungen zur prinzipiellen Unvollständigkeit von Institutionen und zum Umstand, dass es mehrere Ebenen gibt, auf denen Institutionen gelten (2.3.3). Im vierten Abschnitt thematisieren wir das Management von Institutionen (2.3.4) und schließen mit einigen Bemerkungen zur Methode der komparativen Institutionenanalyse (2.3.5).

2.3.2 Informations- und Anreizfunktion von Institutionen

Es ist kein Zufall, dass Max Weber (1864–1920) als hervorstechendstes Merkmal des Kapitalismus – gemeint sind damit die Formen von Marktwirtschaft, wie wir sie heute kennen – die **Beherrschbarkeit durch Berechenbarkeit** ansieht: Gesetze, Verträge, Normungen, Satzungen, Bilanzen, Richtlinien usw. All diese Institutionen dienen dazu, über gegenwärtige Zustände und künftig zu erwartende Entwicklungen – und vor allem: über das zu erwartende Verhalten anderer – zu informieren, um die eigenen Handlungen danach aus- und so das gesellschaftliche Leben einrichten zu können. Sie haben eine Informations- und eine Anreizfunktion.

Die **Informationsfunktion** von Institutionen lässt sich im Alltag in vielfältigster Weise beobachten. Das beginnt bei der Festlegung von Rechtschreibregeln zur Erleichterung der Verständigung untereinander, geht über die Regeln der Straßenverkehrsordnung bis zu genormten Schraubenmuttern, die zu den entsprechenden Schrauben passen, oder den Champignons in Dosen, deren Aufschrift zu entnehmen ist, dass sie der Güteklasse II zugehören. Diesen und ähnlichen Beispielen liegen, wenn man so will, *Koordinationsspiele* zugrunde. Es geht hier vor allem darum, das Verhalten bzw. die im Zuge der Interaktionen benutzten Gegenstände so zu normieren, dass ein möglichst reibungsloser Ablauf der erwünschten Interaktionen erfolgen kann. Denn es wäre kostspielig, wenn man sich immer erst beim Autor eines Textes erkundigen müsste, ob er das gleiche Wort meint, was man selbst mit der jeweiligen Buchstabenfolge assoziiert, oder wenn man sich immer erst durch das Öffnen der Dose vergewissern müsste, welche Güte die Champignons haben.

Anders gesagt besteht die Informationsfunktion von Institutionen darin, all jene Kosten zu verringern, die im Zuge der Aneignung von Kooperationsgewinnen im Zusammenhang mit der Beschaffung der dafür benötigten Informationen entstehen. Dabei kann es sich neben den schon genannten Beispielen auch darum handeln, Kenntnis vom Wert gewünschter Güter und Dienstleistungen zu erlangen, Informationen über technische Zusammenhänge zu erlangen oder geeignete Interaktionspartner – einen guten Installateur, einen geeigneten Mitarbeiter usw. – zu finden.

Institutionen tragen also dazu bei, diese und andere Informationen auf kostengünstige Weise bereitzustellen; ein grünes Männchen informiert über die günstigen Chancen, die andere Straßenseite ungefährdet zu erreichen; Bilanzen informieren über wichtige Merkmale eines Unternehmens, Zeugnisse informieren über das Humankapital von Bewerbern, usw.

Aus ökonomischer Sicht steht allerdings oft die zweite Funktion, die *Anreizfunktion*, von Institutionen stärker im Vordergrund. Hierbei geht es darum, die Interessenkonflikte, die aufgrund von Dilemmastrukturen der Aneignung von Kooperationsgewinnen im Wege stehen, zu verringern oder zu beseitigen. Die Problematik, um die es geht, wollen wir wieder anhand des Gefangenendilemmas verdeutlichen.

		Herr j	
		kooperieren	defektieren
Frau i	kooperieren	I *3, 3*	II *-2, 5*
	defektieren	III *5, -2*	IV *0, 0*

Frau *i* und Herr *j* befinden sich in einer Dilemmastruktur, denn für beide ist der Anreiz zu defektieren handlungsbestimmend, doch führt ihr Verhalten dazu, dass sie Kooperationsgewinne verschenken. Wenn in einer solchen Situation Frau *i* Herrn *j informiert*, dass sie zu kooperieren gedenkt, so ist diese bloße Ankündigung allein noch nicht *glaubwürdig*. Der entscheidende Grund für diese fehlende Glaubwürdigkeit liegt in der Inkonsistenz der Informationen von Herrn *j*, denn er sieht, dass die Anreizbedingungen von Frau *i* dagegen sprechen, dass sie kooperiert. Sie muss ja befürchten, dass Herr *j* defektiert und sie dann mit dem schlechtestmöglichen Ergebnis (-2) aus der Interaktion herauskommt. Genau aus diesem Grund stellt sich für Herrn *j* das Problem, warum er ihrer Ankündigung zu kooperieren glauben sollte – sagen kann man ja viel, und oft, allerdings nicht immer, kostet einen das praktisch nichts[26].

Um in dieser Situation die durch beiderseitige Kooperation potenziellen Gewinne zu realisieren, bedarf es einer Abstimmung der Handlungen, bei der erstens jeder einen hinreichenden Anreiz zur Koperation bekommt, und zweitens – das ist gewissermaßen Teil dieses Anreizes – hinreichend verlässlich vom anderen weiß, dass er ebenfalls kooperiert[27].

Hier genau können Institutionen zum Zuge kommen. So können die beiden beschließen, das Defektieren einfach *zu verbieten*. Wenn jeder dieses Verbot anerkennt und weiß, dass auch die anderen das Verbot anerkennen, so kann es zur erwünschten Lösung kommen.

Bedauerlicherweise ist diese Lösung zu einfach, um in dieser Form generell zu gelten, denn Institutionen sind Handlungsbedingungen besonderer Art. Im Unterschied zu naturgesetzlichen oder technischen Restriktionen des Handelns können sie missachtet werden; ihre Anerkennung als Restriktion des eigenen Handelns durch die Spieler, die Adressaten der Regel, ist *kontingent*. Die Aufstellung einer Regel allein ist – jedenfalls bei Vorliegen von Interessenkonflikten – noch nicht *selbstdurchsetzend*, vielmehr braucht jeder Adressat der Regel einen hinreichenden Anreiz, also eine handlungsbestimmende Erwartung *individueller* Vorteile, um sie auch zu befolgen.

---

[26] Man muss hier unterscheiden zwischen der Modellaussage und realen Verhältnissen: In spieltheoretischen *Modellen* wird der „bloßen Kraft von Worten" (T. Hobbes) oft keinerlei Anreizwirkung beigemessen, man spricht dann von „cheap talk". In vielen *realen Situationen* können Äußerungen dagegen schon mit dem Eingehen von Verbindlichkeiten einhergehen, insbesondere wenn dies in der Öffentlichkeit geschieht. Dann steht möglicherweise die eigene Reputation auf dem Spiel, was dann zwar auch modelliert werden kann, aber eben nicht immer schon mit-modelliert ist .

[27] Es ist von großer Bedeutung, beide genannten Aspekte zu berücksichtigen: In der darin liegenden Interdependenz ist der Grund zu sehen, warum die so oft anzutreffende handlungstheoretische Rekonstruktion gesellschaftlicher Probleme verfehlt ist.

Somit steht jeder Spieler nicht nur vor der Frage, ob *er selbst* diese Restriktion anerkennen soll, es stellt sich für ihn auch das Informationsproblem, ob *seine Interaktionspartner* das Verbot beachten. In manchen Fällen, wenn sich die Betreffenden gut kennen, wird man die wechselseitige Verlässlichkeit selbst einschätzen können. In anderen Fällen kann man sich bei anderen – Nachbarn, Verbraucherzentralen, Rating-Agenturen usw. – danach erkundigen, ob der Interaktionspartner verlässlich ist. Häufig aber ist es auch der Fall, dass das *Vertrauen* in die Kooperationsbereitschaft des/der anderen weder durch eigene Kenntnisse noch durch die Urteile von Dritten, denen man hinreichend *vertrauen* kann, hergestellt werden kann. In diesem Fall ist es eine Frage des *Vertrauens in die Institution*, ob man sich auf die Kooperation des anderen verlässt und auch selbst kooperiert.

Dieses Vertrauen in die Institution beruht auf dem Glauben, dass sie die *Anreize* für die Akteure in verlässlicher Weise bestimmt. Beispielsweise könnte das Verbot zu defektieren dadurch untermauert werden, dass jeder, der defektiert *und dabei entdeckt wird*, verlässlich mit einer Strafe, d.h. einer Nutzeneinbuße, von 4 Einheiten belegt wird. Dann erhalten wir als neues Spiel:

		Herr *j*	
		kooperieren	defektieren
Frau *i*	kooperieren	I *3, 3*	II *-2, 1*
	defektieren	III *1, -2*	IV *-4, -4*

In dieser neuen Situation ist es, wie man leicht sieht, für beide *anreizkompatibel*, jene Strategie zu wählen, die für die Realisierung der Kooperationsgewinne geeignet ist. Vorausgesetzt ist hier allerdings, dass jeder damit rechnen muss, im Falle des Defektierens auch tatsächlich entdeckt und bestraft zu werden.

Es gibt viele unterschiedliche Institutionen, die Anreizkompatibilität herstellen sollen und können, z.B. gesetzliche Vorschriften, vertragliche Vereinbarungen, Branchenkodices, Prämiensysteme und auch moralische Gebote und Verbote. All diese und andere Institutionen müssen, wenn sie ihre Funktion erfüllen sollen, die Adressaten informieren, welche Handlungen erlaubt, geboten oder verboten sind, und sie müssen diese Information glaubwürdig vermitteln, indem ihre Einhaltung kontrolliert und ggf. abweichendes Verhalten sanktioniert wird. Kontrolle und Sanktion können, wie wir noch sehen werden, bei den Adressaten selbst liegen (Selbstkontrolle), sie können bei ihren

Interaktionspartnern (Familienmitglieder, Teamkollegen, Konkurrenten, Vertragspartner) liegen (unmittelbare Fremdkontrolle) oder, wie im Fall gesatzten Rechts, bei staatlichen Instanzen (formalisierte Fremdkontrolle).

In der Regel greifen dabei verschiedene Institutionen ineinander; z.B. werden vertragliche Beziehungen zwischen einem Unternehmen und seinen Mitarbeitern ergänzt durch vielerlei informelle Institutionen, die vielleicht nicht einmal explizit formuliert sind und nur durch gegenseitiges Vertrauen abgesichert werden; andererseits sind die Vertragsbeziehungen eingebettet in eine Vielzahl gesetzlicher Vorschriften z.B. arbeitsrechtlicher Art, die gewissermaßen Hintergrundrestriktionen bilden. Wir hatten schon im ersten Kapitel erörtert, dass solche Hintergrundrestriktionen oft unsichtbar bleiben, gerade wenn sie ihre Funktion erfüllen. Die systematische Grundlage für die verschiedenen Ebenen von Institutionen, die *Unvollständigkeit von Institutionen*, diskutieren wir im folgenden Abschnitt.

2.3.3 Unvollständigkeit und Mehrstufigkeit von Institutionen

Institutionen sind Systeme von Regeln, die Akteuren bestimmte Verhaltensweisen erlauben, gebieten oder verbieten, also Rechte und Pflichten definieren. Jedoch können diese Regeln grundsätzlich *niemals vollständig* sein, und wir werden gleich sehen, dass dies auch gar nicht wünschenswert ist. In der Ökonomik wurden Überlegungen hierzu mit Bezug auf die institutionelle Form des Vertrags entwickelt; man spricht von **unvollständigen Verträgen**.

Gemeint ist damit, dass Verträge bestimmte Bedingungen der zu regelnden Interaktion *offen* lassen. Der Begriff der Unvollständigkeit von Verträgen ist eigentlich nicht ganz passend, weil er assoziiert, dass eigentlich die Vervollständigung der Verträge erwünscht wäre. Das ist aber, wie gleich erläutert wird, keineswegs der Fall: Es sollen im Gegenteil Freiheitsspielräume eröffnet werden, dies aber in kontrollierter, kanalisierter, Form. Daher wäre es vielleicht besser, von *offenen* Verträgen bzw. Institutionen – im Sinne einer *gerichteten* Offenheit *hin zu mehr Kooperationsgewinnen* – zu sprechen. Wir halten uns hier aber an die gängige Begrifflichkeit[28].

Verträge sind Übereinkünfte zwischen Interaktionspartnern über gegenseitig zu erbringende Leistungen und die Bedingungen, unter denen diese Leistungen erbracht werden. Nun können sich vor allem dann, wenn die wechselseitigen Leistungen in sachlicher, zeitlicher oder sozialer Hinsicht komplexe-

---

[28] Die folgenden Ausführungen gelten grundsätzlich auch für andere institutionelle Formen, die das Verhalten in Interaktionen kanalisieren (sollen). Gleichwohl werden wir uns in Anlehnung an die Literatur vorwiegend auf die Unvollständigkeit von Verträgen beziehen; man kann alle Interaktionen als Verträge interpretieren.

rer Art sind, zahlreiche *Kontingenzen* ergeben, die die Kosten der Leistungserstellung erhöhen oder Abweichungen von der vereinbarten Leistung erforderlich werden lassen können; möglicherweise lassen auch veränderte Situationsbedingungen die Leistungen für den anderen uninteressant werden usw. In
derartigen Situationen liegt natürlich ein erhebliches Konfliktpotenzial, und
damit stellt sich zugleich die Frage, wie die *Kosten* dieser Konflikte gering
gehalten werden können.

Man könnte nun daran denken, dass die möglicherweise auftretenden Pro-
blemfälle einfach durchgegangen und die entsprechenden Anpassungsmaß-
nahmen der Vertragspartner im Vertrag festgelegt werden. Doch auch wenn
in Verträgen viele Einzelheiten aufgeführt sein mögen, die Idee eines *vollständigen* Vertrags ist aus den folgenden Gründen zum Scheitern verurteilt[29]:

– Die grundsätzlichste Einschränkung besteht darin, dass die Zukunft immer
  mit Unsicherheit behaftet ist; man *kann* nicht alle vertragsrelevanten Kontingenzen vorhersehen, die zu Problemen führen können.
– Der zweite Grund geht auf die *Kosten* der vertraglichen Festlegung zurück:
  Selbst wenn man im Prinzip alle möglichen Kontingenzen vorhersehen
  könnte, wäre es doch zu teuer, alle möglichen Fälle durchzugehen, die entsprechenden Reaktionen der Vertragspartner in eindeutiger Weise festzulegen und – nicht zuletzt – für Verfahren der Kontrolle und ggf. Sanktionierung zu sorgen[30]. Dies hat auch viel mit der Frage zu tun, welche *institutionellen Ressourcen* zur Verfügung stehen; auch aus diesem Grunde sind
  beispielsweise internationale Handelsgeschäfte kostspieliger als solche innerhalb nationaler Grenzen, bei denen der Staat eine ganze Reihe von Mu-
  stern bietet, um Verträge zu gestalten, und vor allem auch Institutionen, sie
  durchzusetzen.
– Ebenfalls von zentraler Bedeutung ist der dritte Grund: Mit vertraglichen
  Festlegungen sind möglicherweise die Verhaltensweisen der Vertragspartner in einer Weise determiniert, die ihre Fähigkeiten und ihr implizites Wissen, also ihr Potenzial zum produktiven Umgang mit auftretenden Ände-

---

[29] Neben den im Text genannten gibt es noch einen weiteren logischen Grund: Jeder
Vertrag und jede Regel bedürfen der Interpretation, d.h. anderer Regeln, die die Anwen-
dungsbedingungen festlegen. Es ist logisch unmöglich, diese vollständig zu bestimmen, da
auch sie wieder der Interpretation bedürfen, usw.

[30] Ein Beispiel aus einem Bereich, wo versucht wurde, mehr Vollständigkeit zu erreichen, dem Gesundheitswesen: Ärzte rechnen ihre Leistungen über die Kassenärztlichen
Vereinigungen ab, und im Zuge des Gesundheitsstrukturreform wurde eine sehr detaillierte
Liste möglicher abzurechnender Leistungen erstellt. Die Folge ist, dass beispielsweise bei
der Kassenärztlichen Vereinigung Westfalen-Lippe pro Quartal ca. 300 Millionen Einzel-
positionen abzurechnen sind.

rungen der Situation – oder auch der vereinbarten Leistungserstellung generell – ungenutzt lassen[31]. Positiv formuliert: Die (gezielte) Unvollständigkeit – besser: Offenheit – von Verträgen ist *Voraussetzung von Lernprozessen* in einer prinzipiell offenen Zukunft.

Die Folge ist, dass alle Verträge grundsätzlich unvollständig sind; es wird immer nur ein – mehr oder weniger konkretisiertes – Grundgerüst der jeweiligen Leistungen und ihrer Bedingungen (schriftlich) fixiert, die konkrete, unter wechselnden Umständen erst erfolgende Ausfüllung bleibt offen. Die Interaktionspartner werden versuchen, sich wechselseitig Freiheit in einer Weise einzuräumen, dass es jeweils zum Nutzen der anderen und in diesem Sinne anreizkompatibel geschieht[32].

Betrachten wir diese drei Gründe an einem Beispiel, das ein Musterbeispiel eines unvollständigen Vertrags darstellt: dem Arbeitsvertrag. Es dürfte heute kaum Arbeitsplätze geben, an denen der Arbeitnehmer nicht über diskretionäre Handlungsspielräume verfügt, deren Ausnutzung das Ergebnis seiner Arbeit mitbestimmen. Das betrifft sowohl den Normalbetrieb als auch den Umgang mit unüblichen und unvorhergesehenen Situationen. Es ist praktisch unmöglich, jeden Aspekt der Aktivitäten des Arbeitnehmers vertraglich so festzulegen, dass es der Ertragssteigerung des Unternehmens dient und er auch tatsächlich daran gebunden ist. Viele Aufgaben lassen sich nur allgemein beschreiben, viele Situationen lassen sich nur begrenzt vorhersehen, viele Tätigkeiten lassen sich nur begrenzt kontrollieren (wir erinnern an das „Problem der versteckten Handlungen"), und selbst wenn sie sich kontrollieren ließen, heißt das noch nicht, dass sie sich deshalb auch in der vom Arbeitgeber erwünschten Weise *durchsetzen* ließen. Ein vollständiger Vertrag ist mithin gar nicht formulierbar.

Darüber hinaus wäre das Anstreben eines möglichst vollständigen Vertrages auch nicht sinnvoll, zum einen wegen der damit verbundenen Kosten, zum anderen aber auch deshalb, weil es der Motivation des Arbeitnehmers alles andere als zuträglich ist, seinen Entfaltungsraum auf die Wahl der Blume auf seinem Schreibtisch einzuschränken. Nicht zufällig wird mit „Dienst nach

---

[31] Strenggenommen handelt es sich hier eigentlich um einen Teilaspekt des zuvor genannten Punktes, denn offenbar geht es hier ja um das Problem *entgangener Nutzensteigerungen*, und das ist nichts anderes als das, was mit „Opportunitäts-" bzw. „Alternativkosten" angesprochen wird.

[32] Hierbei ist anzumerken, dass die Einräumung von Freiheitsräumen oft erheblich durch fehlende Information über den Interaktionspartner eingeschränkt wird. Wir kommen in Abschnitt 3.3.3 auf entsprechende Beispiele zu sprechen. Hingegen lassen sich heute in Unternehmen viele Verträge als evidente Beispiele studieren.

Vorschrift" eine wenig produktive Arbeitshaltung beschrieben, und ebenfalls ist mittlerweile hinreichend bekannt, dass die Mitarbeiter – und das meint ihre Einsatzbereitschaft, ihre Kenntnisse usw. – die wertvollsten Ressourcen für ein Unternehmen darstellen, aber die Nutzung dieser Ressourcen setzt voraus, dass man den Mitarbeitern die Bedingungen zur Entfaltung ihrer Fähigkeiten schafft. Genau deshalb ist es in vielen Fällen sinnvoll, im Arbeitsvertrag nur allgemeinere Tätigkeitsfelder festzulegen und viele Details der konkreten Ausführung dem Arbeitnehmer selbst zu überlassen, so dass dieser seine Kenntnisse und Fähigkeiten jeweils situationsangemessen einsetzen kann, ohne von allzu engen Vorschriften dabei gehindert zu werden.

Nun können die Arbeitnehmer natürlich ihre Spielräume auch in einer Weise ausnutzen, die vor allem ihnen selbst, weniger aber dem Unternehmen dient. Damit stellt sich das Problem der institutionellen Gestaltung des Arbeitsverhältnisses in einer Weise, die die möglichen Kooperationsgewinne von Arbeitnehmer und Arbeitgeber ausschöpft. Wir wollen hier nun nicht auf die verschiedenen Möglichkeiten der Vertragspartner eingehen, dieses Problem zu lösen, sondern nur auf folgenden Punkt hinweisen: Aus gesellschaftlicher Sicht existiert eine sehr große Zahl solcher unvollständigen Verträge, und damit stellt sich die Frage, unter welchen Bedingungen und in welchem Ausmaß die Festlegung und vor allem Durchsetzung der Vertragsbedingungen individuell den Vertragspartnern überlassen oder im Rahmen einer gesetzlichen Rahmenordnung definiert und von den Gerichten durchgesetzt werden sollte. So kann es im Interesse der Vertragspartner sein, dass bestimmte Regelungen von einer externen Instanz vorgegeben und ihre Durchsetzung nötigenfalls bei dieser Instanz eingeklagt werden kann. Auf diese Weise werden einerseits Informationsprobleme gelöst: Man braucht sich über bestimmte Problemkomplexe nicht den Kopf zu zerbrechen, denn die Vorgaben sind bereits getroffen. Andererseits werden jene Anreizprobleme gelöst, die darin bestehen, dass ohne die externe Instanz für jede Vertragsseite das Problem bestünde, sich der Vertragstreue der anderen Seite irgendwie verlässlich zu versichern.

Das ist auch eine Frage, die davon abhängt, ob es sich *lohnt*, bestimmte Regeln zu standardisieren und damit für eine Vielzahl von konkreten Verträgen als Vorgabe zu definieren. Das ist vor allem dann der Fall, wenn die geregelten Fälle häufig auftreten und ähnlicher Art sind; durch eine generelle Regelung entlastet man dann die Interaktionspartner, sich im konkreten Fall um diese Probleme auch noch kümmern zu müssen. Auch kann es sich als gesellschaftlich wünschenswert erweisen, Einseitigkeiten in Vertragsbedingungen, die bislang allein durch die Vertragspartner geregelt wurden, zu vermeiden. Ein typisches Beispiel ist das „Gesetz zur Regelung des Rechts der Allgemeinen Geschäftsbedingungen" von 1976. So war man im BGB zu Beginn noch von einzeln ausgehandelten Verträgen ausgegangen, nicht von standardisierten Verträgen mit vorformulierten Bedingungen. Als im Laufe der Zeit solche standardisierten allgemeinen Geschäftsbedingungen immer häufiger zu finden waren, wurde es irgendwann als vorteilhaft erachtet, zum Schutz der Verbraucher rechtliche Vorkehrungen zu treffen, um den durch die zugrundeliegenden Informationsasymmetrien bedingten Anreizproblemen zu begegnen.

Gesellschaftliche Interaktionen sind somit stets eingebettet in eine Vielzahl von Institutionen, die ihrerseits auf mehreren Ebenen angesiedelt sind. Im Fall des Arbeitsvertrags könnten unter anderem genannt werden: die Verfassung (z.B. GG Art. 9 oder Art. 12), arbeitsrechtliche Bestimmungen, Manteltarifverträge, der konkrete Arbeitsvertrag und auch informelle Regeln zwischen Arbeitgeber und Arbeitnehmer, die oft unter dem Titel Unternehmenskultur o.ä. subsumiert werden. Man kann hier von einer *Regelhierarchie* sprechen, wobei die Regeln der höheren Ebene Vorgaben für die Regeln der nachgeordneten Ebene darstellen, z.B. Verfassung – Privatrechtsordnung – privatrechtlicher Vertrag. Regeln der höheren Ebene müssen dabei in vielen Punkten notwendigerweise unvollständig sein, um auf den unteren Ebenen viele Möglichkeiten zulassen zu können.

2.3.4 Das Management von Institutionen

Die Ausführungen des vorangegangenen Abschnitts lassen vermuten, was ein Blick in die Realität sogleich bestätigt: Für die Festlegung und Durchsetzung von Regeln verschiedener Ebenen sind verschiedene Akteure zuständig, mal die Vertragspartner selbst, mal übergeordnete Instanzen wie der Gesetzgeber resp. die Rechtsprechung.

Wie wir im dritten Kapitel noch ausführlicher diskutieren werden, gehört es zu den Hauptaufgaben von Politikern, für die geeigneten Spielregeln, die das gesellschaftliche Zusammenleben betreffen, zu sorgen. Dort werden wir auch auf die Frage eingehen, wie die Politiker selbst für diese Aufgabe mit Regeln versorgt werden können, die die Anreizkompatibilität ihres Tuns gewährleisten.

In diesem Abschnitt wollen wir uns einer anderen Frage widmen, nämlich jenem Problem, das die wichtigste Grundlage dafür bildet, warum dem Management von Institutionen eine solche Bedeutung zukommt. Es geht um die Spannung von *Stabilität* von Regeln und ihrer *Veränderung* aufgrund veränderter Bedingungen. Dabei sei gleich zu Beginn darauf hingewiesen, dass der Begriff „Spannung" nicht zu dem Fehlschluss verleiten soll, es handele sich hier um ein polares, substitutives Verhältnis. Es ist geradezu ein Charakteristikum jener Beziehungen, um die es in der Ökonomik geht, dass es sich um *steigerungs- bzw. differenzierungsfähige Verhältnisse* handelt, ob es nun um das Verhältnis von Kooperation und Konflikt, von Freiheit und wechselseitigen Abhängigkeiten, von Subsidiarität und Partizipation oder eben von Stabilität und Veränderung von Regeln geht.

Nach dem bisher Gesagten dürfte deutlich geworden sein, dass die Funktion von Institutionen darin zu sehen ist, den Interaktionspartnern wechselseitig verlässliche Verhaltenserwartungen zu ermöglichen im Hinblick auf die Aneignung von Kooperationsgewinnen. Aus diesem Grund liegt es nahe, die *Stabilität* von Institutionen als ein zentrales Qualitätsmerkmal anzusehen.

Dem steht allerdings entgegen, dass insbesondere in einer Zeit dynamischer gesellschaftlicher Entwicklung, wie wir sie seit längerem erleben, verschiedene Regeln angesichts veränderter Umweltbedingungen anpassungsbedürftig sind, wie die folgenden Beispiele zeigen.

Beispiele für den Anpassungsbedarf von Institutionen:

- Sehr deutlich zeigt sich das im europäischen Integrationsprozess: So müssen hier etwa im Zuge der Entwicklung eines einheitlichen Binnenmarktes viele nationale Regelungen vereinheitlicht werden, um nicht unerwünschte Wettbewerbsverzerrungen entstehen zu lassen. Weiterhin stellen sich durch den erhöhten Abstimmungsbedarf schwierige Fragen der Kompetenzverlagerung z.B. von den nationalen Parlamenten oder den obersten nationalen Gerichten zu EU-Organisationen.
- Neue technische Entwicklungen machen nicht nur Anpassungen in Unternehmen und deren Organisationsform nötig, sondern auch in der Rechtsetzung und -sprechung. Schon die Einführung von Elektrizität ließ es zum Problem werden, inwieweit das Abzapfen elektrischer Energie subsumiert werden konnte unter die Bestimmung des Paragraphen 242 des StGB, in dem in bezug auf Diebstahl von einer „fremden beweglichen Sache" die Rede war[33]. Computer und Internet oder Geldautomaten und Telebanking sind weitere Beispiele für technische Neuerungen, mit denen sich neue institutionelle Anpassungsnotwendigkeiten ergeben; auch Gen- und Biotechnologien lassen sich hier nennen.
- Die zunehmenden Umweltprobleme haben zu einer Vielzahl einzelner Anpassungsregelungen geführt. Mittlerweile wird seit einigen Jahren an einem eigenen Umweltgesetzbuch gearbeitet, mit dem die vielen, oft un-

---

[33] Da das Reichsgericht befand, dass elektrische Energie *keine* „fremde bewegliche Sache" ist, wurde mit Wirkung vom 9.4.1900 ein neuer Paragraph 248c eingeführt, der die Entziehung elektrischer Energie unter Strafe stellt.

zusammenhängenden und z.T. sich widersprechenden Regelungen in eine kohärente Form gebracht werden sollen.

- Die deutschen Sozialversicherungssysteme waren zu der Zeit, als sie entstanden, angemessene Lösungen der damaligen Probleme. Unter den heutigen Bedingungen, insbesondere veränderten demographischen Bedingungen, dem Druck der Globalisierung und dem Prozess des Wandels von einer Industrie- zur Dienstleistungsgesellschaft, zeigt sich die Notwendigkeit ihrer Reform.

Aus der so illustrierten Tatsache, dass Institutionen immer wieder den geänderten Gegebenheiten anzupassen sind, ergibt sich jedoch das Problem, wie man dann jene längerfristig verlässlichen Erwartungen soll bilden können, um derentwillen Institutionen überhaupt eingerichtet werden. Denn ein hinreichend verlässlicher institutioneller Rahmen bildet eine der wichtigsten Voraussetzungen für die Aneignung von Kooperationsgewinnen, da erst dieser Rahmen den einzelnen Akteuren eine hinreichende Sicherheit gibt, tatsächlich auch in eine Kooperation *investieren* zu können, also etwa Vorleistungen zu erbringen, ohne befürchten zu müssen, dass diese Vorleistung von anderen ausgebeutet wird.

Noch offensichtlicher wird die Bedeutung eines über die Zeit hinweg verlässlichen institutionellen Rahmens bei Investitionen unternehmerischer Art. Bei den entsprechenden Planungen und Maßnahmen ist es von zentraler Bedeutung, sich auf eine stabile – besser: berechenbare – Rahmenordnung verlassen zu können, um damit rechnen zu können, die Erträge der Investition auch zu erhalten. Dies zeigt sich beispielsweise in der Zurückhaltung von Investitionen von Unternehmen in Ländern, deren politische Instabilität meist zu Recht befürchten lässt, dass Investitionen in diesem Land eine negative Rendite erbringen.

Damit ergibt sich das Problem der *gezielten* Anpassung von Institutionen. Gemeint ist damit zum einen, dass die nötig werdenden Anpassungen der Institutionen nicht dem Zufall – auch nicht dem Zufall der Evolution – überlassen werden, sondern dass sie in einer Weise erfolgen, die den Interessen der Betroffenen Rechnung trägt; und dies nicht (allein) aus Gründen der Fairness, sondern einfach deshalb, weil die Betroffenen sonst gesellschaftlich erwünschte Investitionen unterlassen.

Möglich wird eine gezielte Anpassung dadurch, dass sie in die Hände von *Agenten* gelegt wird, die genau dies, das *Management von Institutionen*, als Aufgabe haben; gemeint sind vor allem die Politiker. Damit diese einerseits mit den für diese Aufgabe benötigten Informationen versorgt werden und andererseits auch die richtigen Anreize zur Erfüllung der Aufgabe haben, werden wiederum institutionelle Regeln und Verfahren benötigt, die festlegen, wer wann welche Regeln wie ändern darf. Wir werden diese Überlegungen bei der Diskussion des Staates unter Punkt 3.3 weiterführen.

2.3.5 Komparative Institutionenanalyse

Institutionelle Anpassungsprozesse finden permanent auf verschiedenen Ebenen statt – bei konkreten Geschäftsabschlüssen oder einzelnen Entscheidungen von Gerichten, organisatorischen Umstrukturierungen oder neuen Zusammenschlüssen von Unternehmen, der Verabschiedung neuer Gesetze oder internationaler Vereinbarungen oder auch der Reform der Rechtschreibung. Das erfordert die Fähigkeit zur Beurteilung der *relevanten Alternativen* – hier von institutionellen Arrangements. Dabei spielen natürlich viele Gesichtspunkte eine Rolle, die Frage, wie die jeweiligen Institutionen ihre Funktion erfüllen, aber auch, welche Kosten sie selbst zeitigen. Diese Kosten betreffen nicht nur die Bekanntmachung und Überwachung der Regeln einschließlich der Sanktionierung von Regelübertretungen, sondern, wie im vorigen Abschnitt diskutiert wurde, auch die mit den Regeln verbundenen Festlegungen ("Bindungen"), die unter veränderten Umweltbedingungen zu Problemen werden können, weil sie nötige Anpassungen erschweren. Letztlich dient das Studium von Institutionen, wie vielleicht das Studium der Ökonomik überhaupt, dazu, diese und weitere Gesichtspunkte zusammenzutragen und strukturieren zu können im Hinblick auf den Vergleich der *relevanten Alternativen*.

Die Relevanz des Hinweises auf die *relevanten* Alternativen ergibt sich aus der Tatsache, dass sich Einschätzungen dessen, was in Wirtschaft oder Politik getan werden sollte, sehr oft von abstrakten Überlegungen her speisen; diese Einschätzungen drücken dann nicht selten *Wunschvorstellungen* aus, entsprechen aber nicht den *realen Gegebenheiten*.

Auch wenn so vieles *möglich* scheint, tatsächlich realisieren lässt sich nur relativ wenig. Das hat etwas mit der eigentlich sehr einfachen Tatsache zu tun, dass die Realisierung einer Möglichkeit immer auch die Nicht-Realisierung einer Vielzahl anderer Möglichkeiten bedeutet, und es gehört zu den unbequemen Aufgaben der Ökonomen, auf derartige Einschränkungen aufmerksam zu machen.

Aus diesem Grund geht es nicht darum, Idealmodelle aufzustellen – der amerikanische Ökonom Harold Demsetz hat die Aufstellung solcher utopischer Idealmodelle einmal kritisch den "Nirvana-Approach" genannt –, sondern zu fragen, wie *im Ausgang vom Status quo* Verbesserungen möglich sind. Es ist genau diese Überlegung, die das Konzept der Dilemmastrukturen so zentral werden lässt:

		Herr *j*	
		kooperieren	defektieren
		I	II
	kooperieren	*3, 3*	*1, 4*
Frau *i*		III	IV
	defektieren	*4, 1*	**2, 2**

Die beiderseitige Defektion, Quadrant IV, ist bekanntermaßen der Status quo, der *immer* eine der relevanten Alternativen darstellt. Zu beachten ist, dass es sich grundsätzlich um den *künftigen* Status quo handelt; es handelt sich ja um die (erwarteten) Folgen der Handlungen der Spieler.

Die beiden Kombinationen, in denen je einer der beiden kooperiert, der andere defektiert, also die Quadranten II und III, sind *keine* relevanten Alternativen, denn dazu wird derjenige, dessen Kooperation auf diese Weise ausgebeutet wird, nicht bereit sein; er wird zur Defektion übergehen, und beide Akteure landen wieder im Status quo beiderseitiger Defektion.

Die relevante Alternative dazu besteht im Quadranten I, also darin, die in dieser Situation möglichen, aber vorläufig nur potenziellen Kooperationsgewinne zu erwirtschaften, indem man nach (institutionellen) Mitteln sucht, die wechselseitige Verlässlichkeit zu gewährleisten. Und zum entscheidenden Kriterium hinsichtlich dessen, ob etwas als relevante Alternative betrachtet werden kann, wird die Frage, ob deren Realisierung für alle Beteiligten *anreizkompatibel* ist oder anreizkompatibel gemacht werden kann.

Was in diesem Modell so einfach aussieht, ist bei konkreten Analysen gesellschaftlicher Probleme natürlich ein hochkomplexes Unterfangen, bei dem bereits sehr viel davon abhängt, die Alternativen richtig zu spezifizieren. Vor allem ist es immer auch eine – nicht immer bewusst getroffene – *Entscheidung*, wo man in sachlicher, zeitlicher und sozialer Hinsicht die Grenzen zieht, d.h. welche Zusammenhänge man berücksichtigt und welche nicht. Zum Beispiel kann man bei unternehmerischen Investitionsentscheidungen nur auf kurzfristige Erfolge achten und dabei aus dem Blick verlieren, dass diese Entscheidungen langfristig von Nachteil sind. Oder man hat bei politischen Reformvorhaben ganz bestimmte Gruppen – z.B. Empfänger von Transferzahlungen – vor Augen, denen konkret Unterstützungen gewährt werden sollen, und vernachlässigt dabei andere Betroffene – z.B. diejenigen, die die Transfers finanzieren –, deren Reaktionen auf die Maßnahmen kontraintentionale Folgen zeitigen, etwa indem Unternehmen ins Ausland abwandern. Insofern ist es bei komparativen Institutionenanalysen stets wichtig, darauf zu achten, ob man die relevanten Zusammenhänge berücksichtigt hat.

Das betrifft vor allem die Berücksichtigung von Vermögenswerten, soweit diese bei Entscheidungen tangiert werden. Damit sind natürlich nicht nur finanzielle oder Sachkapitalbestände gemeint, sondern vor allem Human- und Sozialkapital. So wurde schon manchmal unbedacht durch unternehmerische Entscheidungen „von oben" die produktive Atmosphäre bei den Arbeitnehmern zerstört, und mancher Politiker hat durch vorschnelle Aktionen den in der Politik grundlegenden Vermögenswert, seine *Glaubwürdigkeit*, verspielt. Aus gesellschaftlicher Sicht vielleicht noch wichtiger ist das Problem, dass durch *einzelfallorientiertes* Denken und Handeln oft institutionelles Sozialkapital verspielt wird, wenn von Regeln abgewichen wird, um in Einzelfällen 'etwas Gutes zu tun'. Wenn etwa einem Unternehmen oder einer Branche durch die Politik Subventionen gewährt werden, um Arbeitsplätze zu retten, so kann darin unter Umständen ein – ungewollter – Beitrag zur Aushöhlung des (marktwirtschaftlichen) Institutionengefüges gesehen werden.

Aus diesem Grund kommt es gerade dann, wenn es um normative Probleme geht – und letztlich haben alle Probleme der Ökonomik einen normativen Hintergrund –, darauf an, nicht vorschnell von den normativen Idealen auf konkrete Empfehlungen zu schließen, sondern sich zunächst einer sorgfältigen Analyse der empirischen Bedingungen und Folgen möglicher Maßnahmen zu befleißigen. Das folgende Schema, das die Form eines „praktischen Syllogismus" hat, mag zum Verständnis des Gesagten hilfreich sein:

(1) Normative Ideale
(2) Empirische Bedingungen

(3) Gestaltungsempfehlungen

Ein Syllogismus ist ein logisches Schlussverfahren, in dem aus zwei Vordersätzen ein dritter Satz, der „Schluss", gefolgert wird, etwa nach dem Modell: (1) Alle Menschen sind sterblich. (2) Sokrates ist ein Mensch. (3) Ergo: Sokrates ist sterblich. Der hier verwendete „praktische" Syllogismus leitet ebenfalls eine Schlussfolgerung (3) aus zwei (Klassen von) Prämissen ab, (1) normativen Annahmen einerseits und (2) Aussagen über empirische Bedingungen andererseits.

Es gehört zu den häufigsten Fehlschlüssen in der Diskussion gesellschaftlicher Probleme, dass von (1), den normativen Idealen – soziale Gerechtigkeit, Vollbeschäftigung, Umweltschutz usw. – mehr oder weniger direkt zu (3), konkreten Gestaltungsempfehlungen, übergegangen wird, ohne dass die eigentlichen Ursachen der Probleme, die in (2), den empirischen Bedingungen, liegen, sowie die Folgen möglicher Maßnahmen, die ebenfalls zu (2) gehören, hinreichend untersucht worden sind; wir bezeichnen eine solche Art des Fehlschlusses als *normativistischen Fehlschluss*. Um ihm zu entgehen, setzt eine komparative Institutionenanalyse stets systematisch mit einer Situationsanalyse an: Was sind die in der betreffenden Situation relevanten Alternativen?

Es gibt noch eine zweite Form eines Fehlschlusses, wir bezeichnen sie als *empiristischen Fehlschluss*. Dieser liegt vor, wenn aus Aussagen zu (2), den empirischen Bedingungen – also aus positiven Analysen – unvermittelt auf z.B. politisch notwendige Reformschritte 'geschlossen' wird; solche Empfehlungen werden dann oft als vom „Sachzwang" diktiert ausgegeben. Dabei werden die zugrunde liegenden normativen Prämissen, die oft gar nicht reflektiert sind, nicht offen ausgewiesen und so einer rationalen Diskussion nicht zugänglich gemacht. Unsere Konzeption von Ökonomik vermeidet diese Form von Fehlschluss, indem sie systematisch von der Zustimmungsfähigkeit aller Betroffenen her denkt; dies ist das Kriterium, nach dem sich bemisst, was als bessere Alternative zum Status quo gelten kann. Wir kommen auf diese Zusammenhänge im sechsten Kapitel wieder zurück.

Lektürevorschläge

Für die ökonomische Institutionentheorie empfehlen wir als 'Klassiker' vor allem die beiden grundlegenden Aufsätze von Ronald Coase 1937 und 1960 (beide abgedruckt in Coase 1988), Buchanan 1975/1984 und Brennan/Buchanan 1985/1993, Williamson 1985/1990 und 1996 sowie North 1981/1988 und 1990/1992.

Viele wegweisende Aufsätze werden dargestellt in Richter/Furubotn 1996/1999 sowie Erlei/Leschke/Sauerland 1998. Einen systematischen Überblick über den Stand der Forschung auf der Grundlage formaler Darstellung bietet Schweizer 1999.

Zusammenfassung

1. Institutionen stellen standardisierte Lösungen wiederkehrender dilemmastrukturbedingter Interaktionsprobleme (Informations- und Anreizprobleme) dar. Die beiden wichtigsten Voraussetzungen dafür, dass Institutionen ihre Funktion – die Realisierung von Kooperationsgewinnen – erfüllen können, sind ihre Berechenbarkeit und ihre Durchsetzbarkeit, kurz: ihre Verlässlichkeit.

2. Institutionen können theoretisch als Vertrag interpretiert werden, und das auch dann, wenn es sich nicht um bewusst getroffene formelle Vereinbarungen handelt, sondern um evolutionär entstandene Regeln.

3. Verträge sind grundsätzlich offen bzw. unvollständig, d.h. sie bestimmen die Handlungen nicht bis ins einzelne, sondern lassen Freiheitsräume für unabhängiges Verhalten.

4. Funktionsfähige Institutionen, mit deren Hilfe Kooperationsgewinne generiert werden können, stellen (institutionelles) Sozialkapital dar, in das investiert werden kann, das aber auch bei fehlender (Re-)Investition erodieren kann. Dieser Vermögenswert bedarf eines sorgfältigen Managements, um der Spannung zwischen Stabilität und Anpassungsnotwendigkeiten gerecht werden zu können.

5. Im Zuge gesellschaftlicher Entwicklung ergibt sich eine institutionelle Differenzierung, bedingt durch – vor allem durch den Wettbewerb forcierte – neue Erkenntnisse und Entdeckungen neuer Kooperationschancen; es ergeben sich aber auch Probleme und dadurch notwendig werdende Anpassungen an Umweltänderungen. Folge der institutionellen Differenzierung ist eine steigende Komplexität, die ihrerseits wiederum Anlass gibt für weitere Differenzierungsprozesse.

6. Die Beurteilung von Institutionen sollte grundsätzlich im Rahmen einer komparativen Institutionenanalyse, ausgehend vom Status quo, erfolgen.

Schlüsselbegriffe

Berechenbarkeit	Regelhierarchie
Durchsetzung	relevante Alternativen
Implementation	Status quo
komparative Institutionenanalyse	Unvollständigkeit/Offenheit von
Koordination	Verträgen und Institutionen
Management von Institutionen	Vertrag

2.4 Formen der Generierung von Kooperationsgewinnen

Wir hatten bislang immer wieder von Kooperationsgewinnen gesprochen, und nur darauf abgehoben, dass damit jene Vorteile gemeint sind, die für jeden Partner in Interaktionen anfallen. Bislang wurde nicht näher ausgeführt, wie die Kooperationsgewinne generiert werden können. In diesem Abschnitt wollen wir versuchen, die *wesentlichen Formen* der Generierung von Kooperationsgewinnen zu systematisieren.

Wenn von Kooperation die Rede ist, so denkt man zunächst an eine unmittelbare Zusammenarbeit („Teamarbeit"). In der Tat ist es schon hier ganz offensichtlich, dass man gemeinsam Dinge vollbringt, die man allein nicht schaffen könnte, z.B. ein Klavier tragen. Im Folgenden ist indes von komplexeren, i.S.v. institutionell voraussetzungsreicheren, Formen der Generierung von Kooperationsgewinnen die Rede, jedoch kommen wir auf die unmittelbare Kooperation im fünften Kapitel noch einmal zurück.

Zunächst diskutieren wir die, wenn man so will, konstitutive Form der Generierung von Kooperationsgewinnen, die *wechselseitige Anerkennung von Verfügungsrechten*. Konstitutiv ist sie insofern, weil sie nicht nur direkt Kooperationsgewinne ermöglicht, sondern zugleich die Voraussetzung weiterer, komplexerer Formen der Generierung von Kooperationsgewinnen darstellt.

Damit werden jene Überlegungen aus der Handlungstheorie aufgenommen, die sich mit der Frage der Investition in Vermögenswerte befassten. Doch wird diese Frage nun aus interaktionstheoretischer Sicht gestellt; es geht nicht nur um die Perspektive des einzelnen Akteurs, sondern auch um die anderer Akteure, die von diesen Investitionen profitieren können und die deshalb bereit sind, dem Investor bestimmte Verfügungsrechte hinsichtlich des jeweiligen Vermögenswerts zuzugestehen (2.4.1).

Wenn Verfügungsrechte einmal definiert und durchgesetzt worden sind, ergeben sich weitere Möglichkeiten von Kooperationsgewinnen. So verfügt möglicherweise ein Akteur über Ressourcen bzw. Vermögenswerte, die einem anderen von Nutzen sind und umgekehrt; in dieser Situation können beide profitieren durch einen *Tausch* (2.4.2). Eine dritte Form, Kooperationsgewinne zu generieren, besteht in der *Arbeitsteilung*, bei der sich die Akteure auf unterschiedliche Tätigkeiten spezialisieren und dadurch Produktivitätsvorteile nutzen können (2.4.3).

Im Prinzip können alle Formen von Kooperationsgewinnen auf die zuvor genannten Arten zurückgeführt werden. Wegen ihrer besonderen Bedeutung wollen wir jedoch zwei spezifischere Möglichkeiten, durch Interaktionen weitere Erträge zu erwirtschaften, noch genauer betrachten: den *Umgang mit Risiken* (2.4.4) sowie den *Leistungswettbewerb*, dessen Etablierung Bedingungen schafft, die der Entdeckung und Aneignung weiterer Kooperationsgewinne förderlich sind (2.4.5).

2.4.1 Wechselseitige Anerkennung von Verfügungsrechten

2.4.1.1 Investitionen und Sicherheit der Verfügungsrechte

In den Ausführungen zur Anreizanalyse hatten wir unter Punkt 2.1.6 herausgestellt, dass Akteure in Vermögenswerte investieren, wenn sie dadurch künftig höhere Erträge erwirtschaften können, als es ohne solche Investitionen der Fall wäre. Nun hängen Art und Ausmaß dieser Investitionen natürlich maßgeblich davon ab, was andere Akteure tun werden, also von der *Sicherheit der Verfügungsrechte über die eigenen Ressourcen bzw. Vermögenswerte*. Wenn der investierende Akteur damit rechnen muss, dass sich andere die Erträge seiner Investition aneignen werden, wird er die Investition unterlassen. Möglicherweise wird er auch seine verfügbaren Mittel in die „Rüstung" investieren, sei es zum Schutz eigener Investitionen, sei es, um sich die Erträge der Investitionen anderer anzueignen.

Damit werden aber zugleich auch die Interessen anderer berührt, denn ihnen entgehen vielfältige Kooperationsrenten. Das beginnt bereits damit, dass auch sie „aufrüsten" müssen; zudem werden sie an sich produktive Investitionen unterlassen. Vor allem aber entgehen allen Akteuren die vielfältigen Erträge jener Investitionen, die angesichts der Unsicherheit der Verfügungsrechte von keinem getätigt werden, die aber die Voraussetzung bilden für all die Kooperationsgewinne, von denen in den weiteren Abschnitten noch die Rede sein wird.

Generell stellt sich das Problem der Investitionen in Vermögenswerte damit immer in doppelter, nämlich gesellschaftstheoretischer und handlungstheoretischer, Perspektive: Letztlich geht es stets um die Frage der Aneignung von Kooperationsgewinnen – und den dafür nötigen Investitionen –, d.h. es geht um *gesellschaftlich erwünschte* Investitionen; „gesellschaftlich erwünscht" heißt: erwünscht, weil grundsätzlich für jedes Mitglied der Gesellschaft von Vorteil. Zugleich aber ist immer auch die handlungstheoretische Frage zu stellen, welche Anreize die jeweiligen Akteure haben, diese Investitionen auch vorzunehmen, denn alle Empfehlungen, Appelle und moralischen Forderungen nach gesellschaftlich erwünschten Investitionen nutzen nichts, wenn sie für die betreffenden Akteure nicht anreizkompatibel sind. Um dem Unterschied dieser beiden Perspektiven Rechnung zu tragen, sprechen wir von „Kooperations*renten*", wenn es um die Perspektive des einzelnen Akteurs geht, und von „Kooperations*gewinnen*", wenn die interaktions- bzw. gesellschaftstheoretische Perspektive eingenommen wird.

An zwei charakteristischen Beispielen erörtern wir die Möglichkeit, durch die Definition und Durchsetzung geeigneter Verfügungsrechte mögliche Kooperationsgewinne zu realisieren, an der Senkung von Rüstungskosten und der Bewältigung der Allmendeproblematik. Im Rahmen des zweiten Beispiels erörtern wir zudem die Institution des Privateigentums als eine grundlegende Form einer Verfügungsrechtsordnung.

2.4.1.2 Die Senkung der Rüstungskosten

In einer Welt ohne geregelte und wechselseitig anerkannte Verfügungsrechte muss jeder Akteur befürchten, dass die Ressourcen, die er „besitzt", von anderen angeeignet werden könnten. Er wird deshalb in solche Vermögenswerte investieren, die ihm und seinen Ressourcen Schutz bieten sollen, ihm vielleicht sogar die Möglichkeit bieten, selbst die Ressourcen anderer anzueignen, d.h. er wird „aufrüsten".

Da das jedoch die anderen auch tun werden, finden sich alle in einer Dilemmastruktur wieder. Denn der damit etablierte „Rüstungswettlauf" wird erhebliche Mittel verschlingen; ein besonders drastisches Beispiel war natürlich das Wettrüsten zwischen den USA und der ehemaligen UdSSR. In dieser Dilemmastruktur könnten alle ihre Lage verbessern, wenn sie (einen Teil) diese(r) Mittel zu anderen Zwecken nutzen könnten; doch keiner kann sich eine einseitige Abrüstung leisten, weil er befürchten müsste, dass der/die anderen das zu ihren Gunsten und zu seinen Lasten ausnutzen würden. Nur durch eine Übereinkunft, dass jedem Akteur bestimmte Verfügungsrechte an spezifizierten Ressourcen zugesichert werden, die vor dem Übergriff durch andere geschützt sind, können die Mittel zu deren Schutz verringert oder ganz eingespart werden[34]. Die zwei entscheidenden Gesichtspunkte einer solchen Übereinkunft liegen darin,

1. dass sie *allgemein* ist – jeder muss zustimmen, und jeder stimmt nur zu unter der Voraussetzung, dass auch die anderen dazu bereit sind – und

2. dass sie *glaubwürdig* ist – jeder muss die hinreichende Sicherheit besitzen, dass es für die anderen anreizkompatibel ist, sich an die Übereinkunft zu halten.

Wenn eine solche allgemeine und glaubwürdige Übereinkunft zustande kommt, wird es für alle Beteiligten möglich, einen Teil der Ressourcen, die zuvor für „Rüstung" aufgewendet wurden, nunmehr produktiveren Zwecken zuzuführen. Man sollte allerdings nicht erwarten, dass eine vollständige Abrüstung möglich wäre. Mit ihr würden die Anreize zu stark, dass einzelne Akteure doch wieder versuchen könnten, die Restriktion der definierten Verfügungsrechte zu missachten; wie an anderer Stelle erörtert, könnte man ihnen das nicht einmal unbedingt verdenken, denn ihnen bleibt angesichts der potenziellen Bedrohung durch andere evtl. keine Wahl, als dieser Bedrohung selbst zuvorzukommen. Anders gesagt bestehen auch nach der Einführung der Institution die Interessenkonflikte fort, sie sind nunmehr nur 'gebändigt', ihre

---

[34] Man kann auch diese Übereinkunft schon als eine Art Tausch interpretieren.

Verfolgung erweist sich unter bestimmten institutionellen Bedingungen als die schlechtere Alternative. Das kann sich jedoch ändern, sobald die Institutionen ihre Glaubwürdigkeit hinsichtlich ihrer Durchsetzung verlieren.

Zu beachten ist, dass es in diesem Fall (auch) um das *Unterlassen* von bestimmten Investitionen geht, nämlich in solche Vermögenswerte wie Rüstung z.B., die zwar unter bestimmten Bedingungen dem einzelnen dienlich sind, wo jedoch die für die Investitionen aufgewendeten Mittel – die ja selbst eine Form von Vermögenswerten darstellen – in anderer Verwendung noch höheren Nutzen stiften könnten, so dass (Kooperations-)Renten möglich sind. Im nächsten Fall geht es demgegenüber darum, produktive Vermögenswerte zu erhalten und ihrer Aufzehrung durch Übernutzung vorzubeugen.

2.4.1.3 Die Bewältigung der Allmendeproblematik durch Privateigentum

Die „*Tragik der Allmende*" ist ein Phänomen, das in der Theoriegeschichte bereits oft beschrieben worden ist[35]. Das Problem stellt sich wie folgt dar: Gegeben ist eine Ressource bzw. ein Vermögenswert, auf den verschiedene Akteure Zugriff haben, dessen Nutzung jedoch konkurrierend ist. Wenn ein Akteur die Ressource nutzt, vermindert das den Gesamtbestand, auf den alle anderen Zugriff haben. Man spricht hier von *gemeinsam genutzten Ressourcen* („common pool resources"). Das Beispiel, auf den die allgemeine Beschreibung des Phänomens zurückgeht, die Allmende, ist ein von mehreren Akteuren als Viehweide genutztes Stück Land; andere Beispiele sind Grundwasserbassins, Fischgründe, Regenwälder, Meere und Flussläufe, und auch die Atmosphäre der Erde ist eine solche „gemeinsam genutzte Ressource". Fasst man den Begriff allgemeiner, lassen sich hier eine Vielzahl weiterer Beispiele nennen: Angefangen vom Straßennetz oder anderen Infrastrukturleistungen über Sozialversicherungssysteme bis hin zum Betriebsklima liegen Vermögenswerte vor, die gemeinsam genutzt werden, deren individuelle Nutzung jedoch Einfluss auf den Gesamtwert der Ressource hat.

Diese „gemeinsam genutzten Ressourcen" stellen Vermögenswerte dar, die in der Regel langfristig erhebliche Erträge abwerfen können. Voraussetzung dafür ist allerdings, dass sie nicht vorzeitig ausgebeutet werden, und oft bedürfen sie auch einer erhaltenden Pflege, um langfristig die gewünschten Leistungen bereitzustellen. Damit sind auch schon die beiden generellen Ursachen für Dilemmastrukturen – und damit auch potenziellen Kooperationsge-

---

[35] Z.B. bei dem Philosophen David Hume (1711–1776) in seinem „Traktat über die menschliche Natur", Teil II, Buch III. Der moderne „Klassiker" ist Garrett Hardin, der 1968 in der Zeitschrift „Science" einen Artikel mit dem Titel „The Tragedy of the Commons" veröffentlichte.

winnen – angesprochen: Zum einen führt ein ungeregelter Zugang zu diesen Vermögenswerten dazu, dass jeder Akteur sich möglichst rasch möglichst viel von dieser Ressource anzueignen versucht, da er – mit Recht – befürchten muss, dass ihm sonst die anderen zuvorkommen und für ihn nicht mehr viel übrig bleibt; d.h. es kommt zur *Übernutzung*. Zum anderen liegt dann, wenn der Vermögenswert der erhaltenden Pflege bedarf, ebenfalls eine Dilemmastruktur vor: Von den entsprechenden Aktivitäten (Investitionen) zur Erhaltung profitieren alle künftigen Nutzer, die Kosten trägt indes derjenige, der diese Aktivitäten unternimmt. Die Folge ist, dass keiner einen Anreiz hat, etwas zur dauerhaften Pflege des Vermögenswerts zu tun gemäß dem Sprichwort: Hannemann, geh' du voran.

Je nach Art des Vermögenswerts gibt es nun eine Vielzahl institutioneller Arrangements, die jeweils angemessen sein können, und es hängt von den konkreten Anreizbedingungen der Situation sowie den institutionellen Ressourcen ab, welche Lösungsmöglichkeit als (relativ!) beste anzusehen ist. Generell geht es darum, Rechte und Pflichten im Umgang mit diesem Vermögenswert festzulegen und Mechanismen zur Kontrolle und Durchsetzung dieser Rechte und Pflichten zu etablieren. Im folgenden gehen wir auf die wichtigste institutionelle Form zur Lösung dieses Problems ein: das ***Privateigentum***.

Die zentrale Funktion des Privateigentums ist es, den Eigentümern von Vermögenswerten Schutz zu gewähren vor dem Zugriff anderer auf diesen Vermögenswert bzw. auf dessen Erträge; d.h. es geht um eine *Beschränkung des natürlichen, ungeregelten Wettbewerbs*. Wie bedeutsam die Institution des Privateigentums ist, zeigt sich unter anderem darin, dass sein Schutz Eingang ins Grundgesetz der Bundesrepublik Deutschland gefunden hat (Art. 14).

Die Beispiele für Vermögenswerte, an denen Privateigentum bestehen kann, sind sehr vielgestaltig, sie reichen von der Kleidung, dem eigenen Auto oder dem eigenen Grundstück über Copyright und Rechte für Fernsehübertragungen bis hin zu Rechten an der eigenen Person. Privateigentum gibt einem das Recht, über die jeweiligen Ressourcen verfügen zu können, was *zugleich* bedeutet, dass alle anderen nicht – jedenfalls nicht einfach so, sondern nur unter bestimmten Regeln, denen man selbst zustimmen kann – über diese Ressourcen verfügen dürfen. Die Anreizwirkung dieses *Ausschlussprinzips* liegt nahe: Es bietet einen starken Anreiz, mit den Dingen, die einem selbst gehören, umsichtig umzugehen, denn wenn sie z.B. aufgrund mangelnder Pflege schnell verschleißen oder durch unachtsamen Umgang Schaden nehmen, ist man selbst es, der diese Wertminderung zu spüren bekommt. Das heißt, *die Institution des Privateigentums stellt eine direkte Rückkopplung her zwischen*

dem Gebrauch eines Vermögenswerts und den Folgen der Art des Gebrauchs,
und deshalb ermutigt es auch Investitionen in produktive Vermögenswerte.
Besonders zu beachten ist in diesem Zusammenhang die Möglichkeit, dass
eine Art des Gebrauchs in der Vermietung oder dem Verkauf des Vermögenswerts bestehen kann. Die außerordentlich hohe Effizienz von Märkten,
die wir im vierten Kapitel thematisieren werden, beruht eben darauf, dass das
Privateigentum derartige Anreize zu vermitteln vermag.

Diese Überlegungen zeigen bereits, dass zum Privateigentum eigentlich
mehrere verschiedene Rechte gehören. In der Ökonomik sind folgende Rechte
von Bedeutung, wobei wir immer auch darauf hinweisen werden, dass diese
Rechte ihrerseits wieder institutionellen Einschränkungen unterliegen, um den
unter Punkt 2.4.3 genannten Aspekt der Regelhierarchie zu verdeutlichen.

Die mit Privateigentum konstituierten Rechte:

- Das Recht, die Ressource in bestimmten Verwendungsformen zu *ge-*
  brauchen. So darf man mit dem gekauften Messer Kartoffeln schälen,
  Holz schnitzen oder Briefe öffnen; man darf es aber nicht dazu benutzen, anderen Menschen Schaden zuzufügen.
- Das Recht der *Veränderung einer Ressource*. Das ist natürlich vor allem
  immer dann von Bedeutung, wenn die Ressourcen als Input benutzt
  werden, um damit neue Güter oder Dienstleistungen zu erstellen. Doch
  auch hier gibt es z.T. erhebliche Einschränkungen, wie etwa jeder
  Grundstücksbesitzer weiß.
- Das Recht der *Aneignung der Erträge*, die aus dem Gebrauch bzw. der
  Veränderung einer Ressource erwachsen. Auch hier lassen sich Einschränkungen finden, eine der spürbarsten dürfte die Lohn- und Ein-
  kommensteuer sein.
- Und schließlich das *Recht der Veräußerung* der Ressource. Die Bedeutung dieses Rechts ist kaum zu unterschätzen, denn sie ist die Grundlage
  dafür, Kooperationsgewinne durch Tausch zu generieren. Generelle Einschränkungen dieses Rechts existieren hier beispielsweise im Hinblick
  auf das Eigentum an der eigenen Person; so darf man sich nicht als
  Sklave verkaufen.

Die Tatsache, dass die Privateigentümer von Vermögenswerten die genannten
Rechte besitzen, bedeutet immer zugleich auch den Ausschluss aller anderen
von diesem Recht. Das bedeutet auch, dass private Eigentumsrechte nichts
Selbstverständliches sind, sondern immer der Zustimmung durch die anderen

bedürfen. Warum aber sollten diese anderen eigentlich einer solchen Regelung zustimmen?

Ein wichtiger Grund kam bereits zur Sprache: Die Anerkennung von Eigentumsrechten erfolgt *wechselseitig*: Wenn Herr *j* sich weigerte, die Eigentumsrechte von Frau *i* anzuerkennen, würde sie sehr wahrscheinlich im Gegenzug die Rechte von Herrn *j* nicht länger achten. Ohne diese Anerkennung würde jeder erhebliche Ressourcen aufwenden (müssen), um die für ihn wichtigen Vermögenswerte zu schützen, und es käme zu dem oben beschriebenen „Rüstungswettlauf". Können die Akteure hingegen wechselseitig auf die Anerkennung ihres Eigentums vertrauen, lassen sich erhebliche Ressourcen einsparen. Daher ist das Vertrauen in die allgemeine Anerkennung des Privateigentums als *Sozialkapital* ein wichtiger Vermögenswert.

Wichtiger noch ist ein anderer Grund: Die Nichteigentümer können davon profitieren, andere mit ihrem Eigentum tun zu lassen, was sie wollen, sofern diese dann *produktiv* damit tätig werden; über den Markt kommen dann die Erträge den anderen zugute. Einer der Klassiker der Ökonomik, Ludwig von Mises (1881–1973), drückt diese Rechtfertigung des Privateigentums in seinem Buch über den Liberalismus wie folgt aus:

> „[D]as Sondereigentum [ist] kein Privileg der Eigentümer …, sondern eine gesellschaftliche Einrichtung zum Nutzen und Frommen aller, mag sie auch dabei einzelnen besonders angenehm und nützlich sein. Der Liberalismus spricht sich nicht im Interesse der Besitzer für die Aufrechterhaltung des Eigentums aus. Er will nicht das Sondereigentum darum erhalten, weil er es nicht ohne Verletzung der Rechte der Eigentümer aufheben könnte. Würde er die Beseitigung des Sondereigentums für nützlich im Interesse der Allgemeinheit halten, dann würde er für seine Aufhebung eintreten ohne Rücksicht darauf, ob er dadurch die Eigentümer schädigt. Die Beibehaltung des Sondereigentums aber liegt im Interesse aller Schichten der Gesellschaft." (1927, 27)

Zusammenfassend lässt sich die Eigentumsordnung als gesellschaftlicher Vertrag verstehen, in dem sich die Gesellschaftsmitglieder wechselseitig private Verfügungsrechte zugestehen, so dass den jeweiligen Eigentümern möglichst viel Freiheit gewährt wird, dies jedoch in einer Weise, dass sie zugleich Anreize haben, diese Freiheit produktiv, d.h. auch zum Vorteil anderer, zu nutzen. Die Legitimation des Privateigentums liegt also im Nutzen für die Nichteigentümer begründet, ein Nutzen, der daraus resultiert, dass bestimmte Handlungsweisen wie Raub oder Zwang für alle verboten und nur die anderen zugelassen sind. Insofern stellt Privateigentum auch ein Musterbeispiel für unvollständige bzw. offene Verträge dar.

2.4.2 Tausch

2.4.2.1 Tausch als Positivsummen-Spiel

Auf der Grundlage der wechselseitigen Anerkennung von Verfügungsrechten ergibt sich eine weitere Möglichkeit, Kooperationsgewinne zu realisieren: der Tausch dieser Verfügungsrechte.

Wenn zwei Akteure etwas tauschen, realisieren sie per definitionem Kooperationsgewinne – die deswegen nicht zufällig auch oft Tauschgewinne (engl.: gains from trade) genannt werden –, denn beide stellen sich aus ihrer Sicht durch den Tausch besser, sonst hätten sie nicht getauscht. Das schließt allerdings nicht aus, dass einer der Tauschpartner, womöglich sogar beide, *nach* dem Tausch feststellen, dass der Tausch doch nicht so vorteilhaft war, wie sie es erwartet hatten, doch gilt zum Zeitpunkt des Tausches: Beide Tauschpartner erwarten sich vom Tausch Vorteile; diese Vorteile sind der Grund, warum sie in die Tauschbeziehung eintreten.

Solche Tauschgeschäfte sind im Alltag geradezu allgegenwärtig, wie die folgenden Beispiele illustrieren.

Beispiele für Tauschvorgänge:

- Herr S. tauscht Samstag früh mit seinem Bäcker Münzen im Wert von 2,70 DM gegen zwei einfache Brötchen, zwei Mohnbrötchen und ein Croissant.
- Frau Dr. M. tauscht mit dem Unternehmen X auf unbefristete Zeit ihre Bereitschaft zum Einsatz ihrer Fähigkeiten als Vorstandsassistentin gegen den monatlichen Bezug von 9.200,- DM sowie einigen Sonderleistungen.
- Ein deutsches Unternehmen tauscht mit dem brasilianischen Tochterunternehmen eine durch Neuanschaffungen überflüssig gewordene Maschine gegen bestimmte Vorprodukte.
- Herr M. tauscht mit seiner Bank die – von der Bank auf ihre Verlässlichkeit hin geprüfte – Bereitschaft, in 4 Monaten 10.400,- DM zu zahlen, gegen den sofortigen Erhalt von 10.000,- DM.
- Frau L. tauscht mit ihrer Versicherung das Risiko, im Fall der Berufsunfähigkeit kein Geld mehr verdienen zu können, gegen die Zahlung einer regelmäßigen Prämie.
- Herr D. tauscht mit seiner Regierung Steuern gegen eine Reihe staatlicher Leistungen.

Diese Beispiele lassen mehreres erkennen:

Tausch ist ein Positivsummen-Spiel, und das heißt zugleich, dass Tausch kein Nullsummen-Spiel ist nach dem Motto, was der eine bekommt, verliert der andere. Jeder Tauschpartner lässt sich auf den Tausch nur ein, wenn er den Eindruck hat, dass er dabei gewinnt. Die Kooperationsgewinne, die beim Tauschvorgang entstehen, ergeben sich aus der unterschiedlichen Wertschätzung: Die getauschten Güter gehen vom Eigentum jener, die sie weniger schätzen, über in das Eigentum jener, die sie höher schätzen.

Allerdings ist daran zu erinnern, dass Tausch auch kein Spiel ist, bei dem es keinerlei Interessenkonflikte gäbe. So kann die Aufteilung der Tauschgewinne ebenso zum Problem werden wie die Tatsache, dass ein oder mehrere Tauschpartner Anreize haben, die vereinbarte Leistung nicht oder nicht in vollem Umfang zu erbringen, z.B. später als vereinbart zu zahlen, schlechtere Qualität zu liefern oder geringere Arbeitsleistung zu erbringen. Daher benötigt auch der Tausch immer Institutionen, die sicherstellen, dass die vereinbarten Leistungen auch tatsächlich erbracht werden.

Man kann die Bedeutung, dass Tausch ein Positivsummen-Spiel ist, kaum überschätzen. Sowohl im Hinblick auf das Verhältnis der Wirtschaftsbeziehungen zwischen Industrie- und Entwicklungsländern als auch im Hinblick auf die Akzeptanz der auf dezentralen Tauschprozessen beruhenden Marktwirtschaft in den ehemaligen Ostblockstaaten hat sich immer wieder gezeigt, dass manche Menschen bestimmte Formen von Tauschprozessen als Nullsummen-Spiele interpretiert haben und dass derartige Auffassungen der Erweiterung produktiver Kooperationen erheblich im Wege standen. Nun mag es aus einer bestimmten Perspektive tatsächlich zunächst merkwürdig erscheinen, dass sich allein dadurch, dass zwei Güter den Eigentümer wechseln, ihr Wert geändert haben soll, doch genau das ist der Fall. Schwierigkeiten, das zu verstehen, gehen vermutlich (auch) auf ein Denken zurück, nach dem sich der Wert von Ressourcen von ihren inhärenten Qualitäten bzw. der in sie gesteckten Arbeit bestimmt. Es gibt aber keinen objektiven Maßstab, nach dem sich so der Wert von Ressourcen bestimmen ließe. Weder inhärente Qualitäten noch die in sie gesteckte Arbeitszeit – die Theorie spricht von „objektiver Wertlehre" –, sondern die subjektive Wertschätzung des jeweiligen Eigentümers bestimmt den Wert von Ressourcen, wobei in diese Wertschätzung auch die erwarteten Erträge einfließen, die der Eigentümer bei einem Tausch realisieren zu können glaubt („subjektive Wertlehre").

Daraus folgt unter anderem, dass die *Möglichkeit eines Tausches den Wert von Gütern erhöht.* Ein absehbar nicht mehr gebrauchter Kinderwagen mag für eine Familie keinen Wert mehr haben, doch die Aussicht, ihn tauschen zu können, verleiht ihm wieder einen Wert. Die nicht benutzte Lagerhalle einer Unternehmung lässt sich vermieten oder verkaufen. Und wenn eine Regierung ein Gesetz erlässt, dass bestimmte Kunstgegenstände nicht ins Ausland veräußert werden dürfen, so kann diese Einschränkung der Tauschmöglichkeiten den Wert der Gegenstände mindern.

Von besonderer Bedeutung ist dies im Hinblick auf Vermögenswerte. So mancher würde mit seinem Wagen vermutlich weniger pfleglich umgehen, wenn er nicht die Aussicht hätte, ihn später infolge des pfleglichen Umgangs zu einem akzeptablen Preis verkaufen zu können. Der *Anreiz*, eigene Vermögenswerte später mit anderen tauschen zu können, führt dazu, in einen guten Zustand dieser Vermögenswerte zu *investieren*. Deutlich wird das etwa an dem Beispiel, das wir in Abschnitt 4.3.2 diskutieren werden, dem Aktienmarkt: Die Möglichkeit, den Vermögenswert Aktie relativ problemlos – und das heißt nichts anderes als kostengünstig – tauschen zu können, erhöht die Attraktivität dieser Anlageform mit der Folge, dass auf diesem Wege mehr Kapital für Unternehmen bereitgestellt wird; und das ist gesellschaftlich erwünscht.

Die Produktivität des Tausches zeigt sich auch im folgenden Umstand: *Tausch ermöglicht eine Ausweitung von Handlungsmöglichkeiten.* Ressourcen, über die ein anderer verfügt, können von einem selbst genutzt werden unter der Bedingung, dass man den anderen – durch einen Tausch – dafür kompensiert. Ein einfaches Beispiel hierfür ist ein Kredit. Durch ihn kann jemand Mittel für Investitionen erhalten, deren Erträge erst später anfallen. Er muss nur jemanden finden, der gegenwärtig diese Mittel zur Verfügung stellen kann und bereit ist, sie erst zu einem späteren Zeitpunkt zurückzuerhalten, dafür dann aber verzinst als Kompensation für die Bereitstellung[36].

2.4.2.2 Die Ausweitung der Tauschmöglichkeiten

Nun sind die Tauschmöglichkeiten begrenzt, wenn es nur eine kleine Gruppe von möglichen Tauschpartnern gibt, denn dann hat vielleicht keiner von ihnen das gewünschte Gut, oder es vermag niemand die gewünschte Leistung zu erbringen; umgekehrt kann es auch sein, dass keiner die von einem selbst angebotenen Güter oder Dienstleistungen wünscht. Daraus ergibt sich, dass *mit der Zunahme der Tauschpartner die Tauschmöglichkeiten wachsen.* Betrachten wir das an folgendem Beispiel:

Ein Bäcker hat Brot und möchte Bier, ein Brauer hat Bier und möchte Fleisch, ein Metzger hat Fleisch und möchte Brot. In dieser Situation wird keiner der drei einen Tauchpartner finden, der genau das Gut hat, das er

---

[36] Ein Teil des Zinses kann auch eine Prämie sein als Gegenleistung für das Risiko, das mit der Kreditvergabe verbunden ist.

wünscht, und der *zugleich* jenes Gut, das er selbst hat, seinerseits wünscht. Dennoch können Tauschgewinne realisiert werden:

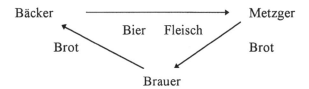

Zuerst tauscht der Bäcker mit dem Brauer Brot gegen Bier, anschließend tauscht der Brauer mit dem Metzger das Brot gegen das von ihm gewünschte Fleisch. Auf diese Weise kommt jeder zu dem Gut, das er haben wollte: Der Bäcker hat Bier, der Brauer Fleisch und der Metzger Brot. Noch günstiger kann es sein, einen *Ringtausch* vorzunehmen:

Die Durchführung des Ringtausches in der im Schema angedeuteten Art ist nicht ganz einfach; die drei müssen sich gut kennen; z.B. muss sich der Bäcker darauf verlassen können, dass er als Gegenleistung für sein Brot auch tatsächlich das Bier erhält. Einfacher geht es, wenn man ein allgemeines **Tauschmedium** einschaltet, das **Geld**. Bei einer weiteren Erhöhung der Anzahl von Tauschpartnern wird es geradezu unerlässlich, auch wenn seine Form unterschiedlich sein kann. Auf diese und weitere Vorteile des Geldes kommen wir unter Punkt 4.5.3 zurück.

Es ist leicht einzusehen, dass Tauschgewinne weiter zunehmen, wenn die Zahl der Tauschpartner wächst. Allgemein ausgedrückt: Für alle Beteiligten erweitern sich der jeweilige Handlungsspielraum bzw. die realisierbaren Alternativen und die damit verbundenen Möglichkeiten weiterer Nutzensteigerungen. Dies ist die Logik des gemeinsamen Marktes in der Europäischen Union und des gegenwärtig ablaufenden Prozesses der Globalisierung: Die Tauschmöglichkeiten wachsen gewaltig. Und es sei schon hier darauf hingewiesen, dass das Ausmaß dieser Tauschgewinne infolge einer wachsenden

Zahl von Tauschpartnern erst recht wächst im Zusammenhang mit der nachfolgend diskutierten Arbeitsteilung und Spezialisierung.

Ein weiterer Vorteil, der mit der Zunahme der Zahl möglicher Tauschpartner verbunden ist, besteht darin, dass die mögliche Abhängigkeit von einem spezifischen Tauschpartner sinkt; man hat eher die Möglichkeit der *Abwanderung* zu einem anderen Partner, der die gleiche oder eine vergleichbare Leistung anbietet. Hier zeigt sich, was bereits im ersten Kapitel angesprochen wurde und als Thema im weiteren Verlauf immer wiederkehren wird: die (mögliche) Produktivität des Wettbewerbs (vgl. insbes. u. 2.4.5).

2.4.2.3 Die Produktivität von Tauschmittlern

Mit der Zunahme potenzieller Tauschpartner steigen indes auch die Kosten, die mit den Tauschgeschäften verbunden sind, die sogenannten *Transaktionskosten*. Sie bestehen unter anderem in der Suche nach den geeigneten Partnern, in der Qualitätsprüfung der Güter bzw. Dienstleistungen (vgl. das *Problem der versteckten Merkmale*, wie es z.B. beim Kauf des Gebrauchtwagens auftrat), in den Verhandlungs- und Entscheidungskosten und – nicht zuletzt – den Überwachungs- und Durchsetzungskosten, die z.B. die Unterbindung verzögerter Zahlungen, der Nichteinhaltung von Lieferfristen, zugesagter, aber nicht eingehaltener Service- oder Gewährleistungen und allgemeiner: die Bewältigung des *Problems der versteckten Handlungen* bzw. die Absicherung *spezifischer Investitionen* betreffen können.

Wie bereits unser Beispiel aus dem ersten Kapitel zeigte, sind genau aus diesen Gründen *Händler, die Vermittler von Tauschgeschäften, produktiv*. Die Anerkennung dieser Tatsache ist alles andere als selbstverständlich, wie die folgende Geschichte verdeutlichen mag[37].

Die Produktivität von Händlern:

Deutsche Kriegsgefangenenlager im Zweiten Weltkrieg bestanden aus mehreren Häusern; in jedem dieser Häuser waren ca. 200 Gefangene untergebracht. Für die Gefangenen kamen mehr oder weniger regelmäßig Rot-Kreuz-Pakete, manche bekamen auch privat Pakete, und mit den Gütern, Zigaretten, Schokolade, Margarine, Obst, Kleider etc. wurde gehandelt und getauscht.

Nehmen wir nun an, jemand tritt morgens mit einem Stück Käse und 5 Zigaretten einen Rundgang durch das gesamte Lager an und kommt abends zurück mit verschiedenen Gütern, Obst, Schokolade, Margarine – *und* ei-

---

[37] Die Geschichte wurde inspiriert von einem Artikel von R. A. Radford (1945).

nem Stück Käse und 5 Zigaretten. Wie kann so etwas geschehen, ohne dass derjenige die zusätzlichen Güter entwendet oder durch andere Leistungen als durch reinen Tausch, also mit der *Zustimmung* der vorherigen Eigentümer der Güter, erworben hat? Der entscheidende Punkt liegt darin, dass dieser *Händler* sich einen erheblichen Teil der Tausch- = Kooperationsgewinne angeeignet hat, was aber eben nicht heißt, dass die anderen dabei in gleichem Ausmaß verloren hätten, so dass hier ein Nullsummen-Spiel vorliegen würde; vielmehr war der Handel *produktiv*: Jeder Tausch erbrachte Kooperationsgewinne – sonst hätten die jeweiligen Tauschpartner nicht zugestimmt –, und deshalb konnte unser Händler am Ende seines Ganges durch das Lager mehr besitzen und sich all seine Tauschpartner gleichwohl ebenfalls besser stellen.

Betrachten wir einen möglichen Ablauf: Zuerst tauscht er mit einem starken Raucher 2 Zigaretten gegen 2 Tafeln Schokolade, die dieser noch aus seinem letzten Rot-Kreuz-Paket hatte und die er nicht mag. Für beide ist das ein Gewinn; beim Raucher ist das offensichtlich, beim Händler zeigt sich das sogleich. Er geht nämlich weiter zum nächsten Haus und tauscht mit einem Schokoladenfreund 1 Tafel gegen 2 Zigaretten, denn der Schokoladenfreund ist Nichtraucher, hatte aber im Zuge der letzten Lieferung von Rot-Kreuz-Päckchen wie jeder andere auch seine Ration Zigaretten bekommen. Auf diese Weise hat unser Händler schon netto eine Tafel Schokolade mehr, gleichwohl sind auch seine Tauschpartner besser als vorher gestellt. Indem er solche Tauschgeschäfte fortsetzt, kann er am Abend mit einem netten 'Gewinn' in sein eigenes Haus zurückkehren.

Man könnte nun einwenden, dass er sich doch auf Kosten anderer bereichert hat[38]. So hätten doch beispielsweise der Raucher und der Schokoladenfreund, *wenn sie sich gefunden hätten*, durch einen direkten Tausch einen für sie beide noch besseren Deal machen können.

Das ist zwar richtig, übersieht jedoch einen einfachen, aber entscheidenden Punkt: *Sie haben sich nicht gefunden*. Genau darin lag die *Leistung des Händlers*. Auch Händler produzieren etwas: Sie bringen die Dinge von jenen, die sie zuerst besitzen, aber ihren Wert nicht so hoch einschätzen, zu jenen, die ihn höher einschätzen und bereit sind, dafür etwas herzugeben, was

---

[38] In dem Zusammenhang sei darauf hingewiesen, dass diese Händler in den Gefangenenlagern kein gutes Ansehen hatten. Sie wurden nicht selten kritisch bis feindlich beäugt; typischerweise fanden die Verkäufer, dass die Händler die Preise zu sehr nach unten drückten, die Käufer hingegen fanden, dass die Händler zu hohe Preise verlangten. Das zeigt jedoch nichts anderes als die bereits mehrfach angesprochene Tatsache, dass jede Interaktion ein Spiel mit gemischten Interessen ist.

wiederum andere hoch einschätzen. Genau diese Vermittlung ist die Leistung des Händlers. Er nimmt den Tauschpartnern die Kosten der wechselseitigen Suche ab.

Andere Leistungen kommen hinzu, die etwas mit dem folgenden Abschnitt, nämlich der Arbeitsteilung, zu tun haben. Indem sie sich auf diese Vermittlungsleistung *spezialisieren*, lohnt es sich für sie auch, nach Lösungsmöglichkeiten für die verschiedenen Informations- und Anreizprobleme zu suchen, die im Zuge von Tauschgeschäften auftreten können, also z.B. der Prüfung und Einschätzung der Tauschobjekte im Hinblick auf ihre Qualität, die Kontrolle und Durchsetzung der vereinbarten Leistungen, des Risikoausgleichs und anderes mehr.

Kurz gesagt: *Zwischenhändler senken die Transaktionskosten.* Sie machen das natürlich nicht kostenlos, und so kommt es auch immer wieder dazu, dass bereits ausdifferenzierte Stufen von Vermittlungsleistungen wieder reduziert werden, weil die Kosten, die auch mit der Einrichtung dieser Vermittlungsdienste verbunden sind, direktere Aufnahmen von Beziehungen wieder lohnend machen; nicht zufällig gibt es „Schnäppchenführer" oder „direct banking". Forciert werden solche Entwicklungen unter anderem durch die drastisch sinkenden Informations- und Kommunikationskosten aufgrund der technischen Entwicklungen vom Fax über das Handy bis zum Internet. Zu beachten ist, dass damit nicht die grundsätzliche Idee der Produktivität von Händlern als Vermittlern in Frage gestellt wird, vielmehr findet eine für die moderne Gesellschaft typische Differenzierung statt: Solange es produktiv ist, werden weitere Zwischenstufen eingeschoben; verschieben sich bestimmte Kostenrelationen, können sich auch wieder direktere Beziehungen ergeben, die möglicherweise über neue technische und/oder institutionelle Mechanismen vermittelt werden. So ist es heute problemlos möglich und sehr viel kostengünstiger als noch vor wenigen Jahren, über Internet in einem amerikanischen Buchladen einzukaufen, ohne das eigene Haus zu verlassen.

Einen ähnlichen Prozess kann man beobachten hinsichtlich der Entwicklung sogenannter *Tauschringe* oder sogenannter *Barter-Geschäfte*[39]. Generell gilt, dass sich in unserer Gesellschaft der Tausch über das Medium Geld vollzieht, was seinen Grund ebenfalls in den dadurch drastisch sinkenden Transaktionskosten hat (vgl. oben und Abschnitt 4.5.3); der Tausch Gut/Dienstleistung gegen Gut/Dienstleistung ist in der Regel viel zu aufwendig. Bei Tauschringen indes findet genau dieser direkte Tausch, ohne die Einschaltung von Geld, statt. Hintergrund ist die Tatsache, dass die Anbieter von solch typischen Dienstleistungen wie Bügeln, Kinder hüten, Räume streichen usw. im über

---

[39] Man spricht vom Barter-Geschäft, wenn der Tausch direkt ohne Einschaltung des Mediums Geld erfolgt.

Geld geregelten Tauschsystem keine Tauschpartner finden, die ihnen dafür Geld bezahlen würden, dass es aber Nachfrager gibt, die im Gegenzug ihrerseits Anbieter von Dienstleistungen sind, für die das Gleiche gilt[40]. Auch zwischen Unternehmen lassen sich solche Tauschgeschäfte beobachten, so lieferte beispielsweise eine jugoslawische Firma Fernsehgeräte und Montageeinrichtungen in verschiedene Ostblockstaaten und bezog als Gegenleistung von dort Rohstoffe und Erdöl. Allerdings bedarf es bei solchen Tauschringen immer auch der Organisation, die die nötigen Informationen über die Tauschpartner und die Synchronisation der Leistungen ermöglicht.

2.4.2.4 Die Anerkennung von Regeln als Voraussetzung des Tausches

Abschließend zum Thema Tausch sei ein Punkt genannt, den insbesondere F. A. von Hayek betont hat: *Der Tausch setzt keine gemeinsamen Ziele der Tauschpartner voraus.* Gemeinsam ist nur das Interesse, das Tauschgeschäft zustandekommen zu lassen, die Identität des Tauschpartners ist im Prinzip gleichgültig und wird allenfalls in *funktionaler* Hinsicht wichtig, wenn es darum geht, sich der Verlässlichkeit der vereinbarten Leistungserbringung zu versichern; nicht die Person des anderen, sondern die Qualität der Sache steht im Vordergrund der Beziehung[41]. Wie schon im ersten Kapitel ausgeführt, zeigt sich das gemeinsame Interesse nicht in gemeinsam geteilten Zielvorstellungen, sondern im Interesse am Zustandekommen der Interaktion Tausch und, davon abgeleitet, in der gemeinsamen Anerkennung der Regeln, die die Realisierung der „Tausch-" = Kooperationsgewinne ermöglichen. Drei wichtige Implikationen dieses Sachverhalts werden nachfolgend ausgeführt:

1. Die erste Implikation ist bereits bekannt, hier zeigt sie sich noch einmal deutlich: Ökonomik ist nicht im (handlungstheoretischen) Maximierungs-, sondern im (interaktionstheoretischen) Koordinierungsparadigma zu denken. Eine Integration der Gesellschaft über gemeinsame Ziele, wie sie das Maximierungsparadigma (implizit) voraussetzt, ist in der modernen Gesellschaft gänzlich unangemessen. Allerdings reicht es auch nicht, auf die „spontane" Ordnung der Handlungen von Interaktionspartnern zu setzen, ohne die wechselseitige Verlässlichkeit hinsichtlich der Einhaltung bestimmter Spiel-

---

[40] Normalerweise wäre auch hier die Abwicklung über das Medium Geld zweckmäßig, doch gilt für die Teilnehmer eines solchen Tauschrings oft, dass sie nur über wenig Geld verfügen, so dass sie am allgemeinen Tausch über Märkte nicht (gut) partizipieren können.

[41] Wer das bedauert, mag sich einmal überlegen, was es hieße, mit all jenen Menschen, die mit den im Alltag gekauften Gütern zu tun haben, eine persönliche Beziehung aufzunehmen, bevor man von ihnen die gewünschten Dinge erlangen kann.

regeln geht die Grundlage für die Generierung von Kooperationsgewinnen verloren.

2. In der Weltgesellschaft gewinnt die Möglichkeit, auf gemeinsame Zielsysteme verzichten zu können, erhebliche Bedeutung. Menschen aus sehr unterschiedlichen Ländern und entsprechend unterschiedlichen kulturellen Hintergründen können miteinander Tauschgeschäfte eingehen, ohne über ein allen gemeinsames Wert- bzw. Zielsystem zu verfügen. Hayek formuliert dazu:

> „[D]ie Ersetzung obligatorischer konkreter Ziele durch abstrakte Verhaltensregeln [machte] es möglich ..., die Friedensordnung über die kleinen Gruppen hinaus auszudehnen, die dieselben Ziele verfolgen, weil dadurch jedes Individuum in die Lage versetzt wurde, von der Fähigkeit und dem Wissen anderer Personen zu profitieren, die es nicht zu kennen brauchte und deren Ziele von den seinigen gänzlich verschieden sein konnten." (1976/1981, S. 151)

Indes ist zu diesem Punkt anzumerken, dass es in einer (Welt-)Gesellschaft, die nicht ziel- bzw. wertintegriert ist, umso wichtiger ist, über die Möglichkeit zu verfügen, sich vernünftig über die Spielregeln, die man sich selbst und gemeinsam geben will, zu verständigen – nicht zuletzt vor dem Hintergrund unterschiedlicher Wertesysteme; die politische Gestaltung von Wirtschaftsbeziehungen mit China verlangen eine Verständigung darüber, wie man es mit den Menschenrechten hält.

3. Die Ausweitung der Tauschchancen bis hin zur Möglichkeit, weltweit Geschäfte machen zu können, führt notwendig auch zu einer *Steigerung der institutionellen Komplexität*, die die an verschiedenen Stellen dieses Buches diskutierten Informations- und Anreizprobleme einer Lösung zuführen sollen; man denke nur an die in den letzten Jahren und Jahrzehnten hinzugekommenen vielfältigen Rechtsvorschriften in der Europäischen Union, die ja keineswegs immer die nationalen Regelungen überflüssig machen.

2.4.3 Arbeitsteilung

2.4.3.1 Die Produktivität von Arbeitsteilung

Das wohl einflussreichste Buch in der Theoriegeschichte der Ökonomik, „Der Wohlstand der Nationen" von Adam Smith, beginnt mit dem Satz: „Die Arbeitsteilung dürfte die produktiven Kräfte der Arbeit mehr als alles andere fördern und verbessern. Das Gleiche gilt wohl für die Geschicklichkeit, Sachkenntnis und Erfahrung, mit der sie überall eingesetzt wird." (Smith

1776/1983, S. 9) In der *Arbeitsteilung* sieht Smith mithin die zentrale Quelle des Wohlstands[42].

Dabei verdient Beachtung, dass Smith im zweiten Kapitel – mit dem Titel „Das Prinzip, das der Arbeitsteilung zugrundeliegt" – die These aufstellt, dass „die Neigung zum Tausch letztlich auch den Anstoß zur Arbeitsteilung" gibt: „Sobald nun der Mensch sicher sein kann, dass er alle Dinge, die er weit über den Eigenbedarf [und auch über den unmittelbaren Tausch mit dem Nachbarn; KH/AS] hinaus durch eigene Arbeit herzustellen vermag, wiederum gegen überschüssige Produkte anderer, die er gerade benötigt, eintauschen kann, fühlt er sich ermutigt, sich auf eine bestimmte Tätigkeit zu spezialisieren, sie zu pflegen und zu vervollkommnen, je nach Talent oder Begabung."(ebd. S. 19) Smith betont auch, dass die Unterschiedlichkeit der menschlichen Begabungen durch die Arbeitsteilung erst richtig genutzt wird.

Die Bedeutung der Arbeitsteilung zeigt sich daran, dass sie die Voraussetzung dafür ist, dass jeder (tendenziell) jene Dinge tut, für die er besondere Fähigkeiten und Begabungen, also ein besonderes *Humankapital*, aufweist. Auf diese Weise kommen diese *Vermögenswerte* am besten zur Geltung, mehr noch: Erst die Möglichkeit der Spezialisierung schafft oft die Voraussetzung dafür, überhaupt in bestimmte Fähigkeiten zu *investieren*. Insofern beruhen nahezu alle kulturellen Leistungen auf dem Prinzip der Arbeitsteilung.

Wie weitreichend mittlerweile die Prozesse der Arbeitsteilung sind, lässt sich daran ermessen, dass selbst die Produkte, die zur Befriedigung elementarer Bedürfnisse benötigt werden, heute in der Regel einen stark arbeitsteiligen Prozess durchlaufen, bis sie beim Konsumenten landen. Betrachten wir als Beispiel ein einfaches Brot, das man im Supermarkt kaufen kann: Für seine Herstellung musste Getreide gesät, geerntet, sortiert und gemahlen werden – und all das geschah bereits mit Geräten, die ihrerseits in komplexen, mehrstufigen Produktionsprozessen hergestellt wurden; neben dem so gewonnenen Mehl kamen weitere Zutaten hinzu, evtl. aus Betrieben, die mehrere hundert Kilometer entfernt sind, das Brot wurde gebacken, verpackt, gelagert, geliefert und verkauft, und manchmal waren vermutlich einzelne „spezialisierte" Unternehmen nur für einen einzelnen Teilschritt verantwortlich wie beispielsweise der Supermarkt. Man kann sich leicht vorstellen, dass bei komplexeren Gütern und Dienstleistungen, z.B. dem Bau eines Hauses oder der Herstellung einer Zeitung, noch sehr viel mehr Arbeitsschritte involviert sind, die von einzelnen „Spezialisten" (Maschinen, Akteuren, Organisationen) übernommen werden, die jeweils ihren Teil zur arbeitsteiligen Produktion beisteuern.

---

[42] Günther Engel verdanken wir den Hinweis, dass sich die Grundidee zur Arbeitsteilung bereits 2000 Jahre vor Smith bei Xenophon in seiner „Kyropaedie" finden lässt.

Offensichtlich ist Arbeitsteilung hochproduktiv, und es stellt sich die Frage, worauf diese Produktivität zurückgeht und welche institutionellen Bedingungen damit verknüpft sind. Es handelt sich um zwei Prinzipien, die nachfolgend erörtert werden, das Prinzip der komparativen Kostenvorteile (2.4.3.2) und das Prinzip der Ausnutzung von Produktivitätsvorteilen (2.4.3.3).

2.4.3.2 Das Prinzip der komparativen Kostenvorteile

Zunächst gilt es, den Unterschied zwischen *absoluten* und *komparativen Kostenvorteilen* zu verstehen. *Absolute Kostenvorteile* betreffen den Fall, in dem ein Akteur, ein Unternehmen oder ein Land einen Output zu geringeren Input-Kosten herstellen kann als ein anderer Produzent. Das kann auf eine bessere Ausstattung mit den benötigten Inputs, bessere Fähigkeiten oder günstigere Produktionsbedingungen zurückgehen; das Paradebeispiel ist guter Wein, der in südlichen Ländern prächtig gedeiht, während wohl noch niemand Wein aus Norwegen getrunken hat. Verglichen werden hier die Kosten *eines* Produkts.

Komparative Kostenvorteile hingegen werden gemessen als *Verhältnis* der Produktionskosten von zwei Outputs. Wenn man zwei Produzenten vergleicht, die je zwei Güter herstellen, so kann es zwar sein, dass einer von ihnen bei beiden Gütern absolute Kostenvorteile hat, es kann aber nie vorkommen, dass er auch für beide Güter einen komparativen, einen *relativen*, Kostenvorteil hat (das wird vermutlich gleich bei dem Zahlenbeispiel deutlicher). Und dann lohnt es sich für beide, sich jeweils auf die Produktion zu spezialisieren, in der sie einen komparativen Vorteil haben. Wir erläutern das an einem Beispiel:

Nehmen wir an, eine Anwältin sei früher auch als Sekretärin tätig gewesen; heute hat sie selbst eine Sekretärin. Nehmen wir weiter an, dass sie in *beiden* Tätigkeiten, Anwältin und Büroarbeit, besser ist als ihre Sekretärin. Nun ist sie als Anwältin produktiver als in ihrer Tätigkeit als Sekretärin, wie sich etwa am Gehalt erkennen lässt. Deshalb wird es sich für sie lohnen, die Sekretärin einzustellen, um sich ganz auf die Anwaltsarbeiten konzentrieren zu können; die Zeit, die sie sonst mit den Sekretariatsarbeiten verbringen müsste, ist wertvoller verwendet, wenn sie sie den Tätigkeiten als Anwältin widmet. Mit den damit erzielten (Mehr-)Einnahmen kann sie dann problemlos eine Sekretärin einstellen.

In dieser Konstellation lassen sich die beiden Arten von Kostenvorteilen folgendermaßen darstellen: Die Anwältin hat bei beiden Tätigkeiten *absolute* Kostenvorteile. Jedoch hat sie nur im Hinblick auf die Anwaltstätigkeiten *komparative* Vorteile: Sie ist sozusagen eine sehr viel bessere Anwältin im Vergleich zu ihrer Sekretärin, aber nur eine wenig bessere Sekretärin; umgekehrt hat die Sekretärin einen komparativen Vorteil im Hinblick auf die Spezialisierung auf die entsprechenden Bürotätigkeiten.

Indem sich nun beide auf die Tätigkeit spezialisieren, in denen jede ihre komparativen Vorteile hat, können beide von der Kooperation profitieren: Die Anwältin kann sich ganz auf ihre produktive Anwaltstätigkeit konzentrieren, die Sekretärin kann das tun, was sie beruflich – vergleichsweise – am besten kann.

Aus der einfachen Tatsache der Existenz unterschiedlicher Fähigkeiten der Menschen ergibt sich mithin die Möglichkeit von Kooperationsgewinnen aufgrund von komparativen Kostenvorteilen, indem sich jeder auf die Produktion jenes Gutes spezialisiert, bei dem er einen komparativen Kostenvorteil hat und beide anschließend einige der so produzierten Güter tauschen. Bei unserem letzten Beispiel mit der Anwältin und der Sekretärin ließ sich das bereits vermuten. Im folgenden einfachen Zahlenbeispiel wird das noch deutlicher:

Frau i kann pro Periode zwei Güter herstellen, entweder 100 Einheiten von Gut 1 oder 20 Einheiten von Gut 2 oder eine Kombination beider Güter, bei der dann jede Einheit von Gut 2 (Opportunitäts-)Kosten in Höhe von 5 Einheiten des Gutes 1 bedingt, die Frau i dann nicht produzieren kann. So könnte sie z.B. in einer Periode 50 Einheiten von Gut 1 und 10 Einheiten von Gut 2 produzieren oder 20 Einheiten von Gut 1 und 16 Einheiten von Gut 2 usw. Herr j kann nur 70 Einheiten von Gut 1 oder 10 Einheiten von Gut 2 herstellen; hier kostet jede produzierte Einheit von Gut 2 folglich 7 Einheiten von Gut 1.

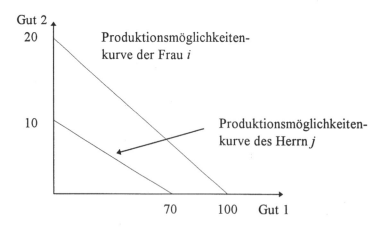

Abb. 2-4: Produktionsmöglichkeiten und Kostenvorteile

Offenbar hat Herr *j* bei beiden Gütern *absolute* Kostennachteile, denn Frau *i* kann von beiden Gütern mehr pro Periode herstellen. Jedoch hat er *komparative* Kostenvorteile im Hinblick auf die Produktion von Gut 1. Diese komparativen Kostenvorteile werden gemessen als *Opportunitätskosten-Verhältnis* der Güter hinsichtlich ihrer Produktion: Wieviel muss Frau *i* oder Herr *j* von einem Gut aufgeben, um mehr vom anderen zu produzieren?

So kann Herr *j* für jede nicht-produzierte Einheit des Gutes 2 sieben Einheiten des Gutes 1 herstellen, und das ist eine bessere Relation als bei Frau *i*; sie kann nämlich demgegenüber für jede Einheit von Gut 2, auf deren Herstellung sie verzichtet, nur fünf Einheiten des Gutes 1 herstellen. (Umgekehrt hat sie natürlich komparative Kostenvorteile bei der Herstellung des Gutes 2.)

Die Folgen dieses Sachverhalts zeigen sich, wenn sich beide auf die Herstellung desjenigen Gutes spezialisieren, für das sie komparative Kostenvorteile besitzen, also Herr *j* auf die Herstellung von 70 Einheiten des Gutes 1 und Frau *i* auf die Herstellung von 20 Einheiten des Gutes 2. Dadurch können sie *insgesamt mehr* Güter herstellen, als wenn beide sich nicht spezialisiert hätten. Anschließend können sie *tauschen*, um auf diese Weise trotz ihrer jeweiligen Spezialisierung in den Genuss beider Güter zu kommen[43].

Um den Unterschied zu verdeutlichen, nehmen wir an, dass *vor* der Spezialisierung Frau *i* 15 Einheiten und Herr *j* 5 Einheiten von Gut 2 herstellten und ihre restlichen Produktionskapazitäten für die Herstellung von Gut 1 verwenden. *Nach* der Spezialisierung tauscht Frau *i* 5 der 20 von ihr hergestellten Einheiten des Gutes 2 gegen 30 der 70 von Herrn *j* hergestellten Einheiten des Gutes 1.

Betrachten wir nun die Ausstattung beider vor und nach der Spezialisierung:

	Frau *i*	Herr *j*
Ausstattung Gut 1 *vor* Spezialisierung	25	35
Ausstattung Gut 2 *vor* Spezialisierung	15	5
Ausstattung Gut 1 *nach* Spezialisierung	30	40
Ausstattung Gut 2 *nach* Spezialisierung	15	5

Als Resultat ergibt sich, dass beide je 5 Einheiten von Gut 1 mehr erhalten, und das nicht aufgrund höheren Verbrauchs an Inputs, sondern einzig und

---

[43] Als Tauschkurs wird sich eine Relation ergeben, die zwischen den (Opportunitäts-)Kostenrelationen vor der Spezialisierung (Frau *i* 5 : 1; Herr *j* 7 : 1) liegt, z.B. 6 Einheiten des Gutes 1 für eine Einheit des Gutes 2.

allein aufgrund der Spezialisierung gemäß dem Prinzip der komparativen Vorteile. Zu beachten ist, dass es nicht die Gesamtsumme ist, die zählt, sondern die Vorteile für jeden einzelnen.

Diese Spezialisierung gemäß komparativen Kostenvorteilen ist erst der Anfang möglicher Kooperationsgewinne, denn mit der Zeit ergeben sich weitere Vorteile der Spezialisierung, die unter anderem mit dem nachfolgend genannten Punkt, der Ausnutzung von Produktivitätsvorteilen, zusammenhängen.

2.4.3.3 Die Ausnutzung von Produktivitätsvorteilen

Wenn man sich auf die Herstellung eines bestimmten Gutes oder einer bestimmten Leistung spezialisieren kann, führt das dazu, dass man sich mit den Bedingungen dieser Herstellung immer besser auskennt. Das wiederum hat zur Folge, dass die *Produktivität* der Herstellung steigt: Zum einen lernt man die Einzelheiten und Schwierigkeiten, die im Zuge der Produktion auftreten können, immer besser kennen und kann deshalb das betreffende Gut bzw. die betreffende Dienstleistung immer effektiver herstellen – man spricht hier von *learning by doing*: „Jeder sammelt Erfahrung und wird Fachmann in seiner Disziplin, alles in allem wird mehr geleistet, und der Wissensstand wächst beträchtlich." (Smith, 1776/1983, S. 14) Solche *Lerneffekte* spielen vor allem in der betriebswirtschaftlichen Organisationstheorie eine wichtige Rolle, doch gelten sie auch für andere Tätigkeiten außerhalb von Unternehmen, ob es sich nun um die Betreuung von Kindern oder den diplomatischen Dienst handelt.

Zum zweiten ist damit eine *günstige Umgebung für Innovationen* geschaffen, die die Verbesserung des Produkts oder des Verfahrens seiner Produktion betreffen. Um noch einmal Smith zu Wort kommen zu lassen, der anhand des folgenden Beispiels zeigt, dass und wie Arbeitsteilung produktive Bedingungen für die Weiterentwicklung produktiver Techniken schafft:

„So war bei den ersten Dampfmaschinen ein Junge dauernd damit beschäftigt, den Durchlass vom Kessel zum Zylinder abwechselnd zu öffnen und zu schließen, wenn der Kolben herauf- oder herunter ging. Einer dieser Jungen, der lieber mit den anderen spielen wollte [man beachte die Anreize!KH/AS], beobachtete dabei folgendes: Verbindet er den Griff des Ventils, das die Verbindung öffnet, durch eine Schnur mit einem anderen Teil der Maschine, so öffnet und schließt sich das Ventil von selbst, und es bleibt ihm dadurch Zeit, mit seinen Freunden zu spielen." (ebd., S. 13)

Diese beiden Effekte sind Beispiele für Phänomene, die die *Ausnutzung von Produktivitätsvorteilen* betreffen. In der Ökonomik wird üblicherweise der englische Fachbegriff *„economies of scale and scope"* benutzt. Economies of scale, im deutschen *steigende Skalenerträge* genannt, liegen vor, wenn bei der Produktion einer *zusätzlichen* Einheit irgendeines Gutes oder einer Dienstleistung die Kosten dieser zusätzlichen Einheit, die *Grenzkosten*[44], geringer sind als die Kosten der vorigen Einheit(en); vereinfacht gesagt: wenn sie unter den *Durchschnittskosten* liegen, die sich aus den Gesamtkosten, geteilt durch die Gesamtmenge der produzierten Einheiten, ergeben. Dies ergibt sich daraus, dass durch den Einsatz bestimmter Vermögenswerte die Produktion bzw. einzelne Schritte *standardisiert* und dadurch die Grenzkosten der Produktion bzw. des betreffenden Produktionsschritts gesenkt werden können.

Einige Beispiele, bei denen man zum besseren Verständnis des Prinzips überlegen kann, was es einen kosten würde, wenn man selbst das jeweilige Gut bzw. die jeweilige Dienstleistung produzieren sollte.

Beispiele für steigende Skalenerträge:

- Herstellung einer *zusätzlichen* Zeitung in einer Druckerei;
- die Herstellung einer *zusätzlichen* abgefüllten, verschlossenen und etikettierten Flasche in einer Flaschenabfüllanlage.
- die Auslieferung eines *zusätzlichen* Päckchens durch die Post;
- die Vermittlung eines *zusätzlichen* Schauspielers für eine darauf spezialisierte Agentur;
- die Prüfung eines *zusätzlichen* Kredits an einen weiteren Kunden in einer Bank;
- die Überprüfung einer *zusätzlichen* Steuererklärung durch das Finanzamt;
- das Schreiben eines *zusätzlichen* Artikels durch den Journalisten usw.

Diese Beispiele zeigen, dass die Herstellung bestimmter Produktionsbedingungen bzw. der Einsatz bestimmter Vermögenswerte erhebliche Kostenvorteile ermöglicht. Das setzt jedoch voraus, dass diejenigen, die in die betreffenden Vermögenswerte investieren, dazu auch einen Anreiz haben. Dabei ist zu beachten, dass sich der Einsatz solcher Vermögenswerte in der Regel erst ab einer bestimmten Mindestproduktion lohnt. Und hier zeigt sich der Zusammenhang von Arbeitsteilung und dem Einsatz von Technologien, die steigende Skalenerträge zeitigen. Lassen wir auch hier noch einmal A. Smith zu Wort kommen: „Es leuchtet ohne weiteres ein, wie sehr der Einsatz geeigneter Maschinen die Arbeit erleichtert und verkürzt, ... Ich möchte lediglich bemerken, dass es vermutlich die Arbeitsteilung war, die den Anstoß zur Erfin-

---

[44] Vgl. dazu Abschnitt 2.2.4.

dung solcher Maschinen gab." (ebd. S. 13) Das heißt, erst die Arbeitsteilung mit Spezialisierung lässt es sinnvoll werden, in spezielle Technologien zu investieren, weil es erst in einer arbeitsteiligen Wirtschaft sinnvoll wird, jene Mengen herzustellen, die diese Investition lohnend werden lassen. Genau deshalb machte Smith die Aussage, dass es die Größe eines Marktes sei, die das Ausmaß der Arbeitsteilung bestimme, auch wenn – wie immer bei solchen Aussagen – es immer auch andere Faktoren gibt, die ebenfalls eine Rolle spielen. Am Rande sei schon hier darauf hingewiesen, dass nicht zuletzt deshalb die weltwirtschaftliche Integration insgesamt ein Positivsummen-Spiel ist.

Um ein ähnliches Phänomen handelt es sich bei den sogenannten *economies of scope*, für die im Deutschen meist die Begriffe *Synergieeffekte, Verbundvorteile* oder auch *Kernkompetenzen* verwendet werden. Hierbei ergeben sich Produktivitätsvorteile durch die *Integration* der Produktion und/oder des Verkaufs von Gütern bzw. der Erfüllung von Aufgaben, die ähnlich oder komplementär sind; es handelt sich somit um eine breitere Form der Spezialisierung, die sich nicht nur auf eine einzelne Tätigkeit richtet, sondern auf eine bestimmte Kombination von Tätigkeiten. Ein typisches Beispiel sind Warenhäuser, die nicht nur ein bestimmtes Produkt oder eine einzelne Produktgruppe verkaufen, sondern eine breite Palette von Gütern. Andere Beispiele betreffen manche Produkte, bei denen es naheliegt, dass die Anbieter dieser Produkte auch selbst manche Serviceleistungen, z.B. Beratungen hinsichtlich der Einsatzmöglichkeiten, übernehmen, weil sie über die beste Kenntnis des Einsatzes der Produkte verfügen, so etwa in der Chemieindustrie oder bei Stromlieferanten. Schließlich kann es sich auch um ganz unterschiedliche Produkte handeln, die nur aufgrund der besonderen Bedingungen der Situation komplementären Charakter haben und deshalb von einem Anbieter angeboten werden: Ein Beispiel hierfür sind die Tankstellen, bei denen zugleich viele Güter gekauft werden können, die Autofahrer gern unterwegs zu besorgen die Möglichkeit haben wollen; auch in diesem Fall können Tankstellen und Autofahrer Kooperationsgewinne realisieren.

Man würde das Phänomen der Ausnutzung von Produktivitätsvorteilen erheblich unterschätzen, wenn man es nur auf technische Bedingungen der Produktion bzw. des Verkaufs bezöge. Es kommt, wie schon die angeführten Beispiele zeigen, bei anderen Vermögenswerten nicht weniger zur Geltung, insbesondere etwa bei *Organisationsstrukturen*, die dafür geschaffen wurden, spezifische Aufgaben zu bewältigen, z.B. die Vermittlungsagentur oder die Kreditabteilung, man könnte auch Makler, Vertriebsorganisationen, Beratungsinstitute unter anderem nennen. In all diesen Fällen besteht eine Struktur, mit deren Hilfe die jeweiligen Aufgaben effizient gelöst werden können, da in dieser Struktur das Wissen und die Erfahrungen vieler Einzelfälle 'geronnen' sind und sich Routinen ausgebildet haben, die eine rasche und kostengünstige Erledigung der Aufgaben ermöglichen. Die Übernahme eines weiteren Falls – eine weitere Kreditvergabe, eine weitere Wohnungsvermittlung usw. – verursacht dann oft nur relativ geringe Kosten.

Die Ausnutzung von Produktivitätsvorteilen ist indes keineswegs nur eine Sache von Unternehmen. So sind zu den gesellschaftlich vermutlich wichtigsten Fällen der Ausnutzung von Produktivitätsvorteilen die Aktivitäten des Staates zu zählen: Gesetzgebung, Rechtsprechung und Gewährleistung innerer und äußerer Sicherheit sind typische Beispiele für Aufgaben, für die es wenig zweckmäßig ist, sie vielen einzelnen Akteuren zu überlassen.

In den meisten Fällen, in denen es um die Ausnutzung von Produktivitätsvorteilen geht, bedarf es institutioneller Strukturen, um die Interaktionsprobleme, die im Zuge der Ausnutzung steigender Skalenerträge auftreten können, zu bewältigen. Von besonderer Bedeutung ist vor allem die Tatsache, dass jene Vermögenswerte, die die Ausnutzung von Produktivitätsvorteilen ermöglichen – vor allem Human- und Sachkapital –, praktisch immer *spezifischer Investitionen* bedürfen, was mit entsprechenden Anreizproblemen verknüpft ist. Wir hatten diese Problematik unter Punkt 2.2.3.4 behandelt und dabei gesehen, dass spezifische Investitionen zu Abhängigkeiten führen, die ausbeutbar sein können. Das Problem derartiger Abhängigkeiten kann sich auf beiden Seiten stellen. Die Form, in der es sich stellt, hängt von den *Alternativen* ab, die die jeweiligen Interaktionspartner haben; so kann der Investor ausbeutbar sein wegen seiner Investitionen, die er anderweitig nicht produktiv nutzen kann, in anderen Fällen wird hingegen möglicherweise sein Interaktionspartner ausbeutbar, weil der Investor für ihn gewissermaßen zum Monopolisten wird; wir kommen auf diese Problematik ausführlich im fünften Kapitel zurück.

Abschließend sei zu diesem Punkt darauf hingewiesen, dass die Ausnutzung der verschiedenen Produktivitätsvorteile niemals nur ein technisches Problem darstellt, sondern immer eingebettet ist in soziale Interaktionen und daher adäquate institutionelle Arrangements voraussetzt, die die Informations- und Anreizprobleme lösen, mit denen sich die Akteure beim Versuch der Aneignung dieser Kooperationsgewinne konfrontiert sehen.

2.4.4 Der Umgang mit Risiken

2.4.4.1 Risiko als Produktionsfaktor

Die Zukunft ist grundsätzlich unsicher und mit Risiken behaftet. Diese Risiken sind sehr unterschiedlicher Art. Die Teilnahme an einer Klassenlotterie wirft andere Risiken auf als die Teilnahme am Autoverkehr. Der Kauf von Optionen an der Terminbörse birgt andere Gewinn- und Verlustchancen als der Kauf von Bundesanleihen. Das Anstreben einer Beamtenlaufbahn ist eher für Gemüter, die auf Sicherheit Wert legen, während der Einstieg in das Metier als selbständiger Unternehmensberater Risikobereitschaft verlangt.

Auch wenn die Menschen manche Risiken bewusst und gern eingehen, sei es aus Freude am Spiel, wegen des Nervenkitzels oder um den Traum vom Lottogewinn zu kaufen, sind doch der überwiegende Teil der Risiken, mit denen sie tagtäglich umgehen müssen, eher von solcher Art, dass sie sie verringern oder am besten ganz vermeiden möchten, da es keine Gewinnchancen, wohl aber erhebliche Schadensmöglichkeiten gibt: Unfall oder Krankheit, Arbeitslosigkeit, Diebstahl, Wertverlust des eigenen Vermögens, Konkurs der eigenen Firma oder auch derjenigen, die man als Lieferant beliefert hat usw.

Sicherheit wird damit zu einem gewünschten Gut, und dieses Gut lässt sich – in Grenzen – produzieren. Das meint nicht, dass man den Eintritt bestimmter Ereignisse gänzlich vermeiden kann, das ist oft nicht der Fall. Aber man kann die Folgen, insbesondere die damit verbundenen Vermögens- oder Einkommensverluste, erheblich mildern, indem man eine *Versicherung* abschließt.

Diese Möglichkeit, sich zu versichern, ist nicht nur deshalb von Bedeutung, weil die meisten Menschen viele Arten von Risiken gern vermeiden wollen. Mindestens ebenso wichtig ist die Tatsache, dass *jegliche Investition in Vermögenswerte grundsätzlich risikobehaftet ist*, und sehr oft ist es so, dass potenziell ertragreichere – und deshalb gesellschaftlich erwünschte – Investitionen höhere Risiken aufweisen als solche mit geringeren erwarteten Erträgen.

Aus diesem Grund spricht der Ökonom Hans-Werner Sinn von Risiko als einem „Produktionsfaktor". Er schildert sehr plastisch, wie eine Welt aussehen würde, in der niemand ein Risiko einzugehen bereit wäre:

„Niemand würde mit dem Auto fahren, und keiner das Flugzeug benutzen. Statt wagemutiger Unternehmer, die bereit sind, riskante, aber ertragreiche Investitionschancen zu nutzen, hätten wir allerorten Sicherheitsfanatiker mit Beamtenmentalität, die jedweden Experimenten abhold sind und sich drauf beschränken, bestehende Strukturen zu verwalten und zu bewahren. Es gäbe keine Dachdecker, keine Ärzte, die Seuchen bekämpfen, und keine Feuerwehren. Keiner würde es wagen, nach Öl oder anderen Bodenschätzen zu suchen, und selbst Robinson Crusoe würde es sich zweimal überlegen, ob er dem Rat Adam Smiths folgen und eine ungewisse Zeit in das Knüpfen des Fischernetzes investieren sollte. Natürlich wäre auch Amerika nicht entdeckt und der Weltraum nicht betreten worden. Da kein Wissenschaftler bereit wäre, seine Zeit in die Suche nach neuen Erkenntnissen zu investieren, könnte man die Universitäten getrost schließen, und auch das neue Patentamt hier in München könnte seine

Tore wieder zumachen. Die Firma Siemens würde nicht, wie zur Zeit, mehr als 50 % ihres Umsatzes mit Produkten bestreiten, die erst innerhalb der letzten fünf Jahre auf den Markt gekommen sind, sondern sie würde wohl gar nicht existieren. Kein Arbeitnehmer wäre bereit, das Risiko eines Berufs- oder Ortswechsels zu tragen, um in den Genuss möglicher Einkommenssteigerungen zu kommen. Ein Strukturwandel fände nicht statt. Es wäre eine schlimme Welt, eine Welt in Armut und Elend, der die Segnungen unserer Industriezivilisation vorenthalten sind." (Sinn 1986, S. 558)

Dieses ausführliche Zitat zeigt sehr schön, welche Bedeutung die Übernahme von Risiken für die Realisierung verschiedenster Kooperationsgewinne hat. Die Frage ist deshalb nicht, ob man (generell) Risiken eingehen will oder nicht, sondern wie es möglich ist, jene gesellschaftlich erwünschten Aktivitäten, die unumgänglich mit Risiko verbunden sind – d.h. vor allem Investitionen und Umgang mit Vermögenswerten –, für die Risikoträger abzusichern.

Gewisse Vorsorgemaßnahmen kann bereits der einzelne treffen. Eine Möglichkeit ist etwa die *Diversifikation* von Risiken: Man „setzt nicht alles auf eine Karte". Statt sein ganzes Geldvermögen in eine einzige Anlage zu investieren, verteilt man das Geld auf verschiedene Anlagen mit unterschiedlichen Risiken. Oder man sieht als Lieferant zu, nicht nur von einem Abnehmer abhängig zu sein, sondern mehrere zu beliefern. Und in zunehmendem Maße wird es wichtig, sich bei der beruflichen Planung nicht mehr nur auf einen ganz spezifischen Arbeitsplatz hin auszubilden.

Eine solche Streuung des Risikos ist allerdings oft nicht möglich und auch nicht immer gesellschaftlich erwünscht, wenn deshalb produktive Investitionen mit nicht-diversifizierbaren Risiken unterbleiben. Dann ergeben sich mögliche Kooperationsgewinne, indem man durch die Kooperation mit anderen *Risikomanagement* betreibt und dadurch Kooperationsgewinne realisiert.

Eine Möglichkeit besteht darin, dass sich zwei Akteure je entgegengesetzten, „negativ korrelierten", Risiken ausgesetzt sehen. In diesem Fall können sie durch einen Tausch das Risiko zum Verschwinden bringen, der entsprechende Fachausdruck lautet *Hedging*. Zugrunde liegt dem Hedging das Risiko, das in der künftigen Wertentwicklung jener Objekte, die man zu einem späteren Zeitpunkt erwerben oder verkaufen möchte, liegt. Man schützt sich gegen dieses Risiko durch die Einnahme einer Gegenposition, so dass das Risiko neutralisiert wird. Betrachten wir das wieder anhand eines Beispiels: Ein deutscher Exporteur hat ein Geschäft vereinbart, bei dem er in drei Monaten 25.000 US$ erhalten wird. Nun kann in der Zwischenzeit der Wert des US$ gegenüber der DM sinken, und der Exporteur möchte sich gegen dieses Risiko absichern, da ihm an DM, nicht an US$ gelegen ist. Er kann dies tun, indem er bereits heute auf dem entsprechenden Terminmarkt für Devisen die 25.000 US$ zu einem festgelegten Preis verkauft. Auf diese Weise kann er sicher sein, in drei Monaten einen für ihn kalkulierbaren Betrag *in DM* zu erhalten.

Die möglichen Tauschpartner dieses Exporteurs können unterschiedliche Gründe dafür haben, auf ein solches Geschäft einzugehen. Die einfachste Möglichkeit ist die, dass der Tauschpartner gewissermaßen das Gegengeschäft tätigt, er also als amerikanischer Exporteur seine Waren in Deutschland verkauft hat, und auch er möchte die Sicherheit haben, in drei Monaten für seine DM einen für ihn kalkulierbaren Betrag in US$ erhalten zu können. Durch das gegenseitige Hedging realisieren sie Kooperationsgewinne, indem sie beide auf diese Weise eine für sie wertvolle *Berechenbarkeit künftiger Erträge* erreichen; die jeweiligen Risiken heben sich dabei genau auf.

Ein solcher Fall exakt negativ korrelierter Risiken ist aber natürlich sehr selten. Oft sind Risiken unverbunden und nicht korreliert. Auch in diesem Fall ergeben sich durch Kooperationen Möglichkeiten der Nutzensteigerung, nämlich durch die Etablierung von *Versicherungen*.

2.4.4.2 Versicherungen

Das beginnt bereits im einfachsten Fall, bei dem sich zwei Akteure wechselseitig versichern, füreinander einzuspringen, wenn bestimmte Schadensfälle eintreten. Der Fachbegriff lautet hier *Poolung*. Gepoolt, d.h. vereinigt, werden einerseits die Risiken, andererseits die Mittel für den Fall, dass der Verlust- oder Schadensfall eintritt. Der Vorteil für den einzelnen liegt dann darin, dass er nicht allein dasteht, wenn er von einem Verlust- oder Schadensfall betroffen wird. Seine Gegenleistung für die Mitwirkung der anderen besteht darin, seinerseits einzuspringen, wenn die anderen betroffen sind.

Man kann sich leicht vorstellen, dass die Poolung mit der Zahl der gepoolten Fälle wirkungsvoller wird. Genau hierin liegt der Sinn von *Versicherungen*. Versicherungen produzieren Sicherheit, die der Versicherte eintauschen kann gegen Zahlung einer Prämie[45]; er tauscht das Risiko eines plötzlichen großen Einkommensverlustes aufgrund des Eintritts von Verlust- oder Schadensfällen gegen einen geringen sicheren Verlust, eben die gezahlte Prämie. Beide gewinnen bei diesem Tausch. Dem Versicherten ist die Sicherheit mehr

---

[45] Eine gewisse Schwierigkeit kann sich aus der folgenden Asymmetrie ergeben: *Ex ante* ist der Abschluss für den Versicherungsnehmer produktiv; *ex post* kann er, wenn der versicherte Schadensfall nicht eingetreten ist, subjektiv den Eindruck eines „Verlustes" haben, und das kann wiederum Folgen für sein Verhalten zeitigen nach dem Motto, dass man der Versicherung doch nichts schenken wolle. Dass diese Sicht falsch ist, zeigen wir oben im Text.

wert als die Zahlung der Prämie, aber auch die Versicherung macht einen Gewinn. Sie kann sich diesen Tausch leisten, weil sie aufgrund des *Gesetzes der großen Zahl* bei hinreichend vielen Abschlüssen das Risiko kalkulierbar machen kann[46]. Insofern kommen hier nicht nur Tauschvorteile zur Geltung, sondern auch Vorteile der Spezialisierung. Versicherungen als *Spezialisten für Risikomanagement* können Produktivitätsvorteile in der Produktion von Sicherheit ausnutzen. Das betrifft nicht nur die Möglichkeit, Informationen über die verschiedenen Risikoarten, die Eintrittswahrscheinlichkeiten und die vermutliche Höhe der Schäden zu sammeln und zu verwerten, so dass sie den Einzelfall sehr viel besser beurteilen können als jemand, der nicht damit vertraut ist, mit den entsprechenden Risiken umzugehen. Vor allem können sie dadurch, dass sie viele Risikofälle poolen, die Risiken sehr viel besser berechenbar machen. Im Einzelfall ist es kaum vorherzusagen, ob man krank wird, einen Unfall baut oder die eigene Firma pleite geht; bei einer Grundgesamtheit von, sagen wir, 10.000 Versicherten lässt sich hingegen ziemlich genau kalkulieren, wie hoch die Zahl der Schadensfälle sein wird und welche Kosten dabei anfallen[47].

Aus ökonomischer Sicht ist aber, wie die Rede vom „Produktionsfaktor Risiko" deutlich werden lässt, weniger der einzelne eingetretene Schadensfall relevant. Wichtiger ist vielmehr, dass sich generell das Verhalten der Versicherten in einer gesellschaftlich erwünschten Weise verändert. Genau darin liegt die gesellschaftliche Funktion von Versicherungen: Sie sollen die Akteure zu mehr – riskanten – Investitionen und Innovationen ermutigen, von denen eine Gesellschaft, und vor allem eine Marktwirtschaft, lebt. Zugrunde liegt dieser Überlegung die Tatsache, dass Menschen in aller Regel *risikoavers* sind. Sofern sie Gewinne wie Verluste produktiver, aber riskanter Aktivitäten, insbesondere der Erstellung von Gütern und Dienstleistungen, deren Absatz nie garantiert werden kann – in voller Höhe tragen müssen, werden sie weniger riskieren, als gesellschaftlich erwünscht wäre. Anders wird das, wenn sie sich gegen die Verluste versichern können.

Genau darin liegt auch die grundlegende Funktion von *Sozialpolitik*. Sie ist keine Ergänzung, die man sich auch noch um der Solidarität willen leistet, sie ist kein „Konsum", wie die Rede insinuiert, dass wir uns in schlechteren Zei-

---

[46] Das Gesetz der großen Zahl lässt sich folgendermaßen illustrieren: Bei einem einmaligen Wurf eines Würfels ist das Ergebnis nicht vorhersagbar, lediglich die Wahrscheinlichkeit für die verschiedenen möglichen Ergebnisse lassen sich benennen. Bei sehr vielen Würfen hingegen lässt sich relativ zuverlässig die Anzahl von Würfen mit einer bestimmten Augenzahl vorhersagen.

[47] Dies gilt allerdings nur für „unverbundene" Risiken, nicht aber für den Fall, in dem viele Schadensfälle „verbunden" auftreten wie etwa bei einem Hochwasser.

ten nicht mehr so viel soziale Sicherung „leisten" können; Sozialpolitik ist vielmehr als *Versicherung* zu begreifen, die die einzelnen zu Investitionen ermutigt. Wenn es solidarische Auffangstellungen im Fall des Misslingens gibt, kann es für den einzelnen Akteur rational sein, sich mutiger zu verhalten, als er dies ohne solche Auffangstellung wäre, und wenn dies für viele Akteure so ist, dann werden die Investitions- und Innovationsrate in einer Gesellschaft und damit ihr langfristiger Wohlstand höher sein als ohne solche Versicherungen.

Hieran wird die konzeptionelle Herangehensweise der Ökonomik – der gesellschaftstheoretische statt handlungstheoretische Zugriff auf die Probleme – deutlich. Bei der ökonomischen Analyse geht es nicht um den einzelnen Fall, sondern um den Systemzusammenhang. Volkswirtschaftlich ist nicht der konkrete Schadensfall relevant – Krankheit, Arbeitslosigkeit, Armut –, sondern die über Anreize laufende *Verhaltenswirkung auf die, die kein Schadensfall sind*, denn auch deren Verhalten ändert sich und soll sich ändern.

Allerdings können sich aufgrund von Versicherungen auch *unerwünschte* Verhaltensänderungen ergeben. Die Absicherung gegen mögliche Verluste kann sorglos machen; in manchen Fällen kann sie sogar dazu führen, dass man gerade wegen der Risikoscheu die Versicherung in Anspruch nimmt, wie der Begriff „Vollkasko-Mentalität" andeutet. Gerade in solchen Fällen zeigt sich, wie wichtig der Blick über den Einzelfall hinaus auf das institutionelle Arrangement ist: Natürlich soll im konkreten Verlust- oder Schadensfall dem einzelnen geholfen werden, aber nicht durch ein institutionelles Verfahren, das *zugleich* Anreize mit sich führt, sich nicht aus eigener Kraft um die Verhinderung des Versicherungsfalls zu bemühen. Diese Anreize gehen oft auf Problemkonstellationen zurück, wie sie im Abschnitt 2.2.3.2 diskutiert wurden, das Problem der versteckten Merkmale und das Problem der versteckten Handlungen, vor allem im Fall der Sozialversicherungen aber auch auf den institutionellen Zuschnitt der Versicherung.

So sind Versicherungen für eine einigermaßen verlässliche Kalkulation darauf angewiesen, das Merkmal „Risiko" der Versicherungsnehmer in etwa einschätzen zu können. Dabei müssen sie mit Akteuren rechnen, die einen Anreiz haben, ihr Risiko als geringer anzugeben, weil die Höhe der Prämie, die sie zahlen müssen, davon abhängen kann (Problem der versteckten Merkmale). Ebenso kennen Versicherungen das Problem, dass sich das Verhalten der Versicherungsnehmer nach Abschluss der Versicherung ändern kann; sie werden sorgloser und meinen vielleicht sogar, sich für die gezahlten Prämien schadlos halten zu müssen (Problem der versteckten Handlungen). Und schließlich kann es insbesondere bei gesetzlich geregelten Versicherungen geschehen, dass Ansprüche auch in Fällen angemeldet werden, die dem „Geiste" der Versicherung nach nicht darunter fallen (je nach Modellierung Problem der versteckten Merkmale oder versteckten Handlungen)[48].

In all diesen Fällen liegen Dilemmastrukturen vor: Während es für den einzelnen Anreize gibt, geringere Prämieneinzahlungen und/oder höhere Auszahlungen im Fall des Eintritts des versicherten Ereignisses zu erreichen oder wenn bevorzugt die „schlechten Risiken" in die Versicherung drängen, stellen sich, wenn alle das versuchen, auch alle schlechter als in dem Fall, in dem sich alle ehrlich gegenüber der Versicherung verhalten. Wenn aber nur einzelne sich ehrlich verhalten, wären sie die sprichwörtlichen „Dummen".

Verschiedene institutionelle Vorkehrungen wurden entwickelt, um mit diesen Problemen fertig zu werden, z.B. Selbstbeteiligungen, Zwangsversicherungen oder Zumutbarkeitsklauseln. Selbstbeteiligungen bieten den Versicherten einen Anreiz, trotz der Nicht-Beobachtbarkeit ihrer Handlungen (Problem des versteckten Handelns) Sorgfalt im Hinblick auf die Vermeidung des Verlust- bzw. Schadensfalls walten zu lassen, weil man einen Teil der Verluste nun wieder selbst tragen muss. Zwangsversicherungen entschärfen – unter anderem – das Problem der versteckten Merkmale, da die „guten Risiken" keine Möglichkeit zur Abwanderung haben. Dadurch lassen sich die Beiträge senken, wovon grundsätzlich alle, auch die „guten Risiken" profitieren können. Zumutbarkeitsklauseln schränken die Möglichkeiten ein, die Versicherungsleistungen auch dann in Anspruch zu nehmen, wenn eigentlich „zumutbare" Alternativen bestehen.

2.4.4.3 Haftung

Auch in dem anderen Bereich, der den gesellschaftlichen Umgang mit Risiken betrifft, dem Problem der *Haftung*, zeigt sich, dass sich die institutionellen Zusammenhänge nicht vom Einzelfall, sondern vom Systemzusammenhang erschließen. Im konkreten Einzelfall geht es um Schadensregulierung, aus gesellschaftlicher Sicht steht der Aspekt der Verhaltenssteuerung im Vordergrund, von dem auch viele Interaktionen betroffen sind, in denen ein Haftungsproblem phänomenologisch gar nicht virulent wird.

Das zugrundeliegende Problem ist im Fall von Haftungsregelungen sehr allgemeiner Natur, es betrifft das Problem der Übernahme bzw. Zuweisung von *Verantwortung*: Der Klappstuhl klappt in unangemessener Weise zusammen, der Fernseher implodiert, die Software bringt den Computer durcheinander,

---

[48] Insbesondere der letzte Fall ist ein Beispiel für das Problem der geeigneten Regeldifferenzierung.

das Medikament führt zu Kreislaufproblemen: Wer soll haften? Andere Fälle betreffen Entscheidungen, die unerwünschte Konsequenzen, rote Zahlen, politische Skandale und dergleichen mehr nach sich ziehen. Stets stellt sich die Frage, wem man diese Folgen *zurechnet*.

Der Begriff Zurechnung macht dabei deutlich, dass das keine Frage ist, die sozusagen naturwissenschaftlich auf der Grundlage von Ursache-Wirkungs-Zusammenhängen eindeutig geklärt werden könnte. Vielmehr sind es praktisch immer explizit oder implizit *ökonomische* Überlegungen, die die Ausgestaltung der jeweiligen Institutionen bestimmen. Und auch hier geht es weniger um den einmal eingetretenen Haftungsfall, sondern vielmehr um die Frage, wer am zweckmäßigsten das Risiko trägt, falls ein Schadensfall eintreten *könnte*: Wer verfügt über das Wissen und die Mittel, die Risiken gering zu halten, dass der mögliche Schadensfall auch tatsächlich eintritt, und wie sind dessen Anreize?

Eine generelle Möglichkeit, das Haftungsproblem zu lösen, haben wir oben bereits erörtert: die Institution des Privateigentums. Der Eigentümer haftet für die Folgen, die aus seinem Umgang mit seinem Eigentum erwachsen, genau darin liegt ja einer der entscheidenden Vorzüge dieses institutionellen Arrangements. Allerdings sind damit keineswegs alle Probleme gelöst, denn bestimmte Verfügungsrechte an diesem Eigentum können an Agenten delegiert worden sein; wird damit auch die Haftung übertragen? Oder es wirken die Handlungen anderer Akteure ein, sie beschädigen vielleicht das Auto, den Computer oder den guten Ruf; wer haftet dafür? Und wenn Güter oder Dienstleistungen getauscht werden, stellen sich etwaige Mängel oft erst später heraus; wer soll hier die Kosten tragen? Diesen letzten Fall wollen wir näher betrachten.

Es ist keineswegs ein reines Verteilungsproblem, wenn gefragt wird, ob der Hersteller oder der Käufer eines Produkts haften solle. Wenn beispielsweise der Käufer die Eigenschaften und die Qualität des Produkts gut beobachten kann, wird man davon ausgehen können, dass die Hersteller Anreize haben, all jene Verbesserungen und Absicherungen der Qualitätskontrolle durchzuführen, die sich lohnen, denn sie werden dafür von den Käufern honoriert; in diesem Fall ist es sinnvoll, das Risiko bei den Käufern zu belassen, die dann die Kosten für Unachtsamkeit beim Kauf oder für unsachgemäßen Gebrauch selbst tragen müssen. Wenn hingegen der Käufer vor dem Kauf die Qualität nicht gut bzw. nur unter hohen Kosten beobachten kann, ist es zweckmäßig, die Hersteller Haftungsregeln zu unterwerfen, denn dadurch hat der Käufer ein höheres Maß an Sicherheit, nicht zuletzt im Hinblick darauf, dass sein Interaktionspartner hinreichende Anreize für entsprechende Vorkehrungen besaß.

Man kann sich auch den Fall vorstellen, dass die Frage der Haftung von den Tauschpartnern selbst vertraglich ausgehandelt wird. Das hat zunächst den Vorteil, dass die Akteure die Bedingungen ihrer Interaktion ganz entsprechend ihren Präferenzen und den situativen Restriktionen festlegen können. Dabei fallen allerdings wiederum Transaktionskosten an, und dies umso mehr, je ausgeprägtere Informationsasymmetrien hinsichtlich vertragsrelevanter Leistungen vorhanden sind. Deshalb ist es in vielen Fällen zweckmäßiger, allgemeine Haftungsregeln durch den Staat zu etablieren und dadurch zu vorgegebenen und insofern berechenbaren Handlungsbedingungen zu machen.

Generell zeigt sich, dass Haftungsregeln ein typisches Beispiel für die Problematik unvollständiger Verträge sind. Es ist schlicht und einfach nicht möglich, alle denkbaren Risiken, die eintreten können, zu kennen und zu Vertragsbestandteilen zu machen. Die Folge ist, dass sich auf den verschiedenen Ebenen der gesellschaftlichen Regelhierarchie unterschiedliche institutionelle Vorkehrungen für die Zurechnung der Verantwortlichkeiten finden lassen. So sind einige Regelungen vom Gesetzgeber vorgegeben, weitere Festlegungen können Gegenstand der Verhandlungen zwischen Vertragspartnern sein, und schließlich wird ein Teil der möglichen Haftungsrisiken auch keinerlei vorheriger Abstimmung unterliegen, sei es, weil man nicht damit rechnete, oder sei es, weil es sich nicht rechnete.

Abschließend sei darauf hingewiesen, dass Haftungsregeln oft gekoppelt sind mit Versicherungen, teilweise sogar mit Zwangsversicherungen; typische Beispiele sind die Haftpflichtversicherungen beim PKW, Taxi-Versicherungen, aber auch Versicherungen, die Firmen abschließen müssen für den Fall, dass sie bei bestimmten Umweltschäden zur Haftung herangezogen werden. Auch hier ist der Zweck wieder ein doppelter: Zum einen werden, wie oben beschrieben, die haftenden Akteure ermutigt, die entsprechenden Aktivitäten trotz des damit verbundenen Risikos zu unternehmen. Zum anderen wird den Interaktionspartnern durch dieses institutionelle Arrangement Verlässlichkeit signalisiert, dass im Haftungsfall der Haftende auch tatsächlich für den Schaden aufkommen kann. Allerdings sei wiederum auf die Kehrseite der Medaille hingewiesen: Wenn ein Interaktionspartner haftet, hat der andere unter Umständen den Anreiz, keinerlei Sorgfalt mehr aufzuwenden, seinerseits etwas zur Schadensvermeidung beizutragen.

2.4.5 Leistungswettbewerb

Für viele Nicht-Ökonomen ist es vermutlich kontraintuitiv, Wettbewerb als Quelle von Kooperationsgewinnen zu betrachten, und in der Tat bedarf diese Einordnung der Qualifizierung. Es ist gewiss nicht jede Art von Wettbewerb, die produktiv ist, aber das gilt auch für den Tausch und die Produktion oder den Umgang mit Risiken.

Kontraintuitiv ist die Behauptung vom Wettbewerb als Quelle von Kooperationsgewinnen deshalb, weil hier ein direkter Widerspruch vorzuliegen scheint: Wettbewerb, Konkurrenz, also das Vorliegen konfligierender Interessen, ist doch gerade das Gegenstück zur Kooperation, dem Vorliegen gemeinsamer Interessen. Der Wettbewerb kennt Gewinner und Verlierer, und die im Wettbewerb Unterliegenden werden sicherlich nicht das Gefühl haben, dadurch einen Kooperationsgewinn erwirtschaftet zu haben.

Eine andere Form, diesen Widerspruch zu formulieren, besteht in der – verfehlten – Behauptung, dass Dilemmastrukturen nach Möglichkeit überwunden werden sollten: Dilemmastrukturen sind grundsätzlich *normativ ambivalent*. Wir werden unter Punkt 6.5.2 sogar behaupten, dass der dementsprechend differenzierte Umgang mit Dilemmastrukturen ein Strukturprinzip der modernen Gesellschaft darstellt. Dieser Aussage liegt offensichtlich die These zugrunde, dass es produktive Formen von Wettbewerb geben muss, wie es umgekehrt unproduktive bzw. für Dritte unerwünschte Formen von Kooperation gibt. Wir hatten im ersten Kapitel deshalb den Wettbewerb als allgemeines, normativ ambivalentes Strukturprinzip vom gesellschaftlich erwünschten „Leistungswettbewerb" unterschieden. Dabei ist ausdrücklich darauf hinzuweisen, dass bei diesem Begriff keineswegs nur an die üblichen Märkte zu denken ist. Wie auch bei anderen Begriffen der Ökonomik wird das Konzept „Markt" hier weiter gefasst; wie die gleich folgenden Beispiele zeigen, existieren auch „Märkte", auf denen – unter der Bedingung des Leistungswettbewerbs – Wählerstimmen gegen Politikprogramme, Infrastrukturleistungen gegen Industrieansiedlungen, Engagement für gesellschaftliche Anliegen gegen finanzielle Unterstützung usw. getauscht werden. Für viele dieser „Märkte" gilt allerdings nicht, was man üblicherweise von Märkten gewohnt ist, dass nämlich auf ihnen mit Geld bezahlt wird.

Das Charakteristikum des *Leistungswettbewerbs* ist darin zu sehen, dass die Konkurrenten *um Kooperationschancen konkurrieren*. Betrachtet wird also nicht nur die Interaktion zwischen den Konkurrenten, sondern es werden immer auch jene Interaktionspartner einbezogen, für die die Konkurrenten direkt oder indirekt *Leistungen* erbringen, die Marktgegenseite also. Dieser Wettbewerb ist mithin mindestens eine Konstellation von *drei* Akteuren, zwei Konkurrenten auf derselben Marktseite und einem Tauschpartner, um dessen Gunst – besser ist es vielleicht zu sagen: um dessen Gegenleistungen – die beiden anderen konkurrieren, auf der anderen Marktseite. Sehr offensichtlich ist das bei Unternehmen, die versuchen, Kunden zu gewinnen. Doch das gleiche Schema findet man auch sonst.

Beispiele für Leistungswettbewerb:

- Politiker, die mit Programmen und politischen Maßnahmen um die Wählerstimmen konkurrieren;
- Kommunen, die mit der Erhöhung der Attraktivität ihrer Infrastruktur, evtl. Subventionen oder anderen Vergünstigungen um Unternehmensansiedlungen konkurrieren;
- Interessengruppen, die mit dem Angebot von politischer Unterstützung und der Bereitstellung wichtiger Informationen um politischen Einfluss und Entscheidungen zu ihren Gunsten bemüht sind;
- karitative Organisationen, die mit dem Objekt und der Art ihrer Unterstützung um Spendengelder konkurrieren;
- Mitarbeiter einer Behörde (das können auch Beamte sein!), die mit ihrer Einsatzbereitschaft und Loyalität um Beförderungen und interessante Aufgabengebiete konkurrieren;
- Hochschulen, die durch attraktive Bedingungen von Forschung und Lehre sehr gute Studenten und renommierte Wissenschaftler gewinnen wollen usw.

Diese Beispiele lassen erkennen, worin die Produktivität des Leistungswettbewerbs liegt. Er *zwingt* die Konkurrenten wirkungsvoller, als Appelle oder Verordnungen das je könnten, dazu, *Leistungen zu erbringen, die von anderen gewünscht werden.* Man spricht hier von der **Disziplinierungsfunktion** des (Leistungs-)Wettbewerbs; auf diese Weise werden Informations- und Anreizprobleme gelöst. Während dies für Anreizprobleme offensichtlich sein mag, lohnt es sich, auf den Aspekt der Generierung wertvollen Wissens durch den Wettbewerb noch genauer einzugehen.

Das beginnt bereits damit, dass der Wettbewerb *Alternativen generiert,* unter denen die Tauschpartner der Konkurrenten auswählen können. Dadurch wird es ihnen möglich, sich über ihre Interessen und die Möglichkeiten, sie zu realisieren, klarer zu werden. Durch den Wettbewerb erhalten sie auch eine realistische Einschätzung, was sie die Verfolgung ihrer Interessen, z.B. der Kauf eines Mittelklassewagens, die Inanspruchnahme einer Beratungsleistung oder der Abschluss einer Versicherung, kostet. Gäbe es nur einen einzigen Anbieter, so würde er vermutlich in dieser Frage Auskünfte erteilen, die er unter Wettbewerbsbedingungen rasch zugunsten seiner Tauschpartner korrigieren müsste. Das gilt übrigens für die Nachfrager ebenfalls, sofern auch sie unter Wettbewerbsbedingungen stehen. In diesem Fall müssen auch sie ihre Zahlungs- oder allgemeiner: Leistungsbereitschaft offenbaren[49].

Insbesondere deckt der Wettbewerb Informationen über effiziente Produktionsverfahren auf. Jeder Konkurrent hat den starken Anreiz, seine Kosten zu senken, und das bedeutet, mit den ihm zur Verfügung stehenden Ressourcen nicht verschwenderisch umzugehen. Im Zuge eines solchen Prozesses kommt es, ebenfalls aufgrund des Wettbewerbsdrucks, zu Innovationen im Hinblick auf die gewünschten Leistungen bzw. die Verfahren ihrer Erstellung; Hayek hat deshalb von der *„Entdeckungsfunktion"* des (Leistungs-)Wettbewerbs gesprochen. Der auslösende Anreiz ist die Aussicht, durch neue Angebote bzw. Verfahren ihrer Erstellung, ihrer Vermarktung usw. *Pioniergewinne* zu erwirtschaften.

Weiterhin sei auf zwei andere wichtige Eigenschaften des Marktwettbewerbs hingewiesen. Wir werden wiederholt das Problem thematisieren, dass eine Veränderung von Umweltbedingungen Anpassungen erzwingt; das gilt insbesondere in einer Zeit, in der die Weltgesellschaft gewaltige wirtschaftliche und politische Entwicklungen durchmacht. Wettbewerb führt in diesem Zusammenhang zu einer *hohen Anpassungsfähigkeit*, was ebenfalls wieder daran liegt, dass er Druck auf die Akteure ausübt, notwendige Maßnahmen nicht zu verzögern. Hierbei spielt eine wichtige Rolle, dass dieser Druck *unpersönlicher Art* ist.

Beim letzten Punkt, den wir hier nennen wollen, bedienen wir uns der Worte des Ordoliberalen Franz Böhm (1895-1977), der den Marktwettbewerb als „das großartigste und genialste *Entmachtungsinstrument* der Geschichte" charakterisierte (Böhm 1961, S. 22; hervorgehoben von uns, KH/AS): Bei Wettbewerb hat man Alternativen, um sich der Macht – eines Arbeitgebers, eines Staates, eines Produzenten usw. – zu entziehen.

Diese produktiven Seiten des Wettbewerbs werden mittlerweile auch von jenen eingeräumt, die dem Wettbewerb sonst ablehnend gegenüberstehen. Dennoch ist, gerade in einer Zeit zunehmenden weltweiten Wettbewerbs, der Eindruck verbreitet, 'ein bisschen' Wettbewerb sei sicherlich recht gut zur Förderung von Kreativität und Leistungsbereitschaft, aber es könne auch ein 'Zuviel' an Wettbewerb geben.

Nun ist zunächst nicht zu bestreiten, dass der Wettbewerbsdruck zunimmt. Begründen lässt sich das vor allem mit drei Entwicklungen: *Erstens* nimmt die Weltbevölkerung nach wie vor zu, und damit machen immer mehr Menschen ihre Ansprüche auf knappe Ressourcen geltend. *Zweitens* fallen vielerorts verschiedene Grenzen weg und senken damit die Kosten potenzieller Konkurren-

---

[49] Wir werden unter Punkt 4.3.1 Auktionen als institutionelle Arrangements kennenlernen, mit deren Hilfe Nachfrager die Zahlungsbereitschaft offenlegen sollen.

ten, in neuen Räumen ihre Chancen zu testen; besonders deutlich wird der Abbau von Grenzen in der Europäischen Union. *Drittens* schließlich sind die Informations-, Kommunikations- und Mobilitätskosten in den letzten Jahrzehnten immer weiter gesunken bzw. haben sich immer neue Möglichkeiten ergeben mit der Folge, dass es zum Beispiel möglich wird, zuhause am Bildschirm sitzend direkt in Amerika ein Buch zu bestellen, was zu Lasten des heimischen Buchhändlers gehen kann. Ein anderes Beispiel sind indische Programmierer, die für deutsche Softwarefirmen Programme schreiben zu erheblich geringeren Preisen als ihre deutschen Kollegen.

Die Frage ist nun, mit welchem Beobachtungsschema man diese Entwicklung betrachtet. Die oben angedeutete Vorstellung, hier gäbe es eine Tendenz zu 'zuviel' Wettbewerb, ist in ähnlicher Weise ein wenig zweckmäßiges Beobachtungsschema wie das in diesem Kontext ebenfalls oft zu findende Nullsummen-Denken. Nach dem Nullsummen-Denken gibt es eine bestimmte Menge an Ressourcen, die aufgeteilt werden kann, und wenn aufgrund einer steigenden Weltbevölkerung – und womöglich auch noch aufgrund der Berücksichtigung künftiger Generationen – mehr Ansprüche an diese Ressourcen gestellt werden, so müssen sie eben umverteilt werden. Wir haben diese Vorstellung bereits mehrfach kritisiert, denn sie steht in der Gefahr, das Gegenteil von dem zu bewirken, was sie intendiert: Wenn man den Menschen sagt, sie müssten damit rechnen, dass andere Ansprüche stellten und sie deshalb teilen sollten, so wird man oft eher bewirken, dass die so Angesprochenen Anstrengungen unternehmen werden, ihre eigenen Ansprüche zu sichern, und das möglicherweise auch durch direkte Maßnahmen *gegen* andere[50].

In ähnlicher Weise ist auch die Vorstellung, es gäbe ein rechtes Maß an Wettbewerb – so dass er, wenn er zu intensiv würde, auf dieses Maß zurechtgestutzt werden müsse –, zu simpel, um hilfreich zu sein. Die Frage ist nicht die eines Zuviel oder Zuwenig an Wettbewerb, sondern *unter welchen Bedingungen* der Wettbewerb stattfindet. Insbesondere sind zwei Umstände hervorzuheben: Wettbewerb findet erstens immer unter Regeln statt, und zweitens wird Wettbewerb immer über verschiedene Parameter geführt.

1. Damit der erwünschte Leistungswettbewerb zustandekommen kann, sind zahlreiche institutionelle Vorkehrungen erforderlich, die sowohl das Verhältnis der Konkurrenten untereinander als auch die Interaktionen mit den Tauschpartnern regeln. Wir erläutern den Unterschied zwischen ungeregeltem und institutionalisiertem Wettbewerb anhand eines Beispiels von M. Olson

---

[50] Ein Beispiel für die Folgen eines Nullsummen-Denkens ist die Antwort von Rechtsradikalen auf die Frage, warum sie denn etwas gegen Ausländer hätten: „Sie nehmen uns die Arbeitsplätze, Wohnungen und Frauen weg."

(1991), das nicht nur deutlich werden lässt, dass Wettbewerb selbst durchaus ambivalent ist, sondern auch zeigt, dass das Konzept des Leistungswettbewerbs nicht nur im 'Bereich' der Wirtschaft sinnvoll anzuwenden ist.

Olson beschreibt, wie im frühen China plündernde Räuberbanden durch die Lande ziehen und eine Spur der Verwüstung hinterlassen. Die Räuber stehen sowohl untereinander als auch mit ihren Opfern in einem Wettbewerb darum, möglichst viel zu erbeuten, und dieser Wettbewerb findet, wenn man so will, unter einer einzigen 'Spielregel' statt, dem 'Gesetz des Stärkeren'.

Diese Interaktionen sind natürlich wenig produktiv. Wenn investiert wird, dann in Angriffs- oder Verteidigungsfähigkeit, nicht aber in wertschaffende Vermögenswerte, denn man muss immer befürchten, dass man nicht selbst in den Genuss der Erträge kommt, weil durchziehende Räuberbanden sich die Früchte der Investition aneignen.

Olson beschreibt nun weiter, dass es im Laufe der Zeit dazu kam, dass einzelne Räuber sich niederließen und die Gegend gewissermaßen zu ihrem Gebiet erklärten. Das hatte zwei Veränderungen zur Folge: Zum einen wurden andere Räuber aus diesem Gebiet ferngehalten und diese Form des Wettbewerbs eingeschränkt oder ganz beseitigt; der stationäre Räuber wurde sozusagen Monopolist. Zum anderen wurde es jetzt genau deshalb möglich, dass der Räuber und seine Opfer Kooperationsgewinne erzielten, denn wenn er seinen Opfern einen gewissen Schutz gewährte, wurde es für die Opfer nunmehr lohnend, auch produktive Investitionen zu tätigen; man musste zwar einen erheblichen Teil an den stationären Banditen – den „Staat" – abführen, doch konnte man auch selbst einiges behalten; und wenn der Räuber klug war, achtete er darauf, dass diese Anreize zu produktiver Tätigkeit hinreichend intensiv waren, weil er selbst dann mehr „Steuern" erheben konnte. Der Räuber/ Herrscher tauscht mit den von ihm Ausgebeuteten die Gewährleistung einer (relativen) Sicherheit von Verfügungsrechten als einer Leistung, die sie ohne ihn nicht hätten, gegen Leistungen, die erst auf der Grundlage dieser Sicherheit erbracht werden. Verbunden ist das mit einer Beschränkung des Wettbewerbs derart, dass der Zugriff auf diese produzierten Leistungen durch andere Räuber unterbunden wird.

Nun bringt ein solches Monopol allerdings auch erhebliche Nachteile mit sich wegen der Machtposition des Monopolisten. Es hängt vorwiegend von seiner Informationslage und seinen Anreizen ab, welchen Verfügungsrechten er Geltung verschafft, welchen investen Tätigkeiten nachgegangen wird und welche Interessen seiner Tauschpartner berücksichtigt werden.

Und hier gelangt man zu dem Punkt, an dem die Produktivität des Wettbewerbs ins Spiel kommen kann: Es lassen sich mehr Kooperationsgewinne erzielen, wenn das Monopol, die Autokratie, durch – institutionalisierten –

(Leistungs-)Wettbewerb, durch Demokratie, ersetzt wird, wenn also die Leistung, die zuvor der Monopolist erbrachte, nun von mehr Anbietern dieser Leistung erbracht wird, die untereinander in Konkurrenz um die Gegenleistung der Tauschpartner stehen. Die Konkurrenten sind in deutlich größerem Maße als der Monopolist darauf angewiesen, die Interessen der Tauschpartner zu berücksichtigen; der Wettbewerb setzt die Anbieter, die Politiker, unter den Druck, die von den Tauschpartnern gewünschten Leistungen in möglichst zufriedenstellender Weise und zu günstigen Konditionen zu erbringen und dabei ständig nach neuen Möglichkeiten zu suchen, den Interessen noch besser als zuvor zu dienen.

Der Unterschied zum ungeregelten Wettbewerb zeigt sich in doppelter Hinsicht: Der politische Leistungswettbewerb beruht erstens auf zahlreichen institutionellen Voraussetzungen, auf die wir im Abschnitt 3.2 wieder zurückkommen werden, und diese Voraussetzungen machen es zweitens möglich, dass sehr viel mehr Kooperationsgewinne erwirtschaftet werden können, vor allem dadurch, dass Investitionen in Vermögenswerte nunmehr sehr viel sicherer werden.

Generell gilt, dass für einen erwünschten (Leistungs-)Wettbewerb eine Reihe von Voraussetzungen erfüllt sein müssen, von denen wir im folgenden die u.E. wichtigsten auflisten.

Voraussetzungen des Leistungswettbewerbs:

- Eine erste grundlegende Voraussetzung haben wir oben besprochen: die geeignete Definition und Durchsetzung von Verfügungsrechten, wobei insbesondere an die Wichtigkeit der Übertragbarkeit der Rechte erinnert sei. Dabei kann es sich um Eigentum im alltäglichen Sinne handeln, aber auch dem Tausch auf politischen Märkten liegen (komplexere) Formen von Verfügungsrechten zugrunde, z.B. das Recht, bestimmte politische Entscheidungen treffen zu dürfen, die vom Wähler legitimiert sind. Erst diese Rechte ermöglichen jene Tauschprozesse, um die der Wettbewerb geführt wird.
- Eine weitere Voraussetzung ist der freie Marktzutritt für all jene Anbieter, die die erwünschten Leistungen zu besseren Konditionen anbieten können, sowie auf Seiten der Nachfrager die Möglichkeit der Abwanderung.
- Weiterhin sind institutionelle Bedingungen dafür zu schaffen, dass ein Anbieter nicht dadurch erfolgreich ist, dass er seine Konkurrenten mit „unlauteren" Mitteln behindert oder ihnen schlimmeres antut. Vielmehr soll der Wettbewerb über die von den Tauschpartnern erwünschten Leistungen geführt werden.

- Ebenfalls zu vermeiden sind Formen ruinöser Konkurrenz. Bei ruinöser Konkurrenz unter- bzw. überbieten sich die Konkurrenten in einem Ausmaß, das als „gesellschaftlich unerwünscht"[51] eingestuft wird. So beruht das deutsche Modell der „Sozialpartnerschaft" zwischen den Tarifpartnern auch auf dem Gedanken, ruinöse Wettbewerbsprozesse zwischen Arbeitnehmern zu vermeiden (vgl. hierzu auch 5.4.2). Ein anderes drastisches Beispiel ruinöser Konkurrenz in der Politik war der Rüstungswettlauf zwischen den USA und der vormaligen UdSSR. Und gegenwärtig gibt es eine Debatte, ob die Sozialversicherungssysteme Opfer einer ruinösen Konkurrenz werden, da die Staaten die Lohnnebenkosten zu senken bemüht sind, um Unternehmen anzuziehen mit der Folge, dass soziale Sicherungssysteme durch Abwanderung von Beschäftigung erodieren müssen.
- Schließlich ist auch zu beachten, welcher Art die Leistungen sind, die nachgefragt werden. So gibt es durchaus Fälle, in denen es sich um „gesellschaftlich unerwünschte"[52] Nachfrage handelt. Das ist z.B. bei bestimmten Drogen, Kinderpornographie oder Mord auf Bestellung der Fall. Auch hier gibt es institutionelle Vorkehrungen, die unterbinden sollen, dass in diesen Feldern ein 'Leistungswettbewerb' von Anbietern stattfindet[53].

2. Die keineswegs vollständige Liste der Voraussetzungen lässt bereits erkennen, dass der Wettbewerb in sehr unterschiedlicher Weise geführt werden kann je nach institutionellen Rahmenbedingungen und den durch sie konstituierten Handlungsmöglichkeiten bzw. erlaubten Wettbewerbsparametern. Wenn die Emission von Schadstoffen keinerlei Auflagen unterliegt, wird jedes Unternehmen danach trachten, sich hier keine unnötigen Kosten aufzubürden, denn das wäre mit Wettbewerbsnachteilen verbunden. Allerdings kann ein Unternehmen überlegen, ob es einen anderen Wettbewerbsparameter mit ins Spiel bringt: seine Reputation. Das setzt aber voraus, dass seine Investitionen zur Vermeidung von Emissionen von seinen Tauschpartnern hinreichend honoriert wird. Ist das nicht der Fall, wird ihm nichts anderes übrig bleiben, sich

---

[51] Zur Erinnerung: „Gesellschaftlich unerwünscht" heißt, wie auch sonst, nichts anderes als die Vermutung, dass eine Dilemmastruktur vorliegt, deren Kooperationsgewinne durch eine bessere Gestaltung des Wettbewerbs realisiert werden können.

[52] In diesem Fall impliziert die „gesellschaftliche Unerwünschtheit", dass bestimmte Kooperationen von Tauschpartnern unterbleiben, weil sie Schädigungen Dritter verursachen, die als nicht zustimmungsfähig anzusehen sind. Zur Frage der Zustimmungsfähigkeit s. u. 3.2.

[53] Das ist allerdings oft sehr schwierig, wie das Beispiel des Drogenmarktes, den wir unter 4.3.4 diskutieren, zeigt.

den anderen anzuschließen, die sich die Kosten solcher umweltschutzbezogenen Investitionen sparen. Wollte man in einem solchen Fall die Emissionen reduzieren, müsste man die *Wettbewerbsbedingungen für alle Konkurrenten* verändern. Wir werden auf diesen Punkt verschiedentlich zurückkommen (vgl. vor allem die Abschnitte 4.3.3 und 5.3.1).

Ein aufschlussreiches Beispiel dafür, wie spezifisch die Wettbewerbsbedingungen zugeschnitten werden, bieten die Krankenversicherungen. Seit einigen Jahren wird hier gezielt Wettbewerb eingeführt, um die Krankenkassen zu motivieren, über bessere Leistungen zu geringeren Kosten nachzudenken. Gleichzeitig wurde jedoch darauf geachtet, dass es nicht zu unerwünschtem Wettbewerb kommt, nämlich dem Wettbewerb um die „besseren Risiken", d.h. die gesünderen Beitragszahler, bei dem die Krankenkassen mit einer ungünstigen Versichertenstruktur, in der Regel die „Allgemeinen Ortskrankenkassen", und längerfristig auch die bei ihnen Versicherten auf der Strecke blieben; hierbei ist vor allem der Umstand zu bedenken, dass die gesetzliche Krankenversicherung in Deutschland hinsichtlich der Finanzierung auf dem Kriterium der Leistungsfähigkeit aufgebaut ist, also auf dem Einkommen aus unselbständiger Arbeit als Bemessungsgrundlage. Der sogenannte Risikostrukturausgleich – so etwas wie ein Länderfinanzausgleich zwischen Krankenkassen – dient genau dazu, den Wettbewerb in die erwünschte Richtung zu kanalisieren. Wenn eine Krankenkasse Wettbewerbsvorteile hat aufgrund geringerer Verwaltungskosten, so kann sie die dadurch erwirtschafteten Erträge einstreichen. Wenn sie jedoch höhere Erträge dadurch erzielt, dass sie eine ganz bestimmte Klientel (z.B. „Techniker") ansprechen und 'kostspieligere' Kunden (Rentner, mitversicherte Familienangehörige, Mitglieder aus unteren Lohngruppen usw.) anderen Kassen überlassen kann[54], muss sie einen Teil dieser Erträge im Rahmen des Risikostrukturausgleichs an andere Krankenkassen abführen, die solche 'kostspieligeren' Mitglieder haben.

Diese Überlegungen sollten deutlich werden lassen, dass die Frage nicht lauten kann, „wieviel Wettbewerb?"; vielmehr geht es um die Frage, über welche Parameter Wettbewerb geführt werden soll – durchaus bis zu dem Punkt, dass einzelne Konkurrenten ausscheiden müssen – und über welche nicht – z.B. Gewaltanwendung, Ausbeutung von Umweltressourcen, Korruption usw.

Damit wird auch klar, dass Leistungswettbewerb immer hochdifferenzierter institutioneller Voraussetzungen bedarf; ob auf dem Markt für Pharmazeutika oder dem für Universitätsausbildung, auf Energie- oder auf Versicherungs-

---

[54] Hierbei ist zu berücksichtigen, dass die Höhe der Beiträge in der gesetzlichen Krankenversicherung nicht nach dem Risiko, sondern nach der Höhe des Einkommens bestimmt wird.

märkten usw. Kein erwünschter Wettbewerb ist „naturwüchsig". „Naturwüchsig" ist nur das Hobbessche „bellum omnium contra omnes", der Krieg aller gegen alle, und der ist extrem unproduktiv.

2.4.6 Ein Beispiel: Handel im 11. Jahrhundert

Als Beispiel für das *Ineinandergreifen verschiedener Formen der Aneignung von Kooperationsgewinnen* und den institutionellen Voraussetzungen geben wir im folgenden Ergebnisse der Studien des israelischen Ökonomen Avner Greif über die Institutionen von Maghribi-Händlern des elften Jahrhunderts im Mittelmeerraum wieder (Greif 1989, 1993). Sämtliche oben genannten Grundlagen von Kooperationsgewinnen lassen sich hier wiederfinden: Tausch, Arbeitsteilung und Spezialisierung, Umgang mit Risiken und Gestaltung des Wettbewerbs, und als Grundlage all dessen: Verfügungsrechte, auch wenn diese zu einem erheblichen Teil durch nicht-staatliche Institutionen definiert waren.

Greif schildert, dass zu jener Zeit praktisch keine politischen Vorgaben für den Handel existierten. Weder gab es politische Restriktionen, die den Handel behinderten, noch gab es unterstützende Institutionen, die etwa Rechtssicherheit und Durchsetzung von Verträgen zu vertretbaren Kosten garantiert hätten. Die Händler mussten also selbst für die erforderlichen institutionellen Absicherungen sorgen.

Der Transport der Waren fand überwiegend auf dem Seeweg statt, war privat und wettbewerblich organisiert und auch für kleinere Kaufleute erschwinglich. Allerdings gab es viel Unsicherheit, so z.B.

– über die Länge der Schiffsfahrt – die Fahrt von Ägypten nach Sizilien konnte 13 Tage dauern, aber auch 50 Tage, und manches Schiff kam nie an,
– über den Zustand der Waren – beim Laden und Entladen konnten sie Schaden nehmen, die Verstauung im Schiff war nicht immer die beste, und es konnte unterwegs „Schwund" geben, etwa wenn der Kapitän oder Mannschaftsmitglieder die Gelegenheit nutzten, sich manches anzueignen oder
– über die erzielbaren Verkaufspreise, da sie durch exogene Nachfrage- oder Angebotsschocks drastischen Veränderungen unterworfen sein konnten. So berichtet Greif etwa, dass der Preis von Flachs in kurzer Zeit von 70 auf 40 Dinare fiel.

Der einzelne Händler konnte nun entweder den Kauf, die Reise und den Verkauf seiner Waren persönlich betreuen, oder er konnte eine oder mehrere dieser Tätigkeiten an *Agenten delegieren*, die diese Tätigkeiten für ihn ausführten. Zu den typischen Leistungen eines Agenten zählten etwa das Laden bzw. Entladen des Schiffes, das Bezahlen der Gebühren, die Organisation der Lagerung und des Transports zum lokalen Markt und vor allem die Entscheidungen, wann die Waren wo zu welchen Preisen veräußert wurden.

Die Vorteile der Delegation liegen auf der Hand: Der Händler konnte (Reise-)Zeit sparen, reduzierte seine Risiken, nicht nur im Hinblick auf die ja keineswegs gefahrlose Reise, sondern auch durch die Möglichkeit, die Käufe und Verkäufe und dadurch die Risiken zu diversifizieren, indem die Waren über mehrere Handelsplätze verteilt wurden, auf denen man als einzelner nicht zugleich sein konnte. Nicht zuletzt konnte er profitieren von den besseren lokalen Kenntnissen der Agenten vor Ort: Der Agent war als Einheimischer besser vertraut mit den lokalen Bedingungen, mit den potenziellen Käufern und deren Zahlungsbereitschaft und Kreditwürdigkeit und auch mit den lokalen Behörden, an die Zoll- oder Transportgebühren und nicht selten auch Bakschischzahlungen abzuführen waren.

Die Beschäftigung von Agenten stellte mithin, durch die Ausnutzung von Arbeitsteilung und die Verringerung des Risikos der Transaktionen, Kooperationsgewinne für Händler und Agenten in Aussicht. Und nicht nur das: Auch die Kunden der Händler profitierten von einer dadurch möglichen Ausweitung des Angebots und der Senkung der gesamten Kosten für die gehandelten Waren – also der Kosten für den Erwerb, den Versand und den Verkauf der Ware.

Die in dieser Analyse unterstellte Senkung der Transaktionskosten durch die Beschäftigung von Agenten setzte allerdings voraus, dass die Agenten auch *verlässlich* waren. Tatsächlich sind ja in einer solchen Situation auf den ersten Blick erhebliche Anreize für den Agenten gegeben, Teile der erzielten Gewinne einzustreichen und dem Prinzipal, dem Kaufmann, zu melden: „leider sei auf der Schiffsfahrt viel Ware verdorben" – oder: „leider sei der Preis drastisch gefallen, so dass er froh sein könne, überhaupt noch einen positiven Abschluss gemacht haben zu können" – oder: „leider sei er überfallen worden und glücklich, überhaupt mit dem Leben davongekommen zu sein" usw.

Hier liegt somit ein ausgeprägtes Beispiel für die im Abschnitt 2.2.3 erörterte *Problematik unvollständiger Verträge aufgrund asymmetrischer Information, genauer: die Problematik versteckter Handlungen,* vor: Der Prinzipal beschäftigt einen Agenten, kann jedoch nach Vertragsabschluss dessen Verhalten und die Umweltbedingungen, die zusammen die für den Prinzipal zu erbringende Leistung bestimmen, nur unzureichend beobachten, und es gibt Anreize für den Agenten, diesen Umstand auszunutzen, indem er seine Leistung vermindert oder, wie im vorliegenden Fall plausibler, sich erhebliche Teile der Früchte seiner Leistung anzueignen, obwohl sie dem Prinzipal zustehen.

Den Händlern stand nun nicht der Weg offen, der in einem heutigen Staat – jedenfalls in entwickelten Demokratien – üblich wäre: Heute würde man die Verträge hinreichend präzise spezifizieren und könnte bei der Durchsetzung ggf. auch auf staatliche Instanzen zurückgreifen. Allerdings ist darauf hinzuweisen, dass sich die international tätigen Unternehmen in mancher Hinsicht vor ähnliche Probleme gestellt sehen wie die Händler im 11. Jahrhundert, da geeignete grenzübergreifende Regelungen oft noch nicht bestehen bzw. Kooperationen teilweise in Ländern abgewickelt werden, in denen die entsprechenden institutionellen Voraussetzungen, z.B. Rechtstaat mit neutralen Gerichten, nicht gegeben sind.

Eine Möglichkeit, Betrügereien des Agenten zu unterbinden, könnte in einem Moralkodex bestehen, der unter Umständen religiös sanktioniert wird. Wenn der Agent die Vorstellung hegt, ein Betrug seinerseits würde von Gott immer gesehen und auch gestraft, spätestens im Jenseits, so könnte dies ein hinreichend wirksamer Anreiz für ein ehrliches Verhalten sein. Allerdings argumentiert Greif, dass im Fall der Mittelmeerhändler diese institutionelle Lösung *nicht* zur Anwendung kam.

Wiederum eine andere Möglichkeit, sich der Ehrlichkeit des Agenten zu versichern, hätte darin bestehen können, familiäre bzw. verwandtschaftliche Bande als institutionelles Sicherungssystem zu nutzen. Tatsächlich ist das eine in der Geschichte bis heute häufig benutzte Möglichkeit, die darauf beruht, dass man den anderen einigermaßen kennt, vor allem aber, dass er (der Agent) durch die Einbindung in die Familie, die für ihn Sozialkapital darstellt, einiges zu verlieren hat, wenn er sich als nicht vertrauenswürdig erweist. Doch auch diese Möglichkeit wurde nach Greif im vorliegenden Falle nicht genutzt. Wie aber sah dann die Lösung der mit der Beschäftigung von Agenten verbundenen Anreizprobleme aus?

Die Lösung beruhte auf dem Grundgedanken, dass der Agent im Falle des Betrugs etwas zu verlieren haben musste, das wertvoller war als der Ertrag, den er bei seinem Betrug hätte erzielen können. Der entsprechende *Vermögenswert* ist uns bereits begegnet, es handelt sich um *Reputation*. Wenn es sich für den Agenten lohnte, eine Reputation als ehrlicher, vertrauenswürdiger Partner aufzubauen, so wäre das gleichbedeutend damit, dass die Opportunitätskosten bzw. der Preis eines Betrugs – unter Umständen drastisch – steigen.

Greifs These lautet, dass es vorrangig materielle, und nicht soziale oder religiöse, Anreize waren, die den Reputationsmechanismus stützten. Vertrauenswürdigkeit lohnte sich für einen Agenten nicht (nur) deshalb, weil er sonst befürchten musste, die Achtung einer sozialen Bezugsgruppe zu verlieren oder in die Hölle zu kommen, sondern *weil er dann bei künftigen Geschäften nicht mehr als Agent beschäftigt wird.* Genauer musste der Prinzipal dem Agenten eine Prämie zahlen (und auch für künftige Geschäfte in Aussicht stellen), die auf längere Sicht höher war als die möglichen Gewinne aus einem einmaligen Betrug, vorausgesetzt, dass dieser Betrug bekannt wird. Zu beachten ist, dass für eine erfolgreiche Anreizwirkung der Prämie deren Erhalt gekoppelt sein musste an den impliziten Vertrag, im Fall eines entdeckten Betrugs *den Agenten nie wieder zu beschäftigen.*

Nun ist die Wirksamkeit eines solchen Reputationsmechanismus sehr begrenzt, wenn der Agent im Anschluss an einen (entdeckten) Betrug und den anschließenden Geschäftsabbruch mit seinem bisherigen Prinzipal zu einem anderen Prinzipal wechseln kann. Das heißt, um die Alternativen des Agenten adäquat zu bestimmen, sind nicht nur der Erlös aus einem Betrug versus künftige Erträge aus der fortgesetzten Geschäftsbeziehung zu berücksichtigen, sondern auch die Alternativen, die sich dem Agenten nach dem Abbruch aufgrund von Betrug ergeben.

Hier zeigt sich ein aufschlussreicher institutioneller Mechanismus. Für mehrere Händler, die jeweils von der Anheuerung von Agenten profitieren würden, lohnt es sich, *Informationen über Agenten auszutauschen.* Ein solcher Informationsaustausch hat (mindestens) zwei Funktionen: Zum einen senkt er für einen Händler-Prinzipal die Wahrscheinlichkeit, an einen betrügerischen Agenten zu geraten, zum anderen erhöht er für den Agenten die Kosten eines Betrugs, da dieser damit rechnen muss, auch mit anderen Händlern keine ertragreichen Geschäfte mehr machen zu können; umgekehrt steigert er den Wert der Reputation, ein vertrauenswürdiger Agent zu sein.

Die Maghribi-Händler etablierten einen solchen Mechanismus, indem sie eine „Koalition" bildeten, innerhalb derer man sich kannte und man davon ausgehen konnte, dass Betrügereien sogleich allgemein bekannt würden. Folgende Merkmale solcher Koalitionen verdienen Erwähnung.

Zum einen waren innerhalb solcher Koalitionen Händler zugleich Prinzipale und Agenten, und das zugleich in mehreren Beziehungen. Feste Geschäftsbeziehungen, in denen ein Prinzipal und ein Agent dauerhaft allein in diesen Rollen miteinander vertraglich gebunden waren, waren nicht zu finden. Auch hier kann man wieder fragen, welche Kooperationsgewinne hinter einer solchen institutionellen Ausgestaltung der Interaktionen stehen. Greif gibt folgende, aus theoretischen Überlegungen ableitbare, Antwort: Während Agenten wie skizziert eine Prämie für verlässliche Arbeit beziehen, erhalten die Prinzipale eine Rente aus den erwirtschafteten Erträgen. Damit wird ein Betrug für einen Agenten noch weniger attraktiv, da für ihn nicht nur künftige

Erträge aus einer Agententätigkeit auf dem Spiel stehen, sondern auch die Möglichkeit, selbst als Prinzipal Agenten anheuern zu können; andere Händler mussten ja annehmen, dass er auch als Prinzipal wenig vertrauenswürdig sei[55]. Die Kurzfristigkeit der jeweiligen Geschäftsbeziehungen hatte nicht nur den Vorteil größerer Flexibilität für sich, sie erhöhte auch die Wirkung des Reputationsmechanismus, da die Sanktionierungsmöglichkeit rascher greifen kann.

Ein zweites Merkmal solcher Koalitionen, das zugleich auf ein allgemeines, bereits diskutiertes Problem verweist, lag in der Geschlossenheit. Eine grundlegende Voraussetzung des Funktionierens des beschriebenen institutionellen Mechanismus war ein rascher und zuverlässiger Informationsaustausch. Interessant ist hierbei auch, dass in der Koalition verwandtschaftliche Verhältnisse *nicht* die Grundlage für wechselseitige Verlässlichkeit waren. Zwar ermöglichen familiäre Bindungen ebenfalls, als Basis für Verlässlichkeit zu dienen, weil auch hier wieder die künftigen Erträge immer mit im Kalkül sind; doch haben diese Bindungen den Nachteil geringerer Flexibilität. Zwar waren verwandtschaftliche Beziehungen, insbesondere das Eintreten des Sohnes in die Koalition, ein übliches und auch naheliegendes Verfahren, neue vertrauenswürdige Mitglieder aufzunehmen, doch einmal in der Koalition etabliert, traten die Söhne als unabhängige Händler auf.

Das Funktionieren einer Koalition verlangte drittens, dass die Händler die gegenseitige Information über die Agenten nicht zu Wettbewerbszwecken missbrauchten – immerhin kann man sich vorstellen, dass durchaus ein Anreiz besteht, einem Konkurrenten einen Agenten anzuempfehlen, der ihn ruiniert. Auf Händlerseite musste deshalb die Wettbewerbsneutralität *dieser Aktivität* gewährleistet sein. Auf der Agentenseite hingegen wurde genau durch diesen Mechanismus, den verlässlichen Austausch von Informationen unter Händlern über Agenten, die Voraussetzung dafür geschaffen, Reputation als einen Wettbewerbsfaktor aufbauen zu können.

Lektürevorschläge

Die ökonomische Analyse der Begründung, Gestaltung und Durchsetzung von Verfügungsrechten bietet Buchanan 1975/1984. Grundlegend ist auch hier Coase 1960. Ein Klassiker des sog. Verfügungsrechts-Ansatzes ist Demsetz 1967.

---

[55] Dazu ist anzumerken, dass ein solches institutionelles Arrangement nur dann (relativ) vorteilhaft ist, wenn die Vorteile aus einer jeweiligen Spezialisierung auf die Aufgaben eines Agenten bzw. eines Prinzipals nicht sehr groß sind.

Die „Tragik der Allmende" wurde vor allem durch Hardin 1968 bekannt. Eine aufschlussreiche Analyse, wie unterschiedlich die Allmendeproblematik unter verschiedenen Situationsbedingungen bewältigt wird, bieten Ostrom 1990 und Ostrom/Walker/Gardner 1994.

Der Tausch steht seit je im Mittelpunkt der Ökonomik, insofern ließe sich hier sehr viel Literatur angeben. Wir beschränken uns auf den Altmeister Adam Smith, dessen Ausführungen nach wie vor lesenswert sind, vor allem die ersten Kapitel des ersten Buches vom „Reichtum der Nationen" (1776/1983), wo zugleich der Zusammenhang zum Prinzip der Arbeitsteilung dargestellt wird.

Auch für das Studium des Theorems der komparativen Kostenvorteile sei ein Klassiker empfohlen: das Kapitel VII „Über den auswärtigen Handel" in Ricardo 1817/1994.

Die Sichtweise, Risiko als Produktionsfaktor zu interpretieren, wird in Sinn 1986 dargestellt; zur volkswirtschaftlichen Bedeutung des Versicherungswesens lese man Sinn 1988.

Der grundlegende Text zum Verständnis des Leistungswettbewerbs ist Hayek 1968/1969.

Zusammenfassung

1. Die grundlegenden Formen der Generierung von Kooperationsgewinnen sind die Definition von Verfügungsrechten, Tausch und Arbeitsteilung sowie, in indirekter Form, das Management von Risiko und die Etablierung von Leistungswettbewerb.

2. Die wechselseitige Einräumung von Verfügungsrechten ermöglicht die Beendigung des „Naturzustands" und dadurch einen produktiven Umgang mit Vermögenswerten und bildet insofern die Basis für alle weiteren Formen der Generierung von Kooperationsgewinnen.

3. Tausch ist Tausch von Verfügungsrechten. Er stellt beide Tauschpartner besser, und deshalb ist die Zunahme von Tauschmöglichkeiten bzw. -partnern, ggf. vermittelt durch Intermediäre, förderlich für die Realisierung weiterer Kooperationsgewinne.

4. Die Produktivität der Arbeitsteilung geht zurück auf die Ausnutzung komparativer Kostenvorteile und die Ausnutzung von Produktivitätsvorteilen.

5. Die Realisierung von Kooperationsgewinnen setzt stets mehr oder weniger risikobehaftete Investitionen voraus. Die Ausweitung solcher Investitionen kann vor allem dadurch erreicht werden, dass die Investierenden sich versichern, indem sie die Risiken gegen eine Prämienzahlung tauschen. Weiter-

hin begünstigen Haftungsregeln den Tausch von risikobehafteten Vermögenswerten.

6. Die Kooperationsgewinne erfahren eine besondere Förderung durch die Etablierung eines Wettbewerbs um Kooperationschancen. Dazu sind Regeln erforderlich, die unerwünschte Wettbewerbsprozesse bzw. -wirkungen unterbinden und den erwünschten Leistungswettbewerb forcieren. Ein solcher Leistungswettbewerb erfüllt die Funktion der Information über Alternativen und setzt Anreize, immer bessere Kooperationschancen zu entwickeln und zu nutzen.

Schlüsselbegriffe

Arbeitsteilung
Produktivitätsvorteile
Risiko
Skalenerträge

Tausch
Verfügungsrechte
Wettbewerb

3. Kapitel

Demokratie, Staat und Politik

Mit dem dritten Kapitel beginnen wir den dritten von vier Durchgängen durch die Grundzüge der Ökonomik. Im ersten Durchgang, dem ersten. Kapitel, haben wir im Ausgang von einer Alltagsgeschichte die grundlegenden Theoriekomplexe und grundlegende Theorieentscheidungen herausgearbeitet. Im zweiten Durchgang, dem zweiten Kapitel, wurden die grundlegenden theoretischen Konzepte von Handlungstheorie, Interaktionstheorie und Institutionentheorie sowie die Formen der Generierung von Kooperationsgewinnen entwickelt. Im dritten Durchgang, der das dritte, vierte und fünfte Kapitel umfasst, werden wir diese Konzepte für die Analyse der grundlegenden Institutionen der modernen Gesellschaft weiter ausarbeiten und anwenden.

Viele würden bei einer Darstellung der Grundzüge der Ökonomik erwarten, dass wir bei diesem Durchgang mit dem *Markt* beginnen. Wir tun das nicht, um darauf aufmerksam zu machen, dass jeder entwickelte Markt systematisch auf „politisch" genannten institutionellen Voraussetzungen beruht, ohne die er nicht funktionieren könnte. Daher wenden wir uns zunächst diesen Voraussetzungen zu und analysieren erst im folgenden vierten Kapitel die Funktionsweise des Marktes. Der Markt hat in der Ökonomik der letzten 100 bis 150 Jahre eine dominierende Stellung eingenommen. Seine Voraussetzungen aber sind erst in den letzten Jahrzehnten verstärkt der ökonomischen Analyse zugänglich geworden: Eigentums- bzw. Verfügungsrechte, Verfassung, Verträge allgemein, aber auch Wettbewerb, Strafrecht, Gesellschaftsrecht und Besteuerung werden heute der ökonomischen Analyse unterworfen, so dass die Ökonomik jetzt in den Stand gesetzt ist, sich als Ökonomik auch den *institutionellen Voraussetzungen von Märkten* zuzuwenden, statt sich deren Analyse von anderen Wissenschaften wie besonders der Rechtswissenschaft vorgeben zu lassen.

Wenn man schon mit der ökonomischen Analyse der politischen Voraussetzungen beginnt, dann würden viele erwarten, dass wir mit dem *Staat* beginnen, gilt doch der Staat als Inbegriff des Politischen und als jene Instanz, die für Verfassungen, Verfügungsrechte, Recht und Ordnung allgemein zuständig ist. Wir folgen auch dieser Erwartung nicht, und zwar wiederum ganz bewusst: Die – durchaus verbreitete – Betrachtungsweise, die diese Erwartung nährt, geht vom Staat als einer Instanz aus, die gegenüber der „Wirtschaft" exogen und „gegeben" ist und selbst der ökonomischen Analyse nicht unterliegt. Diese Sichtweise betrachten wir als überholt. Gemäß dem modernen Verständnis von Ökonomik als allgemeiner Vorteils-/Nachteils-Grammatik wird auch die Politik, wird auch der Staat der ökonomischen Theorie unterworfen: seine Begründung, seine Struktur und Reichweite sowie seine Grenzen. Um darüber mit „guten Gründen" Aussagen treffen zu können, muss der Staat selbst zum Gegenstand von Erklärung zwecks Gestaltung durch die Ökonomik gemacht werden. *Der Staat selbst wird daher hier als Resultat von Interaktionen eingeführt.* Wir gehen gewissermaßen hinter den Staat zurück und beginnen bei jenen Akteuren, die die Subjekte des Staates und anderer Institutionen sind, bei den Bürgern nämlich: Diesen programmatischen Ansatz drücken wir durch den Begriff *Demokratie* aus.

Am Anfang unserer Darstellung der politischen Ordnungen in diesem dritten. Kapitel steht daher die Theorie der Demokratie, wobei wir die Demokratie gemäß der Leitidee verstehen, dass die Menschen selbst sich die Regeln ihres Zusammenlebens geben müssen (3.1). Im zweiten Schritt wenden wir uns dann den Institutionen zu, die die Menschen zum Zweck der Etablierung, Durchsetzung und Weiterentwicklung dieser Regeln errichtet haben; wir konzentrieren uns dabei im wesentlichen auf den Staat als die für die vergangenen Jahrhunderte und bis in die Gegenwart hinein wichtigste dieser Institutionen (3.2). Im dritten Schritt tragen wir der Tatsache Rechnung, dass dieser Staat seine schlechthin dominierende Rolle – zumindest relativ – allmählich einbüßt und neue Ordnungsinstanzen die politische Bühne betreten (haben) (3.3).

3.1 Theorie der Demokratie

In diesem Abschnitt müssen wir weit ausholen, es geht um die grundlegenden Fragen der Legitimation der Spielregeln des gesellschaftlichen Zusammenlebens. Die Überlegungen hierzu mögen manchem sehr abstrakt erscheinen, doch sind sie die Basis für alle nachfolgenden Ausführungen zu Staat, Markt und Organisation.

Zunächst präzisieren wir die Problemstellung (3.1.3), um dann die vertragstheoretische Interpretation von Demokratie vorzustellen (3.1.2). Als zentrales Konzept erweist sich dabei der Konsens; mit ihm sind oft Missverständnisse verknüpft, nicht zuletzt deshalb, weil diesem Konzept in unterschiedlichen Problemstellungen eine unterschiedliche Bedeutung zukommt. Deshalb widmen wir der Klärung dieses Konzepts einen eigenen Abschnitt (3.1.3).

3.1.1 Problemstellung

Die Theorie der Interaktion zur Aneignung von Kooperationsgewinnen ziehen wir grundsätzlich in der Spannung zwischen Dilemmastrukturen als Problem und Institutionen als (versuchter) Problemlösung auf. Institutionen sind Regelsysteme, und eine der zentralen Fragen der Menschheitsgeschichte seit Hammurabi, Moses und Solon ist die, woher diese Regeln kommen und wie sie legitimiert und/oder begründet werden.

Es hat in der Geschichte verschiedene Anworten auf diese Frage gegeben. (1) Die Griechen haben auf den „Kosmos", die Ordnung der Natur, verwiesen, die als Muster für die soziale Ordnung der Polis, des Stadt-Staates, gelten sollte. Die modernere Variante dieses Denkens begegnet uns in der neuzeitlichen Naturwissenschaft und heute in der Soziobiologie, die die sozialen Normen aus der naturwissenschaftlich ausgelegten „Natur" des Menschen ableiten zu können glaubt. (2) Moses empfing auf dem Sinai die Tafeln, die das Grundgesetz der Gesellschaft enthielten: Dessen Verbindlichkeit gründete im Willen Gottes. (3) Andere Ordnungen werden auf die Tradition, auf geheiligte Vorbilder, gegründet. (4) Karl Marx verankerte die Regeln der Gesellschaft in der Gesetzmäßigkeit, die er aus dem Verlauf der Geschichte mit der Abfolge Feudalismus – Kapitalismus – Kommunismus herauslesen zu können glaubte. (5) Eine moderne Variante von Ethik, die sog. Diskursethik der jüngeren Frankfurter Schule (K.-O. Apel, J. Habermas), glaubt, die grundlegenden Regeln letztlich aus den Strukturen ableiten zu können, denen alle Diskurse unter Menschen über Geltungsansprüche implizit folgen, und die Theorie hat die Aufgabe, diese Diskurs-Strukturen zu explizieren, damit sie als Regeln für die Gesellschaft verwendet werden können.

All diese Ansätze weisen eine grundlegende Gemeinsamkeit auf, die sofort deutlich wird, wenn man sich ihre Funktion vergegenwärtigt: Sie sollen nämlich das unstete Meinen und Wollen der Menschen unter verbindliche Regeln zwingen, damit die soziale Ordnung, die Verlässlichkeit wechselseitiger Verhaltenserwartungen, gewährleistet bleibt. Aus dieser Funktionsbestimmung heraus glauben diese Ansätze, die entsprechenden Regeln dem Meinen und Wollen der Menschen, ihrer „Willkür", entziehen zu müssen. Anders: Die Regeln müssen unabhängig von situativen Anreizen befolgt werden, und das sei nicht zu plausibilisieren, wenn man sie auf genau diese situativ und interpersonell variablen Interessen oder Präferenzen der einzelnen zu gründen versuche.

Heute gehen wir davon aus, dass diese Legitimations- bzw. Begründungsverfahren nicht das leisten, was sie versprechen, die allgemeine, für alle verbindliche und prinzipiell von allen anerkannte Geltung von Regeln, die dann auch deren zwangsweise Durchsetzung rechtfertigt. Dafür sind diese Vorstellungen von zu vielen Voraussetzungen abhängig, die nicht (mehr) allgemein geteilt werden. Sie scheitern also am „Pluralismus" der Weltanschauungen in der modernen Gesellschaft, der durch die „Globalisierung" genannte Entwicklung zur einen Welt-Gesellschaft noch einmal dramatisch verstärkt wird.

Historisch manifest wurde dieses Scheitern in ganz besonderer Weise erstmals an der Glaubensspaltung im 16. Jahrhundert, die Europa in eine 200jährige Epoche blutiger Glaubenskriege stürzte: Am Ende hatte der Glaube als Basis für die Integration der Gesellschaft, als Grundlage der sozialen Ordnung, ausgedient. Damit entstand die Notwendigkeit, nach einer neuen Integrationsinstanz zu suchen. Wir stehen – heute unter Bedingungen der Begegnung mit anderen Kulturen im Zuge der „Globalisierung" – immer noch mitten im Prozess dieser Suche, was denn die Gesellschaft, heute die Weltgesellschaft, zusammenhalten könnte.

Unsere Antwort ist: Die Menschen können sich auf keine externen Instanzen berufen. Vielmehr gilt: *Die Menschen bestimmen selbst und gemeinsam, nach welchen Regeln sie miteinander umgehen wollen.* Für die soziale Ordnung sind die Menschen als einzige Quelle von Werten anzusetzen: Dies wird am besten durch den Begriff *„Demokratie"* zum Ausdruck gebracht. Demokratie heißt wörtlich „Herrschaft des Volkes". Modern bedeutet das: Für die Legitimation bzw. Begründung der Regeln und die Rechtfertigung ihrer zwangsweisen Durchsetzung ist auf das *Wollen der Betroffenen selbst*, auf das Wollen der den Regeln Unterworfenen, zurückzugehen. Die Verbindlichkeit von Regeln und Institutionen beruht systematisch auf *kollektiver Selbstbindung* – und auf sonst nichts.

Der Prozess, in dem sich eine solche Auffassung herausbildet, dauert Jahrhunderte. An der Entwicklung einer Theorie der Demokratie sind viele Autoren beteiligt, die wir hier nicht einmal nennen können. Wir können hier nur versuchen, den gegenwärtigen Stand des Nachdenkens über diese Fragen in den Grundzügen darzustellen. Dabei greifen wir für bestimmte grundlegende Theorieelemente auf den Aufklärungsphilosophen Immanuel Kant (1724–1804) und für das Theoriedesign auf den Nobelpreisträger für Ökonomie 1986, James M. Buchanan, zurück.

3.1.2 Vertragstheoretische Interpretation der Demokratie

Eine moderne Theorie der Demokratie, wie sie bei James M. Buchanan entwickelt ist, greift auf die alte, bis in die Antike zurückreichende, im 15.–18. Jahrhundert eine Blütezeit erfahrende, im 19. und 20. Jahrhundert nahezu vergessene und seit 1971 (J. Rawls) und 1975 (J. M. Buchanan) eine eindrucksvolle Renaissance erfahrende Vorstellung zurück, dass man sich die Gesellschaft – die soziale Ordnung, den Staat – vorstellen könne als aus einem

Vertrag der Mitglieder hervorgegangen. Wie in einem Privatvertrag – etwa nach dem Muster der BGB-Gesellschaft nach §§ 705 ff. BGB – legen sich die Unterzeichner wechselseitig Rechte und Pflichten auf und konstituieren dadurch eine dauerhafte „Gesellschaft". Man spricht deswegen von der *Theorie des „Gesellschaftsvertrages".* Dabei gilt heute als allgemein anerkannt, dass der Gesellschaftsvertrag keine empirische, historische Tatsache ist, wie etwa die BGB-Gesellschaft, die von bestimmten Personen an einem bestimmten Datum gegründet wird, dass der Gesellschaftsvertrag vielmehr eine Konstruktion der Vernunft darstellt mit dem Ziel, „jeden Gesetzgeber zu verbinden, daß er seine Gesetze so gebe, als sie aus dem vereinigten Willen eines ganzen Volks haben entspringen *können,* und jeden Unterthan, so fern er Bürger sein will, so anzusehen, als ob er zu einem solchen Willen mit zusammen gestimmt habe. Denn das ist der Probirstein der Rechtmäßigkeit eines jeden öffentlichen Gesetzes." (Kant 1910 ff., Bd. 8, S. 297)

Um die Plausibilität einer solchen Theorie besser zu verstehen, gehen wir auf die Problemexposition bei dem soeben zitierten Immanuel Kant zurück. Er argumentiert unter Voraussetzung der Erkenntnis, dass der Glaube als Plattform der Integration der Gesellschaft, als Begründung der sozialen Ordnung, nicht mehr in Frage kommt. Er sondiert dann 1785 die Frage, ob an dessen Stelle nicht die Interessen, Präferenzen – Kant spricht von „Zwecken" – treten könnten, und kommt zu dem Resultat, dass die Verbindlichkeit der sozialen Ordnung wegen der Wechselhaftigkeit und interpersonellen Verschiedenheit der Interessen nicht auf diese Interessen gegründet werden kann. Dann trifft er eine Unterscheidung, die wegweisend für Jahrhunderte ist und auf der die Ordnung der modernen Gesellschaft beruht: die Unterscheidung zwischen den „Zwecken" und dem „Subjekt der Zwecksetzung", das er als „Zweck an sich selbst" bestimmt. Als Subjekt der Zwecksetzung gilt „der Mensch", jeder einzelne Mensch, dem er „Würde" zuspricht, was nach Kants eigener Erläuterung bedeutet, dass er keinen „Preis" hat.

Das bedeutet: Für die soziale Ordnung kommen allein die Menschen als Menschen in Betracht, unabhängig von ihren „Zwecken", Interessen, Präferenzen, unabhängig auch von Religion, Geschlecht, Hautfarbe etc.: All dies „haben" die einzelnen Menschen, aber das ist für sie nur privat relevant, nicht jedoch für die Verbindlichkeit der Ordnung der Gesellschaft. Dafür zählen *nur die Subjekte von Zwecksetzungen:* Sie geben sich selbst und gemeinsam die Regeln, die sie für die Verfolgung ihrer individuellen Zwecke in gesellschaftlichen Interaktionen benötigen. Dies erfüllt Kants Begriff der „Autonomie". Dieser Begriff meint, dass der Mensch *„nur seiner eigenen* und dennoch *allgemeinen Gesetzgebung* unterworfen" (Kant 1910 ff., Bd. 4, S. 432) ist, da die Regeln nur für den auch Verbindlichkeit besitzen, der ihnen zugestimmt hat.

In der Sprache der modernen Ökonomik heißt das: Die Ordnung der Gesellschaft beruht grundsätzlich nicht auf „gemeinsamen" Zwecken, Präferenzen, Interessen oder Werten, von gemeinsamen Glaubensüberzeugungen und Weltanschauungen ganz zu schweigen. Jeder einzelne Mensch ist „die einzige Quelle von Werten", wie James M. Buchanan den Gedanken ausdrückt (1987, S. 586). Verbindliche Regeln gehen auf den Willen der und auf die Inkraftsetzung durch die Betroffenen zurück und haben daher den *Status einer kollektiven Selbstbindung*. Dies gilt für alle Regeln, Institutionen, keineswegs nur für den Staat: Deswegen ist für uns die „Demokratie" nicht eine „Staatsform", sondern das universale Prinzip des menschlichen Zusammenlebens, menschlicher Interaktionen, aus dem dann erst eine Institution wie der Staat hervorgeht.

Der einzelne muss den Regeln zustimmen, zugestimmt haben, wenn sie für ihn verbindlich sein sollen. Zustimmen tut er allerdings im Blick *allein auf seinen individuellen Nutzen:* Die „Zwecke" oder Interessen der anderen sind systematisch nicht, realiter allenfalls zufällig, Elemente seiner Nutzenfunktion. Aber seine Kalkulation des individuellen Nutzens der alternativen Regeln steht unter der *grundlegenden Bedingung*, dass er für deren allgemeine Verbindlichkeit, die erst die Sicherheit wechselseitiger Verhaltenserwartungen gewährleistet, die *Zustimmung des/der anderen braucht*, weil nach der Logik der Dilemmastrukturen niemand allein das Resultat seines Handelns kontrolliert. *Über dieses Konsenserfordernis* kommen die Interessen der anderen sehr wohl ins Spiel, aber nur indirekt: nicht als – anderweitig, metaphysisch oder religiös, gerechtfertigte, höherwertige, moralische – Präferenzen, denen sich alle anzuschließen hätten, sondern als Restriktionen, die beachtet werden müssen, wenn eine soziale Ordnung überhaupt zustande kommen soll. Damit sind sie als „Instrumente" zur Realisierung der eigenen Interessen aufzufassen. Regeln, Regelsysteme bringen die Interessen der anderen zur Geltung, denn die werden den Regeln nur nach dem Gesichtspunkt zustimmen, dass sie ihnen helfen, ihre eigenen Interessen zu realisieren. Die Regelunterwerfung des einzelnen ist der Preis dafür, dass sich die anderen denselben Regeln unterwerfen und ersterer deren Verhalten kalkulieren kann.

Anders gesagt: Die Begriffe Präferenzen, Interessen machen nur handlungstheoretisch Sinn, nicht jedoch interaktionstheoretisch oder gesellschaftstheoretisch. Jeder einzelne versucht, seinen Nutzen zu maximieren: Handlungstheorie. Da dies in einer Welt der sozialen Interdependenzen nur in Abstimmung mit den anderen geschehen kann – zumindest müssen diese ihn „in Ruhe lassen" –, bedarf es der Koordination der Handlungen vieler/aller nutzenmaximierenden Akteure mit Hilfe von Regeln, deren Gültigkeit nicht von bestimmten Interessen der einzelnen, sondern allein von deren Zustimmung abhängt: Interaktions- und Institutionentheorie.

Diese systematische Rekonstruktion schließt nun keineswegs aus, dass die natürlichen Personen in der Realität ein emotionales Einverständnis mit erfolgreichen Regeln, z.b. mit Privateigentum und sozialen Sicherungssystemen, entwickeln: Sie „internalisieren" solche Regelwerke und verfügen dann gewissermaßen über „Präferenzen" für „das Eigentum", für die „soziale Gerechtigkeit". Durch eine solche Betrachtungsweise, die „phänomenologisch" durchaus etwas für sich hat, sollten wir uns jedoch nicht theoretisch in die Irre führen lassen: *Diese* „Präferenzen" sind nicht von der Art der Präferenzen, von denen wir ausgegangen waren und von denen die Ökonomik durchweg ausgeht. Diese Präferenzen sind etwas anderes, lat. ein „aliud": Ein Atheist hat keine genuine Präferenz für das Grundrecht auf Religionsfreiheit; aber mit Blick darauf, dass er in der Gesellschaft mit „Gläubigen" interagieren wird, muss und zum eigenen Nutzen auch will, kann er sich zu einem entschiedenen Anhänger der Religionsfreiheit entwickeln. Diese „Anhängerschaft", diese „Präferenz", geht nicht auf direkt nutzenstiftende Größen wie Ansehen, Einkommen, sie geht auf die *Regel „Religionsfreiheit"*.

Für diesen Unterschied zwischen den quasi normalen Präferenzen und diesen besonderen Präferenzen gibt es in der Literatur keine einheitliche Bezeichnung. Am klarsten drückt man letztere vielleicht aus durch die Kennzeichnung „instrumentelle Präferenzen", weil es sich um „Präferenzen" für spezielle *Instrumente* der Verfolgung individueller Präferenzen in der Gesellschaft handelt, die aber – im ökonomischen Handlungsmodell – selbst keine Präferenzen sind. Man könnte auch von sekundären Präferenzen reden; James Buchanan und Viktor Vanberg haben mit Blick auf die Ebene, auf der diese „Präferenzen" angesiedelt sind, von „konstitutionellen" Präferenzen oder Regelpräferenzen gesprochen (Vanberg/Buchanan 1991).

Die Regel nun, nach der über die Regeln/Institutionen einer Gesellschaft entschieden wird, muss eine qualitativ herausgehobene Regel sein: Dies ist der *Konsens*. Das Konsenserfordernis ist in der wissenschaftlichen Literatur seit den Tagen Kants sehr umstritten, denn es ist unmittelbar klar, dass kein Regelsystem der Gesellschaft jemals in der Weltgeschichte durch einen expliziten empirischen Konsens aller Betroffenen beschlossen worden ist. In der Realität moderner Gesellschaften werden kollektive Entscheidungen z.B. vom Parlament mit einfacher Mehrheit oder von der Regierung in Kraft gesetzt. Hier besteht also prima facie erheblicher Erklärungsbedarf. Bevor wir auf den Status des Konsenses über Regeln näher eingehen, sei nur der Einstieg in die vielfältige Welt empirischer Kollektiventscheidungen benannt: Man kann per

Konsens beschließen, künftig auf das strikte Konsenserfordernis, die explizite Zustimmung aller zu jeder Regel oder Regeländerung, zu verzichten – ganz analog zur BGB-Gesellschaft nach §§ 705 ff. BGB. Damit ist die Tür zu einem hochdifferenzierten System von kollektiven Entscheidungen mit unterschiedlichsten Quoren aufgestoßen.

Zum Schluss dieses Abschnitts ist der Grund dafür zu nennen, warum die Theorie des Gesellschaftsvertrages in der Gegenwart trotz vieler immanenter Probleme, über die die Fachwelt im Streit liegt, praktisch konkurrenzlos die gesellschaftliche und wissenschaftliche Diskussion beherrscht. Ihr Vorzug gegenüber anderen Begründungen, deren wichtigste wir oben aufgelistet hatten, ist darin zu sehen, dass sie von religiösen, metaphysischen, ideologischen Voraussetzungen weitgehend unabhängig ist und ihre Akzeptanz von solchen in der modernen Gesellschaft, besonders in der Weltgesellschaft, nicht mehr allgemein geteilten Überzeugungen nicht tangiert wird. In der Sprache der Wissenschaftstheorie kommt die Vertragstheorie der Gesellschaft mit „schwachen" Voraussetzungen aus, mit Voraussetzungen also, die von keinem Menschen ernsthaft bestritten werden, oder vorsichtiger: die von den Fachleuten, die mit der Diskussion vertraut sind, und angesichts der relevanten alternativen Konzepte nicht ernsthaft bestritten werden. Die Vertragstheorie benötigt nur die folgenden zwei Voraussetzungen:

– In „pluralistischen" Gesellschaften zählen für die Begründung der Regeln nicht die Interessen, sondern nur die Träger der Interessen.
– Regeln sind für ihre Gültigkeit und für ihre Implementierung auf die grundsätzliche Zustimmung aller Betroffenen angewiesen.

Das reicht, um eine „Straßenverkehrsordnung" für die moderne Gesellschaft mit unterschiedlichsten Interessen, Religionen und Kulturen zu errichten. Ja, im Zuge der Entstehung der einen Weltgesellschaft wird u. E. die Bedeutung dieser Konzeption noch zunehmen: Die Heterogenität der Kulturen kann in eine verlässliche Ordnung um so eher integriert werden, je mehr diese Ordnung die individuellen Interessen innerhalb des Regelwerks freigibt. Schon Kant hatte deshalb die Interessen als Integrationsplattform verabschiedet, und wenn die moderne Theorie des Welt-Gesellschaftsvertrages streng zwischen Handlungs- und Gesellschaftstheorie, Maximierung- und Koordinierungsparadigma unterscheidet und den Vorteils- oder Nutzenbegriff im individuellen Maximierungsparadigma völlig offen lässt und lediglich nach konsensfähigen Regeln fragt, folgt sie, ohne es zu wissen, gedanklichen Bahnen, für die Kant die Weichen gestellt hatte.

3.1.3 Die Problematik des Konsenses

Der Konsens bezieht sich auf *Regeln*, nicht auf Präferenzen, Interessen, Werte und dergleichen mehr. Aber warum muss es denn ein Konsens *aller* Betroffenen sein, scheint doch diese Forderung der Theorie in der Realität so gut wie nie erfüllbar?

Wir wenden uns jetzt dieser Problematik zu, ohne sie freilich abschließend lösen zu können, und führen einige grundlegende Gesichtspunkte und Unterscheidungen für die weitere Bearbeitung der Frage ein.

3.1.3.1. Konsens als normative Heuristik

Kant hatte gesagt, dass jeder einzelne Mensch als Mensch „Würde" hat und keinen „Preis". Er meinte damit, dass der einzelne Mensch „kein Äquivalent verstattet" (1910 ff., Bd. 4, S. 435), d.h. nicht aufgerechnet werden darf. Das bedeutet, dass keiner für einen größeren Nutzen anderer oder aller „geopfert" werden darf – es sei denn nach einer Regel, der er selbst zugestimmt hat: Die Zustimmung jedes einzelnen zu den Regeln, Institutionen ist danach also grundsätzlich unverzichtbar.

Dieser Gedanke kehrt in der Vertragstheorie von J. M. Buchanan wieder; er übernimmt ihn nicht von Kant, sondern von Knut Wicksell, dem schwedischen Nationalökonomen (1851–1926). Jeder einzelne hat damit grundsätzlich ein Vetorecht gegen kollektive Entscheidungen, wieder analog zur BGB-Gesellschaft.

In diesem Punkt liegt der grundlegende *Unterschied* einer *Vertragstheorie* vom Typ Kant/Buchanan zum *Utilitarismus* in der Variante des *Regelutilitarismus* begründet. Der Utilitarismus – von lat. utilis = nützlich – stellt besonders im angelsächsischen Raum die einzige ernsthafte Konkurrenz zu dem hier vertretenen Ansatz dar, weil er die Begründung der sozialen Ordnung ebenfalls unter programmatischem Verzicht auf religiöse, metaphysische, weltanschauliche Voraussetzungen versucht. Sein Ansatz der Ethik bzw. Sozialphilosophie lässt sich kurz so entwickeln.

Der *Utilitarismus* beurteilt jene Handlungen als moralisch „gut", die den „Nutzen" maximieren, sei es den Gesamtnutzen der Gesellschaft oder den Pro-Kopf-Nutzen. Dies führt zu der Konsequenz der Kalkulation des Nutzens von *einzelnen Handlungen*, und man bezeichnet daher diese Variante des Utilitarismus als *„Handlungsutilitarismus"*. Danach dürfte man immer dann lügen oder Menschen töten, wenn dadurch der Gesamtnutzen erhöht würde. Das widerspricht aber allen unseren moralischen Überzeugungen; der Handlungsutilitarismus gilt deshalb nicht als besonders gute Theorie.

Nun hat man die Theorie verbessert und einen Utilitarismus entwickelt, bei dem das Kriterium „Nutzenmaximierung", das in Geltung bleibt, nicht mehr auf die Einzelhandlung angewendet wird, sondern auf die Sequenz von Handlungen eines bestimmten Typs nach einer bestimmten Regel. Dann ist eine Handlung moralisch „gut", wenn sie (1) einer Regel gehorcht, die (2) den Nutzen der Handlungen nach dieser Regel im Vergleich zum Nutzen nach einer anderen Regel maximiert. Man vergleicht also die Nutzenwirkungen alternativer Regeln – unter der Voraussetzung der allgemeinen Befolgung dieser Regeln beim Handeln –, und daher bezeichnet man diese Variante des Utilitarismus als „Regelutilitarismus". Anders gesagt: Das Nützlichkeitskriterium wird an die Regeln angelegt, und die Regel verdient den Vorzug, die den (Gesamt- oder) Durchschnittsnutzen der Gesellschaft erhöht. Dies ist zweifellos viel näher an unseren moralischen Überzeugungen als der Handlungsutilitarismus, aber der Regelutilitarismus hat immer noch gravierende Schwächen: Man könnte mit ihm unter bestimmten Bedingungen begründen, dass z.B. alle Menschen im Alter von 80 Jahren getötet oder „Terroristen" gefoltert werden dürften, was erneut grundlegenden moralischen Überzeugungen der meisten Menschen widerspricht. Auch diese Theorie ist also noch nicht befriedigend.

Die *Vertragstheorie* – in der ökonomischen Variante auch als Konstitutionenökonomik bezeichnet – führt hier zu einer besseren Theoriebildung, indem sie darauf besteht, dass *jeder von einer Regel Betroffene dieser Regel zustimmen muss*. Es werden keine Nutzen interpersonell aggregiert – das ist gesellschaftlich irrelevant nach Kant, weil dies Interessen, „Zwecke" betrifft –, was zählt, ist allein das „Subjekt der Zwecksetzung" als „Zweck an sich selbst" und sein Wille – unter der Bedingung der Zustimmung aller anderen zur Regel. Das Subjekt wird gewissermaßen vor die Klammer seiner Nutzenfunktion gezogen und nicht verrechnet. In der Sprache Buchanans gesagt: Die Menschen *haben* keinen Wert, weil sie die *Quelle* aller Werte und damit gegenüber allen Werten ein „aliud" sind. Dem Subjekt der Zwecke bzw. Werte wird ein ursprüngliches Vetorecht gegenüber allen kollektiven Entscheidungen zugesprochen.

Diese Theorie bildet grundlegende moralische Überzeugungen der meisten Menschen besser ab als jeder Utilitarismus. Der Regel, Menschen im Alter von 80 Jahren zu töten, müssen die Betroffenen selbst zugestimmt haben, soll sie Verbindlichkeit erlangen, und damit erweist sich dieser Vorschlag unmittelbar als nicht akzeptabel.

Dennoch erscheint das Erfordernis des strikten Konsenses kontra-intuitiv, weil kein Regelwerk größeren Umfangs jemals explizit von allen Betroffenen konsentiert wurde. Der strikte Konsens aller ist empirisch nicht einzuholen –

schon aus dem einfachen Grunde nicht, dass sich die Zusammensetzung der „Gesellschaft" durch Geburt und Tod jeden Tag ändert. Was ist zu tun?

Die Lösung dieses Problems besteht darin, den **Konsens** *als „regulative Idee" in Geltung zu lassen* und nach *Verfahren zu suchen, die diese Idee nachzubilden, zu simulieren in der Lage sind.*

Es sind im wesentlichen zwei solcher Simulationsverfahren von Konsens entwickelt worden, ein theoretisches und ein politisch-praktisches. In beiden bleibt der Konsens die normative Heuristik: An ihm richten sich diese Verfahren aus, an ihm orientieren sie sich. Der Konsens bleibt also als Kriterium, als „regulative Idee", in Geltung: Das Konsenserfordernis dient als Denk- und Suchanweisung, als „Heuristik", für diese Verfahren und ihre laufende Verbesserung.

3.1.3.2 Theoretische Simulation des Konsenses: Universalisierbarkeit

Die theoretische Simulation des Konsenses geht auf Kant zurück. Als Test für die Verbindlichkeit von vorgeschlagenen Regeln empfiehlt er zu prüfen, ob eine Regel verallgemeinerungsfähig, also **universalisierbar** sein kann. Die Literatur spricht vom Universalisierbarkeitstest für Regeln und sieht darin heute allgemein eine notwendige Bedingung für die allgemeine Verbindlichkeit von Regeln. Kant bringt als Beispiel, „daß ich zwar die Lüge [= eine einzelne Lüge in einer besonderen Situation; KH/AS], aber ein allgemeines Gesetz zu lügen gar nicht wollen könne" (Kant 1910 ff. Bd. 4, S. 402 f.). Von diesem Gedanken der Universalisierbarkeit lebt die erste Formel, die sog. Gesetzesformel, des kategorischen Imperativs: „handle nur nach derjenigen Maxime [= subjektive Regel; KH/AS], durch die du zugleich wollen kannst, daß sie ein allgemeines Gesetz werde" (ebd., S. 421).

Durch den Test auf die Universalisierbarkeit von vorgeschlagenen Regeln („Maximen") wird zuverlässig die *Unparteilichkeit* dieser Regeln garantiert. Der Test wird – heute z. T. in sehr elaborierten Formen – vom Theoretiker durchgeführt. Es handelt sich um die Simulation des Konsenses durch die „Vernunft", wofür Kant nur die Vernunft eines einzelnen braucht, da die Vernunft und ihre Gesetze für alle Menschen gleich ist bzw. gleich sind. Das auf diese Weise erzielte Ergebnis *simuliert den Konsens*: Der Konsens ist nicht empirisch erzielt, er ist auch nicht empirisch implizit vorhanden, es handelt sich vielmehr um einen **hypothetischen Konsens** als Resultat einer gedanklichen Operation, eines Gedankenexperiments durch den Theoretiker.

Wir können hier auf die Problematik des hypothetischen Konsenses auf der Basis eines Test auf die Universalisierbarkeit von Regeln nicht weiter eingehen. Wir betonen nur, dass solche gedanklichen Operationen auch in der modernen Theoriebildung immer wieder vorkommen, ja, unverzichtbar sind.

Strittig ist lediglich, was genau im Erfolgsfalle damit bewiesen ist – ob sie die *Zustimmung* aller beweisen und als Grundlage auch politischer Verbindlichkeit und damit von Zwang ausreichen oder ob sie lediglich eine Heuristik für die Abschätzung der Zustimmungs*fähigkeit* von Regeln darstellen. Wir tendieren zu letzterem: Auf starke empirische Unterstützung eines Konsenses, d.h. der Verbindlichkeit, kann der hypothetische Konsens nicht verzichten.

3.1.3.3 Praktische Simulation des Konsenses: Konstitutionelle Demokratie

Wir hatten gesagt, der Konsens über Regeln ist unter empirischen Bedingungen großer Gesellschaften praktisch niemals einzuholen. Ökonomisch heißt das, er ist unter Bedingungen der Knappheit zu teuer und dient damit nicht den Betroffenen, deren Interessen durch Zuerkennung eines individuellen Vetorechts gegen kollektive Entscheidungen geschützt werden sollten, weil das strikte Konsenserfordernis zu viel Zeit benötigt und weil viele Entscheidungen gar nicht oder auf dem Niveau der risikoscheuesten Gesellschaftsmitglieder getroffen werden – zum Nachteil aller. Konsens unter Realitätsbedingungen ist in großen Gesellschaften extrem teuer für die Betroffenen. Daher sind auch hier, im Feld der praktisch-politischen Institutionen, Verfahren erforderlich, die den Konsens simulieren: Auch hier geht es darum, sich bei der Etablierung solcher Institutionen an der regulativen Idee des Konsenses zu orientieren, und auf Konsens darf man rechnen, wenn Kooperationsgewinne für alle anfallen: Das ist das Kriterium.

Theoretisch bewerkstelligt man dies in folgender Weise: *Per Konsens* wird entschieden, *„spätere" Entscheidungen unterhalb des Konsenses treffen und* gleichwohl als verbindlich gelten zu lassen. Das *Abgehen vom Konsens kann* als vorteilhaft für alle einzelnen gedacht und ausgestaltet werden, es kann daher *selbst konsensfähig* sein. Dazu ist allerdings erforderlich, dass die „späteren" Entscheidungen – Buchanan spricht von „post-" oder „subkonstitutionellen" Entscheidungen – allen langfristig Vorteile bringen. Oder anders gesagt: Die Institutionen der sozialen Ordnung müssen so ausgelegt sein, dass sie Kooperationsgewinne für alle bringen. Noch anders gesagt: Man geht nicht bedingungslos vom Konsens ab – das war die Konzeption von Th. Hobbes, der das Problem der sozialen Ordnung klar explizierte, dann aber verlangte, dass alle einzelnen ihr ursprüngliches Vetorecht ein für allemal und bedingungslos an den „Souverän" abtreten sollten –, sondern *nur unter Bedingungen.* Und diese *Bedingungen* sind es, *die den Konsens bzw. das individuelle Vetorecht simulieren.*

Heraus kommt letztlich ein hochdifferenziertes und leistungsfähiges System unterschiedlichster Regeln, wie wir das aus den modernen Demokratien westlichen Typs kennen. Es beginnt mit den Menschen- und Grundrechten: Hier wird sogar – wegen ihrer überaus großen Bedeutung für jeden einzelnen – das individuelle Vetorecht gegen kollektive Entscheidungen in der Realität ohne Abstriche aufrechterhalten. Dann folgen Verfassung, private Verfügungsrechte, Gewaltenteilung, Rechtsstaat, vielfach gestufte Regelungen zur Partizipation an kollektiven Entscheidungen, die Gesetzmäßigkeit der Verwaltung und das Klagerecht, usw. Dieses Institutionensystem stellt *als ganzes*, als aufeinander abgestimmtes und sich vielfältig ergänzendes und stützendes Regelsystem, *die Simulation der regulativen Idee des Konsenses dar*. Nicht die Entscheidung der „Mehrheit", die immer als Kennzeichen der „Demokratie" ausgegeben wird, bildet den Konsens ab, denn die Mehrheit kann die Minderheit ausbeuten, entrechten, unterdrücken, sondern das *gesamte System der Institutionen*. Wenn man dieses gesamte System als „Konstitution", als Verfassung, als Grundordnung einer demokratischen Gesellschaft bezeichnet, dann kann man sagen, eine Mehrheitsentscheidung sei *nur unter konstitutionellen Beschränkungen* als legitim anzusehen Die unbeschränkte Mehrheitsherrschaft ist illegitim, sie kann genau so totalitär sein wie eine Alleinherrschaft: In Deutschland brauchen wir nur auf den Nationalsozialismus zu verweisen, um das deutlich werden zu lassen.

Anders ausgedrückt: Nur wenn wir von der normativen Auszeichnung des Konsenses ausgehen, können wir theoretisch mit guten Gründen geltend machen, dass (1) in besonders wichtigen Fragen jeder einzelne sein individuelles Vetorecht behält (Menschen- und Grundrechte) und (2) alle Entscheidungen unterhalb der Einstimmigkeit konstitutionellen Beschränkungen unterliegen müssen, sollen sie legitim sein. Es geht immer um die Orientierung an der normativen Idee des Konsenses, die ihrerseits darauf gegründet ist, dass allen Subjekten von Zwecksetzungen als „Zwecken an sich selbst", allen Subjekten von Interessen, die gleiche unveräußerliche „Würde" zugebilligt wird, so dass sie nur solchen Regeln unterworfen sein können, denen sie selbst zustimmen.

Wir können die Grundstruktur unserer Argumentation auch in der Form eines praktischen Syllogismus ableiten ähnlich jenem, den wir schon in Abschnitt 2.4.5 vorgestellt hatten. Unter (1) formulieren wir das normative Prinzip, den Konsens; unter (2) geben wir die Bedingung an, unter der der Konsens in der Realität steht, die knappheitsbedingten Konflikte. Aus (1) und (2) leiten wir die unterschiedlichen institutionellen Arrangements in der realen, empirischen „Demokratie" ab (3). Dann sieht das Bild wie folgt aus:

(1)	Norm:	Konsens als Prinzip von Demokratie
(2)	Bedingung:	knappheitsbedingte Konflikte

| (3) | Resultat: | Organisationsformen empirischer „Demokratien" |

Diese Schematisierung ist deswegen besonders hilfreich, weil sie zeigt, welche Fehler in den entsprechenden öffentlichen und sogar wissenschaftlichen Diskussionen oft unterlaufen. So ist es in der Regel falsch, von der Norm Konsens direkt auf einstimmige Entscheidungen als empirische Organisationsform zu schließen und bei allen Kollektiventscheidungen für die Individuen ein Vetorecht – und Widerstandsrecht – zu reklamieren, wie radikaldemokratische Konzeptionen das propagieren. Diesen Fehler hatten wir oben (2.3.5) als „normativistischen Fehlschluss" bezeichnet. Legitim und anerkannt ist ein Schluss von der Norm Konsens auf ein individuelles Vetorecht bei kollektiven Entscheidungen nur im Fall der Menschen- und Bürgerrechte, weil die für den einzelnen von so überragender Wichtigkeit sind, dass die Norm ohne Rücksicht auf Knappheit = Kosten von der Gesellschaft garantiert wird.

Den spiegelbildlichen Fehler begeht, wer unter Berufung auf „Sachgesetzlichkeiten", die aus der Knappheit resultieren, glaubt, die Betroffenen nicht mehr nach ihren Willensentscheidungen fragen zu müssen: Wir hatten diesen Fehler als „empiristischen Fehlschluss" bezeichnet, insofern die Gestaltungsempfehlung bzw. die Legitimation allein aus der „Natur der Dinge" bzw. aus den „Tatsachen" abgeleitet wird. Konzepte von Globalsteuerung durch „Fachleute" in Verbindung mit den von ihnen „beratenen" Politikern verwenden oft solche Argumentationsmuster; eine – zumindest gedanklich-hypothetische – Reflexion auf die Zustimmungsfähigkeit für die Betroffenen erscheint hier eher als störend für die Stringenz und Konsistenz der Politik. Genau deshalb aber sind solche Konzepte auf Dauer zum Scheitern verurteilt.

Dies sind grundsätzliche Aussagen: Damit sind keineswegs alle Fragen der Empirie beantwortet: So ist immer umstritten, wie der Konsens simuliert wird, wenn er nicht empirisch eingeholt werden kann, und selbst wenn eine explizite empirische Zustimmung durch ein Subjekt vorliegt, bleibt zu fragen, ob die Zustimmung „freiwillig" erfolgt ist oder unter – direkt politischem, äußerlich-sozialem oder psychischem – „Zwang" gegeben wurde. Da es uns hier nur um die Grundzüge gehen kann, müssen wir für diese und viele andere offene Fragen auf die Literatur verweisen.

Ein weiteres Problem bleibt offen: Mit Kants Unterscheidung zwischen „Zwecken" und den Subjekten von Zwecksetzungen wird den Subjekten „Würde" zugesprochen. Dies erfolgt rein normativ: Eine elaborierte Begründung gibt Kant nicht. Und selbst J. M Buchanan führt zwei Jahrhunderte später das individuelle Vetorecht noch rein normativ ein, als „Postulat" (Buchanan 1991, 221 ff.). Auch er begründet es nicht weiter: In der Tradition des Liberalismus, der Aufklärung und der Menschenrechte ist das vielleicht auch nicht nötig – obwohl wir heute damit konfrontiert sind, dass andere Kulturen – oder deren Regierungen – die westlichen Vorstellungen von individuellen Menschenrechten keineswegs vorbehaltlos anerkennen. Vielleicht wäre in dieser Situation eine „Begründung", die ohne Normativität auskommt und in diesem Sinne nur ganz „schwache", d.h. von Weltanschauungen unabhängige, Voraussetzungen macht, wünschenswert oder hilfreich. Wir werden eine solche Begründung im sechsten Kapitel (6.2.4.2) anbieten, sie wird strikt ökonomischer Natur sein.

Abschließend ist darauf aufmerksam zu machen, dass nach der Literatur sogar aus dem problemlosen, bereitwilligen Interagieren unter einem bestimmten Regelsystem, wenn es über einen längeren Zeitraum stattfindet, eine implizite normative Legitimation dieses Regelsystems abgeleitet werden kann: Man spricht hier von einem *impliziten Konsens*, der sich nach dem Modell des informellen „konkludenten Verhaltens" als implizite Zustimmung zu einem Vertrag, hier zum Gesellschaftsvertrag, einstufen lässt. Diese Einschätzung ist allerdings an gewisse Voraussetzungen wie Meinungs- und Versammlungsfreiheit, Koalitionsfreiheit zur Bildung einer Opposition und – im äußersten Fall – an die Möglichkeit zur Auswanderung gebunden: Das Interagieren der Bürger in der von Mauer und Stacheldraht umgebenen ehemaligen DDR kann man kaum als implizite Zustimmung zu dem damaligen Gesellschaftssystem werten.

3.1.3.4 Die Rolle von Mehrheitsentscheidungen

In praktisch der gesamten Literatur über die verschiedenen Disziplinen hinweg, angefangen von der Philosophie über die Rechtswissenschaft, die Soziologie und Politologie bis hin zur Ökonomik wird die Demokratie als „Staatsform" und als „Herrschaft der Mehrheit" gefasst. Wir hatten dagegen die „Demokratie" als universales Prinzip menschlichen Zusammenlebens, menschlicher „Interaktionen", bestimmt – vom Staat ist bislang noch keine Rede gewesen –, und durch Betonung des Konsenses und der konstitutionellen Beschränkung von allen Entscheidungen unterhalb des strikten Konsenses ist die normative Auszeichnung der Mehrheitsentscheidungen entschieden depotenziert.

Dennoch erfreut sich die *Mehrheitsregel* seit dem Altertum einer besonderen Wertschätzung, allerdings meist nur innerhalb „gewachsener" Gemeinschaften. Auf der internationalen Ebene ist das ganz anders, und die EU hält

bis heute am Vetorecht der Mitgliedstaaten fest. Es ist offenbar nicht so einfach, die national breit akzeptierte Mehrheitsregel auf internationale Entscheidungen zu übertragen. Der Grund ist klar: Es fehlt in der EU der hinreichend
ausgestaltete Rahmen konstitutioneller Beschränkungen, der Mehrheitsentscheidungen (im Parlament) national akzeptanzfähig sein lässt. Genau darum
geht heute die Diskussion, wenn „kleine" Länder in der EU Schutz vor den
von den „großen" Ländern dominierten Mehrheitsentscheidungen verlangen.

Den stärksten Angriff auf die Mehrheitsentscheidung hat nach verbreiteter
Meinung der Nobelpreisträger Kenneth J. Arrow Anfang der 50er Jahre geführt. Sein Buch mit dem Titel „Social Choice and Individual Values" von
1951 wurde viel beachtet, es wirkt bis heute nach; nicht wenige haben darin
einen Beweis für die Unmöglichkeit von „Demokratie" überhaupt – verstanden als Mehrheitsherrschaft – gesehen. Wir stellen das sog. „Arrow-Paradox"
kurz vor und zeigen, wie in der hier vorgestellten Theorie der Demokratie
damit umzugehen ist.

Das Problem von Mehrheitsentscheidungen lässt sich am einfachsten für eine Drei-Personen-Gesellschaft, in der jeder über drei Alternativen abzustimmen hat, darstellen:

		Bewertung der Alternativen
	i	$A > B > C$
Akteure	j	$B > C > A$
	k	$C > A > B$

Frau i und die Herren j und k müssen sich für eine von drei möglichen Alternativen, nämlich A, B oder C, entscheiden. Die Tabelle zeigt die Rangfolge, in
der sie diese Alternativen individuell bewerten; so zieht beispielsweise Frau i
die Alternative A gegenüber B vor und B wiederum gegenüber C. Werden nun
die Alternativen nacheinander paarweise zur Abstimmung gestellt, so ergeben
sich

- eine Mehrheit (bestehend aus i und k) für A gegenüber B,
- eine Mehrheit (bestehend aus i und j) für B gegenüber C und
- eine Mehrheit (bestehend aus j und k) für C gegenüber A.

Daraus folgt das unangenehme Resultat, dass man entweder zu keinem ein-
deutigen Ergebnis kommt – kollektiv gilt: $A > B > C > A$, was widersprüch-
lich ist, man spricht von „zyklischen Mehrheiten" – oder eine Entscheidung
(z.B. A über B über C) trifft, bei der die Präferenzen einer Mehrheit (j und k)
missachtet werden. So könnte beispielsweise Herr j beantragen, dass man

doch bitte einmal prüfen möge, ob bei einem direkten Vergleich von *C* und *A* es nicht Alternative *C* wäre, die vorgezogen würde, was in der Tat der Fall ist.

Arrows Resultat, das in Wirklichkeit viel fundamentaler ist, als dieses einfache Beispiel vermitteln kann, wurde als eine der grundlegenden Herausforderungen demokratischer Entscheidungsverfahren betrachtet. Seine Überlegungen haben vermutlich deshalb eine solche Wirkung entfaltet, weil mit ihnen gezeigt wurde, dass es keine demokratische Organisationsform geben kann, die einem bestimmten Ideal der Rationalität kollektiver Entscheidungen genügen kann. Das Resultat Arrows ist streng allgemein und beruht auf einer Reihe sehr plausibler, in diesem Sinne „schwacher", Voraussetzungen.

Wie ist dieses Resultat in unserer Theorie der Demokratie einzustufen?

Wir bestreiten nicht die Möglichkeit, dass es bei Mehrheitsentscheidungen zu „zyklischen", und das bedeutet: widersprüchlichen, Mehrheiten ($A > C$ und zugleich $C > A$) kommen kann: Arrow hatte sein Theorem nicht das Theorem der „Unmöglichkeit" von Demokratie bezeichnet, als das es vielfach verstanden wurde, sondern als „possibility theorem", als Theorem der „Möglichkeit" zyklischer Entscheidungen.

Die Frage ist jedoch, welche Folgerungen aus derartigen „Möglichkeiten" zu ziehen sind. Arrow und viele nach ihm haben daraus geschlossen, dass es nicht möglich sei, in der Politik ein rationales Verfahren für kollektive Entscheidungen zu etablieren; und mit rational ist ein Verfahren gemeint, das elementare, sehr schwache Voraussetzungen wie Widerspruchsfreiheit, Ausschluss von Diktatur unter anderem *unter allen Umständen* erfüllt. Demgegenüber wies Buchanan 1954 darauf hin, dass diese Vorstellung von Rationalität bzw. rationaler Politik verfehlt ist; es geht nicht darum, bestimmte *logische* Bedingungen in *idealer* Weise zu erfüllen, sondern aus den *empirischen* Bedingungen je *das Beste zu machen* (wir erinnern auch an den oben skizzierten praktischen Syllogismus). So gibt es überhaupt keinen Zweifel daran, dass es in demokratischen Entscheidungen immer mal wieder zu Fehlentscheidungen bzw. Entscheidungen mit unerwünschten Folgen kommen wird, doch ist das kein Zeichen grundsätzlicher Irrationalität. Die Rationalität zeigt sich vielmehr darin, wie man mit diesen Problemen umgeht, und insbesondere daran, ob es gelingt, durch geeignete institutionelle Vorkehrungen künftig bestimmte Fehler zu vermeiden[1].

Eng damit zusammen hängt eine zweite Überlegung, die ebenfalls von Buchanan formuliert wurde (Buchanan 1995): In der sozialen Welt können die Individuen so etwas wie *Endzustände*, gesellschaftliche Ergebnisse, grund-

---

[1] Diese Idee von Rationalität wurde vor allem von Karl Popper ausgearbeitet; in einfachster Form dargestellt lautet ihre Devise: aus Fehlern lernen.

sätzlich nicht „wählen". In einer Interaktionsökonomik „resultieren" die Ergebnisse, ohne dass irgendein Individuum sie in der Hand hätte. Und wenn das
Individuum – z.B. unser Student aus dem ersten Kapitel – den Kauf des Autos
„wählte", macht ihm ein anderer – unser Professor – einen Strich durch die
Rechnung: Der andere bzw. die anderen haben ebenfalls Einfluss auf das Ergebnis, und eine solche *Interdependenz lässt sich nicht als „soziale Wahl"
modellieren*. Selbst bei minimalsten Handlungsspielräumen („Sklave") können
die Akteure sich weigern, die per „sozialer Wahl" zugedachte, „gewählte",
Rolle zu spielen. „Wahl" ist eine Kategorie der Handlungstheorie. Interaktionstheoretisch geht es nicht um „Wahl" von Ergebnissen, sondern um Koordination von Handlungen verschiedener Akteure, und koordiniert werden sie
über Regeln, die „vereinbart" werden und die niemals das gesellschaftliche
Resultat determinieren. Es kommt heraus, was herauskommt, „it emerges
what emerges", formuliert J. M. Buchanan. Und wenn die Interaktionspartner
eine Möglichkeit sehen, die jeden von ihnen besser stellt, dann können sie interaktionstheoretisch wiederum nicht das Ergebnis beschließen, sondern nur
neue Regeln, von denen sie annehmen, dass dieses bessere Ergebnis resultiert.
Anders gesagt: Die zentrale Frage in einer Interaktionsökonomik ist nicht, ob
man sich bessere Endresultate ausdenken und wünschen kann – das kann man
immer –, sondern ob sich im Ausgang vom Status quo (s. u.) Regeln denken
und politisch implementieren lassen, die wahrscheinlich zu pareto-superioren
Resultaten führen. Wenn bestimmte Regeln zu zyklischen, widersprüchlichen,
ökonomisch: pareto-inferioren Ergebnissen führen, ist es Aufgabe von Politik,
diese Regeln zu verbessern, und das ist eine praktisch-politische Frage, keine
Frage der Logik. Anders gesagt: Zyklische Mehrheiten, auf deren Möglichkeit
Arrow bei allen Kollektiventscheidungen unterhalb der Einstimmigkeit zu
Recht hingewiesen hat, sind in einer Interaktionsökonomik *nicht das Ergebnis*
der Analyse, *sondern das Problem* – ein Problem, für das es institutionelle
Lösungen gibt wie für viele andere Probleme auch.

3.1.3.5 Konsens als positive Heuristik

Nachdem wir kontra-intuitiv den normativ begründeten Konsens in der realen
Welt doch gefunden haben – in den Menschen- und Grundrechten, in den
konstitutionellen Beschränkungen moderner „Demokratien" und in der impliziten Zustimmung aufgrund von Regelbefolgung –, wechseln wir jetzt die
Perspektive: Wir gehen von der normativen zur positiven Analyse über. Da
behaupten wir, dass auch hier, bei der positiven Erklärung sozialer Tatbestände, der Konsens eine bedeutende Rolle spielt.

    Diese Wendung muss ziemlich verblüffend wirken, wenn er nicht gar das
alte Vorurteil bestätigt, dass Ökonomen *doch* Zyniker sind. Im Rahmen der

positiven ökonomischen Analyse wird nämlich die Idee des Konsenses aller so ausgelegt, dass unterstellt wird, im Status quo sei bereits eine bestimmte Form von Konsens faktisch vorhanden, nämlich der Art, dass alle Menschen jeweils genau das tun, was sie *unter den ihnen gegebenen Handlungsbedingungen* am liebsten tun wollen. Es handelt sich um eine bestimmte Form des *impliziten Konsenses*: „Implizit" meint hier genau diesen Umstand, dass die Menschen unter den Bedingungen des Status quo so handeln, wie sie es als ihre, in dieser Lage, beste Möglichkeit wahrnehmen, und im Vollzug des Handelns diese Bedingungen einschließlich der Regeln akzeptieren – auch wenn sie sich natürlich immer noch bessere Regeln und als Folge angenehmere Zustände vorstellen können, die aber eben – jetzt – nicht realisierbar sind.

Bei näherer Betrachtung zeigt sich, dass dieses Verständnis von Konsens so abwegig gar nicht ist: Wenn sie lieber etwas anderes tun wollten und es ihnen möglich wäre, das auch zu tun, warum tun sie es dann nicht? Und wenn man als Beobachter meint, es wäre doch viel besser, wenn sie nach anderen Regeln handelten, als sie es tun, muss man sich die Frage gefallen lassen, mit welchem Recht man meint, hier etwas besser wissen zu wollen als die Handelnden selbst. Denkt man genauer darüber nach, so wird man finden, dass die Idee des Konsenses, wie sie jetzt interpretiert wird, in der Tat verlangt, *den Status quo ernst zu nehmen*. Denn der Status quo sollte vom Wissenschaftler niemals als Zufall, als Geschick der Götter oder Machwerk des Teufels bzw. irgendwelcher „Verschwörer" angesetzt werden, sondern als das *Resultat rationalen Verhaltens aller Akteure unter den gegebenen Bedingungen*. Die Akteure haben ihre Gründe, so zu handeln, wie sie handeln, und es ist als „Anmaßung von Wissen" (Hayek 1974/1996) zu werten, wenn außenstehende Theoretiker glauben, besseres Wissen zu haben. In der positiven Analyse ist es vielmehr Aufgabe der Theorie, die Gründe = Bedingungen zu erforschen, die die Akteure veranlassen, so zu handeln, wie sie handeln, weshalb die Unternehmen also z.B. keine Arbeitslosen einstellen, erst wenn diese Gründe erforscht sind, kann man über eine Änderung, Verbesserung der Bedingungen, der Regeln mit Aussicht auf Erfolg nachdenken.

Wir können das Gesagte an einem Beispiel verdeutlichen. Mit der Einführung der *Mitbestimmung* im Aufsichtsrat von Großunternehmen, die 1976 in Deutschland gesetzlich verankert wurde, veränderte sich die Eigentumsrechtsstruktur in den Unternehmen. Wir werden auf die inhaltlichen Gründe, die für oder gegen Mitbestimmung sprechen, später, unter Punkt 5.3.3.2, noch eingehen, hier soll uns nur der Umstand beschäftigen, dass der Staat durch die gesetzliche Verankerung der Mitbestimmung die bisherigen Eigentumsrechte veränderte und dazu im Prinzip die Zustimmung aller Beteiligten brauchte. Nun gab es natürlich viele Akteure, die von dieser Änderung der Eigentumsrechtsstruktur nachteilig betroffen waren oder doch zumindest Nachteile erwarteten, weil sie mit der Änderung einen Teil ihrer Kontrollrechte abgeben mussten und nicht so genau wussten (und auch nicht wissen konnten), wie sich die neuen Mitspieler verhalten würden. Vordergründig betrachtet könnte man behaupten, die Einführung der Mitbestimmung sei *ohne* die Zustimmung dieser Akteure erfolgt.

Nach dem im vorigen Abschnitt Gesagten fällt eine Betrachtung aus dem Blickwinkel der demokratietheoretisch fundierten Ökonomik indes anders aus. Da es offensichtlich zur erfolgreichen Einführung der gesetzlichen Mitbestimmung kam, *müssen* alle faktisch zugestimmt haben. Gemeint ist damit aber eben nicht, dass jeder Betroffene voll Freude und mit Nachdruck diese Regelung unterstützt hat. Gemeint ist, dass die Einführung der Mitbestimmung im Rahmen eines von gemeinsamen und konfligierenden Interessen geprägten Prozesses stattfand, in dem die Gegner der Regelung schließlich – nach Entscheid durch das Bundesverfassungsgericht – keine weiteren Anstrengungen unternahmen, die Regelung wieder abzuwenden und ihr insofern „zustimmten". Dafür mögen verschiedene Gründe auschlaggebend gewesen sein: Vielleicht konnten sie von den Befürwortern der Mitbestimmung überzeugt werden, oder sie stimmten grundsätzlich dem *Verfahren des Zustandekommens* der Regelung zu, auch wenn sie im konkreten Fall Nachteile erwarteten; es ist sogar jener Fall noch als „Zustimmung" zu werten, bei dem einzelne Akteure Maßnahmen gegen die Einführung ergriffen hatten – etwa in Form einer Klage vor dem Bundesverfassungsgericht –, denen jedoch kein Erfolg beschieden war, so dass sie sich mit der Regelung arrangieren mussten, wenn sie nicht die demokratischen Grundlagen, von denen sie selbst in anderer Hinsicht vielfache Vorteile haben, in Frage stellen wollten[2].

---

[2] Man mag auch hier wieder geneigt sein zu fragen, was denn das für ein Begriff von Zustimmung sei, der doch nichts anderes bedeute, als sich mit den Gegebenheiten abzufinden. Tatsächlich ist dies jedoch der Alltag: Wenn der Preis für ein von uns gewünschtes Gut hoch ist, wir es aber trotzdem kaufen, so sind wir auch nicht begeistert, dass wir einen hohen Preis zahlen müssen, doch ist uns das Gut offenbar diesen Preis wert. Genauso ist es bei politischen Entscheidungen. Der Konsens wird somit nicht an einer Meinung, sondern am faktischen Verhalten festgemacht. Wollte man den Begriff der Zustimmung nur für solche Fälle reservieren, bei dem alle Betroffenen voll innerer Überzeugung dahinterstehen, hätte man nicht nur den Anwendungsbereich stark beschnitten, es wäre auch aussichtslos, ihn bei der positiven wie normativen Analyse gesellschaftlicher Probleme überhaupt anzuwenden, da eine solche Form der Zustimmung höchst selten beobachtbar ist. Unter einem so „starken" Begriff von „Zustimmung" wäre wohl überhaupt keine soziale Ordnung möglich. Demgegenüber geht der hier verwendete Begriff von dem Umstand aus, dass die Akteure Handlungsalternativen haben – vom Widerspruch über die Auswanderung bis hin zum zivilen Ungehorsam – und dass sie der Handlung, die sie wählen, eben unter den jeweiligen Bedingungen – und d.h. Kosten – insofern auch (am ehesten) zustimmen.

Anders und allgemeiner gesagt: Jede positive Analyse eines beliebigen Explanandums – einer sozialen Tatsache, die es *zu erklären* gilt – muss dieses als logisches, rationales Resultat aus Bedingungen herleiten. Alles, was Außenstehenden als falsch, irrational, pareto-inferior etc. erscheint – z.B. Arbeitslosigkeit –, muss in der positiven Analyse rein methodisch als logische Folge der gegebenen Bedingungen angesetzt werden. Ökonomik ist Analyse der Handlungsfolgen in Abhängigkeit von den Handlungsbedingungen, hatten wir im ersten Kapitel gesagt. Für die Frage der Rolle des Konsenses in der positiven Analyse bedeutet das, dass das Handeln der Akteure unter diesen Bedingungen als implizite Zustimmung betrachtet werden muss – angesichts der relevanten Alternativen sc. Gäbe es für die Akteure bessere Alternativen – z.B. Einstellung von Arbeitslosen –, würden sie diese wählen. Allgemein formuliert: Der Status quo – allgemeiner: jedes Explanandum – hat *in der positiven Theorie aus methodischen Gründen einen Optimalitäts-, Rationalitäts- oder Effizienz-Bonus*, sonst könnte man überhaupt nicht von „Erklärung" in irgendeinem anspruchsvollen Sinne reden.

3.1.3.6 Konsens als Heuristik für Implementierungsanalyse

Nun könnte der Eindruck entstehen, dass der Ökonom dann eigentlich gar keine Empfehlungen mehr aussprechen kann: Die Akteure tun ja genau das, was sie wollen, warum sollten sie etwas anderes tun? Das ist natürlich nicht richtig, denn wie jeder Spezialist hat auch der Ökonom im Rahmen seiner Ausbildung und seiner Arbeit besondere Kenntnisse erworben, die ihn grundsätzlich in die Lage versetzen, auch normative Aussagen – im Sinne von Gestaltungsempfehlungen – machen zu können, wenngleich dies immer nur auf einer hypothetischen Basis und nicht als unbedingte Sollensforderung aufgrund vermeintlich besseren Wissens geschieht. Die konzeptionelle Grundlage hierfür haben wir bereits mehrfach thematisiert, es handelt sich um nichts anderes als das Konzept der Dilemmastrukturen. So hatten wir unter Punkt 2.3.5 („Komparative Institutionenanalyse") ausgeführt, dass es grundsätzlich stets um den Vergleich des Status quo mit einer pareto-superioren, jedoch vorläufig nur potenziellen Alternative geht, die jedoch prinzipiell realisierbar erscheint.

Damit sind wir bei einer weiteren heuristischen Bedeutung, die der Idee des Konsenses in der Ökonomik zukommt. Der wissenschaftliche Politikberater überprüft alle Vorschläge zu Reformen, zu Regelverbesserungen, daraufhin, ob sie für die davon Betroffenen *zustimmungsfähig* sein könnten. Er arbeitet gedanklich mit der Idee des Konsenses, die hier als eine Art von hypothetischer Konsens auftritt. Er muss so vorgehen, denn Regeländerungen, die nicht konsensfähig sind – oder nicht konsensfähig gemacht werden könnten –, haben keine Chance, befolgt zu werden. Die Akteure befolgen Regeln dann und nur dann, wenn die Befolgung ihnen – nicht im Einzelfall, sondern per Saldo über eine Sequenz von Einzelfällen – individuelle Vorteile bringt.

Das bedeutet: Die *Implementierbarkeit von Reformen hängt an ihrer Zustimmungsfähigkeit,* und die wiederum hängt an der Erwartung von Kooperationsgewinnen für alle Akteure. Um die Implementierungschancen von Reformen abzuschätzen, *kann der wissenschaftliche Berater von Politik auf das Gedankenexperiment des hypothetischen Konsenses nicht verzichten.* Das Gedankenexperiment der Mehrheitsfähigkeit im Parlament reicht nicht aus, weil die relevanten Gruppen, auch wenn sie überstimmt werden, in der Regel über vielfältige Möglichkeiten verfügen, die Reformen zu unterlaufen, zu konterkarieren, zu durchkreuzen – etwa indem sie sich ihrem Geltungsbereich entziehen und im Ausland investieren.

Oder noch anders und nahe an unserer Umgangssprache gesagt: In einer Interaktionsökonomik müssen alle 'ins Boot geholt' werden. Das geht darauf zurück, dass in der modernen Gesellschaft institutionelle Maßnahmen die Mitwirkung zahlreicher Akteure verlangen, wobei ein Großteil dieser Akteure wiederum größere Gruppen repräsentiert – Mitglieder von Organisationen, Wähler, Aktionäre usw. Gerade im politischen Bereich können viele Reformversuche an der Blockade einiger Akteure scheitern, insofern ist es auch und gerade im Hinblick auf eine erfolgreiche Gestaltung sinnvoll, bereits *vom Ansatz her* von den gemeinsamen Interessen aller an Interaktionen, an der sozialen Ordnung, auszugehen und von dort her nach den Möglichkeiten institutioneller Verbesserungen zu suchen: Nur wenn alle zustimmen (können), werden sie vermutlich auch mitmachen. Und gerade um der Umsetzbarkeit willen ist es wichtig, ebenfalls vom Ansatz her die möglichen Interessenkonflikte ebenfalls systematisch mit im Blick zu haben.

Das bringt uns zur nächsten Überlegung, die für das Verständnis des Konzepts „Konsens" grundlegend ist. Die Idee der Zustimmung der Betroffenen ist nicht als eine abstrakte Idee zu entwickeln, sondern von den *relevanten Alternativen* her. Wir können hier anschließen an das unter Punkt 2.3.5 Gesagte: Es geht stets um komparative Institutionenanalyse im Ausgang vom Status quo. Natürlich ist, isoliert betrachtet, praktisch jede politische Maßnahme mit irgendwelchen Kosten für irgendwelche Akteure verbunden, doch macht eine solch isolierte Betrachtungsweise keinen Sinn. Vielmehr werden diese Maßnahmen in einem institutionellen Setting entschieden, das selbst als (institutionelles) Sozialkapital anzusehen ist, und dieses Sozialkapital kann verspielt werden, wenn man um kurzfristiger Vorteile willen eine Blockadepolitik in Einzelfragen betreibt. Anders gesagt ist die Zustimmung nicht als

Abfrage von Wunschvorstellungen zu interpretieren, sondern vor dem Hintergrund der je konkreten und realisierbaren Alternativen zu sehen.

In diesem Zusammenhang kommt der Ökonomik die Aufgabe zu, Informationen bereitzustellen, wie im Ausgang vom Status quo weitere Kooperationsgewinne realisiert werden können.

3.2 Der Staat

Bis hierher war im dritten Kapitel vom Staat allenfalls am Rande einmal die Rede. Das liegt daran, dass wir die grundlegenden Institutionen moderner Gesellschaften, zu denen der Staat zweifellos gehört, selbst noch einmal ableiten, weil wir nur auf diese Weise ihren Sinn und ihre Funktion – und damit auch ihre Grenzen – bestimmen können. Daher müssen wir methodisch den Staat als Resultat von Interaktionen – und nicht gleich als deren „gegebene" Voraussetzung – ins Spiel bringen.

Ausgangspunkt der Überlegungen hierzu ist die Frage, wer die Regeln, von denen zuvor die Rede war, gestaltet und durchsetzt. Die Antwort „alle Bürger" ist unbefriedigend, wenn es um die praktische Umsetzung, die *Organisationsform* der Demokratie, geht. Diese Aufgabe ist sehr viel besser zu bewältigen, wenn es einen *Agenten* gibt, dem sie übertragen wird – den Staat (3.2.1). Dabei ist darauf zu achten, *welche* Aufgaben man im einzelnen diesem Agenten überträgt. Diese Frage setzt sich aus ökonomischer Sicht aus zwei Teilfragen zusammen:

1. Auf welchen Handlungsfeldern hat der Staat komparative Vorteile (3.2.2)?

2. Lässt sich die für eine zufriedenstellende Erfüllung dieser Aufgaben nötige Anreizkompatibilität staatlichen Handelns gewährleisten (3.2.3)?

3.2.1 Die Aufgabe des Staates: Management von Institutionen

Worin liegt, allgemein gefragt, die Aufgabe des Staates? Kurz gesagt, geht es darum, dass die Menschen zur Aneignung von Kooperationsgewinnen in Interaktionen Regeln, Institutionen benötigen, die die diversen Interaktionsprobleme und -blockaden zu überwinden vermögen. Wir haben bislang nur gesagt, dass die Betroffenen sich selbst mit diesen Regeln versorgen, was im Rahmen einer Theorie der Demokratie systematisch richtig ist und vorläufig ausreichend war. Offen ist jetzt die Frage, wie die Regelsetzung und Institutionenetablierung im einzelnen vonstatten geht, wie sie organisiert wird: Dieser Frage wenden wir uns jetzt zu, und dabei stoßen wir dann auch auf den Staat.

Es gibt in der Geschichte verschiedene Formen der Etablierung von Regeln, Institutionen. Wir können im Rahmen dieses Buches nur die zwei konträren Grundmodelle kennzeichnen und dann auf das Modell näher eingehen, das die Geschichte der letzten Jahrhunderte und die Theoriebildung in der Ökonomik in besonderer Weise bestimmt hat: die Regelsetzung durch den Staat. Wir setzen diesen Akzent wohl wissend, dass der Staat als Nationalstaat aufgrund der als „Globalisierung" bezeichneten Entwicklung den Zenit seiner Bedeutung für die Interaktionen der Menschen in der modernen Gesellschaft überschritten zu haben scheint.

Das *erste Modell von Regelsetzung* könnte man als „Modell Solon" bezeichnen. Die Athener des 6. vorchristlichen Jahrhunderts beauftragten den weisen Solon (Staatsmann und Dichter, etwa 640–561 v. Chr.), ihnen eine Verfassung zu erarbeiten. Er tat das, lieferte das Ergebnis ab, kassierte das Beratungshonorar – und wurde „verbannt". Letzteres hatte durchaus einen tieferen Sinn: Solon sollte von der Verfassung keinen individuellen Nutzen ziehen, und das probate Mittel, ihm den Anreiz zu nehmen, die Verfassung auf seinen individuellen Vorteil zuzuschneiden, war die Verbannung. Nach diesem Modell, das man auch an die Namen Hammurabi oder Moses knüpfen könnte und das in der modernen Diskussion mit einem Ausdruck von F. A. von Hayek als „Konstruktivismus" bezeichnet wird, werden Regelsysteme von einem Urheber oder einer Gruppe von Urhebern – wie den „Vätern des Grundgesetzes" im „Parlamentarischen Rat" – planmäßig und als ganze entworfen und per Beschluss für gültig erklärt. Dieses Modell liegt – in abgewandelter, abgeschwächter Form – dem Verständnis der Tätigkeit des modernen Staates zugrunde; auch wir werden ihm aus sachlich-politischen wie aus didaktischen Gründen folgen.

Das *zweite Modell* betont demgegenüber, dass Regeln, Institutionen in Prozessen langer Erfahrungen „evolvieren", „emergieren". Es gibt danach keinen allwissenden „Planer". Der Prozess entspricht eher dem Modell der Entwicklung der Regeln der Sprache. Es wird immer geändert, und erst am Ende des Prozesses zeigt sich, welche Regeln sich durchsetzen. Man rekonstruiert den Prozess der Herausbildung von Regeln als *Evolutionsprozess*: Niemand kann ihn planen, das Resultat emergiert aus einem grundsätzlich offenen, nicht etwa zielgerichteten, Prozess permanenter Veränderungen und Anpassungen an neue Umweltgegebenheiten. Exponent dieser Konzeption ist F. A. von Hayek.

Die *Funktion* von Regeln, Institutionen ist in beiden Modellen dieselbe[3]: Immer geht es darum, dass die Gesellschaft über jene Regelsysteme verfügt, die die Abwicklung der Interaktionen der Bürger erleichtern, ja oft erst ermöglichen. Daher verstehen wir den Staat als ein *institutionelles Arrangement zur Festlegung, Durchsetzung und Anpassung von Institutionen*, das sich die Bürger selbst schaffen bzw. geschaffen haben – natürlich immer auf der Grundlage der jeweiligen gesellschaftlichen (geschichtlichen, sozialen, kulturellen usw.) Bedingungen. Im Vorgriff auf das fünfte Kapitel formuliert: Der Staat ist eine *Organisation*, die sich die Bürger zulegen, um Kooperationsgewinne zu realisieren. Zu diesem institutionellen Arrangement gehört, dass einzelne – *Agenten*, Regierende, Politiker, Bürokraten usw. – mit der Aufgabe des *Managements von Institutionen* betraut werden. Betrachten wir diese Aufgabe genauer, indem wir uns zunächst die Felder ansehen, auf denen der Staat tätig wird, um Kooperationsgewinne zu ermöglichen (3.2.2), um anschließend zu fragen, welche Anreize die Agenten haben, die entsprechenden Aktivitäten zu unternehmen (3.2.3).

3.2.2 Handlungsfelder des Staates

Wir können unmöglich alle einzelnen Handlungsfelder des Staates und die Instrumente aufzählen, die dem Staat zur Verfügung stehen, um Kooperationsgewinne zu erzielen. Wir beschränken uns hier auf einige besonders wichtige Arten.

3.2.2.1 Sicherung von Frieden und Verfügungsrechten

Als erstes und grundlegendes Instrument zur Generierung von Kooperationsgewinnen hatten wir in 2.4.1 die Sicherung des Friedens durch die *Definition und Durchsetzung von Verfügungsrechten* genannt. Klassisch wurde dies zuerst von Thomas Hobbes formuliert. Hobbes erlebte im 17. Jahrhundert den Zerfall der überkommenen gesellschaftlichen Ordnung: Die durch die Reformation ausgelösten Religionskriege offenbarten, dass eine gesellschaftliche Integration nicht länger durch ein gemeinsames religiöses Fundament, das die Legitimität der staatlichen Herrschaft sicherte, erreicht werden konnte. Damit ergab sich die Frage, wie angesichts der vorherrschenden intensiven Interessenkonflikte gemeinsame Interessen formuliert und Wege zu deren Realisierung gefunden werden können. Als wichtigstes gemeinsames Interesse – verstanden als Interesse an Bedingungen, unter denen die individuellen Interessen

---

[3] Allerdings ist die Problemstellung unterschiedlich. Das erste Modell zielt unmittelbar auf Gestaltung und hebt dementsprechend direkt auf die Funktion von Institutionen ab, das zweite zielt auf Erklärung der Entstehung von bestehenden Institutionen.

am besten realisiert werden können – machte Hobbes den Frieden aus. Die Schwierigkeit war nur, wie ein friedliches Zusammenleben erreicht werden konnte angesichts der Tatsache, dass es für jeden einzelnen vorteilhaft war, die anderen friedlich sein zu lassen und selbst auf Beutezug zu gehen; und umgekehrt: dass es für jeden einzelnen ungeheure Risiken in sich barg, selbst auf ein friedliches Zusammenleben zu setzen und abzurüsten, wenn damit zu rechnen war, dass die anderen nicht abrüsteten.

Unschwer ist hier eine klassische Dilemmastruktur zu erkennen, und wegen der Intensität der Interessenkonflikte war es besonders schwierig, institutionelle Lösungen zu finden. So wies Hobbes darauf hin, dass man zwar einen Friedensvertrag schließen könne, das allein jedoch nicht ausreiche: „denn sie [die Gesetze und Verträge; KH/AS] bestehen in Worten, und bloße Worte können keine Furcht erregen" (Hobbes 1651/1980, S. 151). Anders gesagt: In einer solchen Konfliktsituation ist der Verlass auf das Wort der anderen nicht ausreichend, weil die *Glaubwürdigkeit* des Wortes nicht genügend gesichert ist. Deshalb muss die Durchsetzung institutionell abgesichert werden, und die Lösung von Hobbes sah vor, den Staat, den „Leviathan", als Agenten mit dieser Aufgabe zu betrauen, was auch bedeutete, dass ihm die Mittel für die Durchsetzung zur Verfügung gestellt werden müssen (Gewaltmonopol).

Die Kooperationsgewinne, um die es Hobbes hier zuvörderst ging, betrafen vor allem die Gewährleistung innerer und äußerer Sicherheit, also das Erreichen eines friedlichen Zusammenlebens bzw. die Senkung der Rüstungskosten. Und es sei am Rande vermerkt, dass die Hobbessche Lösung eines absolutistischen Staates vermutlich auch die angemessene institutionelle Antwort auf die Probleme seiner Zeit war.

In unserer Zeit ist die Wahrung der inneren und äußeren Sicherheit zwar nicht weniger wichtig geworden, doch gehen die Aufgaben die Staates sehr viel weiter: Es geht vor allem darum, private Verfügungsrechte, private property rights, zu definieren und deren Beachtung durch andere durchzusetzen. Der Grund liegt für den Ökonomen auf der Hand: Wer wird säen, wenn er befürchten muss, dass andere ihm bei der Ernte zuvorkommen? Oder moderner: Wer wird schon investieren, wenn sich andere die Erträge solcher Investitionen aneignen können? So können wir die *Hauptaufgabe des Staates* in modernen, entwickelten Gesellschaften darin sehen, *die Voraussetzungen für Investitionen und funktionierende Märkte zu schaffen.*

Das beginnt mit dem Schutz individueller Verfügungsrechte über Vermögenswerte. Wir hatten bereits in 2.3.3 darauf hingewiesen, welch zentrale Bedeutung die Sicherheit dieser Rechte für – gesellschaftlich erwünschte – individuelle Investitionen in solche Vermögenswerte hat; nur, wenn man damit rechnen kann, dass die ja immer erst *zukünftig* anfallenden Erträge von Investitionen in hinreichendem Maße einem selbst zufallen, hat man einen Anreiz, diese Investitionen zu tätigen. Zu diesem Instrument gehören also das Gewaltmonopol und der ganze Komplex eines modernen Rechtssystems.

Es geht aber nicht nur um den Schutz der Verfügungsrechte, vielmehr müssen sie oft erst in geeigneter Weise definiert werden, und das ist immer eine kollektive Entscheidung, der all jene, die in irgendeiner Weise auf die Rechte Einfluss nehmen können, zustimmen müssen. Um nur einige wenige Beispiele zu nennen, bei denen sich heute das Problem einer geeigneten Definition solcher Rechte stellt.

Beispiele für notwendige (Re-)Definitionen von Verfügungsrechten:

- Im Zuge der Umweltproblematik erweist es sich als notwendig, die vormals freie Nutzung der Medien Luft und Wasser zunehmend institutionellen Beschränkungen zu unterwerfen, was eine Änderung der Verfügungsrechte darstellt.
- Ein anderes Beispiel aus dem Umweltbereich ist der Schutz des Regenwaldes: Dessen fortschreitende Vernichtung in den letzten Jahrzehnten ist praktisch ausschließlich in erster Linie auf den Umstand zurückzuführen, dass die Rechte an ihm nicht geregelt waren; es bestand so etwas wie eine Hobbessche Anarchie, in der „jeder ein Recht auf alles" hat, was der sozialen Falle des Quadranten IV im Gefangenendilemma entspricht – mit verheerenden Folgen für diesen wertvollen Vermögenswert.
- Im Herbst 1997 wurde in Deutschland und auch in anderen Ländern eine Debatte um die Übertragungsrechte von sportlichen Großereignissen geführt. Haben die Fernsehzuschauer ein Recht auf die kostenlose – genauer: keine selektiven Gebühren erfordernde – Übertragung bestimmter Sportveranstaltungen wie beispielsweise Fußballweltmeisterschaften, oder ist dieses Gut als ein privates Gut im üblichen Sinne zu behandeln mit der Folge, dass die Nachfrager den Anbietern einen Preis dafür zu entrichten haben?
- Ein anderer wichtiger Bereich ist das geistige Eigentum. Erst die Einführung von Patentrechten – d.h. des Rechts auf die exklusive Aneignung der aus Erfindungen resultierenden Erträge – bot (und bietet) oft die hinreichenden Anreize, in die entsprechenden Innovationen zu investieren. So schreibt der Nobelpreisträger D.C. North: „Der Umstand, dass bis in relativ moderne Zeiten herauf die Entwicklung systematischer Eigentumsrechte an Innovationen unterblieb, ist eine der Hauptursachen der geringen Geschwindigkeit technischen Wandels." (North 1981/1988,

S. 169) Bei diesem Beispiel zeigt sich auch deutlich die Notwendigkeit eines genauen Zuschnitts dieser Eigentumsrechte. So sollen beispielsweise die Erfinder neuer Medikamente zwar einerseits den Anreiz haben, diese zunächst zu entwickeln, und diesen Anreiz bekommen sie dadurch, dass sie diese allein verkaufen dürfen, doch ist es andererseits gesellschaftlich nicht erwünscht, wenn durch das Patentrecht dauerhafte Monopolstellungen etabliert werden. Infolgedessen wird der Schutz von Patenten zeitlich begrenzt. Gegenwärtig geht die Diskussion um die Patentierung von gentechnisch veränderten Pflanzen und Tieren.

- Schließlich sei die Gewährleistung von sozialen Rechten genannt. So werden bestimmte soziale Rechte gesetzlich verankert, um sie auch allen Betroffenen zugute kommen zu lassen. Sind diese Rechte einmal etabliert, richten die Menschen ihre Planungen darauf ein, und es wäre in doppelter Hinsicht ein Problem, Eingriffe in diese sozialen Rechte ohne weiteres zu ermöglichen. Erstens schadet man den gegenwärtigen Inhabern dieser Rechte, und zweitens unterminiert man damit die Chancen für die künftige Etablierung solcher Rechte. Die aktuelle Diskussion hier geht über die „Rente nach Kassenlage".

Mit der Sicherung von Verfügungsrechten ist eine wichtige Voraussetzung dafür geschaffen, dass *Tauschgeschäfte* stattfinden und *Märkte organisiert* werden können. Nun hatten wir bereits in 1.2.4.2 gesehen, dass dem Tausch eine Dilemmastruktur zugrunde liegt, und wir werden in 4.1.3 sehen, daß Märkte gleich auf mehreren Dilemmastrukturen beruhen, die oft nur dadurch verdeckt werden, dass die Institutionen, mit deren Hilfe die Informations- und Anreizprobleme bewältigt werden, so selbstverständlich geworden sind, dass wir sie gar nicht mehr wahrnehmen. Der Staat sorgt hier in vielfältiger Weise für wechselseitige Verlässlichkeit, was bereits bei der einfachen Tatsache deutlich wird, dass man sich bei der Bank mit dem Personalausweis, nicht aber mit einem eigenen Foto ausweisen kann. Auch zeigt allein schon ein Blick ins BGB, in wie vielfältiger Weise staatliche bzw. rechtliche Kanalisierungen der Interaktionen stattfinden. Wie in unserem Eingangsbeispiel vom Gebrauchtwagenkauf bereits deutlich wurde, funktionieren viele Tauschgeschäfte nur deshalb problemlos, weil die Beteiligten wissen, dass sie notfalls vor Gericht gehen können, um ihre Ansprüche durchzusetzen.

3.2.2.2 Sicherung des Wettbewerbs

Die Aufgabe des Staates, Märkte funktionsfähig zu machen, beinhaltet über die Sicherung der Verfügungsrechte hinaus auch die Etablierung, Ausgestaltung und Sicherung des Wettbewerbs im Sinne des Marktwettbewerbs.

In 2.4.5 haben wir erörtert, dass der Leistungswettbewerb spezifischer Bedingungen bedarf, um unerwünschte Wettbewerbsprozesse auszuschalten, die erwünschten hingegen zu forcieren. Der Staat ist hier in mehrfacher Hinsicht gefordert: Zum einen geht es darum, Rahmenbedingungen zu gewährleisten, die einen fairen Wettbewerb ermöglichen. Wir hatten als Beispiel schon den Wettbewerb zwischen den gesetzlichen Krankenkassen genannt; an den Regelungen für den Wettbewerb auf dem Telefon- oder Strommarkt ist jahrelang gearbeitet worden. Zum anderen hat der Staat dafür Sorge zu tragen, dass der so kanalisierte Wettbewerb auch wirklich stattfindet, denn die Konkurrenten haben immer Anreize, sich diesem Wettbewerb zu entziehen, z.B. durch Kartellbildung oder Submissionsbetrug. Deshalb sagt § 1 des 1958 in Kraft getretenen Gesetzes gegen Wettbewerbsbeschränkungen (GWB), dass Verträge zwischen Unternehmen unwirksam sind, „soweit sie geeignet sind, die Erzeugung oder die Marktverhältnisse für den Verkehr mit Waren und gewerblichen Leistungen durch Beschränkungen des Wettbewerbs zu beeinflussen". Zu den Instrumenten der Durchsetzung des Leistungswettbewerbs gehören vor allem das Kartellverbot, die Missbrauchsaufsicht, die verhindern soll, dass einzelne Unternehmen mit marktbeherrschender Stellung ihre Marktmacht missbrauchen, und die Zusammenschlusskontrolle, bei der das Kartellamt prüft, ob mit dem Zusammenschluss großer Unternehmen eine unerwünschte Einschränkung des Wettbewerbs einhergeht.

Durch Theorieentwicklungen wie die Transaktionskostenökonomik und durch reale Entwicklungen wie den Zusammenschluss vieler Staaten in Europa zur EU und die im Zuge der Globalisierung gegenwärtig ablaufende Fusionswelle ist gerade im Bereich der Wettbewerbspolitik eine neue Diskussionsgrundlage entstanden. Gab es noch in den 60er und 70er Jahren Ökonomen, die landwirtschaftliche Bezugs- und Absatzgenossenschaften bereits als Kartelle einstuften, so muss die Theorie heute anerkennen, dass nicht alle Formen der Zusammenarbeit zwischen Unternehmen schon als „Beschränkungen des Wettbewerbs" im Sinne von § 1 GWB einzustufen sind und dass manche Formen der Zusammenarbeit sogar der Stärkung des Wettbewerbs dienen. Immer häufiger begegnet das Phänomen, dass große multinationale Unternehmen auf den Weltmärkten zugleich, simultan, kooperieren und sich Konkurrenz machen. Die Theorie hat dafür das Kunstwort *„coopetition"* geprägt, das aus den englischen Begriffen cooperation und competition zusammengesetzt ist und genau dieses Zugleich von Kooperation und Wettbewerb ausdrücken soll (Nalebuff/Brandenburger 1996). Wie bei der Darstellung der anderen staatlichen Handlungsfelder müssen wir es auch hier bei wenigen Hinweisen bewenden lassen.

3.2.2.3 Bildung von Humankapital

Ein bedeutender Faktor für die wirtschaftliche Entwicklung ist das Humankapital. Damit sind die angeborenen und vor allem erlernten Fähigkeiten und Fertigkeiten der Menschen gemeint, die gerade in entwickelten Gesellschaften zu einem bestimmenden Faktor für den „Wohlstand" geworden sind. Es verwundert daher nicht, dass sich der Staat in diesem Bereich betätigt hat und weiter betätigt. Dies ist überall auf der Welt so, und bereits A. Smith hat die Schulbildung als Staatsaufgabe eingestuft.

Praktisch überall auf der Welt besteht heute Schulpflicht, auch wenn die Bedingungen ihrer Umsetzung sehr unterschiedlich sind. Der Sinn dieser Pflicht besteht darin, den Kindern gute Voraussetzungen für spätere produktive Tätigkeiten zu vermitteln, was nicht nur für die Kinder, sondern vor allem auch für die Gesellschaft von Vorteil ist. Damit das aber überhaupt allgemein möglich wird, übernimmt der Staat auch weitgehend die Finanzierung dieser Investitionen, mehr noch: Das Bildungssystem ist oft geprägt von staatlicher Lenkung oder gar von staatlichem Angebot. In Deutschland beispielsweise entscheiden die Kultusministerien der Länder über den Bedarf und die Ausbildung der Lehrer, über die Genehmigung von Schulbüchern, über Klassengrößen, Unterrichtsinhalte usw. Es mag an dieser Stelle offenbleiben, inwieweit hier nicht mehr private Autonomie der Eltern, Schulen und Lehrer angemessen wäre. Auch unter liberalen Bildungspolitikern und Ökonomen ist es jedoch heute unstrittig, dass Bildungspolitik eine bedeutende Aufgabe des Staates ist. Die Liberalen M. Friedman und G. S. Becker, beide Nobelpreisträger, plädieren sogar für die staatliche Finanzierung des Bildungswesens bis hinauf zur Universitätsausbildung. Was sie aber mit anderen Liberalen ablehnen, ist, dass der Staat selbst diese Ausbildung anbietet, wie das in der Bundesrepublik Deutschland der Fall ist.

3.2.2.4 Errichtung von Versicherungssystemen

Ein weiteres wichtiges Betätigungsfeld zur Realisierung von Kooperationsgewinnen stellt die Existenz breit gefächerter Versicherungen dar. Auch hier ist die ordnende Hand des Staates gefordert, was jedoch nicht heißt, dass der Staat die Versicherungen auch selbst anbietet.

Versicherungen können an den Problemen der versteckten Merkmale und/oder der versteckten Handlungen scheitern. So sind sie, wenn sie versteckte Merkmale von Versicherungsnehmern nicht hinreichend gut beobachten können, gezwungen, eine relativ hohe Prämie zu kalkulieren, womit jedoch für etliche Versicherungsnehmer der Abschluss dieser Versicherung unattraktiv wird. Dabei handelt es sich jedoch gerade um jene, die man als

„gute Risiken" bezeichnet, bei denen also die erwartete Schadenshöhe niedriger ist als im Durchschnitt, denn genau deshalb wird für sie der Abschluss der Versicherung mit hohen Prämien unattraktiv. Das Abwandern der „guten Risiken" hat aber wiederum zur Folge, dass die Versicherung ihre Prämien weiter erhöhen muss, um überhaupt rentabel arbeiten zu können, und das führt möglicherweise zur Abwanderung weiterer Versicherungsnehmer. Unter ungünstigen Bedingungen kann der gesamte Markt zusammenbrechen, und die Akteure sähen sich im pareto-inferioren Zustand einer Dilemmastruktur, die dadurch gekennzeichnet ist, dass es keine Versicherungen gibt.

Hier kann der Staat ordnend eingreifen. Er kann z.B. eine Versicherungspflicht einführen, wie wir das klassisch von der Haftpflichtversicherung für Kraftfahrzeuge kennen. So kommt es zur Existenz von Versicherungen, die ganze Produktivität der Institution Versicherung wird realisiert, und zugleich gibt es unter den Versicherungsgesellschaften Wettbewerb. Von der Versicherungspflicht streng zu unterscheiden ist die staatliche Pflichtversicherung, wie wir sie in Deutschland etwa aus der Rentenversicherung kennen. Gegenwärtig wird versucht, mehr Wettbewerb im Versicherungswesen dadurch zu erzielen, dass man von der Pflichtversicherung auf eine Versicherungspflicht mit Wettbewerbsprämien umstellt. Bei der gesetzlichen Krankenversicherung ist das in einem hochkomplexen staatlichen Arrangement mit Ausgleichszahlungen unter den verschiedenen Krankenkassen gerade eingeführt; bei der Rentenversicherung gibt es noch erhebliche Widerstände gegen Deregulierung und Privatisierung.

Eine solche Versicherungspflicht ist auch für die „guten Risiken" zustimmungsfähig: Nicht nur sind sie selbst versichert, hinzu kommt, dass es in ihrem Interesse ist, dass *andere* nunmehr versichert sind, so dass sie bei Krankheit, Arbeitslosigkeit usw. nicht ins Bodenlose fallen. Recht unmittelbar ist das einsichtig bei der Kfz-Versicherung: Als Autofahrer weiß man, dass man bei einem unverschuldeten Unfall vom anderen auch tatsächlich entschädigt wird. Indirekter sind solche Zusammenhänge, bei denen es darum geht, unerwünschte Interaktionen durch die Einrichtung von Sozialversicherungen zu vermeiden. So lässt sich empirisch gut belegen, dass Sozialversicherungssysteme die Kriminalitätsrate senken.

Wir können an dieser Stelle nicht näher auf das gegenwärtig vieldiskutierte Problem des *Umbaus der Sozialversicherungen* eingehen, auch wenn sich zeigt, dass unter dem Druck der Globalisierung die gegenwärtig existierenden Sozialversicherungssysteme den neuen Verhältnissen noch nicht genügend angepasst sind. Ein Problem ist sicherlich, dass im Zuge der Globalisierung und des damit verbundenen verschärften Wettbewerbs zwischen Staaten die nationalen Sozialsysteme ausbeutbar werden, indem die Unternehmen ins Ausland mit niedrigeren, d.h. kostengünstigeren Sozialstandards abwandern. Hier ist eine intensive Diskussion im Gang, auf die wir wiederum nur hinweisen können.

Nur soviel wollen hier dazu sagen: Es wäre verfehlt, frühere Zustände anzustreben; das ist weder wünschenswert noch überhaupt möglich. Auch hier geht es darum, die relevanten Alternativen im Ausgang vom Status quo zu erforschen, was wir im Rahmen dieses Buches jedoch nicht leisten können. Festzuhalten bleibt an dieser Stelle nur, dass dieser Bereich auch weiterhin zu den Aufgaben des Staates gehören wird, auch wenn sich die zweckmäßigste Form, in der er diese Aufgabe lösen kann, erst im Laufe der Zeit herausstellen wird. Auch hier ist es im Prinzip möglich, einen Leistungswettbewerb zu etablieren, der diesen Suchprozess fördert, allerdings bedarf dieser Wettbewerb auch wieder kanalisierender Spielregeln in Form internationaler Übereinkommen.

3.2.2.5 Das sogenannte „Marktversagen"

Als Begründung der Staatstätigkeit dient in der Literatur das sogenannte „*Marktversagen*". Was ist damit gemeint? Wir wollen versuchen, den Grundgedanken an dieser Stelle möglichst untechnisch, eher intuitiv, zu erläutern.

Im Zentrum der ökonomischen Theorie der letzten 100 Jahre hat der Markt gestanden. Mitte dieses Jahrhunderts wurde von Kenneth Arrow und Gérard Debreu der Nachweis geführt, dass Märkte unter Bedingungen der vollkommenen Konkurrenz zur einem gesellschaftlichen Ergebnis führen, das optimal im Sinne einer optimalen Allokation der Ressourcen ist. Der Grund liegt darin, dass sich in den Gleichgewichtspreisen unter vollkommener Konkurrenz alle gesellschaftlichen Kosten und Nutzen niederschlagen und so die Ressourcen an den Ort ihrer jeweils produktivsten Verwendung wandern, d.h. „effizient" alloziiert werden. Rationales Individualverhalten auf solchen Märkten führt zu einem „gesellschaftlichen Optimum"[4].

Märkte sind indes keineswegs vollkommen. Beispielsweise kann es sein, dass bestimmte Kosten und Nutzen der Ressourcenverwendung nicht in den Gleichgewichtspreisen enthalten, also nicht „internalisiert" sind. Man spricht in diesem Fall von „externen Effekten" und meint damit – positive oder negative – Auswirkungen auf Dritte, die in den Marktpreisen nicht enthalten sind, die also einen nicht entgoltenen Schaden oder Nutzen, negative oder positive

---

[4] Wir setzen den Begriff „gesellschaftliches Optimum" in Anführungszeichen, weil er handlungstheoretisch gedacht und damit aus unserer Sicht systematisch verfehlt ist. Allerdings kann es zweckmäßig sein, anhand der formalen Modelle zu untersuchen, wo Kooperationsgewinne vorhanden sein könnten; wichtig ist dann aber zusätzlich die Prüfung auf individuelle Anreizkompatibilität und damit Zustimmungsfähigkeit.

externe Effekte, darstellen. Wenn jemand bei einem Produkt nicht alle Kosten der Herstellung tragen muss, sondern einen Teil davon auf Dritte abwälzen kann, wird die Erstellung für ihn billiger, und es wird eine Gesamtmenge hergestellt, die über das gesellschaftlich erwünschte Maß hinausgeht; bei positiven externen Effekten ist es umgekehrt. Klassische Beispiele für negative externe Effekte sind die Umweltzerstörung, weil und solange der Faktor Umwelt keinen Preis hat, die Ausbeutung von Versicherungen, bei denen die einzelnen einen Anreiz haben, mehr als ihren Beitrag wieder herauszuholen, und die mangelnde Bereitschaft, sich freiwillig an sogenannten Gemeinschaftsaufgaben zu beteiligen. Die Herstellung solcher Güter wie der intakten Umwelt, kostengünstiger Versicherungen und Arbeit für die Gemeinschaft kann nicht über den Marktmechanismus erfolgen, weil es für die Akteure keinen Anreiz gibt, diese Produkte zu erstellen. Anders gesagt: Weil andere Konsumenten von der kostenlosen Nutzung nicht ausgeschlossen werden können, spekuliert jeder rationale Akteur darauf, andere diese Güter erstellen zu lassen, seinen Beitrag zurückzuhalten und dennoch in den Genuss dieser Güter zu kommen.

Der Satz, dass Märkte zu einem optimalen Allokationsergebnis führen, stimmt also nur unter der Bedingung, dass keine externen Effekte vorliegen. Ist das hingegen der Fall, so spricht man üblicherweise vom *„Marktversagen"*. Dieses Phänomen des „Marktversagens" ist für die traditionelle ökonomische Theorie der Ansatz zur Bestimmung der Staatsaufgaben: Der Staat übernimmt nämlich gemäß dieser Theorie die Produktion solcher Güter, z.B. Verteidigung, Innere Sicherheit, Rechtspflege, Sozialversicherungen, Aufrechterhaltung der Wettbewerbsordnung, das Bildungs- und Verkehrswesen, den Schutz der Umwelt durch Reglementierung usw.

In dem hier verfolgten Ansatz einer Interaktionsökonomik sprechen wir eine andere Sprache. Die gemeinten Phänomene lassen sich in diesem Theorieansatz sehr leicht als typische Dilemmastrukturen ausmachen: Anbieter solcher öffentlicher Güter und Leistungen geraten in die Gefahr, von den Nutzern, die keinen oder einen zu niedrigen Beitrag entrichten, ausgebeutet zu werden, und da rationale Akteure dies antizipieren, gerät die Gesellschaft in die soziale Falle der signifikanten Unterausstattung mit solchen 'an sich' von allen gewünschten Gütern. Die Lösung besteht auch hier – auf der Basis einer Analyse der relevanten Alternativen – in einer Änderung der Spielregeln, der Institutionen, was in einem demokratietheoretischen Aufriss auf die *kollektive Selbstbindung mit Hilfe des Staates* hinausläuft.

3.2.3 Das Problem der Kontrolle des Staates

3.2.3.1 „Staatsversagen": Der Public Choice-Ansatz

Bislang haben wir in einem ersten Zugriff die *Aufgaben* des Staates bestimmt, d.h. wir haben normativ argumentiert. Jetzt müssen wir die Frage stellen, ob der Staat dieser ihm von uns zugedachten Aufgabe in der Realität auch wirklich nachkommt. Da hat es seit Beginn des modernen Staates erhebliche Zweifel gegeben. Die Befürchtung des klassischen Liberalismus war immer – und ist immer noch –, dass der Staat mit Hilfe seines Gewaltmonopols die individuelle Freiheit der Bürger bedroht und unterminiert. Heute geht die Befürchtung eher dahin, dass staatliche Agenten eine Politik zugunsten diverser Interessengruppen betreiben, zunächst natürlich eine Politik zu ihrem eigenen Vorteil, dann aber auch zum Vorteil bestimmter relevanter Gruppen und relevanter Wählerklientele. Den Staat als Beschützer und Wahrer des „Gemeinwohls" haben wir in der ökonomischen Diskussion und inzwischen auch in der öffentlichen Diskussion längst verabschiedet. Somit entsteht immer wieder neu die Frage, die schon am Anfang der Etablierung des modernen Staates gestanden hat und die wir deswegen lateinisch formulieren können: Quis custodiet custodes? Wer soll die Wächter bewachen?

Das Theoriekonzept, das sich professionell mit dieser Frage befasst, ist seit den 50er Jahren entwickelt worden und wird heute als *Public Choice-Ansatz* oder als *Neue Politische Ökonomie* (NPÖ) bezeichnet. Hier wird der ökonomische Ansatz, den wir auf den Merksatz verdichtet haben: Akteure maximieren ihren Nutzen unter Nebenbedingungen, auf das Verhalten von Politikern und Bürokraten übertragen. Nach diesem Modell verfolgen auch Politiker primär ihre eigenen Interessen, und gemäß einer modernen Auffassung von Ökonomik müssen das nicht monetäre Interessen sein; in der Regel handelt es sich um Wiederwahlinteressen, Karriereinteressen, um das Interesse an Macht und Ansehen und öffentlicher Bekanntheit, vielleicht aber auch um das Interesse daran, Gefolgsleuten gute Positionen verschaffen zu können.

Dieser theoretische Ansatz in der ökonomischen Politikforschung ist inzwischen sehr elaboriert entwickelt worden; wir können darauf nicht im einzelnen eingehen. Wir weisen lediglich darauf hin, dass mit seiner Hilfe beträchtliche theoretische Erkenntnisse über den Politikprozess gewonnen werden konnten. So kann man heute sehr gut die allgemein beobachtbare Tendenz zu kurzfristigen Entscheidungen mit dem Hinweis auf kurze Legislaturperioden zwischen demokratischen Wahlen erklären, man kann Konjunkturzyklen ebenfalls durch Hinweis auf anstehende Wahlen in Verbindung mit dem unterschiedlichen zeitlichen Anfallen der Vorteile und der Nachteile staatlicher Nachfragebelebungen erklären, und man kann begründen, dass in allen westlichen Demokratien Produzenteninteressen politisch viel stärker geschützt werden – durch Subventionen und Protektionismus etwa – als Konsumenteninteressen.

Für den weiteren Fortgang unserer einführenden Darlegungen ist die folgende Überlegung von Bedeutung: Es ist grundsätzlich, und zwar aufgrund empirischer Erfahrungen wie auch theoretischer Überlegungen im Rahmen des Public Choice-Ansatzes, nicht zu erwarten, dass der Staat und seine Akteure genau die Aufgaben „uneigennützig" erfüllen, die wir ihnen im Abschnitt 3.2.2 zugedacht haben. Die Theorie hat dieses Ergebnis so ausgedrückt: Neben „Marktversagen" liegt auch *„Staatsversagen"* vor. Im Rahmen unserer Interaktionsökonomik erkennen wir sofort, dass dieses „Staatsversagen" ebenfalls auf Dilemmastrukturen zurückgeht: Ein Bundesland, das für eine unsolide Wirtschaftspolitik zugunsten bestimmter Wählerklientele durch das Institut des Länderfinanzausgleichs von den „reichen" Bundesländern kompensiert wird, hat keinerlei Anreiz zu einer besseren Wirtschaftspolitik mit Haushaltskonsolidierung etc., weil es ungestraft auf die Ausbeutungsoption setzen kann. Das Resultat ist, dass die gesamte Gesellschaft in der sozialen Falle verbleibt, obwohl eine für alle bessere Lösung denkbar ist.

Der Public Choice-Ansatz hat in der deutschen Diskussion häufig den Zungenschlag, dass der Grund für solches Staatsversagen in dem „Egoismus" der Politiker und der Interessengruppen zu suchen ist. Wir wissen bereits, dass diese Ursachenzuschreibung im strengen ökonomischen Ansatz völlig verfehlt ist: In Dilemmastrukturen können die Akteure – Unternehmer wie Politiker und Interessengruppen – gar nicht anders als rational ihr Eigeninteresse unter den gegebenen Bedingungen zu verfolgen, weil andernfalls Vorleistungen im Sinne des „gemeinsamen" Zieles ausgebeutet werden (können). Ökonomisch müssen wir solche unerwünschten Verhaltensweisen vielmehr auf unzweckmäßige, verfehlte Anreize, d.h. auf unzweckmäßige Institutionen bzw. auf unzweckmäßige Verfügungsrechte zurückführen. In der streng ökonomischen Sprache stellen wir also jetzt die Frage nach der *Anreizkompatibilität* der Verfügungs-, Entscheidungsrechte der politischen Akteure. Demokratietheoretisch wird dieser Sachverhalt meist so ausgedrückt, dass es um die *demokratische Kontrolle* der politischen Agenten geht. Damit sind wir wieder bei der alten Frage: Quis custodiet custodes?

Das Grundproblem in diesem Zusammenhang besteht darin, dass nach allgemeiner Auffassung auch der Theorie der Staat über ein Gewaltmonopol verfügt und deswegen einen Spieler mit besonderen legitimen Rechten darstellt. Der Staat gilt allgemein als mächtig bzw. als übermächtig, einfach aufgrund des Gewaltmonopols und seiner Macht, Spielregeln zu setzen. Die Frage für die Theorie ist, ob das so einfach stimmt. Hier nehmen wir unsere Erörterung auf. Dabei gehen wir so vor, dass wir die Grenzen staatlicher Macht zunächst schon für den – scheinbar idealen – Fall des wohlwollenden Diktators diskutieren, bevor wir dann das vorzüglichste Kontrollinstrument, das wir kennen, den politischen Wettbewerb, in den Grundzügen erörtern.

3.2.3.2 Grenzen der Macht wohlwollender Diktatoren

In den entwickelten Demokratien des Westens haben wir heute keine wohlwollenden Diktatoren mehr. Dennoch basieren viele Argumentationen im politischen wie auch im wirtschaftswissenschaftlichen Diskurs auf Kategorien und theoretischen Hintergrundvorstellungen, die aus diesem Gesellschaftsmodell stammen. Deswegen ist es für uns von besonderer theoretischer und didaktischer Bedeutung zu zeigen, wo die Grenzen der Macht staatlichen Handelns liegen, selbst wenn es sich um einen Diktator, sogar um einen wohlwollenden Diktator an der Spitze des Staates handelt.

Auch heute begegnet einem sogar in der Wissenschaft bisweilen noch der Versuch, das zentrale Problem der Kontrolle staatlicher Agenten wegzudefinieren. Da werden beispielsweise Politiker generell als zuständig für das „Gemeinwohl" angesehen, und es wird ihnen ein entsprechendes Verhalten, eine entsprechende Motivation einfach attestiert oder zumindest von ihnen (moralisch) gefordert. In der Ökonomik wird das modelliert durch die – heute meist nur implizite – Annahme, dass es einen *allwissenden, wohlwollenden Diktator* gibt, der gemeinwohldienliche Politikmaßnahmen durchsetzt. Natürlich sind jene Ökonomen, die mit diesem Modell arbeiten, nicht der Meinung, dass es einen solchen Diktator tatsächlich gibt. Dieses in der Theorie der Wirtschaftspolitik häufiger benutzte Modell stammt aus der Zeit, in der sich die Ökonomik als eine Bereichswissenschaft verstand, die für den „Bereich der Wirtschaft" zuständig war und dementsprechend die aus ihrer Sicht besten Empfehlungen prinzipiell erkennen konnte; die Implementierung dieser Empfehlungen war nicht mehr ihr Problem, deshalb wurde sie durch dieses Modell wegdefiniert.

Heute weiß man in der Ökonomik, dass eine solche Vorgehensweise zu Problemen führt, weil die Voraussetzungen der Implementierung häufig nicht gegeben sind: Die Politiker sind nicht allwissend, sie haben viele Informationen nicht, die insbesondere für selektive Interventionen über wirtschaftliche Abläufe nötig wären; sie sind auch nicht wohlwollend in einer Form, dass sie der Realisierung des Gemeinwohls alles andere, auch ihre eigenen Interessen, bedingungslos unterordnen würden; und sie verfügen nicht über diktatorische Macht, sondern sind in einem System tätig, das ihnen auch in früheren Jahrhunderten nur mehr oder weniger begrenzte Spielräume offenließ. Mit anderen Worten, es gibt – wie auch sonst – Informations- und Anreizprobleme, zumal es sich beim Verfassungsvertrag um einen sehr „offenen" oder „unvollständigen" Vertrag handelt.

Zu den *Informationsproblemen*, die selbst dann auftreten, wenn man einen wohlwollenden Diktator voraussetzt, gehören vor allem die nachfolgend aufgezählten.

Beispiele für Informationsprobleme von Diktatoren:

- Gerade ein wohlwollender Diktator benötigt Wissen darüber, was seine Untertanen wirklich wollen. Da auch er jedoch ihre Wünsche nicht kostenlos erfüllen kann, sondern dafür (knappe) Mittel benötigt, besteht das Problem darin, dass die Untertanen zur Enthüllung ihrer wahren Präferenzen oft nicht bereit sind, weil sie dann befürchten müssen, auch die Mittel zu deren Realisierung aufbringen zu müssen[5].
- Der wohlwollende Diktator benötigt auch Wissen über die verschiedenen Restriktionen, um seine Entscheidungen fällen zu können. Auf dem Wege der Vermittlung dieses Wissens können nun erhebliche Verzerrungen auftreten, denn jene, die es vermitteln, haben Anreize, dies in einer für sie vorteilhaften – oder zumindest nicht nachteiligen – Weise zu tun. Auch haben sie möglicherweise keine Anreize, es überhaupt zu enthüllen.
- Weitere Informationsprobleme können sich auch für die „Untertanen" des Diktators ergeben, da die Entscheidungen des wohlwollenden Diktators schlecht berechenbar sind; sie können sich nie sicher sein, ob er nicht gerade irgendwo wieder etwas Gutes tun will und dafür von jenem Verhalten abweicht, das sie erwartet haben.

Neben diesen Problemen der Informationsvermittlung existieren *Anreizprobleme*: Es reicht nicht aus, dass der Diktator wohlwollend ist, vielmehr müssen alle seine Agenten bis hinunter zum letzten Bürgermeister einer Kleinstadt das Wohlwollen des Herrschers ohne Eigeninteresse vollziehen – eine wahrhaft heroische Vorstellung für neuzeitliche Staaten, erst recht für moderne Staaten mit einer hierarchisch nicht mehr kontrollierbaren Komplexität.

Betrachten wir diese Zusammenhänge noch etwas genauer. Zur Vereinfachung beginnen wir mit dem Modellfall eines mächtigen Herrschers. Aus einer

---

[5] Tatsächlich ist das Problem der Verbergung von Präferenzen noch sehr viel weitreichender, wie T. Kuran in seinem Buch „Leben in Lüge" zeigt (Kuran 1995/1997). Die in öffentlichen Diskursen überall zu findenden Präferenzverfälschungen haben tiefgreifende Auswirkungen auf gesellschaftliche Strukturen; aus Sorge um mögliche Rückwirkungen auf die eigene Person verhüllt man eigene Wünsche über Änderungen an bestehenden Zuständen bzw. Regeln.

handlungstheoretischen Perspektive liegt mit Blick auf die *Macht* dieses Herrschers die Vermutung nahe, dass er seine Vorstellungen bzw. seine Wünsche fast nach Belieben durchsetzen kann und dabei auf seine Untertanen wenig Rücksicht nehmen muss. So denken auch heute noch manche Politiker und politischen Parteien. Aus *interaktionstheoretischer* Sicht wird diese Sichtweise allerdings sogleich relativiert, denn aus dieser Perspektive ist *immer* davon auszugehen, dass die Interaktionspartner des Herrschers gewisse Handlungsspielräume haben, die selbst ein mächtiger Herrscher nicht kontrollieren kann. Das ist sogar im Fall der denkbar extremsten Macht-ungleichheit, beim Verhältnis von Herr und Sklave, der Fall, weil der Sklave motiviert und weniger motiviert arbeiten kann. Die Institution der Sklaverei, die über mehrere Jahrtausende Bestand gehabt hat, hatte dies implizit erkannt und eine entsprechende Vorkehrung zur Lösung dieses Problems entwickelt. D. C. North führt dazu aus: „[D]ie Eigentümer von Sklaven können den Wert ihres Eigentums erhöhen, indem sie den Sklaven gewisse Rechte zugestehen – im Austausch gegen Leistungen, die den Eigentümern mehr wert sind [und die sie auf andere Weise von den Sklaven nicht erhalten können; KH/AS]. Auf diese Weise wurden auch Sklaven Eigentümer. Es ist genau nur dieses Eigentum, das es den Sklaven ermöglichte, sich ihre Freiheit zu erkaufen, wie das im klassischen Altertum häufig geschah und gelegentlich sogar in den amerikanischen Südstaaten vor dem Sezessionskrieg." (1990/1992, S. 38)

Auch noch so große Machtfülle schließt also nicht aus, dass die Mächtigen nicht noch weitere Erträge erzielen könnten, wenn sie mit ihren Untergebenen – teilweise – kooperieren. Der Herrscher kann seine eigenen Interessen noch besser verfolgen, wenn er den Untertanen die Möglichkeit gibt, ihre Hand-lungsspielräume produktiv zu nutzen, um sich dann einen größeren Ertrag aneignen zu können, als es bei einem stärker ausbeuterischen und unter-drückenden, aber unproduktiven Regime der Fall wäre.

Nun mag es angesichts der Erfahrungen, die die Geschichte bereit hält, geradezu euphemistisch erscheinen, noch von Kooperationsgewinnen zu re-den, gab es doch wirklich genügend Herrscher, die ihre Untertanen erbar-mungslos unterdrückt und ausgebeutet haben. Das ist gar nicht zu bezweifeln, und deshalb ist an dieser Stelle der Hinweis wichtig, dass der Begriff der Kooperationsgewinne und das damit verbundene analytische Instrumentarium von Anreiz-, Interaktions- und Institutionenanalyse nicht durch normative Vorurteile vorgeprägt bzw. verstellt werden darf, wenn die Leistungsfähigkeit des Ansatzes im Hinblick auf das bessere Verstehen gesellschaftlicher Entwicklungen zur Entfaltung kommen soll. Der Begriff der Koopera-tionsgewinne ist stets auf den jeweiligen Status quo und die in ihm angelegten Möglichkeiten zu beziehen und nicht auf abstrakte, moralisch ausgezeichnete

Zielvorstellungen. Hier liegt einer dieser Fälle vor, mit Bezug auf die Max Weber formulierte, „dass wo immer der Mann der Wissenschaft mit seinem eigenen Werturteil kommt, das volle Verstehen der Tatsachen *aufhört*" (1922/1988, S. 602).

So kann eine ökonomische Analyse der jeweiligen Situation zu der Erkenntnis beitragen, warum manchmal *scheinbar* mögliche Kooperationsgewinne *nicht* angeeignet wurden. Es fehlen dann die institutionellen Möglichkeiten, um sich der verlässlichen Kooperation der jeweiligen Interaktionspartner zu versichern. Und bemerkenswerterweise sind auch und gerade für mächtige „Herrscher" manche Möglichkeiten der Realisierung von Kooperationsgewinnen mit ihren Untertanen verschlossen geblieben.

Nehmen wir etwa an, dass ein Herrscher seine Untertanen ermutigen will, produktive Investitionen zu tätigen. Da diese Investitionen nur dann unternommen werden, wenn hinreichende Anreize bestehen, verspricht er den Untertanen, ihnen einen Großteil der Erträge zu lassen und nur einen Teil als „Steuern" abzuführen: Auf diese Weise könnten Untertanen und Herrscher gewinnen. Das Problem einer solchen Interaktion besteht nun in folgendem: Zu dem Zeitpunkt, an dem die Erträge dann anfallen, besteht ein massiver Anreiz für den Herrscher, sich trotz seines zuvor gegebenen Versprechens einen größeren Teil der Erträge als vorher versprochen anzueignen, und da er annahmegemäß auch über die Macht verfügt, ist sein Versprechen nicht glaubwürdig. Das ist aber nun ein *Interaktions*problem: Da die Untertanen mit der späteren Ausbeutung durch den Herrscher rechnen, werden sie trotz seines Versprechens erst gar nicht investieren. Die Schwierigkeit ist mithin für den Herrscher, *sich glaubwürdig selbst zu binden*[6].

Historisch vielleicht noch einflussreicher war die Kehrseite des Problems. Denn wenn ein Herrscher nach Möglichkeiten sucht, sich selbst zu binden, bestehen diese praktisch immer darin, einen Teil seiner Macht abzugeben bzw. die Macht seiner Untertanen zu stärken: Das sind die „Investitionen", die er tätigen muss, wenn sie mitmachen sollen. Dabei muss nun auch er befürchten, dass nicht ihm die Erträge seiner Investitionen zugute kommen. Derartige Machtbeschränkungen bzw. das Einräumen von Freiheiten für die Untertanen kann im Gegenteil für ihn selbst negative Konsequenzen haben: Er kann ausgebeutet werden bis hin zur Entmachtung, womöglich mit Todesfolge. So schrieb Alexis de Tocqueville (1805–1859) in seinem berühmten Buch über

---

[6] Allerdings hält die Geschichte auch Beispiele parat, wo genau dies gelang. So wird berichtet, dass die englischen Könige Heinrich III. oder Edward I. im 12. Jh. den Städten finanziell beim Bau von Befestigungsanlagen halfen, die auch zum Schutz vor den Soldaten des Königs dienten (Kiser/Barzel 1990, S. 409), um mit ihnen ins Geschäft zu kommen..

„Die Demokratie in Amerika": „Die Erfahrung lehrt, dass der gefährlichste Augenblick für eine schlechte Regierung der ist, wo sie sich zu reformieren beginnt." (1835–1840/1978, S. 176). Insofern besteht nicht nur das Problem für den Herrscher, sich selbst nicht glaubwürdig binden zu können, auch für seine Interaktionspartner, die Untertanen, existiert dieselbe Schwierigkeit, für den Herrscher im Falle von Reformen berechenbar zu sein, wenn dieser sich auf Reformen einlassen soll.

Neben solchen Problemen der Aneignung von Kooperationsgewinnen gibt es weitere Restriktionen für Herrscher, die ihre Machtausübung einschränken. Das geht darauf zurück, dass auch sie immer unter Wettbewerbsbedingungen stehen in Abhängigkeit von den *Alternativen*, die sich ihren Untertanen bieten. Alle Herrscher haben interne und externe Konkurrenten, die selbst die Herrschaft übernehmen möchten, und die Berliner Mauer war nichts anderes als das Bemühen, die Opportunitätskosten einer Abwanderung der ostdeutschen Bürger zum ʻKonkurrentenʼ drastisch zu erhöhen. Und dennoch erwies sich auf Dauer der Wettbewerbsdruck als übermächtig, mit den bekannten Folgen.

3.2.3.3 Politischer Wettbewerb

Mit dem Beispiel aus dem letzten Satz haben wir den zeitlichen Sprung in unsere Gegenwart gemacht. Wir bleiben jetzt in der Gegenwart und diskutieren das Problem der Kontrolle von Politikern (und Bürokraten) für entwickelte Demokratien westlichen Typs. Den bevorzugtesten, wirksamsten, wenn auch immer noch mit Mängeln behafteten Mechanismus zur Kontrolle politischer Macht stellt der *Wettbewerb* dar. Auch wenn Presse und öffentliche Meinung, Gerichte, Rechnungshöfe und Parlamente als Kontrollmechanismen nicht unterschätzt werden sollten, laufen auch sie alle *letztlich* darauf hinaus, dass zu den gegenwärtigen politischen Akteuren eine Alternative besteht: Ohne den *politischen* Wettbewerb zwischen alternativen Politikern und Parteien bewirken die übrigen Kontrollmechanismen wenig.

So ist es kein Zufall, dass der große österreichische Nationalökonom Joseph A. Schumpeter (1883–1950) 1942 die Demokratie genau durch den Gedanken des Wettbewerbs gekennzeichnet sah: „Die demokratische Methode ist diejenige Ordnung der Institutionen zur Erreichung politischer Entscheidungen, bei welcher einzelne die Entscheidungsbefugnis vermittels eines Konkurrenzkampfs um die Stimmen des Volkes erwerben." (Schumpeter 1942/1987, S. 428)

Wenden wir uns zunächst dem politischen Wettbewerb im nationalen Rahmen zu; dann machen wir einige kurze Bemerkungen zum politischen Wettbewerb im internationalen Rahmen.

Politischer Wettbewerb im nationalen Rahmen

Wie wir bereits gesehen haben, ist der Wettbewerb (nur) unter den geeigneten Rahmenbedingungen produktiv: Er ist dann ein Leistungswettbewerb. Die modernen Demokratien des Westens haben diesen Wettbewerbsmechanismus auf den politischen Prozess übertragen: Sie haben es verstanden, die Konkurrenz unter Parteien und Politikern produktiv in dem Sinne zu machen, dass sich die Politik – jetzt sehr vorsichtig ausgedrückt – nicht zu weit von den Präferenzen (der großen Mehrheit) der Bürger entfernen kann.

Politischen Wettbewerb gibt es auf verschiedenen Ebenen und in verschiedenen Formen: (1) zwischen politischen Parteien und ihren Führern, (2) zwischen den drei staatlichen „Gewalten" Legislative, Exekutive und Judikative bzw. zwischen Regierung (government) und Opposition, (3) zwischen den Gebietskörperschaften Bund, Länder und Gemeinden, neuerdings auch „Regionen", (4) zwischen der Politik im engeren Sinn und den autonomen halbstaatlichen Organisationen wie Rentenversicherungen, Industrie- und Handelskammern etc., (5) zwischen Politik und privaten Gruppen wie Gewerkschaften, Arbeitgeberverbänden, Verbänden des Handwerks und des Handels etc.

Einen realistischen Eindruck vom politischen Wettbewerb vermittelt erst eine *dynamische Betrachtung:* Innerhalb eines modernen Staates konkurrieren die verschiedenen Instanzen, Behörden dieses Staates praktisch laufend an jedem einzelnen Tag darum, ihre Vorstellungen gegen die anderer Instanzen und Personen durchzusetzen, sich gegenüber anderen zu profilieren, um ihren Einfluss und ihre Ressourcen zu vergrößern. Rivalitäten zwischen Bund, Ländern und Gemeinden, zwischen den Koalitionsparteien in derselben Regierung, zwischen Ministerien und Ministern sowie die praktisch laufend stattfindenden Wahlen auf den verschiedenen Ebenen und in den verschiedenen staatlichen und halbstaatlichen Organisationen, das alles von entsprechenden öffentlichen Auseinandersetzungen und ihrer Verstärkung in den Medien begleitet, zeigen, wieviel Wettbewerb in der politischen Arena funktionierender Demokratien tagtäglich stattfindet. Klassische Instrumente dieses Wettbewerbs sind natürlich Vorschläge und Programme, die sich freilich allzu oft auf bloße Forderungen reduzieren. Aber man sollte auch das Aufdecken der Fehler und Verfehlungen der Konkurrenten nicht vergessen, woran vor allem die Journalisten größtes Interesse haben. Albert Breton hat in seinem Buch „Competitive Governments" von 1996 ein anschauliches Bild dieses politischen Wettbewerbs innerhalb der nationalstaatlichen Institutionen und staatlichen Organisationen gegeben, auf das wir hier verweisen, und er hat auf diese Weise überzeugend erklärt, dass ein wesentlicher Faktor des Erfolgs moderner westlicher Demokratien in diesem System der „checks and balances" zu sehen ist, das wir aus der amerikanischen Verfassungsdiskussion und Verfassung kennen.

Dieser politische Wettbewerb ist nun keineswegs vollkommen. Aber er ist auch nicht so unvollkommen, wie manche Autoren in der Literatur und manche Wortmeldungen in der öffentlichen Meinung denken. Wir gehen auf einige wenige Punkte etwas näher ein, um dies zu illustrieren.

Es ist für einen Ökonomen, der mit dem Rationalverhalten der Akteure argumentiert, zu erwarten, dass die Regierung versuchen wird, die Bedingungen des Wettbewerbs zu ihren Gunsten zu beeinflussen, sei es durch die bereits erwähnte Maßnahme eines Mauerbaus oder durch Begünstigung bestimmter Gruppen oder auch Ausschaltung der internen Konkurrenten. Um so beeindruckender ist es, in welchem Ausmaß es dennoch gelungen ist, in modernen Demokratien die internen wie die externen Wettbewerbsbedingungen durch institutionelle Errungenschaften wie Rechtsstaatlichkeit, Gewaltenteilung, Verankerung von Grundrechten in der Verfassung, Wahlen usw. zu zivilisieren.

Des weiteren zwingt der politische Wettbewerb die Politiker, sich im Sinne des „Gemeinwohls" zu verhalten oder – diese Formulierung ist angesichts der Unvollständigkeit des Wettbewerbs wohl besser – nicht zu weit von ihm abzuweichen. Nehmen wir beispielsweise an, ein Politiker hätte sich beim Einbringen und Verabschieden von Gesetzesvorlagen von seinen persönlichen Vorteilserwägungen in einer Weise leiten lassen, die den gesellschaftlichen Interessen entgegensteht. Angesichts der oft komplexen Prozesse in der Politik bräuchte er vielleicht nicht befürchten, dass irgendwelche Wähler sein Vorgehen bemerken und ihm deshalb seine Stimme bei der nächsten Wahl verweigern. Wohl aber muss er damit rechnen, dass seine Herausforderer bei der nächsten Wahl – in der eigenen Partei und in fremden Parteien – starke Anreize haben, sein Verhalten während der Legislaturperiode sehr genau unter die Lupe zu nehmen und aus allen derartigen Aktivitäten politisches Kapital zu schlagen. Mit anderen Worten zwingt auch hier der Wettbewerb die Anbieter dazu, auf die Interessen der Nachfrager – sprich der Bürger – zu achten.

Man könnte nun einwenden, dass das doch nur gelte, wenn der Politiker in der nächsten Wahlperiode erneut antreten will; ansonsten müsste man doch mit einem typischen *„Endspieleffekt"* und einem Verhalten nach der Devise: „Nach mir die Sündflut", rechnen. So etwas ist natürlich nicht grundsätzlich auszuschließen, es gibt solche Beispiele. Dennoch sind wir der Auffassung, dass vielen Politikern ihr Ansehen bei der Bevölkerung auch über ihre aktive

Zeit hinaus wichtig ist. Davon abgesehen haben sich aber auch für dieses Problem möglicher Fehlanreize in „Endspielen" institutionelle Vorkehrungen entwickelt, wozu unter anderem auch die Existenz von *Parteien* zu zählen ist. Parteien sind auf Dauer angelegte *Organisationen* (vgl. Kap. 5), und als solche müssen sie in hohem Maße auf ihre **Reputation**, einen in der Politik zentralen Vermögenswert, bedacht sein; das gilt jedenfalls dann, wenn sie dauerhaft eine Chance haben wollen, an die Macht zu kommen oder an der Macht zu bleiben. Deshalb gibt es für sie als Organisation auch – man denke an die Nachwuchs-Politiker dieser Partei – Anreize, intern Vorkehrungen gegen Verfehlungen nach Art dieser „Endspieleffekte" zu treffen, die dieser Reputation schaden könnten. Man wird also versuchen, allzu 'opportunistische' Politiker eher nicht emporkommen zu lassen, und wenn für einen Politiker seine letzte Amtszeit ansteht, wird man ihm verschiedene Gegenleistungen dafür bieten, dass er ein für seine Partei reputationsschädigendes Verhalten unterlässt. Oder anders gesagt: Für Organisationen wie z.B. Parteien gibt es in der Regel keine „Endspiele".

Ein anderer Einwand gegen die hier skizzierte Behauptung der – komparativen – Effizienz von Politikprozessen in Demokratien bezieht sich auf das Verhalten von Interessengruppen, die als „Verteilungskoalitionen" die politischen Entscheidungen über die Spielregeln zu ihren Gunsten zu beeinflussen suchen. So schrieb Mancur Olson 1982 ein vielgelesenes Buch, dessen zentrale These lautete, dass mit Zunahme der Zahl und der Macht von Interessenverbänden das wirtschaftliche Wachstum eines Landes in zunehmendem Maße behindert wird (Olson 1982/1985). Da wir unter Punkt 5.4.1 das Thema Interessengruppen genauer erörtern, begnügen wir uns an dieser Stelle mit dem Hinweis, dass sich auch hier in gleicher Weise die grundsätzlichen Überlegungen des zweiten Kapitels hinsichtlich unterschiedlicher Möglichkeiten von Kooperationsgewinnen und institutionellen Kanalisierungen gesellschaftlicher Aktivitäten anwenden lassen: Auch Interessengruppen stehen unter dem Druck des Wettbewerbs, auch wenn man hier nicht allzu optimistisch sein darf.

Schließlich wird auch häufiger bezweifelt, dass die Bürger als Wähler imstande sind und/oder die nötigen Anreize haben, das Verhalten von Politikern überhaupt in einer geeigneten Weise zu kontrollieren und zu sanktionieren. Ein entsprechendes Verhalten lässt sich sogar im ersten Zugriff ökonomisch begründen, man spricht hier von *rationaler Ignoranz* (Downs 1957/1968). Gemeint ist damit, dass die Beschaffung von Informationen zur Beurteilung von Politikern, Parteien und Politikprogrammen Kosten verursacht, und wenn diese Kosten der Informationsbeschaffung höher sind als der Nutzen, ist es für den Wähler rational, sich nicht zu informieren[7]; auch wäre er deshalb sehr viel leichter in seinen politischen Meinungen manipulierbar. Hinzu kommt ein Sachverhalt, der für die ökonomische Theorie der Politik, für den Public Choice-Ansatz bzw. die Neue Politische Ökonomie, ein Problem bildete: Angesichts der Tatsache, dass die einzelne Stimme bei einer Wahl praktisch keinerlei Einfluss auf den letztendlichen Ausgang der Wahl hat, lohnt sich nicht nur ein Verharren in der Unwissenheit, es stellt sich sogar die Frage, warum der einzelne überhaupt zur Wahl gehen sollte[8].

Bei genauerer Betrachtung ergibt sich allerdings ein differenzierteres Bild. So ist zunächst zu beachten, dass ein Großteil der Information für den Wähler nahezu kostenlos ist, daran haben schon die Parteien – zumindest unter Bedingungen des politischen Wettbewerbs – ein Interesse. Weiterhin wirkt sich auch hier die Existenz von Parteien vorteilhaft aus, da sie stets mit bestimmten „Richtungen" oder „Werten" als probaten Kurzformeln verknüpft werden; auch wenn man die Haltung in konkreten Einzelfragen nicht kennt, kann man doch in etwa abschätzen, für welche Themen sich welche Parteien in welcher Weise engagieren werden. Ein Bild der politischen Lage machen sich Wähler auch in vielen Gesprächen, bei der Zeitungslektüre, beim Fernsehen usw.; und man darf ihnen dabei durchaus zutrauen, dass sie es gelernt haben, die Aussagen von Politikern oder Interessengruppen in geeigneter Weise einzuschätzen. Schließlich gilt, dass die zuvor angeführten und andere institutionelle Rahmenbedingungen es erlauben, auch mit begrenzter Information einigermaßen zuverlässige Urteile abgeben zu können.

Insgesamt zeigt sich, dass auf den politischen Märkten in Demokratien mit einem größeren Ausmaß an Wettbewerb und daher an Effizienz zu rechnen ist, als manche wissenschaftlichen Theorien und viele öffentliche Stellungnahmen meinen. Wir wollen damit gewiss nicht sagen, dass es nichts gäbe,

---

[7] „Es dürfte eine Hilfe zur Klärung dieses Punktes sein, wenn wir uns fragen, warum an einem Bridgetisch so viel mehr Intelligenz und klares Denken als beispielsweise in einer politischen Diskussion zwischen Nichtpolitikern sichtbar wird. Am Bridgetisch ist eine bestimmte Aufgabe gestellt; wir unterstehen der Disziplin von Spielregeln; Erfolg und Misserfolg sind klar bestimmt, und wir sind an verantwortungslosem Verhalten gehindert dadurch, dass nicht nur jeder Fehler, den wir machen, sofort zählt, sondern er uns auch unmittelbar zugeschrieben wird. Diese Bedingungen zeigen gerade dadurch, dass sie für das politische Verhalten des gewöhnlichen Bürgers nicht erfüllt sind, warum diesem in der Politik all die Umsicht und Urteilskraft fehlen, die er in seinem Beruf vielleicht an den Tag legt." (Schumpeter 1942/1987, S. 415, Fußnote 15)

[8] Am Rande wollen wir auf den methodisch wichtigen Punkt aufmerksam machen, dass es ein Gütezeichen für Theorien ist, wenn sie beobachtbares Verhalten in einer solchen Weise problematisieren, denn sie zwingen dann dazu, *im Rahmen der Theorie* nach Gründen zu suchen, und so kommt man oft zu Einsichten, die man ohne diese oft zunächst kontra-intuitiven Problemstellungen nie gefunden hätte.

was nicht verbesserungswürdig wäre; die Suche nach weiteren Kooperationsgewinnen ist *immer* sinnvoll. Nur gilt auch hier, was wir im Abschnitt 2.3.5
über die Bedeutung einer komparativen Institutionenanalyse gesagt haben:
Zunächst gilt es, die dem Status quo inhärente Rationalität zu erforschen, um
erreichte Standards nicht zu unterbieten; danach (erst) ist zu untersuchen,
welche *realisierbaren* Alternativen sich im Ausgang vom Status quo bieten.

Politischer Wettbewerb im internationalen Rahmen

Es hat in der Geschichte seit der frühen Neuzeit einen äußerst produktiven
Wettbewerb zwischen den verschiedenen Staaten, besser: „Reichen", in Europa gegeben: Jedenfalls erklärt der Wirtschaftshistoriker Eric Jones den Aufstieg Europas und seiner Zivilisation wesentlich aus diesem politischen Wettbewerb, der in Europa herrschte und der dafür sorgte, dass Innovationen
wenn nicht in dem einen Land, dann aber in einem anderen, konkurrierenden
Land zum Zuge kamen, wodurch das erste unter Druck geriet und den Vorteil
ausgleichen musste, usw. (Jones 1981/1991).

In der Zeit nach dem Zweiten Weltkrieg fand der Wettbewerb zwischen
den „Systemen" des Sozialismus und der demokratisch verfassten Marktwirtschaften des Westens statt, der 1989/90 mit der Implosion des Sozialismus
endete. Die Marktwirtschaft hatte sich als überlegen erwiesen. Seither ist der
Wettbewerb zwischen den Systemen abgelöst durch einen Wettbewerb verschiedener Ordnungen innerhalb von Marktwirtschaften, verschiedener institutioneller Arrangements und verschiedener (Wirtschafts-)Politiken. Überla-
gert wird dieser Prozess nach dem Zusammenbruch des Sozialismus von einer
zweiten Entwicklung, die üblicherweise als „Globalisierung" bezeichnet wird.
Unter anderem ist damit vor allem die weltumspannende Kommunikation und
die internationale Mobilität vor allem des Faktors Kapital gemeint. Diese beiden Entwicklungen verstärken sich gegenseitig, und das führt zu einer unge-
heuren Intensivierung des politischen Wettbewerbs im internationalen Kontext. Der Wettbewerb auf allen Gebieten bedroht heute liebgewordene Verhaltensweisen, sicher geglaubte Arbeitsplätze und soziale Standards: Aus diesem
Grund sehen viele Menschen in der „Globalisierung" eine Bedrohung humaner
Werte, westlicher Sozialstandards und der westlichen Wohlfahrtsstaaten, und
sie reagieren vielfach mit Angst und Ablehnung. Nicht wenige trauern sogar
dem Sozialismus nach. – Wir wollen dazu nur drei kurze Bemerkungen machen.

Zum ersten sind wir alle Nutznießer dieser Entwicklung: Wir finden auf unseren Märkten das Angebot der ganzen Welt und können das beste, preis-
günstigste auswählen – wenn nicht die nationalen Regierungen offen oder

verdeckt Protektionismus praktizieren (können). Zum zweiten bewirkt der Wettbewerb um das hochmobile Kapital, dass eine schlechte nationale Wirtschafts- und Gesellschaftspolitik über die Abwanderung des Kapitals und damit über die Abwanderung von Arbeitsplätzen und im nächsten Schritt mit dem entsprechenden Wählerverhalten unerbittlich bestraft wird: Als Bürger können wir dies eigentlich nur begrüßen. Zum dritten haben wir nach der Implosion des Sozialismus jetzt vielleicht erstmals die Chance, im internationalen Wettbewerb systematisch alternative institutionelle Arrangements – insbesondere auf dem Arbeitsmarkt, in der Kranken- und Rentenversicherung, in der Industriepolitik etc. – zu erproben, um zu sehen, welche sich als die überlegenen herausstellen. Wir können jetzt politischen Wettbewerb auf einem wesentlich höheren Niveau betreiben als zu den Zeiten des kalten Krieges, wo der „Wettbewerb der Systeme" oft genug zu einer unfruchtbaren, ruinösen Konkurrenz – etwa in Form von Enteignungen nach sozialistischen „Revolutionen" in Entwicklungsländern – geriet.

3.3 Neue Formen von Interaktionen mit dem Staat

In den letzten Jahrzehnten haben sich bedeutende Wandlungen des klassischen Bildes von Staatstätigkeit und von Interaktionen mit dem Staat vollzogen; sie sind z.T. noch in vollem Gang, ihr Ende ist ebensowenig abzusehen wie die endgültige Form, in die sie einmünden werden. In aller Regel anfangs von Ablehnung und Misstrauen begleitet, sind innerhalb der Nationalstaaten, zwischen den Nationalstaaten und zwischen Nationalstaaten und internationalen Organisationen verschiedenster Art neue Interaktionsformen entstanden, für die wir z.T. noch nicht einmal einen Namen, viel weniger einen systematischen Platz in den gängigen Theorien haben.

Wegen der künftigen Bedeutung dieser Entwicklungen seien hier einige skizziert. Unsere Auswahl ist wiederum geleitet von der Frage, welche Konsequenzen diese Entwicklungen für die institutionelle Gestaltung der modernen Welt-Gesellschaft haben könnten.

3.3.1 Modelle der Bürgerbeteiligung

Auch in großen Nationalstaaten wie der Bundesrepublik Deutschland haben sich in den letzten Jahrzehnten neue Formen der Bürgerbeteiligung herausgebildet. Sie nehmen Elemente dessen auf, was in den 60er und 70er Jahren normativ unter der Forderung nach „mehr Demokratie" eingeklagt wurde. So sind zahlreiche „Bürgerinitiativen" spontan entstanden, teils auf örtlicher Ebene anlässlich konkreter Vorhaben wie z.B. der Trassenführung bei Straßen oder den Standorten von Mülldeponien, teils haben sie sich überregional um allgemeine Problemkomplexe wie den Umweltschutz oder die Gleichberechtigung der Frau gebildet. Nachdem solche Aktivitäten anfangs verbreitet als Behinderung der durch demokratische Wahlen legitimierten Politik betrachtet wurden und z.T. immer noch werden – man denke an das Schlagwort von der „außerparlamentarischen Opposition" (APO) –, ist man gegenwärtig dabei, diesen Aktivitäten geregelte Formen innerhalb des offiziellen demokratischen Politikprozesses zu geben. Selbst konservative Parteien leisten mittlerweile nicht nur keinen Widerstand (mehr), sondern haben eingesehen, dass Politik *gegen* nennenswerte Gruppen der Bevölkerung und ihre Interessen nicht möglich bzw. extrem teuer ist. Ähnliches lässt sich bei Unternehmen beobachten: Fortschrittliche Unternehmen arbeiten mit Umeltchützern zusammen; sie lassen z.B. von ihren Kritikern aus den Reihen von Umweltschutz-Organisationen ihr Sortiment auf umweltfreundliche Verpackung untersuchen und folgen den Vorschlägen dieser Kritiker – zum Vorteil aller.

Die ökonomisch tragfähigen institutionellen Formen sind noch nicht gefunden. Daher kann es durchaus sein, dass kleine Gruppen dringliche Projekte auf Jahre hinaus zum Nachteil der Gemeinschaft verzögern. Aber als Ökonom muss man über den konkreten Einzelfall hinaus immer auch im Blick behalten, dass ein System mit einer gegenüber früheren Zeiten erweiterten Bürgerbeteiligung wesentliche Vorteile haben kann: Die Bereitschaft, politische Entscheidungen mitzutragen, auf langwierige Widerspruchsverfahren und Klagen vor Gerichten zu verzichten, keine Boykottmaßnahmen zu ergreifen, wächst in dem Maße, in dem die Betroffenen zu Beteiligten werden und wirklich etwas mitentscheiden können.

Vor allem aber kommt es zu *Lernprozessen,* die für eine Demokratie eine notwendige Funktionsbedingung darstellen

3.3.2 Staatengemeinschaften

Es hat in der Geschichte immer Versuche gegeben, Gemeinschaften von Staaten zu gründen. In den letzten Jahrzehnten nimmt diese Tendenz offenbar zu. Sieht man einmal von Militärbündnissen im engeren Sinn wie der NATO ab, bilden wirtschaftliche Gründe das Hauptmotiv. Am weitesten fortgeschritten ist sicherlich die EU. Aber auch in Nordamerika und Südamerika sowie in Asien gibt es Versuche, die Kooperationsvorteile erleichterter Austauschbeziehungen in neuen „Wirtschaftsräumen" anzueignen.

Hier ist dasselbe festzustellen wie vorher: Die endgültige Gestalt solcher Kooperationsformen ist heute nicht auszumachen. Eines allerdings scheint sich nach den inzwischen 40jährigen Bemühungen um die europäische Einigung herauszukristallisieren: So etwas wie die „Vereinigten Staaten von Europa" nach dem Modell des Nationalstaates USA, wie die Gründerfiguren Konrad Adenauer, Maurice Schumann und Alcide de Gasperi sich das vorgestellt hatten, wird es wohl niemals geben. Weltweit ist die Suche im Gange nach neuen Formen der internationalen Zusammenarbeit. Die alten Vorstellungen, die sich weitgehend am Nationalstaat-Modell orientieren, haben ihren Modellcharakter offensichtlich verloren. Vermutlich werden Institutionalisierungen völlig neuer Art, Institutionalisierungen sui generis, erfunden werden müssen, um die möglichen Kooperationsgewinne anzueignen, und es steht zu erwarten, dass dafür mindestens ein bis zwei Jahrhunderte erforderlich sein werden. In diesem Prozess ist die Ökonomik deswegen zentral gefragt, weil nur sie den Gesichtspunkt der Anreizkompatibilität der neuen institutionellen Arrangements *systematisch* in die Diskussion einzubringen vermag.

In diesem Prozess der Entwicklung neuer Kooperationsformen im internationalen Rahmen ist auf zwei Akteure eigens hinzuweisen und gesondert einzugehen, die eine besondere Rolle spielen: die Nicht-Regierungs-Organisationen und die internationalen Unternehmen.

3.3.3 Nicht-Regierungs-Organisationen

In unseren am traditionellen Staatsparadigma orientierten politischen Vorstellungen haben wir für Akteure wie Greenpeace, Amnesty International unter anderem nicht einmal eine passende Bezeichnung. Wir fassen sie mit Hilfe der negativen Abgrenzung von Regierungs-Organisationen unter der Bezeichnung „Nicht-Regierungs-Organisationen" (nongovernmental organizations, NGO's) zusammen. Sie spielen in den internationalen Beziehungen eine immer größere Rolle. Teils werden sie sogar zu internationalen Konferenzen, die von Regierungs-Organisationen veranstaltet werden, zugelassen oder eingeladen – wie z.B. zum Umweltgipfel in Rio de Janeiro 1992 –, manchmal laden sie sich auch selbst ein und/oder veranstalten parallele Gegenkonferenzen. Sind sie eingeladen oder zugelassen, entsteht regelmäßig die Frage, welchen „Status" sie haben sollen, und nicht selten müssen sie gewissermaßen „am Katzentisch" Platz nehmen. Nichts verdeutlicht die Suche nach und Herausbildung von neuen Formen der Interaktion mit staatlichen Instanzen auf internationaler Ebene so sehr wie diese Prozesse. Auch Kirchen oder kirchliche Gruppen sind zu den NGO's zu rechnen, wenn man einmal von der Spezialkonstruktion der katholischen Kirche absieht, deren Oberhaupt der Papst immer schon als Staatschef des Vatikanstaates auftreten konnte, so z.B. in der UNO.

Interessant zu beobachten ist bei vielen Nicht-Regierungs-Organisationen jener Lernprozess, der den Kern der Ökonomik als Interaktionstheorie bildet:

das Problem, angesichts konfligierender Interessen die immer auch vorhandenen gemeinsamen Interessen mit den jeweiligen Interaktionspartnern stärker zur Geltung zu bringen. So korrigieren z.B. Umweltschutz-Organisationen ihren zunächst stark auf Konflikt mit 'der Wirtschaft' angelegten Kurs mittlerweile in Richtung auf bedingte Zusammenarbeit, und auch die Unternehmen entdecken die Kooperationsrenten, die sich für sie aus einer solchen Zusammenarbeit mit NGO's ergeben können.

3.3.4 Staat und Unternehmen

Das Verhältnis zwischen dem Staat und den Unternehmen bzw. ihren Verbänden wird traditionell unter Stichworten wie Lobbyismus und „Filz" abgehandelt. Und in der Tat gibt es hier manche Kooperation, die zu Lasten Dritter geht. Man muss aber auch die andere Seite sehen: Verbände nehmen eine wesentliche *Vermittlungsrolle* wahr, und sie verfügen über Informationen, die die Politik, wenn überhaupt, nur zu hohen Kosten selbst beschaffen könnte; wir kommen auf diese Funktion von Interessengruppen im 5. Kapitel noch einmal zurück (5.4.1). Auch hier geht es darum, gemeinsame und konfligierende Interessen in einem transparenten System von Beziehungen so zu regeln, dass alle Betroffenen im Prinzip zustimmen könnten, weil sie davon Vorteile erwarten.

Generell ist die Bestimmung des Verhältnisses zwischen Staat und Unternehmen, insbesondere internationalen Unternehmen, klärungsbedürftig. Im Vergleich zu früheren Zeiten hat sich hier viel getan.

So vollziehen sich gegenwärtig neue Entwicklungen etwa im Zusammenhang mit Industrieansiedlungen auf lokaler und regionaler Ebene. Jeder Landkreis hat heute eine Stelle für Wirtschaftsförderung, und die Zusammenarbeit zwischen Unternehmen, Gewerkschaften, privater Industrie, kommunalen, regionalen und Länder-Stellen, oft unter Einschluss technischer Fächer der Hochschulen, weist eine Vielzahl unterschiedlicher Formen auf. Diese neuen Kooperationsformen werden von der Wissenschaft erst seit wenigen Jahren wahrgenommen. Es ist auch hier völlig offen, wie sich die Dinge entwickeln werden und welche Formen sich als erfolgreich erweisen. Nicht mehr bestritten wird aber von insbesondere großen Unternehmen, dass sie auch politisch eine Rolle spielen, die konstruktiv wahrzunehmen von ihnen mittlerweile erwartet wird.

Deutlicher noch zu beobachten ist die Veränderung der Rolle der internationalen Unternehmen („multi-national corporations", MNC's) im Rahmen des Prozesses, der als „Globalisierung" etikettiert wird. Hier ist die Entwicklung am dynamischsten: Es werden jetzt die Startpositionen für die künftige Aufteilung der Weltmärkte bezogen, und wer da heute keine gute

um auf den internationalen Märkten Fuß zu fassen. Die Welle von Firmenzu-
sammenschlüssen in Form von „merger and acquisition", also der Übernahme
und des Aufkaufs nationaler Unternehmen durch internationale Unternehmen,
hat hier ihren Grund: Oft können internationale Unternehmen nur über den
Kauf nationaler Firmen auf ausländischen Märkten schnell und wirksam Fuß
fassen, nicht – oder nur in Sonderfällen – durch Neugründung einer
Niederlassung oder Tochterfirma.

Die Konsequenzen dieser Entwicklung sind noch keineswegs abzusehen,
wir wollen einige Perspektiven wenigstens kurz skizzieren, um deutlich zu
machen, dass wir mit neuen institutionellen oder organisatorischen Strukturen
zu rechnen haben, die in den traditionellen Vorstellungen unserer Lehrbücher
bislang nicht vorgekommen sind.

Zunächst impliziert diese Entwicklung neue Formen der Zusammenarbeit
zwischen den Nationalstaaten und den internationalen Unternehmen. Diese
werden gegenwärtig – in Deutschland – überwiegend als Bedrohung empfunden, wie die Diskussion um den „Standort Deutschland" im Rahmen des
internationalen Standortwettbewerbs zeigt: Viele Menschen befürchten die
Abwanderung von Kapital und damit von Arbeitsplätzen in sog. „Billig-
lohnländer", es ist von Umwelt- und Sozial-Dumping die Rede. Umgekehrt
kommen Billiglohnarbeiter nach Deutschland und drücken die Lohneinkom-
men der Arbeitnehmer. Der internationale Standortwettbewerb gibt den internationalen Unternehmen die Möglichkeit, Regierungen gegeneinander auszu-
spielen, um Sonderkonditionen bei Industrieansiedlungen zu erhalten – von
Infrastrukturinvestitionen über direkte Subventionen bis zu Steuervergünstigungen. Dabei ist zu bedenken, dass der Umsatz solcher internationaler
Unternehmen oft größer ist als das Bruttoinlandsprodukt oder der Haushalt
von kleineren Nationalstaaten. Hier handelt es sich um Entwicklungen, deren
Auswirkungen in unserem Land direkt zu beobachten sind, auch wenn der
Ökonom nur davor warnen kann, diese Entwicklungen im Nullsummenpara-
digma auszulegen. Die Arbeitsplätze, die deutsche Unternehmen, besser:
internationale Unternehmen mit Hauptsitz in Deutschland, im Ausland schaffen, gehen nicht bei uns verloren. Zudem sind gerade große Unternehmen
immer auch selbst in erheblichem Maße abhängig von anderen Akteuren und
ihre Reputation ist ein für sie zentraler Vermögenswert.

Ein zweiter wichtiger Aspekt betrifft die Auswirkungen der Entwicklung
auf unser Verständnis von Wettbewerb. Der Wettbewerb ist – wohlgemerkt:
unter den geeigneten Spielregeln – außerordentlich produktiv; deswegen muss
er auch beibehalten werden. Aber erlahmt der Wettbewerb nicht zwangsläufig,
wenn die künftige Weltwirtschaft von einer überschaubaren Zahl großer
internationaler Konzerne „beherrscht" wird? Gegenwärtig beträgt der Anteil

internationaler Konzerne „beherrscht" wird? Gegenwärtig beträgt der Anteil am Welthandel, an dem internationale Unternehmen beteiligt sind, ca. 60%, und die Hälfte davon, also insgesamt 30%, werden innerhalb der Gruppe der internationalen Unternehmen selbst abgewickelt. Aus Sicht unserer Konzeption von Ökonomik ist es angesichts solcher Entwicklungen vor allem wichtig, den Grundgedanken des Wettbewerbs *unter diesen neuen Bedingungen* zur Geltung zu bringen, und das erfordert neue institutionelle Regeln für die Gestaltung solcher neuen Wettbewerbsprozesse innerhalb und zwischen den internationalen Unternehmen. So legen sie z.B. nicht alle Geschäftsfelder zusammen, sie „fusionieren" also nicht, sie legen häufig nur Teilbereiche zusammen, oder sie arbeiten nur auf Zeit bei einzelnen „Projekten" zusammen, und sie setzen auf anderen Feldern bzw. nach Abwicklung der „Projekte" ihren Kampf um die Märkte fort. Damit aber eine „vertrauensvolle Zusammenarbeit" zwischen Unternehmen *unter gleichzeitiger Fortführung des harten Wettbewerbs zwischen ihnen* („coopetition") möglich wird, müssen sehr anspruchsvolle neue Organisationsformen gefunden werden – Organisationsformen, die oft vor dem bisher geltenden Kartellrecht, das dem Modell der vollständigen Konkurrenz verpflichtet ist, keine Gnade finden würden.

Schließlich ist darauf aufmerksam zu machen, dass internationale Unternehmen unter verschiedenen Rechtsordnungen agieren. Die Vorstellung, dass die „Gesellschaft" sich über ihren Agenten Staat selbst mit einer einheitlichen Rahmenordnung versorgt, die dann gleichermaßen für alle Akteure gilt und über deren Einhaltung die Judikative wacht wie der Schiedsrichter über die Einhaltung der Spielregeln beim Fußball, erweist sich hier als problematisch. Es gibt einfach keinen Welt-Nationalstaat, und die „Wirtschaft" kann auf die Errichtung eines Weltstaates weder warten, noch wird sie ihn wünschen. Wie aber organisiert man die Lösung der unvermeidlichen Interaktionsprobleme, wenn man auf so etwas wie einen Staat nicht zurückgreifen kann?

Systematisch laufen hier gegenwärtig die aufregendsten Entwicklungen ab. Neben bilateralen und multilateralen staatlichen Vereinbarungen im Rahmen von World Trade Organization (WTO), Organization for Economic Cooperation and Development (OECD) oder International Labor Organization (ILO), von Rio de Janeiro usw. treten private multilaterale Vereinbarungen auf den Plan, ggf. unter Beteiligung staatlicher oder halbstaatlicher Institutionen wie z.B. der International Chamber of Commerce (ICC) oder der Bank für internationalen Zahlungsausgleich (BIZ). Oft auch legen die beteiligten Unternehmen untereinander selbst fest, nach welchem Rechtssystem sie ihre Interaktionen abwickeln wollen und von welchen – privat errichteten! – „Gerichten", d.h. Schiedsgerichten, sie eventuell auftretende Streitigkeiten verbindlich entscheiden lassen wollen. Man spricht von „private ordering"

durch Schiedsgerichte im Unterschied zum klassischen „public ordering"
durch nationalstaatliche Judikative.

Was hier passiert, ist weit mehr als die bekannte Einflussnahme von
Unternehmen – allgemeiner: von Organisationen – auf die staatliche Politik,
die wir unter dem Stichwort „Lobbyismus" fassen. Was hier geschieht, ist die
Setzung von verbindlichem, anerkanntem „Recht" durch Private, besonders
durch die internationalen Unternehmen, und die Durchsetzung dieses Rechts
durch ebenfalls private Instanzen. Es ist davon auszugehen, dass das für die
internationalen Beziehungen maßgebliche „Recht" in den nächsten Jahrzehnten wesentlich von den internationalen Unternehmen gemacht wird: Auch
wenn staatliche Stellen beteiligt sein mögen, sind gegenwärtig die wichtigsten
Spieler bei der Setzung internationaler Rechts-Regeln die internationalen
Unternehmen.

Dies mag viele Kritiker der Marktwirtschaft zutiefst beunruhigen, lässt sich
doch die Gefahr, dass die Unternehmen dieses „Recht" auf ihre eigenen Interessen hin zuzuschneiden versuchen, nicht von der Hand weisen. Allerdings
macht der Institutionenökonom darauf aufmerksam, dass solchen Versuchen
doch wirksame Grenzen gesetzt sind – durch die Konkurrenten, mit denen die
internationalen Unternehmen auf Dauer zusammenarbeiten wollen, durch die
lokale und regionale Umwelt, auf deren Goodwill die Unternehmen angewiesen sind und den sie nicht ohne Gegenleistungen erhalten, durch eine kritische
Öffentlichkeit, gegen die sich langfristig erfolgreiche Geschäfte nicht machen
lassen (Boykotte), und durch die – wenn auch oft schwachen – politischen
Institutionen auf nationaler und internationaler Ebene.

Die hier nur skizzierten Entwicklungen sind spannend. Sie wollen uns
völlig neu erscheinen, wenn wir sie vor dem Hintergrund unseres üblichen
nationalstaatlichen Modells mit der klaren Trennung von „politischem" und
„wirtschaftlichem" Sektor, von Staat und „Gesellschaft", sehen. Aber historisch betrachtet, sind solche Entwicklungen gar nicht so neu: Der Entstehung
des Nationalstaates einschließlich des Rechtsstaates mit der Setzung wirtschaftlicher Rahmenordnungen im neuzeitlichen Europa gingen mehrere
Jahrhunderte voraus, in denen die internationalen Handelsbeziehungen durch
privates Recht geregelt wurden: Es waren nicht zuletzt die Erfahrungen mit
der lex mercatoria, dem Kaufmannsrecht, auf die später die Nationalstaaten
bei der staatlichen Ausgestaltung ihres Rechts zurückgreifen konnten. Wie es
scheint, werden die nächsten Jahrzehnte von einer neuen lex mercatoria
geregelt werden, bei deren Entwicklung die internationalen Unternehmen als
zentrale Spieler auftreten werden.

Dies hat unter anderem die Konsequenz, *dass die Unternehmen über
gesellschaftspolitische Kompetenz verfügen müssen*, wenn sie diese Ent-

wicklungen problemgerecht vorantreiben und schwere Fehler vermeiden wollen. Auch aus diesem Grund schreiben wir dieses Buch, das institutionenökonomisch argumentiert und in dem folgerichtig pareto-superiore und anreizkompatibel ausgestaltete institutionelle Arrangements für Interaktionen im Zentrum stehen: Künftige Führungskräfte in Wirtschaft und Gesellschaft – und Politik – müssen über ein enges Verständnis von Management hinaus solche gesellschaftspolitischen Kompetenzen allgemeiner Art haben, wenn sie ihre Aufgaben zufriedenstellend erfüllen wollen.

Lektürevorschläge

Ein auch heute noch lesenswerter klassischer Text der politischen Philosophie ist Hobbes 1651/1989, vor allem die Kapitel 13–21. Der moderne Klassiker, der die Theorie von Hobbes weiterführt, ist Buchanan 1975/1984.

Als Klassiker der Neuen Politischen Ökonomie sind Schumpeter 1942/1987 und Downs 1957/1968 zu empfehlen.

Eine sehr instruktive Darstellung der Rolle des Leistungswettbewerbs in der Politik bietet Breton 1996.

Zusammenfassung

1. Da eine Berufung auf externe Instanzen für die Gestaltung der sozialen Ordnung nicht (mehr) möglich ist, müssen die Menschen selbst und gemeinsam die Regeln festlegen, nach denen sie Kooperationsgewinne aneignen wollen. Ausgangspunkt einer Theorie der Erklärung zwecks Gestaltung gesellschaftlicher Spielregeln bildet deshalb die Demokratie als Legitimationsform: Jede Regel bedarf der Zustimmung aller Betroffenen.

2. Die damit konstituierte Forderung des Konsenses lässt sich konzeptionell folgendermaßen einholen: Die theoretische Simulation des Konsenses erfolgt hypothetisch als Universalisierbarkeitstest; die praktische, d.h. unter realen Bedingungen stattfindende, Simulation des Konsenses erfolgt in Form der konstitutionellen Demokratie, in der ein Abgehen vom allgemeinen Konsens selbst unter bestimmten, institutionell festgelegten Bedingungen konsensfähig sein kann – wegen der damit für alle realisierbaren Kooperationsgewinne.

3. Die oft als Kennzeichen einer Demokratie herausgestellte Mehrheitsregel verliert in dieser Rekonstruktion ihre normative Auszeichnung, auch wenn sie wegen ihrer Einfachheit oft ein zweckmäßiges Verfahren der Entscheidungsfindung darstellt. Die von K. Arrow in seinem „Möglichkeitstheorem" dargestellte Problematik von Mehrheitsentscheidungen erweist sich

dabei als ein Problem, das – wie viele andere Probleme auch – institutioneller Regelungen bedarf.

4. Die Konsensregel erfüllt weiterhin zwei Funktionen in der Theoriebildung: Zum einen zwingt sie – in Form der Unterstellung, dass alle Akteure im Status quo rational gehandelt haben – den Theoretiker zu einer systematischen Erklärung des Status quo; zum anderen schlägt sie sich im Rahmen von Implementationsanalysen als Kriterium der Anreizkompatibilität nieder.

5. Die grundlegende Aufgabe des Staates ist das Management von Institutionen, mit deren Hilfe gesellschaftliche Kooperationsgewinne realisiert werden können.

6. Der Public Choice-Ansatz hat gezeigt, dass der Staat die ihm zugedachten Aufgaben keineswegs immer schon wie gewünscht erfüllt; es stellt sich auch hier das Problem der Anreizkompatibilität.

7. Gleichwohl ist die verbreitete Skepsis hinsichtlich eines nahezu allgegenwärtigen „Staatsversagens" zu relativieren. Politischer Wettbewerb und diverse Institutionen kontrollieren die Handlungen politischer bzw. staatlicher Akteure; in den letzten Jahrzehnten wirkt zudem der internationale Wettbewerb disziplinierend.

8. In der Welt-Gesellschaft wandelt sich das klassische Verständnis von Nationalstaaten. Neue Formen der Bürgerbeteiligung, der Interaktion zwischen Staaten untereinander, zwischen Staaten und Nicht-Regierungs-Organisationen und zwischen Staaten und Unternehmen bilden sich heraus. Daher nimmt die Bedeutung des Nationalstaates relativ wenn auch nicht absolut, ab.

Schlüsselbegriffe

Demokratie	Mehrheitsentscheidung
Konsens	politischer Wettbewerb
Legitimation	Staat
Marktversagen	Staatsversagen

4. Kapitel

Märkte

Mit dem letzten Kapitel ist gewissermaßen die Grundlage für die Marktwirtschaft gelegt worden. Wir hatten in Abschnitt 3.2 formuliert, dass heute die Hauptaufgabe des Staates darin besteht, die Voraussetzungen für funktionierende Märkte zu schaffen: Eigentumsrechte, Rechtssicherheit – also die Bereitstellung institutioneller Ressourcen für Vertragsabsicherungen –, Gestaltung und Durchsetzung von Regeln für Leistungswettbewerb, Gewährleistung einer Währungsordnung, Bildungspolitik – also die Förderung von Investitionen in Humankapital –, Infrastrukturleistungen, Sozialversicherungen usw. Einige dieser Voraussetzungen können auch von privaten Anbietern erbracht werden, doch in der Regel hat der Staat die betreffenden Märkte dann institutionell vorbereitet.

Worin liegen die besonderen Vorzüge von Märkten, dass sie eine solch herausgehobene Stellung erhalten? Aus der Sicht unserer Konzeption lautet die Antwort: Märkte stellen ein außerordentlich leistungsfähiges institutionelles Arrangement zur Generierung und Aneignung von Kooperationsgewinnen dar, dessen Besonderheit in der *dezentralen* Koordination eigeninteressierter Handlungen zum Nutzen aller liegt. Möglich wird das durch die spezifische *Kombination von Tausch und Wettbewerb.* Beide Interaktionsformen lassen den jeweiligen Interaktionspartnern viel Handlungsspielraum hinsichtlich der Frage, was sie nachfragen oder produzieren und anbieten wollen, zugleich bieten sie – z.T. sehr starke – Anreize, sich um die Realisierung von Kooperationsgewinnen zu bemühen (denn sonst machen es andere).

Im Fall *preisbildender* Märkte – also jener Märkte, auf denen sich für Güter und Dienstleistungen einheitliche Preise herausbilden[1] – kommt hinzu, dass mit der Institutionalisierung eines Preissystems mit vereinheitlichtem Maßstab

---

[1] Politische Märkte beispielsweise sind keine preisbildenden Märkte und können es wegen der Unteilbarkeit der politischen Entscheidungen bzw. der von der Politik gestalteten Regeln grundsätzlich auch nicht sein. So ist es nicht möglich, dass sich verschiedene Nachfrager einer Region individuell von verschiedenen Anbietern mit verschiedenen Gesetzen und Regierungsentscheidungen versorgen lassen und für die einzelnen Leistungen Geldpreise bezahlen.

Interaktionskosten ganz erheblich gesenkt werden können, jene Interaktionskosten, die sich aus diversen Informations- und Anreizproblemen von Markttransaktionen ergeben können. Die Funktionsweise des Preismechanismus ist
so wichtig, dass er lange Zeit im Fokus der Ökonomik stand, was allerdings
mit einer Abblendung institutioneller Zusammenhänge einherging. Doch auch
wenn heute weitgehend unstrittig sein dürfte, dass dem Studium der institutionellen Voraussetzungen von Märkten mehr Aufmerksamkeit zu schenken
ist, gilt weiterhin, dass (wirtschaftliche) Märkte nur verstanden werden können, wenn man auch die Funktionsweise des Preismechanismus begriffen hat.

Aus diesen kurzen Andeutungen ergibt sich folgende Gliederung: Zunächst
erläutern wir die Idee dezentraler Koordination (4.1), um uns dann dem Preismechanismus zuzuwenden, den wir in 4.2 erörtern. In Abschnitt 4.3 werden
die zuvor angestellten Überlegungen an vier Beispielen illustriert.

Die beiden dann folgenden Abschnitte erweitern die Überlegungen in unterschiedliche Richtungen. Zunächst werfen wir in 4.4 einen differenzierteren
Blick auf verschiedene Formen von Interaktionen, die wir zuvor vernachlässigt hatten, um die Grundstrukturen des preisbildenden Marktes herausarbei-
ten zu können. Im abschließenden Abschnitt 4.5 weiten wir demgegenüber die
Perspektive noch einmal aus und thematisieren gesamtwirtschaftliche Restriktionen. Dieser Themenbereich gehört zu den umstrittensten und schwierigsten, aber auch spannendsten Gebieten der Ökonomik. Wir können hier nur
einen sehr kurzen ersten Einstieg in dieses umfangreiche Gebiet geben, wobei
wir darauf hinweisen wollen, dass der von uns gewählte Zugang zum Thema
nur einer von vielen ist und zweifellos noch viele inhaltliche und methodische
Fragen offen und zahlreiche Themen unberührt lässt.

4.1 Die Idee dezentraler Koordination

Oft beginnen Lehrbücher der Volkswirtschaftslehre damit, als „wirtschaftliches Grundproblem" die folgende Frage zu stellen: „Wer soll was für wen
produzieren?" Um nicht in die Denkfalle zu tappen, diese Frage als ein
'technisches' Problem einer Robinson-Wirtschaft zu behandeln, reformulieren
wir diese Frage in interaktionsökonomischen Kategorien. Danach besteht das
Problem darin, wie die Akteure, von denen jeder über gewisse Ressourcen
(Vermögenswerte) verfügt, sowohl mit den nötigen Informationen als auch
mit den entsprechenden Anreizen versorgt werden können, diese Ressourcen
möglichst produktiv, „wertschöpfend", einzusetzen, so dass möglichst viele
Kooperationsgewinne generiert werden. Das ist natürlich eine Frage der Institutionen, und angesichts ihrer grundlegenden Bedeutung lässt sich auch for-

mulieren: Es ist eine Frage des *Gesellschaftsvertrags* und der mit diesem Vertrag konstituierten Wirtschaftsordnung.

In der Wirtschaftsgeschichte gab es grundsätzlich zwei alternative Ordnungen als Antwort auf diese Frage, die Marktwirtschaft und die Zentralverwaltungswirtschaft. Im vielleicht weitreichendsten 'Experiment' der Wirtschaftsgeschichte hat sich eindeutig gezeigt, welche der beiden Alternativen die bessere ist. Pointiert ausgedrückt zeigte sich der Unterschied darin, dass es in zentralverwalteten Wirtschaften eine bemerkenswerte Neuigkeit war, wenn es irgendwo in der Stadt frisches Fleisch zu kaufen gab, und dass es demgegenüber in einer Marktwirtschaft eine bemerkenswerte Neuigkeit ist, wenn es in einer Stadt *kein* frisches Fleisch zu kaufen gibt. Das bedeutet: Im Hinblick auf die Erstellung gesellschaftlich erwünschter Güter und Dienstleistungen hat sich die Marktwirtschaft als das weitaus überlegene Arrangement erwiesen.

Worin aber liegt nun *systematisch* betrachtet der entscheidende Unterschied beider Systeme, der die Vorzugswürdigkeit der Marktwirtschaft begründet? Zweifellos kann man dazu vielerlei sagen, doch liegt aus der Sicht unserer Konzeption von Ökonomik der Kern der Antwort in Folgendem: Die Marktwirtschaft ist die überlegene Lösung, weil sie das Eigeninteresse durch geeignetes Management von Dilemmastrukturen systematisch in den Dienst der gesellschaftlichen Zusammenarbeit nimmt.

4.1.1 Zentralverwaltungswirtschaft: Missmanagement von Dilemmastrukuren

Die Idee der Zentralverwaltungswirtschaft beruhte aus der Perspektive unserer Konzeption darauf, die Interaktionsprobleme durch eine möglichst weitgehende *zentrale* Koordination, die das Wohl aller im Auge haben sollte, auszuschalten. Das ist handlungstheoretisch gedacht, und die Idee bezieht aus dieser Perspektive ihre – scheinbare – Plausibilität: Was läge näher, als die verschiedenen Willen unter einen einheitlichen Willen, gewissermaßen eine volonté générale, zu vereinigen? Auf diese Weise werden, wie es scheint, *Steuerung und Kontrolle* der Wirtschaftsprozesse am besten gewährleistet. Dahinter steckt – mindestens implizit – also die Vorstellung, dass es doch möglich sein müsste, die Wirtschaft von einem wohlinformierten, wohlwollenden und mit dem notwendigen Durchsetzungsvermögen ausgestatteten „pater familias" – respektive einer „zentralen Planungskommission" – lenken zu lassen. Damit wären, gewissermaßen per definitionem, die Interaktionsprobleme gelöst: Die Lenkungsbehörde würde die Wirtschaftsprozesse zum Wohle aller steuern, und jeder Bürger trüge – froh und engagiert – seinen Teil zum Gemeinwohl bei.

Wie nach unseren bisherigen Ausführungen indes deutlich geworden sein dürfte, ist eine solche Übertragung handlungstheoretischer Vorstellungen auf interaktions- bzw. gesellschaftstheoretische Probleme grundsätzlich ungeeignet. Die damit verknüpften Probleme sind spätestens 1989 offen zutage getreten. Dilemmastrukturen in Interaktionen kann man nicht einfach wegdefinieren und/oder etatistisch bzw. diktatorisch unterdrücken. Man erreicht damit nur, daß sie auf anderen Feldern ihre Wirkungen entfalten, die dann wegen der fehlenden institutionellen Vorkehrungen unerwünscht bis ruinös sind. Wer den Akteuren den Leistungswettbewerb und die dadurch erzielbaren Prämien verbietet, erhält eben nicht konfliktfreie Interaktionen, sondern ruinösen Wettbewerb und unkontrollierte, ungebremste Ausbeutung des/der anderen in den nicht erfassten Arenen: Wenn nicht die individuelle Leistung prämiert wird, greifen alle zur präventiven Gegendefektion in Form eines ausgedehnten „consumption on the job"; wenn Unternehmen keine Gewinne machen dürfen, bzw. sie an den Staat abführen müssen und dennoch eine Bestandsgarantie erhalten, dann verbergen sie bei der Aufstellung der Pläne ihre Potenziale, bedienen ihre Mitglieder, vor allem natürlich das Management aus den Erträgen und vermeiden systematisch Innovationen, weil diese nur zu höheren Planvorgaben führen – wiederum all das unvermeidlich, weil andere Unternehmen auch zu dieser Strategie greifen und damit besser fahren; und wenn alle die die Dummen sind, die sich nicht an der allgemeinen gegenseitigen Ausbeutung beteiligen, dann führt das zur Ausbeutung aller durch alle, klassisch gesagt: zum Kampf aller gegen alle.

Es sind die allen Interaktionen inhärenten Dilemmastrukturen, die den einzelnen Akteuren gar keine Wahl lassen, als ihre eigenen Interessen zu verfolgen, denn wer das nicht tut, wird von anderen, auf welchen Feldern auch immer, ausgebeutet. Wer den gemeinsamen Interessen durch Leugnung und/oder Unterdrückung der konfligierenden Interessen zur Geltung verhelfen will, verlagert diese nur auf andere Felder, wo sie unkontrolliert wirken zum Nachteil aller; das Eigeninteresse der Akteure wird in Bahnen gelenkt, in denen die Handlungen nicht auf produktive Aktivitäten und Investitionen, also die Zusammenarbeit zum gegenseitigen Vorteil, hin ausgerichtet sind, sondern darauf, sich im ungeregelten Wettbewerb der gegenseitigen Ausbeutung zu behaupten.

Diese Aussagen mögen frei von moralischen Wertungen verstanden werden: Die Menschen, die in einer Zentralverwaltungswirtschaft lebten, sind nicht schlechter – und auch nicht besser – als die Menschen in einer Marktwirtschaft; es ist die *Interaktionsstruktur als solche,* die wir als Dilemmastruktur auslegen, die den einzelnen Akteur zur Defektion anhält: In einer Zentralverwaltungswirtschaft wird man nicht für produktive Leistungen belohnt, sondern für möglichst geschickte Ausbeutung anderer; Investitionen unterbleiben, wenn man damit rechnen muss, dass sich aufgrund fehlender

Eigentumsrechte andere die Erträge aneignen; die Pflege von Vermögenswerten wird unterlassen, wenn man selbst nur die Kosten trägt, der Nutzen der eigenen Aktivität aber anderen zufällt usw.

Man kann dieses Verhalten mit Hilfe politischer Macht auf bestimmten Feldern stilllegen bzw. in Grenzen Konformität erzwingen, aber es gibt unzählige andere Möglichkeiten von Ausbeutung anderer, die man nicht wirksam kontrollieren kann. Vor allem ist es unmöglich, Initiative, Motivation, Engagement zu erzwingen – außer durch Anreize, also durch Zulassung, ja Forcierung situativer handlungsbestimmender individueller Vorteilserwartungen. Das gilt insbesondere, wie wir gleich sehen werden, wenn es um Anpassungen an unvorhergesehene Umstände geht.

Der Ausweg aus den allgegenwärtigen Dilemmastrukturen kann ordnungspolitisch nur darin bestehen, die durch diese Strukturen erzwungenen Verhaltensweisen so zu kanalisieren, dass sie zum „gegenseitigen Vorteil" dienen. Da man aus der Gegenseitigkeit der Interaktionsstrukturen systematisch nicht herauskommt, bleibt nur die Wahl zwischen „gegenseitigen Nachteilen" und „gegenseitigen Vorteilen", und in dieser Weise aufbereitet, dürfte die Entscheidung klar sein. Daraus folgt: Das individuelle Vorteilsstreben muss so kanalisiert werden, dass es genau dann zum Erfolg führt, wenn auch die anderen an den Erfolgen partizipieren. Unter einer geeigneten Rahmenordnung muss individuelles Vorteilsstreben zugelassen, auf immer mehr Felder ausgedehnt und geradezu gefördert werden – weil dessen Erträge über das Interaktionssystem allen zugute kommen. Es ist also anzusetzen beim – in Dilemmastrukturen unvermeidlichen – Vorteilsstreben jedes einzelnen: Darauf baut der „Wohlstand der Nationen". Das Koordinationssystem, das dies leistet, ist die Marktwirtschaft.

4.1.2 Marktwirtschaft: produktiver Einsatz von Dilemmastrukturen

Die überlegene Leistungsfähigkeit der Marktwirtschaft kann man an vielen Punkten festmachen und die Literatur hat viele solcher Punkte herausgearbeitet. Dennoch verbleibt die Frage, worin aus der Perspektive einer Interaktionsökonomik denn der systematische Kern der Überlegenheit der Marktwirtschaft zu sehen ist. Unsere Antwort auf diese Frage verhält sich spiegelbildlich zu unserer Diagnose für das Scheitern der Zentralverwaltungswirtschaft.

Da die Interaktionsökonomik systematisch zwischen Handlungstheorie und Interaktionstheorie unterscheidet und letztere durchgängig das Konzept Dilemmastrukturen verwendet, muss dieser Kern in einem grundsätzlich anderen Umgang mit diesen Dilemmastrukturen liegen. Unsere These lautet daher: *Marktwirtschaften haben gelernt, Dilemmastrukturen systematisch in*

den Dienst der Aneignung von Kooperationsgewinnen zu stellen. Statt ge-
leugnet oder unterdrückt zu werden, werden Dilemmastrukturen in Marktwirtschaften gestaltet, und zwar in einer Weise, dass grundsätzlich immer
weitere Kooperationsgewinne durch ein hoch differenziertes und hoch
komplexes Management von Dilemmastrukuren erreicht werden.

Um diese These zu erläutern, greifen wir auf die allerersten Ausführungen
zum Markt im ersten Kapitel zurück. Im Anschluss an Max Weber war dort
ein Markt dadurch gekennzeichnet worden, dass mindestens auf einer Seite, in
der Regel auf beiden Seiten, mehrere „Tauschreflektanten" um Interaktions-
chancen mit der anderen Marktseite konkurrierten. Ein solcher entwickelter
Markt stellt systematisch gesehen eine Kombination von Tausch und
Wettbewerb, und das heißt: eine **Kombination von Dilemmastrukturen**, dar.
Das Besondere liegt darin, dass im einen Fall, beim Tausch, die zugrunde
liegende Dilemmastruktur überwunden werden soll, im anderen Fall, dem
Wettbewerb, die Dilemmastruktur gezielt etabliert und aufrechterhalten wird.

Dass jedem Tausch eine Dilemmastruktur zugrunde liegt, haben wir schon
in unserer Geschichte vom versuchten Autokauf erörtert; sie bestand
zwischen dem Professor und dem Studenten, also zwischen Anbieter und
Nachfrager bei dem in Aussicht genommenen Tausch. Der Kauf scheiterte im
ersten Anlauf, weil diese Dilemmastruktur nicht überwunden werden konnte;
er gelang erst auf dem Umweg über den Autohändler. Die Gründe hatten wir
erläutert; durch geeignete institutionelle Vorkehrungen konnten die imma-
nenten Informations- und Anreizprobleme so weit entschärft werden, dass die
Dilemmastruktur überwunden wurde und die erwünschten Tauschgeschäfte
zustande kamen.

Auf einem entwickelten Markt werden die Tauschprozesse nun vor allem
dadurch gefördert, dass die sich auf derselben Marktseite befindenden
Akteure – also die Anbieter oder die Nachfrager – unter die Bedingung des
Wettbewerbs gesetzt sehen. Das aber bedeutet, dass die Teilnehmer einer
Marktseite sich untereinander in einer *Dilemmastruktur* befinden, die *gesell-
schaftlich erwünscht* ist. Wir verdeutlichen das am Beispiel des Anbieter-
Dilemmas:

| | | Anbieter 2 | |
		kooperieren	defektieren
Anbieter 1	kooperieren	I 3, 3 *Kartell*	II 1, 4
	defektieren	III 4, 1	IV 2, 2 *Wettbewerb*

Im Wettbewerb zwischen verschiedenen Anbietern auf dem gleichen Markt stehen die *konfligierenden* Interessen im Vordergrund: Jeder Anbieter möchte das Geschäft mit dem/den Nachfragern abschließen, natürlich in der für ihn vorteilhaftesten Weise. Dabei führt der Wettbewerbsdruck dazu, dass der einzelne Anbieter bereit ist, dem Nachfrager günstigere Konditionen, niedrigere Preise, bessere Qualität, besseren Service usw., anzubieten, damit man mit ihm das Geschäft abschließen kann.

Genau dieser Wettbewerbsdruck lässt nun ein *gemeinsames* Interesse zwischen den konkurrierenden Anbietern entstehen: Sie könnten sich darauf einigen, diesen Druck zu entschärfen und zu kooperieren, etwa indem sie bei gleicher Leistung höhere Preise fordern und sich auf diese Weise besserstellen. Eine solches Kartell würde die Anbieter besserstellen – allerdings auf Kosten der Nachfrager.

Bei funktionierendem Wettbewerb kommt indes die Logik der Dilemmastruktur zum Tragen: Für jeden Anbieter ist der Anreiz zur Defektion gegeben, nämlich den anderen die höheren Preise fordern zu lassen und selbst durch deren Unterbietung die Nachfrage auf sich zu ziehen. Solange die Dilemmastruktur bestehen bleibt, führt das mithin dazu, dass jeder Anbieter gezwungen ist, sich doch wieder dem Wettbewerbsdruck zu beugen und die Konkurrenten auszustechen, statt mit ihnen gemeinsame Sache zu machen.

Diese Dilemmastruktur – das Anbieter-Dilemma – ist gewollt, jedenfalls solange sie in Form des Leistungswettbewerbs ausgetragen wird, und ein Kartellamt wacht darüber, dass die Anbieter nicht durch Absprachen zu der für sie günstigsten, für die Nachfrager aber schlechten Lösung, zum Kartell nämlich, kommen. Wettbewerb beruht also auf einer etablierten und aufrechterhaltenen Dilemmastruktur auf derselben Marktseite, und das gilt grundsätzlich nicht nur für die Anbieter, sondern auch für die Nachfrager.

Nun ist Wettbewerb für die jeweiligen Konkurrenten natürlich eine lästige und anstrengende Angelegenheit und jede Branche würde es vorziehen, dass auf anderen Märkten Wettbewerb herrscht, man selbst jedoch davon ausgenommen bleibt. Insofern liegt auch hier noch einmal eine weitere Dilemmastruktur vor, die es nunmehr wieder zu überwinden gilt: Alle können sich auf Dauer besserstellen, wenn alle unter Wettbewerbsbedingungen handeln müssen: Der Nachteil, dass man selbst unter dem Leistungsdruck steht, wird überkompensiert durch die außerordentlich vielfältigen Vorteile, die einem aufgrund der Leistungen anderer, die ihrerseits unter Wettbewerbsdruck stehen, zuwachsen. Aus diesem Grund sind in einer Marktwirtschaft grundsätzlich *alle* Teilnehmer der verschiedenen Märkte unter Wettbewerbsbedingungen zu setzen; einzelne Unternehmen, Gruppen oder Branchen davon zu verschonen, führt tendenziell dazu, dass auch andere – durchaus berechtigt – verlangen können, ihrerseits vom (Leistungs-)Wettbewerb befreit zu werden, also z.B. vor ausländischer Konkurrenz geschützt zu werden, Subventionen zu erhalten, potenzielle Newcomer durch immer neue bürokratische Hürden vom Markteintritt abzuhalten und dergleichen mehr. Dies aber führt dazu, dass nach und nach die Marktwirtschaft ausgehöhlt wird, was auf Dauer alle schlechter stellt.

Die Überlegungen zur Marktwirtschaft als produktivem Umgang mit Dilemmastrukturen lassen sich in folgendem Schema zusammenfassen:

Etablierung /Aufrechterhaltung der Marktwirtschaft
als zu überwindende Dilemmastruktur

Der grundlegende Unterschied zwischen der Marktwirtschaft und der Zentralverwaltungswirtschaft lässt sich aus der Sicht unserer Konzeption jetzt folgendermaßen verdeutlichen. Die Zentralverwaltungswirtschaft ist gewissermaßen handlungstheoretisch konzipiert in dem Sinne, dass alle volkswirtschaftlichen Ressourcen einem einheitlichen Willen unterstellt werden sollen, der diese Ressourcen dann so lenken soll, dass die Bedürfnisse der Menschen bestmöglich befriedigt werden. Die Interaktionsformen Tausch und Wettbewerb werden beide abgelehnt – in einer handlungstheoretischen Perspektive machen sie auch in der Tat wenig Sinn.

Der *Tausch* wird abgelehnt, weil er als Nullsummen-Spiel angesehen wird – der eine muss hergeben, was der andere bekommt. Zudem beruht er auf der Institution des Privateigentums, das den Gegenstand der Tauschprozesse darstellt. Diese Institution wird aus der (handlungstheoretischen) Perspektive der Zentralverwaltungswirtschaft als ungerecht und verfehlt angesehen, denn sie führt beispielsweise dazu, dass Reiche Güter verschwenden können – Güter, die arme Menschen dringend nötig hätten. Einer solchen 'Ungerechtigkeit' wird dann die Vorstellung entgegengesetzt, dass zunächst die Bedürfnisse der Menschen festzustellen und dann die Ressourcen und Güter entsprechend zuzuteilen sind. Diese Denkweise findet man auch heute noch, denn sie scheint auf den ersten Blick durchaus einleuchtend zu sein. Wie verfehlt sie ist, merkt man erst, wenn man verstanden hat, dass jede Interaktion von gemeinsamen und konfligierenden Interessen geprägt ist: Das Problem der Interessenkonflikte wird in dieser handlungstheoretischen Sichtweise schlicht und einfach ausgeblendet – mit den Folgen, die wir oben bereits diskutiert haben und die mittlerweile historisch belegt sind. Es wird nicht erkannt, welche Vorteile darin liegen, dass sich die Menschen durch eine Privateigentumsordnung wechselseitig Verfügungsrechte an Ressourcen zuerkennen, und dann durch institutionell vorstrukturierten Tausch eine sehr viel effizientere Lenkung der Ressourcen erreichen, als jede Zentralverwaltung es realisieren könnte.

Auch die Ablehnung des *Wettbewerbs* resultiert aus der handlungstheoretischen Perspektive, die nur den Konflikt, die Entfremdung und die Benachteiligung der im Wettbewerb Unterlegenen sieht, ohne den größeren – interaktionstheoretischen – Rahmen zu beachten. Erst wenn man die interaktionstheoretische Sichtweise einnimmt, kommen die Chancen in den Blick, diesen Wettbewerb durch geeignete Spielregeln zu einem Instrument der gesellschaftlichen Kooperation werden zu lassen.

Im Gegensatz zur Zentralverwaltungswirtschaft wird in einer Marktwirtschaft der Logik der Dilemmastrukturen systematisch und in einer hoch differenzierten Weise Rechnung getragen; im Laufe der Geschichte werden immer mehr Interaktionen diesem komplexen Gefüge von teils zu überwindenden, teils aufrecht zu erhaltenden Dilemmastrukturen unterworfen – gegenwärtig beispielsweise die Telefon-, Post-, Strommärkte, in Zukunft vielleicht auch Schulen, Universitäten, Verwaltungen, Gesundheits- und Pflegedienste und anderes mehr.

Dabei ist jede Dilemmastruktur der prinzipiellen Tendenz nach zunächst ruinös: Das war die große theoretische Einsicht von Thomas Hobbes, und für ihn galt es angesichts des Bürgerkriegs, die Dilemmastruktur des „Kampfs aller gegen alle" zu überwinden. Es war dann die grundlegende Erkenntnis der politischen Ökonomen des 18. Jahrhunderts, zu entdecken, dass und wie sich Dilemmastrukturen in Form des Leistungswettbewerbs auch in den Dienst der sozialen Ordnung stellen lassen. Durch die Gestaltung geeigneter institutioneller Arrangements können Dilemmastrukturen und das daraus abgeleitete individuelle Vorteilsstreben genutzt werden für die Erzielung von gesellschaftlichen Kooperationsgewinnen.

Dilemmastrukturen werden also höchst artifiziell gestaltet: Erwünschte, weil Kooperationsgewinne versprechende, Dilemmastrukturen werden etabliert, gesichert, ausgeweitet und forciert, unerwünschte, weil ruinöse Dilemmastrukturen werden durch Verfassung, Rahmenordnung etc. überwunden, indem diese Handlungsparameter stillgestellt, d.h unattraktiv gemacht werden. Auf diese Weise wird die Schwungkraft des individuellen Vorteilsstrebens voll entfaltet – zum Wohl aller. Wenn man will, kann man dieses Arrangement als die marktwirtschaftliche Differenzierung und Präzisierung der uralten Intuition des vorsokratischen Philosophen Heraklit (550–480 v. Chr.) verstehen, die in dem Satz überliefert ist: „Krieg ist aller Dinge Vater". Marktwirtschaftlich heißt das: Richtig gemanagte, d.h. regelunterworfene Konflikte gereichen allen Akteuren zum Vorteil.

4.1.3 Die Lösung der Informations- und Anreizprobleme in der Marktwirtschaft

Die Probleme, die mit Interaktionen systematisch verbunden sind, haben wir in Informations- und Anreizprobleme unterteilt, wobei beide Arten in der Regel miteinander verbunden auftreten. Durch den produktiven Umgang mit Dilemmastrukturen werden diese Probleme in Marktwirtschaften wesentlich besser bewältigt als in einer Zentralverwaltungswirtschaft.

Solche Handlungen einzelner Akteure, die auch andere Vorteile bringen, werden in der Marktwirtschaft prämiert: etwa durch Privateigentum, Einkommen und Einkommensdifferenzen, Gewinne. Jene Handlungen, die die anderen Mitglieder der Gesellschaft auf Dauer schlechter stellen, werden unattraktiv gemacht – durch sanktionsbewehrte Regeln verschiedenster Art und auf verschiedenen Regelebenen. Gelingt es, solche Regeln klug zuzuschneiden und zu etablieren, werden Parameter wie Gewalt, Raub, Betrug, Umweltausbeutung und Korruption stillgestellt, und bezüglich der verbleibenden Parameter folgen die Akteure wieder genau den Anreizen, die ihnen die Dilemmastruktur aufzwingt; auch die Regeleinhaltung muss – notfalls durch Sanktionen – anreizkompatibel gemacht werden. In Dilemmastrukturen können Menschen nur ihren Anreizen folgen, alles andere wäre irrational, unzumutbar und unrealistisch. Weil das der Struktur von Interaktionen inhärent ist, bleibt nur übrig, diese Anreize durch Veränderung der Situationen zu gestalten, damit ein Verhalten resultiert, das Kooperationsgewinne hervorbringt. Umgestaltung der Situationen in der Weise, dass die unvermeidliche Logik von Dilemmastrukturen so funktioniert, dass Kooperationsgewinne für alle anfallen: Das ist die Strategie von Marktwirtschaft.

Vor allem schafft die Marktwirtschaft bei jedem einzelnen Akteur Anreize, sich Informationen über die Möglichkeiten zu verschaffen, individuelle Vorteile zu erzielen. Auf diese Weise löst eine Marktwirtschaft die Informationsprobleme in gesellschaftlichen Interaktionen. Wir müssen uns hier auf jene Informationsverarbeitungsmechanismen beschränken, die einen deutlichen Unterschied zur Zentralverwaltungswirtschaft ausmachen; sie münden letztlich in die *Idee der dezentralen Steuerung* der modernen Wirtschaft und Ge-

sellschaft, in jene Idee also, die Adam Smith durch die Metapher einer Steuerung durch eine „*unsichtbare Hand*" ausgedrückt hat.

F. A. von Hayek macht die Problematik in dem berühmten Aufsatz „Die
Verwertung des Wissens in der Gesellschaft" aus dem Jahre 1946 wie folgt
auf:

> „Der eigentümliche Charakter des Problems einer rationalen Wirtschafts-
> ordnung ist gerade durch die Tatsache bestimmt, dass die Kenntnis der Um-
> stände, von der wir Gebrauch machen müssen, niemals zusammengefaßt oder
> als Ganzes existiert, sondern immer nur als zerstreute Stücke unvollkommener
> und häufig widersprechender Kenntnisse, welche all die verschiedenen
> Individuen gesondert besitzen. ... Das Problem ist ..., wie man den besten
> Gebrauch aller Mittel sichern kann, die irgend einem Mitglied der Gesellschaft
> bekannt sind und zwar für Zwecke, deren relative Wichtigkeit nur diese
> Individuen kennen." (Hayek 1946/1976, S. 103 f.)

Im weiteren Verlauf legt von Hayek genauer dar, worin die Hauptprobleme
der besten Verwertung individuellen Wissens – um den besten Einsatz verfüg-
barer Vermögenswerte oder solcher, die Individuen herstellen können – liegen: Es sind „Probleme der raschen Anpassung an die Veränderungen in den
besonderen Umständen von Zeit und Ort", und deshalb muss man „die Entscheidungen schließlich den Leuten überlassen ..., die mit diesen Umständen
vertraut sind, die unmittelbar von den relevanten Veränderungen und von den
sofort verfügbaren Mitteln wissen, die die Anpassung erfordert" (ebd., S.
111). Hayek hebt hier auf den *dynamischen* Aspekt jenes Steuerungsproblems
ab, das im Rahmen der Frage nach der Realisierung von Kooperationsgewinnen in der Regel eine grundlegende Rolle spielt: Wie kann eine für alle vorteilhafte Verwendung knapper Ressourcen durch die einzelnen Akteure erreicht werden?

Nicht zuletzt in diesem dynamischen Aspekt des Problems liegt ein wichtiger Grund für das systematische Scheitern von Zentralverwaltungswirt-
schaften: *Die permanente Notwendigkeit irgendwelcher Anpassungsmaß-
nahmen wurde nicht bewältigt.* Vieles bedarf der Anpassung: Eine Ernte fällt
schlecht aus, ein Lieferant wichtiger Vorprodukte kann nicht liefern, ein
Transport ist verunglückt, im Betrieb hat jemand neue Ideen, doch muss dazu
die Produktion umgestellt werden usw. Solche Dinge kommen ständig vor,
und zwar um so häufiger, je vernetzter und dynamischer – also produktiver –
eine Volkswirtschaft ist.

Entscheidend bei solchen Anpassungsnotwendigkeiten ist die Frage, welche
Entscheidungsprobleme hinsichtlich der Verwendung von Ressourcen dadurch
ausgelöst werden und welche Informations- und Anreizprobleme diese Entscheidungsprobleme mit sich bringen: Kann die Anpassung vor Ort durchge-

führt werden, wo die für die Anpassung wichtigen Informationen möglicherweise am ehesten generiert werden können und die Beteiligten die Möglichkeit besitzen, sich untereinander relativ rasch und relativ (!) problemlos auf die nötigen Handlungen zu einigen? Oder sind viele Akteure involviert? Haben die nötigen Anpassungen möglicherweise weitreichende Auswirkungen, die berücksichtigt werden sollten? Welche weiteren Anpassungsprozesse müssen beachtet werden? Und immer wieder: Welche Anreize haben die Akteure, tatsächlich jene Aktivitäten zu vollziehen, die für eine effiziente Anpassung erforderlich sind?

Hier genau kommt der Vorzug der dezentralen Koordination zum Zuge: Viele Anpassungen können die Akteure vor Ort sehr viel schneller und effizienter durchführen, als wenn sie erst den Vorgesetzten benachrichtigen müssen, der seinerseits dem Bezirksvorstand Bescheid gibt, der wiederum dem Regionalkommissar usw. Wenn sie die Entscheidungskompetenzen haben, vor Ort die nötigen Maßnahmen durchzuführen, können ihre Kenntnisse der lokalen Situationsbedingungen zur Geltung kommen, Kenntnisse, die bei einer zentralen Koordination niemals vollständig und adäquat übermittelt werden können.

Nun hat die damit verbundene *Unabhängigkeit* lokal handelnder Akteure zwei Seiten: Auf der einen Seite brauchen die lokalen Informationen nicht an zentrale Stellen geleitet zu werden – womit viele Probleme verbunden wären –, auf der anderen Seite stellt sich die Frage, woher die einzelnen Akteure 'vor Ort' jene Informationen erhalten, die für ihre Entscheidungen – auch und gerade im Hinblick auf ihre Beiträge zur Realisierung gesellschaftlicher Kooperationsgewinne – relevant sind. Und nicht weniger wichtig: Wie kann gewährleistet werden, dass sie auch die nötigen Anreize haben, die Information 'angemessen' zu verwerten? Wir hatten doch im zweiten Kapitel immer wieder den Fall diskutiert, dass gerade unabhängiges Handeln zu suboptimalen Ergebnissen führen kann. Anders gefragt: *Wie ist eine dezentrale Koordination wirtschaftlicher Aktivitäten möglich*

Es gehört zu den großartigsten und wichtigsten Einsichten der Ökonomik, die Koordinationsleistung von Märkten durch die *„unsichtbare Hand"* erklären zu können, die es ermöglicht, eine sehr große Zahl individueller Handlungen so zu koordinieren, dass ein für alle wünschenswertes Ergebnis erzielt werden kann, ohne dass ein einziger dieses Ergebnis in seinem Handeln direkt anstrebt. Der Begriff der unsichtbaren Hand geht zurück auf eine berühmte Formulierung aus dem „Wohlstand der Nationen" von Adam Smith, wo es heißt:

> „Tatsächlich fördert er [der einzelne] in der Regel nicht bewußt das Allgemeinwohl, noch weiß er, wie hoch der eigene Beitrag ist. Wenn er es vorzieht,

die nationale Wirtschaft anstatt die ausländische zu unterstützen, denkt er eigentlich nur an die eigene Sicherheit und wenn er dadurch die Erwerbstätigkeit so fördert, dass ihr Ertrag den höchsten Wert erzielen kann, strebt er lediglich nach eigenem Gewinn. Und er wird in diesem wie auch in vielen anderen Fällen von einer unsichtbaren Hand geleitet, um einen Zweck zu fördern, den zu erfüllen er in keiner Weise beabsichtigt hat. Auch für das Land selbst ist es keineswegs immer das schlechteste, dass der einzelne ein solches Ziel nicht bewußt anstrebt, ja, gerade dadurch, dass er das eigene Interesse verfolgt, fördert er häufig das der Gesellschaft nachhaltiger, als wenn er wirklich beabsichtigt, es zu tun." (Smith 1776/1982, S. 371)

Die Leistungsfähigkeit von Märkten ergibt sich mithin als *nicht-intendiertes Resultat intentionaler Handlungen*; der durch funktionierende Märkte generierte Wohl-Stand aller hängt nicht vom Wohl-Wollen der einzelnen ab.

Die Steuerung und Kontrolle *der Spielzüge* erfolgt nicht durch eine übergeordnete Instanz nach dem Modell der Handlungstheorie mit einem zentralen, einheitlichen Planungs- und Willenszentrum wie in der Zentralverwaltungswirtschaft. Steuerung und Kontrolle erfolgen vielmehr dezentral durch das institutionalisierte Zusammenwirken verschiedener Instanzen. So wird z.B. der Anbieter eines bestimmten Gutes unter anderem kontrolliert durch

– sein *Eigeninteresse*, mit den in seinem Eigentum befindlichen Vermögenswerten möglichst hohe Erträge zu erwirtschaften;
– seine *Tauschpartner*, die Nachfrager seines Produktes, die schlechte Leistungen durch Abwanderung bestrafen;
– seine *Konkurrenten*, die den Nachfragern attraktive Alternativen der Abwanderung anbieten und damit ebenfalls die Anreize zu guten Leistungen stärken;
– die *Rahmenordnung* in Gestalt staatlicher Instanzen, die darauf achten, dass er bei seinen Angeboten bestimmte, gesellschaftlich erwünschte Regeln befolgt, deren Einhaltung die Nachfrager, und evtl. auch die Konkurrenten, nur zu prohibitiv hohen Kosten überprüfen könnten, sofern sie überhaupt einen Anreiz dafür haben;
– und nicht zuletzt durch die *Öffentlichkeit*, typischerweise in Gestalt der Medien.

Mit diesen Ausführungen zur Idee dezentraler Steuerung über Märkte soll es hier sein Bewenden haben. Die Überlegungen gelten grundsätzlich für alle Märkte, für wirtschaftliche Märkte, politische Märkte, Heiratsmärkte unter anderem, auch wenn wir die Beispiele bereits aus den wirtschaftlichen Märkten gewählt haben.

Wenn wir uns diesen wirtschaftlichen Märkten jetzt explizit zuwenden, dann kommt einer Größe eine ganz zentrale Funktion zu: den (Markt-) *Prei-*

sen. Denn der einzelne Akteur steht ja bei seinen Dispositionen gerade dann, wenn er erhebliche Freiheitsräume für die Verwertung seines lokalen Wissens besitzt, vor dem Problem, den (relativen) Wert der verschiedenen Alternativen abschätzen zu können, und insbesondere muss er, wenn sich Bedingungen ändern, die seine Handlungsmöglichkeiten betreffen, davon in geeigneter Weise Kenntnis erlangen. *Preise, die sich aus dem Zusammenspiel von – je unter Wettbewerb stehenden – Anbietern und Nachfragern ergeben, vermitteln nicht nur die relevanten Informationen, sie bieten zugleich den Anreiz,* diese Informationen auch in effizienter Weise zu nutzen, d.h. die eigenen Ressourcen in einer Weise einzusetzen, dass sie einem selbst – und nicht-intentional auch anderen – am besten dienen. Diese Koordinationsleistung von Preisen ist Gegenstand des folgenden Abschnitts.

4.2 Das Modell des preisbildenden Marktes

4.2.1 Vorbemerkung: subjektive und objektive Preise

Wenn im weiteren von (Markt-)Preisen die Rede ist, ist folgender Umstand zu beachten. In Abschnitt 2.1.5 hatten wir Preise definiert als dasjenige, was man aufgeben musste, um eine Einheit des nachgefragten Gutes zu bekommen. Das konnte Geld sein oder Zeit, die jeweils für andere Dinge nicht mehr zur Verfügung stehen, die Preise von Ressourcenverwendungen oder anderer Aktivitäten konnten auch in Verlusten an Wählerstimmen oder an sozialer Anerkennung bestehen. Es ging mithin im Rahmen der Anreizanalyse um **subjektive Preise**, nämlich die individuellen Bewertungen von Ressourcen oder Handlungsmöglichkeiten, wie sie von den Akteuren vorgenommen wurden.

Im Folgenden sprechen wir von anderen Preisen, und zwar jenen, die man üblicherweise mit dem Begriff assoziiert, nämlich von den *in Geld ausgedrückten,* gewissermaßen **objektivierten Preisen** und (relativen) Preisverhältnissen. Die Rede ist also von solchen Preisen, wie man sie auf Märkten beobachten kann, ob es nun der Preis für Äpfel auf dem Wochenmarkt oder für Gebrauchtwagen im Annoncenteil, für eine Unternehmensberatung oder für die Durchführung einer Akupunktur ist. Diese Preise ergeben sich als *nicht-intendierte Folge* einer Vielzahl individueller Handlungen von Anbietern und Nachfragern, und wir werden sehen, dass sie nicht zuletzt deshalb so große Bedeutung haben, weil die Akteure ihre Entscheidungen, denen die *subjektiven* Bewertungen zugrunde liegen, an den *objektiven* Preisdaten, wie sie durch Märkte vorgegeben werden, orientieren. Um es an einem Beispiel zu verdeutlichen: Wenn jemand, der auf Wanderschaft Durst verspürt, bereit wäre, für eine Flasche Wasser 5,- DM zu bezahlen, so handelt es sich um den zuerst genannten *subjektiven* „Preis", eben seine individuelle, subjektive Bewertung. Wenn er dann im Dorfladen eine Flasche Wasser für 1,19 DM kauft, so handelt es sich dabei um den *objektiven* Preis oder Marktpreis.

Um die Koordinationsfunktion von (Markt-)Preisen zu erläutern, gehen wir in zwei Schritten vor. Zunächst stellen wir das grundlegende Schema dar; hierbei geht es im wesentlichen darum, die 'Denktechnik' darzulegen, mit der die Koordinationsleistung der Preise im Modell erläutert wird. Wir halten diesen Teil der Ausführungen eher knapp, denn die behandelten Zusammenhänge werden in zahlreichen Lehrbüchern der Mikroökonomik ausführlich und gut verständlich dargeboten. Im zweiten Schritt diskutieren wir dann die „Botschaft" des Modells und ihre Implikationen.

4.2.2 Das Modell

4.2.2.1 Die Marktnachfrage

Die Nachfrage eines Haushalts nach Lebensmitteln, Gebrauchsgegenständen, Dienstleistungen usw. hängt von sehr vielen (Anreiz-)Faktoren ab, vom verfügbaren Budget, vom Bedarf und den Möglichkeiten, diesen Bedarf zu befriedigen, vom Verhalten anderer usw. Und natürlich hängt die Nachfrage auch vom Preis des jeweiligen Gutes ab. Wie eben angesprochen, handelt es sich um beobachtbare, üblicherweise in Geld ausgedrückte (Markt-)Preise. Auch hier lässt sich der Zusammenhang zwischen dem Preis des Gutes und der von den Nachfragern nachgefragten Menge als eine negativ geneigte Kurve darstellen, wobei zu beachten ist, dass es sich nun um die *aggregierte Nachfragekurve* handelt:

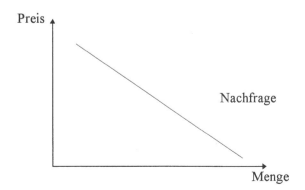

Abb. 4-1: Die Nachfragekurve

Wie in Abschnitt 2.1.7 ausgeführt, ist insbesondere bei einer aggregierten Nachfragekurve die Annahme sehr plausibel, dass die Nachfragekurve *negativ* geneigt ist. Wenn also die Preise beispielsweise steigen, so mag es vielleicht einige Akteure geben, die ihr Verhalten nicht ändern – unser besonders durstiger Wanderer z.B. –, gewiss wird es kaum Akteure geben, die nun *mehr* nachfragen, nicht wenige aber werden *weniger* nachfragen, so dass sich insgesamt, auf *aggregierter* Ebene, der behauptete Zusammenhang ergibt.

Was passiert aber, wenn sich nicht der Preis, sondern irgendein anderer Anreiz, eine andere Bestimmungsgröße der Nachfrage, von denen oben die Rede war, ändert? Die Antwort lautet: Die Lage der gesamten Nachfragekurve verändert sich. So verschiebt sich beispielsweise die Kurve nach rechts, wenn die Nachfrager ein höheres Einkommen haben und dementsprechend mehr nachfragen können. Ebenfalls kommt es zu einer Rechtsverschiebung, wenn die Nachfrage durch Werbung oder andere Umstände ausgeweitet wird. Umgekehrt kommt es zu einer Linksverschiebung, wenn die Anreize abnehmen, das betreffende Gut nachzufragen. Das ist z.B. der Fall, wenn ein *Substitut*, also ein Gut oder eine Dienstleistung, das bzw. die die Bedürfnisse der Nachfrager in ähnlicher Weise erfüllt, billiger wird; die Nachfrager werden teilweise auf dieses Substitut ausweichen, und damit verringert sich insgesamt zu jedem Preis die Menge, die nachgefragt wird.

In der *Mikroökonomik* wird ausführlich behandelt,
- wie eine solche Nachfragekurve genau hergeleitet werden kann,
- wann sie welche *Steigung* aufweist und wie diese zu interpretieren ist und
- wie sich im einzelnen ihre Lage ändert, wenn sich andere Anreize als der Preis für die Nachfrager ändern.

All diese und weitere theoretische(n) Kenntnisse sind unerlässlich, wenn man Märkte genauer analysieren will. Hier können wir das jedoch nicht weiter ausführen, daher begnügen wir uns an dieser Stelle mit jenen Grundlagen, die helfen, den Koordinationsmechanismus Markt zu verstehen. Dazu reicht es zunächst zu wissen, dass mit dem Anreiz eines steigenden (fallenden) Preises die aggregierte Nachfrage abnimmt (zunimmt).

4.2.2.2 Das Marktangebot

Auch für das Angebot gilt, was für die Nachfrage gesagt wurde: Es hängt von zahlreichen Faktoren ab. Dazu gehören beispielsweise die verfügbaren Produktionsfaktoren und deren Preise oder die einsetzbaren Technologien; das Wetter kann eine erhebliche Rolle spielen, so etwa in der Landwirtschaft, wenn Hagel einen Großteil der Ernte vernichtet; vor allem aber spielen die Fähigkeiten und die Einsatzbereitschaft all jener, die das Angebot erstellen, sowie die organisatorischen Regeln, die ihre produktiven Tätigkeiten koordinieren, eine zentrale Rolle. Zu letzterem werden wir im fünften Kapitel noch einiges sagen.

Doch zunächst gilt wiederum, dass für ein Verständnis der Zusammenhänge methodisch kontrollierte Vereinfachungen nötig sind. Und so nehmen wir wiederum zuerst an, dass alle anderen Einflussfaktoren konstant gehalten werden und fragen, wie sich das Angebot aufgrund einer Änderung der Preise – bei sonst gleichen Bedingungen[2] – verändert. Auch hier betrachten wir das *aggregierte* Anbieterverhalten:

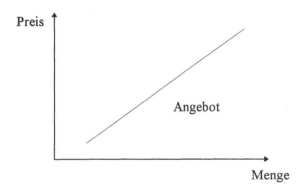

Abb.4-2: Die Angebotskurve

Der positiven Steigung der Angebotskurve liegt die Überlegung zugrunde, dass mit höherem Preis zugleich der Anreiz für die Anbieter stärker wird, ihr Angebot auszuweiten, da sie dann höhere Gewinne erwirtschaften können. Das gilt natürlich nur dann, wenn sie ihr Angebot auch tatsächlich in der beschriebenen Weise ausweiten können. In manchen Fällen ist es nicht möglich, das Angebot auszuweiten, beispielsweise aufgrund fehlender Vorprodukte oder weil man bereits an der Kapazitätsgrenze arbeitet.

Doch auch hier können individuelle Besonderheiten vernachlässigt werden, da es uns an dieser Stelle um die *aggregierten* Größen geht. Wenn also der Preis des betrachteten Gutes steigt, werden vielleicht einige Anbieter ihr Angebot nicht ausdehnen können oder wollen; kaum ein Anbieter wird

---

[2] Dieser Zusatz ist die sogenannte „Ceteris-paribus-Klausel". Man benutzt sie, um einzelne Zusammenhänge gedanklich zu isolieren und so methodisch in den Griff zu bekommen.

aufgrund steigender Preise sein Angebot verringern, wohl aber werden einige Anbieter ihr Angebot ausweiten oder auch neue Anbieter auf den Markt kommen, so dass sich wieder der behauptete Kurvenverlauf ergibt.

Wiederum sei darauf hingewiesen, was geschieht, wenn sich andere Bedingungen als der Preis verändern. Auch in diesem Fall ändert sich die Lage der gesamten Kurve. So verschiebt sich beispielsweise die Kurve nach *rechts*, wenn sich Produktionsfaktoren verbilligen oder neue Produktionsverfahren bzw. organisatorische Neuerungen die Grenzkosten[3] reduzieren, so dass die bisherigen Anbieter Anreize haben, ihr Angebot auszuweiten. Eine Rechtsverschiebung ergibt sich aber z.B. auch dann, wenn aufgrund des Abbaus von Handelsbeschränkungen ausländische Anbieter nunmehr ebenfalls auf den Markt kommen usw. In all diesen Fällen lohnt es sich aufgrund der Kostensenkungen, zum gleichen Preis eine größere Menge anzubieten. Umgekehrt findet eine *Linksverschiebung*, eine Einschränkung des Angebots, statt, wenn die Faktoren in die entgegengesetzte Richtung wirken.

4.2.2.3 Das Marktgleichgewicht

Nun sind wir soweit, das Schema darzustellen, von dem ein bekannter Ökonom, Axel Leijonhuvfud, einmal gesagt hat, es sei das „Totem der Ökonomen"; gemeint ist das Schema des Zusammentreffens von Angebot und Nachfrage auf einem preisbildenden Wettbewerbsmarkt[4]:

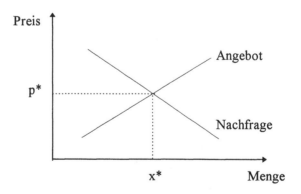

Abb. 4-3: Das Marktgleichgewicht

---

[3] Wenn hier und im weiteren von „Grenzkosten" und nicht einfach von „Kosten" die Rede ist, so geht das auf die unter Punkt 2.1.3 erörterten Zusammenhänge zurück.
[4] Man spricht oft auch vom „vollkommenen Markt".

Der Schnittpunkt von Angebot und Nachfrage stellt jenen Punkt dar, in dem die Interessen der Anbieter und Nachfrager zu einem Ausgleich kommen. Man spricht hier von einem *Gleichgewicht*, oder spezieller einem Marktgleichgewicht[5]. Dementsprechend ist p* der Gleichgewichtspreis, und x* stellt die Gleichgewichtsmenge dar.

Wir hatten den Begriff des Gleichgewichts bereits im Abschnitt 2.3 vorgestellt und dort gesagt, dass ein Gleichgewicht dann vorliegt, wenn kein Akteur einen Anreiz hat, sich aus diesem Gleichgewicht zu entfernen. Das gilt auch für dieses Marktgleichgewicht: Im Schnittpunkt von Angebot und Nachfrage hat kein Beteiligter einen Anreiz abzuweichen:

- Die *Nachfrager* haben kein Interesse, zum bestehenden Preis mehr nachzufragen, weil sie dann für die zusätzlich erworbenen Einheiten von x mehr bezahlen würden, als sie ihnen wert sind, ebensowenig haben sie einen Anreiz, weniger nachzufragen, weil der Nutzen der dann nicht nachgefragten Einheiten von x für sie höher gewesen wäre, als sie dafür hätten bezahlen müssen, d.h. sie hätten *Renten* verschenkt.
- Die *Anbieter* haben kein Interesse, mehr anzubieten, weil die zusätzlich produzierten Einheiten höhere Kosten („Grenzkosten") verursachen, als sie Erträge („Grenzerträge") bringen; ebensowenig haben sie einen Anreiz, weniger anzubieten, weil sie dann die Gewinne, die sie aus dem Tauschgeschäft erzielen können, verschenken.

Auf zwei entscheidende Eigenschaften eines solchen Gleichgewichts ist hinzuweisen: *Zum einen* findet im Marktgleichgewicht eine *Markträumung* statt: Alle – zum Gleichgewichtspreis – angebotenen Güter werden nachgefragt; und umgekehrt werden alle – zum Gleichgewichtspreis – nachgefragten Güter auch angeboten. Das ist gleichbedeutend mit der Aussage, dass es zu einem vollständigen Interessenausgleich aller Marktteilnehmer kommt, und zwar sowohl der Nachfrager, die die von ihnen gewünschte Menge des jeweiligen Gutes erhalten, als auch der Nicht-Nachfrager, die zu diesem Preis kein Interesse (mehr) an dem Gut haben und sich anderen Gütern zuwenden; das Gleiche lässt sich für die Anbieter und Nicht-Anbieter sagen.

Aus diesem Grund stellt, *zum zweiten*, ein solches markträumendes Gleichgewicht in gewisser Hinsicht das Gegenteil einer Dilemmastruktur dar: Während in einer Dilemmastruktur die individuellen Handlungen zu einem *paretoinferioren Gleichgewicht*, der sozialen Falle, führen, führt auf Märkten, die

---

[5] Der Begriff des Gleichgewichts hat in den verschiedenen Zweigen der Ökonomik z.T. etwas unterschiedliche Bedeutungen. So gibt es in der Makroökonomik, die sich mit gesamtwirtschaftlichen Zusammenhängen befasst, auch Gleichgewichtsbegriffe, die von dem hier verwendeten Konzept verschieden sind.

gemäß dem vorgestellten Schema funktionieren, die individuelle Verfolgung der eigenen Interessen zu einem gesellschaftlich erwünschten Ergebnis, denn in dieser Situation *kann kein Beteiligter bessergestellt werden, ohne dass zugleich ein anderer Beteiligter schlechtergestellt würde.* Solche Situationen bezeichnet man in der Ökonomik als *pareto-effizient.* Das besagt, dass – *unter den gegebenen Situationsbedingungen* – *alle bestehenden Kooperationsgewinne ausgeschöpft worden sind.* Wir werden weiter unten noch zu klären haben, wie es möglich ist, dass unabhängiges Verhalten von Akteuren einmal – im Fall der Dilemmastruktur – ein so unerfreuliches und einmal – im Fall des preisbildenden Marktes – ein so erfreuliches Resultat zeitigt; die Antwort liegt natürlich darin, dass im ersten Fall keine Regeln existieren, die zur Aneignung der Kooperationsgewinne erforderlich wären, während im zweiten Fall das 'unabhängige' Verhalten eingebettet ist in eine Vielzahl handlungskanalisierender Regeln, eben den Regeln des Gesellschaftsvertrags, wobei die Regeln ja sogar so spezifisch zugeschnitten sind, dass Dilemmastrukturen – in Form des Leistungswettbewerbs – gezielt in den Dienst der Generierung von Kooperationsgewinnen gestellt werden.

4.2.2.4 Thema und Variationen

Nachdem wir das Grundschema vorgestellt haben, können wir nun daran gehen, mit ihm zu arbeiten. Beginnen wir mit dem Fall, dass die (Grenz-) Kosten für die Anbieter steigen. Dies hat zur Folge, dass sich die gesamte Angebotskurve nach links verschiebt: Zu jedem Preis wird jetzt nur noch eine geringere Menge angeboten, eben wegen der gestiegenen (Grenz-)Kosten; wir werden weiter unten noch ein Beispiel erörtern:

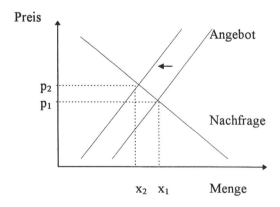

Abb. 4-4: Verschiebung der Angebotskurve

Die Folge der Linksverschiebung ist, dass zum bisherigen Preis nicht mehr alle Nachfrager zum Zuge kommen. Gemäß der Logik des Modells verlangen die Anbieter aufgrund der annahmegemäß gestiegenen (Grenz-)Kosten höhere Preise, und viele Nachfrager werden auch bereit sein, diese Preise zu zahlen; andere Nachfrager werden vielleicht aus dem Markt ausscheiden. Die Folge ist, dass sich ein neues Gleichgewicht ergibt bei einem höheren (Gleichgewichts-)Preis p_2 und einer geringeren (Gleichgewichts-)Menge x_2. Wiederum kommt es zu einem – *dezentral koordinierten!* – Interessenausgleich, bei dem sich die beteiligten Akteure durch Orientierung am gestiegenen Preis in effizienter Weise an die neue Situation anpassen.

Was geschieht nun, wenn in diesem „freien Spiel der Marktkräfte" Hindernisse auftreten, die eine Anpassung der Preise verhindern, z.B. weil sie politisch festgesetzt wurden? Betrachten wir den Fall, dass *Mindestlöhne* festgesetzt werden:

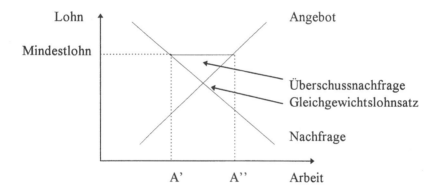

Abb. 4-5: Festsetzung von Mindestlöhnen

Nehmen wir einfachheitshalber an, dass die Angebots- und Nachfragekurven auf einem Arbeitsmarkt so aussehen wie die Kurven, die wir bislang kennengelernt haben. Das ist natürlich eine drastische Vereinfachung, aber sie dient uns hier dazu, einen bestimmten Zusammenhang zu verdeutlichen.
In der Ausgangssituation besteht der Gleichgewichtslohnsatz. Wird nun ein höherer Mindestlohn festgelegt, sieht man zum einen, dass weniger Arbeit, nämlich nur noch A', nachgefragt wird. Es ist gut begründbar, dass mit steigendem Preis für die Arbeit, also dem Lohn, die Nachfrage zurückgeht; die Unternehmen werden rationalisieren, manche vielleicht gar die Produktion des betreffenden Gutes einstellen oder ins billigere Ausland verlegen, weil es

sich angesichts der gestiegenen (Arbeits-)Kosten nicht mehr lohnt. Man sieht zum anderen, dass das Arbeitsangebot noch ausgeweitet wird bis zum Punkt A'', weil es zu dem gestiegenen Lohnsatz für noch mehr Arbeitnehmer attraktiv ist, Arbeit anzubieten.

Damit ergibt sich bei dem Mindestlohn eine Kluft zwischen Nachfrage und Angebot, nämlich A''- A'. Man spricht hier von einem *Angebotsüberschuss,* und in diesem Fall handelt es sich um nichts anderes als *unfreiwillige Arbeitslosigkeit*[6]. Diese Kluft hat zur Folge, dass einige Arbeiter tatsächlich einen höheren Mindestlohn erhalten, andere jedoch ihren Arbeitsplatz verlieren werden, weil zu dem Lohn niemand bereit ist, sie (weiter) zu beschäftigen. Natürlich ist diese Darstellung zu einfach, um generell dem Thema der Mindestlöhne gerecht zu werden, jedoch kann sie bereits eine wesentliche Funktion erfüllen, denn sie weist auf grundsätzlich wirksam werdende Faktoren und Prozesse hin, mit denen bei der Setzung von Mindestlöhnen – und generell von Mindestpreisen – oberhalb des Gleichgewichtspreises zu rechnen ist: Es werden mit den über dem Gleichgewichtsniveau liegenden Preisen Signale und damit Anreize gesetzt, die systematisch zu falschen Erwartungen führen und in der Folge zu individuellen Plänen und Entscheidungen, die schlecht koordiniert sind mit den Plänen und Entscheidungen anderer Akteure. Vor allem werden einige Interaktionen verhindert, die die Marktteilnehmer bei freier Preisbildung noch durchgeführt hätten; so macht die Graphik deutlich, dass es Anbieter gab, die auch zu niedrigerem Lohn bereit gewesen wären, Arbeit anzubieten, und sie wären auf *zusätzliche* zahlungsbereite Nachfrager nach Arbeit gestoßen: Beide kommen bei Mindestlöhnen nicht „ins Geschäft".

Betrachten wir das gleiche Problem am umgekehrten Fall, der Setzung von Höchstpreisen. Solche Höchstpreissetzungen lassen sich etwa auf dem Wohnungsmarkt beobachten, wobei im Hintergrund die Idee – von Nicht-Ökonomen – steht, genügend Mietwohnungen zu einem 'sozialen' Preis bereitzustellen können. Wir werden im folgenden Abschnitt noch genauer die Folgen erläutern. Betrachten wir an dieser Stelle zunächst nur die Wirkungen, die sich anhand des graphischen Modells ableiten lassen:

---

[6] Der Begriff „unfreiwillige Arbeitslosigkeit" ist umstritten, denn es sind Bewertungen nötig, um zu sagen, wann etwas als unfreiwillig anzusehen ist. Aus der Sicht der in dieser Einführung vorgestellten Konzeption – die allerdings bislang unüblich ist – müsste strenggenommen das Adjektiv in Abhängigkeit von unausgeschöpften Kooperationsgewinnen verwendet werden, so dass man wie folgt umschreiben müsste: Durch Festlegung von Mindestlöhnen werden Akteure daran gehindert, mögliche Kooperationsgewinne aus dem Arbeitsverhältnis zu realisieren.

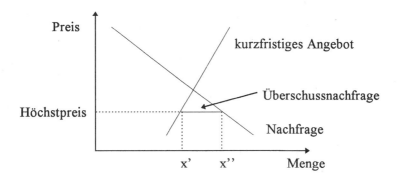

Abb. 4-6: Setzung von Höchstpreisen

Höchstpreise werden, wie aus der Graphik ersichtlich, zu einem *Nachfrage-überschuss* führen, der in der Graphik als Differenz von x''- x' dargestellt wird. Zum bestehenden Preis wollen beispielsweise mehr Mieter, als Nachfrager, Wohnungen haben als die Vermieter anzubieten bereit sind. Auch hier führt das Preissignal zu Anreizen, die die Interessen der Akteure nicht in ein Gleichgewicht bringen, und das lässt ebenfalls vermuten, dass Kooperationsgewinne verschenkt werden; denn es gab Nachfrager, die bereit gewesen wären, einen höheren Preis zu zahlen, und sie wären auf Anbieter gestoßen, die ihnen zu dem höheren Preis das gewünschte Gut angeboten hätten.

4.2.2.5 Die Voraussetzungen des Modells

Hinsichtlich des vorgestellten Modells vom preisbildenden *„vollkommenen Markt"*[7] werden oft eine Reihe von strengen theoretischen Voraussetzungen genannt, damit das Ergebnis des Modells, das Marktgleichgewicht, zustande kommt. Wir nennen im Folgenden einige derjenigen, die in mikroökonomischen Lehrbüchern oft genannt werden.

Voraussetzungen „vollkommener Märkte":

- Auf dem Markt wird ein **homogenes Gut** gehandelt. Damit ist gemeint, dass die Marktteilnehmer die einzelnen Einheiten dieser Güter in keiner-

---

[7] Die in der ökonomischen Literatur übliche Formulierung von „vollkommenen" Märkten kann zunächst irritieren: Als wären reale Märkte irgendwie mangelhaft. Doch sollte diese Begrifflichkeit nicht normativ, sondern nur methodisch verstanden werden.

lei Hinsicht – sachlich, zeitlich, räumlich – bevorzugen. Schaut man ganz genau hin, trifft diese Annahme praktisch niemals zu, irgendwelche Unterschiede hinsichtlich der Qualitätseigenschaften, der Erreichbarkeit oder sonstiger Bedingungen lassen sich stets finden. Noch am ehesten erfüllt ist diese Bedingung bei Gütern, die auf Börsen gehandelt werden und die extra zu diesem Zweck standardisiert wurden; auch bei Massenwaren ist diese Annahme gut erfüllt[8].

- Auf dem Markt herrscht vollkommene *Markttransparenz*. Gemeint ist damit allerdings nicht, dass die Anbieter und Nachfrager über alle Dinge, die auf dem Markt geschehen, Bescheid wüssten, vielmehr wird lediglich ausgesagt, dass alle Teilnehmer den Marktpreis – und allgemeiner: die Bedingungen, zu denen getauscht werden kann – kennen. Damit wird allerdings auch die oft nicht erfüllte Annahme getroffen, dass es keine relevanten Informationsasymmetrien (vgl. 2.2.3.3) zwischen den Tauschpartnern gibt.

- Anbieter und Nachfrager sind *Preisnehmer*. Diese Annahme besagt, dass ein einzelner Marktteilnehmer mit seinem Verhalten keinen Einfluss auf die Höhe des Preises nehmen kann. Das ist eine sehr wichtige Bedingung, denn damit wird eine erhebliche *Versachlichung* der Interaktionen erreicht[9]. Wenn der Preis für die einzelnen Akteure „gegeben" ist, haben sie nur einen Parameter, den sie kontrollieren: die Menge, die sie zu diesem Preis kaufen oder verkaufen; deswegen bezeichnet man sie dann auch als *Mengenanpasser*.

- *Marktzutritt* und *Marktaustritt* werden nicht behindert. Anbieter und Nachfrager sind demnach frei, in den Markt einzutreten oder ihn zu verlassen, d.h. sie *unterliegen keinerlei Bindungen*. Diese Annahme ist insofern wichtig, als dadurch gewährleistet wird, dass sich die einzelnen Marktteilnehmer gemäß ihren Plänen den Bedingungen des Marktes anpassen können, also z.B. als Anbieter eintreten, wenn gestiegene Preise Aussichten auf Renten versprechen, oder als Nachfrager austreten, wenn aus dem gleichen Grund der Erwerb des Gutes für sie unattraktiv geworden ist.

- Einige der zuvor genannten Punkte verallgemeinernd besteht eine wesentliche Voraussetzung des Modells darin, dass *keine Transaktionskosten* bestehen. Unter Transaktionskosten – man könnte auch von

---

[8] Es sei noch einmal daran erinnert, dass solche Annahmen *problemabhängig* zu treffen und zu interpretieren sind: Für den Marketing-Chef eines Konsumgüter herstellenden Unternehmens sind Unterschiede wichtig, die bei Konjunkturanalysen eines Forschungsinstituts keine Rolle spielen.

[9] Vgl. dazu die Ausführungen über Auktionen in Abschnitt 4.3.1.

aktionskosten" sprechen – werden im wesentlichen die mit Tausch-handlungen direkt oder indirekt verknüpften Kosten gefasst: Such- und Informationskosten, Verhandlungs- und Entscheidungskosten, Kontroll- und Durchsetzungskosten.

Nun sind diese Annahmen natürlich nie in Reinkultur erfüllt, schon gar nicht alle auf einmal. Und so kann man sich fragen, was für einen Sinn ein Modell denn haben soll, dessen Annahmen doch in der Wirklichkeit kaum je erfüllt sind.

4.2.2.6 Die Leistung von Modellen

Zweifellos ist die Wirklichkeit immer sehr viel komplexer als die Modelle, die wir uns von ihr bilden. Und in besonderem Maße trifft das sicherlich für öko-nomische Modelle zu. Doch ist es gerade die Tatsache der Komplexität, die Modelle so wichtig werden lässt. Geschehnisse, die demjenigen, der keine derartigen Modelle zur Verfügung hat, einfach nur als ein enormes und un-verständliches Chaos von Ereignissen vorkommen, werden durch Modelle im Hinblick auf bestimmte, oft hochkomplexe Problemstellungen strukturiert, und die grundlegenden Zusammenhänge werden in (hinreichend) einfacher und verständlicher Weise dargestellt. Wenn diese einfachen Zusammenhänge einmal verstanden worden sind, lassen sich vorher abgeblendete Differenzie-rungen wieder einführen und auf dem Wege abnehmender Abstraktion situati-onsgerechte Annäherungen an die Komplexität der Probleme herbeiführen; aber die Grundstruktur der Modelle bleibt erhalten.

Auf diese Weise lassen sich durch Modelle, wie z.B. das Modell vom preisbildenden Markt, Probleme strukturieren, und man kann methodisch kontrolliert darüber nachdenken (und argumentieren), welche problemrelevan-ten Zusammenhänge zu beachten sind, wie einzelne Veränderungen der Situa-tion zu bestimmten Veränderungen des Verhaltens und dann der sozialen Fol-gen führen usw. Wenn so einmal verstanden worden ist, wie Preise das Ver-halten von Nachfragern und Anbietern koordinieren, lässt sich dann in einem weiteren Schritt präzise analysieren, warum in bestimmten Situationen andere Ergebnisse eintreten. So kann z.B. anhand der explizierten Voraussetzungen des Modells geklärt werden, warum in manchen Fällen ein anderes Ergebnis als zunächst erwartet eingetreten ist: Möglicherweise war die Bedingung der Homogenität des Gutes oder der Markttransparenz nicht hinreichend erfüllt, oder es lagen *Bindungen* von Marktteilnehmern vor, die den Markteintritt oder -austritt erschwerten oder gar verhinderten; vielleicht kamen auch andere Faktoren, z.B. institutioneller Natur, hinzu, und man kann dank des Modells diese Faktoren identifizieren und ihre Wirkungen genauer analysieren.

Wenn man also im Studium mit diesem oder anderen Modellen extensiv traktiert wird, so dient das der Ausbildung der Fähigkeit zu Situationsanalysen. Und auch dann, wenn die realen Verhältnisse deutlich vom Modell abweichen, lässt sich oft gerade durch die Konfrontation der Wirklichkeit mit einem (guten) Modell ein besseres Verständnis erreichen, denn man kann nun fragen, auf welche Bedingungen die Abweichung zurückgeht. So werden wir im fünften Kapitel die zu Recht mit einem Nobelpreis gewürdigte Frage von R. Coase aufgreifen, warum denn nicht *alle* Aktivitäten über Märkte koordiniert werden, sondern viele auch über Organisationen, obwohl die Märkte doch so leistungsfähig erscheinen. Diese Art von Fragen, die auf so entwickelten Modellen wie dem hier vorgestellten beruhen, sind der wichtigste Motor des wissenschaftlichen Erkenntnisfortschritts.

Aber natürlich erfüllen Modelle nur ihren Zweck, wenn man sie auch anzuwenden und zu interpretieren versteht. Daher wenden wir uns nun der Interpretation des Modells vom preisbildenden Markt zu.

4.2.3 Die Interpretation des Modells

4.2.3.1 Die Koordinationsleistung von Marktpreisen

Um die Koordinationsleistung von Marktpreisen zu verstehen, muss man sich die beiden grundlegenden Probleme hinsichtlich einer effizienten, d.h. Kooperationsgewinne ausschöpfenden, Verwendung von (knappen) Ressourcen in einer hochkomplexen Gesellschaft vor Augen halten:

1. Wie können die von den Akteuren benötigten *Informationen* bereitgestellt werden hinsichtlich der Frage, wie und unter welchen Bedingungen man, als Nachfrager, an gewünschte Güter und Dienstleistungen gelangt, bzw., als Anbieter, welche Güter und Dienstleistungen überhaupt gewünscht werden? Und wie werden die Akteure über Änderungen dieser Bedingungen unterrichtet?

2. Welche *Anreize* haben die Individuen, diese Informationen zu suchen und dann auch entsprechend zu nutzen?

Preise lösen simultan beide Probleme, denn sie bieten Information über die Bewertung von Gütern und Dienstleistungen und sind zugleich ein Anreiz, diese Information zu nutzen. Anbieter werden über die Wertschätzungen (Zahlungsbereitschaft) der Nachfrager informiert, Nachfrager über die „Kosten" der Bereitstellung der von ihnen gewünschten Güter und Dienstleistungen; das gilt auch für den Fall, dass sich diese Größen ändern.

Damit das funktioniert, ist allerdings eine grundlegende Voraussetzung zu beachten, deren Vernachlässigung einer der zentralen Gründe für das Scheitern der Zentralverwaltungswirtschaft war: *Die Bildung der Marktpreise muss unter Bedingungen des (Leistungs-)Wettbewerbs erfolgen.* Der Wettbewerb sorgt dafür, dass sich die Preise gleicher Leistungen angleichen. Dies geht darauf zurück, dass dem Wettbewerb eine Dilemmastruktur zugrunde liegt, dass also im Preis für eine Leistung auch *Renten* enthalten sind, die den entscheidenden Anreiz für Konkurrenten darstellen, die gleiche Leistung ebenfalls, aber zu einem etwas geringeren Preis anzubieten, um auch in den Genuss einer, wenngleich geringfügig geringeren Rente zu gelangen. Dieser Prozess setzt sich so weit fort, bis ein Preis erreicht ist, für den es sich weder für Anbieter lohnt, ihn noch weiter zu unterbieten, noch für Nachfrager, ihn zu überbieten: Zwar gibt es Nachfrager, denen das Gut mehr wert ist als der Preis, aber sie haben keinen Grund, mehr zu zahlen, weil sie das Gut zu diesem Preis erhalten, so dass sie eine (Kooperations-)Rente – man spricht dann von „Konsumentenrente" – realisieren können. Sind die oben genannten Voraussetzungen erfüllt, ergibt sich für alle Anbieter und Nachfrager, die auf diesem Markt auftreten, ein *einheitlicher Preis*. Man spricht deshalb auch vom *„Gesetz des einheitlichen Preises"*.

Intensiviert wird dieser zur Vereinheitlichung der Marktpreise führende Wettbewerbsprozess durch Aktivitäten von Marktteilnehmern, die mit dem Begriff *Arbitrage* bezeichnet werden. Arbitrage meint die Ausnutzung von Preisdifferenzen ansonsten gleicher Güter an verschiedenen Orten[10]. Sie ist an die beiden folgenden Voraussetzungen geknüpft:

1. Der Arbitrageur muss im Besitz der *Information* hinsichtlich der Preisdifferenzen sein. Diese Information allein nutzt ihm allerdings noch nicht viel, wenn nicht auch die folgende Bedingung erfüllt ist, dass nämlich
2. die Kosten der Durchführung der Arbitrage geringer sind als die durch sie erzielten Gewinne.

Durch die Arbitrage vollzieht sich gewissermaßen eine Verschmelzung der zuvor räumlich getrennten Teilmärkte eines ansonsten homogenen Gutes. Dadurch kommt es zu dem Ausgleich der unterschiedlichen Preise:

---

[10] Es gibt auch Risikoarbitrage, auf die wir hier jedoch nicht weiter eingehen. Angemerkt sei nur, dass sie etwas anderes darstellt als *Spekulation*, auf die wir später noch eingehen werden.

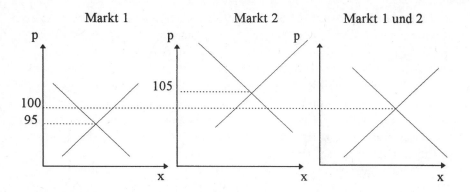

Abb. 4-7: Bildung eines einheitlichen Preises

Auf Markt 1 wird das Gut x zum Preis von 95,- DM gehandelt, auf Markt 2 zum Preis von 105,- DM. Für Arbitrageure, die Kenntnis von dieser Preisdifferenz haben und – so nehmen wir jetzt einmal der Einfachheit halber an – für die keine Transportkosten anfallen, gibt es einen Anreiz, auf Markt 1 als Nachfrager des Gutes x aufzutreten, es für 95,- DM zu erwerben und es dann sogleich auf Markt 2 zum Preis von 105,- DM zu verkaufen. Zu Beginn machen sie einen Gewinn von 10,- pro Einheit, doch wird dieser Gewinn mit der Zeit (vermutlich rasch) abnehmen. Die zunehmende Nachfrage treibt den Preis von x auf Markt 1 nach oben, zugleich sinkt er auf Markt 2 wegen des zusätzlichen Angebots. Es liegt nahe, schließlich auf dem beide Märkte vereinenden (aggregierten) Markt einen Preis von ca. 100,- DM zu erwarten.

Der Arbitrageur bietet zwar keine Leistung in Form eines Produktes, wohl aber eine *Dienstleistung*, die gewissermaßen ihren Lohn in sich trägt: Indem er seine Information (über die verschiedenen, zuvor getrennten, Teilmärkte) zur Verfügung stellt, lässt er den Markt größer werden, was grundsätzlich stets eine Zunahme der Möglichkeiten von Kooperationsgewinnen bedeutet, da mehr Tauschpartner zur Verfügung stehen und dadurch oft auch eine bessere Ausnutzung von Produktivitätsvorteilen erreicht werden kann; wir verweisen hier insbesondere auf die Ausführungen der Abschnitte 2.4.2 und 2.4.3.

Durch diese Prozesse bilden sich – auf funktionierenden Märkten[11] – Preise heraus, in die die Wertschätzung *aller* Nachfrager einerseits und die Kennt-

---

[11] Im weiteren Verlauf dieses Abschnitts unterstellen wir solcherart funktionierende Märkte aus didaktischen Zwecken. Gleichwohl sollte im Auge behalten werden, dass bei genaueren Betrachtungen realer Märkte zahlreiche institutionelle Besonderheiten zu Ab-

nisse *aller* Anbieter über die Produktionsmöglichkeiten der gewünschten Güter und Dienstleistungen andererseits einfließen. Und dadurch können die Preise ihre Koordinationsfunktion erfüllen: Z.B. informiert ein hoher Preis eines Gutes dessen Anbieter darüber, dass die Nachfrager dieses Gut wünschen; und sie, die Anbieter, haben zugleich einen Anreiz, diese Information zu nutzen, indem sie sich bemühen, mehr von dem Gut zur Verfügung zu stellen. Umgekehrt informiert der hohe Preis die Nachfrager darüber, dass zur Erfüllung ihrer Wünsche erhebliche Kosten aufgewendet werden müssen, d.h. es müssen Ressourcen eingesetzt werden, die auch anderweitig hätten verwendet werden können, und nur der hohe Preis lässt es für die Anbieter attraktiv erscheinen, nicht statt dessen andere Wünsche anderer Nachfrager zu erfüllen. Oder um es noch schärfer zu formulieren: Der Wettbewerb *zwingt* die Anbieter, sich auf jene Aktivitäten zu konzentrieren, die den Interessen der Nachfrager am besten entsprechen, und über die durchsetzbaren Preise werden sie über diese Interessen informiert. Hayek hat diese Leistung des Preissystems und die Rolle, die der Wettbewerb dabei spielt, folgendermaßen auf den Punkt gebracht:

> „Die Summe an Information, die sich in den Preisen widerspiegelt oder niederschlägt, ist vollständig das Ergebnis des Wettbewerbs oder zumindest der Offenheit des Marktes für jeden, der relevante Information über irgendeine Nachfrage- oder Angebotsquelle für das fragliche Gut besitzt. Der Wettbewerb wirkt als ein Entdeckungsverfahren, nicht nur dadurch, dass er jedermann, der die Gelegenheit hat, besondere Umstände auszunutzen, die Möglichkeit gibt, dies profitabel zu tun, sondern auch dadurch, dass er den anderen Parteien die Information vermittelt, dass es eine solche Gelegenheit gibt. Dank dieser Vermittlung von Information in kodierter Form [nämlich in Form der Marktpreise; KH/AS] sichern die konkurrierenden Anstrengungen des Marktspiels die Nutzbarmachung weit verstreuten Wissens." (1976/1981, S. 161)

Um diese Koordinationsfunktion besser verständlich werden zu lassen, bedienen wir uns zunächst eines recht kuriosen Beispiels, das zeigen soll, wie *auf der Nachfrageseite* knappe Ressourcen zu jenen Nachfragern gelenkt werden, die sie am höchsten schätzen. In diesem Beispiel sind die Nachfrager Programme in einem Computer-Netzwerk, und es geht um den 'Markt' für kalte und warme Luft zur Regulierung der Raumtemperatur. Der amerikanische Forscher Bernardo Huberman hat die Programme entwickelt für den Einsatz in der Klimaanlage großer Bürogebäude, und das Besondere daran ist, dass hier eine dezentrale Regulierung vorliegt. Ein einzelnes Programm,

---

weichungen vom Modell führen können, doch bleibt die grundsätzliche Lenkungsfunktion von Preisen in der Regel erhalten.

Agent genannt, hat die Aufgabe, die Temperatur eines bestimmten Raumes auf einem gewünschten Niveau zu halten. Wenn der Ist-Wert in dem Raum von dem gewünschten Soll-Wert abweicht, kann der Programm-Agent heiße bzw. kalte Luft von anderen Räumen *ersteigern*. Zu diesem Zweck verfügt der Programm-Agent über eine Art Spielgeld-Budget. Dieses Budget ist seine *Restriktion* für die Höhe der Gebote.

Die beiden entscheidenden *'Anreize'* für den Programm-Agenten, die seine Nachfrage bestimmen, liegen darin, erstens ein möglichst großes Budget zu behalten und zweitens die Temperatur-Differenz möglichst gering zu halten. Wieviel wird ein solcher Programm-Agent bieten? Offenbar hängt das von vier Bedingungen ab:

- seinem verfügbaren Budget,
- der Temperatur-Differenz zwischen Soll und Ist,
- den Geboten anderer Programm-Agenten,
- und schließlich natürlich vom *Angebot* an kalter bzw. warmer Luft, das wir hier als fix vorgegeben annehmen.

Nehmen wir an, ein Programm-Agent stellt eine erhebliche Temperatur-differenz fest und benötigt zum Ausgleich kalte Luft. Der erste Anreiz, der Wunsch, sein Budget möglichst wenig zu belasten, wird den Programm-Agenten dazu anhalten, möglichst wenig zu bieten für das benötigte Quantum kalter Luft. Nehmen wir an, es gäbe keine weiteren Bieter, weil in keinem anderen Raum kalte Luft als Ausgleich benötigt würde. Als Folge dieser geringen Nachfrage wird er auch mit einem niedrigen Preis die gewünschte kalte Luft erhalten[12]. Und mehr ist sie dann – für die anderen – auch nicht wert!

Anders sieht es aus, wenn es noch andere Programm-Agenten gibt, die ebenfalls kalte Luft benötigen. Sie treten jetzt als *Konkurrenten* auf. Als solche steigern sie ihre Gebote, und sie werden dabei stets abwägen zwischen dem Anreiz der Verringerung ihres Budgets einerseits und dem Anreiz der Verringerung der Temperaturdifferenz andererseits.

Als Folge ergibt sich, *dass die kalte Luft zu jenen Nachfragern gelenkt wird, denen sie den größten Nutzen stiftet*, und der Grund dafür ist, dass die

---

[12] Wir vernachlässigen hier Komplikationen strategischer Art, die dadurch entstehen könnten, dass der Anbieter der kalten Luft versucht, einen höheren Preis und insofern eine höhere Rente für sich herauszuhandeln. Zu solchen strategischen Komplikationen kommt es – jedenfalls bei menschlichen Akteuren – tendenziell umso eher, je mehr *Marktmacht* ein Anbieter bzw. Nachfrager gegenüber seinem Tauschpartner hat; die Marktmacht wiederum bestimmt sich vor allem aus den möglichen Alternativen, über die der Tauschpartner verfügt.

Agenten durch ihre Gebote kundtun, welchen Nutzen für sie die kalte Luft hat. Ein hohes Gebot bedeutet, dass in dem entsprechenden Raum die Temperaturdifferenz groß ist und die ersteigerte Luft dementsprechend hohen Nutzen hätte, niedrige Gebote zeigen an, dass der Bedarf an kalter Luft, und damit auch der Nutzen, den sie stiften würde, nicht so groß ist.

Würde statt dieser dezentralen Verteilung der Luftressourcen ein 'zentralverwaltungswirtschaftender' Rechner eingesetzt, müsste er sowohl den gesamten Bestand an verteilbaren Luftreserven für den erwünschten Temperaturausgleich kennen als auch die jeweiligen Soll-Ist-Differenzen aller Räume, und er müsste dann die – sehr zahlreichen – Möglichkeiten der Luftallokation durchrechnen. Bei dem hier beschriebenen System wird quasi das lokale 'Wissen', nämlich die Kenntnis der Differenz von Soll- und Ist-Wert, systematisch gekoppelt mit dem 'Anreiz', dieses Wissen durch die Abgabe eines Gebots zu offenbaren. Dieser Anreiz bestimmt sich, wie skizziert, aus der Höhe der Temperaturdifferenz zwischen Soll und Ist und der durch die Budgetrestriktion gegebenen Möglichkeit, diese Differenz zu verringern, und der Wettbewerbsdruck sorgt dafür, dass die Höhe der Gegenleistung, die der Nachfrager zu erbringen bereit ist, seine *Zahlungsbereitschaft, offenbart* wird. Der Preis, der sich im Zuge dieses Prozesses einstellt, informiert hierbei die konkurrierenden Nachfrager, was den anderen das nachgefragte Gut wert ist, und weist sie so möglicherweise darauf hin, dass andere das entsprechende Gut höher einschätzen als man selbst, so dass es 'fair' ist, es ihnen auch zu überlassen[13].

Noch deutlicher wird die Leistung des Preissystems im Hinblick auf *dynamische* Koordinationsprobleme, wenn sich also aufgrund irgendwelcher Änderungen von Rahmendaten oder der Situation von Anbietern oder Nachfragern die schon mehrfach angesprochenen Anpassungsnotwendigkeiten ergeben. Um das zu illustrieren, nehmen wir einmal an, dass es in einem Land verschiedene Anbieter und Nachfrager von Erdöl gibt. Die Nachfrager nutzen das Erdöl für unterschiedliche Zwecke, zum Heizen, Autofahren und Herstel-

---

[13] In diesem Beispiel bleiben allerdings einige Komplikationen außen vor, die dadurch entstehen können, dass die Nachfrager einen Anreiz haben könnten, ihre Zahlungsbereitschaft zu verschleiern, um niedrigere Preise zu zahlen. Entsprechende Aktivitäten, die in der Regel insofern gesellschaftlich unerwünscht sind, weil sie keinen wertschöpfenden Charakter haben, entfallen auf solchen Märkten, auf denen die Nachfrager *Preisnehmer* sind, denn dann üben sie durch die Offenlegung ihrer Zahlungsbereitschaft keinen Einfluss auf den Preis aus. Wenn der Preis jedoch wie hier durch Gebote festgelegt wird, ist diese Annahme nicht mehr erfüllt. Gleichwohl werden wir unter Punkt 4.3.1, bei der Diskussion des Beispiels eines bestimmten Auktionstyps, sehen, dass auch hier durch geeignete institutionelle Arrangements mögliche strategische Verzerrungen vermieden werden können.

len von Plastiktüten. Diese drei Verwendungen werden von den Nachfragern unterschiedlich hoch bewertet. Den höchsten Wert hat das Erdöl beim Heizen, bald danach kommt das Autofahren, während das Erdöl für die Tüten produzierenden Nachfrager im Vergleich dazu keinen so hohen Wert besitzt.

Nun trete ein Unglück ein, bei dem erhebliche Mengen an Erdöl vernichtet werden. Betroffen sind davon nicht nur die betroffenen Anbieter – vielleicht sind sie auch versichert –, sondern auch diejenigen Nachfrager, die ihr Erdöl von diesen Anbietern beziehen und nun leer ausgehen. Möglicherweise trifft es sie nicht so hart, weil sie nur darauf verzichten müssen, ihre Tüten aus Erdöl herzustellen – vielleicht steigen sie auf Jute um –, möglicherweise sind sie aber auch empfindlich getroffen, weil sie jetzt nicht mehr heizen oder Auto fahren können.

Einer der wichtigsten Indikatoren für die Leistungsfähigkeit eines Wirtschaftssystems ist nun darin zu sehen, inwieweit es gelingt, solche *unvorhergesehenen Kontingenzen* einigermaßen zu bewältigen. Betrachten wir drei Varianten.

1. In der ersten Variante haben die Nachfrager schlicht und einfach Pech gehabt. Egal wie dringlich ihre Bedürfnisse sind, die anderen Mengen an Erdöl sind bereits an andere zugeteilt, eine Anpassung an das unvorhergesehene Ereignis ist nicht möglich. Ein Wirtschaftssystem mit einer solcherart fehlenden Anpassungsfähigkeit verdiente kaum diesen Namen, denn hier werden erhebliche *Kooperationsgewinne* verschenkt, die sich daraus ergeben können, dass die jetzigen Besitzer des Erdöls dieses geringer schätzen als andere, die dafür Gegenleistungen bieten könnten, die die derzeitigen Erdölbesitzer höher schätzen als ihr Erdöl. Die Frage ist nur, durch welche Verfahren diese Kooperationsgewinne realisiert werden können.

2. In der zweiten Variante gibt es eine staatliche Verwaltungsbehörde, die über die nationale Zuteilung des Erdöls wacht. Die Nachfrager könnten eine Eingabe an diese Behörde machen und darum bitten, Ersatz zu erhalten. Hieran lassen sich nun eine Menge möglicher Szenarien anknüpfen. So stellt sich beispielsweise die Frage, von welchem Kriterium es abhängt, dass die Nachfrager Erfolg mit ihrer Bitte haben, ob es der Grad der Verwandtschaft, die Höhe des Bestechungsgeldes oder die Erfüllung irgendwelcher besonderen Merkmale ist, die sie für den Bezug von Erdöl qualifiziert. Eng damit zusammen hängt die Frage, welche Gegenleistungen sie erbringen müssen, sofern ihrer Bitte stattgegeben wird; und natürlich stellt sich auch das Problem der Zeit, die die Behörde braucht, um auf ihre Eingabe zu reagieren. Damit aber nicht genug: Wenn sie das gewünschte Erdöl erhalten sollten, ist die nächste Frage, woher sie es bekommen, denn bei der hier angenommenen

Konstellation einer gegebenen Menge von Erdöl müssen ja andere Nachfrager darauf verzichten. Für einen Verwalter, der wenig Skrupel hat, ergeben sich hier manch interessante Möglichkeiten, Renten zu erwerben, denen indes keine adäquaten Gegenleistungen von ihm gegenüberstehen. Doch auch für einen Verwalter, dem an der 'richtigen' Zuteilung des Erdöls viel gelegen ist, stellen sich Probleme, vor allem hinsichtlich der *Information* über die relative Wertschätzung, die die Nachfrager nach Erdöl haben. Sofern es nur von der entsprechenden Äußerung eines Nachfragers, nicht aber von der tatsächlich von ihm zu erbringenden Gegenleistung abhängt, wird man erwarten können, dass die Nachfrager ihrer Nachfrage höhere Dringlichkeit verleihen, als es tatsächlich der Fall ist; und es bleibt ihnen auch gar nicht viel anderes übrig, wenn sie eine Chance wahren wollen, überhaupt etwas zu bekommen, weil sie damit rechnen müssen, dass andere genau das tun werden. Damit befinden sie sich aber in einer Dilemmastruktur, in der jeder den anderen mit dem Hinweis auf die eigene Bedürftigkeit zu übertrumpfen versucht, und jene, die sich dem entziehen wollen, tun damit ihre Bereitschaft kund, auf den Erhalt der knappen Ressource zu verzichten. Man kann sich hier eine Fülle weiterer möglicher Begebenheiten ausdenken, von denen nur sehr wenige dafür sprechen, ein derartiges *zentral koordiniertes* Wirtschaftssystem zu etablieren.

3. In der dritten denkbaren Variante erfolgt der Anpassungsprozess über dezentrale Marktprozesse. Hier wenden sich die Nachfrager nicht an eine Behörde, sondern an andere Anbieter und verleihen ihrer Bitte, sofern sich das als nötig erweist, Nachdruck mit einem höheren Preisangebot. Derjenige, der das Öl zu Heizzwecken benötigt, wird gern bereit sein, demjenigen, der über Öl für seine Tütenherstellung verfügt, einen höheren Preis zu bieten, als diesem das Öl wert ist. Auf diese Weise können die potenziellen Kooperationsgewinne, die sich aufgrund der neuen Situation ergeben haben, durch eine dezentrale Koordination über den Marktpreis realisiert werden. Und wiederum sei darauf hingewiesen, dass gerade dann, wenn sich die Preise für die einzelnen Marktteilnehmer als *Daten* einstellen, nicht nur am ehesten gewährleistet wird, dass die jeweiligen Ressourcen auch zu jenen gelangen, die sie am höchsten schätzen, sondern dass auch erhebliche Verhandlungskosten gespart werden können, die bei einem strategischen Feilschen auftreten würden.

Wenn sich nun ein *dauerhafter* Rückgang des verfügbaren Erdöls abzeichnet, so stellt sich wiederum die Frage, wie sich ein Wirtschaftssystem darauf einstellt. Und auch hier zeigt sich die Leistungsfähigkeit preisbildender Märkte: Aufgrund der Verknappung wird es zu einer Erhöhung des Preises kommen.

Diese Preiserhöhung führt nun *erstens* auf der Nachfrageseite zu Einsparungen dieser knapper gewordenen Ressource, und zwar (zunächst) bei jenen, für die solche Einsparungen am günstigsten möglich sind; andere, die weiterhin auf Erdöl angewiesen sind, werden den höheren Preis zahlen, dafür aber auch weiterhin soviel Erdöl beziehen können, wie sie benötigen.

Zweitens ergibt sich aus den gestiegenen Preisen für Anbieter der Anreiz, sich nach weiteren Erdölquellen umzutun und neue Reserven zu erschließen. Genau das ist in den letzten Jahrzehnten immer wieder geschehen, und so kam es, dass die pessimistischen Prognosen hinsichtlich der Vorräte erschöpfbarer Ressourcen immer wieder nach oben korrigiert werden mussten.

Zum *dritten* führt die Preiserhöhung schließlich auch dazu, dass Anbieter wie Nachfrager einen Anreiz erhalten, sich nach *Substituten* umzuschauen, und es ist diese *Entdeckungsfunktion* des Leistungswettbewerbs, von der bereits in Abschnitt 2.4.5 die Rede war. Preise liefern hierbei sowohl die Information als auch den Anreiz, sich um kostengünstigere Substitute zu bemühen, sei es im Hinblick auf die Güter oder Dienstleistungen selbst, sei es hinsichtlich der Verfahren ihrer Herstellung.

Schließlich wollen wir verdeutlichen, inwiefern Eingriffe in die Koordinationsfunktion der Marktpreise zu Problemen führen können. Wir hatten oben am Beispiel der Mindest- bzw. Höchstpreise gesehen, wie sich als Folge Angebots- bzw. Nachfrageüberhänge bilden, die gleichbedeutend damit sind, dass sich ein – möglicherweise erheblicher – Teil von Markttransaktionen zwischen Anbietern und Nachfrager nicht ergibt, der sich ansonsten ergeben hätte, und das ist prima facie ein Hinweis darauf, dass Kooperationsgewinne nicht realisiert werden. Nun können solche Eingriffe im Einzelfall ihren Grund haben, doch muss das ein sehr guter Grund sein, wenn er als Kompensation für diese entgangenen Kooperationsgewinne dienen soll. Das gilt umso mehr, wenn man die Folgewirkungen solcher Markteingriffe betrachtet.

Wir wollen das hier am Beispiel des Wohnungsmarktes tun. Es wird oft – von Nicht-Ökonomen – die These vertreten, dass Mietpreisbindungen, z.B. in Form von Obergrenzen oder in Form von Mindestzeiträumen, die bis zur nächsten Mieterhöhung verstreichen müssen, eine wirkungsvolle Methode seien, um 'unangemessen' hohe Mietpreise zu 'korrigieren'. Wie in anderen derartigen Fällen steht bei einer solchen Sichtweise vor allem die (Um-) Verteilungsfunktion derPreise im Vordergrund, die Koordinationsfunktion hingegen wird eher vernachlässigt. Das aber kann zu einer Politik führen, die zwar auf den ersten Blick einleuchtet, aber langfristig genau den Gruppen schadet, denen sie nutzen soll. Mit Hilfe ökonomischer Analysemethoden lassen sich auch Wirkungsketten aufzeigen, die es zu berücksichtigen gilt, wenn man die relevanten Alternativen angemessen einschätzen will. Sehen wir uns einige zu erwartende Folgen näher an, die aus Preisbindungen für Mietwohnungen resultieren.

Folgen von Preisbindungen bei Mietwohnungen:

- Die Qualität der Mietwohnungen wird sich (tendenziell) verschlechtern, Reparaturen werden (tendenziell) seltener und schlampiger vorgenommen, das Vorhandensein von Apfelsinenkisten wird als Teilmöblierung annonciert usw. Hier zeigt sich, dass es zwei Möglichkeiten gibt, Preise zu erhöhen: einmal in direkter Form oder indirekt durch die Senkung der Qualität bei gleichem Preis. Deshalb formulierte der schwedische Ökonom Assar Lindbeck einmal: „In many cases rent control appears to be the most efficient technique presently known to destroy a city except for bombing." (Lindbeck 1970, S. 39)
- Das Angebot an Mietwohnungen wird auch bei steigender Nachfrage kaum zunehmen und sogar eher zurückgehen, da es sich für die Vermieter nicht lohnt, in neue Wohnungen zu investieren bzw. bestehende Häuser in (attraktive) Mietwohnungen umzuwandeln. Die Miete, die sie dafür erhalten, ist angesichts der Kosten eines Hausbaus mit allem Drum und Dran für sie nicht attraktiv genug, sie stecken ihr Geld lieber in Aktienpakete, in Warentermingeschäfte usw.

  Die Nutzung des Wohnraumes wird relativ ineffizient werden. So werden z.B. manche Mieter, die in Wohnungen zum gebundenen Preis sind, diese nicht verlassen, selbst wenn sie das eigentlich vorhatten; doch halten sie es für günstiger, in ihrer alten Wohnung zu bleiben, weil diese vergleichsweise billig ist, und sie nicht sicher sind, eine gute neue zu finden. – Dazu eine kleine Anekdote: Ein früherer Oppositionsführer im New Yorker Stadtsenat, Manfred Ohrenstein, war ein strenger Verfechter von Mietpreisbindungen; er selbst zahlte weniger als $1.800 monatlich für seine Wohnung, 10 Räume, von denen er einen wunderbaren Ausblick auf den Central Park hatte. Der Marktwert dieser Wohnung betrug etwa das 6-8-fache.
- Als Folge der Mietpreisbindungen wird sich auch ein *Schwarzmarkt* bilden, der praktisch immer dort auftaucht, wo Preise künstlich niedrig gehalten werden und sich daraus Verknappungen ergeben. Da werden dann für die Übernahme der o.a. Apfelsinenkisten fünfstellige „Abstandszahlungen" gefordert – und gezahlt. Ein Schwarzmarkt ist jedoch kaum im Interesse derjenigen Politiker, die von Mietpreisbindungen eine Verbesserung der Situation erhofft haben. Denn Schwarzmärkte sind

außerhalb staatlicher Kontrolle, oft illegal, und deswegen müssen die Nachfrager auf diesen Märkten meist einen Risikozuschlag bezahlen, ganz abgesehen davon, dass die Preise auf dem Schwarzmarkt ohnehin über dem Niveau liegen werden, das sich bei freier Preisbildung einstellen würde[14].

- Schließlich ist die Tatsache zu nennen, dass die Zuteilung der Wohnungen an die Nachfrage verstärkt über andere, „ungerechtere", Parameter stattfinden wird: Das kinderlose Beamtenehepaar wird der jungen Familie mit (zu erwartenden) Kindern vorgezogen; die Chancen von Ausländern auf eine Wohnung im 'normalen' Wohngebiet sinken usw.

Vor allem der letztgenannte Punkt macht deutlich, dass Versuche, über Höchstpreise mehr „soziale Gerechtigkeit" zu erreichen, verfehlt sind. „Gerecht" ist das System freier Preise, das über den unparteiischsten Zuteilungsmechanismus funktioniert: Die Bekundung der eigenen Zahlungsbereitschaft – und nicht über eine Diskriminierung nach Hautfarbe, Alter, Kinderzahl und dergleichen mehr. Will man mehr „Gerechtigkeit" im Sinne sozialen Ausgleichs erreichen, so lässt sich das eher über die Zahlung von Wohngeld an Bedürftige erreichen, nicht aber über solche Markteingriffe.

4.2.3.2 Die Interdependenz von Märkten

Die bisherigen Ausführungen dieses Abschnitts bezogen sich vorwiegend auf einen einzelnen Markt. Tatsächlich aber sind die Märkte untereinander verbunden, und hier beginnt es allmählich, *wirklich* kompliziert zu werden. Solche Zusammenhänge ergeben sich einerseits dadurch, dass ein Gut oder eine Dienstleistung oft durch andere, ähnliche, *substituiert* werden kann. Wenn der Preis eines Gutes steigt, so profitieren davon die Substitute, zu denen die Nachfrager jetzt ausweichen; umgekehrt kann die Entwicklung neuer Substitute die Nachfrage und damit auch den Preis eines Gutes reduzieren: Als CD-Player auf den Markt kamen, litt der Verkauf an Schallplattenspielern.

Der andere Fall betrifft die Verbundenheit, *Komplementarität*, von am Markt gehandelten Gütern und Dienstleistungen resp. ihren Vorprodukten. Hier ist das Verhältnis genau umgekehrt: Wenn der Preis von Gütern oder Dienstleistungen steigt und in der Folge deren Nachfrage zurückgeht, bekommen die Komplemente den Nachfragerückgang in gleicher Weise zu spüren; z.B. hätte eine drastische Erhöhung der Mineralölsteuer Auswirkungen auf die Automobilindustrie. Umgekehrt profitieren auch die Anbieter von Software davon, dass Computer billiger und leistungsfähiger werden.

---

[14] Vgl. dazu auch die Ausführungen über den Drogenmarkt (4.3.4)

Auch und gerade angesichts dieser Interdependenz zeigt sich die Leistungsfähigkeit preisbildender Märkte, und zwar darin, dass sie zwar interdependent,
aber nur relativ *lose gekoppelt* sind. Dieser Begriff der losen Kopplung weist
auf die beiden wesentlichen Aspekte hin:

Gekoppelt – d.h. interdependent – sind Märkte deshalb, weil die Generierung und Aneigung von Kooperationsgewinnen vielfältigste Formen wechselseitiger Bindungen konstituiert; insbesondere gilt dies für die Ausnutzung der
Arbeitsteilung und die damit verbundenen spezifischen Investitionen in Vermögenswerte.

Lose gekoppelt bedeutet aber, dass jedem von einer Änderung von Umweltbedingungen Betroffenen Spielräume bleiben, wie er die Anpassung vor-
nimmt; es kommt nicht gleich die gesamte Produktion zum Erliegen, wie das
leicht der Fall sein könnte, wenn die Handlungen der Akteure *strikt* gekoppelt
wären und keine Spielräume für individuelle Anpassungsmöglichkeiten existierten. Insofern zeigt sich hier ein Zusammenhang mit der Unvollständigkeit
– besser Offenheit – von Verträgen. Und es ist kein Zufall, dass zentralver-
waltete Wirtschaftssysteme typische Beispiele für (relativ) strikt gekoppelte
Systeme sind; dort wurden die daraus resultierenden Probleme faktisch dadurch gelöst, dass inoffizielle Vermittler zwischen den Unternehmen zum
Ausgleich von Knappheiten eingesetzt wurden: Es bildeten sich „graue
Märkte" innerhalb der Zentralverwaltungswirtschaft.

4.2.3.3 Die Frage der Rahmenordnung

Wir hatten oben schon erwähnt, dass das 'unabhängige' Verhalten der Akteure einmal, in Dilemmastrukturen, zu unerwünschten Ergebnissen führen kann,
bei funktionierenden Märkten hingegen zu einem *pareto*-effizienten Ergebnis.
Offenbar gibt es einen Unterschied zwischen diesen beiden Fällen 'unabhängigen' Verhaltens, und dieser Unterschied liegt natürlich in der Art der
Restriktionen, mit denen die Akteure konfrontiert werden.

Die Unabhängigkeit in Dilemmastrukturen ist die Unabhängigkeit des
„Naturzustands" von Hobbes, in dem keine Institutionen existieren, die die
Handlungen der Akteure koordinieren, und sie führt zum ruinösen Wettbe-
werb.

Demgegenüber ist die Unabhängigkeit, die „Freiheit", der Marktteilnehmer
in hohem Maße *institutionell vorstrukturiert*. Anbieter und Nachfrager sind
frei, ihren jeweiligen, oft unterschiedlichen Zielsetzungen zu folgen; niemand
schreibt ihnen vor, was sie wann, wo oder wofür zu erwerben oder anzubieten
haben. Diese Entkoppelung der individuellen Motive ist jedoch nur deshalb in
einer fruchtbaren Weise möglich, weil es eine Vielzahl hochelaborierter institutioneller Bedingungen gibt, die das solcherart unabhängige Verhalten der

Marktteilnehmer in einer Weise abstimmen, dass die für die Generierung und Aneignung von Kooperationsgewinnen nötigen wechselseitigen Verhaltenserwartungen stabilisiert werden.

Deutlich wurde das schon bei unserem Beispiel aus dem ersten Kapitel: Die Gesellschaft hat bei einzelnen Markttransaktionen stets ihre Hand im Spiel. Zahlreiche staatlich abgesicherte Institutionen bilden gewissermaßen die 'Infrastruktur' dafür, dass Marktteilnehmer sich auf die Durchsetzbarkeit ihrer Verfügungsrechte ebenso verlassen können wie auf die Einhaltung verschiedener Spielregeln – z.B. hinsichtlich der Gewährleistung von versprochenen Qualitätsmerkmalen, der Einhaltung von Leistungsfristen usw. –, oder dass dann, wenn ein Interaktionspartner einzelne Spielregeln übertritt, der andere auf staatlich bereitgestellte institutionelle Ressourcen zurückgreifen kann, um seine Ansprüche geltend zu machen.

Diese Gestaltung der „Spielregeln" von Märkten, der Rahmenordnung, ist nun ihrerseits von anderen – vor allem politischen – Bedingungen ihrer Gestaltbarkeit abhängig, und sie ist auch nicht kostenlos. Die Rahmenordnung kann unterschiedlich gestaltet werden, und damit kommen all die Überlegungen, die wir zum Thema „komparative Institutionenanalyse" angestellt haben, zum Tragen.

Diese Überlegung ist deshalb so wichtig, weil man, wenn man das Wirken des Preismechanismus einmal verstanden hat, auf die Idee kommen könnte, doch die Voraussetzungen dieses Mechanismus, Markttransparenz, freier Marktzutritt und -austritt usw., möglichst weitgehend herzustellen. Doch ist das, wie gesagt, eine Frage der relevanten Alternativen. Oder anders formuliert: Um zu verstehen, warum die beobachtbaren Märkte so unterschiedlichen Spielregeln unterliegen, ist immer auch ein Blick auf die Voraussetzungen der institutionellen Gestaltungsbedingungen zu werfen.

Zu diesen Voraussetzungen gehören zum einen jene Bedingungen, die in der Art der gehandelten Güter und Dienstleistungen bzw. den *technischen* Voraussetzungen ihrer Produktion begründet sind. So ist die Liberalisierung der Stromversorgung, des Postwesens oder der Eisenbahn mit mehr Problemen behaftet als die Etablierung eines Marktes für Marmelade. Auch kann die Definition und Durchsetzung geeigneter Verfügungsrechte, die dann auf dem Markt getauscht werden sollen, Schwierigkeiten bereiten, so z.B. bei verschiedenen Umweltmedien wie Luft oder Wasser. Und wenn bei manchen Märkten der Zutritt künstlich erschwert wird wie z.B. bei Ärzten, Rechtsanwälten, Fahrlehrern usw., so hat diese künstlich geschaffene Abweichung von der oben genannten Voraussetzung des 'reinen' Modells in der Regel seinen guten Grund: Das *Problem der versteckten Merkmale* lässt die Einrichtung dieser Beschränkungen sinnvoll werden; könnte jeder, dem es in den Sinn kommt, behaupten, er sei Arzt, wären die Suchkosten für die Patienten höher – und die damit verbundenen „Erfahrungen" leidvoller[15].

Bei der Bestimmung von Art und Ausmaß dieser Beschränkungen ist es allerdings wiederum sehr zweckmäßig, sich am Modell zu orientieren, um den Preismechanismus gleichwohl möglichst wirkungsvoll zur Geltung kommen zu lassen. Man kann es auch so formulieren: Das Modell setzt einen Standard, an dem sich Begründungen für Eingriffe in den Preismechanismus orientieren müssen, wenn sie ein gewisses Niveau nicht unterschreiten wollen.

Zum anderen ist es eine Frage der institutionellen Ressourcen, ob bzw. wie die betreffenden Märkte eingerichtet werden können. Dies zeigt sich gegenwärtig insbesondere in osteuropäischen Ländern, wo das Fehlen glaubwürdiger staatlicher Durchsetzungsinstanzen dazu führt, dass wichtige Voraussetzungen für ein möglichst reibungsloses Funktionieren des Preismechanismus nicht gegeben sind. Deutlich wird das auch bei internationalen Wirtschaftsbeziehungen (vgl. u. 4.5.4), die sich mit der Schwierigkeit konfrontiert sehen, dass die institutionelle Infrastruktur, die in einem nationalen Rahmen in der Regel bereitgestellt wird, im internationalen Rahmen nur in Ansätzen vorhanden ist.

Schließlich betrifft ein wichtiger Aspekt bei der Ausgestaltung von Märkten die Frage, wie wichtig die auf den entsprechenden Märkten gehandelten Güter und Dienstleistungen für die Nachfrager sind. Es ist kein Zufall, dass gerade der Arbeitsmarkt, der Wohnungsmarkt oder der Markt für Gesundheitsleistungen zu den häufigsten Beispielen zählen, wo Eingriffe in die Preisbildung erfolgen. Diese Eingriffe lassen sich gemäß der in 3.2 vorgestellten Konsensheuristik interpretieren als Indiz dafür, dass eine freie Preisbildung, eben wegen des Ausmaßes der individuellen Betroffenheit, (noch) *nicht zustimmungsfähig* ist.

Hier zeigt sich allerdings, wie wichtig ein Verständnis des Preismechanismus ist, denn es gibt unterschiedliche Möglichkeiten, den Bedürfnissen der Bürger, die zugleich Nachfrager sind, Rechnung zu tragen. Selektive Interventionen in den Preismechanismus führen, wie das Modell verständlich werden lässt, zu Signal- und Anreizwirkungen, die die Koordination erwünschter Interaktionen erheblich erschweren, nicht selten auch verhindern können. Sofern man die Existenz eines Marktes nicht für generell unerwünscht erachtet (s.u.), ist es eine gute Daumenregel, den Preismechanismus möglichst in Kraft

---

[15] Es ergeben sich hier jedoch interessante Fragen, wie weit und in welcher Form der Staat den Marktzutritt normieren sollte, denn es lässt sich auch argumentieren, dass der Markt selbst über den Reputationsmechanismus für eine geeignete Selektion und Normierung sorgen würde; allerdings kann das für einzelne Patienten recht 'teuer' werden. Hier sind dann konkrete Situationsanalysen gefordert.

zu lassen und die vom Marktgeschehen Betroffenen durch andere institutionelle Regelungen zu kompensieren, z.B. durch Versicherungen wie die Arbeitslosenversicherung oder Kompensationszahlungen wie Wohngeld. Und allgemeiner noch: Eine der geradezu 'revolutionären' Einsichten, die Ökonomen seit A. Smith zu bieten haben, lautet: Güter von existenzieller Bedeutung, bei Smith: Brot, Fleisch und Bier, können – wenn bestimmte Mindestvoraussetzungen gegeben sind – über preisbildende Märkte sehr viel zuverlässiger bereitgestellt werden als ohne sie. Zu beachten ist allerdings auch, dass in Zeiten der Kriegswirtschaft der Preismechanismus oft außer Kraft gesetzt wurde.

Gerade sprachen wir davon, dass es in manchen Fällen auch grundsätzlich unerwünscht sein kann, einen Markt einzurichten. So gibt es heute keine Sklavenmärkte, verboten ist ebenfalls oft der Handel mit bestimmten Drogen oder mit Organen. In gewissem Sinne gilt hier das zuvor Ausgeführte in umgekehrter Weise: So wie bei erwünschten Märkten die institutionellen Voraussetzungen stets unvollkommen sein werden, zeigt sich auch bei unerwünschten Märkten, dass sie nur in eingeschränktem Maße unterbunden werden können. Wir werden das unter Punkt 4.3.4 am Beispiel des Drogenmarktes illustrieren.

4.2.3.4 Die Zustimmungsfähigkeit der Marktwirtschaft

Gehen wir zum Abschluß dieses Abschnitts 4.2 noch auf die Frage ein, inwiefern das institutionelle Arrangement eines preisbildenden Marktes, allgemeiner: das System der Marktwirtschaft, für Nachfrager *zustimmungsfähig* ist. Denn zweifellos hält die Marktwirtschaft auch erhebliche Härten bereit: Bezogen auf den Einzelfall gibt es immer „Verlierer", also Akteure, die z.B. wegen anderer Nachfrager die gewünschte Wohnung oder andere Dinge nicht oder nur zu (für sie) prohibitiven Kosten bekommen, die keinen Arbeitsplatz finden oder den bisherigen verlieren oder ihr eingesetztes Kapital durch Innovationen einbüßen usw. Und auch jene, die „im Spiel" sind, stehen als Arbeitnehmer oder als Selbständiger unter – oft massivem – Leistungsdruck. Entsprechend wird immer wieder, oft mit Verweis auf den „unsolidarischen Charakter" dieser Veranstaltung „Marktwirtschaft", die Forderung laut, sie zumindest einzuschränken und stärkerer (staatlicher) Steuerung und Kontrolle zu unterstellen.

Solche Einschätzungen sind insofern verständlich, weil – bedauerlicherweise – bis heute nicht davon ausgegangen werden kann, dass ein Verständnis der Funktionsweise von Märkten und ihren institutionellen Voraussetzungen zum Allgemeingut gehört.

Wir haben in den vorangegangenen Ausführungen versucht, die Grundlagen zu entwickeln für eine positive Antwort auf die Frage nach der Zustimmungsfähigkeit von Märkten. Danach ist es die Art der Koordinationsleistung, durch die mehr Kooperationsgewinne generiert werden können, als es bei alternativen Arrangements der Fall wäre. Märkte erlauben es, den einzelnen Akteuren mehr Handlungsspielräume zu geben, dies aber in einer Weise, dass andere von dieser Freiheit des einzelnen profitieren.

Inwiefern sollte dies aber auch für die „Verlierer" zustimmungsfähig sein? Die Antwort lässt sich nur geben, wenn man nicht auf eine einzelne Situation schaut, sondern auf das institutionelle Arrangement und dies vor dem Hintergrund der relevanten Alternativen! Das *System* der preisbildenden Märkte, die Marktwirtschaft, schafft per Saldo auch jenen, die mal verlieren, größere Vorteile als ein System der (von der Willkür einzelner abhängigen) Zuteilung nach Bedürfnissen. *Deshalb sind Märkte das beste bisher bekannte Mittel zur Verwirklichung der Solidarität aller Menschen.*

Im Hinblick auf das System einer 'freien' Preisbildung zeigt sich die moralische Qualität von Märkten in der Art des Zuteilungsverfahrens, das durch das Preissystem etabliert wird. Auf Märkten erhalten Nachfrager (knappe) Güter und Dienstleistungen nicht in Abhängigkeit von ihrem Alter, ihrem Geschlecht, ihrer Hautfarbe oder der Art ihrer Beziehungen zu bestimmten Personen, aber auch nicht nach „Bedürfnis", sondern *allein aufgrund der Zahlungsbereitschaft, deren Höhe sie selbst bestimmen.* Insofern ist das Preissystem – sofern eine Reihe bestimmter Voraussetzungen gegeben ist – ein *gerechtes* System; und deshalb konnte beispielsweise O. v. Nell-Breuning (1890–1991), der einflussreichste Vertreter der katholischen Soziallehre, formulieren, „daß ein Preis, der im freien und unbeeinflußten Spiel von Angebot und Nachfrage zustande kommt, ... die Vermutung des gerechten Preises für sich hat" (1928, S. 76).

Vermutlich liegt eine Schwierigkeit zum Verständnis der moralischen Qualität der Marktwirtschaft aus der Perspektive des Alltagsverstands darin, dass es sich bei Märkten um ein sehr komplexes 'Mittel' zur Verwirklichung der Solidarität handelt. Denkfiguren wie die, dass Privateigentum sozialer sein kann als Gemeineigentum – weil es Anreize zu einem produktiveren Umgang mit Vermögenswerten bietet –, dass (Leistungs-)Wettbewerb in den Dienst der Kooperation gestellt werden kann oder dass eine dezentrale Koordination über Preise nicht nur möglich, sondern auch effizient und sogar gerecht sein soll, gehören keineswegs zum Allgemeingut der Bildung. Hier liegt zweifellos eine fortdauernde Aufklärungsaufgabe von Ökonomen.

4.3 Exemplarische Märkte

In den folgenden vier Abschnitten diskutieren wir vier verschiedene Märkte bzw. Marktformen. Wir beginnen mit Auktionen (4.3.1). Anschließend wird die Börse vorgestellt (4.3.2). Der dritte Abschnitt befasst sich mit der Bananenmarktordnung als einem Beispiel für Märkte, in die politisch bedingt interveniert wird – mit Folgen (4.3.3). Schließlich erörtern wir noch einen Markt, der, als ein verbotener Markt, eigentlich gar nicht stattfinden sollte, den Drogenmarkt (4.3.4).

4.3.1 Auktionen

Auktionen finden seit je und in der ganzen Welt statt. Zu den versteigerten Objekten gehören z.B. Wolle, Pelzwaren, Fisch, Tabak ebenso wie Antiquitäten, Kunstschätze oder Briefmarken, Taxilizenzen, die Konkursmasse von Unternehmen oder Bestände aus Haushaltsauflösungen.

Den Charakter von Auktionen haben auch öffentliche *Ausschreibungen*; und auch in Unternehmen kommt es nicht selten vor, dass intern Aufträge an Projektgruppen versteigert werden, etwa Kundenaufträge bei Werbeagenturen, Software- oder Beratungsunternehmen. In vielerlei Hinsicht entspricht eine Ausschreibung einer Auktion. Hier findet der Wettbewerb dadurch statt, dass man dem potenziellen Tauschpartner ein möglichst attraktives Preis-Leistungsverhältnis bietet; sofern die Leistung eindeutig definiert ist, gibt auch hier der Preis den Ausschlag. Allerdings ist ein wichtiger Unterschied von Auktionen und Ausschreibungen darin zu sehen, dass bei Auktionen nach dem Zuschlag die Interaktion in der Regel beendet ist, während sie bei einer Ausschreibung erst beginnt, wodurch, wie aus dem Abschnitt 2.2.3 bekannt, etliche Probleme hinzukommen.

Der ökonomische Sinn von Auktionen bzw. Ausschreibungen liegt vor allem darin, dass sie ein effizientes institutionelles Arrangement sind, um *private Informationen über Zahlungs- oder Leistungsbereitschaft aufzudecken*. Auf herkömmlichen Märkten geschieht dies bei standardisierten Gütern dadurch, dass sich ein einheitlicher Preis für ein Gut herausbildet und die anderen, völlig oder weitgehend gleichen, Güter denselben Preis haben, denn wenn ein Anbieter einen höheren Preis verlangte, würde er keine Nachfrager finden; wenn umgekehrt ein Nachfrager nur einen geringeren Preis anböte, um eine höhere Rente zu erzielen, müsste er feststellen, dass kein Anbieter bereit ist, zu diesem Preis zu verkaufen.

Demgegenüber geht es bei Auktionen oft darum, einzelne Objekte anzubieten, die sich gerade dadurch auszeichnen, dass kein vergleichbares Objekt am jeweiligen Ort bzw. zu der gegebenen Zeit existiert. Ohne die Möglichkeit einer Auktionierung besteht das Problem für denjenigen, der das Objekt anbietet, jenen Tauschpartner zu finden, der ihm die besten Konditionen, also den höchsten Preis, bietet.

Wir haben hier ein Problem *asymmetrischer Information* vor uns: Der Bieter kennt seine individuelle Wertschätzung des Objekts bzw. Leistungsfähigkeit, nicht aber sein – potenzieller – Tauschpartner. Jedoch hat der Bieter einen Anreiz, seine Wertschätzung nicht zu offenbaren, genauer: sie geringer darzustellen, denn dadurch kann er seine *Rente* vergrößern. Man kann ihm das nicht verübeln, jedoch ist aus ökonomischer Sicht die Frage von Interesse, ob und wie es gelingt, die damit verbundenen Folgeprobleme institutionell zu bewältigen. Diese können insofern auftreten, als die Nicht-Offenbarung der Wertschätzung zu erheblichen Interaktionskosten führen kann, möglicherweise kommen an sich erwünschte Interaktionen gar nicht zustande. Aus interaktions- bzw. gesellschaftstheoretischer Sicht besteht das Problem mithin nicht darin, wer von den beiden welchen Anteil an den Kooperationsgewinnen erhält, sondern darin, dass wegen des Problems asymmetrischer Information erwünschte Tauschgeschäfte möglicherweise gar nicht zustande kommen oder nur unter Bedingungen, die mehr Transaktionskosten verursachen, als nötig wäre.

Die Idee, die hinter dem Verfahren einer Auktion steht, ist nun, durch einen *Wettbewerb der Bieter* deren Zahlungs- bzw. Leistungsbereitschaft aufzudecken. Der Wettbewerb sorgt für einen Selbstselektionsprozess: Jener, dem das Objekt am meisten wert ist bzw. der die erwünschte Leistung am kostengünstigsten erbringen kann, erhält den Zuschlag.

Auktionen sind – sofern die Versteigerung des Objekts erfolgreich ist – „markträumend": Zu dem Gebot, das den Zuschlag erhält, existiert keine weitere Nachfrage, andererseits gibt es auch kein Überschussangebot. Die Markträumung erfolgt durch die sukzessive Erhöhung des Preises bis zu jener Höhe, an der die Nachfrage dem Angebot entspricht; der Bieter mit dem höchsten Gebot erhält den Zuschlag.

Es gibt eine Vielzahl von Möglichkeiten, wie eine Auktion im einzelnen ablaufen kann. Insbesondere vier Kriterien spielen eine Rolle, und je nach Bedeutung lassen sich unterschiedliche Institutionen finden, die das Auktionsverfahren bestimmen:

1. Wieviele Offerten darf ein Bieter abgeben? Wenn er nur ein Gebot abgeben darf, so hat er keine Chance, Informationen, die er im Verlauf des Bietverfahrens erhält – insbesondere über die Wertschätzungen der anderen Bieter – zu berücksichtigen und sein Gebot nach oben zu korrigieren. Andererseits lädt die Möglichkeit der Abgabe mehrerer Gebote zu einem Taktieren ein, bei dem er zunächst niedrig einsteigt. Für den Versteigerer kann es

sich in manchen Situationen als attraktiv erweisen, wenn die Möglichkeit eines offenen Wettbietens mit mehreren Geboten gegeben ist, denn gelegentlich – vor allem, wenn die Bieter keine professionellen Bieter sind, sondern sich von der Auktionsatmosphäre beeinflussen lassen und womöglich in einen sogenannten „Bietrausch" verfallen – kann er auf diese Weise höhere Gebote erhalten als bei anderen Verfahren.

2. Erfolgt die Abgabe der Gebote offen, so dass jeder Bieter über die Gebote seiner Mitbieter Kenntnis hat? Ein solches Verfahren verlangt allerdings, wenn es *fair* sein soll, dass mehrere Gebote abgegeben werden dürfen. Dürfte jeder Bieter nur ein Gebot abgeben, so hätte derjenige, der sein Gebot am Schluss nennen dürfte, einen offensichtlichen Vorteil, umgekehrt hätte der erste Bieter den größten Nachteil: ein typisches Beispiel für einen *Vorteil des Nachziehenden*, wie wir ihn in Abschnitt 2.2.2 kennengelernt haben. Wenn aber, um diesen Vorteil des Nachziehenden auszuschließen, alle Bieter simultan bieten müssten, kann keiner Kenntnis über die Gebote der anderen erlangen. Sollen also die Gebote mit Kenntnis der Gebote anderer abgegeben werden, ist es zweckmäßig, mehrere Gebote jedes Bieters zuzulassen.

3. Beginnt man mit einem Mindestgebot, das sukzessive überboten werden kann (sog. Englische Auktion) oder mit einem Höchstgebot, das solange gesenkt wird, bis ein Bieter einsteigt und damit auch den Zuschlag erhält (Holländische Auktion)?

4. Nach welchem der Gebote bestimmt sich der Preis? Dies mag zunächst als eine merkwürdige Frage erscheinen, denn welchen Grund sollte es haben, den Preis nicht entsprechend dem Höchstgebot zu bestimmen? Die Antwort geben wir sogleich.

Man kann sich leicht vorstellen, dass je nach institutioneller Ausgestaltung auch verschiedene Preise zustande kommen können, die zu einem wesentlichen Teil auf den Umstand zurückgehen, dass die Bieter ihren Informationsvorsprung hinsichtlich ihrer subjektiven Zahlungsbereitschaft strategisch nutzen wollen. Aus gesellschaftlicher Sicht kann das dazu führen, dass mit dem strategischen Verhalten Kosten (im weiten Sinne) verbunden sein können, und deshalb ist es von Interesse, nach jenem Verfahren zu suchen, das den Prozess des Zusammenbringens von Angebot und Nachfrage weitgehend *versachlicht*, natürlich in möglichst kostengünstiger Form.

Der Nobelpreisträger von 1996, William Vickrey (1914–1996), hat ein solches Verfahren entwickelt, die sogenannte *„second-price sealed-bid auction"*. Bei diesem Verfahren reichen die Bieter, ohne Kenntnis der Gebote der anderen („sealed-bid"), ihr – einziges – Gebot ein. Den Zuschlag erhält derjenige, der das höchste Gebot abgegeben hat, jedoch muss er – das ist das Besondere dieser Auktionsart – nur den Preis zahlen, der dem *zweithöchsten* Gebot entspricht. Wenn also beispielsweise für die Rechte, ein bestimmtes Ereignis im Fernsehen übertragen zu dürfen, von Sender X als höchstem Gebot 12 Mio. DM geboten wurden, von einem anderen Sender Y als zweithöchstem Gebot 11 Mio. DM, so erhält X den Zuschlag und muss 11 Mio. DM für die Rechte zahlen.

Der Sinn eines solchen Verfahrens liegt darin, auf diese Weise die Bieter dazu zu bringen, ihre *wahre* Zahlungsbereitschaft zu offenbaren. Aus gesellschaftlicher Sicht ist es wünschenswert, dass das zur Versteigerung ausstehende Objekt zu jenem Bieter gelangt, der es am höchsten schätzt (wobei diese Wertschätzung natürlich unter der Maßgabe seiner Budgetrestriktion erfolgt). Indes hat bei herkömmlichen Auktionen, bei denen das höchste Gebot zugleich der Preis ist, den der Bieter zahlen muss, jeder Bieter einen Anreiz, seine wahre Zahlungsbereitschaft nicht zu enthüllen, sondern einen geringeren Wert anzugeben, da er weiß, dass er *mit der Höhe seines Gebots im Fall des Zuschlags zugleich den Preis festlegt, den er zahlen muss.*

Bei einer second-price sealed-bid auction ist genau das nicht der Fall. Hier hat jeder Bieter einen Anreiz, seine wahre Zahlungsbereitschaft zu offenbaren; spieltheoretisch formuliert ist es seine dominante Strategie. Wir verdeutlichen das an dem Beispiel der Fernsehübertragungsrechte.

Die Frage lautet: Ist es für den Sender X, dessen wahre Zahlungsbereitschaft 12 Mio. DM sei, vorteilhaft, mit seinem Gebot von dieser Summe abzuweichen? X könnte ja, um seine Chancen auf einen Zuschlag zu erhöhen, daran denken, mehr zu bieten, sagen wir 12.5 Mio. DM. Wenn dann jedoch das zweithöchste Gebot 12.25 Mio. DM lautet, muss X mehr zahlen, als ihm die Rechte wert sind – eben diese 12.25 Mio. DM –, also lohnt es sich für ihn nicht, mehr als die 12 Mio. DM zu bieten. Andererseits könnte X versuchen, durch ein niedrigeres Gebot den Zuschlag zu erhalten, z.B. 11 Mio. DM. Wenn dies das höchste Gebot ist und das zweithöchste auf 10 Mio. DM lautet, erhält er wiederum den Zuschlag und muss die 10 Mio. DM zahlen, doch wäre das auch bei dem 'wahren' Gebot von 12 Mio. DM der Fall gewesen. Es kann aber auch sein, dass der Sender Y 11.5 Mio. DM bietet. In diesem Fall hat X sich mit dem Gebot von 11 Mio. DM keinen Gefallen getan, denn nun erhält Y die Rechte. Hätte X statt dessen 12 Mio. DM geboten, hätte er die Rechte zum Preis von 11.5 Mio. DM erhalten und so eine (erwartete) Rente in Höhe von 0.5 Mio. DM einstreichen können. Zusammenfassend: X kann sich durch ein Gebot in Höhe seiner tatsächlichen Zahlungsbereitschaft nie schlechter, wohl aber oft besser stellen als bei allen anderen Geboten.

Durch dieses Verfahren wird im Prinzip der Markt, wie er im zweiten Abschnitt dieses Kapitels vorgestellt worden ist, simuliert: Jeder Nachfrager hat einen Anreiz, seine wahre Zahlungsbereitschaft zu bekunden, da dies *keinen Einfluss auf das Verhalten der anderen und auf die Höhe des tatsächlich zu zahlenden Preises* hat. Damit wird eine für die Realisierung der Kooperationsgewinne wesentliche Information offenbart, ohne dass Anreizprobleme aufgrund strategischer Überlegungen verzerrend – und dadurch kostenerhöhend – einwirken.

Abschließend sei angemerkt, dass auch dieses institutionelle Arrangement nur für bestimmte Arten von Objekten zweckmäßig ist. Es wäre nicht sinnvoll, beispielsweise bei einer Versteigerung der Konkursmasse einer bankrott gegangenen Firma dieses Verfahren für jeden Vermögenswert anzuwenden. Vielmehr wird man hier üblicherweise die Form der englischen Auktion mit offenen Geboten, beginnend mit einem Mindestgebot, finden.

4.3.2 Die Börse

Börsen werden oft als Musterbeispiele für Märkte, also das Zusammenspiel von Angebot und Nachfrage unter Wettbewerbsbedingungen, angesehen, und das trifft sicherlich auch zu. Zugleich sind sie ein Musterbeispiel dafür, dass das reibungslose Funktionieren von Märkten eine Vielzahl von Spielregeln voraussetzt. Das Interessante dabei ist, dass die Funktionalität des Marktes durch den spezifischen Zuschnitt der Verfügungsrechte, welche nur noch mittelbar mit Gütern in Verbindung gebracht werden können, beträchtlich erhöht werden kann.

Auf Börsen werden Waren, Devisen, Aktien und andere Wertpapiere und neuerdings verstärkt sogenannte Derivate[16] gehandelt. Das wichtigste gemeinsame Merkmal der gehandelten Güter ebenso wie der Bedingungen der Vertragsanbahnung und -durchsetzung ist das hohe Maß an *Standardisierung* und die damit verbundene Versachlichung. Durch diese Standardisierung werden erhebliche Einsparungen an Transaktions- bzw. Interaktionskosten möglich. Die Standardisierung zeigt sich bereits bei den grundlegenden Merkmalen einer Börse:

– Die gehandelten Objekte, Waren (Getreide, Baumwolle, Kaffee usw.), Devisen und Wertpapiere, sind – wenn man von spezifischen Produktenbörsen absieht – selbst nicht am Ort des Geschäftsabschlusses, man spricht hier

---

[16] Derivative Finanzinstrumente, kurz: Derivate, haben sich in den letzten Jahren entwickelt als Möglichkeit, sich gegen einzelne Markt- bzw. Preisrisiken von anderen Börsengeschäften abzusichern. Ihre Bezeichnung verdeutlicht das Programm: Derivate sind Finanztitel, welche aus anderen Finanzprodukten *abgeleitet* sind.

auch von Vertretbarkeit oder Fungibilität. Dadurch können erhebliche Transportkosten gespart werden. Um so wichtiger ist dann die verlässliche Information über die Beschaffenheit der gehandelten Objekte. Sie unterliegen aus diesem Grund standardisierten Einteilungen und Vorschriften, so dass auch in dieser Hinsicht die benötigten Informationen für die Tauschpartner praktisch kostenlos sind. Es ist die Standardisierung von Objekten, die ihre Vertretbarkeit ermöglicht, denn sie führt dazu, dass sich der Käufer vor dem Kauf nicht über die spezifische Beschaffenheit informieren muss.

- Die Vertragsformen und die Bedingungen ihrer Durchsetzung sind ebenfalls in hohem Maße institutionalisiert. Das betrifft beispielsweise die Bedingungen des Abschlusses, der Lieferung und der Bezahlung sowie Fragen der Regulierung von auftretenden Uneinigkeiten. Auch hierdurch werden wieder die Kosten erwünschter Transaktionen gesenkt, da die jeweiligen Geschäftspartner nicht immer selbst für die Aushandlung und Durchsetzung der Geschäftsbedingungen sorgen müssen.

- Schließlich ist auch die Beschränkung des Zuganges zur Börse als institutionelle Voraussetzung zu nennen. Nicht zufällig stand die Einrichtung von eigens für Börsengeschäfte vorgesehener Gebäude und Räume am Anfang der Börsengeschichte. Da nur jene Händler zu ihnen Eintritt hatten, die über eine entsprechende Reputation verfügten, war auf diese Weise eine hohe Verlässlichkeit der Geschäftspartner gewährleistet[17]. Auch wenn man seinen Geschäftspartner nicht kannte, konnte man einigermaßen verlässlich damit rechnen, dass Betrüger in der Regel keinen Zutritt zu den Börsenräumen hatten. Die Präsenz eines Teilnehmers an der Börse fungierte als Signal für seine nicht beobachtbare Eigenschaft Verlässlichkeit. Heute werden indes insbesondere bei den Computerbörsen die entsprechenden Signale anders zugeschnitten.

Als Resultat der durchgreifenden Standardisierung und Versachlichung zeichnen sich Börsen durch ein hohes Maß an Transparenz aus. Diese Transparenz führt – neben der Vertretbarkeit der gehandelten Objekte – auch dazu, dass es kaum Preisunterschiede für das gleiche Gut zum gleichen Zeitpunkt an verschiedenen Börsenplätzen gibt; hier gilt tatsächlich weitgehend das „Gesetz des einheitlichen Preises" (s.o. 4.2.3), nach dem gleiche Objekte das gleiche kosten. Sollten zwischen zwei Börsenplätzen auch nur geringe Kursdifferenzen eines gehandelten Gutes auftreten, so finden sich angesichts der sehr geringen Informations- und Transportkosten sofort

---

[17] Dies ist im übrigen ein weiteres Beispiel dafür, dass die Offenheit von Märkten institutionell eingeschränkt werden kann, um ihre Funktionsfähigkeit zu verbessern.

Arbitrageure, die dieses Gut für den günstigeren Preis einkaufen und unverzüglich am anderen Ort zum höheren Preis verkaufen.

Generell liegt der Vorzug von Börsen mithin in der Senkung von Transaktionskosten erwünschter Tauschgeschäfte. Damit allein wird man der Funktion von Aktienmärkten indes noch nicht gerecht. Vielmehr ist ihre gesellschaftliche Funktion auch darin zu sehen, dass sie einen *produktiveren Umgang mit Risiken* ermöglichen.

So sind für produktive Aktivitäten oft Investitionen erheblichen Ausmaßes vonnöten, und damit stellt sich die Frage, wie das dafür nötige Kapital beschafft werden kann. Eigenfinanzierungen durch die Investoren selbst sind oft nicht in dem nötigen Umfang möglich, somit stellt sich die Frage nach möglichen Kapitalgebern. Hierbei ergeben sich vor allem zwei Probleme (vgl. 2.1.6), zum einen die Bindung des Kapitals, zum anderen das Risiko, dass die erwarteten Erträge ausbleiben und womöglich Verluste gemacht werden. Beides zusammen bewirkt, dass mögliche Kapitalgeber erhebliche Prämien verlangen müssten, wenn sie ihr Kapital langfristig unter Risiko festlegen müssten.

Für institutionell präzise bestimmte Akteure, nämlich Aktiengesellschaften[18], stellt der Aktienmarkt nun eine wichtige Alternative zur Kapitalbeschaffung dar. Aktien sind, was mittlerweile hinreichend bekannt sein dürfte, Risikokapital; der Aktionär hat keinen Anspruch auf eine im vorhinein festgelegte Verzinsung seiner Investition, allerdings kann er in guten Zeiten mit Aktien deutlich höhere Erträge erwirtschaften *als mit sicheren Wertpapieren oder gar einem Sparkonto.*

Die beiden entscheidenden Voraussetzungen, die den durch die Schaffung von Aktienmärkten realisierbaren Kooperationsgewinnen zugrunde liegen, sind nun darin zu sehen, dass – erstens – der Aktionär weder große Mindestbeträge investieren muss, noch ist er – zweitens – mit seinem Engagement zeitlich gebunden.

Die erstgenannte Voraussetzung scheint im Prinzip einfach erfüllbar zu sein; man braucht nur die Anteile des Finanzierungskapitals hinreichend klein zu stückeln. Probleme gäbe es jedoch, wenn ein Unternehmen, das sich so finanzieren wollte, mit jedem potenziellen Kreditgeber einen Vertrag aufsetzen wollte; die Transaktionskosten wären erheblich. Durch die Institutionalisierung des Marktes für Aktien sinken die Kosten sowohl für die kapitalbeschaffenden Unternehmen wie für die kapitalgebenden Aktionäre erheblich.

Die preisgünstige Stückelung führt im weiteren dazu, dass der einzelne Kapitalgeber leichter die Risiken *diversifizieren* kann, denn er braucht nun

---

[18] Inwiefern Organisationen Akteure darstellen, wird im folgenden Kapitel erörtert.

nicht mehr sein Vermögen in *eine* risikobehaftete Anlage zu stecken, sondern kann es auf verschiedene Unternehmen verteilen, die jeweils mit unterschiedlichen Risiken behaftet sind. Wenn diese Einzelrisiken nicht oder nur schwach korreliert sind, wird das Gesamtrisiko – unter Umständen ganz erheblich – gesenkt. Auf diese Weise steigt die Bereitschaft zur Finanzierung von Realinvestitionen erheblich.

Weitere Kooperationsgewinne werden dadurch möglich, dass die Kapitalanleger auch zeitlich ungebundener werden, indem sie ihre Anteile am Unternehmen jederzeit veräußern können. Damit werden die Zeithorizonte der Unternehmung und ihrer Investoren entkoppelt; die Unternehmung wird weitgehend unabhängig von einem Wechsel der Eigentümer.
Gleiches gilt auch für die andere Form einer Kapitalgesellschaft, die Gesellschaft mit beschränkter Haftung (GmbH). Doch während bei einer GmbH der Eigentümerwechsel noch mit erheblichen Transaktionskosten verbunden ist – so bedarf die Übertragung von GmbH-Anteilen eines notariellen Vertrags –, liegen diese bei Aktien deutlich darunter, was nicht nur die möglichen Tauschgeschäfte verbilligt, sondern auch generell Anreize in den Einstieg derartiger Projekte setzt.

Diese radikale Transaktionskostensenkung ist jedoch nicht immer erwünscht. Zur Erhaltung der Übersicht über den Aktionärskreis sowie der verstärkten Bindung des Aktionärs an die Aktiengesellschaft kann diese die Transaktionskosten durch die Emission von Namens-Aktien bzw. vinkulierten Namens-Aktien bewusst im Vergleich zur Inhaber-Aktie erhöhen. Bei der Namens-Aktie bedarf es zusätzlich eines Indossaments und einer Eintragung in das Aktienbuch. Die vinkulierte Namens-Aktie erfordert darüberhinaus die Zustimmung der Aktiengesellschaft. Dies ist ein Beispiel für institutionelle Differenzierungsprozesse, durch die versucht wird, die grundsätzlichen Vorteile einer bestimmten Institution zu erhalten und zugleich unterschiedlichen Bedingungen, unter denen sie zum Einsatz kommen kann, Rechnung zu tragen.

4.3.3 Der Bananenmarkt

An sich sind Bananen ein Gut, für das das Schema des preisbildenden Marktes genau das angemessene sein sollte: Angebot und Nachfrage treffen sich unbeeinflusst von politischen Eingriffen. Indes war der Ministerrat der Europäischen Union hier anderer Auffassung. Am 13. Februar 1993 verabschiedete er die Verordnung 404/93, die Bananenmarktordnung. Zugrunde lag die Notwendigkeit, im Rahmen der Schaffung eines gemeinsamen europäischen Marktes die unterschiedlichen nationalen Regelungen auch im Bananensektor zu vereinheitlichen. Auch eine vollständige Liberalisierung wurde diskutiert;

durchgesetzt und verabschiedet aber wurde schließlich eine Ordnung, die eine Mischung aus der Erhebung eines Zolls von ca. 20% und Mengenbeschränkungen bei der Einfuhr von Bananen aus bestimmten Ländern vorsah[19].

Dass es zu dieser Regelung kam, lag nicht zuletzt daran, dass Bananen, die in europäischen Ländern – bzw. solchen Ländern, die mit ihnen verbunden sind, z.B. Martinique oder Guadeloupe mit Frankreich, die Kanarischen Inseln mit Spanien, oder Madeira mit Portugal – angebaut werden, in ihrer Wettbewerbsfähigkeit auf einheimischen Märkten dadurch gestärkt werden sollten, dass die Bedingungen für die Konkurrenz verschlechtert wurden. Die bisherige Wettbewerbsschwäche zeigte sich darin, dass die europäischen Bananen aus Sicht der deutschen Verbraucher schlechter *und* teurer waren als die sogenannten Dollarbananen, die vorwiegend aus dem lateinamerikanischen Raum stammen. So liegen die Produktionskosten von Bananen in den EU-Gebieten Madeira, Kanarische Inseln, Martinique und Guadaloupe mehr als doppelt so hoch wie die vergleichbaren Kosten in lateinamerikanischen Ländern.

Derartige Markteingriffe haben nun stets nicht nur eine Folge, sondern mehrere, oft auch unerwünschte. Das zeigte sich auch in diesem Fall. Einige dieser Folgen lassen sich anhand des einfachen Marktdiagramms abbilden:

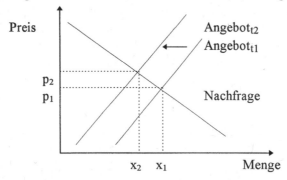

Abb. 4-8: Der Bananenmarkt

Durch die – politisch induzierte! – Verteuerung verschiebt sich die Angebotskurve nach links[20]. Unser Schema lässt als Folge einer solchen Verschie-

---

[19] Für Fortgeschrittene: Die Kombination von Mengenbeschränkung *und* Zoll scheint theoretisch zunächst keinen Sinn zu machen. Das sieht jedoch anders aus, wenn man die unterschiedliche Verteilung der entstehenden Renten auf Exporteure bzw. Importeure und den Staat berücksichtigt.

[20] Die Mengenbeschränkung wird in der Graphik nicht wiedergegeben. Sie führt zu dem senkrechten Abknicken der Angebotskurve an dem Punkt, bei dem die Beschränkung greift.

bung zunächst zwei Wirkungen erwarten, nämlich eine Preissteigerung, von p_1 auf p_2, sowie einen Nachfragerückgang von x_1 auf x_2. Tatsächlich ließ sich beides beobachten: Zunächst stiegen in Deutschland, wo es zuvor keine Markteingriffe gegeben hatte, die Einzelhandelspreise um rund 60%, und der Pro-Kopf-Verbrauch sank von 17 auf 11 kg. Die Folgen spürten zunächst die Konsumenten und – als einzelne Personen sehr viel härter betroffen – die deutschen Bananenimporteure, deren Umsatz auf die Hälfte sank: Mehrere tausend Arbeitsplätze gingen verloren.

Doch das waren keineswegs die einzigen Verlierer. Die nunmehr überschüssigen Dollarbananen drängten auf andere Märkte in den USA und Osteuropa und lösten dort Preissenkungen aus; davon profitierten nun zwar die dortigen Konsumenten, jedoch sanken die Einnahmen der Erzeuger. Die Folge war, dass auch in den Erzeugerländern Arbeitskräfte entlassen wurden – ohne Arbeitslosenversicherung.

Gewinner waren zunächst jene Anbieter von Bananen, für die die Marktordnung vorwiegend gedacht war, die Produzenten der Eurobananen. In diesem Zusammenhang kommt es zu einem typischen Effekt der Veränderung von Marktpreisen durch politisch bedingte Eingriffe: Durch die politisch bedingte Veränderung der relativen Preise von Euro- und Dollarbananen wurde es vergleichsweise weniger lohnend, Dollarbananen herzustellen, dafür aber lohnender, Eurobananen zu produzieren. Und tatsächlich gingen einige der großen Firmen, die mit der Erzeugung und Vermarktung von Bananen befasst sind, nach der Einführung der Verordnung dazu über, teilweise in den Staaten zu investieren, in denen Eurobananen reifen; doch werden dabei an sich Kooperationsgewinne aufgrund verfehlter Ressourcenallokation verschenkt, weil in anderen Ländern die technischen Produktionsbedingungen an sich besser sind. Auch dies ist somit als gesellschaftlich unerwünschte Folgeerscheinung zu verbuchen.

Weitere kommen hinzu. Wie für derartige Markteingriffe typisch, gab es auch Gewinner, die nicht dafür belohnt werden, dass sie produktive Tätigkeiten verrichten, sondern dafür, dass sie die durch die Markteingriffe entstehenden günstigen Gelegenheiten nutzen. So brachte es die Kontingentierung der Dollarbananen mit sich, dass für deren Importe Lizenzen vergeben wurden. Da die Bananen nach wie vor begehrt waren, waren auch die Lizenzen begehrt. Damit wurde es auch erforderlich, Zuteilungsverfahren zu finden, um die Vergabe dieser Lizenzen festzulegen.

Da die Lizenzen für Bananenhändler wertvoll sind, sind diese auch bereit, einen Preis dafür zu zahlen, und deshalb lohnt es sich, an diese Lizenzen zu kommen, selbst wenn man keinerlei Interesse an Bananen und deren Handel hat. Die Lizenzvergabe war zunächst nicht geregelt, und so wird erzählt, dass jemand seinen Hund Fiffi als Bananenimporteur anmeldete. Die so erworbenen Lizenzen wurden dann – vermutlich mit Gewinn – an andere Händler verkauft, die keine bekommen hatten. Solche Formen des Zwischenhandels mögen den Händlern Renten bescheren, aus gesellschaftlicher Sicht sind sie unerwünscht, denn sie erhöhen die Transaktionskosten, ohne dass damit Wertschöpfungen verbunden wären. Später wurde dieser Missstand durch eine weitere Verordnung aufgehoben, nach der nur jene Antrag auf Erteilung von Lizenzen stellen dürfen, die nachweislich seit mindestens einem Jahr Obst und Gemüse ein- und ausführen.

Hierbei zeigt sich ein allgemeines Prinzip: *Ein interventionistischer Markteingriff zieht den nächsten nach sich.* Die Intervention zeitigt Folgen, die teilweise zu neuen unerwünschten Einzelfällen führen, es kommt zu weiteren Regulierungen, die wieder manche unvorhergesehene Folgen zeitigen, und so kommt es schnell zu einem Dickicht von Verordnungen, das dann mühsam immer weiter reguliert, dereguliert, rereguliert usw. werden muss. Bei alledem liegt eine der Hauptursachen für Probleme und unerwünschte Folgewirkungen darin, dass die Allokation statt von einem anonymen Mechanismus dezentraler Koordination nach ökonomischen Gesichtspunkten nunmehr deutlich stärker von politischen Entscheidungen abhängt. Nicht nur, dass die Träger dieser Entscheidungen vor manchen Informationsproblemen stehen und auch nicht immer mit jenen Anreizen versorgt sind, die ihre Interessen mit den gesellschaftlichen Interessen kompatibel werden lassen, es werden dadurch auch Anreize für Interessengruppen geschaffen, in die Beeinflussung dieser Entscheidungen zu investieren, und das führt nicht selten dazu, dass Kooperationsgewinne nicht angeeignet werden können, weil der Wettbewerb nun stärker über diese Art von Investitionen in politischen Lobbyismus läuft als über wertschöpfende Aktivitäten.

Ein weiterer Umstand kommt hinzu, bei dem sich bemerkbar macht, dass die Interdependenzen der Weltgesellschaft zugenommen haben. Gemeint ist damit, dass die von dieser Verordnung Betroffenen institutionelle Möglichkeiten haben, ihre Interessen geltend zu machen, in diesem Fall durch Klagen vor dem GATT[21], in dem sich die Mitgliedstaaten zu liberalem Handel verpflichtet hatten. Brüssel verhinderte zunächst die Einleitung eines förmlichen Verfahrens gegen die Verordnung dadurch, dass sie bestimmten GATT-Mitgliedern, die Dollar-Bananen exportieren (Costa Rica, Kolumbien, Venezuela, Nicaragua), ein festes Export-Kontingent von 1 Mio. t zusagte. Den-

---

[21] GATT steht für General Agreement for Tariffs and Trade; es ist mittlerweile von der WTO, der World Trade Organization, abgelöst worden. Wir kommen auf diese Organisation in Abschnitt 5.4.3 zurück.

noch kam es 1996 zur Einsetzung eines Panels[22] zur Überprüfung der Bananenmarktordnung auf ihre Vereinbarkeit mit dem GATT. Erwartungsgemäß stellte die Nachfolgerin WTO dann im April 1997 fest, dass die Bananenmarktordnung mit den Grundsätzen des Welthandelsrechts unvereinbar ist. Doch auch die daraufhin verfasste Novellierung stellte eine Form der Marktlenkung dar, die systematisch Fehlallokationen bedingte; dementsprechend kam es zu einem erneuten Verfahren vor der WTO, in dem festgestellt wurde, dass die Verordnung weiterhin den Regeln der WTO nicht entspricht. Eine Folge dieses Urteils besteht darin, dass die USA ermächtigt wurden, gegen eine Reihe von Exportartikeln aus der EU Strafzölle zu erheben und damit bestimmte Produkte weitgehend oder ganz vom US-Markt auszuschließen – Produkte, die mit Bananen gar nichts zu tun haben, z.B. Kaffeemaschinen. Offensichtlich befinden sich die Akteure in einer sozialen Falle.

Generell bestätigt sich hier, was in Abschnitt 4.2.3 gesagt wurde: Die Ersetzung des Marktmechanismus durch politische Lenkungsentscheidungen ist mit erheblichen Nachteilen – ökonomisch formuliert: Kosten – verbunden. Das heißt keineswegs, dass man die zugrunde liegenden politischen Zielsetzungen sozialer oder ökologischer Art preisgeben müsste, es sollten dafür nur die zweckmäßigsten Maßnahmen getroffen werden.

4.3.4 Der Drogenmarkt

Die Form von Märkten, der wir uns nun zuwenden, sollte eigentlich gar nicht existieren: Wir sprechen von verbotenen oder Schwarzmärkten. Zu unterscheiden ist zwischen zwei Formen von Schwarzmärkten. Die einen existieren neben legalen Märkten, auf denen das gleiche Gut bzw. die gleiche Dienstleistung gehandelt wird. Bei dieser Form geht es darum, Abgaben wie Lohn- oder Mehrwertsteuern zu vermeiden oder staatliche Regulierungen und Auflagen, die die Kosten erhöhen, zu umgehen. Solche Schwarzmärkte entwickeln sich typischerweise dann, wenn die Adressaten der betreffenden Steuerabgaben oder Auflagen diese als ungerecht bzw. unangemessen empfinden – vielleicht auch deshalb, weil sie sehen, dass andere sie ebenfalls missachten – und wenn sie durch ihre Abwanderung in die Schwarzmärkte meinen, sich besser zu stellen.

Bei der zweiten Form, um die es im Folgenden gehen wird, ist der Handel der entsprechenden Güter und Dienstleistungen *generell* verboten mit der Folge, dass jeder, der überhaupt mit solchen Gütern oder Dienstleistungen

---

[22] Ein Panel ist in der Welthandelsorganisation eine Kommission zur Klärung und evtl. auch Entscheidung von Streitfragen, also analog einem „Gericht" in nationalstaatlichem Kontext.

handelt, kriminell wird. Dies trifft auf den Handel mit bestimmten Drogen wie Heroin zu. Für diese Drogen sollte es, so die politische Zielsetzung, keinen Markt geben. Als Ökonom wird man indes erwarten, dass mindestens für einige Nachfrager der Anreiz stark genug ist, trotz des Verbots nach Wegen zu suchen, wie sie ihre Nachfrage befriedigen können. Auf einem legalen Markt würden diese Nachfrager erhebliche Renten erzielen, d.h. der Nutzen des nachgefragten Gutes wäre für sie deutlich größer als der Preis, den sie dafür zahlen müssten. Unter den veränderten Bedingungen sind sie nun bereit, einen erheblichen Teil ihrer Renten zu opfern, sei es durch das Zahlen höherer Preise oder auch durch die Bereitschaft, gesetzliche Regeln zu missachten. Dies wiederum bietet für einige Anbieter einen Anreiz, die verbotenen Drogen auch unter den nunmehr schwierigeren Bedingungen anzubieten, und auf diese Weise wird sich ein Schwarzmarkt der zweiten Art entwickeln.

Der Einsatz solcher Mittel wie gesetzliche Verbote zeitigt mithin nicht-intendierte Folgen, sowohl in Form verschiedener unerwünschter Nebenwirkungen als auch in Form unterbliebener Effekte, die bei anderen institutionellen Maßnahmen eintreten würden. Um einige der Wirkungen zu erforschen, die das Verbot von Märkten – und damit die gleichzeitige Erzeugung von Schwarzmärkten – mit sich bringt, kann man unter Verwendung des Schemas vom preisbildenden Markt im Hinblick auf den Markt für Heroin folgende Überlegungen anstellen[23].

Betrachten wir zunächst die Situation der *Nachfrager*: Deren Abhängigkeit von der Droge führt dazu, dass sie auf Preisänderungen sehr unelastisch reagieren. Sie werden also auch bei möglicherweise drastischen Preiserhöhungen ihre Nachfrage nur wenig reduzieren. Zu diesen Preiserhöhungen kann auch gehören, dass sie – außer dem Erwerb und Konsum von Heroin selbst – weitere illegale Handlungen begehen müssen (Beschaffungskriminalität). Es ist also nicht damit zu rechnen, dass das Verbot zugleich dazu führt, dass keine Nachfrage mehr vorhanden wäre.

Nun gilt, dass sich für jede zahlungsbereite Nachfrage auch ein Angebot findet, sofern sich dadurch Gewinne – genauer: höhere Gewinne als in alternativen Geschäften – machen lassen. Im einzelnen ergeben sich – unter anderem – folgende Wirkungen.

Wirkungen der Drogenprohibition:

- Zunächst verschwinden jene Anbieter vom Markt, die nicht kriminell werden wollen: Die „Kosten" sind ihnen zu hoch. Damit vergrößern sich

---

[23] Vgl. zum Folgenden Hartwig/Pies 1995.

zugleich die Gewinnmöglichkeiten für die im Markt verbleibenden Anbieter, die zudem aufgrund des Verbots und der verschiedenen staatlichen Maßnahmen zu seiner Durchsetzung eine Art Zollschutz gegenüber neuen Konkurrenten genießen.

- Da kein Kartellamt darüber wachen kann, dass sich die Anbieter nicht absprechen, um den Wettbewerb zu ihren Gunsten, und zugleich zu Lasten der Nachfrager, zu beschränken, ist genau mit solchen Absprachen zu rechnen, was sich auch tatsächlich beobachten lässt. Und unter zunehmendem Druck von Polizei und Justiz steigt der Anreiz für die verbliebenen Anbieter, sich zu organisieren, was – ganz abgesehen von den sonstigen unerwünschten Konsequenzen organisierter Kriminalität – ebenfalls zur Verschlechterung der Situation der Nachfrager führt, die sich nun mit höheren Preisen konfrontiert sehen.
- Die verbliebenen Anbieter haben aber nicht nur einen Anreiz, den Preis für die Nachfrager in die Höhe zu treiben, zudem lohnt es sich für sie, in eine *Ausweitung der Nachfrage zu investieren*. Die Folge ist, dass die Drogen an potenzielle Einsteiger zu einem sehr geringen Einstiegspreis, vielleicht sogar umsonst, abgegeben werden, um erst dann, wenn sie abhängig geworden sind, die Preise drastisch zu erhöhen.
- Die Anbieter können jedoch ihre Gewinne nicht nur dadurch steigern, dass sie die Preise erhöhen, sondern auch, indem sie die Qualität verschlechtern. Und auch dies ist eine typische Wirkung von Schwarzmärkten: Die verschiedenen staatlichen Qualitätskontrollen oder Haftungsregeln, die den Anbietern Anreize geben, sich auch dann um gute Qualität zu bemühen, wenn die Nachfrager diese Qualität nicht sogleich überprüfen können, können nicht greifen, weil niemand seinen Dealer deswegen verklagen kann, und das schlägt wiederum zugunsten der Anbieter, jedoch zu Lasten der Nachfrager aus. Um zu verdeutlichen, was das heißen kann: Schätzungsweise 72% der Drogentoten gehen zurück auf unbeabsichtigte Dosierungen wegen der schlechten bzw. schwankenden Qualität der Ware. Man spricht deshalb sogar von „Prohibitionstoten" (vgl. Hartwig/Pies 1995).

Schon diese knappen ökonomischen Analysen zeigen somit eine ganze Reihe unerwünschter und nicht-intendierter Folgen des Drogenmarkt-Verbots. Es handelt sich um einen Markt, der infolge des Verbots all der institutionellen staatlichen Vorkehrungen entbehrt, die einen normalen Markt so leistungsfähig, d.h. für die Konsumenten so vorteilhaft, machen.

Jene, deren Schutz vor Eigenschädigung man mit der Maßnahme vor allem im Auge hatte, die Konsumenten, werden schlechter gestellt: Sie müssen höhere Preise zahlen; sie werden in die Illegalität gedrängt, nicht nur, weil sie auf einem verbotenen Markt auftreten, sondern möglicherweise auch deshalb, weil sich nur durch kriminelle Aktivitäten die Preise finanzieren lassen; und sie erhalten schließlich für die höheren Preise, die sie zahlen, oft auch noch so schlechte Qualität, dass sie daran zugrunde gehen können.

Die wenigen Überlegungen zeigen, dass viele Probleme auf einen Umstand zurückzuführen sind, der grundsätzlich mit Schwarzmärkten einhergeht: *Schwarzmärkte sind dem Zugriff staatlicher Instanzen entzogen, und damit können viele Institutionen zur Ermöglichung und Sicherung erwünschter Interaktionen nicht greifen. Zugleich aber bleiben die grundlegenden Anreize für die Marktteilnehmer in Kraft*, ihre Nachfrage befriedigen zu wollen bzw. durch entsprechende Angebote Gewinne zu erzielen; es ändern sich nur die Preise, allgemeiner: die Bedingungen, unter denen die Aktivitäten der Marktteilnehmer stattfinden.

Aus diesen Überlegungen kann nun noch keine konkrete Politikempfehlung abgeleitet werden, auch wenn mit ihrer Hilfe Argumente für eine – kontrollierte – Abgabe von bislang verbotenen Drogen an Konsumenten gestützt werden, da dadurch vor allem die unerwünschten Anreize auf der Anbieterseite deutlich verringert und auf der Nachfragerseite das Problem ungewollter Eigenschädigungen entschärft werden könnte.

Worauf es uns hier vor allem ankommt, ist zu zeigen, wie ökonomische Analysen Wirkungszusammenhänge aufzeigen, die für wichtige gesellschaftliche Probleme relevant sind, weil mit ihnen nicht-intendierte Folgewirkungen politischer Maßnahmen besser berücksichtigt werden können.

4.4 Kooperation und Konkurrenz auf Märkten

Das Schema des preisbildenden Marktes ist eine der großen analytischen Errungenschaften der ökonomischen Theorie. Natürlich ist es, wie jedes Schema, eine radikale Vereinfachung, eine 'pragmatische Reduktion', der zugrunde liegenden realen Zusammenhänge, und es kann auch kein Zweifel bestehen, dass es für ein Verständnis dessen, was heute auf den Märkten geschieht, allein nicht ausreicht. Man könnte sagen, dass dieses Schema eine *notwendige, aber keine hinreichende* Bedingung zum Verständnis von preisbildenden Märkten darstellt.

Ausgeblendet wurde bei diesem Modell des „vollkommenen Marktes" insbesondere die Existenz strategischer Interdependenzen aufgrund von Dilemmastrukturen; die Interaktionsformen Tausch und Wettbewerb wurden gewissermaßen sterilisiert. In den folgenden drei Abschnitten werden wir die vorübergehend getroffene Annahme der Ausblendung strategischer Interdependenzen aufheben und die zugrunde liegenden Interaktionsprozesse näher betrachten. Das betrifft

1. die Interaktionen zwischen den Tauschpartnern, die nicht nur gemeinsame,
   sondern auch konfligierende Interessen haben (4.4.1),

2. die Interaktionen zwischen den Konkurrenten, die nicht nur konfligierende,
   sondern auch gemeinsame Interessen haben (4.4.2), und

3. die Interaktionen der Marktteilnehmer mit den Nicht-Marktteilnehmern, die
   oft indirekter Art sind, indem die Handlungen der Marktteilnehmer die Interessen der Nicht-Marktteilnehmer berühren (4.4.3).

4.4.1 Interaktionen zwischen den Tauschpartnern

Zwischen den Tauschpartnern auf den Märkten, den Anbietern und den
Nachfragern, findet im Schema des preisbildenden Marktes eine Interaktion
statt, die nur über den Preis vermittelt ist; es gibt im Modell keinerlei Probleme strategischer Art. Spieltheoretisch formuliert spielen beide Partner ein
reines Koordinationsspiel mit dem Preis als Orientierungspunkt.

Nehmen wir z.B. an, die Anbieterin Frau i hatte bei der Herstellung und
dem Vertrieb von Gut x Kosten in Höhe von 5 Einheiten, dem Nachfrager
Herrn j ist dieses Gut 11 Einheiten wert, und beide orientieren sich am
Marktpreis, der 7 Einheiten beträgt (in der Matrix sind jeweils die Nettowerte, also die Renten, aufgeführt)[24]:

		Herr j	
		kaufen	nicht kaufen
	verkaufen	I 2, 4	II 2, 0
Frau i	nicht verkaufen	III 0, 4	IV 0, 0

Unterstellt wird hier, dass Frau i das Gut x auf jeden Fall zum gegebenen
Marktpreis verkaufen kann; wenn nicht an Herrn j, so an einen anderen
Nachfrager. Auf diese Weise kann sie auf jeden Fall einen Gewinn von 2 Einheiten erreichen.

---

[24] Aus der Sicht der Spieltheorie ist die Darstellung in der Matrix strenggenommen
nicht adäquat, da es sich um ein n-Personen-Spiel handelt, doch mag in diesem Fall der
didaktische Zweck die Mittel rechtfertigen.

Umgekehrt kann Herr *j* auf jeden Fall das gewünschte Gut zum gegebenen
Marktpreis kaufen; wenn nicht von Frau *i*, dann von einem anderen Anbieter,
da sich immer einer finden wird, der bei Kosten von ca. *5* Einheiten und einem
Marktpreis von *7* Einheiten das Gut *x* anbieten wird, denn er kann auf diese
Weise einen Gewinn von *2* Einheiten machen. Herr *j* wird deshalb auf jeden
Fall einen Nutzen von *4* Einheiten realisieren können.

Zwischen Anbieter und Nachfrager gibt es in einem so modellierten Spiel
keine konfligierenden Interessen. Der potenzielle Interessenkonflikt über die
Aufteilung der Kooperationsgewinne, d.h. die Höhe der Renten, die jeder
durch den Tausch erhält, wird von vornherein dadurch gelöst, dass ein vorge-
gebener Preis existiert, an dem sich beide als Preisnehmer orientieren. Auf
diese Weise können erhebliche Verhandlungs- und Konfliktkosten gespart
werden. Zugleich ist gewährleistet, dass sie auch tatsächlich zu diesem Preis
die gewünschte Interaktion durchführen können; wenn nicht mit dem einen
Anbieter/Nachfrager, so mit einem anderen; dessen *Identität* spielt keine Rolle.

Gewiss gibt es viele Interaktionen am Markt, die auf diese Weise rekonstruiert werden können. Wenn man in dem einen Geschäft die gewünschte
Hose nicht zu einem marktüblichen Preis erhalten, geht man in das nächste
Geschäft. Und wenn im Supermarkt ein Kunde kundtut, dass er nicht bereit
ist, die Salami zu dem Preis, mit dem sie ausgezeichnet ist, zu kaufen, sondern
nur, wenn man ihm 10% nachlässt, so wird sich niemand darum kümmern.
Und auch wenn bei einzelnen Interaktionen Preisaufschläge oder -nachlässe
stattfinden, lassen sie sich doch für die Probleme, für die das Schema gemacht
ist, vernachlässigen; bei volkswirtschaftlichen Zusammenhängen spielen sie in
der Regel keine Rolle.

Nun ist anzumerken, dass auch in all diesen unproblematischen Fällen es
einer Vielzahl von Institutionen bedarf, den Markttausch in einer problemlosen Weise abzuwickeln; unter anderem hatten wir unter Punkt 3.3.2 wesentliche Voraussetzungen genannt, für deren Bereitstellung der Staat sorgt:
Schutz des Privateigentums, Vertragsfreiheit, Haftungsregeln, Hintergrundin-
stanzen wie Gerichte zur Durchsetzung von Verträgen, Kartellrecht, Verbrau-
cherschutzregeln wie z.B. das Haustürgeschäftewiderrufungsgesetz[25] usw.
Gerade wenn und weil Tauschgeschäfte problemlos funktionieren, geraten
diese Voraussetzungen nicht in den Blick. Das geschieht erst dann, wenn die

---

[25] So wird es von Juristen tatsächlich gelegentlich genannt. Mancher Urlauber z.B. auf
Gran Canaria musste auch erfahren, dass ohne dieses Gesetz Ausbeutungsmöglichkeiten
existieren. Er ließ sich 'an der Haustür' Güter aufschwatzen, die stark überteuert und womöglich fehlerhaft waren; in Deutschland hätte er das Geschäft rückgängig machen können, auf Gran Canaria konnte er es nicht.

Bedingungen für solch gelingende Interaktionen nicht gegeben sind. Bereits das Einstiegsbeispiel im ersten Kapitel machte deutlich, dass das Zustandekommen an sich erwünschter Tauschgeschäfte an Informations- und Anreizproblemen und den damit verknüpften Transaktionskosten scheitern kann.

Informationsprobleme von der Art, wie sie zuvor im Modell nicht berücksichtigt wurden, können sich zunächst allein schon durch das Problem der *Suche* nach einem geeigneten Tauschpartner ergeben. Das ist bei Gütern, die man im Alltag braucht, heute in der Regel keine Schwierigkeit (mehr), kann aber sehr wohl zum Problem werden bei ausgefalleneren Wünschen und insbesondere bei speziellen Produktionsfaktoren, angefangen von qualifizierten Arbeitskräften bis hin zu speziellen Informationsdienstleistungen. Zu diesem Punkt ist allerdings anzumerken, dass die enorme Senkung der Informationskosten durch die rasante Entwicklung der Informationstechnologien dieses Problem erheblich entschärft hat; jetzt liegen die Schwierigkeiten oft eher in der *Selektion* der brauchbarsten Informationen.

Weitere Informationsprobleme können sich im Hinblick auf die Eigenschaften der getauschten Güter bzw. Leistungen ergeben. Insofern ist es kein Zufall, wenn mit der Entwicklung von *Messtechniken* auch stets die Ausweitung von Tauschmöglichkeiten bzw. die Etablierung von Märkten verbunden gewesen ist, worauf der Wirtschaftshistoriker D. C. North hinweist. Das folgende Zitat zeigt, wie grundlegend dieser Aspekt ist: „Die Messung stellt die formalisierte Beschreibung eines Gutes oder einer Leistung dar, und ohne irgend eine Form der Messung könnten daher Eigentumsrechte nicht begründet werden und Tauschverkehr nicht stattfinden." (North 1981/1988, S. 18 f.)

In diesem Zusammenhang ergeben sich auch oft *Anreizprobleme*; nicht zufällig war eines der in 2.2.3 angeführten Interaktionsprobleme das der „versteckten Merkmale". Die Tatsache, dass der eine Tauschpartner Eigenschaften des von ihm angebotenen Tauschobjekts kannte, die für den anderen von Wert waren, konnte unter Umständen die gewünschte Interaktion zum Scheitern bringen, weil der andere Tauschpartner diese Eigenschaften nicht *verlässlich* feststellen konnte, und auch, weil ihm zugleich die verlässliche Information über die Verlässlichkeit seines Tauschpartners fehlte. Der Interessenkonflikt besteht hier, wie auch sonst, in der Aufteilung der Kooperationsgewinne bzw. der Frage, welche Beiträge jeder zur Kooperation einbringt.

Auch die anderen Anreizprobleme, die fast immer verknüpft sind mit Informationsproblemen hinsichtlich des Interaktionspartners (Wie verlässlich ist er? Welche Fähigkeiten besitzt er? Welche Bereitschaft besteht, sie einzusetzen? usw.), können erwünschte Tauschgeschäfte erschweren oder gar scheitern lassen.

Nun haben sich im Laufe der Zeit verschiedene institutionelle Mechanismen entwickelt, mit deren Hilfe trotz dieser und anderer Probleme die erwünschten Interaktionen zustande kommen. Doch bleiben diese Institutionen oft im Hintergrund und werden nicht sichtbar, und doch würden ohne sie zahlreiche Tauschgeschäfte unterbleiben. Das Wissen um die Bedeutung dieser Institutionen ist deshalb wichtig, weil die Kenntnis ihrer Funktionsweise zu einer *adäquaten Wahrnehmung der relevanten Alternativen* dazugehört. Das folgende Beispiel mag das verdeutlichen:

Ein bayerischer Biobauer züchtete sein Getreidesaatgut selbst, anstatt es bei kommerziellen Händlern zu kaufen, und er tauschte das Saatgut mit Kollegen. Das aber ist nach dem Saatgutverkehrsgesetz verboten, sofern das Saatgut nicht vom Bundessortenamt in Hannover zugelassen ist. Mit seinem Vorgehen protestierte der Bauer dagegen, dass solchen Kleinbauern wie ihm die Kosten eines Zulassungsverfahrens zugemutet werden. Es sei nun dahingestellt, welche Regelung im Fall des Saatguttausches sinnvoll ist; worauf hier aufmerksam gemacht werden soll, ist der Umstand, dass der Sinn der Kontrollinstanz Bundessortenamt – die Bereitstellung von *verlässlichen* Informationen über die Qualität des Saatgutes, das man unter Umständen von nicht näher bekannten Personen bezieht – in der öffentlichen Diskussion solcher Fälle oft nicht genügend beachtet wird mit der Folge, dass die *Zumutbarkeit von Kosten* nicht sachgemäß eingeschätzt wird. So verteuern sich zwar die Kosten für den Biobauern, doch insgesamt werden die Transaktionskosten für den Tausch von Saatgut durch Einschaltung des Bundessortenamts gesenkt.

Generell lässt sich hier noch einmal auf den Abschnitt 2.4.2 verweisen, in dem gezeigt wurde, dass eine Zunahme möglicher Tauschpartner die potenziellen Kooperationsmöglichkeiten ausweitet, jedoch zu deren Realisierung auch die institutionellen Absicherungen der wechselseitigen Verlässlichkeit auch entsprechend ausgeweitet werden müssen.

4.4.2 Interaktionen zwischen den Konkurrenten

In ähnlicher Weise wird im Grundschema des preisbildenden Marktes auch die 'Interaktion' zwischen den Akteuren einer Marktseite in drastisch vereinfachter Weise als ein Spiel mit reinen Interessen, nunmehr jedoch rein konfligierenden Interessen, betrachtet: Sie stehen untereinander im Wettbewerb. Und auch hier wird unterstellt, dass es nicht zu einer strategischen Interaktion kommt, sondern sich jeder parametrisch an die Bedingungen des Marktes, und das heißt im Modell: an die – gegebenen – Marktpreise anpasst.

Die Strategien eines Anbieters bestehen dann darin, das jeweilige Gut zum herrschenden Marktpreis anzubieten, den Preis zu unterbieten oder ihn zu überbieten. Wenn er ihn unterbietet, wird er – im Modell – Verluste machen, weil dann seine Kosten die Erträge übersteigen; wenn er ihn überbietet, wird kein Nachfrager zu ihm kommen, da sie bei den Konkurrenten das Gut günstiger kaufen können. Daraus folgt, dass es für ihn gewissermaßen *dominante Strategie* ist, das Gut zum Marktpreis anzubieten, unabhängig davon, was seine Konkurrenten tun.

Und auch hier gilt wieder, dass es sich bei einer solchen Modellierung um eine nützliche Vereinfachung handelt, mit der wertvolle Einsichten gewonnen werden können. Um sie jedoch in den unterschiedlichen realen Situationen richtig einschätzen zu können, muss man diese Annahme differenzieren bzw. relativieren können, um zu wissen, wann man gut mit dieser Annahme arbeiten kann und wann die prognostizierten Folgen eher nicht zu erwarten sein werden.

So spielen auf den Märkten heute Preise fraglos nach wie vor eine wichtige Rolle, aber die Firmen konkurrieren auch über andere Parameter wie Sonderkonditionen, Zusatzleistungen, Qualitätsmerkmale, Service usw. Doch soll uns nicht das hier beschäftigen, sondern die Tatsache, dass sich zwischen den Konkurrenten auch verstärkt *Kooperationen* beobachten lassen. Einige Beispiele.

Beispiele für Kooperationen von Konkurrenten:

- Die MAN Nutzfahrzeuge AG vergibt an die südkoreanische Firma Daewoo Lizenzen zum Nachbau von MAN-Dieselmotoren und liefert auch Komponenten.
- Ein anderes Beispiel aus der Automobilindustrie: Die Konkurrenten Porsche und Daimler-Benz haben 1995 eine gemeinsame GmbH gegründet, die bewegliche Dachsysteme für entsprechende Modelle von Porsche, Mercedes-Benz, aber auch für externe Kunden entwickelt und produziert.
- Lufthansa und die deutsche Bundesbahn sind zweifellos Konkurrenten, insbesondere was innerdeutsche Fernreisen betrifft. Gleichwohl haben sie eine Vereinbarung getroffen, die es Flugpassagieren ermöglicht, ihr Ziel auf der Schiene zu erreichen, falls sie ihren innerdeutschen Anschlussflug verpasst haben oder deren Inlandsverbindung wegen schlechten Wetters gestrichen wurde. Das Flugticket wird kostenlos gegen eine Bahnfahrkarte derselben Verbindung umgetauscht. Offensichtlich gibt es hier Kooperationsgewinne, denn die Bahn erhält auf diese

Weise neue Kunden, und die Lufthansa kann durch diesen Service ihren Passagieren eine höhere Sicherheit bieten, dass sie auch unter ungünstigen Bedingungen die gewünschte Dienstleistung erhalten.

- Bei bestimmten Geschäften, etwa Antiquitätenläden oder Bekleidungsgeschäften, kann man die zunächst verblüffende Beobachtung machen, dass mehrere von ihnen in z.T. direkter Nachbarschaft eröffnet haben. Verblüffend ist dies zunächst deshalb, weil dadurch doch offenbar die Konkurrenz verschärft wird. Gleichwohl liegen diesem Verhalten potenzielle Kooperationsgewinne für die Konkurrenten zugrunde – und zwar solche, die generell gesellschaftlich erwünscht sind: Indem durch die Nähe der Läden die Kunden eine größere Auswahl erhalten, werden sie leichter etwas finden, was sie suchen, und somit kommt es generell zu mehr Tauschgeschäften, bei denen auch die Konkurrenten profitieren: Die Kunden streben eben in großer Zahl auf die Einkaufs-„Meile".
- In zunehmendem Maße lassen sich in verschiedenen Branchen *freiwillige Selbstverpflichtungen* finden, z.B. zur freiwilligen Rücknahme von Abfall, zur Reduktion von Schadstoffen, zur Bekämpfung von Korruption etc. Zugrunde liegen in der Regel gesellschaftlich unerwünschte Folgewirkungen der Aktivitäten der Konkurrenten, deren Einstellung sich jedoch kein einzelner Anbieter leisten kann, weil die anderen ein solches Verhalten ausbeuten könnten – das typische Beispiel einer Dilemmastruktur. Indem sich alle Beteiligten einer *kollektiven Selbstbindung* unterwerfen und in Form der Einhaltung gemeinsam vereinbarter und durchgesetzter Verhaltensstandards kooperieren, können sie die paretosuperiore Lösung realisieren.
- Auch auf der Nachfrageseite lassen sich Kooperationen beobachten. So bieten *Einkaufsverbünde* mehrere Vorzüge für ihre Mitglieder. Die Bündelung der Nachfrage macht gezieltere Information sinnvoll – auch eine Form der Ausnutzung von Produktivitätsvorteilen (vgl. 2.4.3.3) – und ermöglicht es, gegenüber den Anbietern in einer stärkeren Position aufzutreten.
- Und natürlich lassen sich auch Kooperationen bei Konkurrenten in anderen als dem wirtschaftlichen Bereich beobachten. So sind Koalitionsregierungen ein Musterbeispiel dafür, wie Kooperationen bei gleichzeitig existenten konfligierenden Interessen stattfinden – und an diesen Konflikten auch scheitern – können. Erwähnenswert ist in diesem Zusammenhang auch, dass die Verabschiedung von Gesetzen im Bundestag in den weitaus meisten Fällen mit Zustimmung der Opposition erfolgt.

Generell lassen sich also vielfältige Formen von Kooperationen zwischen Konkurrenten beobachten. Und stets liegt dem der Versuch zugrunde, immer neue Kooperationsgewinne ausfindig zu machen und zu realisieren. Dieser Prozess wird begleitet von einer zunehmenden institutionellen Differenzierung, was auch durchaus den Abbau bisheriger Regelungen („Deregulierung", „Entbürokratisierung", „lean management" usw.) bedeuten kann. In den letzten Jahren und Jahrzehnten haben sich diese Entwicklungen vor allem aus zwei Gründen noch einmal verstärkt.

Zum einen werden Unternehmen im Zuge der Integration der Weltmärkte mit steigendem Wettbewerb und Kostendruck, aber auch mit neuen Chancen auf neuen Märkten konfrontiert. Das zwingt sie dazu, nach weiteren Möglichkeiten der Ausnutzung von Produktivitätsvorteilen zu suchen, und diese lassen sich insbesondere angesichts der zunehmenden Bedeutung von Informationstechnologien häufig nur durch eine Zusammenarbeit mit anderen Unternehmen realisieren. Neue Formen der Kooperation wie strategische Allianzen, Joint Ventures, Konsortien etc. bieten aufgrund ihrer Gestaltungsmöglichkeiten oft attraktive Alternativen zu der Übernahme großer Projekte mit allen damit verbundenen Risiken.

Zum anderen ist es der gestiegene Druck der öffentlichen Meinung, der die Unternehmen in solchen Feldern wie Umweltschutz, Korruptionsbekämpfung, Verbesserung von Arbeitsbedingungen dazu brachte, gemeinsame Verhaltensstandards aufzustellen, um auf diese Weise gleichsam eine Infrastruktur (Standortbedingungen, Branchenimage usw.) zu schaffen, die für alle Konkurrenten von Vorteil ist.

Damit ergeben sich allerdings neue Probleme, zum einen für die Interaktionspartner selbst, zum anderen auch für die Gesellschaft – bzw. die Agenten, die mit der Wahrnehmung der gesellschaftlichen Interessen betraut sind –, wenn es um die Beurteilung der Frage geht, ob solche Kooperationen zwischen Konkurrenten auch aus gesellschaftlicher Sicht erwünscht sind.

Für die Interaktionspartner stellt sich das Problem, dass ihre Beziehungen komplexer werden. Man will die für die Kooperationen nötigen Informationen austauschen, sich aber in anderen Belangen nicht in die Karten schauen lassen; umgekehrt will man neue Marktanteile erringen – und das geht nun einmal auf Kosten der Konkurrenten –, aber nicht in einer Form, die die Zusammenarbeit mit ihnen gefährdet usw. Im Zuge solcher Spiele mit gemischten Interessen bilden sich immer neue, oft informelle Institutionen heraus, mit deren Hilfe die Kooperationen stabilisiert werden, ohne dass deshalb die Konkurrenz aufgehoben wäre. Und natürlich kommt es auch immer wieder zu gescheiterten Kooperationsversuchen.

Schwierigkeiten ergeben sich durch diese komplexer werdenden Verhältnisse aber auch im Hinblick auf die Gestaltung der institutionellen Rahmenordnung, die die Handlungen der Konkurrenten kanalisiert, denn der Gesetzgeber steht nun vor der Aufgabe, erwünschte von unerwünschten Kooperationen unterscheiden zu müssen. Schließlich ist das *Kartellrecht* dazu geschaffen worden, gesellschaftlich unerwünschte Kooperationen zwischen Konkurrenten zu *verhindern*.

Bei einem *Kartell* kooperieren die Anbieter zum Zwecke der Beschränkung des Wettbewerbs in einer Weise, die zu Lasten der Nachfrager geht. Das ist durchaus verständlich; es ist ein naheliegendes gemeinsames Interesse der Konkurrenten, den Wettbewerb, der sie so lästigen Zwängen und erheblichen Risiken aussetzt, zu ihren Gunsten zu beschränken. Beispielsweise verpflichten sich Kartellmitglieder, ihre Produkte nur zu einem festgelegten Mindestpreis zu verkaufen, um so höhere Erträge zu realisieren, ohne selbst weitere Gegenleistungen erbringen zu müssen. Ein solches Kartell ist natürlich gesellschaftlich unerwünscht, denn es geht zu Lasten Dritter, und deshalb gibt es institutionelle Vorkehrungen, derartige Kooperationen möglichst zu verhindern.

Wie indes die Beispiele oben zeigen, ist bei weitem nicht jede Kooperation zwischen Konkurrenten auch ein Kartell. Es gibt auch Fälle, in denen eine solche Kooperation im gesellschaftlichen Interesse liegt. Hierbei handelt es sich um Kooperationsgewinne, die nicht zu Lasten Dritter gehen, wie das bei einem Kartell der Fall ist; dort wurden die Gewinne der Kartellmitglieder 'finanziert' von den Nachfragern des betreffenden Gutes, die den höheren Preis zahlen mussten, ohne eine (zusätzliche) Gegenleistung dafür zu erhalten. Wenn sich hingegen Firmen zusammentun, um ein gemeinsames Forschungsprojekt zu starten, das keine von ihnen allein hätte in Angriff nehmen können, so handelt es sich hier offenbar um Investitionen, die auch im Interesse derjenigen Nachfrager liegen, die später in den Genuss der aus der Forschung resultierenden Verbesserungen kommen. Gleiches gilt für „freiwillige Selbstverpflichtungen" von Unternehmen, wie sie derzeit im Umweltbereich verstärkt zu beobachten sind; die ansonsten konkurrierenden Unternehmen erklären sich – kooperierend – bereit, z.B. auf bestimmte schädliche Einsatzstoffe in der Produktion zu verzichten.

Dabei kann es dann zu solchen Grenzfällen wie dem „Dosengroschen" kommen: Im Jahr 1994 beschlossen Getränkeindustrie und Handel, die Endverbraucherpreise für Dosen um zehn Pfennig je Dose zu erhöhen, um den Anteil der Mehrwegverpackungen zu fördern. Die Erlöse sollten in verschiedene Maßnahmen zur Förderung von Mehrwegverpackungen sowie zur Beseitigung von leeren Einwegverpackungen fließen.

Obwohl diese Selbstverpflichtung im Umweltministerium auf Zustimmung stieß, scheiterte diese Initiative am Kartellamt, das auf die Rechtswidrigkeit der Erklärung hinwies. Bei dem „Dosengroschen" handele es sich zweifelsfrei um eine Preisabsprache, die nach § 1 des Gesetzes gegen Wettbewerbsbeschränkungen (GWB) verboten ist; auch liege ein Verstoß gegen europäisches Wettbewerbsrecht (Art. 85 Abs. 1 des EG-Vertrages) vor. Als Folge dieser Intervention kam es nicht zum Abschluss dieser Selbstverpflichtung.

Das Folgeproblem dieser Entwicklung vermehrter Kooperationen von Konkurrenten besteht darin, durch institutionelle Arrangements die gewünschten Kooperationen zu fördern und die unerwünschten Kooperationen zu verhindern. Beispiele finden sich etwa im Gesetz gegen Wettbewerbsbeschränkungen, wo mehrere Ausnahmen vom Kartellverbot aufgeführt sind; auch viele „freiwillige Selbstverpflichtungen" – aber eben nicht alle (Dosengroschen!) – erhalten eine solche Ausnahmegenehmigung. Die Ansprüche an den Gesetzgeber werden vermutlich mit der Zeit auch wegen der zunehmenden Globalisierung weiter steigen.

4.4.3 Interaktionen mit Nicht-Marktteilnehmern

In den beiden vorangegangenen Abschnitten wurden Interaktionen zwischen den Marktteilnehmern betrachtet. Im Folgenden widmen wir uns noch dem Umstand, dass die Interaktionen zwischen Marktteilnehmern auch Auswirkungen auf Akteure außerhalb des betreffenden Marktes haben.

Zunächst ist hier generell daran zu erinnern, dass alle Märkte eingebettet sind in eine gesellschaftliche Rahmenordnung mit staatlichen, kulturellen und sozialen Vorgaben. Auch partizipiert der Staat, und mit ihm die Bürger der Gesellschaft, an jeder Transaktion, die über reguläre Märkte läuft, in verschiedenen Formen, man denke nur an Steuern oder Sozialabgaben.

Abstrakter ausgedrückt ist der Abschluss von Verträgen zwischen Marktteilnehmern, wie wir in 3.2 diskutiert haben, letztlich immer auf die Zustimmung aller anderen Gesellschaftsmitglieder angewiesen, auch wenn diese Voraussetzung in der Regel außer Betracht bleibt und auch bleiben kann. Wichtig wird sie nur dort, wo sich Fragen der Änderung der Rahmenordnung ergeben, die den Marktteilnehmern Kosten zumuten.

Eine mögliche Form, wie solche Änderungen begründet werden, ist der Hinweis auf das Vorliegen *externer Effekte*, was im Grunde nichts anderes meint als die Existenz potenzieller Kooperationsgewinne. Externe Effekte liegen dann vor, wenn die Erstellung von Gütern oder Dienstleistungen oder ihr Konsum Wirkungen auf Dritte ausübt, die diese positiv oder negativ bewerten, der Ersteller jedoch keinen Anreiz hat, diese Wirkungen zu berücksichtigen. In einer engeren Fassung sagt man, dass externe Effekte dann vorliegen, wenn die bewerteten Wirkungen nicht angemessen im Preismechanismus des Marktes berücksichtigt werden.

Betrachten wir das an einem Beispiel: Nehmen wir an, die Unternehmen einer Branche produzieren ein Gut, dessen Produktion erhebliche Umweltbelastungen mit sich bringt. Nehmen wir weiterhin an, dass die Unternehmen keinen *Anreiz* haben, diese Belastungen zu berücksichtigen, da keinerlei gesetzliche Auflagen existieren, und eine freiwillige Berücksichtigung wäre mit Kosten verbunden, für die sie nicht kompensiert werden; ein gutes Umweltgewissen lässt sich nur dann bilanzieren, wenn es tatsächlich über kurz oder lang zu Kosteneinsparungen führt oder auf Zahlungsbereitschaft seitens der Nachfrager stößt. Da annahmegemäß die Umweltbelastungen aus der Sicht anderer Akteure unerwünscht sind, jedoch die Produzenten keinen Anreiz haben, das zu berücksichtigen, liegen hier externe Effekte vor, in der Wohlfahrtsökonomik spricht man auch von *„sozialen Kosten"*.

Der Nobelpreisträger Ronald Coase hat nun in einem der meistzitierten Aufsätze der ökonomischen Literatur – „Das Problem der sozialen Kosten", „The Problem of Social Cost", 1960) deutlich gemacht, dass man sich hier vor zu einfachen Betrachtungen in acht nehmen muss; man kann in unserer Sprache auch sagen, er hat darauf aufmerksam gemacht, dass eine *handlungstheoretische* Sichtweise besser abgelöst werden sollte durch eine *interaktionstheoretische* Rekonstruktion der Problemstellung: Das Problem sei nämlich, so Coase, *„reziproker Natur"*. Damit ist folgendes gemeint: Wenn ein Unternehmen Schadstoffe emittiert, die einen Anrainer belästigen – ökonomisch: ihm Kosten auferlegen –, so würde eine Auflage zugunsten des Anrainers, die die Emissionen verbietet, ihrerseits dem Unternehmen Kosten auferlegen. Man müsse also beide Seiten sehen, d.h. in unserer Terminologie: es als ein Interaktionsproblem betrachten, d.h. es als Dilemmastruktur rekonstruieren.

Weiterhin führte Coase aus: Wenn sich die Anrainer belästigt fühlen, so könnten sie doch versuchen, sich mit dem Unternehmen in Verbindung zu setzen, um einen für beide vorteilhaften *Tausch* zu vereinbaren: Das Unternehmen reduziert seine Emissionen und wird dafür von den Anrainern kompensiert[26]. Wenn sich ein solches Tauschgeschäft jedoch für die Anrainer nicht lohnt, dann lohnt es sich eben nicht. Nun gibt es, so Coase, natürlich eine Reihe von Gründen, aus denen mit dem Unterlassen dieses Tauschgeschäftes zu rechnen ist, und diese Gründe benannte Coase generell mit dem Begriff

---

[26] Gelegentlich gibt es solche Fälle tatsächlich. Z.B. hat die deutsche Gemeinde Kleinblittersdorf an der Saar die französische Gemeinde Großblittersdorf dafür entschädigt, dass diese auf die Errichtung und Inbetriebnahme einer Müllverbrennungsanlage verzichtet hat (Feld/Pommerehne/Hart 1993). Solche Tauschgeschäfte lassen sich im kommunalen Bereich häufiger finden.

„Transaktionskosten". Bevor man nun kurzerhand „externe Effekte" diagnostiziert – und womöglich auch gleich mit einer Therapie zu Lasten des Unternehmens bei der Hand ist –, müssten diese Gründe, d.h. die in der betreffenden Situation vorliegenden Transaktionskosten und die sie verursachenden institutionellen Gegebenheiten, erst einmal erforscht werden.

Genau deshalb sind wir der Meinung, dass mit dem – recht verstandenen – Begriff der externen Effekte genau das gleiche angezeigt wird wie mit dem Begriff der potenziellen, aber nicht realisierten Kooperationsgewinne. Die Rede von externen Effekten will ja sagen, dass der Status quo unbefriedigend ist. Das lässt sich im Rahmen einer Theorie, der es um realisierbare Gestaltungsmöglichkeiten geht, nur dann sagen, wenn es im Vergleich zum Status quo eine realisierbare pareto-superiore Alternative gibt.

Allerdings handelt es sich hier meist um eine komplexere Dilemmastruktur, da direkte Interaktionen zwischen dem einzelnen Unternehmen und den (markt-)externen Betroffenen oft scheitern, eben weil die Transaktionskosten prohibitiv hoch sind. Und dann ist auch nicht zu erwarten, dass das Unternehmen von sich aus auf ein anderes Produktionsverfahren wechseln wird, das zwar die Umweltbelastungen reduziert, jedoch auch erhebliche Kostensteigerungen mit sich bringt. Der Grund ist mittlerweile vertraut: Eine Dilemmastruktur liegt vor, in diesem Fall zwischen dem Unternehmen und seinen Konkurrenten. Würde das Unternehmen auf das umweltfreundliche Verfahren wechseln, trüge es die Kosten, den Nutzen seiner ökologischen Vorleistung könnte es jedoch nicht selbst ernten, vor allem aber hätten die Konkurrenten aufgrund der jetzt ungünstigeren Kostensituation des Unternehmens Wettbewerbsvorteile.

Dass das Unternehmen aus seinen Vorleistungen keinen Nutzen ziehen kann, liegt daran, dass die Konsumenten von der Umweltbelastung oft nicht betroffen sind, in Zeiten weltumspannender Handelsströme liegt dieser Fall nicht selten vor. Und sie mögen vielleicht eine diffuse Präferenz für eine saubere Umwelt haben, sie zögen es auch vor, wenn die Anbieter möglichst umweltfreundlich produzieren würden, jedoch sind sie nicht bereit, deshalb höhere Preise zu entrichten.

Hier liegt, wenn man so will, eine Kooperation der Marktteilnehmer zu Lasten Dritter vor, nämlich all jener, die unter der zunehmenden Umweltbelastung zu leiden haben; deren Interessen sind in diesem Marktspiel und den Preisen bislang nicht berücksichtigt. Sollte man in solchen Fällen eingreifen, um die Interessen der Betroffenen zur Geltung zu bringen? Und wenn ja, wie? Und: Wer sollte das tun, und welche Informationen und Anreize hat der mit dieser Aufgabe Betraute?

Generell sind derartige Problemstellungen als *Frage nach den relevanten Alternativen* anzugehen. Pauschal und ohne konkretere Analyse der empirischen Situationsbedingungen lässt sich keine allgemeingültige Lösung angeben. Wohl aber lassen sich einige Gesichtspunkte benennen, die bei solchen Fragestellungen Berücksichtigung finden sollten.

So ist etwa zu bedenken, dass die Interessen der von der Umweltschädigung Betroffenen keineswegs unbedingten Vorrang genießen. Auch sie sind abzuwägen gegen die Interessen der anderen Beteiligten, in diesem Fall der Marktteilnehmer; das Problem ist „reziproker Natur". Wenn man also z.B. die Produktion verbietet im Interesse der von der Umweltbelastung Geschädigten, so schädigt man nun sowohl die Konsumenten, die nun für das von ihnen gewünschte Produkt höhere Preise zahlen oder gar ganz auf dessen Konsum verzichten müssen; und man schädigt die Produzenten, die bislang auf diese Weise ihr Geld verdienten, und zwar die Unternehmenseigner und ihre Mitarbeiter. So gesehen gibt es bei diesem Problem viele „Verursacher":

- die Konsumenten, weil sie die entsprechenden Güter nachfragen,
- die Produzenten, weil sie die Güter in der für sie vorteilhaftesten, jedoch umweltbelastenden Weise herstellen, aber auch
- die Konkurrenten, die das Unternehmen dazu „zwingen", sowie
- die von der Umweltbelastung Betroffenen, seien dies nun direkt Betroffene oder Individuen, die sich generell um den Zustand der Umwelt etwa mit Blick auf ihre Kinder Sorge machen und deshalb diese Produktionsweise verurteilen.

Anders formuliert: Die Berücksichtigung der Interessen der von der Umweltverschmutzung Betroffenen ‘kostet’ verschiedene Akteure etwas, und aus der Sicht der Interaktionsökonomik stellt sich die Frage, ob diejenigen, denen diese Kosten zugewiesen werden, dem zustimmen können.

Das ist zum einen eine Frage der *positiven* Analyse: Im Rahmen einer *komparativen Institutionenanalyse* ist zunächst zu untersuchen, wie die relevanten institutionellen Alternativen zum Status quo aussehen und welche vermutlichen Folgen sie für die Betroffenen hätten.

Das ist zum anderen eine Frage der *normativen* Analyse: Wer soll letztlich beurteilen, ob die ‘Kosten’ höher als der ‘Ertrag’ sind. Die Antwort haben wir im dritten Kapitel entwickelt: Es sind stets *alle Betroffenen*, die den Maßnahmen zustimmen müssen, durch die die unterschiedlichen ‘Kosten’ und ‘Erträge’ (mit-)verursacht werden. Die Betroffenen melden sich, auf je verschiedene Weise, zu Wort, möglicherweise auch durch Agenten, z.B. den Umweltminister, oder auch selbsternannte Repräsentanten der Interessen, z.B. Greenpeace. Durch von Institutionen kanalisierte Abstimmungsprozesse wird darüber befunden, ob, und wenn ja wie, den Interessen der von der Umweltbelastung Betroffenen Rechnung getragen werden soll.

Betrachten wir kurz einige der institutionellen Alternativen. Auch hier wird deutlich, dass es keine Patentlösungen gibt. Nehmen wir etwa den Fall an, dass die Umweltbelastungen direkte Schädigungen der Gesundheit zur Folge haben können. Dann wird man mit gutem Grund die Interessen der Produzenten und Konsumenten hintanstellen und ihnen auferlegen, durch die Umstellung der Produktionsverfahren höhere Kosten bzw. höhere Preise zu akzeptieren. Und das ist deshalb zustimmungsfähig, weil wohl jeder derartige Entscheidungen generell akzeptieren kann, denn sie könnten einmal in einem anderen, ähnlich gelagerten Fall seine eigene Gesundheit betreffen.

Doch während die Dringlichkeit dieses Falls eine direkte Vorschrift auch aus ökonomischer Sicht sinnvoll erscheinen lässt, gibt es andere Fälle, in denen es zweckmäßiger ist, den Produzenten mehr Spielraum zur Anpassung zu lassen. Denn der Nachteil derartiger allgemeiner Auflagen besteht darin, dass entweder nicht unterschieden wird zwischen den verschiedenen Situationen einzelner Produzenten, die dann diese Vorschrift unterschiedlich hart trifft – bis zum Konkurs –, oder dass man solchen Umständen durch eine Reihe von Sonderbestimmungen Rechnung zu tragen versucht, die zu jenem komplizierten Vorschriftenwust führen, über den dann durchaus mit Recht Klage geführt wird. Auch sind die Anreizwirkungen, sich um weitere Verbesserungen zu bemühen, gering: Sobald die Auflage erfüllt ist, hat man seine Pflicht getan.

Demgegenüber haben institutionelle Maßnahmen, die den Preismechanismus nutzen, den Vorteil, dass die betroffenen Produzenten den Umständen ihrer Situation besser Rechnung tragen können. Nehmen wir an, es geht um den Fall der Reduktion von Schadstoffen, die in die Luft emittiert werden. Dann könnte eine Maßnahme darin bestehen, eine Obergrenze dieser Schadstoffe in dieser Region festzulegen, bis zu dieser Obergrenze einzelne Rechte zu definieren, mit denen bestimmte Mengen dieser Schadstoffe emittiert werden dürfen, und diese Rechte *handelbar* zu machen. Damit wäre ein neuer Markt, der Markt für Emissionslizenzen, eröffnet, und dieser Markt würde dafür sorgen, dass diese Lizenzen zu jenen gelangen, die sie am höchsten wertschätzen. Das könnten Produzenten sein, aber auch Umweltschützer. Dabei würde sich zeigen, wem diese Rechte mehr wert sind. Und wer befürchtet, dass dann die Produzenten alle Rechte aufkaufen, um die Umwelt weiter verschmutzen zu können, der sei darauf hingewiesen, dass die Produzenten das nur tun, wenn es sich für sie lohnt, und das ist nur dann der Fall, wenn die Konsumenten die aufgrund der Kosten der Lizenzerwerbung höheren Preise zu zahlen bereit sind. Auf diese Weise würde den Interessen der verschiedenen Parteien angemessen Rechnung getragen werden können. Hinzu kommt ein weiterer Vorteil: Die durch den nötigen Lizenzerwerb gestiegenen Kosten bieten den Produzenten einen *Anreiz*, sich nach umweltschonenderen Produktionstechniken umzusehen. Wiederum zeigt sich, dass die Verhaltenssteuerung der eigentliche Sinn und Zweck der Verwendung des Preismechanismus ist.

4.5 Gesamtwirtschaftliche Restriktionen

4.5.1 Einführung: Die makroökonomische Perspektive

Vielleicht haben Sie sich schon gefragt, warum denn jene Begriffe, die man oft mit „Ökonomie" verbindet – Bruttoinlandsprodukt, Arbeitslosigkeit, Inflation, Wachstum usw. – noch gar nicht aufgetaucht sind, obwohl viele doch vermutlich an sie denken, wenn von Ökonomik die Rede ist. Und zweifellos sind diese gesamtwirtschaftlichen Größen und die sie beeinflussenden Wirtschaftspolitiken Schlüsselvariablen, die über den Erfolg oder Misserfolg etwa von Regierungen entscheiden; so ist für transnationale Unternehmen die Einschätzung der gesamtwirtschaftlichen Situation eines Landes oft von Bedeutung für die Frage, ob sie sich in dem betreffenden Land niederlassen oder nicht.

Was aber hat die Ökonomik, wie wir sie hier bislang vorgestellt haben, mit diesen Größen und den Zusammenhängen, durch die sie zustande kommen, zu tun? Die Antwort lautet: Es handelt sich um eine Ausweitung der Perspektive in sozialer und zeitlicher Hinsicht, durch die neue Zusammenhänge – Restriktionen – thematisiert werden können. Waren viele der bisherigen Analysen eher mit einzelnen Interaktionen, ihren Voraussetzungen und Folgen befasst, so ergeben sich jene Größen, um die es nun geht – Bruttoinlandsprodukt, Inflationsrate, Arbeitslosenquote, Exporte und Importe, Rate des wirtschaftlichen Wachstums usw. – aus einer *Aggregation* sehr vieler einzelner Interaktionen, deren Logik wir bisher analysiert hatten; hinzu kommt eine *Ausweitung der zeitlichen Perspektive*. In beiden Fällen ergeben sich neue Zusammenhänge, und diese Zusammenhänge bestimmen über die Kooperationschancen mit, die sich den Menschen eröffnen. Diese gesamtwirtschaftlichen Größen und Strukturen bilden bislang unberücksichtigt gebliebene *Restriktionen*, deren Analyse zu einem besseren Verständnis der Problemsituationen und – daraus folgend – zu verbesserten Einschätzungen politischer Gestaltungsmöglichkeiten führen, wobei diese Gestaltungsmöglichkeiten neue Chancen, aber auch Risiken mit sich bringen, wie wir im folgenden Abschnitt sehen werden[27].

Betrachten wir diese Perspektivenausweitung an einem Beispiel: Nehmen wir an, in einer Kleinstadt siedelt sich ein neues Maschinenbauunternehmen mit 500 Beschäftigten an. Auch wenn vielleicht einige Mitarbeiter mitgebracht werden, so eröffnen sich dadurch doch neue Kooperationschancen für Arbeitsuchende in der Gegend; sie bieten ihre Arbeitskraft an und erhalten im Gegenzug vom Unternehmen Lohn, und für das Unternehmen lohnt sich das Tauschgeschäft, weil für die produzierten Maschinen zahlungsbereite Nachfrage besteht.

Das ist soweit nichts Neues. Interessant ist nun, nach *weiteren* Folgewirkungen der Ansiedlung zu fragen, deren es natürlich sehr viele gibt, und es hängt, wie immer, vom Problem ab, welche man betrachtet. Eine der Folgewirkungen, die für makroökonomische Fragestellungen zentral ist, betrifft die Tatsache, dass die Arbeitnehmer in dem neuen Betrieb Einkommen erhalten und dass daraus etwas folgt. Denn sie werden

- einen Teil dieses Einkommens als Steuern abführen müssen – mit der Folge, dass sich dem Staat neue Möglichkeiten der Finanzierung öffentlicher Güter eröffnen,
- einen Teil sparen – mit der Folge, dass jenen Akteuren, die Kredite aufnehmen möchten, hier neue Gelegenheiten erwachsen,
- und einen Teil konsumieren – mit der Folge, dass nun wiederum die Hersteller bzw. Verkäufer der von ihnen gekauften Güter und Dienstleistungen Einkommen erhalten und eine neue Runde in diesem Prozess beginnt.

Betrachten wir den letzten Unterpunkt noch einmal genauer: Nehmen wir an, Herr *j*, ein neuer Mitarbeiter des Unternehmens, hat durch seinen neu gefundenen Arbeitsplatz nun 2.000.- DM im Monat mehr zur Verfügung, und er gibt davon 1.000.- DM für Konsumzwecke aus. Was er ausgibt, muss notwendigerweise bei anderen Akteuren als Einnahme anfallen, also als Einkommen, das sie nicht erhalten hätten, wenn Herr *j* nicht seinen neuen Arbeitsplatz gefunden hätte. Nun werden diese Akteure ihrerseits das so erhaltene Einkommen für verschiedene Zwecke verwenden, und sie werden verschiedene Güter und Dienstleistungen *zusätzlich* nachfragen, die sie sonst nicht nachgefragt hätten; und ihre Tauschpartner werden dann ihrerseits neues Einkommen erhalten usw.

---

[27] Innerhalb der Ökonomik befasst sich die sogenannte *Makroökonomik* mit diesen gesamtwirtschaftlichen Zusammenhängen.

Nachdem also durch die Ansiedlung des Unternehmens sich in einer ersten Runde neue Kooperationschancen für die neuen Mitarbeiter eröffneten, ergeben sich daraus wiederum, in einer zweiten Runde, neue Kooperationschancen für neue Interaktionspartner der Mitarbeiter, die von deren gestiegenen Möglichkeiten profitieren; sie können ein paar Brötchen, mehr Kleider, größere Autos und dergleichen mehr verkaufen, mehr Geld verdienen. In einer dritten Runde werden diese das so erworbene Mehreinkommen möglicherweise dazu nutzen, neue Investitionen zu tätigen und/oder neue Mitarbeiter einzustellen usw. Die so stattfindende Ausweitung von Kooperationsmöglichkeiten trägt den passenden Namen *Multiplikatoreffekt*.

Solche Prozesse – und auch ihre Umkehrung, die entsprechenden kontraktiven Entwicklungen (siehe folgender Abschnitt) – finden in einer Volkswirtschaft ständig statt. Man kann nun natürlich nicht all diese Einzelfälle nachzeichnen. Statt dessen werden in makroökonomischen Modellen solche Wirkungsketten im Aggregat betrachtet; es wird nicht nur die Kleinstadt, sondern die gesamte Volkswirtschaft betrachtet, und dies nicht nur im Hinblick auf eine bestimmte Branche, sondern hinsichtlich aller wirtschaftlichen Tätigkeiten.

Um also diese allgemeinen Strukturen in den Blick zu bekommen, werden nun noch mehr Einzelheiten als bisher vernachlässigt und noch mehr Dinge und Prozesse zusammengefasst. So spricht man in der Makroökonomik von nur einem Gütermarkt, der dann alle Branchen umfasst, und ebenso wird oft von nur einem einzigen Arbeitsmarkt gesprochen. Das mag zunächst irritieren, denn es gibt ja nun wirklich sehr verschiedene Güter und sehr verschiedene Arbeiten. Indes sind solche pragmatischen, also problembezogenen, Reduktionen sinnvoll, da sie es ermöglichen, bestimmte allgemeine Zusammenhänge besser zu verstehen, die bei einer Betrachtung der großen Vielzahl einzelner Teilmärkte nicht verstanden werden könnten. Wichtig ist nur auch hier wieder, dass man weiß, was man tut, also die Urteilskraft erwirbt zu verstehen, für welche Probleme man solche Vereinfachungen verwenden kann und wie sie gegebenenfalls zu differenzieren sind.

Durch die Aggregatbetrachtung kommen neue Zusammenhänge in den Blick, die vorher verborgen waren. Neue Einsichten können sich allein schon dadurch ergeben, dass man einfache *Bilanzidentitäten* auf makroökonomische Größen anwendet. Insbesondere in dem für viele Menschen schwer verständlichen Bereich internationaler Wirtschaftsbeziehungen lassen sich allein durch die Berücksichtigung solcher Identitäten Missverständnisse vermeiden, wie das folgende Beispiel zeigt, das wir Paul Krugman (1996, S. 76 f.) verdanken.

Nicht wenige Menschen sehen eine doppelte wirtschaftliche Bedrohung, die von den sogenannten Schwellenländern ausgeht[28]. Zum einen fließt (Finanz-)Kapital aus den Industrieländern ab: Statt in Deutschland legen Kapitalgeber ihre Mittel lieber in Staaten mit vielversprechenden Wachstumsraten an. Zum zweiten 'überschwemmen' uns diese Länder mit ihren Produkten, die sie vor allem wegen der sehr viel niedrigeren Arbeitskosten billiger anbieten können, und gefährden auch damit inländische Arbeitsplätze. Der Witz ist nur: *Beides zugleich geht nicht!* Entnehmen lässt sich das einer einfachen, für die Außenwirtschaftstheorie grundlegenden Identitätsgleichung, nach der – bezogen auf ein Land und eine Periode – die gesamten Investitionen abzüglich der gesamten Ersparnisse gleich sein müssen den Importen abzüglich der Exporte:

$$\text{Investitionen} - \text{Ersparnisse} = \text{Importe} - \text{Exporte}$$

Wenn also z.B. in einem Land mehr investiert als gespart wurde, *muss* in der gleichen Periode ein Importüberschuss in der entsprechenden Höhe beobachtbar gewesen sein, d.h. die Investitionen wurden aus dem Ausland finanziert.

Diese Identitätsgleichung ist ex post immer erfüllt, und das hat Folgen. Denn wenn wir uns jetzt die beiden obigen Aussagen ansehen, stellen wir fest, dass sie nicht zugleich zutreffen können. Nehmen wir zur Vereinfachung an, es gäbe nur zwei Länder, ein Entwicklungsland und ein Industrieland. Betrachten wir nun zunächst die erste Aussage, nach der im Entwicklungsland Investitionen mit Kapital aus dem Industrieland finanziert werden; in diesem Land sind dann die inländischen Investitionen größer als die inländischen Ersparnisse (Investitionen > Ersparnisse). Gemäß der zweiten Behauptung müsste nun das Entwicklungsland zugleich mehr exportieren als importieren. Das hieße, dass es gleichzeitig einen *Exportüberschuss* gegeben haben müsste (Importe < Exporte). Das aber ist offensichtlich nicht möglich, und die Kenntnis dieser gesamtwirtschaftlichen Gleichung kann einen somit vor dem entsprechenden Fehlschluss bewahren.

Weil nun diese und andere gesamtwirtschaftlichen Zusammenhänge so weitreichende Einflüsse auf die Kooperationschancen der Mitglieder der Gesellschaft haben, lohnt es sich, sie zu studieren. Von Interesse ist dabei sowohl die Frage, welchen Einfluss diese Restriktionen auf die gesellschaftlichen Interaktionen und ihre Folgen haben, als auch die Frage, ob, wie und durch

---

[28] Als „Schwellenländer" werden solche Länder bezeichnet, deren wirtschaftliche Strukturen ein bestimmtes Niveau erreicht haben, so dass man sagen kann, sie stehen an der „Schwelle" zu einer entwickelten Marktwirtschaft.

wen sie in gesellschaftlich erwünschter Weise beeinflusst werden können. Dies gilt für die Probleme wirtschaftlicher Auf- und Abschwünge, der Arbeitslosigkeit, der Steuerung des Geldkreislaufs, der außenwirtschaftlichen Beziehungen und des längerfristigen Wirtschaftswachstums. Es liegt nahe, den *Staat* als Agenten damit zu beauftragen, doch hat sich gezeigt, dass damit erhebliche (Informations- und Anreiz-)Probleme verbunden sein können, die wiederum institutionelle Vorkehrungen nötig werden lassen. Noch komplizierter werden die Dinge in einer Welt, die durch die Ausweitung internationaler Wirtschaftsbeziehungen geprägt ist. Dadurch werden staatlichen Agenten weitere Restriktionen gesetzt, aber es ergeben sich auch zahlreiche neue Chancen.

Wir können hier nicht auf all diese Probleme und die Erkenntnisse, die die Makroökonomik zu den entsprechenden Fragen gewonnen hat, eingehen. Deshalb beschränken wir uns darauf, nur drei dieser Themen kurz zu skizzieren, wobei es uns primär darum geht, den Zusammenhang interaktionstheoretischer und makroökonomischer Analysen zu verdeutlichen. Diese Themen betreffen das Problem der konjunkturbedingten Beschäftigungsschwankungen (4.5.2), den Geldkreislauf (4.5.3) und die internationalen Wirtschaftsbeziehungen (4.5.4).

4.5.2 Konjunkturbedingte Beschäftigungsschwankungen

Zu den schmerzhaftesten Erfahrungen der neueren Zeit, die wesentlich auf wirtschaftliche Faktoren zurückgehen, gehört zweifellos die Weltwirtschaftskrise des Jahres 1929 und der folgenden Jahre. Besonders schlimm traf es die USA, in der die Industrieproduktion von 1929 bis 1933 um fast 50% fiel, von 103 Mrd. US$ auf 55 Mrd. US$, und die Arbeitslosigkeit im gleichen Zeitraum von 1.5 Mio. auf 13 Mio. stieg.

Vor allem die Arbeitslosigkeit traf die Menschen hart. Jedoch hatten jene Theoretiker, die sich mit diesem Thema befassten, die Ökonomen, keine *Diagnose* dieses Problems, auf die sich eine wirksame und erfolgversprechende *Therapie* gründen ließ. Ein Übel von diesem Ausmaß war in den herrschenden Theorien nicht vorgesehen, und vor allem war nicht vorgesehen, dass das Wirtschaftssystem nicht von sich aus die Heilungskräfte entwickelte.

Es war diese Problemsituation, die John M. Keynes, den vielleicht einflussreichsten Ökonomen des 20. Jahrhunderts, dazu veranlasste, die damals herrschenden Lehren der Klassiker kritisch zu analysieren und zu fragen, ob die bisherigen Ansichten über die Funktionsweise des Arbeitsmarktes nicht zu revidieren seien.

Gemäß dem klassischen Modell hatte der Arbeitsmarkt wie jeder andere Markt zu funktionieren:

Abb. 4-9: Der 'klassische' Arbeitsmarkt

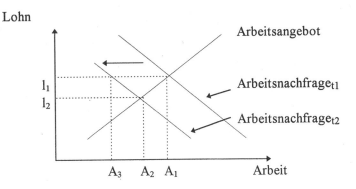

Wenn aus irgendeinem Grund die Nachfrage nach Arbeit beim alten Lohn l_1 von A_1 nach A_3 zurückgeht – dargestellt durch die Linksverschiebung der Arbeitsnachfragekurve – und sich somit ein Angebotsüberschuss ergibt, so war nach klassischer Auffassung zu erwarten, dass der Preis für Arbeit von l_1 auf l_2 sinken und das Arbeitsangebot von A_1 nur auf A_2 zurückgehen würde; damit wäre zugleich ein Punkt erreicht, bei dem die Interessen der Akteure wieder zum Ausgleich gebracht werden. Zum neuen Lohnsatz l_2 wären dann eben nur noch weniger Arbeitnehmer bereit, Arbeit anzubieten, „unfreiwillige" Arbeitslosigkeit gäbe es demnach nicht.

In diesem Modell gab es keinen Bedarf für politische Maßnahmen – von der Aufrechterhaltung der für einen funktionierenden Markt notwendigen Spielregeln abgesehen. Für die nötigen Anpassungsprozesse sorgte der Markt von selbst durch die 'automatische' Anpassung der Preise und die darauf erfolgende Anpassung der Mengen. Gemäß dieser Theorie gab es keine bessere Möglichkeit, die Handlungen der Akteure zu koordinieren, als den Markt sich selbst zu überlassen; Eingriffe konnten die Dinge nur verschlimmern.

Für das während der Jahre der Weltwirtschaftskrise beobachtete Phänomen einer andauernden unfreiwilligen Arbeitslosigkeit auf sehr hohem Niveau war diese theoretische Diagnose und ebenso die daraus folgende Therapie äußerst unbefriedigend. Und es handelte sich hier nicht um eine Naturkatastrophe, sondern um ein System, das nach von Menschen gemachten Spielregeln stattfand.

Vor diesem Hintergrund entwickelte Keynes eine Theorie, die beides bereithielt, eine *Erklärung* dieser Phänomene, insbesondere der unfreiwilligen Arbeitslosigkeit, sowie die Vorschläge zur *Gestaltung*, also wirtschaftspolitischer Reformen. Seine Grundüberlegungen basierten auf der Idee, dass ein plötzlicher Nachfragerückgang eine Kettenreaktion auslösen kann, die gewissermaßen das Spiegelbild des oben skizzierten Multiplikatorprozesses der Ausweitung von Kooperationschancen darstellt, eine kontraktive Kettenreaktion. Die fehlende Nachfrage führt zu geringeren Erträgen der Anbieter; die reagieren mit einem Abbau von Arbeitsplätzen, was in der Folge jedoch wiederum dazu führt, dass jene, die arbeitslos geworden sind, geringeres Einkommen haben und weniger nachfragen können; daraufhin sinken die Erträge der Anbieter weiter usw. Nach Keynes kam ein weiterer Punkt hinzu: Insbesondere auf dem Arbeitsmarkt waren die Preise nach unten *nicht beweglich*[29].

Daraus aber folgt, dass die Anpassungsprozesse allein über die Mengen liefen, und dadurch konnte es durchaus zu einem Angebotsüberhang und somit zu unfreiwilliger Arbeitslosigkeit kommen[30]:

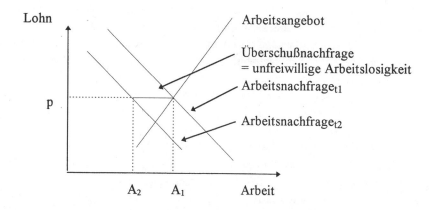

Abb. 4-10: Der Arbeitsmarkt bei Lohnstarrheit

---

[29] Es ist in der Ökonomik umstritten, welche Bedeutung der fehlenden Beweglichkeit der Löhne zukommt; in anderen Konstellationen kann es auch bei beweglichen Löhnen zur Unterbeschäftigung kommen.

[30] Das folgende Diagramm ist eine *sehr* vereinfachte Darstellung der Überlegungen von Keynes, die nur deshalb in dieser Form erfolgt, um den Unterschied zum Denken der Klassiker in möglichst einfacher Form deutlich werden zu lassen.

In einer solchen Situation gab es, wenn der Anpassungsmechanismus der Preise außer Kraft gesetzt war, nur zwei Möglichkeiten, Angebot und Nachfrage wieder zu einem Ausgleich zu bringen: Entweder das Angebot geht zurück, oder die Nachfrage wird ausgeweitet. Die erste Möglichkeit ist nicht nur kaum durchführbar, sie ist auch gesellschaftlich unerwünscht, da sie gleichbedeutend ist damit, dass nur ein geringer Teil der möglichen Kooperationsgewinne ausgeschöpft wird; anders formuliert: Das Wohlstandsniveau ist gering, die soziale Unzufriedenheit hoch, mit all den damit verknüpften Problemen.

Damit rückt die zweite Möglichkeit in den Mittelpunkt, die *Erhöhung der gesamten volkswirtschaftlichen Nachfrage* nach Gütern und Dienstleistungen, die ihrerseits ausschlaggebend ist für die Höhe des volkswirtschaftlichen Beschäftigungsstandes. Dabei ergibt sich allerdings folgende *Dilemmastruktur*: In einer Situation, in der diese aggregierte Nachfrage zu gering ist, um Vollbeschäftigung zu ermöglichen, sind weder die einzelnen Anbieter noch die einzelnen Nachfrager in der Lage, durch individuelle Vorleistungen in Form von Investitionen die Wirtschaft wieder in Gang zu bringen; sie haben als einzelne einfach nicht genügend Macht, es liegt auch nicht in ihrem Interesse, individuelle Vorleistungen zu bringen, um die Wirtschaft wieder anzukurbeln; zu gering sind die Möglichkeiten, selbst genügend Erträge ihrer Vorleistungen zu erhalten; schließlich wären sie auch kaum als einzelne in der Lage, damit anderen verlässliche *Signale* zu geben, dass in Zukunft wieder mit mehr Nachfrage und entsprechend höheren Erträgen neuer Investitionen gerechnet werden könnte.

Deshalb schlug Keynes vor, dass der Staat es übernehmen solle, die volkswirtschaftliche Nachfrage zu stimulieren. Zwar kann der Staat nicht Preise und Löhne bestimmen – und das ist auch gut so! –, wohl aber kann er dafür sorgen, dass es sich für die Anbieter wieder lohnt, mehr zu produzieren und zu investieren, indem er seinerseits die Nachfrage belebt und so den Nachfrageausfall der Privaten kompensiert. Für ihn selbst wäre es ebenfalls ein lohnendes Geschäft, da er dadurch nicht nur höhere Steuereinnahmen erhalten, sondern auch das Ansehen steigern kann[31].

Solche nachfrageorientierten Konjunkturprogramme bringen allerdings einige Probleme mit sich, die typisch sind für die Schwierigkeiten *selektiver Interventionen* und die wir z.T. schon diskutiert haben. Ein wesentlicher

---

[31] Neben der hier betrachteten *direkten* Einwirkung auf die Nachfrage durch den Staat gibt es eine andere *indirekte* Möglichkeit, die wir hier nicht weiter ausführen, obwohl sie in der Ökonomik ausführlich diskutiert wurde: Durch geldpolitische Maßnahmen kann der Staat – *wenn* er das kann und die Geldpolitik nicht in den Händen einer unabhängigen Zentralbank liegt (vgl. folgenden Abschnitt) – durch Zinssenkungen die Investitionsnachfrage stimulieren.

Punkt betrifft die Anreizwirkungen solcher Maßnahmen. Wenn der Staat sich bereit erklärt, bei Nachfrageausfällen in die Bresche zu springen, so hat das natürlich Signalwirkungen auf die Anbieter. Sofern sie unter Druck geraten, weil sich die Nachfrage nach ihren Produkten verringert, werden sie versuchen, ihrerseits Druck auf den Staat zu machen mit dem Hinweis, er müsse hier unterstützend eingreifen, um Schlimmeres zu verhüten. Jedoch kann der Nachfragerückgang einfach darauf zurückgehen, dass sie höhere Preise als ihre – möglicherweise ausländischen – Konkurrenten verlangen oder schlechtere Qualität bieten, und es wäre keineswegs im gesellschaftlichen Interesse, sie darin auch noch zu unterstützen. Ein anderer Grund für den Nachfragerückgang könnte sein, dass generell die Nachfrage nach dem betreffenden Gut zurückgeht, z.B. weil bessere Substitute auf den Markt gekommen sind. Und auch in solchen Fällen wäre es gesellschaftlich unerwünscht, Nachfrage künstlich aufrechtzuerhalten und auf diese Weise unumgängliche Strukturanpassungen zu verzögern, statt Anreize für die nötigen Anpassungsprozesse zu geben. Bergbau und Landwirtschaft in Deutschland sind die herausragenden Beispiele dafür.

Anders gesagt bringt ein stärkerer Interventionismus staatlicher Instanzen in die Spielzüge des Marktes erhebliche Informations- und Anreizprobleme mit sich. Zum einen stehen sie vor der Notwendigkeit, einschätzen zu müssen, wann es zweckmäßig und wann es unangemessen ist, plötzlich auftretende Nachfrageausfälle zu kompensieren, z.B. durch Subventionen. Wenn man jene fragt, die es am ehesten einschätzen können, nämlich die betroffenen Anbieter, so haben diese gewiss keinen Anreiz zu verkünden, dass der Rückgang der Nachfrage dauerhaft einzuschätzen ist, denn dann wäre es nicht einzusehen, warum sie staatlich gestützt werden sollte.

Als gravierender noch erweisen sich die damit verknüpften Anreizprobleme. Wenn Politiker die Möglichkeit haben, im Einzelfall drohende Verluste zu verhindern, so ergeben sich für diejenigen, denen diese Verluste drohen, erhebliche Anreize, statt in wirtschaftliche Leistungsfähigkeit in politische Verbindungen zu investieren: Das Arbeitsessen findet nicht mit dem potenziellen Kunden statt, sondern mit dem Beamten, der für die staatlichen Unterstützungen zuständig ist; und das mag zwar einem selbst bzw. dem eigenen Unternehmen dienen, nicht aber der Gesellschaft, denn hier findet keine *Wertschöpfung* statt. Die Politiker haben ihrerseits Anreize, auf entsprechende Anfragen einzugehen, weil sie sich mit derartigen Maßnahmen oft gut profilieren können, denn diese einzelfallbezogenen Aktivitäten sind gut sichtbar, während strukturell orientierte Maßnahmen oft zu diffus wirken, um publikumswirksam zu sein.

Hier sind allerdings zwei Anmerkungen zu machen, um einseitige Beurteilungen zu vermeiden. Zum ersten ist daran zu erinnern, dass Ökonomen sich solcher Argumentationen nicht deshalb befleißigen, weil sie als Zyniker der Meinung sind, die Menschen, und vor allem die in der Wirtschaft und Politik tätigen Akteure, seien so egoistisch. Die ökonomische Argumentation lautet hier vielmehr folgendermaßen: Wenn der „Preis" für staatliche Unterstützungsleistungen (Finanzhilfen, Sondervergünstigungen) sinkt – weil der Staat eher zur Unterstützung bereit ist –, wird sich die Nachfrage nach solchen Unterstützungsleistungen *im Aggregat* erhöhen. Damit wird keine Aussage über zugrunde liegende Motive der einzelnen Nachfrager gemacht, denn warum dies geschieht, kann viele Hintergründe haben. Vielleicht will man seine Mitarbeiter einfach nur vor der Entlassung schützen; ein anderer sieht sich dazu gezwungen, weil seine Konkurrenten sich dieses Mittels bedienen – oder auch nur bedienen könnten; und schon zeigt sich wieder das zugrunde liegende Muster einer Dilemmastruktur: Wenn Konkurrenten ihre Marktsituation durch staatliche Leistungen verbessern, muss man zusehen, auch selbst solche zu erhalten. Und das Gleiche gilt für Politiker: Im Wettbewerb um Wählerstimmen sind sie nicht selten gezwungen, zu populären Unterstützungsmaßnahmen zu greifen, auch wenn deren langfristige, aber eben nicht gut wahrnehmbare Folgen eher negativ zu beurteilen sind. Um solche unerwünschten Wettbewerbsprozesse um staatliche Sonderzuwendungen gar nicht erst aufkommen zu lassen, kann es sich als zweckmäßig erweisen, die Möglichkeiten staatlicher Unterstützungsmaßnahmen von vornherein institutionell einzuschränken.

Die zweite Anmerkung betrifft die Tätigkeit von Lobbygruppen, die hier als eher problematisch hingestellt wurden. Wie wir in Abschnitt 5.4.1 noch weiter ausführen werden, sind solche Aktivitäten *keineswegs generell unerwünscht*, vielmehr gilt in zunehmendem Maße, dass Kooperationen zwischen staatlichen Instanzen und Vertretern von Branchen sinnvoll sein können, z.B. um an Informationen zu gelangen oder die Unternehmen „mit ins Boot" zu bekommen. Auch hier erweist es sich als notwendig, die Bedingungen zu untersuchen, unter denen Kooperationen erwünscht oder unerwünscht sind, um im nächsten Schritt zu überlegen, wie sich die erwünschten Kooperationen institutionell fördern, die unerwünschten verhindern lassen.

Als Faustregel kann man allerdings sagen, dass es oft sehr viel sinnvoller ist, wirtschaftliche Anpassungsprozesse an umweltbedingte Veränderungen den anonymen Mechanismen wie dem Markt anzuvertrauen, weil diese Mechanismen – geeignete Rahmenbedingungen vorausgesetzt – jene notwendigen, aber mit Härten verknüpften Anpassungen besser durchsetzen können als staatliche Instanzen, auch wenn genau dies zum – ungerechtfertigten – schlechten Image des Marktes beiträgt.

Es ist eine der wichtigsten Aufgaben der Ökonomik, zu einem besseren Verständnis der zahlreichen Spielregeln, die im Laufe der Zeit bereits entwickelt worden sind, beizutragen, denn es gehört zu den Grundproblemen der öffentlichen Diskussion um gesellschaftliche Probleme, dass dabei nur die vordergründigen, einzelfallbezogenen Zusammenhänge gesehen werden, nicht aber die tieferliegenden institutionellen Strukturen, die wertvolles Sozialkapital darstellen, die aber durch selektive Interventionen leicht zerstört werden können.

Insofern zeigt sich auch hier wieder, dass es eine sehr anspruchsvolle Aufgabe institutioneller Gestaltung ist, die Spielräume einer gesellschaftlich erwünschten Wirtschaftspolitik zweckmäßig zu bestimmen und anreizkompatibel auszugestalten.

4.5.3 Geld

Die Frage, was Geld ist, lässt sich verschieden beantworten. So sagen manche, dass Geld die Wurzel allen Übels ist, was sie aber selten daran hindert, gern welches zu erhalten. Bevor wir uns den spezifisch makroökonomischen Aspekten des Geldkreislaufs zuwenden, betrachten wir zunächst die Antwort des Ökonomen auf die Frage, was Geld ist.

4.5.3.1 Funktionen des Geldes

In der ökonomischen Perspektive wird Geld von den Funktionen her betrachtet, und das heißt, dass all das Geld sein kann, was diese Funktionen erfüllt. Es dient als Tauschmittel, als Wertaufbewahrungsmittel und als Recheneinheit.

Geld als Tauschmittel

Auf diese Funktion hatten wir bereits in Abschnitt 2.4.2 hingewiesen, als wir Tausch als Grundlage von Kooperationsgewinnen besprachen. Ein Problem des Tausches Ware gegen Ware ist die **Synchronisation** der Wünsche der Tauschpartner, und dieses Problem nimmt mit dem Ausmaß der Arbeitsteilung zu. Eine nette Illustration dieses Problems liefert W. Röpke:

> Er „erinnert sich aus seiner Kindheit eines eigentümlichen Vertrages, den sein Vater als Landarzt mit dem Friseur des Dorfes abgeschlossen hatte. Sie waren übereingekommen, sich gegenseitig keine Rechnungen auszustellen, sondern ihre Forderungen gegeneinander aufzurechnen. ... Nun führte aber nach einiger

Zeit die Kränklichkeit des Friseurs dazu, dass auf Seiten meines Vaters ein Überschuß ... entstand, der dadurch beseitigt wurde, dass wir Kinder uns weit häufiger die Haare schneiden lassen mußten, als uns lieb war." (1937/1961, S. 72 f.)

In einer Welt ohne Geld ergeben sich mithin ganz erhebliche Einschränkungen im Hinblick auf die Realisierung von Kooperationsgewinnen und – dadurch bedingt – auch hinsichtlich der Möglichkeiten, sich zu spezialisieren. Professor zu werden ist eine sehr riskante Sache, wenn man dann darauf angewiesen ist, dass der Bäcker (Brauer, Metzger usw.) auch bereit ist, seine Brötchen gegen mündliche oder schriftliche Ausführungen über das eigene Spezialgebiet zu tauschen. Das Gleiche gilt für nahezu alle anderen auch nur etwas anspruchsvolleren, und daher produktiveren, Tätigkeiten. In einer Welt ohne Geld hätte man stets das Problem, den geeigneten Tauschpartner zu finden und die Wünsche auch zeitlich aufeinander abzustimmen. Existiert hingegen ein generelles Tauschmittel, können die Transaktionskosten der einzelnen Tauschvorgänge in einem außerordentlichen Maße gesenkt werden.

Ein solches generelles Tauschmittel muss verschiedene Qualitäten besitzen, um tauglich zu sein.

Merkmale eines allgemeinen Tauschmittels:

- Die wichtigste Voraussetzung ist nicht an die physischen Eigenschaften geknüpft, sondern liegt in der sozialen Dimension: Es muss *allgemein akzeptiert* sein; man stelle sich vor, es müsste vor beliebigen Einkäufen erst immer geklärt werden, ob der Tauschpartner das Geld, mit dem man bezahlen will, auch nehmen will.
- Weiterhin muss Geld *haltbar* sein; Erdbeeren sind als Tauschmedium kaum geeignet.
- Es muss hinreichend *teilbar* sein, um auf möglichst verschiedene Tauschvorgänge mit unterschiedlichen Werten zugeschnitten zu sein; man stelle sich vor, die kleinste Geldeinheit hätte den Wert von 100,- DM, und man will morgens 3 Brötchen kaufen.
- Es muss gut *transferierbar* sein; Münzen in der Größe von Gullideckeln wären beim Einkaufsbummel recht hinderlich.
- Schließlich muss sein *Wert gut erkennbar und dessen künftige Entwicklung berechenbar* sein, und das wiederum verlangt, dass seine *Herstellung kontrolliert erfolgt.* Gerade weil Geld ein praktisch universelles Tauschmittel ist, kommt jenen Agenten, die mit seiner Herstellung und damit der Kontrolle seines Wertes befasst sind, eine

besondere Vertrauensstellung zu, was immer auch eine Frage der institutionellen Bedingungen ist, denen diese Agenten unterliegen. Auf diesen Punkt werden wir gleich genauer eingehen.

Geld als Wertaufbewahrungsmittel

Zweitens kommt dem Geld eine Wertaufbewahrungsfunktion zu. Diese Funktion ist allerdings nicht konstitutiv, denn natürlich kann man sein Vermögen auch auf ganz andere Weise bewahren, etwa in Form von Diamanten, Grundstücken oder Gemälden. Oft ist es sogar von Nachteil, das eigene Vermögen in Form von Geld zu halten, da die Rendite anderer Vermögenswerte in der Regel höher ist; und in Zeiten der Unsicherheit verbürgen solche Formen von Kapital, hinter denen reale Werte stehen wie z.B. ein Grundstück, mehr Sicherheit als Geldkapital.

Demgegenüber besteht der große Vorzug, sein Vermögen bzw. einen Teil desselben in Form von Geldkapital zu halten, darin, dass diese Form *liquider* bzw. *fungibler* ist als jeder andere Vermögenswert. Aufgrund seiner Funktion als Tauschmittel kann Geld jederzeit in die gewünschten Güter und Dienstleistungen getauscht werden, was bei vielen anderen Vermögenswerten, z.B. einem Grundstück, nicht so einfach möglich ist, und darin liegt zweifellos ein Wert.

Allerdings gilt hier in besonderem Maße, dass die künftige Geldwertentwicklung den Wert des Geldes als Wertaufbewahrungsmittel bestimmt. Hierbei ist weniger die Berechenbarkeit an sich von Bedeutung, denn man wird auch dann Sachwerte bevorzugen, wenn eine präzise berechenbare, aber hohe Inflation ebenso präzise den Wertverlust gehaltenen Geldes berechenbar macht. Geld als Vermögenswert zu halten ist vielmehr nur dann sinnvoll, wenn es in etwa seinen Wert über die Zeit hinweg behält. Auch dieser Punkt verweist auf die Bedeutung der Frage, wie verlässlich Erwartungen über die künftige Geldwertentwicklung sind.

Geld als Recheneinheit

Diese in ihrer Bedeutung kaum zu überschätzende Funktion des Geldes besteht darin, einen gemeinsamen Nenner für nahezu alle bewerteten Ressourcen und Leistungen zu bilden. *Wie* wichtig diese Funktion ist, lässt sich an der methodologischen Einsicht ermessen, dass *jeder Vergleich von Alternativen einen expliziten oder impliziten Maßstab für diesen Vergleich voraussetzt.*

Im Rahmen von Investitionsentscheidungen über mögliche Produktionspläne, Beschaffung von Produktionsfaktoren und natürlich auch beim Kauf von Marmelade werden Vergleiche angestellt. Nun werden natürlich sehr viele

Vergleiche vorgenommen aufgrund z.T. sehr grober, intuitiver Schätzurteile über die verschiedenen (bewerteten) Aspekte der Alternativen. Für eine Versachlichung von Vergleichsurteilen ist es sehr hilfreich, einen verlässlichen verallgemeinerten Maßstab zu haben, der einem Informationen über den Tauschwert liefert. Der Tauschwert ist deshalb von Bedeutung, weil er Auskunft darüber gibt, wie wertvoll *anderen* das betreffende Gut ist, und es ist für alle von Vorteil, wenn dieser Tauschwert möglichst objektiv feststellbar ist[32].

Durch den Maßstab des Geldes als Recheneinheit lassen sich die „Transaktionskosten" für die Beschaffung nötiger Informationen für Produktions- und Tauschvorgänge und den Tauschwert der dabei involvierten Güter und Dienstleistungen erheblich senken, wobei gar nicht verschwiegen sein soll, dass diese 'Reduktion' immer auch ihre Probleme mit sich bringen kann. Deutlich wird das vor allem dann, wenn andere Dimensionen, die anhand der Recheneinheit Geld nicht gut gemessen werden können, aus dem Blick geraten. Ein typisches Beispiel ist die Diskussion um das Bruttoinlandsprodukt als Wertschöpfungsindikator: In diesen für die Einschätzung wirtschaftlicher Entwicklungen wichtigen Indikator geht beispielsweise die Beseitigung von Umwelt- und anderen Schäden ein, nicht aber die Verschlechterung der Wasserqualität von Flüssen: Negativ bewertete Folgen wirtschaftlicher Aktivitäten werden also vernachlässigt, ihre Beseitigung jedoch schlägt positiv zu Buche. Insbesondere im Umwelt- und im Gesundheitssektor lassen sich solche Asymmetrien beobachten.

4.5.3.2 Der Geldkreislauf

Die bisherigen Ausführungen lassen schon erkennen, dass Geld Auswirkungen hat auf wirtschaftliche Interaktionen. Anhand des folgenden Beispiels soll demonstriert werden, wie der Geldkreislauf Einfluss nehmen kann auf den Kreislauf der Güter und Dienstleistungen[33].

Nehmen wir an, Sie seien auf einer Insel. Die Inselbewohner lernen Sie als einen vertrauenswürdigen Mitmenschen kennen und sind deshalb gern bereit, von Ihnen für die Güter, die sie Ihnen verkaufen, Schecks anzunehmen. Da die Inselbewohner darauf vertrauen, dass Ihre Schecks gedeckt sind, gehen sie

---

[32] Auch hier lässt sich wieder einmal leicht eine Dilemmastruktur erkennen: *Für jeden einzelnen* wäre am vorteilhaftesten, wenn die anderen ihre wahre Wertschätzung offenbarten und nur man selbst die Möglichkeit hätte, bei der Offenlegung gelegentlich etwas von der tatsächlichen abzuweichen.

[33] Das Beispiel geht auf eine Examensfrage der Universität Chicago zurück, die M. Levi in seiner angenehm zu lesenden Einführung „Wirtschaft ohne Rätsel" wiedergibt (1981/1985, S. 72).

dazu über, sie erst gar nicht mehr einzulösen, sondern die Schecks selbst als Zahlungsmittel untereinander zu benutzen. Beispielsweise zahlt der Restaurantbesitzer mit dem Scheck, den er von Ihnen für das Dinner erhielt, seine Rechnung für die Lebensmittel, und der Lebensmittelhändler, in dessen Hände nun Ihr Scheck ist, zahlt damit seine neue Hose usw.

Da Sie nun in der günstigen Situation sind, dass Ihre Ausgaben auf der Insel auf Ihrem Konto gar nicht spürbar werden – die Schecks werden ja erst gar nicht eingelöst –, stellt sich die Frage: Wer bezahlt eigentlich Ihre Rechnungen? Der Restaurantbesitzer offenbar nicht, denn er konnte mit dem Scheck, den Sie ihm gaben, ja seinerseits wiederum bezahlen, also Güter eintauschen, d.h. der Scheck entsprach für ihn dem Wert seiner Rechnung. Das Gleiche gilt aber nun auch für all die folgenden Inhaber.

Des Rätsels Lösung: Alle Inselbewohner zahlen Ihre Rechnung, und zwar auf folgende Weise. Mit Schecks bezahlen zu können, die nicht eingelöst werden, heißt nichts anderes, als dass Sie durch das Ausstellen solcher Schecks Geld drucken können. Sie sind damit in der angenehmen Lage, durch die Schecks akzeptierte Ansprüche auf die von den Inselbewohnern produzierten Güter und Dienstleistungen zu schaffen, und Ihre Gegenleistung besteht in nichts anderem als darin, die Geldmenge auf der Insel zu erhöhen und damit den Gegenwert, den man für das Geld erhält, zu senken. Es macht einen Unterschied, ob angesichts eines (volkswirtschaftlichen) Kuchens 100 Geldeinheiten zum Austausch seiner Stücke zur Verfügung stehen oder 200 Geldeinheiten. Im letzteren Fall ist jedes Stück nominell genau doppelt so teuer, d.h. man zahlt genau doppelt so viel Geldeinheiten, und das bedeutet zugleich, das jede Geldeinheit nur noch die Hälfte wert ist[34].

4.5.3.3 Die Institution der unabhängigen Zentralbank

Es ist eine in der Geldtheorie vieldiskutierte Frage, wie die Zusammenhänge von Geldmenge und der Menge der realen Güter und Dienstleistungen sind,

---

[34] Es gab Zeiten, in denen Varianten zu dieser Geschichte durchaus der Wirklichkeit entsprachen. So kam beispielsweise in Deutschland erst etwa Mitte des letzten Jahrhunderts eine verstärkte Nutzung des Papiergelds auf, und das Recht zum Drucken von Banknoten hatte nicht nur jeder der zum Deutschen Bund gehörigen 33 Kleinstaaten, sondern sogar einzelne Privatleute, wobei die Noten allerdings gedeckt sein mussten, d.h. die Emittenten mussten bereit sein, das von ihnen ausgegebene Papiergeld ggf. wieder umzutauschen in Gold- oder Silbermünzen. Clevere Kleinstaaten wie z.B. Anhalt-Dessau nutzten dieses Recht geschickt aus. Sie brachten Scheine mit sehr niedrigen Nennbeträgen in Umlauf; waren diese Scheine erst einmal weit weg, lohnte es sich für viele Besitzer nicht, sich auf die Reise nach Dessau zu machen, um sie umzutauschen. Erst mit der Währungsunion von 1873, die nach der Gründung des Deutschen Reiches stattfand, war es mit der „Zettelwirtschaft" vorbei.

doch dürfte auch ohne die Ausführung dieser z.T. recht komplexen Zusammenhänge klar sein, dass es im gesellschaftlichen Interesse liegt, die Geldmenge nicht unkontrolliert sich selbst zu überlassen, sondern Institutionen zu ihrer Steuerung und Kontrolle zu etablieren. Genau darin besteht die Aufgabe einer *Zentralbank*. Ihre grundlegende Aufgabe ist es, im Auftrag des Prinzipals, der Benutzer des Geldes, eine berechenbare Geldwertentwicklung zu 'produzieren'. Wie und mit Hilfe welcher geldpolitischer Instrumente das im einzelnen geschieht, ist etwas, was wir hier nicht näher erörtern können. Statt dessen gehen wir in der gebotenen Kürze auf das interaktionsökonomisch zentrale Problem *der institutionellen Sicherung der Geldwertstabilität* ein.

Die Zentralbank als zuständiger Agent für die Kontrolle der Geldwertentwicklung wird – im Auftrag der Bürger – von der Regierung eingesetzt. Dabei stellt sich die Frage, welche Weisungen ihr die Regierung geben sollte, und auch, welche Anreize die Regierung hat, der Zentralbank jene Weisungen zu geben, die im Interesse der Bürger sind.

Eine Möglichkeit bestünde darin, dass die Zentralbank *alle* Weisungen von der Regierung erhält. Das hat den Vorzug, dass die Regierung selbst auf diese Weise mehr oder weniger direkt die Kontrolle der Geldwertentwicklung in Abhängigkeit von den jeweiligen wirtschaftlichen und sozialen Bedingungen ausüben kann. So hätte sie generell das Ziel der Geldwertstabilität, könnte aber dann, wenn beispielsweise die Entwicklung auf dem Arbeitsmarkt eine expansivere Geldpolitik vorteilhaft erscheinen lassen würde, diese problemlos durchsetzen. Deutsche Bundeskanzler und Minister haben das versucht. Doch genau darin liegt auch das gravierende Problem, das in der Ökonomik erörtert wird unter der Bezeichnung *dynamische Inkonsistenz*. Er steht für das Phänomen, dass ein Akteur i zum Zeitpunkt t_1 Maßnahmen ankündigt – und sich andere Akteure an diesen Ankündigungen orientieren –, i jedoch zum Zeitpunkt t_2 anders handelt, weil es ihm dann vorteilhafter erscheint.

Nehmen wir beispielsweise an, die Regierung plane heute Maßnahmen, die Bindungswirkungen für künftige Perioden haben, so z.B. eine bestimmte Geldpolitik zur Erhaltung der Stabilität des Geldwerts. Nun kann sich in einer dieser künftigen Perioden ergeben, dass aufgrund veränderter gesellschaftlicher Bedingungen, die man nicht vorhergesehen hat, eine Abweichung von der geplanten Politik für die Regierung zweckmäßig wäre. Ein naheliegendes Beispiel dafür ist, dass die Regierung sich unvorhergesehener Geldsorgen entledigen will, indem sie Gläubiger mit selbstgedrucktem Geld bezahlt. Weil die Gläubiger das jedoch antizipieren können, führt das dazu, dass man der Regierung nur sehr ungern Kredit gewährt, und schon befinden sich Regierung und Gläubiger in einer Dilemmastruktur: Die Regierung kann keine Kredite mehr aufnehmen – zum Schaden aller. Ein anderes Beispiel: Die Gewerkschaften erklären sich zu einem maßvollen Tarifabschluss bereit aufgrund der Zusicherung der Regierung, dass man den Geldwert stabil halten wird. Nach Abschluss der Verhandlungen könnte dann indes die Regierung geneigt sein, durch eine Ausweitung der Geldmenge die Beschäftigung zu erhöhen nach dem Motto „lieber mehr Inflation als mehr Arbeitslosigkeit". Genau das aber werden die Gewerkschaften antizipieren und sich deshalb erst gar nicht auf einen gemäßigten Abschluss einlassen. Auch hier liegt eine Dilemmastruktur vor: Die Gewerkschaften antworten mit präventiver Gegendefektion.

Damit erweist sich das Problem der dynamischen Inkonsistenz als ein Interaktionsproblem. Die *heutigen* geldpolitischen Maßnahmen dienen vor allem dazu, den wirtschaftenden Akteure *Erwartungen* über *künftige* Rahmenbedingungen zu ermöglichen, an denen sie ihre Pläne und Handlungen ausrichten können, etwa bei der Aufnahme von Krediten zu bestimmten Zinsen, der Festlegung einer Preispolitik und eben auch der Aushandlung von Tarifabschlüssen. Die *Verlässlichkeit* dieser Erwartungen hängt maßgeblich ab von der *Glaubwürdigkeit* der Regierung, das Ziel der Geldwertstabilität nicht kurzfristig anderen Zielen unterzuordnen.

Eine Besonderheit der skizzierten Dilemmastrukturen liegt nun darin, dass sich die Regierung daraus befreien kann durch eine **glaubwürdige Selbstbindung**. Dazu muss sie sich selbst die Handlungsoption nehmen, in künftigen Perioden um anderer Ziele willen die Geldwertstabilität zu beeinträchtigen.

Eine Möglichkeit bestünde darin, der Zentralbank feste – möglicherweise in der Verfassung verankerte – Regeln vorzugeben, so dass sowohl die Zentralbank als auch die Regierung praktisch keinen Spielraum haben, von dem so vorgezeichneten Kurs abzuweichen. Das Problem ist jedoch, eine solche Regel zu definieren, denn es gibt ja durchaus immer wieder Änderungen der wirtschaftlichen Bedingungen, die kurz- oder langfristige Anpassungen der Geldmengensteuerung nötig werden lassen. Eine starre Regel würde den Handlungsspielraum zu sehr einengen und damit zu unerwünschten Folgen führen, da die nötigen Anpassungen unterbleiben müssten. Hingegen führt eine allgemeine 'weiche' Regel, die diskretionäre Anpassungen ermöglicht, leicht zur Aufweichung der Regel, da der Regierung dann doch wieder jene Handlungsmöglichkeiten gegeben wären, deren Einschränkung der Sinn der Selbstbindung war. Das Problem bliebe also ungelöst.

Die geeignete Form der Selbstbindung ist deshalb jene, die sich in den letzten Jahrzehnten in den entwickelten Demokratien immer mehr durchgesetzt hat: die **Unabhängigkeit der Zentralbank** von den Weisungen der Regierung bei gleichzeitiger Verpflichtung auf das Ziel der Geldwertstabilität. Die Geldpolitik bzw. das Ziel der Erhaltung der Geldwertstabilität wird getrennt vom jeweiligen politischen Prozess und zur alleinigen Aufgabe der bank, für die sie voll verantwortlich ist, was voraussetzt, dass sie über entsprechende Handlungsspielräume verfügt und unabhängig ist von einzelnen konkreten Vorgaben der Politik. Zur institutionellen Ausgestaltung der funktionellen Unabhängigkeit der Zentralbank von der Politik gehört dann natürlich auch die Berücksichtigung des Problems, für jene Agenten, die mit der Führung der Zentralbank betraut sind, anreizkompatible Bedingungen zu schaffen, die sie an das Ziel der Geldwertstabilität binden; die wichtigsten Anreizaspekte sind hierbei die Höhe und Gestaltung der Gehälter, die Frage der Amtsdauer und der nur schwer gestaltbare Anreiz des öffentlichen Ansehens.

4.5.4 Internationale Wirtschaftsbeziehungen

Das dritte Thema, dem wir uns nun zuwenden, hat in den letzten Jahren immer mehr an Bedeutung gewonnen. Dabei gab es bereits Ende des 19. Jahrhunderts eine starke weltwirtschaftliche Verflechtung. Infolge der beiden Weltkriege und der Zwischenkriegszeit mit ihrer interventionistischen Wirtschaftspolitik wurde diese Entwicklung jedoch zurückgedreht. Erst Mitte der 70er Jahre wurde das Ausmaß des Welthandels vom Ende des 19. Jahrhunderts wieder erreicht und seither überschritten.

Ermöglicht wurde das durch Maßnahmen zur Liberalisierung des Handels, aber auch durch technische Entwicklungen der Informations-, Kommunikations- und Transportmöglichkeiten und nicht zuletzt durch den Zusammenbruch des Sozialismus.

Mit diesen Entwicklungen sind zahlreiche Herausforderungen für alle Akteure verbunden; zahlreiche neue Chancen ergeben sich, aber auch neue Probleme. Dabei gelten im Prinzip all unsere Ausführungen über die Produktivität von Tausch, Arbeitsteilung, Risikomanagement und Wettbewerb und die verschiedenen Probleme, sich die daraus ergebenden Kooperationsgewinne aneignen zu können, in gleicher Weise auch für internationale Interaktionen:

- Mit der Zahl der Tauschpartner nehmen auch die *Tauschmöglichkeiten* zu.
- *Produktivitätssteigerungen* werden möglich durch die vermehrte Ausnutzung von komparativen Kostenvorteilen[35] oder von economies of scale and scope.
- Sowohl die *Diversifikation* als auch die *Poolung von Risiken* ermöglicht die Absicherung zusätzlicher Investitionen, die sonst unterblieben wären.

---

[35] Praktisch jedes Lehrbuch zur Theorie internationaler Wirtschaftsbeziehungen beginnt mit dem Theorem der komparativen Kostenvorteile, bezogen auf zwei Länder.

– Und nicht zuletzt führt der steigende Druck des *Wettbewerbs* massive Anreize zu besseren Leistungen, effizienterem Ressourcenumgang und Innovationen mit sich.

Vor allem am letztgenannten Punkt, dem Wettbewerb, wird aber auch deutlich, dass die gestiegenen Chancen neuer Kooperationsgewinne auch mit gestiegenen Risiken einhergehen, zu deren Bewältigung institutionelle Anpassungsprozesse weitreichender Art notwendig sind. Wenngleich also die in der öffentlichen Diskussion nicht selten anzutreffende Sicht des durch die Globalisierung verschärften internationalen Wettbewerbs als Nullsummen-Spiel zweifellos falsch ist, so trifft doch zu, dass die Veränderungen in den internationalen Wirtschaftsbeziehungen institutionelle Vorkehrungen erforderlich werden lassen, wenn man etwa Dilemmastrukturen zwischen Regierungen – Sozial- oder Ökodumping, Subventionswettläufe, Protektionismus usw. – verhindern will.

Und hier zeigt sich, worin die Besonderheit internationaler Beziehungen liegt: *Es gibt keine übergeordnete Instanz, keine Weltregierung, auf die man rekurrieren könnte hinsichtlich der Frage des Managements geeigneter Spielregeln.* Damit ändern sich einige Voraussetzungen, die innerhalb eines nationalen Wirtschaftsraumes gegeben sind.

Bedingungen internationaler Wirtschaftsbeziehungen:

- Die über Grenzen hinweg interagierenden Akteure müssen mit *verschiedenen institutionellen Bedingungen* zurechtkommen. Das betrifft die verschiedenen staatlichen Rahmenordnungen ebenso wie informelle Institutionen bis hin zu den unterschiedlichen Kulturen. Das beginnt bereits mit dem Problem, dass in einem Land bestimmte Formen von 'Geschenken' für den Geschäftspartner üblich sind – jedenfalls solange sie informell festgelegte Grenzen nicht überschreiten –, während in anderen Ländern die gleiche Handlung als strafbare Korruption ausgelegt wird. Und wie geht man mit einem Lieferanten um, der – legale – Kinderarbeit zulässt, ansonsten aber ein zuverlässiger Interaktionspartner ist?

- *Es fehlen institutionelle Ressourcen*, die die Gestaltung und vor allem die Durchsetzung von Verträgen erleichtern, also Transaktionskosten senken, die sonst vom Staat bereitgestellt werden: Wenn zwei Unternehmen in Deutschland einen Vertrag schließen, können sie auf mehr staatlich garantierte institutionelle Durchsetzungsmöglichkeiten vertrauen als wenn beispielsweise ein deutsches und ein russisches

Unternehmen das tun. Im letzteren Falle müssen die Unternehmen in stärkerem Ausmaß selbst für die geeignete Festlegung und Durchsetzung der Vertragsbedingungen sorgen. Hierin ist auch einer der Faktoren zu sehen, dass viele Unternehmen in den letzten Jahrzehnten Direktinvestitionen in anderen Ländern vorgenommen und viele Handelsgeschäfte unternehmensintern abgewickelt haben. Durch diese *Integration* (vgl. Kapitel fünf) können oft Abgaben reduziert werden, vor allem aber steigt die Verlässlichkeit, dass die Transaktion wie gewünscht abgewickelt wird, da ihre Bedingungen unter dem Dach eines einzigen Unternehmens besser kontrolliert werden können.

- Hinzu kommen oft *unterschiedliche Währungen*, die nicht nur Umtauschkosten, sondern auch Währungsrisiken mit sich bringen können. Allerdings bedeutet das nicht automatisch, dass eine internationale Vereinheitlichung der Währungen anzustreben wäre. Es gibt wichtige Argumente dafür, unterschiedliche Währungen, deren Wechselkurse flexibel sind, also durch das Zusammenspiel von Angebot und Nachfrage bestimmt werden, als einen wichtigen *Anpassungsmechanismus* beizubehalten, denn flexible Wechselkurse können einen Ersatz für flexible Preise von Gütern und Dienstleistungen in verschiedenen Regionen bieten[36].

- Und nicht zuletzt müssen Tauschpartner damit rechnen, dass ihnen durch *Zölle oder nicht-tarifäre Handelshemmnisse* zusätzliche Kosten entstehen.

In den letzten Jahren und Jahrzehnten haben sich in diesen Fragen weitreichende Entwicklungen ergeben, von denen wir an dieser Stelle drei nennen wollen.

So wurden *erstens* – vor allem im Rahmen des GATT (vgl. 5.4.3) – viele Handelshemmnisse verringert oder ganz abgebaut. Dementsprechend hat sich das Weltexportvolumen zwischen 1948 und 1990 mehr als verzehnfacht.

Zweitens haben die internationalen Finanzmärkte eine enorme Expansion erfahren durch die Abschaffung von Devisen- und Kapitalverkehrskontrollen, die raschen technischen Fortschritte der Informations- und Kommunikationstechnologien und die Entwicklung neuer Finanzierungsinstrumente. Dadurch verbessern sich die Möglichkeiten der Anleger, ihr Kapital dorthin zu lenken, wo es die höchsten Erträge bringt; umgekehrt profitieren damit zugleich all jene, die rentable Investitionen unternehmen wollen, für die ihnen jedoch zuvor die Mittel fehlten.

---

[36] In der *monetären Außenwirtschaftstheorie* wird diese Frage diskutiert als das *Problem des optimalen Währungsgebietes*.

Drittens schließlich haben grenzüberschreitende Aktivitäten von Unternehmen in starkem Maße zugenommen, sei es durch Formen zwischenbetrieblicher Kooperation (Joint Ventures, strategische Allianzen usw.), sei es durch Gründung von Niederlassungen in anderen Ländern, um die günstigeren Standortbedingungen in der Produktion zu nutzen, bessere Bedingungen bei der Erschließung der jeweiligen regionalen Märkte zu haben oder, wie oben angedeutet, durch Integration die Verlässlichkeit der Durchführung strategisch wichtiger Transaktionen zu verbessern. Beschleunigend hat auch hier insbesondere die Entwicklung der Informations- und Kommunikationstechnologien gewirkt, die es beispielsweise ermöglichen, dass Ingenieure in Deutschland per Computer Störungen in einem Werk in Brasilien beheben können. Geographisch weit auseinanderliegende Betriebsstätten können, mit anderen Worten, von der Unternehmenszentrale unter sehr viel günstigeren Bedingungen als früher gesteuert bzw. kontrolliert werden. Insofern verliert die reine Handelsverflechtung zwischen Ländern relativ an Gewicht gegenüber Kapitalverflechtungen.

Lektürevorschläge

Zum Verständnis der Funktionsweise von Märkten als dezentraler Koordinationsmechanismus und der Rolle der Marktpreise empfiehlt sich die Lektüre des Kapitels X aus Hayek 1976/1981.

Ein Klassiker zu Fragen einer Wirtschaftspolitik, die auf eine funktionierende Marktwirtschaft gerichtet ist, ist Eucken 1952.

Eine gut zu lesende Einführung in die gängige ökonomische Sichtweise der Funktionsweise von Märkten bietet Friedman 1999.

Die Gleichzeitigkeit gemeinsamer und konfligierender Interessen im wirtschaftlichen Wettbewerb wird, auf spieltheoretischer Grundlage und mit zahlreichen Fallbeispielen, dargestellt in Nalebuff/Brandenburger 1996.

Eine sehr gute Hinführung zum makroökonomischen Denken bietet Phelps 1985.

Zusammenfassung

1. Der grundlegende Vorzug der Marktwirtschaft vor der Zentralverwaltungswirtschaft liegt im besseren Management von Dilemmastrukturen.

2. Preisbildende Märkte ermöglichen die *dezentrale und zugleich effiziente* Koordination zahlreicher unabhängiger Aktivitäten.

3. Die zur dezentralen Koordination produktiver Interaktionen benötigten Preise ergeben sich aus dem Zusammenspiel von – jeweils unter Wettbe-

3. Die zur dezentralen Koordination produktiver Interaktionen benötigten Preise ergeben sich aus dem Zusammenspiel von – jeweils unter Wettbewerb stehendem – aggregiertem Angebot und aggregierter Nachfrage. Preise lösen Informations- und Anreizprobleme und führen – eine geeignete Rahmenordnung vorausgesetzt – zu einem Gleichgewicht der Handlungspläne aller Marktteilnehmer.

4. Dieses Gleichgewicht ist pareto-effizient, d.h. es werden die möglichen Kooperationsgewinne ausgeschöpft.

5. Die Interaktion zwischen Tauschpartnern auf Märkten ist kein reines Koordinationsspiel; Konflikte können sich infolge spezifischer Investitionen, aus Informationsasymmetrien und generell hinsichtlich der Aufteilung der Kooperationsgewinne ergeben.

6. Die Interaktion der Konkurrenten einer Marktseite ist kein reines Konfliktspiel; unbeschadet des Wettbewerbs lassen sich auch immer wieder gemeinsame Interessen finden, die realisiert werden durch die gemeinsame verlässliche Einhaltung von Regeln oder durch selektive Zusammenarbeit in bestimmten Feldern.

7. Unter Umständen können die Teilnehmer des Marktes unerwünschte „externe Effekte" auf Nicht-Marktteilnehmer bewirken. Es ist eine Frage der institutinellen Gestaltungsmöglichkeiten, ab die derart unterstellten potenziellen Kooperationsmöglichkeiten realisiert werden können.

8. Es ist umstritten, ob und in welchem Ausmaß dem Staat die Aufgabe zukommt, konjunkturelle Schwankungen zu glätten und z.B. unvorhergesehene Nachfrageausfälle zu kompensieren, doch spricht vieles dafür, dass eine selektiv interventionistische Wirtschaftspolitik in der Folge zu erheblichen Informations- und Anreizproblemen führt, da die Glaubwürdigkeit und die Konsistenz wirtschaftspolitischer Maßnahmen umso schwieriger wird, je stärker einzelfallorientiert sie ansetzt.

9. Ein funktionierender Geldkreislauf ist eine grundlegende makroökonomische Voraussetzung funktionsfähiger Märkte. Einer unabhängigen Notenbank kommt hier die zentrale Aufgabe einer verlässlichen, konsistenten Geldpolitik zu, um die Stabilität des Geldwerts zu gewährleisten.

10. Auch bei internationalen Wirtschaftsbeziehungen geht es um die Generierung von Kooperationsgewinnen, vor allem durch die Erweiterung der Tauschmöglichkeiten, durch die Ausnutzung von Produktivitätsvorteilen durch internationale Arbeitsteilung und durch eine Intensivierung des Leistungswettbewerbs. Eine Besonderheit bildet die Tatsache, dass es keine

Schlüsselbegriffe

Geld, Geldfunktionen

Makroökonomische Restriktionen

Märkte als Management von
  Dilemmastrukturen

Marktangebot

Marktgleichgewicht

Marktnachfrage

Marktpreise

Tausch

Transaktionskosten

Wettbewerb

Zentralverwaltungswirtschaft

5. Kapitel

Organisationen

5.1 Einführung: Die Bedeutung von Organisationen

Im dritten Kapitel haben wir entwickelt, wie sich die Bürger mit Hilfe des Staates eine institutionelle Ordnung zulegen, um allgemein erwünschte Interaktionen kostengünstig durchführen und allgemein unerwünschte unterbinden zu können. Im vierten Kapitel haben wir gezeigt, wie sich erwünschte Interaktionen auf Märkten vollziehen, wenn die geeignete Rahmenordnung etabliert ist. Wir haben dabei immer ganz allgemein von „Akteuren" geredet, die ihre Vorteile unter den jeweiligen Restriktionen suchen. In den Beispielen haben wir die „Akteure" dann ganz unterschiedlich identifiziert: als Frau i und Herrn j, als eine Regierung oder ein Unternehmen usw. Diese Konkretisierung unserer „Akteure" haben wir bisher nicht problematisiert, obwohl Unterschiede sofort in die Augen springen. Wir haben vielmehr immer an der Fiktion festgehalten, dass es sich bei unseren „Akteuren" um so etwas in der Art eines Individuums mit einheitlichem Willenszentrum und klar geordneten Interessen/Präferenzen handelt, um eine Einheit also, die ihren Nutzen unter Restriktionen zu maximieren sucht; im vorangegangenen Kapitel vier haben wir zusätzlich den Eindruck erweckt, diese „Akteure" würden dies auf preisbildenden Märkten tun, wo jeder als einzelner auftritt, um „seine" Interessen zu befriedigen. Wir haben sogar mehrfach darauf aufmerksam gemacht, dass Zusammenschlüsse von Individuen als „Kartelle" gelten können und dann als gesellschaftlich unerwünscht eingestuft werden.

Dieses Bild einer Marktwirtschaft, in der sich einzelne Akteure unter Wettbewerbsbedingungen, von Marktpreisen geleitet, zu Tauschgeschäften treffen, hat der Nobelpreisträger von 1991 Ronald H. Coase bereits 1937 in einem berühmten Aufsatz problematisiert, und er hat damit den Grundstein einer bedeutenden Forschungsrichtung der neueren Ökonomik, der Institutionenökonomik, gelegt. Etwas salopp formuliert, beginnt er mit der Frage, warum es innerhalb von Marktwirtschaften, die auf dezentrale Tauschakte zwischen Individuen auf Märkten setzen, so seltsame Gebilde wie Unternehmen gebe, innerhalb deren die Koordination gerade nicht über Märkte erfolge, sondern über Anordnung und Kontrolle im Rahmen dauerhafter hierarchischer

Strukturen. Und er fragt weiter, ob solche Gebilde – der Aufsatz trägt den Titel „The theory of the firm" – eigentlich mit dem Grundgedanken von Marktwirtschaft kompatibel seien. Immerhin stellen Unternehmen als Organisationen eine spezifische Form der Kooperation im Wettbewerb – und zwar gerade im Marktwettbewerb – dar[1].

Nun wird niemand im Ernst behaupten wollen, dass Marktwirtschaft und Unternehmen theoretisch und ordnungspolitisch unvereinbar seien: Auch Coase behauptet das nicht. Er benutzt seine provokative Frage vielmehr als Aufhänger für die andere Frage, was denn die Raison d'être von Unternehmen sei. Um diese Frage gibt es seither eine lebhafte Diskussion, die bis heute nicht beendet ist. Aber sogar die von Coase lediglich als Aufhänger benutzte Frage ist nicht müßig: Schließlich hat es liberale Ökonomen gegeben, die z.B. Genossenschaften und die Zusammenarbeit zwischen Unternehmen in Teilbereichen als „Kartelle" eingestuft und damit als unverträglich mit der Marktwirtschaft angesehen haben.

Was hat es also mit diesen 'Akteuren', die wir als „Organisationen" bezeichnen, auf sich? In Analogie zum Individuum, aber zugleich im Unterschied dazu bezeichnen wir sie als *korporative Akteure*". Hierin liegt, aus ökonomischer Sicht, das Spezifikum von Organisationen, das sie von anderen Formen institutioneller Arrangements unterscheidet. Organisationen sind zunächst eine institutionelle Struktur, ein *Netzwerk von Verträgen* („nexus of contracts"), dies aber in einer Form, dass – sogar aus rechtlicher Sicht – so etwas wie eine entscheidungsfähige Einheit, eben ein „korporativer Akteur", entsteht, der auf Märkten oder in der Politik „agiert".

Beispiele für Organisationen sind vor allem die Unternehmen. Aber es gibt zahllose andere Organisationen: Regierungen, Parteien, Verbände, Nicht-Regierungs-Organisationen, Kirchen und Automobilklubs, Versicherungsgesellschaften und Sportvereine, angefangen vom Dorfklub bis zum Bundesliga-

---

[1] Coase hat einmal angemerkt, dass ihm die Idee zu diesem Aufsatz durch Lenin kam. Dieser hatte gesagt, dass eine Volkswirtschaft wie ein Unternehmen zu führen sei. Man mag sich im Anschluss an unsere Ausführungen zur Zentralverwaltungswirtschaft im vierten Kapitel daraufhin die Frage stellen, wo denn der Unterschied zwischen einer Zentralverwaltungswirtschaft und großen Unternehmen liegt. In der Tat haben Großunternehmen mit etlichen der Informations- und Anreizprobleme zu kämpfen, die in einer Zentralverwaltungswirtschaft existieren. Doch gibt es einen zentralen Unterschied: Auch große Unternehmen stehen weiterhin im Wettbewerb, und die Regeln dieses Wettbewerbs werden von Akteuren gesetzt und durchgesetzt, die weitgehend unabhängig von den Unternehmen handeln und die selbst wieder unter Wettbewerbsbedingungen stehen. Dieser Wettbewerb zwingt Unternehmen dazu, Ineffizienzen auszumerzen, denn sonst können auch sie nicht dauerhaft überleben. Im Prinzip scheiterte das 'Unternehmen' Zentralverwaltungswirtschaft der ehemaligen Sowjetunion allerdings auch im Wettbewerb, dem Wettbewerb der Wirtschaftssysteme.

verein mit dreistelligen Millionenumsätzen, ferner Stiftungen, das Deutsche Rote Kreuz und Wohlfahrtsverbände – die Caritas ist Deutschlands größter Arbeitgeber mit ca. 500.000 Beschäftigten. Mit Blick auf diese Erscheinungen sprechen Soziologen wie James S. Coleman (1926–1995) davon, dass wir heute in einer „Organisationsgesellschaft" leben, in einer Gesellschaft also, in der das soziale Leben von „Organisationen" bestimmt und in der die Identität der „Personen" nicht von Geburt oder Charakter, sondern von ihrer Mitgliedschaft in Organisationen konstituiert wird. Nicht selten wird bei gesellschaftlichen Anlässen jemand vorgestellt unter Verweis auf eine Organisation, der er angehört: Ingenieur bei Siemens oder Angestellter bei Ford in Köln usw.

Das Kapitel ist im weiteren wie folgt aufgebaut. Zunächst diskutieren wir, wie sich Organisationen allgemein aus ökonomischer Sicht erklären lassen. Als grundlegende Idee wird sich herausstellen, dass Organisationen ein institutionelles Arrangement bilden, durch das ein korporativer Akteur konstituiert wird; damit wird die Koordination von Handlungen vorstrukturiert in einer Weise, die sowohl für die Organisationsmitglieder als auch für die Interaktionspartner der Organisation jene Erwartungssicherheit bietet, die für Investitionen in die Generierung von Kooperationsgewinnen unerlässlich ist (5.2). In Abschnitt 5.3 gehen wir auf ausführlicher auf Unternehmen ein und behandeln anschließend noch einige weitere Formen von Organisationen (5.4).

5.2 Ökonomische Theorie der Organisation

Wir können hier keine ausgebaute ökonomische Theorie von Organisationen vorlegen: Dies würde einerseits den Rahmen des Buches sprengen, andererseits müsste es dann eher den Charakter einer Monographie haben, da viele offene Fragen der gegenwärtigen Diskussion im Detail zu diskutieren wären. Gleichwohl spielen Organisationen im Rahmen der hier vorgelegten Konzeption von Ökonomik eine grundlegende Rolle. Sie dienen, und das mag mittlerweile schon erwartet werden, der Aneignung solcher, zusätzlicher, Kooperationsgewinne, die ohne Organisation nicht oder nicht so gut angeeignet werden können. Bevor wir die Art und Weise erläutern, wie Organisationen dazu beitragen, diskutieren wir zunächst einige herkömmliche Auffassungen von Organisationen.

5.2.1 Herkömmliche Auffassungen von Organisationen

Es gibt verschiedene Auffassungen von Organisationen. Wir stellen nachfolgend kurz drei gängige Sichtweisen vor: (1) Organisationen als zweckorientierte Einheit, (2) die Anreiz-Beitrags-Theorie der Organisation und (3) Organisationen als funktional ausgerichtete Systeme.

(1) Das klassische Konzept versteht unter einer Organisation *ein soziales Gebilde mit einheitlicher, eigener Ziel- bzw. Zwecksetzung.* Dies ist das auch heute oft noch übliche Verständnis, das im übrigen oft durchaus hinreichend sein kann; so z.B. wenn in der neoklassischen Theorie die Unternehmung als eine „Produktionsfunktion" mit dem „Ziel Gewinnmaximierung" angesehen wird (s.a. 5.3.1). Ebenfalls findet man diese Auffassung noch bei F. A. von Hayek, besonders bei seiner Unterscheidung zwischen Kosmos und Taxis, zwischen Ordnung und Organisation; erstere kennzeichnet er durch ein Regelsystem, letztere durch eine Ausrichtung auf ein einheitliches Ziel (Hayek 1973/1986). Die grundlegende Schwäche dieses Konzepts liegt darin, dass es konzeptionell unterstellt, die Mitglieder einer Organisation würden mit Eintritt in die Organisation bzw. bei der Erfüllung ihrer Aufgaben im Leistungserstellungsprozess ihre individuellen Ziele, die in der Regel nicht (vollkommen) identisch sind mit den Zielen der Organisation, aufgeben oder aussetzen und nur dem bzw. den Organisationsziel(en) dienen. Auf diese Weise kommt ein großer Teil der Organisationsprobleme überhaupt nicht in den Blick. Für bestimmte Problemkontexte, besonders für die Außenbeziehungen der Organisationen, ist das eine zweckmäßige Sichtweise – auch wir werden uns ihrer bedienen –, doch dürfen die konkreten Interaktionsprobleme innerhalb der Organisation nicht dadurch systematisch abgeblendet werden, dass man ein „gemeinsames" Handlungsziel unterstellt.

(2) Ein anderes Konzept von Organisation fokussiert auf die Organisationsmitglieder. Es geht von der Frage aus, warum Individuen Organisationsmitglieder werden und wie sie sich als Mitglieder der Organisation verhalten. Die Antwort: Mitglieder werden sie, wenn sie einen Anreiz dazu haben, wenn sie also von der Mitgliedschaft individuelle Vorteile erwarten. Sie sind im Gegenzug dazu bereit, Beiträge in Form der Erfüllung von Eintrittsbedingungen oder in Form einer laufenden Erfüllung von Aufgaben zu leisten. Dies ist die Perspektive der *Anreiz-Beitrags-Theorie* der Organisation[2]. Sie kompensiert eine Schwäche des Zweck- bzw. Ziel-Paradigmas, das letztlich handlungstheoretische Kategorien auf die Interaktionen in Organisationen

---

[2] Klassische Texte hierzu sind Barnard 1938 und Simon 1945/1961.

überträgt, und fragt nach den Anreizen der Organisationsmitglieder. Diese Theorie setzt damit im Prinzip interaktionstheoretisch an. Sie bezahlt dies aber mit einem anderen Defizit, insofern die entsprechenden Aussagen über Anreize und Beiträge z.B. auch für Lieferanten und Kreditgeber einer Unternehmung gelten, die doch ganz offenkundig ebensowenig Mitglieder der Organisation Unternehmung sind wie die Spender von Amnesty International oder Greenpeace Mitglieder dieser Organisationen. Das heißt, die *Einheit* der Organisation kommt als solche nicht mehr in den Blick und damit auch nicht das für Organisationen grundlegende Merkmal, ein korporativer Akteur zu sein.

(3) Ein drittes Konzept betrachtet die Organisation als „*System*". Hier stehen die Funktionszusammenhänge von Organisationen im Mittelpunkt des Interesses. Als „Ziel" für die Zuschneidung der Aufgaben und die Koordination der einzelnen Aufgaben zum Gesamtergebnis wird in der Regel das langfristige Überleben der Organisation angenommen und gefragt, welche Aufgaben dazu erfüllt werden müssen. Die wesentliche Schwäche aller systemtheoretischen Ansätze tritt auch hier wieder in Erscheinung: Es fehlt an der Mikrofundierung dieses sozialen Gebildes, an der durchgängigen Analyse der Anreize der Organisationsmitglieder, zur Organisation zu gehören und die Aufgaben auch zu erfüllen, so dass wieder ein Großteil der Probleme der ökonomischen Organisationsforschung und der Organisationsgestaltung konzeptionell nicht in den Blick kommt.

5.2.2 Das vertragstheoretische Paradigma von Organisation

Wir legen im Folgenden ein vertragstheoretisches Paradigma zugrunde, das eine Organisation als institutionelles Arrangement individueller Akteure – als „Netzwerk von Verträgen" – interpretiert mit der Besonderheit, dass damit zugleich ein eigenständiger „korporativer Akteur" geschaffen wird, der selbst als Interaktionspartner auftreten kann. Diese Sichtweise erlaubt es, sowohl jene wechselseitig vorteilhaften Kooperationen in den Blick zu nehmen, die zwischen den Mitgliedern der Organisation stattfinden, als auch jene zwischen der Organisation und ihren externen Interaktionspartnern; in gleicher Weise können auf diese Weise organisationsinterne Probleme wie auch solche zwischen Organisationen thematisiert werden. Dabei lassen sich auch verschiedene Ansätze, die innerhalb der Ökonomik existieren, integrieren[3].

---

[3] Vgl. zu diesen Ansätzen etwa Picot/Dietl/Franck 1997, Kräkel 1999.

5.2.2.1 Die Voraussetzung: Der politische Gesellschaftsvertrag

Organisationen sind grundsätzlich eingebettet in die gesellschaftliche Regelhierarchie. So müssen sie von der Verfassung der Gesellschaft zugelassen sein, worauf etwa Art. 9 GG hinweist. Darüber hinaus stellt die nationalstaatliche Rahmenordnung eine Reihe von weiteren Voraussetzungen von bzw. für Organisationen bereit: Verfügungsrechte, allgemeines Vertragsrecht, Haftungsregeln, Wirtschaftsordnung, Gesellschaftsrecht mit standardisierten Organisationsmodellen, Strafrecht usw. Teils sind die Kompetenzen zu solchen Regelungen bereits auf überstaatliche Instanzen wie UNO, EU oder andere übergegangen. Die Regelungen werden konzipiert als Ergebnis eines „Gesellschaftsvertrages", womit klassisch der Vertrag gemeint ist, der alle Mitglieder der Gesellschaft umfasst (vgl. 3. Kapitel).

5.2.2.2 Die Konstitution des korporativen Akteurs durch die Verfassung

In Analogie zu diesem klassischen Verständnis wird in der modernen Ökonomik der Begriff „Gesellschaftsvertrag" oder auch „konstitutioneller Vertrag" auch auf soziale Gebilde unterhalb der politischen Verfassung und/oder nicht-politischer Art angewandt. Der Sinn besteht darin, dass man mit Hilfe dieses Gedankens Organisationen als fiktives einheitliches Handlungssubjekt denken kann: Die Verfassung einer Organisation konstituiert diese als *korporativen Akteur* und damit als *Subjekt der Zuschreibung von Verantwortung* für die Folgen von Handlungen, die im Namen dieses Akteurs vollzogen wurden. Sie legt – innerhalb der Rahmenordnung – die wesentlichen, die Organisaton definierenden und für das Verhalten der Organisationsmitglieder verbindlichen Grundregeln fest, angefangen von dem Aufgabenfeld über Rechtsform, Organisationsstruktur, Mitgliedschaft und ihre Bedingungen bis zu Bestimmungen über Wandel und Auflösung der Organisation. Dabei ist die geschriebene Organisationsverfassung immer nur eine Teilverfassung, weil grundlegende Bestimmungen aus hierarchisch übergeordneten Verfassungen – auf der Ebene der EU, des Nationalstaates, des Konzerns etc. – vorausgesetzt, aber nicht erneut niedergeschrieben werden.

In einem bestimmten Sinn sind es weiterhin Personen, die in dem Sinn „handeln", dass sie es sind, die irgendwelche Aktivitäten ins Werk setzen, aber sie handeln im Namen, im Auftrag, auf Rechnung der Organisation. Wenn also Herr j als Mitarbeiter des Unternehmens X in Argentinien über neue Geschäftsabschlüsse verhandelt, tritt er nicht als Privatperson Herr j auf, sondern als Repräsentant des Unternehmens X. Allerdings ist er natürlich auch immer noch Herr j, er handelt nur als *Agent,* der die 'Interessen' des Unternehmens, seiner Organisation, vertritt. Und wenn der zuständige Sachgebietsleiter einer Standortverwaltung der Bundeswehr für die Truppenküche Lebensmittel einkauft, so tut er das namens der Bundesrepublik Deutschland, die durch ihn als ein Nachfrager auf dem entsprechenden Markt auftritt. Und wenn ein Vorstandsmitglied einer Aktiengesellschaft (AG) in dieser Funktion ein Grundstück erwirbt, so gehört es nicht ihm, sondern der AG; auch schuldet nicht er persönlich die Zahlung des Kaufpreises, sondern ebenfalls die AG. Für Schäden ebenso wie für Erfolge sind also nicht die handelnden Personen, sondern ist – in der Außenbeziehung! – der korporative Akteur verantwortlich zu machen.

Damit eine solche Zurechnung der Handlungen „natürlicher" Personen auf die Organisation möglich wird, ist es nötig, innerhalb der Organisation geeignete institutionelle Vorkehrungen zu treffen. Diese Vorkehrungen sind Gegenstand des folgenden Abschnitts.

5.2.2.3 Organisationen als Gefüge von Positionen

Natürlich ist eine Organisation kein Akteur im üblichen Sinne; „handeln" können nach wie vor nur Individuen. Doch indem sich Individuen zu einer Organisation zusammenschließen und sich eine Verfassung geben, können sie selbst zu Vertretern, „Agenten", dieser Organisation werden, die dann gewissermaßen durch sie „handelt". Die dafür nötige Abstimmung zwischen den Individuen kommt dadurch zustande, dass eine Organisation aus *Positionen* besteht, die jedem Mitglied der Organisation bestimmte Rechte und Pflichten zuweisen. Eine Position ist eine „Stelle", die durch ihre Funktion innerhalb eines größeren Gesamtgebildes definiert wird, also durch ihren Beitrag zum arbeitsteilig erstellten Gesamtoutput der Organisation.

Durch die Einnahme einer Position werden Individuen zu Positionsinhabern. Zu beachten ist, dass die Position unabhängig vom Positionsinhaber besteht: Wenn dieser die Organisation verlässt, besteht die Position fort und wird mit einem neuen Positionsinhaber besetzt, falls die von dieser Position ausgeübte Funktion weiter benötigt wird. *Eine Organisation ist also ein dauerhaftes, funktional geordnetes System von Positionen.* Sie stellt ein künstliches Gebilde dar, in dem die Positionen nach funktionalen Erfordernissen zugeschnitten sind. Eine Organisation besteht daher nicht aus Individuen, sondern aus solchen Positionen.

Weil Positionen unabhängig von den Positionsinhabern existieren, können Organisationen im Unterschied zu Individuen bzw. Personen gewissermaßen ewig leben. Und auch wenn bestimmte Positionen „sterben", lebt die Organisation als solche fort, weil die Aufgaben der Position für den Gesamtoutput entweder nicht mehr benötigt werden oder von anderen Positionen übernommen werden.

Dauerhafte Positionen, die für den Erfolg nötig sind, können mit wechselnden Positionsinhabern besetzt werden. Fehler bei Besetzungen können korrigiert werden, ohne dass die Position erst untergehen muss. Natürlich ist die Besetzung wichtig für den Leistungsbeitrag, und oft ist die Positionsfestlegung – die genaue „Stellenbeschreibung" – von den Qualifikationen des Positionsinhabers abhängig: Daher sind Neubesetzungen oft Anlass zu Modifikationen der Positionsbeschreibungen. Hier liegt auch der Grund dafür, dass manchmal nicht einzelne Positionen neu besetzt werden, sondern dass größere Aufgabenfelder mit mehreren Positionen durch ein eingespieltes Team neu besetzt werden.

Die Inhaber von Positionen übernehmen mit der Einnahme der jeweiligen Position zugleich Rechte und Pflichten, die die Vertretung der 'Interessen' des korporativen Akteurs ermöglichen. Die Integration der Positionen – und damit die Konstitution der Organisation als handlungsfähiger Akteur – geschieht, wie oben beschrieben, durch die Verfassung der Organisation.

5.2.2.4 Organisationen als „juristische Personen"

Verfassung und Positionsgefüge ermöglichen ein korporatives, d.h. abgestimmtes und damit einheitliches Handeln, so dass in der Analyse der Außenbeziehungen einer Organisation diese als ein Akteur angesehen werden kann.

Die Rechtswissenschaft hat auf diese Entwicklung mit der Erfindung der „juristischen Person" reagiert. Die Organisation gilt auf diese Weise als einheitliches Zurechnungssubjekt. Diese Konstruktion galt zunächst für das Privatrecht. Sie wurde weiter ausdifferenziert, schließlich wurde ein eigenes Gesellschaftsrecht entwickelt, das verschiedene Formen der rechtlichen Organisation kennt. Offenbar reichte die elementare Form der BGB-Gesellschaft (§§ 705 ff. BGB) nicht mehr aus, oder besser: Offenbar ließ die Zunahme von Interaktionen unter Beteiligung von immer mehr Organisationen verschiedenster Art die Entwicklung differenzierterer Rechtsformen für diese Organisationen lohnend erscheinen. Es konnten durch Spezifizierung der gewissermaßen vorgefertigten und vom Staat bereitgestellten Rechtsformen weitere Kooperationsgewinne angeeignet werden. So entstanden die OHG, GmbH, Genossenschaften etc., und die Entwicklung ist keineswegs abgeschlossen.

Nach deutscher Rechtstradition unterliegen Organisationen als juristische Personen zunächst dem Privatrecht. Für sie gelten heute aber auch Grundrechte, wenn auch eingeschränkt, „soweit sie ihrem Wesen nach .... anwendbar sind" (Art. 19 III GG). Auch unterliegen sie dem Ordnungswidrigkeitsrecht (OWiG), so dass etwa das Kartellamt Geldbußen gegen Unternehmen, also Organisationen, z.B. wegen verbotener Preisabsprachen, verhängen kann. Organisationen können aber in Deutschland nicht dem Strafrecht unterworfen werden, weil im Strafrecht nach deutscher Rechtstradition von der persönlichen Schuld eines schuldfähigen Individuums ausgegangen werden muss. Dies ist in den USA mit ihrer anderen Rechtstradition durchaus anders: In Korruptionsfällen kann z.B. neben den natürlichen Personen auch das Unternehmen, also die Organisation, in der die straffällig gewordenen Personen Mitglieder sind, strafrechtlich belangt werden. Wie unsicher man auch in den USA anfangs darüber war, wie mit Organisationen im Strafrecht umzugehen ist, zeigt sich daran, dass ein Gericht einmal ein Unternehmen wegen Korruption zu einem Jahr Gefängnis verurteilt hat – auf Bewährung; das Urteil wurde in zweiter Instanz aufgehoben. Die Dinge sind also im Fluss.

5.2.2.5 Die Offenheit der Verfassung einer Organisation

Wie der in der politischen Verfassung niedergelegte Gesellschaftsvertrag offen ist, so ist auch der konstitutionelle Vertrag einer Organisation offen in dem Sinne, dass er nur die Grundordnung dieser Organisation verbindlich festlegt. Organisationen bilden damit neben Märkten eine zweite grundlegende Form der Konkretisierung des politischen Gesellschaftsvertrages – nun in Form weiterer Gesellschaftsverträge auf niedrigerer Ebene, durch die jeweils die Kooperationsform „Organisation" konstituiert wird. Damit rückt das Binnenverhältnis von Organisationen in den Blickpunkt.

Das Binnenverhältnis einer Organisation lässt sich ebenfalls vertragstheoretisch interpretieren: als *Netzwerk von Verträgen* (nexus of contracts). So erhalten wir einen einheitlichen, theoretischen, nämlich vertragstheoretischen Ansatz zur Analyse von Organisationen. Unter der Voraussetzung einer politischen Rahmenordnung konstituiert sich eine Organisation als Netzwerk von Verträgen unter den Mitgliedern, um dann nach außen als korporativer Akteur mit Nicht-Mitgliedern Verträge auf Märkten – auch auf politischen Märkten – abschließen und abwickeln zu können. Dabei werden die externen Vertragspartner oft selbst wiederum korporative Akteure sein, die mit anderen – korporativen und natürlichen – Akteuren im Wettbewerb um Kooperationschancen stehen.

5.2.2.6 Entscheidungs- und Verteilungsprobleme in Organisationen

Korporative Akteure haben zwei neue Probleme, die eine natürliche Person, bzw. ein individueller Akteur, wenn er am Markt auftritt, in dieser Weise nicht hat: Entscheidungsprobleme und Verteilungsprobleme.

Entscheidungsprobleme resultieren daraus, dass in Organisationen die Organisationsmitglieder bestimmte Ressourcen einbringen, über deren Einsatz kollektiv entschieden wird. Die Ressourcen werden gepoolt, und es entsteht die Notwendigkeit einer Abstimmung unter den Organisationsmitgliedern über den zweckmäßigsten Einsatz der gepoolten Ressourcen. Damit können bestimmte Mitglieder beauftragt sein, z.B. die „Eigentümer" oder deren Agenten, das kann aber auch durch ressourcenverzehrende Kollektivverhandlungen erfolgen. Diese Abstimmung könnte man mit dem Prozess des Überlegens, Abwägens u.ä. bei individuellen Entscheidungen vergleichen. Man sollte hier jedoch sehr vorsichtig sein: Allzu leicht wird übersehen, dass es sich bei Kollektiventscheidungen um eine Abstimmung zwischen verschiedenen Personen und nicht um eine Abstimmung zwischen den verschiedenen Interessen derselben Person handelt. Es geht um die Koordination von Aktivitäten, also um Interaktionen, nicht um die Maximierung der Erfüllung verschiedener Präferenzen eines Individuums. Wie wir bereits im ersten Kapitel gesehen haben, führt das zu ganz verschiedenen Problemen, oder anders gesagt: Auch wenn man Organisationen für bestimmte Fragestellungen, besonders für die Außenbeziehungen, aus Gründen der Vereinfachung als einheitlichen Akteur, als korporativen Akteur modellieren kann, darf man für andere Fragestellungen, die etwa in der betriebswirtschaftlichen Organisationsforschung zentral sind, den fundamentalen Unterschied nicht übersehen.

Die Entscheidungsprobleme werden durch den geeigneten institutionellen Zuschnitt der Positionen vorstrukturiert: Die Positionsinhaber erhalten einerseits jene Rechte, die für die jeweiligen Entscheidungen nötig sind, andererseits wird die Vereinbarkeit ihrer Entscheidungen mit den Interessen der anderen Organisationsmitglieder – und durch die Einbettung in den Gesellschaftsvertrag grundsätzlich mit den Interessen aller Betroffenen[4] – durch die Pflichten, die mit der entsprechenden Position verbunden sind, gewährleistet – natürlich wie immer in Grenzen. Dadurch wird es auch möglich, einzelnen Akteuren solche Entscheidungen zu übertragen, die die Erträge der Interaktionspartner beeinflussen. 'An sich' müssten bei solchen Entscheidungen die Betroffenen partizipieren, doch hätte das oft enorme Kosten zur Folge. Man kann sich das leicht klarmachen, indem man sich vorstellt, es müssten bei jeder Handlung im Auftrag einer Organisation, z.B. dem Abschluss eines Liefervertrags, zunächst alle Mitglieder der Organisation auf ihre Einwilligung befragt werden. Statt eines solchen Verfahrens beauftragt man jene „Position" damit, die dafür am besten geeignet scheint, die entsprechenden Entscheidungen zu treffen bzw. die entsprechenden Handlungen durchzuführen. Diese „Position" muss mithin mit entsprechenden Zugriffsmöglichkeiten auf die dafür wichtigen Informationen versehen sein, und sie muss durch institutionelle Ausgestaltung Anreize haben, die Informationen auch in genau der Weise ein-

---

[4] Es sei einmal mehr daran erinnert, dass derartige Aussagen nicht auf ideale Maßstäbe, sondern auf die relevanten Alternativen zu beziehen sind.

zuholen und zu nutzen, dass den Interessen der Betroffenen am besten gedient wird.

Das *Verteilungsproblem* resultiert daraus, dass die Erträge des gepoolten Ressourceneinsatzes ebenfalls gepoolt anfallen und daher entschieden werden muss, wer davon wieviel erhält. Hier kommen neben den gemeinsamen Interessen besonders die konfligierenden Interessen der Mitglieder der Organisation zum Vorschein. Es gibt die unterschiedlichsten Verteilungsregelungen. Das Standardmodell der kapitalistischen Unternehmung sieht vor, dass alle Interaktionspartner in und mit einer Organisation ein vorher festgelegtes Kontrakteinkommen beziehen – Löhne, Gehälter, aber auch Zinsen, Steuern und Abgaben etc. – und dass ein Akteur oder eine Klasse von Akteuren festgelegt wird, dem das zufällt, was übrig bleibt: Der „Eigentümer", also der Einzelunternehmer oder die Gruppe der Aktionäre, erhält das sogenannte „*Residualeinkommen*", das positiv oder negativ sein kann (Gewinne und Verluste).

Dieses häufig unterstellte Modell des Eigentümer-Unternehmens insinuiert zwar nochmals, dass der „korporative Akteur", die Organisation, letztlich durch *einen* individuellen Akteur, den Eigentümer, repräsentiert wird, aber nahezu alle modernen Unternehmen entsprechen diesem Bild nicht mehr. Wir gehen später noch einmal ausführlicher auf die Gründe ein, wollen jedoch schon hier deutlich machen, welche Differenzierungsprozesse mittlerweile hier stattgefunden haben, um zu zeigen, wie genau bei korporativen Akteuren die Fiktion eines einheitlichen Handlungssubjekts zu verstehen ist.

So werden – erstens – Unternehmen zunehmend durch ein mehr oder weniger professionelles Management geleitet. Auch das traditionelle Eigentümer-Unternehmen kommt in der Regel beim Übergang in die dritte Generation in die Notwendigkeit, ein Management einzustellen, was immer eine lebensbedrohende Aktion für solche Unternehmen ist. Das beginnt mit dem „Geschäftsführer" und geht – unter ständiger Ausweitung der Kompetenzen – bis zur selbständigen Leitung großer Unternehmen durch angestellte Manager „in eigener Verantwortung", wie § 76 (4) AktG es vorschreibt. Die historische und funktionale Eigentümerrolle löst sich von seiten der Eigentümer auf, bzw. sie differenziert sich aus[5]. Diese Entwicklung führt zu den schwierigen Problemen der Kontrolle des Managements im Sinne des/der Eigentümer. Letztere werden darüber zunehmend zu reinen Kapitalanlegern, die keine dauerhaften Bindungen an das Unternehmen haben, von dem sie gerade einige Anteile halten. Daraus folgt, dass sie außer durch Kauf und Verkauf der Aktien über den Markt auch keine Kontrolle mehr ausüben (können – und wollen[6]). Zur

---

[5] Der klassische Aufsatz hierzu ist Berle/Means 1932.

[6] Auch zwischen Aktionären existiert eine Dilemmastruktur, wenn es darum geht, Investitionen in die Kontrolle des Managements des eigenen Unternehmens vorzunehmen.

Kontrolle der Geschäftsführung wird ein eigenes Organ, der Aufsichtsrat, eingesetzt, auf der jährlichen Hauptversammlung erscheinen zwar viele Aktionäre, aber die meisten haben ihr Stimmrecht den Banken übertragen (Depot-
stimmrecht der Banken), und da mit Recht Zweifel an der Wirksamkeit dieser
Kontrollen durch Aufsichtsrat und Banken bestehen – insbesondere wegen der
personellen Verflechtung der großen Unternehmen untereinander –, schlagen
manche Autoren vor, neue Organisationen zur Kontrolle der Unternehmen,
also z.B. Aktionärsvereinigungen, zu gründen.

Für unsere Argumentation halten wir folgende zwei Dinge fest: Zum einen
sollte die Fiktion, dass diese Organisationen nach außen als eine Einheit,
nämlich als korporativer Akteur auftreten, uns nicht insensibel machen für die
Interaktionsprobleme, die im Binnenverhältnis, also in dem Netzwerk von
Verträgen, auftreten; zum anderen garantiert nicht einmal das moderne kapi-
talistische Unternehmen eine Zielfunktion, die Ähnlichkeit mit der Rangordnung der Interessen bei einem Individuum hätte.

Der Eindruck, dass der korporative Akteur Unternehmen letztlich durch
einen, und nur einen, individuellen Akteur repräsentiert wird, kann – zweitens
– auch von Seiten der Mitarbeiter zu relativieren sein. Mitarbeiter von Organisationen geben mit Eintritt in die Organisation bzw. beim Betreten der Firma ihre individuellen Interessen keineswegs auf. Sie werden gerade deswegen
Mitglieder, um durch das Instrument Mitgliedschaft ihre individuellen Interessen (besser) realisieren zu können. Existenz und Erfolg des Unternehmens
stellt daher ein gemeinsames Interesse aller Mitglieder dar, aber zugleich
verfolgen die verschiedenen Mitglieder (Gruppen) auch konfligierende Interessen, so dass wir organisationsintern – unter einer Reihe zusätzlicher Restriktionen – erneut unsere sattsam bekannten Interaktionsprobleme auf die
Tagesordnung bekommen. Diese Interaktionsprobleme werden durch eine
Reihe von betrieblichen Vereinbarungen geregelt – von der Errichtung einer
Kantine angefangen bis zu ausgebauten Mitbestimmungsregelungen. Und es
verbleiben noch eine ganze Reihe weiterer Interaktionsprobleme, die das sogenannte „Organisationsproblem" ausmachen und Aufgaben für das tägliche
Management darstellen.

Auch für diese Seite der Mitarbeiter sind zwei Dinge festzuhalten: Erstens
ist eine Organisation, mag sie noch so hierarchisch strukturiert sein, kein soziales Gebilde, das von einem einheitlichen Willenszentrum gesteuert werden
könnte wie eine Armee von Schachfiguren. Jeder Akteur tritt in eine Organisation ein, um *seine* Interessen besser zu verfolgen, und er wird dies auch im
Rahmen der ihm stets verbleibenden diskretionären Handlungsspielräume tun.
Vor allem deshalb sind – zweitens – Mitarbeiter in Entscheidungsprozesse der

Organisation informell und formell in einer Weise einbezogen, wie das die grundsätzliche Weisungsgebundenheit nicht vermuten lässt.

5.2.3 Die spezifischen Kooperationsgewinne von Organisationen

Wir haben in 2.4 die generellen Formen der Generierung von Kooperationsgewinnen aufgelistet: Sicherung von Vermögenswerten, Tausch, Arbeitsteilung mit Spezialisierung, Risikomanagement und Wettbewerb unter geeigneten Regeln (Leistungswettbewerb). Sie alle bleiben in Geltung. Wie der Autohändler im ersten Kapitel durch eine Vielzahl von Verkäufen und Käufen eine Versicherungsfunktion übernehmen und damit eine Garantie für Gebrauchtwagen geben konnte, so übernimmt ein Unternehmen gegenüber seinen Mitarbeitern eine Garantie, ihnen auch dann Beschäftigung zu geben und Lohn zu bezahlen, wenn die Auftragslage mal nicht so gut ist (Knight 1921). Dieser Teil wird von den gegenwärtigen Ausführungen im Prinzip nicht berührt. Unsere Frage lautet – im Anschluss an Coase 1937 – hier, warum dies alles nicht über Märkte, sondern in Form von Organisationen geschehen soll: Warum setzt man in Unternehmen, allgemein: Organisationen, nicht die dezentrale Koordination ein, in der bei Störungen = Ungleichgewichten die nötigen Anpassungsprozesse ex post über Marktpreise vermittelt werden, sondern strukturiert die Interaktionsprozesse ex ante – in einer mehr oder weniger hierarchischen Weise – vor?

Die Diskussion hat in den letzten Jahren ein gewisses Zwischenergebnis gebracht. Wir können dessen Entstehung nicht im einzelnen nachzeichnen, und wir können es auch nicht gegen die vielen Auffassungen profilieren, die in der Ökonomik und anderen Sozialwissenschaften (weitere) Gründe für Organisationen nennen. Wir wollen nur den Grundgedanken vermitteln, und da ist es zweckmäßig, nach den *Problemen* zu fragen, die durch eine Organisation besser gelöst werden können als durch regelgebundene Märkte und eine Vielzahl von zwei- oder mehrseitigen Verträgen, die über Märkte abgewickelt werden.

Auch in Organisationen findet ein Tausch von Leistungen statt, der durch Verträge geregelt wird: Deshalb konnten wir eine Organisation als Netzwerk von Verträgen, als nexus of contracts, bestimmen. Aber offensichtlich gibt es mit diesen Verträgen spezifische Probleme, genauer: Probleme, die in der Weise „spezifisch" sind, dass sie durch Ex-ante-Koordination wesentlich besser gelöst werden können als durch regelgebundene Marktprozesse mit Ex-post-Koordination, auch wenn diese Ex-ante-Koordination stets nur einen Rahmen vorgibt und vorgeben kann.

Es handelt sich dabei um Leistungen und Gegenleistungen, die in besonderer Weise in einen komplexen Leistungserstellungsprozess eingebunden sind, so dass nicht einfach – in ökonomischer Terminologie: nicht zu vertretbaren Kosten auf Märkten – ein (anderer) Partner für die angestrebte Interaktion gefunden werden kann. Die Komponenten, die für ein marktfähiges Produkt – ein Auto, eine Maschine, eine Dienstleistung wie z.B. eine Operation – zusammengefügt werden müssen, sind in sachlicher und zeitlicher Hinsicht so spezialisiert und damit an bestimmte Personen und ihre Verfügbarkeit gebunden, dass *einseitige oder mehrseitige Abhängigkeiten* entstehen, die in Einzelfällen von dem bzw. den Interaktionspartner(n) ausgebeutet werden können. Aus dieser Ausbeutungsmöglichkeit folgert ein rationaler Akteur, dass er solche Handlungen immer dann nicht vornehmen wird, wenn er nicht zuvor Garantien erhält, dass auf diese Möglichkeit zur Ausbeutung im Leistungserstellungsprozess verzichtet wird: Es sind die *„spezifischen Investitionen"* (vgl. 2.3.3.4), die einerseits hochproduktiv sein können, die andererseits aber auch ausbeutbar sind, die über die Regelung der Eigentumsrechte und des allgemeinen Vertragsrechts hinaus die organisatorische Zusammenlegung der Leistungserstellung mit Ex-ante-Koordination und mehr oder weniger hierarchischer Durchsetzung unter Zuhilfenahme von legalen Sanktionen als die für alle Seiten kostengünstigere Alternative erscheinen lassen.

Wir wollen im Folgenden genauer darstellen, worin diese Probleme spezifischer Investitionen bestehen, die Anlass geben für die Gründung einer Organisation. Dabei wird es nicht überraschen, dass Probleme, mit denen Interaktionen behaftet sind, der Art nach dieselben sind, die wir bereits kennen: Informationsprobleme und Anreizprobleme; wir behandeln sie in dieser Reihenfolge.

Organisationen können im Hinblick auf die Bewältigung von *Informationsproblemen* bereits dadurch von Nutzen sein, dass sie die *Kommunikation* von Interaktionspartnern *dauerhaft strukturieren*. Dies ist beispielsweise bei etlichen der im Abschnitt 5.4.3 diskutierten *internationalen Organisationen* der Fall. Spezifische gesellschaftliche Probleme wie Welternährung, Umweltschutz oder internationale Sicherheit werden in eigens dafür eingerichteten Gremien behandelt, indem relevante Informationen für die Regierungen gesammelt und gesichtet, Gespräche und Verhandlungen vorbereitet und auf diese Weise die Kapazitäten für Problemlösungen verbessert werden.

Weitergehender sind die Aufgaben einer Organisation, wenn es um die konkrete Koordination von Handlungen geht. Dieses Problem ist uns in diesem Buch bereits häufig begegnet, allerdings ging es bisher darum, Regeln zur Abstimmung der Handlungen zu finden. Neu ist hier, dass in einer Organisation die Abstimmung durch eine *zentrale Instanz* vorgenommen wird. Hierin wird oft der grundlegende Unterschied zur Koordination über Märkte gesehen, die *dezentral* erfolgt[7].

Betrachten wir die unterschiedlichen Formen dezentraler und zentraler Koordination genauer. Die Koordination der Aktivitäten erfolgt bei Märkten insofern dezentral, als jeder Akteur frei ist, sich seinen Tauschpartner zu suchen und den Tausch zu den jeweiligen Bedingungen durchzuführen oder auch nicht. Es gibt niemanden, der ihn anweisen würde, die gewünschten Güter oder Dienstleistungen von einem ganz bestimmten Anbieter zu beziehen. Umgekehrt sind die Anbieter frei in der Wahl ihrer Produktpalette und auch der Tauschpartner; wenn ihnen zuwenig geboten wird, können sie den Tausch verweigern. Die *Information* für die individuellen Entscheidungen beziehen die Marktteilnehmer vor allem aus den Preisen, aber natürlich auch aus weiteren Informationen wie Werbung, Mund-zu-Mund-Propaganda oder über Medien. Und hinsichtlich des Einholens der Information bleibt es ebenfalls jedem Akteur überlassen, wieviel Mühe (Kosten) er dafür aufwenden will, wenngleich es auch einige Regeln gibt, die die Anbieter verpflichten, bestimmte Informationen auf jeden Fall anzugeben („Die EG-Gesundheitsminister: Rauchen gefährdet die Gesundheit".)

Märkte sind aber keineswegs die einzige Form dezentraler Koordination. Ein anderes Beispiel ist der Straßenverkehr. Dass hier ein nicht unerheblicher Koordinationsbedarf besteht, ist offensichtlich. Ebenso offensichtlich ist es, dass die Einsetzung einer zentralen Koordinationsinstanz im Straßenverkehr zu einer ganz erheblichen „Entschleunigung" führen würde; man stelle sich vor, eine Fahrt von München nach Nürnberg über die A 9 müsste erst vom zuständigen Verkehrsoberdirigenten gebilligt werden. Bewährt hat sich demgegenüber die Etablierung einer Reihe allgemeiner Regeln, die als allgemein bekannt und als weitgehend selbstdurchsetzend angesehen werden können. Auch hier ist es mit Hilfe allgemeiner Regeln möglich, dass Akteure selbst Ziele ebenso festlegen („ich fahre heute nach Münster") wie Zeit („um 13 Uhr geht's los") und Route („ich nehme die Strecke über Dortmund"), und das alles, ohne dass sie sich vorher mit all den anderen Autofahrern absprechen müssen, die ebenfalls unterwegs sind. Ermöglicht wird hier die dezentrale Koordination vor allem dadurch, dass die Interaktionspartner relativ wenig voneinander wissen müssen – das nötige Wissen vermitteln die Regeln wie z.B. „rechts vor links" –, und weil die Interessenkonflikte nur in sehr eingeschränkter Form auftreten (und sie auszuleben kann sehr teuer werden!).

---

[7] Allerdings wollen wir schon hier darauf hinweisen, dass in Organisationen, besonders wenn sie erfolgreich sind, in der Regel *Ausdifferenzierungsprozesse*, z.B. in Form der Einrichtung interner Märkte, erfolgen, die die Vorteile der Dezentralisierung auszunutzen trachten.

Anders sieht es z.B. im Zugverkehr aus. Beim Betreiben von Eisenbahnen zeigt sich, dass das Koordinationsproblem im Vergleich zum Straßenverkehr vor allem durch die Notwendigkeit der Abstimmung von Anschlüssen und auch durch die stark eingeschränkten Möglichkeiten von Ausweich- oder Überholmanövern während der Fahrt erheblich erschwert wird. Dadurch bedingt sind nicht nur die Fahrtrichtungen der Züge, sondern auch deren Geschwindigkeiten so zu koordinieren, dass Zusammenstöße vermieden, Anschlüsse aber erreicht werden. Es bedarf einer präzisen zeitlichen Koordination, und diese verlangt nach anderen institutionellen Lösungen als der Straßenverkehr.

Es ist daher kein Zufall, dass es amerikanische Eisenbahnunternehmen waren, die zu den ersten modernen Organisationen gehörten. Die operationalen Bedingungen der Eisenbahn erforderten es, administrative Hierarchien einzuführen, die eine präzise Koordination erlaubten; die Umstände ließen es nicht zu, auf eine dezentrale Abstimmung durch regelgeleitete, ansonsten aber unabhängige Entscheidungen der einzelnen Lokführer zu vertrauen. Um dieses Koordinationsproblem zu lösen, ist eine *zentrale Instanz zweckmäßig, über die die relevanten Informationen koordiniert werden*. Die Informationszentrale *spezialisiert* sich genau auf das Wissen, welches für eine Abstimmung notwendig ist. Hierzu muss sie sich jedoch zunächst von den einzelnen lokalen Stellen das notwendige Wissen übermitteln lassen. Nach der Sammlung und Auswertung der Informationen kann sie eine „gute" Entscheidung treffen. Sie stellt z.B. Fahrpläne auf, die die Ankunfts- und Abfahrtszeiten der Züge in geeigneter Weise aufeinander abstimmen; die Lokführer sind dann verpflichtet, sich an diese Vorgaben zu halten, und wenn dies durch unvorhergesehene Ereignisse nicht möglich ist, dürfen sie dieses Problem nicht auf eigene Faust lösen, sondern nur in Abstimmung mit der Betriebsleitung.

Ebenso zeigt sich der Bedarf an zentraler Koordination, wenn es darum geht, Güterwaggons optimal auszulasten. So werden gegenwärtig bei der Deutschen Bahn AG sowohl Bedarfswünsche von Kunden als auch leerstehende Kapazitäten bundesweit einer Zentrale übermittelt, die daraufhin die optimale Belegung, Laufstrecken und Laufzeiten bestimmt und zu einem festgelegten Zeitpunkt den lokalen Stellen die Anweisungen über die Nutzung der Waggons gibt[8].

Derartiger Bedarf an zentraler Koordinierung lässt sich oft auch bei vielen Prozessen der Erstellung von Gütern und Dienstleistungen beobachten, und das umso ausgeprägter, je tiefer der Grad der Arbeitsteilung ist. So ist beispielsweise die Entwicklungsabteilung eines Unternehmens darauf speziali-

---

[8] Im Zuge der verbesserten Informationstechnologien lassen sich aber für dieses Problem durchaus auch Möglichkeiten partieller Dezentralisierung denken.

siert, technische Problemlösungen bestimmter Produkte zu liefern, hingegen ist die Marketingabteilung darauf spezialisiert, jene Eigenschaften zu erkunden, die dem potenziellen Kundenkreis besonders wichtig sind und die sich gut vermarkten lassen. Diese Form der Arbeitsteilung hat unter Produktivitätsgesichtspunkten viele Vorteile, erfordert aber eine Abstimmung zwischen den Abteilungen, um zu verhindern, dass technische Lösungen präsentiert werden, für die sich dann aber keine Kunden finden lassen. Man kann dieses Beispiel leicht ausweiten: So müssen möglicherweise Aspekte der Finanzierbarkeit berücksichtigt werden oder Bedingungen der Beschaffung benötigter Materialien usw. Allerdings ist ausdrücklich anzumerken, dass die Behauptung eines zentralen Koordinationsbedarfs in solchen Fällen lediglich eine erste theoretische Annäherung an die empirischen Phänomene darstellt; die konkrete institutionelle Ausgestaltung kann sehr unterschiedlich ausfallen, und wir werden im Folgenden Abschnitt 5.3 darauf eingehen, dass sich zwischen und in Unternehmen immer neue Formen der Zusammenarbeit entwickeln je nach Konstellation der situativen Bedingungen.

Die bislang erörterten Informationsprobleme sind bereits ein Teil dessen, was wir zuvor als das raison d'être von Organisationen genannt haben, das Problem der spezifischen Investitionen. Wenn individuelle Vorleistungen verschiedenster Art daran scheitern könnten, dass die Koordination mit anderen, komplementären Aktivitäten von Interaktionspartnern nicht funktioniert, so kann das ein Grund dafür sein, dass diese ansonsten produktive Investition nicht vorgenommen wird. Doch wie auch sonst kommen oft *Anreizprobleme* hinzu, denen wir uns nun zuwenden.

Praktisch alle Leistungen, die von Organisationen erstellt werden, erfordern von mindestens einigen Akteuren, die zu diesen Leistungen beitragen, Vorleistungen, also spezifische Investitionen, die von anderen ausbeutbar sind. Das zeigt sich bereits im Fall der **Teamproduktion.** Bei vielen Leistungen, die von einem Team erbracht werden, kann *nicht genau zugerechnet* werden, welches Teammitglied welchen Anteil an der Gesamtleistung erbracht hat, und damit wird es schwierig, Beiträge und Ansprüche im vorhinein so festzulegen, dass jeder einen Anreiz hat, seinen Beitrag auch wirklich zu erbringen – d.h. in die Erstellung der Teamleistung zu investieren; die Teammitglieder haben vielmehr oft einen Anreiz, sich als Trittbrettfahrer bzw. „Drückeberger" zu betätigen. Wieder liegt eine typische Dilemmastruktur vor: Jedes Teammitglied trägt, wenn es gut arbeitet, die Kosten seiner Mühen, während der Nutzen allen Teammitgliedern zugute kommt, und umgekehrt hat jeder im Fall der Drückebergerei den Vorteil, während die Kosten alle tragen müssen.

Nun lassen sich in kleineren Gruppen in der Regel relativ leicht Lösungen finden. Manchmal können sich die Teammitglieder gegenseitig kontrollieren, in anderen Fällen können sie – *in ihrem eigenen Interesse* – einen Aufseher einsetzen, der ihre Leistung kontrolliert und Abweichungen sanktioniert. Der Aufseher bietet eine Lösung für das Problem, dass – wie immer bei Dilemmastrukturen – jeder bereit wäre, seinen Beitrag zu liefern, vorausgesetzt, dass die anderen auch dazu bereit sind, genau das aber nicht verlässlich erwartet werden kann.

Damit der Aufseher seinerseits Anreize für eine effektive Kontrolle hat, haben die amerikanischen Ökonomen Armen A. Alchian und Harold Demsetz darauf hingewiesen, dass dem Aufseher jene Einkünfte zuerkannt werden sollten, die über einen festgelegten und den Teammitgliedern zugesprochenen Teil der Kooperationserträge hinausgehen, die sogenannten *residualen Erträge*; unter dieser Bedingung hat er den größtmöglichen Anreiz, die Bedingungen der Teamarbeit so effizient wie möglich zu gestalten (Alchian/Demsetz 1972).

In einer sehr einfachen Organisation eines solchen Typs gäbe es dann zwei Positionen: „Teamarbeiter" und „Teamaufseher". Die *Pflichten*, die mit der Position der „Teamarbeiter" verbunden sind, liegen in der guten Leistungserbringung, die der „Teamaufseher" in der Kontrolle der Pflichterfüllung der „Teamarbeiter". Die *Rechte* der „Teamarbeiter" bestehen darin, einen festen Teil des von ihnen erarbeiteten Ertrags zu erhalten, die der „Teamaufseher" bestehen darin, sich den Restertrag aneignen zu können. Dabei sei nochmal daran erinnert, dass es im Interesse der „Teamarbeiter" liegt, sowohl sich der Kontrolle durch die „Teamaufseher" zu unterwerfen als auch durch geeignete Anreize für die geeignete Form der Kontrolle zu sorgen.

Das Ausmaß, in dem individuelle Vorleistungen für eine gemeinsam zu erbringende Gesamtleistung riskant sind und deshalb ohne geeignete institutionelle Sicherung unterbleiben, kann natürlich unterschiedlich sein. Das übergeordnete allgemeine Kriterium für die „Brisanz" (Pies 1993) spezifischer Investitionen ist der Grad, in dem ein Akteur für die Realisierung von Kooperationsgewinnen Vorleistungen (spezifische Investitionen) erbringen muss und sich dadurch an seine Interaktionspartner *bindet*, da von ihnen seine Erträge dieser Vorleistungen abhängen. Oliver E. Williamson spricht hier von einer *„fundamentalen Transformation"* (Williamson 1985/ 1990): Vor der Interaktion mit dem bzw. den spezifischen Interaktionspartner(n) hatte man noch mehrere (konkurrierende) Alternativen, seine Ressourcen einzusetzen. Nachdem man sich aber einmal entschieden und investiert hat, ist man gebunden und kann nur noch unter erheblichen Kosten bzw. dem Verlust von Erträgen –

man spricht hier oft auch von „*Quasirenten*" – aus der Interaktion heraus; darin genau liegt die Brisanz.

Wie „brisant" spezifische Investitionen sind, hängt von der Art der Bindung ab, die ihre Spezifität ausmacht. Beispielhaft sind hier zu nennen.

Beispiele für Bindungswirkungen spezifischer Investitionen:

- Die *Ortsgebundenheit* kann für jene Akteure, die aus verschiedenen Gründen weniger mobil sind, zu einem Faktor der Spezifität werden. Neben Arbeitnehmern betrifft das auch Unternehmen, die in den Standort und seine Infrastruktur investiert haben.
- Ein anderer Fall ist die *Humankapitalspezifität*, wenn etwa ein Mitarbeiter Kenntnisse und Fähigkeiten für einen bestimmten Arbeitsplatz erwirbt, die ihm jedoch an anderen Stellen nur einen geringem oder gar keinen Nutzen bringen.
- Spezifische Investitionen sind auch *Anschaffungen von Spezialmaschinen* oder die Einführung *bestimmter Technologien*, die nur für die geplante Interaktion erfolgen und die bei deren Unterbleiben mit Überkapazitäten oder verlustreichen Veräußerungen verbunden sind.
- Eine häufige Form spezifischer Investitionen ist schließlich *zeitlicher Art*, indem ein Interaktionspartner Vorleistungen erbringt – und sei es in Form von DM 500 –, die Gegenleistung des/der Interaktionspartner jedoch erst später – oder auch gar nicht – erfolgt.

Auch hier gilt wieder, dass es nicht ein einzelner Faktor ist, der stets über die Brisanz einer spezifischen Investition entscheidet, andere Situationsbedingungen kommen hinzu, die sich aus Merkmalen der Situation ergeben, wie wir sie im Verlauf des Buches verschiedentlich thematisiert haben: Häufigkeit der Interaktion, Beobachtbarkeit der (Leistungen der) Interaktionspartner, Komplexität der Interaktion, Höhe der involvierten Erträge und Kosten usw.

Spezifische Investitionen führen dazu, dass die Erträge dieser Investitionen immer auch abhängen von den Entscheidungen bzw. Aktivitäten anderer Akteure, und deshalb stellt sich für die Investierenden das Problem, wie sie sicherstellen können, dass sie dabei nicht benachteiligt, „ausgebeutet", werden.

Eine Möglichkeit wäre, sich erst gar nicht auf jene Aktivitäten einzulassen, die spezifische Investitionen mit sich bringen. Zum Beispiel könnte man, statt Aufgaben zu delegieren, diese selbst übernehmen oder nur jenen überlassen, die man persönlich gut genug kennt bzw. mit denen man in einer langfristigen Beziehung steht, z.B. Familienangehörigen. Durch diese drastische Beschränkung des Personenkreises würde allerdings ein Großteil der möglichen Kooperationsgewinne verspielt, weil unter diesen Umständen zum einen nicht unbedingt jene die Aufgaben übernehmen, die dafür besonders geeignet sind, zum anderen bleibt das Ausmaß der Arbeitsteilung notwendigerweise beschränkt, in besonderem Maße natürlich dann, wenn man selbst alle 'sensiblen' Aufgaben durchführt, aber auch in dem Fall, wenn man die Arbeitsteilung nur bis zu dem Punkt ausweitet, bis zu dem eine wechselseitige Kontrolle der Akteure möglich ist.

Produktiver, aber eben auch riskanter, ist es hingegen, spezialisierte Agenten bzw. Interaktionspartner mit den Aufgaben zu betrauen und ihnen die zur Erfüllung dieser Aufgaben nötigen Entscheidungskompetenzen zu geben. Und hier genau zeigt sich, wie oben schon erörtert, die Vorteilhaftigkeit der Einrichtung von Positionen bzw. Stellen, denn mit ihnen können die Handlungsspielräume der Agenten im vorhinein gezielt, in einer zweckmäßigen und zugleich anreizkompatiblen Form, vorstrukturiert werden: *Kontrollierte Delegation wird möglich.* Und da damit Pflichten aber eben auch Rechte spezifiziert werden, ist es auch für die Agenten, die in der Regel auch ihrerseits spezifisch investieren müssen, wenn sie diese Aufgabe übernehmen, verlässlicher berechenbar, worauf sie sich einlassen; zugleich haben sie wegen der Rechte Anreize, ihren Aufgaben in der erwünschten Form nachzukommen.

Damit soll allerdings nicht gesagt werden, dass spezifische Investitionen stets zur Integration führen müssten. Es hängt auch hier von den situativen Bedingungen und den institutionellen Alternativen ab, wie die Interaktionen gestaltet werden.

Bislang haben wir in diesem Abschnitt die möglichen Kooperationsgewinne durch Bildung einer Organisation im Hinblick auf das Innenverhältnis erörtert. Vorteile zeigen sich aber auch im Hinblick auf die *Außenbeziehungen* der Organisation. So werden für die Interaktionspartner der Organisation deren Aktivitäten besser *berechenbar,* wenn es um die Einschätzung der Leistungspotenziale und auch der Anreizbedingungen des korporativen Akteurs geht. Das gilt vor allem dann, wenn es sich um größere Organisationen handelt. Als Käufer eines Neuwagens kann man beispielsweise sehr viel einfacher Marktforschung betreiben, wenn es Firmen wie Audi, Opel, Ford usw. mit entsprechender Produktpalette gibt, als wenn man sich an einzelne Personen wenden müsste, die man in der Regel nicht kennen würde. Und wenn ein Autor sein Manuskript veröffentlichen will, kann er, sofern er sich an einen Verlag wendet, damit rechnen, dass allein deshalb, weil er es hier mit einer Organisation zu tun hat, die grundlegenden Voraussetzungen für die Drucklegung, die Werbung und den Vertrieb seines Buches gegeben sind.

Auch bieten Beratungsorganisationen, insbesondere wenn sie größer sind, den Vorzug, dass der Kunde weiß, dass er mit bestimmten *Standards* hinsichtlich der Beratungsleistung rechnen kann. Und bei Spenden an gemeinnützige Organisationen wie Welthungerhilfe, Greenpeace usw. kann der Geber mehr Vertrauen haben, dass die Verwendung seines Geldes gemäß bestimmten Spielregeln erfolgt, die die vorgesehene Verwendung gewährleisten sollen, als wenn er das Geld einer ihm unbekannten Einzelperson überlässt.

Man kann mit anderen Worten als Interaktionspartner einer Organisation damit rechnen, dass sie, eben weil es sich um eine Organisation handelt, über bestimmte Leistungspotenziale verfügt; ebenso ist zu erwarten, dass das Handeln dieses korporativen Akteurs bestimmten Regeln unterworfen ist, die dessen Anreizkompatibilität gewährleisten sollen, was man bei einzelnen Personen ohne deren nähere Kenntnis nicht unbedingt erwarten könnte. Dabei macht sich auch positiv bemerkbar, dass Organisationen sehr viel stärker als natürliche Personen auf bestimmte Aufgaben zugeschnitten sind, so dass diesen korporativen Akteuren daran gelegen sein muss, hinsichtlich dieser Aufgabe eine gute *Reputation* zu besitzen[9]; hinzu kommt der bereits erwähnte längere Zeithorizont, den Organisationen in der Regel haben. Hingewiesen sei darauf, dass beide Seiten, also auch die Mitglieder der Organisation, von diesen Effekten profitieren.

5.2.4 Organisationen und institutionelle Ordnung

Bislang haben wir Organisationen als soziale Gebilde betrachtet, in denen Ressourcen zusammengelegt werden, um arbeitsteilig Leistungen zu erstellen, die auf Märkten gehandelt werden. Wir waren von der Produktion üblicher marktgängiger Dienstleistungen ausgegangen.

Organisationen tun aber mehr, sie erstellen auch andere als die üblichen marktgängigen Produkte, und sie streben auch dabei nach der Aneignung weiterer Kooperationsrenten. Organisationen versuchen nämlich auch, die Rahmenordnung durch politische Aktivitäten dahingehend zu beeinflussen, dass die Aneignung der Kooperationsgewinne angesichts der Interaktionsprobleme kostengünstiger als bisher erfolgen kann. Organisationen wie vor allem multinationale (Groß-)Unternehmen, aber auch Verbände (Unternehmerverbände, Gewerkschaften, berufsständische Organisationen, Parteien, Wohlfahrtsverbände und Nicht-Regierungs-Organisationen) verfügen über einen solchen Einfluss, dass sie in der Politik nicht einfach ignoriert werden können. Außerdem verfügen sie über intime Kenntnis der Interaktionsproble-

---

[9] Wir hatten diesen Umstand bereits im dritten Kapitel bei der knappen Erörterung der Rolle von Parteien erwähnt.

me vor Ort, insbesondere über unzweckmäßige, allgemein erwünschte Interaktionen behindernde, institutionelle Arrangements. Für die kontinuierliche Weiterentwicklung des institutionellen Arrangements einer Gesellschaft im Rahmen des unvollständigen – nationalen oder internationalen – Verfassungsvertrages sind sie daher unverzichtbar.

Natürlich besteht dabei immer die Gefahr, dass Organisationen die institutionelle Rahmenordnung auf ihre eigenen Vorteile hin zuzuschneiden versuchen – was sollten sie in der von Wettbewerb geprägten Welt der Ökonomen auch anderes tun als ihren Vorteil suchen –, aber dies ist nur die eine Seite der Medaille: Die andere Seite zeigt, dass sie eine wichtige Funktion für den Prozess der gesellschaftlichen Evolution übernehmen, der sonst von niemandem übernommen werden kann: Sie betätigen sich – im eigenen Interesse – als Vermittler zwischen verschiedenen gesellschaftlichen Subsystemen und bringen dabei eine intime und differenzierte Kenntnis der Interaktionsprobleme in ihre jeweiligen Betätigungsfelder ein.

Mit Blick auf die internationale Rahmenordnung für die entstehende Weltgesellschaft wird man die multinationalen Unternehmen sogar als die wohl wichtigsten Akteure der nächsten Jahrzehnte einstufen müssen: Sie sind – zusammen mit politischen Instanzen und halböffentlichen Organisationen – gegenwärtig dabei, die Rahmenordnung der globalisierten Welt einschließlich der Gerichte, die als Schiedsgerichte auftreten, in eigener Regie zu entwickeln (vgl. o. 3.3.4).

Dies mag viele Kritiker der Marktwirtschaft zutiefst beunruhigen, lässt sich doch die Gefahr, dass die Unternehmen dieses neue „Recht" auf ihre Interessen zuzuschneiden versuchen, nicht von der Hand weisen. Allerdings ist darauf aufmerksam zu machen, dass solchen Versuchen doch auch mehr oder weniger wirksame Grenzen gesetzt sind.

Eine *erste* Grenze wird durch den praktisch unbegrenzten Zeithorizont der Unternehmen gesetzt, der ihnen die Strategie „hit and run" verbietet; Unternehmen als Organisationen leben prinzipiell „ewig". Zum *zweiten* wird eine Grenze gesetzt durch die Konkurrenten, mit denen die transnationalen Unternehmen auf Dauer zusammenarbeiten wollen und die ebenfalls an dem Prozess der Etablierung der neuen Rahmenordnung mitwirken. Eine Grenze wird *drittens* durch die lokale und regionale Umwelt gesetzt, auf deren goodwill die Unternehmen angewiesen sind und den sie nicht ohne Gegenleistungen erhalten. *Viertens* wird eine Grenze gesetzt durch die kritische Öffentlichkeit, gegen die die transnationalen Unternehmen langfristig erfolgreiche Geschäfte nicht machen können – man denke an Boykotte. Schließlich wird *fünftens* eine Grenze gesetzt durch die – wenn auch einzeln oft schwachen – politischen Institutionen auf nationaler Ebene.

5.3 Die Organisation Unternehmung

5.3.1 Unternehmen als korporative Akteure

5.3.1.1 Die Annahme der Gewinnmaximierung

Wir haben Unternehmen als Akteure bereits unter Punkt 4.2.2 kennengelernt, als es um die Angebotsfunktion ging. Ihr lag die Annahme zugrunde, dass die Akteure, also die Unternehmen, ihren Gewinn maximierten. Diese Annahme ist oft kritisiert worden mit Hinweisen darauf, dass die Zielfunktion von Unternehmen viel komplexer sei, überhaupt sei es notwendig, die „black box" Unternehmung zu öffnen. Beides ist richtig, und doch kann die Annahme der Gewinnmaximierung sehr zweckmäßig sein. Um möglichen Verwechslungen vorzubeugen, sei in diesem Zusammenhang angemerkt, dass der „Gewinn", von dem hier die Rede ist, nicht immer genau dem „Gewinn" entsprechen muss, von dem in der betrieblichen bzw. betriebswirtschaftlichen Kosten- rechnung gesprochen wird. So kann sich etwa ein Teil des „Gewinns" eines Unternehmens auch in einer besseren Reputation manifestieren, ohne dass das in der betrieblichen Gewinn- und Verlustrechnung direkt ersichtlich wäre. Die Annahme der Gewinnmaximierung entspricht insofern der Annahme der Nutzenmaximierung bei individuellen Akteuren; sie dient im Wesentlichen dazu, im Rahmen bestimmter Fragestellungen das Verhalten von Unternehmen auf Märkten in geeigneter Weise zu modellieren.

Für *gesamtwirtschaftliche* Fragestellungen hat sich die Annahme der Ge- winnmaximierung als eine sehr zweckmäßige pragmatische Reduktion erwie- sen, denn auf diese Weise lässt sich die Angebotsfunktion in einer einfachen Weise analysieren, und man gewinnt Einsichten über gesamtwirtschaftliche Anpassungsprozesse, die man auf andere Weise nicht erhalten hätte.

Aber die „Reduktion" des Unternehmens auf eine so einfache Zielfunktion bedeutet eben nicht, dass dies die einzig angemessene Sichtweise wäre, viel- mehr gibt es andere Probleme, für die andere Modellierungen – wie z.B. das Unternehmen als institutionelles Arrangement – zweckmäßiger sind. Ebenfalls ist es im Rahmen betriebswirtschaftlicher Fragestellungen oft sinnvoll, eine sehr viel differenziertere Analyse der Zielfunktion anzustellen, wenn es etwa darum geht, Zielvorgaben als Entscheidungskriterien bzw. Führungsinstru- mente zu thematisieren. Doch lassen sich umgekehrt mit einem komplexen Modell eines Unternehmens oder einer differenzierten Zielfunktionsanalyse keine gesamtwirtschaftlichen Anpassungsprozesse studieren.

Dass es die Annahme der Gewinnmaximierung ist, die sich oft als zweck- mäßig erweist, hat seinen Grund vor allem darin, dass Unternehmen in der Regel unter Konkurrenzbedingungen agieren müssen. Unternehmen, die *kei-*

nen Gewinn machen, werden über kurz oder lang gezwungen sein, aus dem Markt auszuscheiden. Diese Konkurrenz betrifft keineswegs nur die anderen Firmen, die die gleichen oder ähnliche Produkte herstellen, sondern wirkt sich auf alle Bereiche des Unternehmens aus, in denen es auf die Kooperation mit einzelnen „Produktionsfaktoren" angewiesen ist. Hierbei fallen einem vor allem die *Kapitalgeber* ein[10]. Jedes Unternehmen benötigt für seine Investitionen Mittel, die es sich am Kapitalmarkt beschaffen muss. Jene, die diese Mittel bereitstellen, orientieren sich dabei am *Wert* des Unternehmens, und dieser Wert, der *„shareholder value"*, wird oft bestimmt als das langfristige Gewinnpotenzial der Unternehmung[11]. Dieser Zusammenhang führt dazu, dass die Unternehmen *gezwungen* sind, auf ihre Gewinnsituation zu achten, wenn sie überhaupt in der Lage sein wollen, weiterhin am Markt zu agieren, und deshalb ist es – für bestimmte Problemstellungen – eine durchaus zweckmäßige Annahme, dass der korporative Akteur Unternehmung seinen Gewinn maximiert.

5.3.1.2 Unternehmen und „stakeholder"

Was aber folgt aus der Annahme einer solchen „Interessenlage" des korporativen Akteurs Unternehmen? Werden dann nicht die Interessen anderer, die vom Handeln dieses Akteurs betroffen sind, sogenannter *„stakeholder"*, vernachlässigt? Was ist mit der „sozialen Verantwortung" von Unternehmen?

Eine Antwort auf diese und ähnliche Fragen lässt sich geben, indem man, soweit es angemessen ist, die gleichen Überlegungen zugrundelegt, wie wir es hinsichtlich des Handelns individueller Akteure getan haben. Generell legten wir die Heuristiken der Ökonomik zugrunde, dass Individuen den Anreizen der Situation folgen, dass diese Anreize in Interaktionen stets durch gemeinsame und konfligierende Interessen geprägt werden und dass zur Realisierung der gemeinsamen Interessen, also von erwünschten Interaktionen, Institutionen etabliert werden, um Informations- und Anreizprobleme zu bewältigen. Dabei zeigt sich, dass die *Nicht*-Beteiligung von „stakeholdern" an Entscheidungsprozessen in Unternehmen für die „stakeholder" selbst von Vorteil ist. Man kann hier somit in gleicher Weise argumentieren, wie wir es schon bei der Begründung des Privateigentums getan haben; vorausgesetzt ist hierbei, dass die Entscheidungsträger unter Rahmenbedingungen handeln, die dazu führen, dass die Verfolgung ihres Vorteils nicht zu Lasten, sondern zu Gunsten der „stakeholder" geschieht. Deren Interessen sind im Prinzip in der

---

[10] Der zweite 'Produktionsfaktor' von entscheidender Bedeutung sind natürlich die Mitarbeiter. Auf ihre Einbindung gehen wir in 5.3.2 genauer ein.

[11] Es steht dazu nicht im Widerspruch, dass sich die Einschätzung dieses langfristigen Gewinnpotenzials auch an sehr kurzfristigen Einflüssen orientieren kann.

Rahmenordnung bereits berücksichtigt, zudem wird ihnen insbesondere bei großen Unternehmen wegen der Öffentlichkeitswirksamkeit ihres Handelns in der Regel durchaus Rechnung getragen. Dies ist aber – wie immer – vor dem Hintergrund der relevanten Alternativen zu betrachten; die Interessenkonflikte werden damit keineswegs aus der Welt geschafft.

Angewendet auf den korporativen Akteur Unternehmung heißt das, dass man genausowenig wie bei anderen Akteuren erwarten sollte, dass Unternehmen stets und überall das Wohl aller Menschen verwirklichen wollen; sie vertreten ihre Interessen[12], und die harmonieren und konfligieren mit den Interessen anderer Akteure. Genauer gesagt ist davon auszugehen, dass für all die vielfältigen Interaktionen, in denen Unternehmen als korporative Akteure handeln – mit Kunden, Lieferanten, Banken, Versicherungen, Konkurrenten, Behörden, Umweltgruppen, Bürgerbewegungen usw. – stets gemeinsame und konfligierende Interessen zu finden sind, so dass auch hier wieder die relevante Frage lautet, durch welche institutionellen Arrangements Kooperationsgewinne realisiert werden bzw. realisiert werden können. Betrachten wir einige Beispiele.

Beispiele für gemeinsame und konfligierende Interessen von Unternehmen und verschiedenen stakeholdern:

- Die Interessen der *Kunden* zu berücksichtigen liegt aus naheliegenden Gründen im Interesse der Unternehmen, und sei es einzig aus Gründen des Wettbewerbs. Doch gibt es, wie in Abschnitt 4.4.2 erörtert, auch Interessenkonflikte, typischerweise etwa hinsichtlich der Aufteilung der Kooperationsgewinne, was sich im Preis, aber auch in der Qualität oder im Service niederschlagen kann.
- Was für die Kunden gilt, gilt auf der anderen Seite auch für *Lieferanten.* Auch diese Interaktion ist primär von gemeinsamen Interessen, nämlich an der für beide Seiten vorteilhaften Interaktion, geprägt, doch gibt es auch hier Potenziale für Interessenkonflikte im Hinblick auf die jeweils zu erbringenden Leistungen, und diese Interessenkonflikte können von einer Art sein, dass es sich für beide als günstiger erweist, die Lieferanten in die Organisation zu integrieren; man spricht dann von „vertikaler Integration". Wir kommen im Folgenden Abschnitt darauf zurück.
- Ebenfalls schon erörtert wurden die Beziehungen zu den *Konkurrenten* (in 4.3.3). Auch diese sind „stakeholder", denn sie sind, oft sogar recht empfindlich, betroffen von den Entscheidungen der Wettbewerber. Die-

---

[12] Was das konkret bedeutet, ist natürlich nicht immer leicht zu bestimmen, doch trifft das gleichermaßen für individuelle Akteure zu.

ser Interessenkonflikt ist ja sogar gewollt, aber in einer Art, die für alle grundsätzlich zustimmungsfähig ist.

- Interaktionen finden immer auch zwischen Unternehmen und *staatlichen Instanzen* statt. Gesetze und Verordnungen müssen eingehalten, Auflagen erfüllt, Abgaben entrichtet werden; die Behörden müssen die ordnungsgemäße Erfüllung dieser Pflichten kontrollieren und durchsetzen. Dabei ergeben sich allerdings Kooperationsmöglichkeiten, was in den letzten Jahren besonders deutlich im Umweltbereich zu beobachten war. So hat der Staat verschiedentlich auf hoheitliche Regulierung verzichtet zugunsten von Verbandslösungen, z.B. in Form freiwilliger Selbstverpflichtungen der jeweiligen Branchen. Davon abgesehen haben die Kommunen (Länder, Staaten) ein Interesse daran, an ihrem Standort günstige Bedingungen für die Unternehmen zu schaffen, da sie für Arbeitsplätze und Einkommen sorgen und dadurch die Attraktivität der jeweiligen Region erhöhen; auch dadurch erweitert sich das Spektrum gemeinsamer Interessen.

- Auch der Umgang mit *Nicht-Regierungs-Organisationen* zeigt sich als ein Verhältnis von gemeinsamen und konfligierenden Interessen. Lange Zeit standen hier – etwa in der Auseinandersetzung mit Umweltgruppen – die Konflikte im Vordergrund, zumal sie oft medienwirksam sind. Dennoch sind im Laufe der Zeit die Konfrontationslinien immer mehr aufgeweicht worden zugunsten der Identifizierung und Realisierung auch gemeinsamer Interessen. Beispielsweise nutzen einzelne Firmen das ökologische Know-how und die Reputation von Umweltverbänden, um sich von ihnen beraten zu lassen hinsichtlich ihrer Produktpalette oder der Entwicklung neuer Produkte (FCKW-freier Kühlschrank, 3-Liter-Auto usw.).

In all diesen Beziehungen erweist es sich als wichtiger Faktor, dass Unternehmen Organisationen sind, die auf Dauer angelegt sind, so dass *Reputation* ein grundlegender Vermögenswert wird. Sie beeinflusst in erheblichem Maße die künftigen Erträge des korporativen Akteurs, und das hat Folgen für die Berücksichtigung der Interessen anderer. Das gilt sowohl für den Fall potenzieller künftiger Interaktionspartner, mit denen man kooperieren will, als auch für den Fall, dass man die Kosten der Vertragsschließung mit aktuellen Interaktionspartnern verringern will, indem man bewusst die Unvollständigkeit der Verträge in geeigneter Weise gestaltet. Für die Interaktionspartner des Unternehmens ist die Reputation eine wichtige Information. Auf dieser Grundlage werden Entscheidungen darüber getroffen, ob man sich überhaupt auf eine Interaktion einlässt, und wenn ja, zu welchen Bedingungen.

Es gibt auch andere Vermögenswerte, in die zu investieren sich für Unternehmen lohnen kann und die zugleich Vorteile für andere bringen. Unternehmen tätigen „Spenden für Schulen, Obdachlosenprogramme, Stadtteilsanierungen, Finanzierung öffentlicher Gebäude und so weiter in dem klaren Bewusstsein, dass Unternehmen nur in einem gesunden gesellschaftlichen Umfeld überleben können" (Wieland 1993, S. 20). So kann es für Unternehmen kostengünstiger sein, Ausbildungsprogramme für Jugendliche zu finanzieren, auch wenn diese gar nichts mit ihrem Unternehmen zu tun haben, denn auf diese Weise tragen sie zur Attraktivität des Standorts für ihre Mitarbeiter bei, verringern die Kosten, die ihnen durch Randalierertum unmittelbar und mittelbar entstünden, und verbessern zugleich das eigene Image.

Es zeigt sich also, dass Unternehmen in vielerlei Hinsicht von sich aus Anreize haben, die Interessen ihrer Interaktionspartner zu berücksichtigen. Allerdings heißt das nicht, dass alle Kooperationen des korporativen Akteurs Unternehmung auch gesellschaftlich erwünscht wären. Wir hatten bereits früher verschiedene Formen unerwünschter Kooperationen aufgeführt, die auch hier wieder genannt werden können, z.B. die Kooperation von Konkurrenten in Form eines Kartells, die Kooperation von Tauschpartnern am Fiskus und den Sozialversicherungen vorbei, Korruption usw. Um diese gesellschaftlich unerwünschten Kooperationen zu verhindern, existieren gesetzliche Regeln, die dem entgegenwirken (sollen). Wenn also damit zu rechnen ist, dass Organisationen, hier: Unternehmen, von sich aus keine hinreichenden Anreize haben, in gesellschaftlich erwünschter Weise bestimmte Interessen anderer Akteure zu berücksichtigen, so werden sich oft institutionelle Rahmenbedingungen finden lassen, über die diesen Interessen Rechnung getragen wird. Daran wird deutlich, wie komplex das Steuerungssystem einer modernen Gesellschaft ist, mit dem versucht wird, in immer differenzierterer Form gesellschaftlich erwünschte Kooperationen zu fördern und unerwünschte zu unterbinden.

5.3.1.3 Strategien von Unternehmen bei Interessenkonflikten

Nun werden diese Rahmenbedingungen immer unvollständiger Natur sein aus Gründen, wie sie unter Punkt 2.3.4 diskutiert worden sind; so sollen Unternehmen ja gerade über Handlungsspielräume im Wettbewerb verfügen. Das kann indes – gerade unter Wettbewerbsbedingungen – dazu führen, dass

- Rüstungsgüter in Spannungsgebiete exportiert werden,
- Arbeitnehmer aus Randgruppen, deren Produktivität unter der von anderen Bewerbern liegt, keine Möglichkeit finden, (wieder) in die Arbeitswelt integriert zu werden,

- Güter importiert werden, die durch Kinderarbeit gefertigt wurden,
- Unternehmen Schadstoffe zu Lasten der Umwelt emittieren usw.

Wenn derartige Konflikte zwischen den Interessen eines Unternehmens und den gesellschaftlichen Interessen entstehen, so kann das Unternehmen darauf in unterschiedlicher Weise reagieren. Eine Möglichkeit besteht darin, in die Beseitigung dieses Konflikts zu *investieren*. Betrachten wir als Beispiel einen typischen Interessenkonflikt, bei dem im Prozess der Produktion von Gütern „Umweltkosten" nicht „internalisiert" werden. Gemeint ist damit, dass die Produktion Ressourcen in Anspruch nimmt, über deren Nutzung Interessenkonflikte bestehen, z.B. die Nutzung von Gewässern als Badeplatz oder als Medium zur Entsorgung von Abfallstoffen; nehmen wir weiterhin an, dass ansässige Unternehmen diesen Konflikt zu ihren Gunsten entscheiden können, indem sie ihre Abfälle ohne weitere Vorkehrungen entsorgen, da zum betrachteten Zeitpunkt keine Regelungen existieren, die das verbieten oder mit Kosten belegen würden.

Wenn das Unternehmen die Interessen der Anrainer berücksichtigen will, internalisiert es gewissermaßen den Konflikt. Es hängt nun von der konkreten Situation ab, welche Möglichkeiten es hat, diesen Konflikt selbst aufzulösen. So kann es sich in manchen Fällen lohnen, in andere Formen der Entsorgung bzw. in die Filterung der Abfallstoffe vor ihrer Einleitung zu investieren, doch müssen diesen Kosten dann Erträge gegenüberstehen, andernfalls kann sich das ein Unternehmen unter Wettbewerbsbedingungen nicht leisten. Diese Erträge können sich dadurch ergeben, dass einzelne Interaktionspartner des Unternehmens dieses Vorgehen honorieren, z.B. Kunden durch höhere Zahlungsbereitschaft, Banken durch günstigere Kreditbedingungen, Mitarbeiter durch erhöhte Leistungsbereitschaft, Behörden durch Zusammenarbeit in anderen Bereichen usw. Man kann hier von einer *Wettbewerbsstrategie* sprechen: Das Unternehmen *bindet sich individuell*, um dadurch Wettbewerbsvorteile gegenüber Konkurrenten zu erreichen.

Häufiger wird sich aber auch der Fall ergeben, dass die Kosten-Ertrags-Relation zu Lasten derartiger Investitionen ausfällt. Deren Durchführung wäre dann ein Wettbewerbsnachteil, den sich das Unternehmen nicht leisten kann. Das bedeutet jedoch nicht, dass es den Konflikt zwischen den eigenen Gewinninteressen und den Interessen der Betroffenen weiter bestehen lassen müsste. Dieser Konflikt resultiert ja daraus, dass die Wettbewerbsbedingungen seine Lösung – jedenfalls vorerst – verhindern: Indem das Unternehmen konstenintensive Vorleistungen erbringt, die die Konkurrenten nicht erbringen, gerät es in Nachteil.

Werden die Konkurrenten hingegen dazu verpflichtet – oder verpflichten sie sich selbst –, in diesem Punkt Gleichheit der Bedingungen zu schaffen, kann auch dieser Konflikt aufgelöst werden. Sofern das Unternehmen einen Teil seiner Bemühungen darauf verwendet, die Bedingungen, die für sein Handeln gelten, in dieser Weise zu beeinflussen, lässt sich das als *ordnungspolitische Strategie* charakterisieren. Sie beruht auf einer *kollektiven Selbstbindung* der Unternehmen etwa einer Branche.

Welche Strategie letztlich der korporative Akteur Unternehmung wählt und ob er in der betreffenden Frage überhaupt aktiv wird, hängt von den Anreizbedingungen der Situation ab. Investitionen in die Beeinflussung der Rahmenbedingungen können manchmal für die Unternehmung ertragreicher sein als die Verwendung der Mittel im Produktionsprozess. Allerdings dürfte mittlerweile deutlich geworden sein, dass eine solche Situation nicht automatisch bedeutet, dass die entsprechenden Aktivitäten auch im gesellschaftlichen Interesse liegen; ebensowenig muss jedoch angenommen werden, dass Bemühungen auf ordnungspolitischer Ebene von vornherein kartellverdächtig sind. Entscheidend ist auch hier die Betrachtung der konkreten Anreizbedingungen, die darüber bestimmen, welche Leistungen sich lohnen und welche nicht.

5.3.2 Unternehmen als institutionelle Arrangements

5.3.2.1 Einführung: Die Entwicklung von Unternehmen

Noch von 150 Jahren wäre es sinnlos gewesen, nach Unternehmen als institutionellen Arrangements zu fragen. Zu der Zeit gab es zwar schon zahlreiche Unternehmer, die auch Firmen besaßen, doch bestand diese Firma weitgehend aus ihnen selbst, vielleicht noch einem Kompagnon oder dem einen oder anderen Familienangehörigen. Dann änderten sich ca. ab 1850 die Voraussetzungen von Produktion und Vertrieb drastisch (Chandler 1990). Um nur die wichtigsten Änderungen zu nennen:

- *Neue Produktionstechniken* ermöglichten die Ausnutzung von Produktivitätsvorteilen durch Massenproduktion, deren Vertrieb wiederum möglich wurde durch die *neuen* Transportmöglichkeiten, vor allem durch die Eisenbahn; nicht zufällig fand die Einrichtung der ersten Ladenkette statt, indem die Firma W. H. Smith & Son im Jahre 1848 Verträge mit Eisenbahngesellschaften abschloss über die Errichtung von Ständen in allen Bahnstationen, an denen Zeitungen, Bücher, Decken, Kerzen unter anderem Reiseartikel verkauft wurden.
- *Neue Finanzierungsmöglichkeiten* erschlossen sich, die größere Investitionen und eine bessere Handhabung von Risiken möglich werden ließen. So wurde ebenfalls im Jahr 1848 in Chicago der erste Warenterminmarkt ein-

gerichtet, der eine Absicherung *künftiger* Geschäfte ermöglichte, was angesichts der z.T. massiven Preisschwankungen von erheblicher Bedeutung war bei der Frage, ob und in welchem Ausmaß man investierte.

– *Neue Informations- und Kommunikationsmittel* wie Telegraph und Telephon breiteten sich aus und ermöglichten es, auch über große Distanzen unternehmerisch agieren, also auf *Marktlagen* reagieren, Anordnungen erteilen und Aktivitäten kontrollieren zu können.

Um die dadurch möglich werdenden Produktivitätsvorteile realisieren zu können, war es nötig, die institutionellen Bedingungen von Entwicklung, Herstellung und Vertrieb von Gütern und Dienstleistungen diesen neuen Voraussetzungen anzupassen. So entstanden die ersten großen Unternehmen als Organisationen, die durch eine **hierarchische Struktur** die neu entstandenden Koordinationsprobleme bewältigten.

Mit der fortgesetzten raschen Entwicklung der Infrastrukturbedingungen für die Produktion von Gütern und Dienstleistungen – von computergesteuerten Technologien (CAD/CAM) über weitere Verbesserungen der Transport- (Flugzeug, Auto usw.) und der Informations- und Kommunikationsmöglichkeiten (Fax, Handy, Internet usw.) bis hin zu den heutigen Finanzmärkten – waren auch die institutionellen Strukturen von Unternehmen dem Druck einer ständigen Weiterentwicklung ausgesetzt. Die Fülle von Konzepten, denen man heute im Wirtschaftsteil großer Zeitungen begegnet – lean production, business reengineering, Keiretsu, Outsourcing, virtuelle Unternehmung, fraktale Organisation usw. – , sind Indizien für das Anhalten dieser Entwicklung.

Wie auch sonst können wir hier nur einen ersten Einblick aus der Sicht der Ökonomik in diese Entwicklungen geben. Die zentralen Fragen, denen wir uns in diesem Zusammenhang widmen werden, sind:

– Wo sind die „Grenzen des Unternehmens" zu ziehen? Das betrifft vor allem die Frage, unter *welchen* Bedingungen Interaktionspartner in das Unternehmen integriert werden sollen (5.3.2.2).
– Wie sind Interaktionsprozesse im Unternehmen so zu kontrollieren, dass individuelle Entscheidungen zu Ergebnissen im Sinne des Unternehmens führen? Das ist vor allem ein Problem der **kontrollierten Delegation** (5.3.2.3). In diesem Zusammenhang steht auch die Frage, ob – und wenn ja, in welchem Umfang – abhängig Beschäftigten Mitbestimmungsrechte eingeräumt werden sollen (5.3.2.4).
– Weiterhin wollen wir uns der Bedeutung sogenannter „weicher" Faktoren widmen, die heute oft unter Begriffen wie „Unternehmenskultur", „corporate identity", „Unternehmensethik" usw. verhandelt werden. In dem Zusammenhang wird auch auf das Thema *Führung* einzugehen sein (5.3.2.5).

– Schließlich wird noch auf das Konzept des „lernenden Unternehmens" eingegangen (5.3.2.6).

5.3.2.2 Die Grenzen des Unternehmens

Die Frage, ob ein Unternehmen Interaktionspartner, die strategisch wichtige
Leistungen erbringen, in die Organisation integrieren soll oder nicht, wird in
der Literatur unter verschiedenen Stichworten diskutiert: Horizontale bzw.
vertikale Integration, Gestaltung der Leistungstiefe, Bezugsartenentschei-
dung, Eigen-/Fremd-Herstellungs- bzw. Make-or-Buy-Entscheidungen oder
Sourcing sind Beispiele hierfür. Dabei hat sich im Laufe der Zeit die Ausrichtung der Fragestellung teilweise gewandelt. Wurde früher vor allem nach den
Vorteilen einer Integration gefragt, so stehen in der heutigen Diskussion häufig die Vorteile eines „Outsourcing"[13], also einer Desintegration, im Vordergrund, wobei indes versucht wird, die Vorteile der Integration durch die geeignete institutionelle Gestaltung der jeweiligen Interaktionen zu wahren.

Die institutionellen Verbindungen in und zwischen Unternehmen werden
infolgedessen komplexer; so hatten wir unter anderem in 4.4.2 die Zunahme
neuer Kooperationsformen auch zwischen Konkurrenten erörtert. Auf diese
Weise versuchen Unternehmen, die möglichen Kooperationsgewinne auszu-
reizen, was es allerdings zunehmend schwierig macht, die Grenzen der Unternehmung überhaupt noch genau zu bestimmen.

So vielfältig die Bezeichnungen für die grundlegende Frage in der Literatur
sind, so unterschiedlich sind auch die angeführten Gründe, die für oder gegen
eine Integration angeführt werden. Grundlegend sind jedoch auch hier die mit
Interaktionen verbundenen, letztlich immer dilemmastrukturbedingten Infor-
mations- und Anreizprobleme, welche unter den einzelnen vertraglichen Arrangements unterschiedliche Ausprägungen annehmen. Wir können hierbei
anknüpfen an unsere Ausführungen im Kapitel 5.2, wonach die Frage einer
Integration vor allem ein Problem *spezifischer Investitionen* ist. Zur Erläuterung bedienen wir uns zweier Beispiele, die in der Literatur diskutiert worden
sind.

Die empirischen Untersuchungen von Paul Joskow über Kohlekraftwerke,
die direkt neben Kohlebergwerken gebaut wurden (Joskow 1985), machen
deutlich, dass es zwischen den Interaktionspartnern zu durchaus unterschiedlichen institutionellen Arrangements kommen kann, durch die die anstehenden
Interaktionsprobleme am günstigsten bewältigt werden können.

---

[13] Unter „Outsourcing" versteht man die Auslagerung betrieblicher Prozesse auf
Fremdfirmen, die teilweise eigens zu diesem Zweck gegründet werden. Das kann einzelne
Teile des Betriebs bis hin zu den Leistungen einzelner Arbeitnehmer, die dann unter Um-
ständen zu sogenannten Scheinselbständigen werden, betreffen.

Grundlage dieses Beispiels sind *kospezialisierte Vermögenswerte*. Mit
Kospezialisierung ist gemeint, dass auf beiden Seiten spezifische Investitionen
vorliegen und beide Vermögenswerte zusammen einen höheren Ertrag abwerfen als jeder einzeln bei alternativer Verwendung: Das Kraftwerk ist ohne die
Kohle des Bergwerkes in seiner Produktivität gefährdet, gleichzeitig aber
auch das Bergwerk ohne seinen Abnehmer. Ein Wechsel des Interaktionspartners wäre für *beide* mit substantiellen Kosten verbunden. Joskows Untersuchungen zeigen, dass sich die Bergwerke *meistens* im Besitz der Kraftwerke
befinden – also die Integration in ein Unternehmen stattfand –, *in anderen
Fällen* aber ein langfristiger Versorgungsvertrag abgeschlossen wurde, bei
dem die Interaktionspartner selbständig blieben. Im letzteren Fall erweist sich
als entscheidend, dass durch die Kospezialisierung eine *wechselseitige* Abhängigkeit mit entsprechenden *wechselseitigen* Ausbeutungsmöglichkeiten
etabliert wurde. Die Drohung eines Interaktionspartners, die Interaktion abzubrechen, ist nicht (ohne weiteres) glaubwürdig, da dieser sich „in das eigene
Fleisch schneidet": Bei einem tatsächlichen Abbruch der Vertragsbeziehung
büßt auch die eigene Investition an Produktivität ein. Solange keine potenziellen dritten Vertragspartner ins Spiel gebracht werden, kann das Verhältnis
stabilisiert werden, wie die abgeschlossenen langfristigen Versorgungsverträ-
ge verdeutlichen.

Allerdings können unvorhergesehene Anpassungsnotwendigkeiten eine Änderung des Status der Interaktionspartner notwendig werden lassen, wie das
folgende 'klassische' Beispiel zeigt. Die nachfolgend beschriebene Interaktion
spielte sich in den 20er Jahren zwischen dem Karosseriebauer Fisher Body
und dem Automobilhersteller General Motors ab (vgl. dazu Klein 1988).

Der Übergang zu Metallkarosserien bei der Herstellung von PKW bei General Motors führte dazu, dass deren Produktion durch die Firma Fisher Body
erhebliche Investitionen in spezifische Formpressen erforderte. General Motors und Fisher Body schlossen einen zehnjährigen Vertrag, in welchem neben
komplizierten Preisbildungsklauseln auch eine Exklusivklausel niedergelegt
wurde, in der sich General Motors bereit erklärte, die benötigten Karosserien
ausschließlich von Fisher Body zu beziehen. Die Nachfrage nach der neuen
Karosserie stieg jedoch schneller als erwartet, General Motors wurde mit den
im Vertrag fixierten Bedingungen unzufrieden und verlangte zur Senkung von
Transportkosten und zur Sicherung des Materialflusses, dass Fisher Body ein
Werk neben dem neuen Montagewerk vom General Motors errichtete. Fisher
Body lehnte diese und auch andere Vorschläge von General Motors ab. Einige
Zeit später fand eine Integration von Fisher Body statt.

Mit Hilfe des ökonomischen Instrumentariums lässt sich dieser Fall wie
folgt erklären: Die spezifischen Investitionen (Formpressen), die Fisher Body

unternehmen musste, boten zunächst General Motors Möglichkeiten der Ausbeutung; man spricht in diesem Zusammenhang auch von einer „*Hold-up-Problematik*". General Motors hätte unter der Androhung eines Abbruchs oder einer Nachfragereduktion eine Preissenkung für die Karosserieteile von Fisher Body durchsetzen können, da Fisher Body keine attraktiven Alternativen für den Einsatz der Formpressen gehabt hätte. Um Fisher Body hiervor zu schützen, wurde erstens der Vertrag langfristig ausgestaltet und zweitens eine Exklusivklausel aufgenommen; beides band General Motors an Fisher Body. Diese Vertragsausgestaltung ermutigte Fisher Body tatsächlich, die spezifische Investition zu tätigen, brachte aber nun General Motors seinerseits in die Gefahr eines „hold up". So hätte Fisher Body durch eine Preissteigerung die vertraglich fixierte Abhängigkeit von General Motors ausnutzen können. Auch diese Problematik wurde vorausgesehen, und man versuchte ihr ex ante durch zwei Klauseln beizukommen. Erstens wurde eine Meistbegünstigten-Klausel aufgenommen, welche General Motors einen Bezugspreis garantierte, der nicht höher war als der eventueller Konkurrenten. Zweitens wurde die Preisbildung Fisher Bodys an ein spezifisches Verfahren gebunden: Der Preis sollte den variablen Kosten plus einem 17,6-prozentigen Aufschlag entsprechen, womit die Kapitalkosten von Fisher Body abgedeckt werden sollten. Bei Preisstreitigkeiten war darüber hinaus ein Zwangsschiedsverfahren vorgesehen.

Mit diesem Vertrag schienen die wechselseitigen Ausbeutungsmöglichkeiten aufgrund der spezifischen Investitionen beseitigt worden zu sein. Als sich jedoch die Entwicklung der Marktnachfrage nach Metallkarosserien in unvorhergesehenem Ausmaß ausweitete, ergab sich für Fisher Body eine vertraglich nicht antizipierte Reaktionsmöglichkeit zum Nachteil von General Motors: Fisher Body hatte keinen Anreiz, in effizientere, weniger arbeitsintensive Produktionstechniken zu investieren aufgrund der vertraglich festgelegten Preiskalkulationsklausel. Zudem weigerte sich Fisher Body, auf den Wunsch von General Motors einzugehen, in dessen unmittelbarer Nachbarschaft ein neues Werk zu errichten. General Motors reagierte hierauf mit der Änderung des institutionellen Arrangements: Es kam zu einer vertikalen Integration.

Diese Geschehnisse enthalten erste Anhaltspunkte für die Bestimmung der Grenze von Unternehmen. Wenn unternehmensspezifische Investitionen eines Interaktionspartners über alternative Arrangements nicht hinreichend kostengünstig abgesichert werden können, kommt es zur Integration. Der Grund dafür liegt darin, dass die Einbindung in das Unternehmen und dessen Verfassung eine andere Strukturierung und Spezifikation von Rechten und Pflichten ermöglicht, als dies durch Verträge möglich ist. Allerdings gehen bei einer Integration auch manche Vorteile verloren, die bei Marktbeziehungen bestehen. So kann für einen integrierten (korporativen) Akteur der Druck des Wettbewerbs abnehmen, was seine Leistungsbereitschaft senkt. Auch ist es keineswegs von vornherein gesichert, dass der Handlungsspielraum eines integrierten Akteurs in einer effektiveren Weise zugeschnitten ist als vorher: Nicht wenige Großfusionen der letzten Jahre machten diese schmerzliche Erfahrung.

Zahlreiche weitere situative Bedingungen könnten genannt werden, die für den institutionellen Vergleich Integration/Nicht-Integration eine Rolle spielen. Die vielfältigen Konzepte der letzten Jahre und Jahrzehnte lassen sich durchweg als Versuche interpretieren, durch zunehmend ausgefeiltere institutionelle Arrangements die potenziellen Kooperationsgewinne auszuschöpfen. Dabei werden teilweise auch einzelne Schritte tief arbeitsteiliger Prozesse gezielt zurückgenommen, um Abstimmungs-, Anreiz- und Kontrollprobleme zu entschärfen bzw. die mit diesen Problemen verknüpften Kosten zu senken. Ebenso kann es, wie oben angedeutet, auch zur Desintegration von Teilen des Unternehmens kommen, häufig im Anschluss an Firmenübernahmen.

Eine andere Form, die Vorteile von Märkten mit denen einer Unternehmung zu kombinieren, besteht darin, *innerhalb der Unternehmen Märkte zu etablieren*, sogenannte „interne Märkte", und so zu versuchen, die Vorzüge eines Marktes anzueignen, manche Nachteile durch die grundsätzliche Eingebundenheit in die Unternehmen jedoch zu vermeiden. Die Tauschpartner derartiger unternehmensinterner Markttransaktionen können auf der gleichen Ebene stehen (horizontaler Markt), wobei dann vorwiegend Sachleistungen, Bereitstellung von Know-how oder freistehenden Kapazitäten gegen Budgetmittel getauscht werden; der Tausch kann aber auch vertikaler Art sein, wenn etwa die Leitung Finanzmittel bereitstellt, für die der Tauschpartner, eine nachgeordnete Abteilung, bestimmte Renditen zu erbringen hat. Insbesondere bei horizontalen Märkten steht vor allem der Tauschaspekt von Märkten im Vordergrund; der Konkurrenzaspekt tritt noch am ehesten hervor, wenn die Leitung Finanzmittel oder Projekte zwischen verschiedenen Abteilungen versteigert.

5.3.2.3 Das Problem der kontrollierten Delegation[14]

Der zweite Problemkomplex, mit dem wir uns in diesem Abschnitt befassen wollen, knüpft an den ersten an. Ging es zunächst darum, ob wichtige Interaktionspartner eines Unternehmens in dieses integriert werden sollen oder nicht, stellt sich im Folgenden die Frage, wie die Integration so ausgestaltet

---

[14] Wir verdanken diesen Begriff Rüdiger Waldkirch.

werden kann, dass der Positionsinhaber über die relevanten Informationen verfügt und auch Anreize hat, sie bei seinen Entscheidungen und Aktivitäten gemäß den Zielsetzungen der Unternehmung zu verwenden. Anders gesagt stellt sich das folgende Problem: *Wie kann eine Übertragung von Verfügungsrechten kontrolliert geschehen?* Das Unternehmen als Prinzipal wird Entscheidungsbefugnisse an den Agenten nur abgeben, wenn erwartet werden kann, dass dieser sie im Sinne des Unternehmens nutzt. Zur Aneignung der Kooperationsvorteile durch Delegation, welche aus den Spezialisierungsvorteilen und der Nutzung des Wissens und der Fähigkeiten von Agenten resultieren, bedarf es eines Kontrollsystems, das den Prinzipal vor Ausbeutung schützt.

Das Problem der kontrollierten Delegation hat mit der Globalisierung nochmal an Bedeutung gewonnen. Das betrifft vor allem den Zusammenhang der Ausnutzung von „lokalem" bzw. „implizitem Wissen" einerseits und der Notwendigkeit, rasch und flexibel Abstimmungsprozesse innerhalb des Unternehmens durchführen zu können, andererseits. So hat z.B. der Manager vor Ort relevantere Informationen über lokale Marktgegebenheiten, wie Konkurrentensituation, Konsumentenbedürfnisse, staatliche Regulierungen und nicht zuletzt kulturelle Besonderheiten; demgegenüber verfügt die Zentrale über die für eine Koordination der internationalen Geschäfte notwendigen Informationen.

Die Kommunikation dieser Informationen ist nun stets mit Kosten verbunden. Hierunter fallen Kosten der Informationsverbreitung, Kosten der Verzögerungen von wichtigen Entscheidungen, welche durch lange Informationswege bedingt sind, und Kosten der Überfrachtung von Stelleninhabern mit Informationen, welche die produktive Spezialisierung von Wissen und Entscheidungen verhindert oder sogar zurücknimmt. Hinzu können all jene Kosten kommen, die durch Anreizinkompatibilitäten entstehen, wenn also einzelne Stelleninhaber ihren Informationsvorsprung zu ihren Gunsten, jedoch zu Lasten des Unternehmens nutzen können (vgl. hierzu 2.2.3.3).

Auch hier geht es um die Bewältigung von Informations- und Anreizproblemen. In diesem Zusammenhang sei darauf hingewiesen, dass im Kontext der Organisationsproblematik oft nicht dieses, sondern ein anderes ähnliches Begriffspaar verwendet wird: Man spricht von *Koordinations- und Motivationsproblemen.* Wir vermuten, dass es der Kontext der Organisationsproblematik ist, der für diese Begriffswahl verantwortlich ist.

Beim **Koordinationsproblem** geht es um die Frage, wie das „lokale" bzw. „implizite Wissen" von Akteuren hinsichtlich relevanter Umstände der Geschäftstätigkeit ausgenutzt werden kann. Das setzt voraus, dass die Akteure über Handlungsspielräume verfügen, die ihnen die Möglichkeit geben, sich flexibel wechselnden Umständen anzupassen und dabei ihr Wissen zur Geltung kommen zu lassen. Damit ergibt sich indes stets zugleich das Problem, wie die Abstimmung mit den Handlungen der anderen effizient erfolgen kann. Wir hatten vor allem bei der Diskussion der preisbildenden Märkte gesehen, dass das Preissystem in vielen Fällen hier eine effiziente Lösung sein kann, andererseits aber in 5.2 diskutiert, dass es gerade im Kontext der Aufgaben von Organisationen oft Situationskonstellationen gibt, die eine präzisere, vor allem auch zeitlich präzisere Abstimmung der Handlungen erfordern.

Das *Motivationsproblem* betrifft die Schwierigkeit, die Stelleninhaber in einer Organisation *in geeigneter Weise* zu motivieren, also den richtigen 'Anreizmix' zu finden und insbesondere die latent oft vorhandene intrinsische Motivation, gute Arbeit zu leisten, zur Geltung zu bringen[15]. Es braucht nicht weiter betont zu werden, dass das im konkreten Fall oft ein hochkomplexes Problem darstellt. Insbesondere ist in diesem Zusammenhang daran zu erinnern, was wir unter Punkt 2.1.2 zum Thema Anreize ausführten: Handlungen sind Resultat *aller* Anreizbedingungen. Nur auf monetäre Anreize zu setzen, hat sich regelmäßig als ebensowenig erfolgreich erwiesen wie die Hoffnung, durch motivierende 'Appelle', Betonung der Unternehmensphilosophie und dergleichen mehr Defizite in den Entlohnungs- und Beförderungsstrukturen kompensieren zu können. Hinzu kommt, dass bei Stellen mit komplexeren Aufgabenfeldern die Ausrichtung der Anreize auf ganz spezifische Aufgaben zur Vernachlässigung anderer ertragsrelevanter Aspekte führen kann: Anreize zu kostensparendem Verhalten kann zu Lasten der Qualität und der langfristigen Unternehmensstrategie gehen, und das kann sich für das Unternehmen teuer auswirken. Noch sensibler ist der Bereich, in dem es um die Erhaltung und Weiterentwicklung eines zunehmend wichtiger gewordenen Vermögenswertes der Unternehmen geht, der Reputation, deren Berücksichtigung für Mitarbeiter jedoch keineswegs 'immer schon' anreizkompatibel ist. Und um noch ein drittes Beispiel zu nennen: Wenn in einer Bank Prämien für den Abschluß von Kreditverträgen vergeben werden, kann es leicht dazu kommen, dass diese Bank sich häufiger mit der Schwierigkeit herumschlagen muss, ihr Geld einzutreiben, sofern dafür eine andere Abteilung zuständig ist als jene, die die Prämien erhalten hatte; zwischen beiden Abteilungen liegt eine Dilemmastruktur vor.

Die 'klassische' Lösung der beiden genannten Probleme Koordination und Motivation – bzw. der Informations- und Anreizprobleme – haben wir im

---

[15] Der Begriff „Motivationsproblem" ebenso wie die Rekonstruktion der damit angesprochenen Problemfelder verleitet leicht dazu, diese Fragen weniger als Interaktionsprobleme, sondern vielmehr als verhaltenstheoretische oder psychologische Probleme anzusehen. Wir ziehen deshalb den Begriff Anreizprobleme vor.

zweiten Kapitel genannt: die Definition geeigneter Verfügungsrechte. Zugrunde lag die Überlegung, dass ein gesellschaftlich erwünschter Umgang mit Ressourcen bzw. Vermögenswerten durch die Akteure dann zu erwarten ist, wenn jene, die die Ressourcen *kontrollieren*, zugleich diejenigen sind, die sich die *residualen Erträge* aneignen können. Die Kopplung beider Rechte ist der Schlüssel für die gesellschaftlich gewünschte Anreizwirkung von Eigentum. Sie ermöglicht, dass eine *lückenlose Selbstkontrolle entlang den eigenen Anreizen* zum gesellschaftlich erwünschten Umgang mit dem Eigentum führt. Die Folgen seines Handelns spürt der Eigentümer in einer Weise, dass er starke Anreize hat, notwendige Investitionen für den Erhalt bzw. die Steigerung des Wertes seines Eigentums resp. der daraus anfallenden Erträge durchzuführen.

Diese Gedanken zum Privateigentum fanden Eingang in die klassische Theorie der Unternehmung, in welcher die Unternehmung gewissermaßen *personifiziert* wurde. Wie auch der Eigentümer ist der Unternehmer derjenige, der einerseits die für die Produktion seiner Güter und Dienstleistungen benötigten Mittel (Produktionsfaktoren) kontrolliert und hinsichtlich ihres Einsatzes die unternehmerischen Entscheidungen trifft, und der andererseits die Konsequenzen seiner Entscheidungen zu tragen hat. Er kann durch Entwicklung neuer, innovativer Produkte oder Produkteigenschaften, durch die Erschließung neuer Absatzmärkte und Bezugsquellen oder die Entwicklung neuer Produktionstechniken oder neuer Organisationsformen erhebliche Gewinne erwirtschaften, muss aber auch im Fall eines Fehlschlages die Verluste tragen.

Diese einfache und klare Konzeption von Eigentum und Eigentümer erfährt indes mit der Entwicklung der Unternehmen zu großen Organisationen erhebliche Differenzierungen und Veränderungen. Schwierigkeiten mit der traditionellen Sichtweise der Zusammengehörigkeit von Eigentum und Kontrolle ergeben sich vor allem dann, wenn es sich bei den zu kontrollierenden Ressourcen um Human- oder auch Sozialkapital handelt – d.h. wenn es um die *Delegation* von Aufgaben geht –, denn in diesen Fällen *kann* der Unternehmer nicht mehr eine vollständige Kontrolle ausüben. Wir hatten schon im dritten Kapitel erörtert, dass selbst im Extremfall des Verhältnisses von Herr und Sklaven letztere immer einen diskretionären Handlungsspielraum behalten, über den der Herr nicht verfügen kann. Gleiches gilt natürlich in noch ausgeprägterem Maße auch in Unternehmen, was dazu führt, die Frage von Eigentum und Kontrolle differenzierter zu betrachten[16]. So kann die *Trennung* der Rechte, Entscheidungen zu treffen und sich die aus diesen Entscheidungen

---

[16] Das bedeutet aber nicht, dass die bisherigen Überlegungen zu diesem Thema damit obsolet geworden wären; auch hier geht es um die *Differenzierung* der grundlegenden Konzepte.

erwachsenden Gewinne aneignen zu können, durchaus Möglichkeiten von Kooperationsgewinnen eröffnen, und zwar dann, wenn die Entscheidungen von *spezialisierten Agenten* getroffen werden.

Genau das ist in Unternehmen zu beobachten. Mit zunehmender Komplexität der Aufgaben im Unternehmen wurde es für die Eigentümer lohnend, *Manager* einzustellen, die Entscheidungsbefugnisse haben, ohne dass sie deshalb die vollen Chancen und vor allem Risiken dieser Entscheidungen übernahmen, die statt dessen bei den Eigentümern verblieben. Nötig war dann 'nur', ein geeignetes institutionelles Arrangement zu finden, mit dem die Vorteile dieser kontrollierten Delegation realisiert und die Nachteile vermieden werden können.

Noch ausgeprägter wird das Verhältnis bei großen Aktiengesellschaften. Hier haben die Aktionäre die Chance auf Gewinne und tragen das Risiko von Verlusten, die Entscheidungsbefugnisse liegen aber weitgehend beim angestellten Vorstand der AG. Kontrolliert wird der Vorstand zwar wieder letztlich von den Aktionären, jedoch existieren bei einer Mehrzahl von Aktionären Informations- und Anreizprobleme – so hat ein einzelner Aktionär oft weder die Kompetenz zur Beurteilung noch auch überhaupt einen Anreiz, sich mit dem Problem der Kontrolle zu befassen; auch hier liegt m.a.W. eine Dilemmastruktur vor. Gelöst werden können diese Probleme, indem die Aktionäre einen weiteren Agenten als Kontrolleur einsetzen, den Aufsichtsrat.

Darüberhinaus lassen sich auch weitere Disziplinierungsmöglichkeiten der Agenten mit weitreichenden Entscheidungsrechten finden. So gibt es verschiedene Akteure, die teilweise erhebliche Anreize haben, auf die Qualität der Leistung von Agenten zu achten, sei es, weil sie von diesen Leistungen profitieren, sei es, weil sie als Konkurrenten von schlechten Leistungen profitieren können, indem sie sich selbst als bessere Alternative offerieren können. Zu nennen ist auch wieder die Bedeutung von Reputation und Wettbewerb: Der Arbeitsmarkt sanktioniert über kurz oder lang auch Top-Manager. Und selbst wenn im Einzelfall bei schlechten Ergebnissen nicht zugerechnet werden kann, ob der Manager dafür verantwortlich ist oder die Umweltbedingungen, auf die er keinen Einfluss hatte, so kann man sich mit der Zeit doch ein Bild von seiner Qualität machen und sein Gehalt und unter Umständen auch sein Verbleiben im Unternehmen davon abhängig sein lassen. Diese Zusammenhänge können auch über den Finanzmarkt wirken: Ein an sich ertragverspechendes, aber schlecht geführtes Unternehmen verliert an Wert, wird übernommen, und die Führung wird entlassen. Schließlich kann man den Managern auch positive Anreize geben, indem sie einen Teil ihrer Bezüge als Anteile erhalten, die sie erst nach Jahren verkaufen dürfen; damit erhalten sie einen (zusätzlichen) Anreiz für eine langfristige Unternehmenspolitik.

5.3.2.4 Mitbestimmung

Differenzierungsprozesse hinsichtlich des Zusammenhangs von Eigentum und Kontrolle lassen sich auch am Beispiel der Mitbestimmung aufzeigen. Unter *Mitbestimmung* versteht man die direkte oder indirekte Beteiligung der Arbeitnehmer an Entscheidungen der Unternehmensleitung[17]. Von den aktuellen gesetzlichen Regelungen in Deutschland sind neben dem Montan-Mitbestimmungsgesetz von 1951 das Betriebsverfassungsgesetz von 1972 und das uns hier besonders interessierende Mitbestimmungsgesetz von 1976 zu nennen. Das Betriebsverfassungsgesetz regelt die Rechte und Pflichten des Betriebsrats als Vertretung der Interessen der Arbeitnehmer in einem Unternehmen; das Mitbestimmungsgesetz sieht für Unternehmen ab einer bestimmten Größe vor, dass die Arbeitnehmervertreter in das oberste Kontrollorgan eines Unternehmens, den Aufsichtsrat, einbezogen werden.

Zunächst wurde die Diskussion um eine institutionelle Verankerung bestimmter Rechte vorwiegend in moralischen und politischen Kategorien, also stark wertbezogen, geführt. Vor allem die Kirchen verwiesen darauf, dass die Arbeitnehmer mehr seien als bloße Produktionsfaktoren; sie seien mit Würde ausgestattete Menschen, was sich auch in der Entscheidungsstruktur widerspiegeln müsse. Die Gewerkschaften führten das Argument der Gleichberechtigung von Kapital und Arbeit an und auch, dass die Mitbestimmung im Unternehmen ein wichtiger Schritt zu einer weiteren Demokratisierung der Gesellschaft sei, zumal auf diese Weise die wirtschaftliche Macht besser kontrolliert werden könne.

Wir wollen hier nicht die Qualität dieser Argumente prüfen, sondern fragen, wie sich aus ökonomischer Sicht ein solches institutionelles Arrangement begründen lassen könnte. In der Diskussion wurden seitens der Ökonomen zunächst eher Gründe *gegen* eine verbindliche Verankerung vor allem der Mitbestimmung im Aufsichtsrat vorgebracht. Verwiesen wurde darauf, dass durch Einführung von Mitbestimmungsregeln die Entscheidungs- und Handlungsfähigkeit von Unternehmen bis hin zu ihrer Existenzgefährdung beeinträchtigt würde; der Entscheidungsprozess würde langwieriger, schwieriger und damit kostspieliger, notwendig werdende harte Einschnitte könnten verwässert werden usw.; anders gesagt: Die mit der Mitbestimmung verbundene *„Verdünnung"* (attenuation) der Verfügungsrechte wurde als Problem erachtet, weil Akteure mitentscheiden, die die Folgen von Fehlentscheidungen anderen, den Aktionären, aufbürden könnten. Im Kern lautet daher das Argument: Verdünnung von Verfügungsrechten führt zur Ineffizienz.

---

[17] In einem weiteren Sinne wird auch eine *überbetriebliche* Mitbestimmung unter diesen Begriff gefasst, doch sehen wir hier von diesem Aspekt ab.

Das aber ist genau die ökonomisch zentrale Frage: Kann Mitbestimmung –
und wenn ja: in welcher Form – auch effizient sein, d.h. kann sie Kooperationsgewinne bringen?

Die Arbeitgeber bzw. ihre Vertreter verneinten dies, und das lässt sich
leicht erklären. Selbst wenn sie möglicherweise sogar Chancen auf Produktivitätssteigerungen gesehen hätten, ist doch aus ihrer Sicht die partielle Abgabe
von Verfügungsrechten immer mit Risiken verbunden, nicht anders als bei
Regierenden, wenn es um eine Beschränkung ihrer Handlungsvollmachten
geht, auch wenn diese der Realisierung von Kooperationsgewinnen dienen
(vgl. 3.2.3).

In diesem Widerstand der Arbeitgeber lag auch der Grund, weshalb die
Mitbestimmung *gesetzlich*, also durch Zwang eingeführt werden musste; einer
Einführung auf freiwilliger Basis maßen die meisten Unternehmen zu hohe
Risiken bei, oft erschien auch die Änderung eingespielter Routinen und
Strukturen zu kostspielig. Durch die 'von oben' verordnete Mitbestimmung
sahen sich Unternehmen vor die Notwendigkeit gestellt, interne Anpassungs-
prozesse der Entscheidungsstrukturen zu vollziehen, die sich dann im Nach-
hinein als produktivitätsfördernd herausstellten.

Für eine Produktivitätssteigerung durch Mitbestimmung lassen sich mehrere Gründe anführen, die sich im wesentlichen auf eine Verbesserung der In-
formations- und Anreizbedingungen innerbetrieblicher Interaktionen zurückführen lassen. Das beginnt bereits bei der Verbesserung des Informationsflus-
ses, und zwar in beide Richtungen: Die Unternehmensleitung konnte auf diese
Weise bessere Informationen über die Situation bei den Arbeitnehmern 'vor
Ort' erlangen, umgekehrt waren die Betriebsräte und Aufsichtsratsmitglieder
nicht selten wichtige Vermittler, was das Verständlichmachen und Akzeptieren von grundlegenden Entscheidungen der Unternehmensleitung bei den Arbeitnehmern betrifft.

Hinsichtlich einer besseren Lösung von Anreizproblemen können wir auf
das mittlerweile vertraute Argument der spezifischen Investitionen zurückgreifen: Die im Laufe der Zeit gestiegenen Anforderungen an den einzelnen
Mitarbeiter im Unternehmen verlangten oft von diesem erhebliche Investitionen in sein Humankapital – wobei zu bedenken ist, dass diese Investitionen
nicht übertragbar sind und letztlich nur vom Arbeitnehmer selbst unternommen werden können. Gerade bei Arbeitsplätzen, die hochspezifische Anforderungen stellen, sind die Kenntnisse, die der Mitarbeiter für diese Stelle erwerben muss, jedoch oft *firmenspezifisch*, d.h. außerhalb seines jetzigen Arbeitsplatzes hat er nur wenig Verwendung dafür. In einer solchen Konstellation kann er die Befürchtung hegen, dass das Unternehmen seine Abhängigkeit
ausnutzen wird, und das wiederum kann dazu führen, dass die Investitionen

gar nicht in dem für beide Seiten prinzipiell erwünschten Ausmaß unternommen werden. Mitbestimmung kann sich in dieser Situation als ein Schutzinstrument gegen derartige Ausbeutungsmöglichkeiten erweisen. Hinzu können weitere motivationale Faktoren kommen, z.B. eine Verbesserung des Betriebsklimas oder eine verbesserte Selbstwerteinschätzung von Mitarbeitern, die sich ihrerseits vorteilhaft auf ihre Leistungen auswirken kann. Der Stand der Diskussion lässt sich damit folgendermaßen resümieren: *Richtig gestaltet kann Mitbestimmung effizient sein.*

Mittlerweile haben sich allerdings zahlreiche weitere institutionelle Formen gebildet, mit denen auf die Grundprobleme der Ausnutzung lokalen Wissens und der Ermutigung zu spezifischen Investitionen reagiert wird. Praktisch alle neueren Managementphilosophien setzen sich in der einen oder anderen Form mit diesen Problemen auseinander. Im Kern geht es dabei stets um eine Umstrukturierung und den verbesserten Zuschnitt der Entscheidungsbefugnisse und des Kontrollsystems im Unternehmen. So beruht etwa die sogenannte „*schlanke Produktion*" („lean production") vor allem auf den beiden folgenden Aspekten: *erstens* der Ausnutzung von lokalem Wissen, d.h. die Probleme sollen möglichst vor Ort gelöst werden, und *zweitens* der rückwärtsgerichteten Kontrolle, bei der jede Einheit das Recht hat, Inputs, die sie erhält, zurückzuweisen. Sie wird dabei von der nachfolgenden Einheit für ihre eigenen Outputs voll zur Rechenschaft gezogen, da diese ihrerseits das Recht auf Zurückweisung besitzt. Die kurzen Rückkopplungsschleifen zwischen den Einheiten führt dazu, dass Fehler leicht zugerechnet werden können und dass die Kontrolle sich relativ kostengünstig vollzieht.

Ein Beispiel für die Umsetzung dieser Prinzipien ist das Andon-Licht-System, welches unter anderem im Opel-Werk in Eisenach eingeführt wurde. Im Gegensatz zu den typischen westlichen Fließbandorganisationen ist hier nach japanischem Muster jeder Bandarbeitsplatz mit zwei sogenannten Andon-Lichtern ausgestattet. Ein gelbes Licht signalisiert, dass der Bandarbeiter Schwierigkeiten mit der Erfüllung seiner Aufgaben hat. Die Mitglieder seiner Gruppe und der Vorgesetzte eilen ihm zur Hilfe. Hierdurch wird die Verantwortung, entstehende Probleme sofort am Ort ihres Entstehens zu lösen, an den am Band Arbeitenden übertragen. Im Falle einer Überforderung ist sekundär sein Team verantwortlich. Gelingt ihnen eine Lösung nicht, so wird dies mit einem roten Licht signalisiert, worauf das gesamte Band angehalten wird. Alles steht still bis zur Lösung des Problems. Der drohende Bandstillstand bedeutet einen großen Anreiz für das Team, sein Bestes zu geben. Gleichzeitig wird ihnen mit der Einräumung dieser Möglichkeit signalisiert, dass die Lösung eines von ihnen entdeckten Problems eine höhere

Priorität als ein ungestörter Produktionsablauf – mit der Gefahr eines fehlerhaften Outputs – hat.

Insgesamt lässt sich hier mithin das gleiche Grundmuster wiederfinden, das wir bereits kennengelernt haben: Bestehende institutionelle Strukturen werden weiter differenziert, um weitere Kooperationsgewinne zu ermöglichen, indem sich die Akteure wechselseitig Handlungsspielräume einräumen, durch die eine noch bessere Ausnutzung der Vorteile von Tausch und Arbeitsteilung möglich werden. Deutlich zeigt sich das auch beim nächsten Punkt.

5.3.2.5 Organisationskultur und Führung

Seit den 80er Jahren gibt es eine lebhafte Debatte um die Bedeutung sogenannter „weicher Faktoren" in Unternehmen. Angesprochen werden damit Bedingungen, die unter Begriffen wie „Unternehmensphilosophie", „Unternehmenskultur", „corporate identity", teilweise auch „Unternehmensethik" abgehandelt werden. Wir werden uns im Folgenden des Begriffs „Organisationskultur" bedienen.

Organisationskultur umfasst die Denk- und Verhaltensmuster der Mitglieder einer Organisation, die sich im Laufe der Zeit in einer Organisation entwickelt haben und die als *informelle* Institutionen dilemmastrukturbedingte Informations- und Anreizprobleme lösen (sollen). Dazu gehört vor allem die Förderung der Identifikation und Motivation der Mitarbeiter, aber auch die Ausrichtung und Koordination der Aktivitäten durch Leitlinien oder Grundsätze, die als eine Art Verhaltenskodex einen gemeinsamen *Orientierungspunkt* (vgl. 2.2.3.1) darstellen und auf diese Weise die Kommunikation und Koordination zwischen den Mitarbeitern verbessern.

Insofern stellt die Organisationskultur einen wichtigen Vermögenswert, nämlich Sozialkapital, dar. Sie bildet ein Komplement zu den formellen Institutionen, die in der Organisation gelten. Dabei hängt es von zahlreichen Faktoren ab, welche Kultur sich in einer Organisation entwickelt – von den sonstigen Regeln, von den spezifischen Aufgaben, von den Akteuren, von den Umweltbedingungen und nicht zuletzt von der Führung.

Die Tatsache, dass das Thema „Organisationskultur" in den letzten Jahren so sehr an Bedeutung gewonnen hat, lässt sich darauf zurückführen, dass die Ausnutzung weiterer Produktivitätsvorteile in immer stärkerem Maße daran gebunden ist, Mitarbeiter in der geeigneten Weise in die Organisation zu integrieren. Frühere Organisationsstrukturen sahen Mitarbeiter, insbesondere jene auf unteren Sachebenen, eher als austauschbare 'Produktionsfaktoren', ihre Position war oft durch präzise Vorgaben mit relativ geringem eigenen Handlungsspielraum gekennzeichnet. Die veränderten Bedingungen von Produktion und Vertrieb der Güter und Dienstleistungen ließen jedoch die 'lokalen' Fähigkeiten der Mitarbeiter zunehmend wichtiger werden, was verlangte, dass sie eigenständiger als zuvor Entscheidungen treffen und Maßnahmen durchführen können.

Man kann diese Entwicklung damit charakterisieren, dass die *Offenheit der Verträge* in gewissem Sinne *zunimmt*. Die Regeln, mit denen die Mitglieder der Organisation in diese eingebunden werden, bekommen abstrakteren Charakter, um den Akteuren mehr Spielräume für die flexible Ausnutzung situativer Anpassungen zu eröffnen, z.B. Reaktionsmöglichkeiten auf umweltbedingte Veränderungen oder Möglichkeiten der Weiterentwicklung von Produkten, Produkteigenschaften oder den Bedingungen ihrer Herstellung. Damit kehren allerdings die bekannten Probleme in spezifischerer Form wieder: Wie kann die effiziente Koordination der Aktivitäten gewährleistet werden? Welche Orientierungsmuster haben die mit mehr Handlungsspielräumen ausgestatteten Mitarbeiter? Wie lässt sich die Anreizkompatibilität ihrer Aktivitäten mit den 'Zielen' der Organisation sichern? Wie lassen sich produktive spezifische Investitionen fördern? usw. Es ist die Tatsache, dass die detaillierte Klärung dieser Fragen und ihre Niederlegung in formalen Verträgen viel zu kostspielig ist, die dazu führt, dass das Thema Organisationskultur verstärkt Aufmerksamkeit in Praxis und Theorie erfahren hat.

Neben die formellen Institutionen – die natürlich weiterhin ihre Bedeutung haben – tritt nunmehr verstärkt das *Management informeller Regeln*, die in Form gemeinsamer Werthaltungen, Deutungsmuster und der sozialen Festlegung von Rollen auf ihre Art eine Lösung der anstehenden Koordinations- und Motivationsprobleme darstellen (können), indem sie als Orientierungspunkte dienen.

Allerdings ist in der Literatur umstritten, ob und wieweit sich eine solche Organisationskultur gezielt hervorbringen bzw. zielorientiert steuern lässt. Wie bei jeder Art von Sozialkapital sind die Steuerungsgrößen, sofern man überhaupt solche ausmachen kann, komplexer Natur; sie liegen naturgemäß immer in den Händen mehrerer Akteure und entziehen sich deshalb gezielter Steuerung, zumal sie durch zufällige, kaum berechenbare und kontrollierbare Umwelteinflüsse in ihrer Wirkung ins Gegenteil verkehrt werden.

Hinzu kommt, dass die Konzentration auf *einzelne* Handlungsgründe – und das heißt: *Anreize* – leicht dazu führen kann, andere auszublenden. Die starke Betonung *gemeinsamer Interessen*, wie sie oft in Konzeptionen zur Organisationskultur zu finden ist, bringt nicht selten die (relative) Vernachlässigung *konfligierender Interessen* mit sich. Indes ist der Versuch des Aufbaus gemeinsamer Werthaltungen von Mitarbeitern in einem Unternehmen zum Scheitern verurteilt, wenn das Gehalts- oder Beförderungssystem Anreize mit sich bringt, die dem entgegenstehen.

Das bedeutet jedoch nicht, dass es unzweckmäßig wäre, auf die Organisationskultur einwirken zu wollen. Entscheidend ist die *Konsistenz formeller und informeller Institutionen.* So können positive Entwicklungen etwa im Betriebsklima durchaus gefördert und negative verhindert werden, z.B. indem man auf Transparenz und Akzeptanz im Entlohnungs- oder im Aufstiegssystem achtet.

Eine besondere Rolle in der Gestaltung der Organisationskultur kommt der *Führung* zu. Die Funktion der Unternehmensleitung, der „Führung", hat sich in mancher Hinsicht im Laufe der Zeit verändert. In Zeiten der großen, hierarchisch strukturierten Unternehmen hatte die Leitung gewissermaßen die Aufgabe, die „sichtbare Hand" zu sein. In gewissem Sinne war die Aufgabe stärker *technischer* Natur; effizienzorientierte Strategieplanung und -durchführung standen – auch in semantischer Hinsicht – im Vordergrund. Durch den verschärften Wettbewerb und den damit verbundenen Kostendruck sowie Zwang zur immer rascheren Entwicklung neuer Produktvarianten steigen Komplexität und Veränderung der Bedingungen innerhalb und außerhalb der Unternehmen und damit auch der Druck, den Mitarbeitern auf den verschiedenen Ebenen mehr Spielräume für flexible dezentrale Anpassungsentscheidungen zu eröffnen, dies jedoch in einer Weise, die die geeignete Koordination und die Anreizkompatibilität dieser Entscheidungen sichert.

Für die Führung ergibt sich in diesem Prozess die Notwendigkeit, ihrer integrativen und richtungsweisenden Funktion nunmehr gewissermaßen auf einer abstrakteren Ebene gerecht zu werden. Gefragt sind weniger konkrete, 'technische' Anweisungen als vielmehr allgemeinere Vorgaben, die den Mitarbeitern die Richtung der Aktivitäten anzeigen und sie motivieren, eigenständig die Verantwortung für ihren Aufgabenbereich zu übernehmen, denn es ist keineswegs selbstverständlich, dass diese daran 'immer schon' ein genuines Interesse haben. Diese Vorgaben bestehen sowohl im Muster der getroffenen Entscheidungen, die erkennen lassen, welche Leistungen in welcher Weise von der Unternehmensleitung honoriert werden – d.h. in der Gestaltung der Bedingungen („Kontexte") –, als auch im Prägen von Konzepten und Prinzipien, in denen die Besonderheit des jeweiligen Unternehmens und die Ziele der weiteren Entwicklung, die „Vision" des Unternehmens, formuliert werden Beide Momente, Kontextgestaltung und Entwicklung einer geeigneten Vision, lassen sich verstehen als Gestaltungen der informellen Regeln, die ein Komplement zu den (unvollständigen) expliziten Verträgen bilden.

Hinsichtlich der Konzepte und Prinzipien ist es allerdings erforderlich, dass sie in einer Weise formuliert sind, die ihre Konkretisierung auf den verschiedenen Ebenen des Unternehmens ermöglicht. Ebenso wichtig ist ihre *Glaub-*

würdigkeit, die wesentlich davon abhängt, dass die Entscheidungen, die auf der Führungsebene getroffen werden, selbst den in den Prinzipien niedergelegten Ideen in verständlicher Weise genügen. Führungskräften kommt in diesem Zusammenhang auch heute noch, ja heute erneut und verstärkt, so etwas wie eine Vorbildfunktion zu.

5.3.2.6 Das lernende Unternehmen

Eines der zentralen Elemente der Gestaltung der unternehmensinternen Vertragsbeziehungen besteht in der Ermöglichung kontrollierter Lernprozesse. Zu diesem Thema findet gegenwärtig eine intensive Diskussion in der Betriebswirtschaftslehre bzw. Managementwissenschaft unter dem Stichwort vom *„lernenden Unternehmen"* statt. Mit diesem Begriff wird ein weiteres, an sich auf das Verhalten von Menschen bezogenes Konzept übertragen auf korporative Akteure. So findet man in der Literatur auch solche Ausdrücke wie „kollektive Wissensbasis", „organizations as brains" oder „organizational capabilities". Und wie auch sonst ist darauf zu achten, inwiefern eine solche Redeweise zweckmäßig ist und wo sie zu Missverständnissen führen kann.

Aus unserer Sicht lässt sich die Idee lernender Unternehmen, allgemeiner: lernender Organisationen, rekonstruieren als explizite Berücksichtigung der relativen Zweistufigkeit und als gezielte Gestaltung der Unvollständigkeit – besser: der Offenheit – der Vertragsbeziehungen, um dadurch die Anpassungsfähigkeit an veränderte Umweltbedingungen und evtl. auch ihre Gestaltung zu verbessern. Gemeint ist damit folgendes: Gegenwärtig sind die Handlungsbedingungen von Unternehmen in vielerlei Hinsicht einem rascheren Wandel als früher unterworfen. Als Reaktion darauf finden in Unternehmen zunehmend Prozesse statt, die nicht nur eine effiziente Anpassung an die veränderten Bedingungen unternehmerischen Handelns, sondern auch die aktive (Um-)Gestaltung dieser Bedingungen ermöglichen sollen. Dies findet beispielsweise seinen Niederschlag in Schlagworten wie „Change Management", „Business Reengineering", „Reorganisation" oder eben das „lernende Unternehmen".

Zu den vielfältigen Änderungen der Handlungsbedingungen gehören etwa:

– die Änderung einschlägiger (technischer, arbeitsrechtlicher, umweltbezogener usw.) Auflagen und Gesetze durch den Gesetzgeber,
– die Änderung der Einstellungen und Wünsche der Kunden,
– die von im Unternehmen verwendeten Produktionstechniken einschließlich Änderung der EDV,

- die Änderung der Informations- und Kommunikationsbedingungen mit (potenziellen) Kunden, Lieferanten usw.,
- die Änderung der Bedingungen von (Re-)Finanzierungsmöglichkeiten und Möglichkeiten der Absicherung von Risiken,
- neue Strategien von Konkurrenten usw.

Nun haben sich solche Veränderungen auch früher ergeben. Gegenwärtig finden diese Änderungen allerdings rascher und in stärkerem Maße statt, und dabei ergibt es sich häufiger, dass solche Anpassungsreaktionen, die früher erfolgreich waren, heute nicht mehr geeignet sind und insofern zu einem Wettbewerbsnachteil werden können. Das bedeutet, dass auch die Regeln (Routinen, Strategien, Normen), die die bisherigen Anpassungen gesteuert haben, einer Überprüfung im Hinblick darauf zu unterziehen sind, ob auch sie revisionsbedürftig sind. Damit werden auch solche institutionellen Bedingungen als veränderbar, kontingent, und insofern auch – begrenzt – gestaltbar angesehen, die früher entweder als vorgegeben betrachtet oder als Handlungsbedingungen gar nicht beachtet wurden; ein typisches Beispiel ist die zuvor erörterte Organisationskultur. Anders gesagt finden gezielte Lern-, d.h. Anpassungs- und Gestaltungsprozesse nun *nicht nur auf der Ebene der Spielzüge* statt, *sondern auch auf der Ebene jener Spielregeln im Unternehmen*, die zuvor die Spielzüge strukturierten.

Die Lernprozesse beziehen sich mithin keineswegs nur auf die *Handlungen*, die die angestrebten Ergebnisse generieren, sondern auch auf die Gestaltbarkeit der *Handlungsbedingungen* im Hinblick auf bessere Ergebnisse. Und nicht nur das; gezielt angestoßene Lernprozesse finden mittlerweile auch statt hinsichtlich der Ebene der *Denk- und Wahrnehmungskategorien*.

Unter diesen Bedingungen kommt es für den Erfolg von Unternehmen nicht allein darauf an, für die einzelnen in der Organisation anfallenden Aufgaben – z.B. Materialwirtschaft, Produktion, Vertrieb, Finanzierung, Controlling usw. – genau bestimmte Positionen zu definieren, die dann 'routinemäßig' zu erfüllen wären; vielmehr sind den Positionsinhabern gezielt Handlungsmöglichkeiten einzuräumen, die nicht nur ihre schon vorhandenen Fähigkeiten zur Geltung bringen, sondern ihnen Spielräume eröffnen, sie zum eigenen und zum Vorteil der Organisation weiterzuentwickeln, und das heißt: zu *lernen.*

Im Zuge dieser Entwicklungen lässt sich ein wiederkehrendes Muster erkennen: Auch hier geht es um nichts anderes als um die Gestaltung bzw. weitere Ausgestaltung der Offenheit von Verträgen in dem Sinne, dass gezielt Freiheitsräume eröffnet werden, um dadurch weitere Kooperationsgewinne realisieren zu können, wodurch aber im Einzelfall durchaus suboptimale Ergebnisse zustandekommen können. Gerade im Hinblick auf Lernprozesse kommt hinzu, dass diese Ergebnisse oft auf *Fehlern* beruhen, die dann aber auch erlaubt sein müssen – vorausgesetzt man lernt auch wirklich daraus. Deshalb benötigen Lernprozesse so etwas wie „Pufferzonen" („organizational slacks"), die unter Umständen im Bemühen um Kosteneinsparungen und ein „schlankeres" Unternehmen gerade ausgemerzt wurden. Im Hinblick auf längerfristige Entwicklungsprozesse kann sich jedoch die Strategie, Fehler zu vermeiden und 'überflüssige' Pufferzonen im Unternehmen wegzurationalisieren, langfristig gesehen als die schlechtere Strategie erweisen. Es wird zweifellos zu den wichtigsten Fragen der nächsten Zeit gehören, wie Handlungen in Wettbewerbsprozessen – und auch die Wettbewerbsprozesse selbst – institutionell so gestaltet werden können, dass produktive Lernprozesse gefördert werden.

5.4 Weitere Organisationen

5.4.1 Interessengruppen

In gewissem Sinne sind natürlich alle Arten von Organisationen Interessengruppen, da sie, wie oben ausgeführt, eben zu dem Ziele geschaffen wurden, die Interessen der Mitglieder zu vertreten. Dazu gehören neben Unternehmen auch Kirchen, karitative Einrichtungen und Umweltschutzorganisationen, die in den beiden folgenden Abschnitten besprochenen Organisationen bis hin zum Sportclub oder Kaninchenzüchterverein.

In diesem Abschnitt wollen wir jedoch eine spezifischere Form von Interessengruppen betrachten, nämlich solche Organisationen, deren Ziel es ist, Änderungen der institutionellen Bedingungen, die die Handlungen ihrer Mitglieder betreffen, zu ihren Gunsten herbeizuführen, indem sie in Interaktion mit jenen Akteuren im politischen Raum treten, die Einfluss auf die Gestaltung dieser Bedingungen haben.

Diese Interessengruppen haben in der Öffentlichkeit und auch bei vielen Ökonomen kein gutes Ansehen, denn sie stehen in dem Ruf, als „Verteilungskoalitionen" ihre Interessen auf Kosten anderer durchzusetzen. Dies geschieht, so die gängige Vorstellung, indem die Vertreter dieser Interessengruppen ihre Mittel nicht etwa produktiv einsetzen, um von anderen gewünschte Güter und Dienstleistungen zu erstellen, sondern sie statt dessen dafür verwenden, Einfluss auf politische Entscheidungsträger zu nehmen, damit diese dann Maßnahmen zu ihren Gunsten durchführen. Diese Maßnahmen sind nun, so die weiteren Überlegungen, praktisch immer mit irgendwelchen Sondervergünstigungen für die betreffende Gruppe verbunden: Subventionen, Steuererleichterungen, Ausnahmeregelungen, Einschränkungen des (Leistungs-)Wettbewerbs, indem Konkurrenten der Zutritt zum Markt erschwert wird, usw. Da die Interessengruppen diese Sondervergünstigungen nicht durch produktive Leistungen, sondern durch politische Einflussnahme erlangen, bezeichnet man in diesem Zusammenhang auch die Kosten, die sie aufwenden, als *„Kosten der Einflussnahme"* (influence costs). Gemeint sind damit sowohl die Mittel, die zur Beeinflussung der politischen Entscheidung verwendet werden (und die anderweitig produktiver hätten verwendet werden können; so jedenfalls die Vermutung), als auch die Kosten, die dadurch entstehen, dass aufgrund der so beeinflussten Entscheidung gesellschaftlich produktivere Folgen verhindert werden.

Nun lässt sich sicherlich nicht bestreiten, dass es häufiger Fälle gab und auch geben wird, in denen die Aktivitäten von Interessengruppen solche Kosten zeitigen. Man denkt dann vor allem an Bauern, die Kumpel von der Kohle oder Stahlarbeiter, die in öffentlichkeitswirksamer Weise ihre Interessen vorbringen, auch wenn aus volkswirtschaftlicher Sicht andere Ressourcenverwendungen wünschenswert erscheinen[18].

Derartige Phänomene haben verschiedene Ökonomen dazu veranlasst, *generell* die Aktivitäten von Interessengruppen (im hier gemeinten engen Sinne) als effizienzmindernd anzusehen. Am prägnantesten hat diese Auffassung Mancur Olson ausgearbeitet. In seinem Buch „Aufstieg und Niedergang von Nationen" (1982/1985) vertritt Olson die folgende These: „Je mehr und je mächtigere Interessenverbände ein Land aufweist, desto stärker wird sein wirtschaftliches Wachstum behindert." Den Hintergrund dieser These bildet die Überlegung, dass eine Wirtschaft mit freien Märkten florieren würde, solange sie nicht daran gehindert würde; im Laufe der Zeit kommt es jedoch dazu, dass sich immer mehr Interessengruppen bilden, die die Funktionsfähigkeit der Märkte beeinträchtigen. Diese Interessengruppen setzen auf politischem Wege die oben genannten verschiedenen Arten von Sondervergünstigungen für sich durch, die zu Lasten der Effizienz gesamtwirtschaftlicher bzw. gesellschaftlicher Prozesse gehen. Olson führt zahlreiche empirische

---

[18] Auch hier wäre es aber verfehlt, Vorwürfe laut werden zu lassen. Die Vertreter dieser Interessengruppen folgen den Anreizbedingungen ihrer Situation, und die haben sich oft auf Entwicklungspfaden ergeben, die nicht ohne weiteres verlassen werden können. So wurde der gemeinsame Agrarmarkt in der damaligen Europäischen Wirtschafts-Gemeinschaft eingeführt als ein *politisch* wichtiger Schritt; es handelte sich hierbei um den ersten umfassenderen Bereich, in dem die Regierungen eine *gemeinsame Politik* machten. Wenn die im Zuge dieser Politik gewährten Ansprüche auf dem Spiel stehen, ist es verständlich, dass dagegen protestiert wird. Nötig ist dann eine Perspektive, die die Problemsituation nicht als Nullsummen-Spiel, sondern als Positivsummen-Spiel betrachtet.

Belege – vom indischen Kastensystem über Zünfte bis hin zu Gewerkschaften und Unternehmerverbänden – an, um seine These zu stützen.

Aus der Sicht einer interaktionstheoretischen Ökonomik ergibt sich indes eine differenziertere Sichtweise des Problems. Schon der *Vorwurf*, Interessengruppen würden danach trachten, 'nur' ihre Interessen durchsetzen zu wollen, hat etwas Kurioses an sich: Was sonst sollten sie denn tun? Es ist überhaupt nichts Anrüchiges dabei, dass sich Interessengruppen bilden, die, wie ihr Name schon verkündet, die Interessen ihrer Mitglieder vertreten. Es ist die Geschäftsgrundlage von Marktwirtschaft und Demokratie, dass es um die Realisierung individueller Interessen geht, und um nichts sonst! Natürlich findet dies im Rahmen einer „sozialen Ordnung" statt, so dass die Rücksicht auf die Interessen der anderen in Form der Etablierung einer Rahmenordnung den eigenen Interessen am nachhaltigsten dient. Die Interessen der anderen sind m.a.W. schon berücksichtigt. Wenn besondere Interessengruppen dann nochmals immer schon die Interessen aller, auch der Nicht-Mitglieder, vertreten sollten, brauchten sie gar nicht gegründet zu werden. Mehr noch: Es liegt im Interesse aller, dass die Gründung von Interessengruppen *erleichtert* wird, sofern deren Zielsetzungen mit den gesellschaftlichen Spielregeln vereinbar sind, damit jedem die Möglichkeit gegeben wird, seine Interessen besser zur Geltung zu bringen; das ist einer freiheitlich-demokratischen Gesellschaft mit Marktwirtschaft zweifellos angemessen. Insofern braucht es nicht zu verwundern, dass dieses Recht Eingang ins Grundgesetz gefunden hat: Im Artikel 9 GG lautet Satz 3: „Das Recht, zur Wahrung und Förderung der Arbeits- und Wirtschaftsbedingungen Vereinigungen zu bilden, ist für jedermann und für alle Berufe gewährleistet."

Wenn den Tätigkeiten von Interessengruppen dennoch oft Misstrauen entgegengebracht wird, so steckt dahinter in der Regel eine Variante eines Nullsummen-Denkens nach dem Motto: Das, was die Interessengruppen an Vergünstigungen erhalten, geht direkt oder indirekt auf Kosten anderer. Nach den bisherigen Überlegungen wissen wir hingegen, dass eine solche Sichtweise wenig für sich hat, und das zeigt sich auch, wenn man das Phänomen Interessengruppen genauer analysiert.

So ist etwa die Frage zu stellen, warum bzw. unter welchen Bedingungen Interessengruppen in den Genuß derartiger Vergünstigungen gelangen können. Niemand hat ein Interesse, 'einfach so' Transferleistungen zu gewähren, wenn nicht auch er im Gegenzug dafür etwas erhält, und damit stellt sich die Frage nach den Interaktionspartnern, mit denen die Interessengruppen offenbar *kooperieren*. Mindestens ihnen müssen sie also Gegenleistungen bieten.

Nun könnte man einwenden, dass darin ja gerade das Problem liege: Die Politiker würden doch auch nur ihr eigenes Interesse verfolgen und sich dann

zum Golfurlaub in die Karibik und dergleichen Annehmlichkeiten mehr einla-
den lassen. Mit anderen Worten: Zwar erbringen die Interessengruppen gewisse Gegenleistungen, aber nur für einige Auserwählte und auf Kosten Dritter.

Doch wiederum gilt es, zunächst eine genauere positive Analyse anzustellen und insbesondere die institutionellen Anreizbedingungen der Interaktionspartner zu betrachten. So sind Politiker von Amts wegen verpflichtet, ihre
Entscheidungen am Wohl des Prinzipals, d.h. der Bürger der Gesellschaft,
auszurichten, und es gibt verschiedene institutionelle Maßnahmen, die ein entsprechendes Verhalten anreizkompatibel werden lassen (vgl. 3.2.3). Das betrifft nicht nur den Umstand, dass auch Politiker bestimmten Gesetzen und
Vertragsbedingungen unterliegen, sie gehören auch Organisationen, nämlich
Parteien, an, die auf ihre Reputation achten müssen mit der Folge, dass gerade
bei etablierten Parteien interne Kontrollmechanismen installiert werden, die
ein reputationsschädigendes Verhalten einzelner Parteimitglieder verhindern
sollen. Hinzu kommt ein weiterer Anreiz: Für die Medien – als eine Kontrollinstanz des Verhaltens von Politikern – gibt es starke Anreize dafür,
Mauscheleien zwischen Politikern und Interessengruppen aufzudecken und
damit sowohl die Position der jeweiligen Politiker ins Wanken zu bringen als
auch zur Verschlechterung der Reputation derartiger Interessengruppen beizutragen.

Angesichts derartiger Anreizbedingungen ist nun weiterhin zu berücksichtigen, dass die Politiker insbesondere bei der Vergabe von Mitteln oder der
Gewährung von Steuererleichterungen Knappheitsrestriktionen unterliegen,
und diese Restriktionen führen zu einem *Wettbewerb der Interessengruppen*.
Auch dieser Wettbewerb lässt sich – zumindest im Prinzip – durch institutionelle Vorkehrungen als ein Leistungswettbewerb gestalten, d.h. wenn die Interessengruppen Vergünstigungen gewährt haben wollen, müssen sie darum in
Form von Gegenleistungen konkurrieren.

Zu den wichtigsten Gegenleistungen ist die *Bereitstellung von Informationen* zu zählen. Das beginnt mit dem einfachen Umstand der Präferenzoffenba-
rung, die die Interessengruppe allein durch ihre Aktivität erkennen lässt. Von
Bedeutung kann allerdings auch der umgekehrte Informationsfluss sein, indem
Interessengruppen Informationsmakler zwischen dem politischen System und
den Adressaten, z.B. den einzelnen Unternehmen, sind.

Oft noch wichtiger ist die Information, die Interessengruppen als 'Insider'
bei spezifischen Gesetzesvorhaben bereitstellen. So sind zur zweckmäßigen
Ausgestaltung von Gesetzesvorhaben oft zahlreiche unterschiedliche Kenntnisse nötig. Wenn z.B. aus Umweltschutzgründen die Immission bestimmter
Schadstoffe reduziert werden soll, so sind Informationen über die Stoffe

selbst, ihre Einsatzbedingungen in der Produktion, mögliche Ersatzstoffe, die Betroffenheit von Lieferanten usw. zu berücksichtigen. Natürlich könnten Politiker bzw. Bürokraten sich diese Informationen auch auf anderen Wegen beschaffen, doch wäre das mit höheren Kosten verbunden; Interessengruppen können diese Informationen sehr viel kostengünstiger bereitstellen.

Dabei sind natürlich die Anreize zu berücksichtigen, die die jeweiligen Gruppen haben, die relevanten Informationen weiterzugeben. Doch ist auch zu bedenken, dass die Zusammenarbeit zwischen Interessengruppen und Politik nicht auf einmalige Interaktionen beschränkt bleibt und dass deshalb kurzfristige 'Defektionen' nicht im Interesse beider Seiten liegen. Dies gilt umso mehr, als man in einer Demokratie immer damit rechnen muss, dass Kontrollinstanzen wie wissenschaftliche Gutachter oder Medien der Weitergabe falscher Informationen auf die Schliche kommen.

Wir wollen hierbei nicht den Eindruck erwecken, dass die Aktivitäten von Interessengruppen deshalb immer schon anreizkompatibel zu gesellschaftlichen Interessen wären, das ist gewiss nicht der Fall. Man wird auch davon ausgehen müssen, dass die Diagnose von Olson insofern richtig ist, als es durch die Aktivitäten von Interessengruppen im Laufe der Zeit zu einer Art „institutioneller Sklerose" kommen kann, da die zunehmende Einbindung von Interessengruppen kurzfristig oft Vorteile hat, längerfristig aber zu einer Vielzahl von „Vetopositionen" führen kann.

Gleichwohl gilt auch bei diesem Thema, dass die Analyse der Vor- und Nachteile der Aktivitäten von Interessengruppen nicht abstrakt erfolgen sollte, sondern eingebettet in eine *komparative Institutionenanalyse*. Die relevante Frage ist nicht, ob Interessengruppen erwünscht oder unerwünscht sind, denn die gemeinsame Verfolgung von Interessen ist, wie oben erwähnt, nichts Schlechtes. Zu fragen ist vielmehr – genau wie bei einzelnen Akteuren –, wie die Verfolgung dieser Interessen institutionell so kanalisiert werden kann, dass gesellschaftlich erwünschte Kooperationen gefördert, unerwünschte Kooperationen verhindert werden.

Oder noch einmal anders formuliert: Wer handlungstheoretisch zugreift und die Beurteilung von Interessengruppen von den (unterstellten) Zielen und unmittelbar handlungsleitenden Motiven ableitet, kommt nahezu zwangsläufig zu einer negativen Beurteilung der Tätigkeit von Interessengruppen, weil diese nun einmal vorrangig ihre eigenen Interessen vertreten. Wer demgegenüber interaktionstheoretisch zugreift, sieht die „reziproke Natur des Problems" (Coase) und die gemeinsamen und konfligierenden Interessen von Interessengruppen und (anderen Akteuren in) Politik bzw. Gesellschaft und kann auf diese Weise Vorschläge machen, durch geeignete institutionelle Arrangements das jeweilige Eigeninteresse in den Dienst der Generierung von Kooperationsgewinnen zu stellen. Umgekehrt ist bei der Diagnose unerwünschter sozialer Zustände nicht auf die Interessengruppen und deren Verfolgung eigener Interessen zuzuschreiben, sondern auf Handlungsbedingungen, die zu einer Interessenwahrnehmung auf Kosten anderer anreizen.

5.4.2 Gewerkschaften

Gewerkschaften sind ein auf Dauer angelegter freiwilliger Zusammenschluss – und das heißt: eine Organisation – von Arbeitnehmern, die auf diese Weise eine bessere Vertretung ihrer Interessen erreichen wollen. Diese gemeinsamen Interessen betreffen vor allem die Bedingungen, wie sie in den Tarifverträgen ausgehandelt werden, aber auch Fragen der betrieblichen Mitbestimmung bis hin zur Einflussnahme auf die Wirtschafts- und Sozialpolitik.

Gewerkschaften können unterschiedlich organisiert sein, z.B. als Betriebsgewerkschaften, als Berufsgewerkschaften, oder, wie nach dem Zweiten Weltkrieg in Deutschland, nach dem Prinzip des Industrieverbandes für sämtliche Arbeitnehmer eines Betriebes nach dessen Zugehörigkeit zu einem Industrie- bzw. Gewerbezweig. Aus ökonomischer Sicht liegt es nahe, dass die Art dieser Organisation Folgen hat für den Aufbau und die gesellschaftliche Rolle, die die jeweilige Gewerkschaft einnimmt. Insbesondere hat die *Größe* einer Gewerkschaft Einfluss darauf, welche Möglichkeiten, aber auch welche Schwierigkeiten sich ihr bieten.

So ist leicht einsichtig, dass Betriebsgewerkschaften sehr viel weniger unternehmensübergreifenden Einfluss entfalten können – und zugleich weniger unternehmensübergreifende Rücksichten internalisieren müssen – als Industrieverbandsgewerkschaften. Auch vertreten große Gewerkschaften aus verschiedenen Gründen, nicht nur aufgrund der Zahl ihrer Mitglieder, sondern auch inhaltlich mehr Interessen als kleine Gewerkschaften. So sind in der Satzung der größten deutschen Gewerkschaftsorganisation, des Deutschen Gewerkschaftsbunds (DGB), auch Zielsetzungen zu finden, die man in der Verfassung einer Betriebsgewerkschaft sicherlich nicht finden wird, z.B. „Kampf für Sicherheit und den Ausbau der demokratischen Rechte und Freiheiten des Volkes" oder „Pflege des Geistes friedlicher Völkerverständigung".

Auch wenn diese Ziele sicherlich weniger im Zentrum der Aktivitäten stehen, gibt es doch andere Interessen, die für eine große Gewerkschaft von sehr viel größerer Bedeutung sind als für eine kleine Gewerkschaft, woraus sich auch erhebliche Spannungen ergeben können. Am deutlichsten wird das in bezug auf das genuine Tätigkeitsfeld der Gewerkschaften, die Vertretung der Interessen der Arbeitnehmer. Denn es stellt sich ja die Frage, ob damit nur die Mitglieder der Gewerkschaft gemeint sind oder alle Arbeitnehmer einschließlich der jeweils Arbeitslosen, womit die Gewerkschaft auch das Ziel der Vollbeschäftigung zu berücksichtigen hätte. Für eine kleine Gewerkschaft stellt sich das Problem praktisch nicht, denn ihr Einfluss auf das volkswirtschaftliche Niveau der Beschäftigung ist vernachlässigbar; sie kann sich ganz den Interessen ihrer Mitglieder widmen. Zwar können sich auch dann Interessenkonflikte ergeben, etwa wenn eine Betriebsgewerkschaft bei der Vertretung ihrer Mitglieder darauf achten muss, dies nicht zu Lasten der Ertragslage des Betriebs zu tun, doch sind das überschaubare Probleme, und in der Regel lassen sich die dabei auftretenden Informations- und Anreizprobleme einigermaßen gut in den Griff bekommen.

Eine große Industriegewerkschaft ist da in einer anderen Situation. Ihr Kernproblem liegt darin, dass ihre Hauptaufgabe darin besteht, die Bedingungen der Arbeitnehmer – höhere Löhne, bessere Arbeitsbedingungen, soziale Zusatzleistungen usw. – zu verbessern. Das bedeutet jedoch nichts anderes als eine Erhöhung des Preises des Faktors Arbeit, was gemäß dem Gesetz der fallenden Nachfragekurve – unter sonst gleichen Bedingungen – eine sinkende Nachfrage nach Arbeit mit sich bringt und mithin tendenziell zu Abwanderung von Unternehmen oder zu Rationalisierungsprozessen führt. Man muss sich zwar hier vor zu großen Vereinfachungen hüten, gleichwohl spielt dieser Aspekt *immer auch* eine Rolle und sollte nicht vernachlässigt werden. Die Gewerkschaft steht somit vor einem internen Konflikt: Wenn sie zu sehr versucht, die Bedingungen für ihre Mitglieder zu verbessern, kann dies zu Lasten von Nichtmitgliedern gehen, jedoch in einer Weise, die für sie selbst spürbar ist: Zunächst schon dadurch, dass sie sich vorwiegend aus den Beiträgen der arbeitenden Arbeitnehmer finanziert. Hinzu kommt, wie man oft beobachten kann, dass sie aufgrund dieser Konstellation als wesentlicher Verursacher des Problems der Arbeitslosigkeit angesehen wird, indem sie als Interessenvertretung der Beschäftigten („Insider") die Bedingungen der Neu-Einstellung von Arbeitslosen („Outsider") verschlechtert, worunter nicht zuletzt ihre Reputation und damit auch ihr politischer Einfluss leiden.

Nun wäre es auch hier falsch, diesen Konflikt als eine Art Nullsummen-Spiel zu sehen, wo der Einsatz für das eine Ziel notwendig zu Lasten des anderen Zieles gehen muss. Dennoch kann kein Zweifel darin bestehen, dass im Zuge des zunehmenden weltweiten Wettbewerbs die skizzierte Problematik für die Gewerkschaften zunehmen wird. Damit ergeben sich zwei weitere Probleme, die wir im Folgenden noch kurz skizzieren wollen.

Das *erste Problem* betrifft die *interne Organisation* großer Gewerkschaften. Jene Agenten, die die Interessen der Gewerkschaftsmitglieder vertreten, die „Funktionäre", stehen vor ähnlichen Problemen wie Politiker. Aus Sicht der „Basis" sollen sie deren Interessen vertreten, zugleich sind sie jedoch Repräsentanten einer Organisation, die als solche die oben genannten darüber hinausgehenden Interessen zu berücksichtigen hat. Schließlich ist auch noch zu berücksichtigen, dass die Agenten selbst Interessen haben, nämlich ihre eigenen. Daraus ergeben sich vor allem zwei Folgeprobleme: Zum einen sind die „Positionen" der Funktionäre anreizkompatibel auszugestalten, was angesichts der angedeuteten Gemengelage der Interessen nicht einfach ist. Zum anderen müssen die Aktionen der Funktionäre gerade dann, wenn sie den verschiedenen Interessen einigermaßen gerecht werden, in einer entsprechenden Weise kommuniziert werden; insbesondere müssen die Mitglieder den Eindruck gewinnen, dass ihre Interessen angemessen zur Geltung gekommen sind, denn sonst gibt es keinen Grund mehr für sie, der Organisation weiterhin anzugehören.

Damit ist auch schon das *zweite Problem* angesprochen: Welchen *Anreiz* haben Arbeitnehmer überhaupt zum Beitritt zu einer Gewerkschaft? Wir legen bei der Diskussion dieser Frage die in Deutschland geltenden Verhältnisse zugrunde, nach denen die von einer Gewerkschaft ausgehandelten Bedingungen auch für Nichtmitglieder gelten. Das hat zur Folge, dass die Arbeitnehmer einen Anreiz zum Trittbrettfahren haben. Sie lassen die Gewerkschaft bessere Bedingungen aushandeln, in deren Genuss auch sie kommen, ohne dass sie Gewerkschaftsbeiträge entrichten. Hier liegt natürlich wieder eine Dilemmastruktur vor, denn wenn alle Arbeitnehmer so denken und handeln, kommt es gar nicht zur Gründung einer Gewerkschaft. Offenbar bedarf es hier *selektiver Anreize* (vgl. 2.1.1), die Arbeitnehmer zu einem Beitritt zu bewegen. Zur Erinnerung: Selektive Anreize sind solche, bei denen es eine direkte *Rückkopplung* zwischen dem Verhalten eines Akteurs und den Folgen seines Verhaltens gibt. Zwei mögliche selektive Anreize, die in der ökonomischen Literatur genannt werden, wollen wir hier zur Illustration erwähnen.

Ein solcher Anreiz für den Eintritt in eine Gewerkschaft kann das *soziale Ansehen* sein, das man dadurch bei den für die potenziellen Mitglieder wichtigen Bezugspersonen erlangt, also den Kollegen, dem Bekanntenkreis oder dem Linksaußen des Fußballvereins, in dem man Mittelstürmer ist. Damit das als selektiver Anreiz fungieren kann, muss dieser Anreiz untrennbar verknüpft sein mit der Mitgliedschaft in der Gewerkschaft.

Ein anderer möglicher selektiver Anreiz ist komplexerer Art (Althammer 1989). Er geht darauf zurück, dass eines der wichtigsten Drohmittel der Gewerkschaft im Rahmen der Tarifverhandlungen ein *Streik* darstellt. Diese Drohung verleiht den Gewerkschaften umfangreiche Sanktionspotenzial gegenüber den Arbeitgebern, die durch einen Arbeitskampf erhebliche Einbußen erleiden können. Nun sind Streiks für die Arbeitnehmer indes gleichbedeutend mit Einkommensausfällen, und das führt zu dem *Problem der Glaubwürdigkeit der Streikdrohung*. Wiederum liegt eine Dilemmastruktur vor: Der Nutzen der Streikdrohung kommt allen Arbeitnehmern zugute, die Kosten eines Einkommensausfalls spürt indes jeder selbst und sofort, und das könnte zur Folge haben, dass dann, wenn es zur Abstimmung über einen Streik kommt, keiner dazu bereit ist. Wenn das antizipierbar ist, leidet die Verhandlungsmacht der Gewerkschaften gegenüber den Arbeitgebern in beträchtlichem Ausmaß. Gelöst werden kann dieses Glaubwürdigkeitsproblem, indem die Gewerkschaft demonstrieren kann, im Fall eines Streiks die Einkommensausfälle ihrer Mitglieder aus der „Streikkasse" – wenigstens teilweise – kompensieren zu können; die Mitglieder der Gewerkschaft, *und nur sie,* werden auf diese Weise *versichert,* und eben darin liegt der selektive Anreiz für einen Beitritt. Am Rande vermerkt sei, dass für deutsche Verhältnisse dieser Anreiz zwar eine gewisse Bedeutung haben mag, jedoch vermutlich nicht ausschlaggebend ist, da faktisch das Instrument des Streiks vergleichsweise selten eingesetzt wird, nicht zuletzt dank des Sozialkapitals, das mit dem Stichwort „Sozialpartnerschaft" beschrieben werden kann und das z.B. vor einem Streik eine neutrale „Schlichtung" vorsieht.

Ohnehin wird man im konkreten Fall davon ausgehen können, dass es nicht ein einzelner selektiver Anreiz ist, der den Ausschlag zur Mitgliedschaft gibt. Vielmehr ist zu vermuten, dass es neben den beiden genannten noch weitere Anreize gibt, z.B. Beratungs- und andere Dienstleistungen, die die Arbeitnehmer zum Beitritt in eine Gewerkschaft bewegen. Allerdings dürften „soziale" Anreize in der modernen Gesellschaft eher abnehmen: Das dürfte ein Grund für den rapiden Mitgliedervverlust der deutschen Gewerkschaften in den letzten Jahren sein.

5.4.3 Internationale Organisationen

Es gibt zahlreiche Organisationen, die international tätig sind, trans- oder multinationale Unternehmen, Nicht-Regierungs-Organisationen wie beispielsweise Amnesty International, Greenpeace, Misereor, und natürlich auch solche Organisationen, die dazu dienen sollen, Interaktionen zwischen nationalen Regierungen produktiv zu gestalten. Wir werden uns in diesem Abschnitt nur mit der letztgenannten Form befassen.

In einer Zeit der Globalisierung der Märkte und rapide gesunkener Informations-, Kommunikations- und Mobilitätskosten nehmen auch die Interdependenzen zwischen den Nationen zu mit der Folge eines steigenden Koordinationsbedarfs, um erwünschte Interaktionen bzw. deren Wirkungen zu fördern und unerwünschte zu verringern.

Man könnte zahlreiche Beispiele nennen für Problemfelder, in denen ein solcher Koordinationsbedarf besteht: Wahrung des Weltfriedens, Kampf gegen das internationale organisierte Verbrechen, Abstimmung nationaler Um-

weltpolitiken bis hin zu Austauschprogrammen zur Förderung der Bildungs-
und Forschungsaktivitäten gehören dazu; und natürlich gibt es auch erheblichen Abstimmungsbedarf im genuinen Anwendungsbereich der Ökonomik,
den internationalen Wirtschaftsbeziehungen.

In diesen und weiteren Bereichen ergeben sich immer wieder neue Chancen
für Kooperationsgewinne und natürlich auch neue Konfliktrisiken. Viele der
damit verbundenen Informations- und Anreizprobleme wurden und werden
durch internationale Abkommen und Verträge geregelt, teilweise wurden aber
auch eigens Organisationen ins Leben gerufen, um bestimmte Formen der Zusammenarbeit zwischen Staaten auf Dauer zu stellen und die dabei anfallenden
Aktivitäten den Agenten in der jeweiligen Organisation zu überlassen.

Auch hierbei handelt es sich um ein Phänomen, das in der Geschichte eher
neu ist. Erst allmählich ergaben sich überhaupt Aufgaben, die die Einrichtung
internationaler Organisationen sinnvoll werden ließen. Im 19. Jahrhundert,
dem Zeitalter der Nationalstaaten, war das bevorzugte Mittel der Abschluss
von meist zweiseitigen Verträgen, ein Abstimmungsbedarf, der die Etablierung einer Organisation erfordert hätte, war nicht gegeben.

Änderungen zeichneten sich ab, als 1920, nach dem ersten Weltkrieg, der
Völkerbund gegründet wurde als erster Versuch einer internationalen Organisation, die die Friedenssicherung zum Ziel hatte. Den eigentlichen Einschnitt
aber stellte die Zeit nach dem zweiten Weltkrieg dar. Insbesondere die wirtschaftlichen Beziehungen entwickelten sich in einer Weise, dass die Interdependenzen nationaler Wirtschaftspolitiken zunahmen, und damit wuchs auch
der Koordinationsbedarf. Im Zuge der Intensivierung des internationalen
Wettbewerbs, vor allem durch die Ausweitung der Tätigkeiten großer Unternehmen über Grenzen hinweg, sahen sich die nationalen Regierungen immer
wieder vor das Problem gestellt, dass ihre gemeinsamen Interessen durch oft
kurzfristige informations- und anreizbedingte Interessenkonflikte überdeckt
wurden. Anlässe zu Interessenkonflikten gab und gibt es viele: Schutz inländi-
scher Arbeitsplätze, Attrahieren ausländischen Kapitals, Unterstützung heimischer Industrien, Fragen der Übernahme von Beitragspflichten und Verantwortlichkeiten bei internationalen Hilfsaktionen usw.

Die Zeit nach dem zweiten Weltkrieg war günstig für die Einrichtung solcher Organisationen, da nach dem Ende des Krieges die Beziehungen zwischen den Staaten neu zu gestalten waren. Ebenso günstig für die Vereinbarung künftiger Spielregeln war, dass sich die Vertragsparteien hinter einem
„Schleier der Ungewissheit" befanden; man war daran interessiert, gemeinsame Regeln zu finden, hatte jedoch nicht so viele partikulare, konfligierende –
und insofern blockierende – Interessen zu berücksichtigen, wie dies nach
Jahrzehnten ausdifferenzierter Beziehungen der Fall gewesen wäre. Zwar

bringen solche Neuanfänge auch die Schwierigkeit mit sich, dass man noch nicht all die unterschiedlichen Konstellationen kennt, die für eine geeignete Ausgestaltung der Institutionen bzw. der Organisationen von Bedeutung sind, aber auf einige Erfahrungen und deren theoretische Reflexion konnte man bereits zurückgreifen.

Vor diesem Hintergrund kam es zur Einrichtung verschiedener internationaler Organisationen wie der UNO mit ihren verschiedenen Unterorganisationen, dem Internationalen Währungsfonds, der Weltbank usw. Sie dienen vor allem dazu, die bei internationalen Interaktionen auftretenden Informations- und Koordinationsprobleme zu lösen bzw. zu verringern, indem sie sich jeweils auf ein bestimmtes Gebiet spezialisieren und im Hinblick auf dieses Gebiet Informationen besorgen und verwerten, das Gespräch zwischen den Staaten über die jeweiligen Themen institutionalisieren und bestimmte Aufgaben im Auftrag der Staatengemeinschaft ausführen.

Abgesehen von der Übernahme spezifischer Aufträge konzentrieren sich die Aufgaben der internationalen Organisationen mithin im wesentlichen darauf, die Information und Kommunikation zwischen den Staaten zu verbessern – sozusagen zur Lösung von Koordinationsspielen –, weniger hingegen wurden sie auch mit den Mitteln (Befugnissen, Sanktionspotenzial) ausgestattet, Regeln durchzusetzen oder gar zu definieren, die die Bewältigung von konfligierenden Interessen zum Ziel haben.

Diese mangelnde Ausstattung internationaler Organisationen mit Durchsetzungs- und Sanktionspotenzial wird oft als 'Zahnlosigkeit' beklagt. Doch führt eine Betrachtung aus der Sicht einer komparativen Institutionenanalyse, die ja stets im Ausgang vom Status quo die relevanten Alternativen vergleicht, zu einer anderen Einschätzung. Aus dieser Perspektive zeigt sich, dass bereits durch die Etablierung der internationalen Organisationen in ihrer bisherigen Form erhebliche Kooperationsgewinne angeeignet werden. So sollte man etwa nicht die Wirkungen unterschätzen, die allein die Erstellung *und Veröffentlichung* relevanter Informationen haben kann. Um nur ein Beispiel zu nennen: Indem die Organisation für wirtschaftliche Zusammenarbeit und Entwicklung (OECD) umfassende Erhebungen und Analysen der Subventionsvergaben in den Mitgliedstaaten durchführt mit dem Ziel, die Transparenz von Steuervergünstigungen und Finanzhilfen zu erhöhen, trägt sie zur besseren internationalen Vergleichbarkeit bei und schafft damit zugleich Anreize für mehr Subventionsdisziplin.

Wichtiger aber noch ist, dass eine allzu rasche Ausstattung mit Sanktionspotenzial weder machbar noch auch nur wünschenswert wäre. Machbar ist dies deshalb nicht, weil kein Staat bereit wäre, weitreichende Einschränkungen seiner nationalen Souveränität hinzunehmen[19]. Und wünschenswert ist es nicht, weil die Ausstattung einer internationalen Organisation mit weitreichenden Befugnissen durchaus erhebliche Folgeprobleme mit sich bringen kann. Um nur zwei solcher Folgeprobleme zu nennen:

1. Die Übertragung der entsprechenden Befugnisse an Agenten verlangt, dass diese mit den nötigen Informationen und den nötigen Anreizen zu deren 'richtiger' Verwertung versehen werden. Die Entwicklung entsprechender Institutionen benötigt jedoch Zeit; insbesondere bei neuen Formen von Organisationen müssen erst Erfahrungen gemacht und ausgewertet werden, bevor weitreichende Arrangements eingerichtet werden. Dies gilt nicht zuletzt im Hinblick auf die Wahrung der *Legitimation* der entsprechenden Instanzen: Wie kann man sicherstellen, dass die Agenten/Positionsinhaber sich an den Interessen derjenigen orientieren, die von ihren Entscheidungen betroffen sind? Je größer die (institutionelle) Distanz der Entscheidungsträger gegenüber den Betroffenen der Entscheidung, desto schwieriger wird das Problem einer adäquaten Rückkopplung zur Gewährleistung der Anreizkompatibilität.

2. Die Etablierung solcher Organisationen verändert die Kontrollrechte über wichtige politische und wirtschaftliche Bereiche, und mit dieser Veränderung sind immer auch Anpassungsprozesse verbunden, für die das gleiche gilt, was soeben gesagt worden ist: Es müssen erst Erfahrungen gemacht und reflektiert werden, bevor man wirklich sagen kann, auf welcher Ebene und von welchen Instanzen spezifische Regeln am besten durchgesetzt werden können. Generell ist hier der Empfehlung K. Poppers zu folgen, sich an eine „Politik der kleinen Schritte" zu halten, um die jeweils auftretenden Anpassungsprozesse kontrolliert verarbeiten zu können (Popper 1944/1987, S. 51 ff.).

Die genannten Gründe besagen indes nicht, dass nicht im Laufe der Zeit die Bedeutung und auch der Einfluss internationaler Organisationen wachsen sollte oder könnte. Im Gegenteil, solange es nicht zu massiven Rückschlägen kommt, ist zu vermuten, dass genau das geschieht. Als Beispiel für eine solche Entwicklung kann die Welthandelsorganisation WTO (World Trade Organization) dienen, die aus dem „Allgemeinen Zoll- und Handelsabkommen" GATT (General Agreement on Tariffs and Trade) hervorgegangen ist. Der Rest dieses Abschnitts befasst sich mit diesem Beispiel.

---

[19] Obwohl das in einzelnen Bereichen nicht auszuschließen ist, da sich eine Regierung auf diese Weise der Selbstbindung gegen die Beeinflussung durch bestimmte Interessengruppen schützen kann.

Das GATT war ursprünglich nur als Übergang für eine „Internationale Handelsorganisation" („International Trade Organisation", ITO) vorgesehen, deren Etablierung dann jedoch vor allem von den USA verhindert wurde, z.T. von protektionistisch gesinnten Gegnern, z.T. von Befürwortern, denen die eingegangenen Kompromisse zu weit gingen[20]. Im Laufe der Zeit erlangte es indes zunehmend einen De-facto-Status einer Organisation, bis es Mitte der 90er Jahre auch offiziell von der WTO abgelöst wurde.

Den wesentlichen Kern des GATT bildeten drei Grundsätze, die den internationalen Handel fördern sollten:

1. der *Grundsatz der Liberalisierung*, der den Abbau von Handelshemmnissen vorsah,

2. der *Grundsatz der Gegenseitigkeit*, nach dem Zugeständnisse von Zollvergünstigungen wechselseitig zu erfolgen hatten, und

3. der *Grundsatz der Nicht-Diskriminierung*, nach dem die Bevorzugung einzelner Länder durch Handelsvergünstigungen verboten wurde.

Nun hätte das GATT keine Chance auf Unterzeichnung und Inkraftsetzen gehabt, wenn es diese Prinzipien eines freien Welthandels hätte zwingend durchsetzen können. Zahlreiche Ausnahmeregelungen gehörten zum Preis der Unterzeichnung, z.B. wurden bestehende Vorzugsregelungen, z.B. Einfuhren Großbritanniens aus Commonwealth-Ländern, nicht angetastet, die Bildung von Zollunionen und Freihandelszonen trotz des damit verbundenen Verstoßes gegen den Grundsatz der Meistbegünstigung gestattet oder selektive Importbeschränkungen einzelner Länder zum Schutz ihrer finanziellen Lage gegenüber dem Ausland und zum „Schutz ihrer Zahlungsbilanz" gewährt.

Sofern es trotzdem vorkam, dass ein Land *A* bestimmte Regeln verletzt hatte, konnte es von einem anderen Land *B*, das Folgen dieser Regelverletzung zu tragen hatte, verklagt werden. Ein Ausschuss („Panel") wurde einberufen, der den Fall beurteilte und eine Empfehlung aussprach, die auch beinhalten konnte, dass Land *B* Gegenmaßnahmen ergreifen konnte. Üblich war es, dass diese Empfehlung einstimmig zu verabschieden war, was insofern kurios war, weil damit auch Land *A* seine Zustimmung geben musste.

Ein Folgeproblem war nun, wie geeignete Vergeltungsmaßnahmen aussehen könnten. Wenn Land *A* protektionistische Maßnahmen zugunsten heimischer Anbieter – und damit zuungunsten der Anbieter des gleichen Gutes aus

---

[20] Interessant ist auch der Hinweis von Dixit (1996, 127), dass die Regierung Truman ihr politisches Kapital lieber für andere Ziele wie den Marshallplan oder die Förderung militärischer Stärke für den bevorstehenden kalten Krieg einsetzte. Dies zeigt wieder, dass Tausch ebenso wie Wettbewerb auch in der Politik präsent sind.

Land B – ergriffen hatte und eine Vergeltungsmaßnahme dann darin bestünde, dass Land B ebenfalls (partielle) Marktzutrittsbarrieren für Anbieter aus Land A errichtet, so werden weder die bisherigen Verlierer kompensiert noch die bisherigen, 'illegitimen', Gewinner bestraft; statt dessen werden neue Gewinner und Verlierer geschaffen. Gleichwohl kann das durchaus sinnvoll sein, wenn auf diese Weise generell ein Druck auf die jeweiligen politischen Agenten ausgeübt wird, derartige unerwünschte Entwicklungen zu unterbinden. Insofern können entsprechende Maßnahmen durchaus auch zustimmungsfähig sein, vor allem, wenn man die relevanten Alternativen betrachtet.

Doch trotz mancher Erfolge blieb das GATT eher ein Provisorium mit vielen Einzelregelungen. Vor allem in den ersten Verhandlungsrunden blieben die Verhandlungsergebnisse eher bescheiden. Der qualitative Sprung erfolgte in der achten, der sogenannten Uruguay-Runde, die von 1986-1993 stattfand. In ihr wurden nicht nur die bisherigen Bestimmungen zum Abbau von Zöllen und nicht-tarifären Handelshemmnissen und andere, den Welthandel betreffende Punkte vereinbart, es wurden auch Regelungen geschaffen, die Märkte für grenzüberschreitende Dienstleistungen (Bank-, Versicherungs-, Kommunikations-, Transport-, Beratungs-, touristische u. a. Leistungen) zu öffnen. Ein weiteres wesentliches Abkommen dieser Runde betrifft den Schutz geistiger Eigentumsrechte im grenzüberschreitenden Verkehr.

Doch nicht nur in diesen Regelungen lag der entscheidende Fortschritt, der durch die Uruguay-Runde erzielt wurde, sondern auch in der Schaffung einer gemeinsamen Organisation, eben der WTO, mit einheitlicher Schiedsgerichtsbarkeit, die mit der Überwachung und Durchsetzung der Regelungen betraut ist. Die kommenden Jahre und Jahrzehnte werden zeigen, wie erfolgreich diese Organisation ist.

Lektürevorschläge

Der grundlegende Text der ökonomischen Organisationstheorie ist Coase 1937. Weiterentwickelt wurden die Überlegungen von Coase vor allem von Williamson, s. vor allem sein 1985/1990. Von den Aufsätzen, die die Diskussion wesentlich beeinflussten, seien Alchian/Demsetz 1972, Jensen/Meckling 1976, Klein/Crawford/Alchian 1978, Grossman/Hart 1986 und Kreps 1990 genannt.

Die gegenwärtige Diskussion in der ökonomischen Organisationstheorie ist sehr offen. Der interessierte Leser möge eine oder mehrere der nachfolgenden Monographien konsultieren, wo auch jeweils die Originalliteratur angegeben wird: Milgrom/Roberts 1992, Picot/Dietl/Franck 1997 oder Kräkel 1999.

Als praxisorientierte Darstellung ist Baron/Kreps 1999 zu empfehlen.

Zusammenfassung

1. Im Wettbewerb lassen sich Kooperationen spezifischer Art finden: Organisationen – Unternehmen, Parteien, Verbände, Nicht-Regierungs-Organisationen usw.

2. Organisationen treten als 'Akteure' in Politik und Wirtschaft auf. Mit ihnen kehren die im zweiten Kapitel erörterten Interaktionsprobleme und die institutionellen Formen ihrer Bewältigung nun in spezifischerer Form – nach außen und nach innen – wieder. Durch differenziertere institutionelle Voraussetzungen werden mehr Handlungsmöglichkeiten und Kooperationsgewinne erschlossen.

3. Eine Organisation wird durch eine „Verfassung" als „korporativer Akteur" konstituiert.

4. Die Verfassung sichert die Konsistenz eines Netzwerks von Verträgen, durch das Probleme der Entscheidungskompetenzen in der Organisation geklärt und die Verteilung der erwirtschafteten Kooperationsgewinne geregelt wird.

5. Organisationen werden nicht von Individuen, sondern von „Positionen" mit – austauschbaren – „Positionsinhabern" gebildet.

6. Der wesentliche Grund für die Bildung von Organisationen ist die Notwendigkeit von Ex-ante-Regelungen für die produktive Koordination und Absicherung von spezifischen Investitionen.

7. Gesellschaftliche Institutionen und Organisationen beeinflussen sich wechselseitig: Die Institutionen stellen Restriktionen für die Organisationen dar, auf die diese jedoch unter Umständen gestaltenden Einfluss nehmen können. Dadurch kommt es zu einer weiteren gesellschaftlichen Ausdifferenzierung, bei der Differenzierungs- *und* Integrationsprozesse zunehmen.

8. In Unternehmen sind Eigentums- und Kontrollrechte oft nicht mehr in einer Person vereint, sie werden durch komplexere institutionelle Arrangements gekoppelt. Insbesondere stellen die Eigentümer des Unternehmens Manager als Agenten ein, die die Kontrolle über die wertschöpfenden Aktivitäten innehaben.

9. Kurzfristig bestimmt die Organisationsstruktur die Handlungsmöglichkeiten sowohl des korporativen Akteurs als auch der Mitglieder; langfristig ist die Struktur selbst variabel und kann sich in Abhängigkeit von Umweltbedingungen, aber auch internen Entwicklungen verändern. Dabei lässt sich im Laufe der Zeit eine weitere institutionelle Ausdifferenzierung – so etwa

auch die Dezentralisierung von Entscheidungskompetenzen, die Etablierung interner Märkte oder die zunehmende Bedeutung 'weicher' Faktoren wie Unternehmenskultur – beobachten, um veränderten Umwelt-, insbesondere Wettbewerbsbedingungen gerecht zu werden und weitere Kooperationsgewinne zu realisieren.

10. Zu den künftig wichtigsten Problemen der Organisationstheorie gehört die Frage der Reorganisation als (Um-)Gestaltung anreizkompatibler Arrangements im Hinblick auf die Verbesserung der Lernfähigkeit bzw. der Ausbildung von „organizational capabilities". Dabei spielt die methodisch kontrollierte Einbeziehung psychologischer und soziologischer Erkenntnisse eine wesentliche Rolle.

Schlüsselbegriffe

Ex-ante-Koordination	Position
Kontrollierte Delegation	Quasirente
Korporativer Akteur	Spezifische Investitionen
Mitbestimmung	Teamproduktion
Netzwerk von Verträgen	Trennung von Eigentum und
Organisationskultur	Kontrolle

6. Kapitel

Methodologie der Ökonomik

6.1 Theorie und Methodologie

In diesem letzten Kapitel unternehmen wir den angekündigten vierten Durchgang durch den Stoff. Der Sinn besteht jetzt nicht in einer weiteren Differenzierung der bisherigen Überlegungen, sondern in der *Reflexion unserer bisherigen Vorgehensweise*. Genauer geht es um die explizite Darstellung und Rechtfertigung der von uns verwendeten Methode der Ökonomik gegenüber anderen Methoden. Es geht jetzt um Begründung, Sinn und Grenze der ökonomischen Methode im Vergleich zu Methoden anderer Wissenschaften und zu anderen Methoden, die für die Ökonomik vorgeschlagen wurden: Wir bewegen uns also auf einer Metaebene zur Anwendung der Methode in unseren bisherigen Ausführungen; diese Metaebene bezeichnet man in der Wissenschaft als *Methodologie*. Hatten wir bisher das Verhalten von Akteuren als nutzenmaximierend definiert und diese Definition verwendet und benutzt, um unsere Resultate abzuleiten, so müssen wir jetzt Auskunft darüber geben, warum wir in unseren Analysen diesen „homo oeconomicus" und nicht den kooperativen, altruistischen Menschen oder den Menschen mit der ganzen Breite seiner Motivationsstruktur verwenden. Wir müssen begründen, warum die Welt des Ökonomen im Grunde nur aus „Vorteilen" und „Nachteilen" besteht, wo es doch unstrittig ist, dass „in der wirklichen Welt" die Menschen viel mehr bewegt als Vorteile und Nachteile. Und wir müssen zeigen, ob und ggf. wie die Einsichten anderer Wissenschaften, die nicht in der Weise der Ökonomik nach Vorteilen und Nachteilen fragen, in der Ökonomik vorkommen können.

Wenn wir die Rolle wissenschaftlicher Theorien und spezieller Modelle im Gesamtzusammenhang der Betrachtung der sozialen Welt anschauen, können wir Theorien und Modelle als *Instrumente zur Lösung von Problemen* betrachten. Schematisch lässt sich das so darstellen:

Probleme ⇨ Theorien/Modelle ⇨ Problemlösungsvorschläge

Wichtig ist zu sehen, dass Probleme, z.B. Armut, Arbeitslosigkeit, Inflation, Korruption usw. in aller Regel unstrukturiert und hochkomplex auftreten. Um diese Probleme – genauer: diese sozialen Phänomene, die von den Menschen als Probleme angesehen werden – wissenschaftlich bearbeiten zu können, ist eine **Reduktion der Komplexität** unumgänglich. In der „Wirklichkeit" hängt alles mit allem zusammen, aber eine solche Komplexität ist für das menschliche Erkenntnisvermögen nicht handhabbar. Dies gilt schon im alltäglichen Verhalten und Urteilen, wo wir immer auf eine Reduktion von Komplexität angewiesen sind. Für die Wissenschaft ist entscheidend, bei der Reduktion von Komplexität zugleich darüber Auskunft zu geben bzw. geben zu können, was bei dieser Reduktion weggelassen wird und warum von diesem und nicht von anderem abstrahiert wird. Vor allem muss sich wissenschaftliche Arbeit der Tatsache bewusst bleiben, *dass* Komplexität reduziert wurde: Der Vorgang der Komplexitätsreduzierung muss in methodisch kontrollierter – und eben nicht in willkürlich-intuitiver – Weise vor sich gehen, und die Methodologie muss über die Gründe, den Sinn und die Grenzen dieses Vorgehens Auskunft geben. Schließlich ist darauf hinzuweisen, dass die Art der Komplexitätsreduktion – also die Frage, was in der Theorie erfasst und was abgeblendet wird – stets von der **Problemstellung**, *und nicht von der „Wirklichkeit"*, her erfolgt; insofern kann man von „pragmatischer Reduktion" (Suchanek 1994) sprechen.

Hat man in einem ersten Schritt Probleme auf eine wissenschaftlich handhabbare Form reduziert, sie in die Begrifflichkeit von Theorien oder, enger, von Modellen gebracht, dann greifen im zweiten Schritt *Regeln zur Bearbeitung* der jetzt in einer bestimmten Weise strukturierten Probleme. Methodische Regeln sind Gebote und Verbote, Empfehlungen und Warnungen für den Wissenschaftler im Hinblick darauf, wie er zweckmäßigerweise vorgehen sollte. Es kann auch hier unterschiedliche Auffassungen über die zu verwendenden Methoden und über deren Interpretation geben, so dass auch innerhalb von Theorien bzw. Modellen Reflexionen über Methoden stattfinden können und müssen. Wir sprechen hier von der Methodologie im engeren Sinn, von der Methodologie bestimmter Wissenschaften wie der Naturwissenschaften oder der Sozialwissenschaften bzw. der Ökonomik. Typische Fragen sind hier, wann eine Theorie als „falsch" betrachtet werden soll, ob ein bestimmtes Resultat statistisch ausreichend gesichert ist und ob nicht zusätzliche Variablen in Betracht gezogen werden müssen. Methodologische Ausführungen zur Ökonomik beschränken sich oft auf Fragen dieser Art, also auf die Methodologie der Ökonomik i.e.S.

Wenn die wissenschaftliche Bearbeitung von Problemen im zweiten Schritt bestimmte Resultate erbracht hat, müssen diese, um zu einer Lösung der ursprünglichen Probleme beitragen zu können, im dritten Schritt wieder *mit jener Komplexität angereichert werden*, von der im ersten Schritt abstrahiert wurde: Einzelwissenschaftliche Resultate können nicht ohne weiteres in lebensweltliche (politische, technische usw.) Gestaltungsempfehlungen umgesetzt werden, da sie auf einer im Prinzip gewaltigen Reduktion von Komplexität beruhen und da uns bei der Gestaltung „die Wirklichkeit" in aller Regel nicht den Gefallen tut, so einfach zu sein wie selbst die komplexesten Theorien oder Modelle.

Die *drei Schritte* wissenschaftlichen Vorgehens sind also:

(1) Reduktion von Problemen auf theoretische bzw. modelltheoretische Problemstrukturen,
(2) wissenschaftliche Bearbeitung gemäß der verwendeten Theorien/Modelle und
(3) Einbettung der theoretischen Ergebnisse in die vorher abgeblendete Komplexität, wenn Empfehlungen zur Gestaltung gegeben werden.

Die Schritte (1) und (3) fassen wir als *Methodologie im weitesten Sinn.* Sie wird bei uns im Vordergrund stehen, weil es sehr schwer ist, lebensweltlich komplexe Sichtweisen und die hochselektiven Sichtweisen der Wissenschaft nicht zu vermengen: Nicht selten werden selbst bei erfahrenen Wissenschaftlern Alltagsauffassungen mit wissenschaftlichen Konzepten ebenso zusammengeflickt wie Versatzstücke verschiedener Einzelwissenschaften mit höchst unterschiedlichen Fragestellungen. Demgegenüber besteht unser erklärtes Ziel hier darin, die „Interdisziplinarität" methodisch zu kontrollieren – sowohl die Interdisziplinarität zwischen verschiedenen positiven Wissenschaften wie auch die Interdisziplinarität zwischen Alltag und Wissenschaft wie auch schließlich die Interdisziplinarität zwischen normativen und positiven Auffassungen. So wenig es angeht, in die Physik einfach psychologische Erkenntnisse einzuflechten, ebenso wenig kann man – um gleich ein strittiges Beispiel programmatisch anzuführen – in ökonomische Anreizüberlegungen moralische „Werte" und Postulate einführen.

Wir konzentrieren uns aus diesen Gründen in diesem abschließenden Kapitel auf die grundlegende Methode der Ökonomik – genauer: der in diesem Buch vorgestellten Konzeption von Ökonomik. Auf verschiedene Methoden innerhalb der ökonomischen Theorie- und Modellbildung gehen wir weniger oder gar nicht ein; uns geht es vielmehr um die *eine grundlegende Methode der Ökonomik*, die selbstverständlich – problemabhängig – weiter ausdifferenziert, verfeinert und spezifiziert werden kann und muss. Da über diese eine grundlegende Methode in der ökonomischen Literatur durchaus keine Klarheit herrscht, soll sie im Vordergrund stehen.

Gelingt es uns, hier wenigstens ein Stück weit Klarheit zu erzielen, dann erhalten wir damit zugleich auch einen *Maßstab* dafür, wie im Rahmen der (Interaktions–)Ökonomik vorgegangen werden sollte und wie besser nicht. Jede Methodologie enthält Regeln für die Vorgehensweise von Wissenschaft allgemein und der jeweiligen wissenschaftlichen Disziplin. Wie alle Regeln beinhalten die Regeln der Methodologie Gebote und Verbote – oder schwächer: Empfehlungen und Warnungen – für die Forschung. Man unterscheidet dabei zwischen einer „positiven Heuristik", die sagt, wie der Wissenschaftler vorgehen soll, und einer „negativen Heuristik", die sagt, was er bei auftretenden Schwierigkeiten besser nicht tun soll oder nicht tun darf, will er nicht die methodologischen Standards von Wissenschaft allgemein oder einer bestimmten wissenschaftlichen Disziplin verletzen.

Man kann diese Ausführungen auch noch anders wenden und dabei auf einen weiteren Aspekt aufmerksam machen: Die Methodologie gibt Auskunft darüber, *wie bestimmte Aussagen zu verstehen sind und wie sie nicht zu verstehen sind.* Wissenschaftliche Begriffe dürfen nicht mit umgangssprachlich gleichlautenden („äquivoken") Begriffen identisch gesetzt werden. So wenig der Alltagsbegriff „Masse" mit dem Massebegriff der Physik identifiziert werden kann, so wenig kann der ökonomische Begriff „Egoismus" im Sinne von „Eigeninteresse" mit dem lebensweltlich-moralischen Alltagsbegriff des „Egoismus" in eins gesetzt werden. Gerade in bezug auf die Sozialwissenschaften und vor allem auf die Ökonomik kommen genau solche Verwechslungen laufend vor, was natürlich zu abstrusen und leider oft genug politisch folgenreichen Missverständnissen führt.

Ein Wort noch zu den Regeln, die die Methodologie aufstellt: Diese Regeln darf man nicht im Sinne eines Algorithmus verstehen, in dem die Schrittfolge der Forschung ganz genau angegeben wäre. Die Wissenschaftstheorie hat den Charakter der gemeinten Regeln vielmehr als „Muster", als „Paradigma", bestimmt: Es werden die impliziten Gebote und Verbote formuliert, nach denen herausragende Beiträge der Disziplin generiert wurden und werden. Solche Paradigmen dienen als Wegweiser und Warntafeln, als „concepts", nicht als strikte Gebote und Verbote wie im Strafgesetzbuch. Diese Auffassung von Regeln impliziert, dass man von ihnen durchaus abweichen kann, dass dies aber methodisch reflektiert geschehen sollte; Willkür in der Begriffs- und Theoriebildung ist in der Wissenschaft im Prinzip ähnlich einzustufen wie die schlampige Arbeit eines Buchhalters, die dem Unternehmen unter Umständen hohe Kosten beschert.

6.2 Das Forschungsprogramm der Ökonomik

Wir hatten den Punkt 1.1 abgeschlossen mit einer Definition von Ökonomik, die auf die *Zielsetzung* dieser Theorie abstellte, nämlich Chancen und Probleme der Realisierung von Kooperationsgewinnen zu analysieren. Wie jede Definition hätte sie auch anders lauten können: Es hängt vom Problem ab, wie Begriffe gefasst, Definitionen festgelegt und Modelle entwickelt werden.

Es ist daher kein Widerspruch, wenn wir nun eine weitere Definition von Ökonomik vorlegen, die nunmehr nicht die Zielsetzung, sondern auf die *Methode* der Ökonomik abhebt und diese zum Ausgang unserer Ausführungen zur Methodologie in diesem Kapitel nehmen. Sie lautet:

Ökonomik befasst sich mit der Erklärung und Gestaltung der Bedingungen und Folgen von Interaktionen auf der Basis von individuellen Vorteils-/Nachteils-Kalkulationen.

In den folgenden Abschnitten erläutern wir die tragenden Begriffe. Dabei wird es gewisse Überschneidungen mit dem Abschnitt 1.4 geben, aber wir verfolgen hier ein anderes Ziel: Hatten wir in 1.4 die „grundlegenden Theorieentscheidungen" offengelegt und begründet, so geht es jetzt darum zu zeigen, wie genau mit diesen Theorieentscheidungen umzugehen ist und wie nicht; insofern führen die folgenden Überlegungen die Ausführungen unter 1.4 weiter und präzisieren sie.

Zuvor sei noch einmal ausdrücklich daran erinnert, dass überall dort, wo im Weiteren von „der Ökonomik" die Rede ist, unsere Konzeption von Ökonomik gemeint ist, die keineswegs die einzige oder gar die einzig richtige zu sein beansprucht. Wir halten sie lediglich für einen eigenständigen respektablen Vorschlag.

6.2.1 Erklärung und Gestaltung

Wie in 1.4.1 dargelegt, halten wir an der Auffassung der ökonomischen Klassiker seit Adam Smith fest, dass es der Ökonomik um *Erklärung und Gestaltung* zugleich geht. Genauer gesagt, geht es ihr nach unserer Auffassung um **Erklärung zwecks Gestaltung**. Wer gestalten will, muss trivialerweise über Kenntnisse jener Zusammenhänge verfügen, über die der „Eingriff", die „Reform" wirkt bzw. wirken soll. Systematisch aber steht die Erklärung im Dienst der Gestaltung, sie hat ihr letztes Ziel bzw. ihren Sinn in einer Gestaltung der sozialen Welt.

Diese Auffassung von Ökonomik ist heute nicht mehr selbstverständlich. Alle Gestaltung enthält eine Zielvorstellung, und da die Wissenschaft nicht aus eigener Einsicht allgemein verbindlich sagen kann, welche Ziele die Menschen verfolgen sollen und wie sie leben sollen, meinen viele Ökonomen, sich auf die Erklärung von Sachverhalten und Wirkungszusammenhängen beschränken zu müssen. Der große Soziologe und Ökonom Max Weber hat zu Beginn des Jahrhunderts der positiven Wissenschaft die Kompetenz abgesprochen, über „Werte" normativ zu urteilen, und sein sogenanntes *„Werturteilsfreiheits-postulat"*, das heute als allgemein verbindlich für positive Wissenschaften gilt, wird nicht selten als Verbot wissenschaftlicher Gestaltungsvorschläge interpretiert (Weber 1922/1988).

Nach Weber kann die positive Wissenschaft allenfalls Konsistenzprüfungen von Werturteilen vornehmen und Empfehlungen instrumenteller Art geben. Letztere haben die allgemeine Form: *Wenn* dieses oder jenes Ziel angestrebt wird, *dann* soll oder muss man dieses oder jenes Mittel ergreifen. In diesem Satz gibt die Wissenschaft keine Empfehlung hinsichtlich des Ziels und des in diesem Ziel implizierten „Wertes" – das Ziel erscheint in der „Wenn-Komponente" des Satzes –, sondern nur über geeignete Mittel *unter der Voraussetzung*, dass ein bestimmtes Ziel angestrebt wird. Daher verstößt die Wissenschaft bei Empfehlungen dieser Art nicht gegen das Werturteilsfreiheitspostulat, weil sie sich des Urteils über die Ziele und die darin implizierten Werte enthält, indem sie diese in die Wenn-Komponente setzt, und als Wissenschaft nur die Dann-Komponente formuliert. Diese Überlegungen gelten auch dann, wenn man statt der handlungstheoretischen Begrifflichkeit von Zielen und Mitteln auf die interaktionstheoretischen Kategorien „gemeinsame Interessen" und „(zustimmungsfähige) Institutionen" umstellt.

Unstrittig ist, dass die Erklärung immer zu den Aufgaben der Ökonomik und anderer Sozialwissenschaften gehört, und es ist ebenfalls unstrittig, dass die Ökonomik als Wissenschaft instrumentelle Empfehlungen der bezeichneten Art geben kann, ohne gegen das Werturteilsfreiheitspostulat zu verstoßen. Strittig ist nur, ob die Wissenschaft auch „Ziele", „Normen", „Werte" herleiten oder begründen kann bzw. darf. Die Frage nach der theoretischen Legitimität normativer Empfehlungen – dazu zählen in der Ökonomik etwa die Organisation des Staates als „Demokratie" und „Rechtsstaat" oder die Ausgestaltung der Sozialpolitik, das Verbot von Kinderarbeit und vieles andere mehr – hat zu immer neuen Runden der wissenschaftlichen Diskussion über den Sinn des Werturteilsfreiheitspostulats geführt, die bis heute nicht beendet ist.

Unter Rückgriff auf unsere Ausführungen im dritten Kapitel können wir in dieser Frage allerdings zwei Ergebnisse festhalten, die diese Diskussion, die in der Vergangenheit z.T. mit großer Heftigkeit geführt worden ist, weitgehend entschärfen.

Zum einen ist es heute unstrittig, dass Normen und Werte ihre Legitimation letztlich im *Wollen der ihnen unterworfenen Individuen* haben. Es gilt der Grundsatz: Die Betroffenen legen *selbst und gemeinsam* fest, nach welchen Normen sie miteinander umgehen wollen. Dabei sind sie gut beraten, wenn sie sich bei der Festlegung und Weiterentwicklung der Normen bzw. Regeln von der Wissenschaft informieren lassen, um allzu große Fehler zu vermeiden, die aus der Nicht-Berücksichtigung empirischer Gesetzmäßigkeiten resultieren. Jedoch kommt die Wissenschaft nicht als Instanz der Legitimation von Normen infrage, die von „externen" Größen – z.B. von Gott, der Natur und ihren Gesetze oder etwaigen Geschichtsgesetzen – die Verbindlichkeit der Normen für die Menschen bestimmen könnten. Ökonomik als Wissenschaft kann in einem grundlegend „demokratischen" Konzept von Normativität grundsätzlich und letztlich nur *Mutmaßungen* darüber anstellen, was die Betroffenen wollen oder wollen könnten. Damit haben alle normativen Empfehlungen der Wissenschaft grundsätzlich die folgende Form: *Wenn* die Betroffenen – die Bürger einer Gesellschaft oder der Weltgesellschaft oder einer Kommune – dieses oder jenes Ziel erreichen wollen bzw. in einer sozialen Ordnung leben wollen, die allen eine weitgehende Realisierung ihrer Interessen ermöglicht, *dann* sollten oder müssten sie dieses oder jenes tun. Die Empfehlungen der Wissenschaft weisen damit, auch wenn die Wenn-Komponente nicht explizit formuliert wird, jene Form auf, die nicht gegen das Werturteilsfreiheitspostulat verstößt, und sie sind daher methodisch unstrittig. „Normative" Sätze oder eine „normative" Konstitutionen- oder Institutionenökonomik stehen – jedenfalls in unserem programmatisch demokratischen Ansatz – immer unter dieser Voraussetzung.

Zum zweiten kann man beobachten, dass die moderne Ökonomik viele Empfehlungen aus Vorteils-/Nachteils-Kalkulationen der Betroffenen ableiten kann, die früher „normativ" eingeführt und begründet wurden: so z.B. Rechtsstaat, Menschenrechte, individuelle Freiheit und Sozialpolitik. Man kann zeigen, dass diese und andere Errungenschaften der modernen Gesellschaft sich nicht (nur) damit begründen lassen, dass sie bestimmten Gerechtigkeits- und Solidaritätsnormen Genüge tun, die wer weiß woher genommen werden; sie sind heute vielfach (auch) positiv begründbar *als Mittel der beteiligten Akteure, Kooperationsgewinne zu realisieren.*

Mit dem genuinen, von Max Weber formulierten Werturteilsfreiheitspostulat sind also die folgenden wissenschaftlichen Bemühungen vereinbar: (1) Feststellungen über Inkonsistenzen in Bewertungen; (2) die Auswahl der Probleme, mit denen sich positive Wissenschaft befasst, nach Bewertung der

Relevanz dieser Probleme (z.B. Arbeitslosigkeit statt Bierkonsum auf den Fidschi-Inseln); (3) die Beschreibung von Werten, Werteinstellungen in bestimmten Gruppen. Im letzten Fall ist die Beschreibung selbst streng positiver Natur, lediglich der Gegenstand der Forschung sind „Werte"; so gibt es z.B. eine ausgedehnte neuere, streng positive Werteforschung in der Soziologie. Darüber hinaus sind (4) normative Aussagen in einer streng demokratischen Konzeption der beschriebenen Art mit dem Werturteilsfreiheitspostulat vereinbar – diesen Fall hat Max Weber nicht diskutiert, würde ihn aber vermutlich ohne Bedenken zugestehen, da es sich nicht um „Werturteile" der *Wissenschaft* handelt, sondern um instrumentelle Empfehlungen unter Voraussetzung bestimmter *Werturteile der Betroffenen*.

Wenn wir an der klassischen Auffassung festhalten, dass es der Ökonomik um Erklärung und Gestaltung sozialer Phänomene/Probleme geht, dann heißt das keineswegs, dass jede ökonomische Abhandlung mit politischen Problemen beginnen und mit Politikempfehlungen auch enden müsste. Wissenschaft ist ein tief arbeitsteiliger Prozess, und es sind hochgradige Spezialisierungen zu erwarten und zu begrüßen. So sind viele Ökonomen auf empirische Forschung spezialisiert, andere auf reine Theorie und Fragen der axiomatischen Grundlegung, wieder andere auf eine elaborierte Spieltheorie, ohne dass sie jemals die politische Verwertbarkeit explizit thematisiert hätten. Wir meinen mit unserer Auffassung weder, dass alle Ökonomen empirisch auch Gestaltungsempfehlungen geben oder normativ solche geben sollten, noch meinen wir, dass alle Ökonomen empirisch das Ziel verfolgen, schließlich zu solchen Empfehlungen zu kommen. Wir meinen lediglich, dass der letzte *Sinn* ökonomischer Forschung bei aller Arbeitsteilung in der Erarbeitung von Erkenntnissen liegt und liegen sollte, die zur *Lösung der Probleme der sozialen Ordnung* beizutragen vermögen.

Dieses Wort „sollte" und das Wort „Sinn" im letzten Satz weisen dies als eine Auffassung bzw. als eine Empfehlung aus, die *wir* geben. Dafür kann man eine Reihe „guter Gründe" angeben, aber einen strengen „Beweis" logischer oder empirischer Art kann man dafür nicht liefern. Auch ist die Auffassung nicht unumstritten: Es gibt, wie bereits gesagt, in den Sozialwissenschaften eine Reihe von Autoren, die sich auf die Erklärung – oder sogar noch bescheidener: auf die reine Beschreibung – beschränken. Oft ist diese Auffassung methodisch bedingt und muss dann nicht im Widerspruch zu unserer Auffassung stehen: Solche Autoren fürchten meist die oftmals vorschnelle politische Instrumentalisierung ihrer Überlegungen, was allzu leicht in Wunschdenken oder Ideologisierung der Wissenschaft führt. Aus diesen Gründen plädieren (!) auch wir dafür, die positive Forschung soweit wie irgend möglich voranzutreiben und sie nicht durch vorschnelle Normativität abzubrechen oder (normativistisch) kurzzuschließen – nach Christian Morgenstern: „Weil, so schließt er messerscharf, nicht sein kann, was nicht sein darf." (Schlussverse aus dem Gedicht „Die unmögliche Tatsache"). Wir meinen nur, dass positive Wissenschaft „letztlich" im Dienst der Lösung sozialer Probleme steht, so weit Spezialfragen oder Grundlagenforschung, reine Logik und Axiomatik oder ökonometrische Einzeluntersuchungen von der politischen Anwendung auch entfernt sein mögen.

Wir haben bislang den Begriff „Erklärung" mehrfach gebraucht, ohne ihn methodologisch präziser zu bestimmen; das soll nun geschehen.

Unter einer Erklärung verstehen wir die Ableitung der Aussagen über einen Sachverhalt oder ein Problem, das Zu-Erklärende, lat. Explanandum, aus anderen Aussagen, den erklärenden Aussagen, lat. Explanantia, nach den Regeln der allgemeinen Logik. Nehmen wir ein Beispiel aus der klassischen Physik: Das Phänomen „totale Sonnenfinsternis am 11.08.1999 im Süden Deutschlands" – wir bezeichnen dies als Element (3), es ist unser Explanandum – wird abgeleitet aus (1) den allgemeinen Gesetzen über die Bewegungen der Himmelskörper und (2) einer bestimmten singulären Konstellation der Himmelskörper zu einem früheren Zeitpunkt – unseren Explanantia. Im Ausgang von der Anfangskonstellation, den Anfangsbedingungen, zeigen die allgemeinen Gesetze den weiteren Verlauf, so dass eine theoretische Ableitung des zu erklärenden Phänomens logisch durchführbar – und prognostizierbar – ist.

Es handelt sich also um einen Dreischritt: Am Ende stehen Aussagen über das zu erklärende Phänomen, über das Explanandum. In einer Erklärung werden Aussagen über das Explanandum logisch abgeleitet aus erklärenden Aussagen, den Explanantia, meist im Singular gebraucht als Explanans. Dabei gibt es zwei Klassen von Explanantia, einmal allgemeine Theorien – wie z.B. Fallgesetze, Gesetze über die Bewegung der Himmelskörper, Gesetze über chemische Verbindungen oder *allgemeine* ökonomische bzw. sozialwissenschaftliche Aussagen wie das Gesetz der fallenden Nachfragekurve –, und zum zweiten eine Anfangskonstellation, von der die Ableitung ihren Ausgang nimmt, die Anfangs- und Randbedingungen. Man zeichnet das Vorgehen in der Form eines logischen Schlusses auf, in dem (3) aus (1) und (2) logisch folgt[1]:

---

[1] Strenggenommen ist als ein („Hintergrund"-)Explanans 3 noch die sogenannte „Ceteris-paribus-Klausel" zu nennen, die besagt, dass das Explanandum eintritt, sofern nicht eine unvorhergesehene zusätzliche Bedingung eine Rolle spielt. Dieser Vorbehalt – man spricht in der Wissenschaftstheorie auch vom „proviso" – gilt bei jeder wissenschaftlichen Aussage mit empirischem Gehalt.

(1) Allgemeine Theorie: Explanans 1
(2) Anfangsbedingungen: Explanans 2

(3) Phänomen: Explanandum

Wenn man zwei dieser drei Klassen von Aussagen hat, kann man, da die Gesetze der Logik die Verbindung herstellen und gleich bleiben, jeweils die dritte Aussage „erschließen". Je nachdem, welche zwei Klassen in diesem Dreischritt bekannt sind, ergeben sich drei verschiedene Formen von wissenschaftlicher Forschung:

- Sind (1) und (2) bekannt, können wir (3) ableiten: Dies ist die klassische Form der Erklärung eines Phänomens oder Problems, z.B. der Sonnenfinsternis am 11.08.99 in Süddeutschland.
- Sind (1) und (3) bekannt sowie ein Teil der Anfangs- und Randbedingungen (2), ohne dass eine stimmige Erklärung des Phänomens gelingt, dann kann man dies als Anweisung interpretieren, nach bislang übersehenen Anfangs- bzw. Randbedingungen zu suchen. In der Ökonomik handelt es sich meist darum, dass in den Gleichungen relevante Kosten, die Opportunitätskosten bzw. die „Schattenpreise", nicht (vollständig) enthalten sind. – Wir werden unter 6.2.4.5 auf diese Vorgehensweise zurückkommen.
- Sind (2) und (3) bekannt, zielt die Forschung darauf ab, (1), also eine geeignete Theorie zu finden. Oft ist es dann allerdings der Fall, dass nur das Explanandum (3) als Problem gegeben ist; ohne Theorie weiß man oft noch gar nicht, nach welchen Anfangsbedingungen (2) man überhaupt schauen soll.

Abschließend sei darauf aufmerksam gemacht, dass die grundlegende Unterscheidung zwischen Explanans und Explanandum in dem Sinne *relativ* ist, dass jedes Explanans zum Explanandum werden kann und umgekehrt – natürlich im Rahmen eines anderen Erklärungsvorgangs. Wenn man eine bestimmte Zielsetzung eines Unternehmens – z.B. die Ausweitung des Marktanteils in Südostasien – als Explanans für bestimmte Reorganisationsmaßnahmen nimmt, so kann man natürlich auch dieses Explanans – freilich nicht gleichzeitig, sondern methodisch getrennt in einer anderen Erklärung – zum Explanandum machen, das dann aus anderen Explanantia, z.B. den erwarteten Entwicklungen der Märkte in Südostasien im 21. Jahrhundert, abgeleitet wird. Man muss nur genau wissen und ausweisen, was jeweils Explanans und was Explanandum ist. Der für die Ökonomik wohl strittigste Fall ist, dass „Präferenzen" je nach Problemstellung mal Explanans und mal Explanandum sein können.

6.2.2 Bedingungen und Folgen

Ökonomik befasst sich mit den „Folgen" von Interaktionen. Diese sind entscheidend mitbestimmt von den „Bedingungen", an die sich die Akteure mit ihren Entscheidungen anpassen, und die „Folgen" werden in der nächsten Interaktion selbst zu neuen, zusätzlichen „Bedingungen".
Wir hatten diesen Zusammenhang unter 1.4.4.4 bereits erläutert, allerdings in Kategorien der Handlungstheorie. Wir übertragen die Ausführungen jetzt auf die Interaktionstheorie und können dann formulieren: Ökonomik ist die Theorie der Interaktionsfolgen in Abhängigkeit von den Interaktionsbedingungen. Schematisch lässt sich der Prozess wie folgt darstellen:

Interaktionsbedingungen$_{t1}$ $\Rightarrow$ Interaktion$_{t1}$ $\Rightarrow$ Interaktionsfolgen$_{t1}$ =
Interaktionsbedingungen$_{t2}$ $\Rightarrow$ Interaktion$_{t2}$ $\Rightarrow$ ...

Alle Interaktionen spielen sich trivialerweise in einem Umfeld von „Gegebenheiten" ab. Das sind Faktoren und Zusammenhänge, die bei der jeweils betrachteten Interaktion von den Interaktionspartnern nicht kontrolliert werden. Theoriebildung in der Ökonomik teilt ihre „Welt" daher grundsätzlich in zwei Klassen von Faktoren ein, in solche, die die Interaktionspartner „in der Hand haben", die sie kontrollieren, und in solche, die sie nicht „in der Hand haben", die „gegeben" sind, die sie also nicht kontrollieren.
Was die Interaktionspartner kontrollieren und was nicht, ist wiederum grundsätzlich relativ, es ist abhängig von dem Problem, das gerade untersucht werden soll: Unternehmensentscheidungen z.B. nehmen die Konjunkturlage als gegeben, weil sie sie nicht beeinflussen können, während eine staatliche oder international koordinierte Konjunkturpolitik die Konjunktur zu beeinflussen sucht. Oder um unser Beispiel aus 1.4.4.3 nochmals zu bringen: Wenn ein Familienvater das Kapital für den Bau eines Eigenheims nicht zur Verfügung hat, so kann er selbst diese Lage, die augenblicklich noch als Gegebenheit einzustufen ist, im Laufe der Zeit durch Sparen verändern. Was variabel und was gegeben ist, hängt immer von dem Problem, von dem Explanandum, ab, mit dem wir es gerade zu tun haben.
Diese von uns durchgängig hervorgehobene Problemabhängigkeit des methodologischen Status der jeweiligen Faktoren zwingt die Forschung dazu, diesen Status jeweils genau zu reflektieren und auszuweisen.
Interaktionen haben Folgen in der sozialen Welt. Um diese Folgen geht es der Ökonomik, sie sollen erklärt und gestaltet werden. Manche dieser Folgen sind gesellschaftlich erwünscht, manche sind unerwünscht. Folgen werden für die Anschlussinteraktionen zu Bedingungen, sie verändern die bisherigen Be-

dingungen mehr oder weniger tiefgreifend. Für die neue Interaktion treten die Folgen der früheren zum Set der Bedingungen hinzu, die „Situation" ändert sich auf diese Weise laufend.

So entstehen im sozialen Prozess historische, kulturelle und persönliche Gegebenheiten, die eine Art „Vermögensbestand" darstellen: Die Geschichte, die Kultur und die Verfassung eines Staates oder einer Gewerkschaft sind Bedingungen, die die Interaktionen mehr oder weniger (mit-)bestimmen, und müssen deshalb von der Ökonomik in Rechnung gestellt werden. Wir haben in den letzten Jahrzehnten und besonders seit 1990 schmerzlich erfahren müssen, dass die Übernahme der formalen Regelungen von Demokratie und Marktwirtschaft allein noch keine Beseitigung der Armut und Not vieler Menschen in der Zweiten und Dritten Welt bewirkt. Kulturelle und soziale Erfahrungen, die im Verlauf der Geschichte eines Landes gemacht wurden, können eine rasche wirtschaftliche und gesellschaftliche Entwicklung fördern, aber auch hemmen. Die Ökonomik hat sich in den letzten Jahren verstärkt der Analyse solcher – früher als „außerökonomisch" eingestuften – Bedingungen angenommen. Mal werden diese Bedingungen als Explanans verwendet, um soziale Phänomene zu erklären, und mal als Explanandum, um die Existenz derartiger Bedingungen ihrerseits ökonomisch, also mit Rekurs auf die Vorteils-/Nachteils-Kalkulationen von Akteuren, zu erklären.

Bedingungen gibt es viele. Um eine Vorstellung davon zu geben, zählen wir einige Klassen unterschiedlicher Bedingungen auf. Dabei kommt es uns darauf an, Unterschiede in der Beeinflussbarkeit dieser Bedingungen deutlich werden zu lassen, weil dies für die Gestaltungsabsicht der Ökonomik von entscheidender Bedeutung ist. Die wichtigsten Dimensionen der unterschiedlichen Beeinflussbarkeit sind die grundsätzliche Möglichkeit einer Beeinflussung, die Zeitdauer des Beeinflussungsvorgangs und die Zahl und/oder Macht der Akteure, die einen Einfluss auf diese Bedingungen ausüben können. Die Klassen von Bedingungen sind nach zunehmender Beeinflussbarkeit geordnet.

- Naturwissenschaftliche Gesetze
- Ausstattung mit Bodenschätzen etc.
- Klima
- Kultur, Geschichte
- gesellschaftlicher Entwicklungsstand
- Bevölkerungsstand und -entwicklung
- Human- und Sozialkapital
- Verfassung
- Rechtsordnung
- wirtschaftliche Rahmenordnung
- Wirtschaftsstruktur

- Steuersystem
- Konjunkturlage
- Unternehmensverfassung
- Unternehmenskultur
- Organigramm der Organisation
- Verhalten anderer Akteure

Will man weiter zusammenfassen, kann man unterscheiden:

- Naturgegebenheiten
- Stand der gesellschaftlichen Entwicklung
- Rahmenordnung der Gesellschaft
- Organisationsstrukturen

Wir haben die erste Liste so ausführlich gemacht, um ein Gespür dafür zu wecken, wie weit man die Bedingungen in bezug auf ihre Gestaltbarkeit spezifizieren kann. Wie weit man im konkreten Fall dann wirklich spezifiziert, hängt wiederum von der jeweiligen Fragestellung ab. Für die Ökonomik standen lange im Zentrum des Interesses vor allem die Faktoren unterhalb der „Rahmenordnung", heute werden zunehmend auch Verfassungen, die Bildung von Human- und Sozialkapital, die Bevölkerungsentwicklung, die Kultur und die gesellschaftliche Evolution allgemein der ökonomischen Bearbeitungsmethode unterworfen.

Systematisch bedeutet das, dass problemgeleitete ökonomische Forschung immer zwei Klassen von Aussagen oder *zwei Stufen des Handelns* ansetzt: die *Handlung im engeren Sinn*, also die Ebene der Eingriffe, der Interventionen, und gewissermaßen den „Rest der Welt", der als „gegeben" den *Handlungs-bedingungen* zugeschlagen wird, weil sie – in der augenblicklich untersuchten Interaktion sc. – nicht zur Disposition stehen. Es handelt sich also um jene relative Zweistufigkeit, von der schon in 1.4.4.3 die Rede war. Man muss die Variation von Faktoren durch Eingriffe methodisch kontrollieren, und der Rest muss den Bedingungen zugeschlagen werden, die unverändert gesetzt werden: Dies ist auch der Sinn der „Ceteris-paribus-Klausel" (vgl. o. Fußnote 1). Man kann zwar – abgesehen von den Naturgesetzen – alle Bedingungen letztlich als variabel ansetzen, aber nicht alle gleichzeitig, und man muss bei jeder einzelnen Analyse ausweisen, was als gegeben gesetzt wird und was als durch Entscheidungen veränderbar gelten soll.

6.2.3 Interaktionen

Dieser dritte Bestandteil unserer Definition ist sicherlich der wichtigste und im Vergleich zu vielen bisherigen Kennzeichnungen der Wissenschaft Ökonomik weitgehend neu; dies dürfte insbesondere gelten im Hinblick auf die zentrale Bedeutung, die wir dem Schema der Dilemmastrukturen beimessen. Im Folgenden geben wir die wichtigsten methodologischen Gründe für unser Vorgehen an.

6.2.3.1 Kritik der Robinson-Ökonomik

Wir beziehen klar Position gegen einen Start der Ökonomik mit dem Modell der Auseinandersetzung Robinsons mit der „Natur", wie das in vielen Lehrbüchern der Fall ist. Robinson hat nach unserem Verständnis vor der Ankunft Freitags eigentlich kein ökonomisches Problem, sondern lediglich technische Probleme. Diese Auffassung impliziert auch, dass wir Ökonomik nicht auf das Problem der „Knappheit" fokussieren, wie das weithin geschieht, sondern auf „Kooperation" und „Konflikt". Dazu gehört ein Freitag mit konkurrierenden Ansprüchen auf – selbstverständlich knappe – Ressourcen. Allerdings gibt es zwischen Robinson und Freitag auch gemeinsame Interessen, das Interesse an Kooperationsgewinnen nämlich.

Der Grund für unsere Theorieentscheidung ist methodologischer Art: Die Geschichte der ökonomischen Theorie zeigt u. E. deutlich, dass der Ansatz mit Robinsons Auseinandersetzung mit der „Natur", also mit der Knappheit, durchweg die späteren ökonomischen Probleme als technische Probleme modelliert und nicht in der Lage ist, den grundlegend sozialen Charakter aller Probleme der Ökonomik einschließlich des sozialen Charakters von Knappheit angemessen in Anschlag zu bringen. Erst mit einem Interaktionsansatz lässt sich plausibel machen, dass konkurrierende Ansprüche, Möglichkeiten der Interaktion/Kooperation, Institutionen und Moral im Zentrum der Ökonomik stehen oder stehen sollen. Selbst ein „herrenloses Gut" wie Robinsons Insel ist in unserer Perspektive *potenziell* von Freitag beansprucht. Modelliert man demgegenüber ökonomische Probleme als technische Probleme, dann bleibt vom Ansatz her ausgeblendet, dass die Interaktionspartner als intelligente Subjekte mit eigenen Interessen und eigenen Handlungsspielräumen immer Gegenstrategien entwickeln können, was die „Natur" nicht kann, und dass daraus erst die grundlegenden Probleme der sozialen Welt resultieren. Entscheidend ist also – für die Gestaltung – das ***Management der Sozialbeziehungen***, davon hängt dann das Produktionsergebnis bis hin zur „Ergiebigkeit" von „sachlichen" Produktionsfaktoren ab.

Die Probleme der Allokation seiner Zeit auf die Tätigkeiten Arbeit und Schlafen, womit eine Robinson-Ökonomik in der Regel beginnt, kann man mit einigen in der Ökonomik verwendeten Methoden, z.b. der Marginalanalyse, bearbeiten, aber Robinson hat weder Eigentumsrechte noch Moral, weil er keine konkurrierenden Ansprüche und Interessen anderer kennt. Robinson hat daher ein Maximierungsproblem, das man mit „ökonomisch" genannten Methoden bearbeiten kann, aber er hat kein gesellschaftliches Problem, kein Interaktionsproblem, kein interaktives Koordinationsproblem für gemeinsame und konfligierende Interessen. Seine Problemlage als Paradigma von Ökonomik zu nehmen, ist für die Analyse sozialer, gesellschaftlicher, Probleme systematisch verfehlt – und das gilt erst recht in einer globalen Weltgesellschaft, in der schon die Medien dafür sorgen, dass ein potenzieller Robinson aufgespürt wird und sich mit den Interessen anderer Akteure auseinandersetzen muss: Damit er Robinson bleiben kann, müssten ihn die anderen zumindest in einem ganz elementaren Sinn „in Ruhe lassen", also „mitwirken".

6.2.3.2 Die Rolle des Konzepts Dilemmastrukturen

Interaktionen sind grundsätzlich von gemeinsamen und konfligierenden Interessen – unterschiedlicher Intensität und Mischung – gekennzeichnet. Deswegen steht im Mittelpunkt unserer Interaktionsökonomik das Konzept der Dilemmastrukturen. Mit dieser für unsere Konzeption von Ökonomik konstitutiven Aussage beanspruchen wir nicht, die einzig mögliche Sicht der Wirklichkeit – auch der sozialen Wirklichkeit – wiederzugeben. Die These lautet vielmehr, dass für das *Problem* der Ökonomik, die Frage nach den Chancen und den Problemen der Realisierung gesellschaftlicher Kooperationsgewinne, dies der zweckmäßigste theoretische Ausgangspunkt ist: Wann immer gesellschaftliche Phänomene im Hinblick auf dieses Grundproblem betrachtet werden, ist es demnach angezeigt, die annahmegemäß zugrundeliegenden Dilemmastrukturen zu erforschen.

Diese so überaus prominente, ja grundlegende Bedeutung der Dilemmastrukturen in unserer Konzeption einer Interaktionsökonomik bedarf der Begründung: Schließlich ist diese Sichtweise weder selbstverständlich noch allgemein verbreitet.

Die Argumente, die gegen den Ansatz und gegen die fundamentale Bedeutung von Dilemmastrukturen bislang vorgebracht wurden, laufen auf verschiedenen theoretischen Ebenen letztlich auf ein einziges Argument hinaus: In der sozialen Wirklichkeit „gibt es" nicht nur Dilemmastrukturen, sondern viele andere Strukturen wie z.B. gelungene Kooperationen erwünschter (Tauschakte, Verfassungen, Unternehmen etc.) und unerwünschter Art (Kartelle, Mafia etc.). Die formalisierte Spieltheorie kennt eine große Anzahl von „Spielen", und diese sehen anders aus als das Gefangenendilemma, das wir immer als Illustration beiziehen; wir hatten im zweiten Kapitel selbst einige andere Spiele vorgestellt (vgl. 2.2.2). Um zu zeigen, dass diese Gegenargumente, deren Behauptungen als solche richtig sind, dennoch keinen Einwand gegen unsere Konzeption darstellen, ist die Art und Weise genauer zu explizieren, in der wir das Konzept Dilemmastrukturen verwenden.

Dabei orientieren wir uns an dem im vorigen Abschnitt 6.2.2 erläuterten Erklärungsschema und präzisieren es an dieser Stelle weiter. Die zentralen Überlegungen leiten wir ein mit einem längeren Zitat von dem Physiker und Philosophen Carl Friedrich von Weizsäcker, das die Differenz von lebensweltlicher Perspektive und theoretischer Rekonstruktion derselben Phänomene sehr schön deutlich werden lässt:

„Die Hauptschwäche des Aristoteles war, dass er zu empirisch war. Deshalb brachte er es nicht zu einer mathematischen Theorie der Natur. Galilei tat seinen großen Schritt, indem er wagte, die Welt so zu beschreiben, wie wir sie nicht erfahren. Er stellte Gesetze auf, die in der Form, in der er sie aussprach, niemals in der wirklichen Erfahrung gelten und die darum niemals durch irgendeine einzelne Beobachtung bestätigt werden können, die aber dafür mathematisch einfach sind. So öffnete er den Weg für eine mathematische Analyse, die die Komplexheit der wirklichen Erscheinungen in einzelne Elemente zerlegt. ... Aristoteles wollte die Natur bewahren, die Erscheinungen retten, sein Fehler ist es, dass er dem gesunden Menschenverstand zu oft Recht gibt. Galilei zerlegt die Natur, lehrt uns, neue Erscheinungen willentlich hervorzubringen, und den gesunden Menschenverstand durch Mathematik zu widerlegen.

So sagt z.B. Aristoteles, dass schwere Körper schnell fallen, leichte Körper langsam und ganz leichte sogar aufsteigen. Dies ist genau, was die Erfahrung jedes Tags uns lehrt: der Stein fällt schnell, das Blatt Papier langsam, die Flamme steigt auf. Galilei behauptet, alle Körper fielen mit gleicher Beschleunigung und müssten deshalb nach gleicher Zeit gleiche Geschwindigkeit erlangt haben. In der alltäglichen Erfahrung ist dieser Satz einfach falsch. Galilei fährt fort, im Vakuum würden sich die Körper aber in der Tat so verhalten. Hier stellt er also die Hypothese auf, es könne ein Vakuum, einen leeren Raum geben, wieder im Widerspruch nicht nur zur Philosophie des Aristoteles, sondern auch zur Erfahrung jedes Tags. ... Seine Behauptung [eröffnete aber auf diese Weise] den Weg für eine mathematische Analyse des Auftriebs und der Reibung, der zwei Kräfte, die dafür verantwortlich sind, dass Körper von verschiedenem Gewicht oder von verschiedener Größe und Gestalt verschieden schnell fallen. Nur wenn man weiß, wie schnell ein Körper ohne diese Kräfte fallen müßte, kann man diese Kräfte selbst durch ihren den Fall verlangsamenden Effekt messen." (1964/1990, S. 107 f.)

Dieses Zitat macht deutlich, dass grundlegende wissenschaftliche Theorien oft – zunächst – *kontraintuitiv* sind; indem vertraute, alltägliche Erscheinungen in der wissenschaftlichen Theorie anders beschrieben, „rekonstruiert", werden – und dies womöglich mit Worten, die im Alltag in einer anderen Bedeutung als in der Theorie gebraucht werden –, erscheint die Theorie falsch, ja widersinnig. Doch wenn man mit ihr vertraut wird, entdeckt man ihre systematisierende Kraft: indem verschiedene Erscheinungen unter *ein* allgemeines Schema – bei Galilei: das Fallgesetz – gebracht werden und im zweiten theoretischen Schritt methodisch kontrolliert die Bedingungen differenziert werden, unter denen die verschiedenen Phänomene sich verschieden verhalten.

In genau dieser Weise benutzen wir das Schema der Dilemmastrukturen: Es ist das allgemeine Schema, mit dem alle Interaktionen beobachtet, rekonstruiert, werden. Der Verschiedenheit der sozialen Situationen tragen wir dann Rechnung, indem wir die situativen Handlungsbedingungen spezifizieren.

Dargestellt in Analogie zur Darstellung, wie sie im vorigen Abschnitt vorgestellt wurde:

(1) Schema: Dilemmastruktur   Explanans 1
(2) situative Handlungsbedingungen   Explanans 2

(3) zu erklärendes soziales Phänomen   Explanandum

So wird ein soziales Phänomen/Problem – z.B. die Umweltbelastung –ökonomisch aus der *Grundstruktur von Interaktionen*, den Dilemmastrukturen, *und den besonderen Bedingungen* vor allem *institutioneller*, aber auch natürlicher Art, logisch abgeleitet: Die Umwelt wird belastet, weil bzw. wenn die vorhandene Dilemmastruktur nicht durch geeignete institutionelle Bedingungen überwunden werden kann. Die Handlungsbedingungen sind derart, dass die Anreize für den einzelnen Akteur gegen ein umweltfreundliches Handeln sprechen; er trüge nur die Kosten dieses Handelns, die Vorteile fielen jedoch nur an, wenn auch alle anderen ähnlich handeln würden, womit unter Dilemmabedingungen nicht – zunächst –zu rechnen ist.

Wenn – in einem nächsten Beispiel – ein Kartell das Explanandum bildet, d.h. Unternehmen „kooperieren" und auf diese Weise höhere Preise bei gleichbleibender oder gar schlechterer Leistung durchsetzen, so ist wiederum eine interne, zwischen ihnen bestehende Dilemmastruktur die Grundlage, die sie jedoch erfolgreich bewältigt haben durch geeignete institutionelle Maßnahmen; sobald diese nicht mehr funktionieren, wird das Kartell scheitern –

eben wegen der nach wie vor latent vorhandenen Grundstruktur jeder Interaktion, auf die sie dann wieder zurückfallen.

Wenn – drittes Beispiel – in einer Organisation über viele Jahre hinweg die
„Teamarbeit" sehr gut funktioniert, die Arbeitsatmosphäre sehr gut ist und
kein Mitarbeiter auf den Gedanken käme, seine Arbeit insgeheim anderen aufzubürden, so erfolgt auch diese Kooperation – in unserem Ansatz – nicht aufgrund des Nichtvorhandenseins von Dilemmastrukturen, sondern aufgrund
von institutionell überwundenen, latent aber fortbestehenden, Dilemmastrukturen. Zahlreiche Erfahrungen haben offenbar ein „Sozialkapital" entstehen
lassen, das gegenseitiges Vertrauen ermöglicht und Anreize bietet, „bezie-
hungsspezifisch zu investieren", da man hinreichend sicher ist, dass diese
Vorleistungen nicht ausgebeutet werden. Dennoch sieht der Ökonom hier
potenzielle Interessenkonflikte, die (wieder) aufbrechen können, sobald einzelne institutionelle Bedingungen sich verändern. Er sieht sie nicht etwa mit
dem Blick des Zynikers, der nicht so recht an das Gute im Menschen glauben
kann, sondern wie der Naturwissenschaftler, der im steigenden Luftballon
noch die Fallgesetze am Werk sieht. Und um noch einmal daran zu erinnern:
Er setzt diese Brille auf, um die (institutionellen) Bedingungen _methodisch
kontrolliert_ zu erforschen, unter denen eine „Zusammenarbeit zum gegenseitigen Vorteil" im Ausgang von Dilemmastrukturen, der Grundstruktur aller
Interaktionen, möglich ist.

Jetzt wird klar, warum das vermeintliche Gegenargument – „Es gibt doch
andere Situationen als Dilemmastrukturen" – gegen unsere Konzeption nicht
stichhaltig sein kann: Wer gelungene Kooperationen als „Widerlegung" des
Dilemmastrukturen-Ansatzes ökonomischer Erklärung betrachtet, müsste die
im Herbststurm langsam zu Boden fallenden Blätter und den aufsteigenden
Luftballon als „Widerlegung" der Fallgesetze Galileis betrachten! Der Physiker tut so etwas nicht: Wie er unterschiedliche Fallbewegungen nicht auf das
„allgemeine Gesetz" zurechnet, sondern auf unterschiedliche Anfangs- und
Randbedingungen, so rechnet der Ökonom unterschiedlichste „soziale Phänomene" nicht auf unterschiedliche Interaktionsstrukturen zu, sondern auf
unterschiedliche institutionelle Bedingungen der Verarbeitung der identischen
Dilemmastruktur.

Die wichtigste Folge ist: Als Ökonom „sieht" man in gelingenden Interaktionen noch die Gefahr ihres Scheiterns – bei Insuffizienz der Institutionen –,
und man „sieht" in nicht gelingenden Interaktionen noch die Möglichkeit ihres
Gelingens – aufgrund geeigneter institutioneller Arrangements.

Dieses Schema einer ökonomischen Erklärung macht einen weiteren Punkt
deutlich: Unter den Explananda tauchen die Forschungsprobleme auf. Die
zwei Klassen von Explanantia und vor allem das Festhalten an einer identi-

schen Klasse 1, an den alle Interaktionen kennzeichnenden Dilemmastrukturen, fokussiert die Forschung auf die institutionellen Bedingungen von Interaktionen, auf die Explanantia der Klasse 2: Auf diese Bedingungen und ihre Veränderungen werden die zu erklärenden Phänomene zugerechnet, aus diesen Bedingungen werden die Explananda erklärt. *Theoriebildung* fungiert generell als **Zurechnungsschema**, und dafür ist es unumgänglich, in die Menge prinzipiell gleichartiger, meist additiv verbundener „Einflussfaktoren" eine theoretische Unterscheidung einzuzeichnen zwischen (1) einer invarianten Grundstruktur und (2) den verschiedenen Bedingungen, unter denen die Grundstruktur 'arbeitet'. Wie Galilei – entgegen aller unmittelbaren Phänomenologie des Alltags – eine identische Beschleunigung für alle fallenden Körper ansetzte und die – selbstverständlich nicht zu bestreitenden – phänomenologischen Unterschiede in den empirischen Fallbewegungen auf unterschiedliche Bedingungen – z.B. Luftwiderstand – zurechnete und so ein einheitliches Forschungsdesign, letztlich eine neue Wissenschaft, begründete, so könnte Ökonomik durch diese Unterscheidung zweier Klassen von Explanantia und das Invariant-Setzen von Dilemmastrukturen ein methodisch kontrolliertes Bearbeiten der Explananda durch Fokussierung auf die Explanantia der Klasse 2 in Gang setzen. Galilei löste mit seinem Vorgehen eine Forschungstradition ab, die unterschiedliche Fallbewegungen auf unterschiedliche „Eigenschaften" der Körper zurechnete und dann „Typologien" solcher unterschiedlicher Fallbewegungen hervorbrachte; zugleich begründete er mit seinem Vorgehen jene Art wissenschaftlicher Theoriebildung, die auf – dem Alltagsverstand oft zunächst unverständlichen – *theoretischen Schemata* beruht und die sich als außerordentlich erfolgreich erwiesen hat im Hervorbringen interessanter und wichtiger neuer Erkenntnisse.

Statt also von irgendwelchen „Typen" von „Mischungen" zwischen Kooperation und Konflikt, zwischen Konsens und Wettbewerb, zwischen Egoismus und Altruismus usw. auszugehen, empfehlen wir den methodisch kontrollierten Umgang mit dem „allgemeinen Schema", d.h. mit der allgemeinsten Struktur von Interaktionen, und den variablen, vielfältigen Bedingungen, besonders formellen und informellen institutionellen Bedingungen, auf die die Unterschiede in den Explananda zugerechnet werden: Ökonomik befasst sich mit Erklärung und Gestaltung *der Bedingungen und Folgen* von Interaktionen.

6.2.3.3 Erklärung und Gestaltung in der Interaktionsökonomik

Wir haben oben ausgeführt, was unter Erklärung zu verstehen ist, ohne dabei schon auf das Verhältnis zur Gestaltung einzugehen. Das hatte seinen Grund nicht zuletzt darin, dass das oben dargestellte Modell von Erklärung ein

technisches Verständnis von Gestaltung nahelegt, das wir aus bereits darge-
legten Gründen jedoch letztendlich als unzweckmäßig einstufen: Wir halten
ein Politik(beratungs)verständnis für verfehlt, das sich an der – handlungstheoretischen – Vorstellung von Zielen und Mitteln orientiert; die moderne
Gesellschaft ist, wie Hayek sagt, nicht „zielverknüpft", sondern „regelverknüpft": Die Menschen müssen sich selbst und gemeinsam die Spielregeln
ihres Zusammenlebens geben, und um diesen paradigmatischen Wechsel von
einer handlungstheoretischen zu einer interaktions- bzw. gesellschaftstheoreti-
schen Perspektive zu vollziehen, muss man alle Kategorien sehr sorgfältig
prüfen und ggf. modifizieren, um nicht plötzlich doch in falsche (Denk-) Bahnen zu geraten.

Wie also hat man sich „Erklärung zwecks Gestaltung" in der Interaktionsökonomik vorzustellen. Bei einer (wissenschaftlichen) *Erklärung* geht es darum, *das, was ist,* auf seine Ursachen zurückzuführen; das, was ist, bezeichnen
wir hier einmal als „Status quo". Vom Wissenschaftler, der positive Analyse
betreibt, ist zu verlangen, dass er den Status quo als zwingend notwendiges
Ergebnis der Voraussetzungen, die er in seiner Theorie angenommen hat, rekonstruiert[2]; 'Erklärungen', nach denen ein Ergebnis ebensogut wie irgendwelche beliebigen anderen Ergebnisse hätte zustandekommen können, haben
nichts mit wissenschaftlicher Theorie zu tun.

Für eine *ökonomische* Erklärung empirischer Phänomene besagt das, dass
sich der Status quo als Ergebnis rationaler Handlungen der Akteure ergeben
muss; jeder Akteur hat genau das getan, was für ihn – gegeben seine Handlungsbedingungen einschließlich seines Informationsstandes – die beste Alternative war.

Von Bedeutung ist nun, dass das Konzept der Dilemmastrukturen in Erklärung und Gestaltung in zweifacher Weise verwendet wird: *Der gleiche Status
quo kann in unterschiedlicher Weise rekonstruiert werden.* Zugrunde liegen
dann jeweils unterschiedliche Problemstellungen: Im *ersten Fall* geht es um
eine *Erklärung* des Status quo aus der zugrunde liegenden, „ursprünglichen",
Dilemmastruktur und ihrer partiellen, selektiven Überwindung durch bestehende Institutionen; Vergleichspunkt ist ein Status quo minor, konkret die
Vergangenheit. Der Status quo wird – theoretisch, logisch – als pareto-
superior angesetzt. Im *zweiten Fall*, bei der *Gestaltung*, wird derselbe Status
quo – wiederum logisch – als pareto-inferior angesetzt, als soziale Falle, in
der weitere Kooperationsgewinne durch institutionelle Reformen möglich erscheinen. Vergleichspunkt ist jetzt die Zukunft. Das eine Mal betrachtet man

---

[2] Genaugenommen ist diese Aussage abzuschwächen, denn man kann auch mit Wahr-
scheinlichkeiten operieren. Doch auch dann ist so präzise wie möglich zu bestimmen,
welches Ergebnis mit welcher Wahrscheinlichkeit warum zu erwarten ist.

den Status quo als *erwünschtes* Resultat unter den *gegebenen* Bedingungen – Pareto-Superiorität –, das andere Mal als verbesserungsfähiges, weitere Kooperationsgewinne verheißendes Resultat unter veränderten Bedingungen – Pareto-Inferiorität. Beide Betrachtungsweisen setzen den Status quo aus logischen Gründen verschieden an, sie müssen streng auseinandergehalten werden; vor allem darf der Theoretiker nicht in den Fehler verfallen, solche Einstufungen, die der Logik der Ableitung geschuldet sind, als Beurteilungen der „Realität" mißzuverstehen.

Wir verdeutlichen diese Überlegungen an einem Beispiel aus der Umweltpolitik.

Zunächst betrachten wir den ersten Fall, in dem es um eine *Erklärung* des Status quo geht; zu diesem Zweck werden ein *vergangener* und der *gegenwärtige* Zustand verglichen. Nehmen wir etwa an, dass es in der Vergangenheit einen Zustand gab, in dem noch keinerlei umweltpolitische Maßnahmen ergriffen wurden. Die Folge war, dass sich die Akteure in einer sozialen Falle befanden: Jeder nahm die Umwelt in Anspruch, ohne auf die (unerwünschten) Folgewirkungen seines Handelns zu achten – mit dem Resultat erheblicher Verschmutzungen, die sich langfristig zum Schaden aller auswirkten. Darauf reagierte die Politik mit Maßnahmen, die gut sichtbar waren und rasch wirkten, nämlich Auflagen, also z.B. Geboten und Verboten hinsichtlich der Ausbringung schädlicher Stoffe – mit der Folge, dass im gegenwärtigen Status quo der Zustand der Umwelt deutlich besser ist, als er es ohne diese Maßnahmen gewesen wäre. Diese Auflagen sind jene Institution, durch die es gelang, die anfängliche Dilemmastruktur teilweise, selektiv, zu überwinden: Der Status quo wird gedanklich als pareto-superior angesetzt.

Nun kann der gleiche Status quo auch anders rekonstruiert werden, nunmehr, mit dem Ziel, (weitere) *Gestaltungs*möglichkeiten der Umweltpolitik auszuloten. Dann muss unterstellt werden, dass der Status quo eine *aktuell bestehende*, besser, fortbestehende Dilemmastruktur darstellt, in der es – so die theoretische Behauptung – noch *weitere Kooperationsgewinne* gibt. Verglichen werden nun der *gegenwärtige* und ein *zukünftiger* Zustand, nämlich der aktuelle Status quo als bestehende Dilemmastruktur und ein möglicher künftiger Zustand, der realisiert werden kann, wenn es gelingt, durch geeignete Institutionen die potenziellen Kooperationsgewinne zu realisieren. In Fortführung unseres Beispiels können wir annehmen, dass eine Dilemmastruktur zwischen Regierung und Unternehmen besteht: Gegenüber der gegenwärtigen Auflagenpolitik könnten alle Akteure – ggf. längerfristig – gewinnen, wenn die Unternehmen mehr Spielräume für individuelle Anpassungsprozesse erhalten und sie diese (auch) für Verbesserungen im Hinblick auf den Umweltschutz nutzen. Allerdings bestehen, wenn keine institutionellen Vorkehrungen getroffen werden, auch Ausbeutungsmöglichkeiten: So könnte zum einen die Freigabe von Handlungsspielräumen durch die Politik von den Unternehmen dazu benutzt werden, von umweltschutzbezogenen Maßnahmen ganz abzusehen, so dass es gar nicht zu den angestrebten Verbesserungen kommt. Umgekehrt könnten Unternehmen befürchten, dass in dem Fall, wenn sie Investitionen in Umweltschutz tätigen, um Wettbewerbsvorteile zu erzielen, die Politik diese Wettbewerbsvorteile zunichte macht, indem sie zu einem späteren Zeitpunkt neue Auflagen auf dem nun höheren Umweltschutzniveau erlässt. In dieser Situation könnte der Übergang zu stärker marktorientierten Instrumenten, z.B. dem Handel mit Umweltlizenzen, eine für alle Akteure vorteilhafte Lösung bieten, da den Unternehmen institutionell kanalisierte Handlungsspielräume eröffnet werden und eine – wie immer eingeschränkte – Erwartungssicherheit besteht, dass sie die erwarteten Erträge sich auch aneignen können[3]. Zu beachten ist, dass bei diesem Vergleich der relevanten Alternativen ein hinreichendes Verständnis der bestehenden Institutionen, in diesem Fall der Auflagen, nötig ist, um zu einer korrekten Einschätzung zu gelangen.

Auf drei Unterschiede der beiden vorgestellten Argumentationsskizzen sei aufmerksam gemacht. Die beiden ersten wurden bereits angesprochen: (1) die Unterschiedlichkeit der Problemstellung – Erklärung der Funktionalität, Pareto-Superiorität, des Status quo versus Erklärung der Pareto-Inferiorität des Status quo im Vergleich zu einer als möglich behaupteten institutionellen Reform – und (2) der unterschiedliche Zeitbezug: Gegenwart – Vergangenheit versus Gegenwart – Zukunft. Bei der ersten Erklärung werden Vergangenheit und Gegenwart in Beziehung gesetzt, bei der Erklärung zwecks Gestaltung Gegenwart und Zukunft. Wichtig ist aber auch (3) der Unterschied hinsichtlich der Annahmen bezüglich des Informationsstandes der Akteure. Im ersten Fall wurde unterstellt, dass die Akteure über alle relevanten Informationen zur Realisierung von Kooperationsgewinnen verfügten und diese auch entsprechend nutzten. Im zweiten Fall, der „Erklärung zwecks Gestaltung", wurde hingegen angenommen, dass die Akteure zwar nach wie vor rational und eigeninteressiert sind, aber im Status quo noch nicht über die nötigen Informationen verfügen, die (unterstellten) potenziellen Kooperationsgewinne zu realisieren. Eben dieses Wissen bildet den Informationsvorsprung des Ökonomen, der es ihm überhaupt erlaubt, Gestaltungsempfehlungen zu geben; natürlich muss er dann sehr sorgfältig prüfen, ob seine Vermutung, er wisse mehr als die beteiligten Akteure 'vor Ort', berechtigt ist. Letztlich zeigt sich das daran, ob seine Informationen beachtet und umgesetzt werden, andernfalls hat er davon auszugehen, dass er weitere relevante Informationen – z.B. über

---

[3] Das Beispiel ist natürlich sehr stark vereinfacht, konkrete Situationsanalysen sind sehr viel komplexer; uns geht es hier um Methodologie.

die Präferenzen der Akteure oder weitere Restriktionen – übersehen hat; seine Gestaltungsempfehlungen müssen *selbstdurchsetzend, d.h. anreizkompatibel* sein.

6.2.3.4 Der methodologische Status des Konzepts Dilemmastrukturen

Jetzt können wir den *methodologischen Status* der Dilemmastrukturen bestimmen. Es handelt sich offensichtlich nicht um eine allgemeine Aussage über empirische Phänomene – da „gibt es" offenkundig viele Interaktionen, erwünschte und unerwünschte. Es handelt sich um ein allgemeines „Schema", das die Such- bzw. Forschungsaktivitäten in eine bestimmte Richtung lenken soll. Die Dilemmastrukturen werden als *Heuristik* benutzt. In Langfassung lautet die methodische Anweisung dieser Heuristik: Zur Erklärung und Gestaltung sozialer Phänomene/Probleme sind die gemeinsamen und konfligierenden Interessen der beteiligten Akteure zu erheben, und dann sind die Bedingungen und Strategien zu untersuchen, unter denen bzw. durch die sie ihre Interessen geltend zu machen versuchen, wodurch sie immer in „soziale Fallen" (zu) geraten (drohen).

Bei dem Konzept Dilemmastrukturen handelt es sich um ein präempirisches Schema: Das Schema dient der Strukturierung komplexer sozialer Phänomene, und es ist präempirisch in dem Sinne, dass es empirischer Forschung logisch vorausliegt, weil es erst *die Fragen formuliert*, auf die empirische Befunde dann Antwort geben. Diese Fragen zielen auf Bedingungen und Folgen von Interaktionen auf der Basis individueller Vorteils-/Nachteils-Kalkulationen. Ein solches Schema ist nicht „wahr" oder „falsch", sondern „zweckmäßig" bzw. „fruchtbar" oder „unzweckmäßig" bzw. „unfruchtbar". Es gleicht insofern dem „Rationalitätsprinzip" Poppers, auf das wir unter 6.2.4.5 zurückkommen. Es ist ein streng problemabhängiges theoretisches Konstrukt, das seinen Sinn in einer Erklärung und Gestaltung der sozialen Welt findet.

Anders gesagt: Bei den Dilemmastrukturen handelt es sich – mit Uwe Gerecke (1998, S. 177) in Anlehnung an Niklas Luhmann gesagt – um ein *„Beobachtungsschema"*: Dilemmastrukturen bilden die grundlegende Perspektive, in der die soziale Welt *in der Ökonomik* – so wie wir sie hier entwickeln – betrachtet wird. Diese Perspektive bestimmt die Forschung, sie lenkt die Aufmerksamkeit auf bestimmte Dinge – Interessen und Anreize, Verhaltensinterdependenzen sowie institutionelle Arrangements – und blendet andere Dinge, die in anderen Problemkontexten relevant sein mögen, aus der Betrachtung aus – so z.B. die Frage nach den letzten Bausteinen der Materie, nach der Weltanschauung von Politikern oder nach dem Sprachverständnis moderner Gedichte. Ein solches Beobachtungsschema dient der Reduktion der Komplexität auf ein handhabbares und problemorientiertes Maß. Nach welcher Perspektive reduziert wird, hängt also von der jeweiligen Problemstellung ab. Wir gehen davon aus, dass in allen Interaktionen die gemeinsamen und konfligierenden Interessen so zentral sind, dass deren Untersuchung eine eigene Wissenschaft konstituiert, die Ökonomik nämlich.

Im originären Gefangenendilemma der Spieltheorie, das wir zur Illustration des Konzepts Dilemmastrukturen immer wieder herangezogen haben, ist die soziale Falle im Quadranten IV das logisch zwingende Resultat: Defektieren ist die dominante Strategie. Die Art der Verwendung in unserem Konzept Dilemmastrukturen lässt sich mit Gerecke wie folgt intuitiv plausibilisieren: „Dilemmastrukturen sind ein Konzept, das die Unwahrscheinlichkeit von Ordnung zum Ausgangspunkt der wissenschaftlichen Beobachtung macht" (S. 176 f.) und *gerade dadurch für jene Faktoren sensibilisiert*, die Interaktionen in der Realität dann dennoch ermöglichen. Gerecke zitiert Luhmann der sich dagegen wendet, „die geschichtliche Faktizität", „die funktionierenden Institutionen" einfach platt als „gegeben" zu nehmen, weil man dann ihren Sinn, ihre Funktion und (die Ursachen) ihre(r) Fragilität niemals methodisch wird analysieren können.

6.2.4 Individuelle Vorteils-/Nachteils-Kalkulationen: Der homo oeconomicus

Die letzte Bestimmung aus unserer Definition der Wissenschaft Ökonomik zu Beginn dieses Kapitels betrifft einen der umstrittensten Punkte ökonomischer Methodologie, den berühmt-berüchtigten *homo oeconomicus*, also die Annahme, dass die Akteure stets rational und eigeninteressiert ihren Nutzen maximieren. Da es hierzu zahllose unterschiedliche Auffassungen – zum Teil auch Missverständnisse – gibt, für eine fruchtbare Anwendung der ökonomischen Methode aber eine zweckmäßige Interpretation dieses Konstrukts unerlässlich ist, werden wir uns diesem Punkt recht ausführlich widmen[4].

6.2.4.1 Das Standardmodell: Kritik und Metakritik

Wir haben das Standardmodell des rationalen, eigeninteressierten Akteurs bereits ausführlich kennengelernt (vgl. 1.3.3 und 2.1). Es ließ sich auf den Satz bringen: *Akteure maximieren ihren erwarteten Nutzen unter Nebenbedingungen.* Dieses Modell ist, seitdem mit ihm gearbeitet wird, immer wieder und bis heute Gegenstand intensiver Kritik.

---

[4] Zu den folgenden Ausführungen vgl. auch Homann 1994; dort wird auch die Literatur angegeben, auf die sich die folgenden Ausführungen beziehen.. Eine etwas andere Rekonstruktion des homo oeconomicus, die am Problem der theoretischen Integration orientiert ist, findet sich bei Suchanek 1994.

Die Diskussion läuft im wesentlichen unter der Frage nach der „Realitätsnähe" der „Verhaltensannahmen". Es geht um die Frage, ob die – wie wir ausgeführt haben: unvermeidliche – Reduktion der Komplexität die „relevanten" Züge der Realität, auf die jede positive Wissenschaft verpflichtet bleibt, hervorhebt oder ob die vorgenommene Reduktion zu weit getrieben wird oder ob in unzulässiger, unzweckmäßiger oder falscher Weise Komplexität reduziert wird.

Wir können hier nur die wichtigsten Kritikpunkte auflisten und plausibilisieren. Dabei lassen wir zunächst die normativ motivierte Kritik – aus moralischen Gründen dürfen wir den Menschen nicht als egoistischen Nutzenmaximierer annehmen – beiseite (vgl. 6.4.3) und beschränken uns auf die Einwände, die sich auf empirische Befunde stützen, die z.T. intuitiv-lebensweltlich, z.T. aber auch aufgrund aufwendiger empirischer Tests unter Laborbedingungen gewonnen wurden.

1. Vom Nobelpreisträger des Jahres 1977 Herbert A. Simon stammt der Einwand, die Akteure würden nur in den seltensten Fällen „maximieren", sie begnügten sich in aller Regel mit einem „befriedigenden" Niveau der Zielerreichung: satisficing statt maximizing, lautet die Kurzformel. Dahinter steht der Gedanke, dass die Entscheidungsalternativen in der Regel nicht „gegeben" sind, dass sie vielmehr gesucht und erarbeitet werden müssen und dass diese Suche Kosten verursacht. Auch haben die Akteure keinen Entscheidungsalgorithmus, diese Suche rational abzubrechen, etwa nach der bekannten Regel: Grenzkosten gleich Grenzerträge der Suche; niemand kann nämlich die Grenzerträge dessen abschätzen, was er gar nicht weiß, sondern erst suchen müsste. Aufgrund der Anspruchsanpassungstheorie, die Simon von Kurt Levin übernimmt, kann er lediglich vermuten, dass z.B. seine anfängliche Preisvorstellung beim Hausverkauf zu niedrig liegt, wenn er sehr schnell Interessenten findet, die diesen Preis zu zahlen bereit sind, und er kann dann seine Ansprüche nach oben korrigieren; die Logik gilt auch umgekehrt, wenn er lange keinen Interessenten findet.

Metakritiker dieser Kritik Simons bezweifeln nun nicht, dass man den Sachverhalt in dieser Weise darstellen kann; sie bringen ihn nur in einen anderen theoretischen Rahmen. Sie rechnen die Kosten der Suche den Bedingungen, den Restriktionen, zu und modellieren dann wie folgt: Unter den gegebenen Restriktionen einschließlich der Suchkosten „maximieren" die Akteure weiterhin ihren erwarteten Nutzen. Sie verarbeiten die Suchkosten also nicht in der Klasse der Verhaltensannahmen – „satisficing" –, sondern in der Klasse der Bedingungen – „Kosten" – und halten so das Standardmodell – „maximizing" – intakt.

2. Simon hat, eng damit zusammenhängend, eine zweite *Modifikation* der Verhaltensannahmen eingeführt, die sich auf breiter Front in der Ökonomik durchgesetzt hat und die intuitiv sehr plausibel und in Tests vielfach bestätigt worden ist. Sie betrifft die Rationalitätsannahme, besonders die Annahme über das Wissen, den Informationsstand, der Entscheidungssubjekte, das bzw. den das Standardmodell verlangt. Simon macht geltend, dass die Akteure nicht vollständig rational sind, sondern nur über eine eingeschränkte Rationalität, *„bounded rationality"*, verfügen.

Genauer handelt es sich um eine Kritik von zwei Annahmen, die z.T. explizit im Standardmodell getroffen werden. Da wird (1) vollständiges Wissen über die Alternativen und die Randbedingungen unterstellt, und es wird (2) unendlich schnelle und kostenlose Verarbeitung dieser Informationen angenommen. Nun ist ersichtlich beides im lebensweltlichen Sinne „falsch". Niemand weiß alles, Entscheidungsalternativen müssen gesucht und erarbeitet werden, Risiko und Unsicherheit spielen eine große Rolle, und oftmals ist gerade die Informationsüberladung für suboptimale Entscheidungen verantwortlich, weil trotz aller Unterstützung durch Computer die Informationen nicht (rechtzeitig) verarbeitet werden können. Letzteres kann sogar strategisch eingesetzt werden, indem man Kontrollorganen wie z.B. dem Aufsichtsrat oder dem Parlament so viele Informationen auf den Tisch legt, dass die „relevanten" Informationen mit hoher Wahrscheinlichkeit nicht gefunden werden: Auf diesen Zusammenhang hat ebenfalls Simon hingewiesen.

Diese Kritik von Simon am Standardmodell der Mikrotheorie hat in der neueren Ökonomik deswegen so breite Anerkennung gefunden, weil sich viele Dinge als Vorkehrungen verstehen lassen, mit „bounded rationality" umzugehen: Portfolio-Management, Kontrollinstrumente, Institutionen usw.

Die *Metakritik* an Simons Kritik bestreitet wiederum nicht die Tatsache, dass die intellektuelle Kapazität des Menschen begrenzt ist. Auch ist unstrittig, dass für die logisch-axiomatische Analyse der Wirtschaftstheorie oder für die Spieltheorie manchmal heroische Annahmen bezüglich des Informationsstandes der Akteure/Spieler gemacht werden müssen – „heroisch" im Vergleich zu „empirischen" Akteuren: Aber solche heroischen Annahmen hat unseres Wissens – außer den Kritikern – niemand jemals ernsthaft „empirischen Menschen" zugeschrieben. Somit liegt der Kritik von Simon am neoklassischen Standardmodell eine *bestimmte*, unseres Erachtens. verfehlte, *Interpretation* dieses Modells zugrunde.

Die Metakritik steht in Analogie zur Metakritik am „satisficing": Die Begrenztheit von Informationen und Informationsverarbeitungskapazität kann man wiederum den Restriktionen zurechnen. Dann ist die Frage nicht, ob und wie Informationen und ihre Verarbeitung begrenzt sind – dass sie das sind, ist trivial –, die Frage ist vielmehr, wie Akteure mit dieser Restriktion, mit der begrenzten Information und der begrenzten Informationsverarbeitungskapazität, „rational" umgehen (können). Was Simon „bounded rationality" nennt, ist dann die *Voraussetzung* für „ökonomische" Probleme und *nicht Gegenstand der ökonomischen Analyse.* Gefragt und gesucht ist ein ökonomisch-rationaler Umgang mit fehlendem und/oder unsicherem Wissen, und da gibt es verschiedene Strategien, angefangen von der Informationssuche über Risikostreuungsstrategien und institutionelle Festlegungen (kollektive Selbstbindungen) bis hin zu Reputation und Daumenregeln (individuelle Selbstbindungen), die genau auf das Problem begrenzter Information bzw. Informationsverarbeitungskapazität zugeschnitten und in diesem Sinne „rational" sind.

Mit Hilfe unserer methodologischen Grundüberlegung, nämlich der Frage nach dem zugrundeliegenden Problem, kann man diesen Punkt noch weiter klären: Simon hat ein *anderes Problem* als die Ökonomik, wenn er auf das Problem begrenzter Information mit der Empfehlung antwortet, den Entscheidungs*prozess* selbst zu analysieren. Ökonomen interessieren sich nicht eigentlich für diesen Prozess, sondern nur für die – aggregierten und nicht-intendierten – *Folgen* jenes Verhaltens, das sich als Reaktion auf Anreizbedingungen in Interaktionen ergibt. Wenn man z.B. wissen will, wie Verbraucher auf eine Erhöhung einer Produktsteuer reagieren, reicht die Annahme, dass sie – als rationale Reaktion auf die veränderten Anreizbedingungen – wegen der mit der Steuer verbundenen Preiserhöhung ihre Nachfrage einschränken werden. Hier die konkreten Entscheidungsprozesse analysieren zu wollen, würde dazu führen, die eigentliche Fragestellung aus dem Blick zu verlieren.

3. Einen noch massiveren *Angriff* auf die Rationalitätsannahme der Ökonomik stellen die empirischen Forschungen von Daniel Kahneman und Amos Tversky sowie anderen Autoren in diesem Feld dar. Hier werden – z.T. unter Laborbedingungen – Beispiele gesucht und gefunden, die den Rationalitätsvorstellungen der neoklassischen Theorie direkt widersprechen. Wir nennen nur zwei simple Beispiele: (1) Viele Menschen lassen eine geschenkte Theaterkarte eher verfallen als eine gekaufte, wenn vor dem Aufbruch zur Theatervorstellung plötzlich ein heftiger Regenguss einsetzt oder ein Telefonat eintrifft, obwohl der Vermögensverlust in beiden Fällen genau gleich groß ist[5]. (2) Menschen wenden oft mehr Ressourcen zur Verteidigung eines Vermögensbestandes auf als zur Neu-Erwerbung desselben Vermögensbestandes. In der For-

---

[5] Genau genommen könnte bei sinkendem Grenznutzen des Vermögens der geschenkten Theaterkarte ein geringerer Wert beigemessen werden: Dies wäre eine ökonomische Erklärung des – unstrittigen – empirischen „Phänomens", deren Reichweite allerdings vermutlich begrenzt ist.

schung laufen diese und andere Befunde unter dem Stichwort „Anomalien" der Rationalitätsannahme.

Auch hier gibt es natürlich *Gegenargumente*. Wir wollen nicht jene Klasse beiziehen, die die Testarrangements in Zweifel ziehen, sondern auf einen methodologisch wichtigen Punkt hinweisen. So ist zu bezweifeln, ob der „Sinn" der Rationalitätsannahme im Forschungsprogramm der Ökonomik richtig eingeschätzt wird, wenn man diese Annahme als Annahme über das „Verhalten" von empirischen Menschen, über ihre psychische Ausstattung etc. versteht und dann – folgerichtig wieder empirisch – untersucht, ob das auch richtig ist. Nach unserer Auffassung ist der „Sinn" der Rationalitätsannahme vielmehr folgender: Wenn es darum geht, den *Zusammenhang* zwischen sozialen Handlungsbedingungen und sozialen Handlungsfolgen in der hier mehrfach beschriebenen Weise zu analysieren, so ist die *Annahme* unumgänglich, dass die Akteure *systematisch* – und nicht zufällig oder willkürlich – auf die Handlungsbedingungen, die Anreize der Situation, reagieren. Das aber setzt methodisch zwingend voraus, dass sie sich „rational" verhalten, natürlich immer unter der Maßgabe der zahlreichen Einschränkungen, denen ihr Verhalten unterliegt, bis hin zu Gewohnheiten oder kognitiven Restriktionen. Die Rationalitätsannahme ist also durchaus vereinbar mit subjektiven Wahrnehmungen des Handelnden, die aus der Sicht eines Beobachters als verfehlt anzusehen sind – oder mit Reaktionen, bei denen der Akteur kein bisschen kalkuliert, sondern gewohnheitsmäßig gehandelt hat usw. In gewissem Sinne kann man sogar sagen, dass die Rationalitätsannahme eigentlich viel eher als eine Anweisung an den Forscher zu verstehen ist, nicht eher zu ruhen, als bis er das beobachtbare Verhalten in einer Weise erklärt hat, die es als Reaktion auf die Anreizbedingungen „verständlich" werden, d.h. „rational" erscheinen, lässt.

Es ist wichtig zu erkennen, dass die Zurückweisung der empirisch fundierten Kritik nicht bedeutet, dass die „Wirklichkeit" keine Rolle spielt bei der Frage, wie menschliches Verhalten modelliert wird. Das Gegenteil ist der Fall. Doch erfolgt, wie im nächsten Abschnitt erläutert, die Modellierung strikt problemorientiert und methodisch gesteuert, was jedoch nicht heißen muss, dass die Ökonomik auf „den Menschen" fokussieren müsste.

6.2.4.2 Der homo oeconomicus: Input in eine Situationstheorie

Die bislang vorgestellten Kritiken am homo oeconomicus enthalten ausnahmslos die implizite Voraussetzung, „Rationalität" sei eine – gegebene oder geforderte – „Eigenschaft" des „Menschen". Folgerichtig wird untersucht, was denn „der Mensch" eigentlich sei, welche Eigenschaften er habe und welche nicht. Die Theoriebildung geht hier davon aus, dass es zur Erkenntnis der sozialen Welt, des „Ganzen", notwendig oder dienlich sei, dessen „Teile" genau zu untersuchen und die Theorie des Ganzen aus einer Theorie über die kleinsten, letzten Elemente dieses sozialen Ganzen zu entwickeln. So wird in der Regel auch der „methodologische Individualismus" verstanden bzw. begründet. Seit den Tagen des englischen Sozialphilosophen Thomas Hobbes gehört die Zerlegung der sozialen Welt in ihre Teile, die „Individuen", und deren Erforschung in Anthropologie, Psychologie und Sozialpsychologie zum Standardprogramm der Sozialwissenschaften allgemein und der Ökonomik im besonderen. Die (Sozial-)Psychologie wird bei nicht wenigen Autoren daher sogar als Grundlagentheorie der Ökonomik verstanden.

Das erscheint alles auf den ersten Blick sehr plausibel, wir sind dieses Denken gewöhnt, und deswegen ist man bisher wohl allenfalls am Rande mal auf die Idee gekommen, diese implizite Voraussetzung in Frage zu stellen. Wie selbstverständlich hat man daher das entsprechende Konzept der Ökonomik als Aussage über „den Menschen" verstanden und es in der Figur des „homo oeconomicus" zusammengefasst: Schon die Bezeichnung weist darauf hin, dass es um den „homo", also um den „Menschen", gehe.

Diesem homo oeconomicus wurden dann für Forschungszwecke anderer Sozialwissenschaften andere „Menschenbilder" zur Seite gestellt, so der „homo sociologicus" oder der „homo politicus". Eine andere Weiterentwicklung hält den homo oeconomicus für zu einfach und bietet reichhaltigere „Eigenschaften" an: So hat man den REMM vorgeschlagen (resourceful evaluative maximizing man, also den mit Ressourcen ausgestatteten, erfinderischen und (nutzen-)maximierenden Menschen; s. Meckling 1976) oder den RREEMM (den resourceful, restricted, expecting, evaluating, maximizing man; s. Lindenberg 1985). Die gesamte Forschung dieser Art weist darauf hin, dass die „Eigenschaften" des Menschen mit der Kennzeichnung als homo oeconomicus, so weit man diesen Begriff auch fasst, viel zu eng bestimmt werden angesichts des motivationalen Reichtums des Menschen. A. O. Hirschman wendet sich in einem programmatischen Aufsatz (1985/1989) gegen die „Sparsamkeit" („parsimony") in den ökonomischen Annahmen. Normative Kritiker des strengen ökonomischen Ansatzes wie A. Etzioni, J. Elster, aber auch A. Sen, Nobelpreisträger 1999, bauen ihre sozialphilosophischen Ambitionen genau auf diese anderen Motive, Präferenzen oder Metapräferenzen des Menschen, die es ja schließlich auch „gibt".

Wir schlagen gegenüber diesen Versuchen der Erweiterung des homo oeconomicus einen anderen Weg vor. Um unser Konzept zu erläutern, erinnern wir zunächst daran, dass jede Theorie unvermeidlich Komplexität reduzieren muss. Wir erinnern weiter daran, dass es im Forschungsprogramm der Ökonomik nicht um eine genuine „Mikro-"Theorie, eine Theorie des Individuums, und auch nicht um eine Handlungstheorie geht, sondern um die – „mikrofundierte" – Analyse *sozialer* Bedingungen und Folgen. Und wir erinnern schließlich daran, dass es in der Ökonomik nicht um einsame Entscheidungen geht, sondern um die Erklärung und Gestaltung von Interaktionen. Alle Interaktionen sind aber von gemeinsamen und konfligierenden Interessen, technisch: von Dilemmastrukturen, gekennzeichnet.

Jetzt können wir den entscheidenden Schritt tun: Wie sich am Gefangenendilemma illustrieren lässt, ist in Dilemmastrukturen das Defektieren die dominante Strategie. In unserem Konzept bedeutet das: Um sich gegen die „Ausbeutung" durch den bzw. die Interaktionspartner zu schützen, bleibt dem einzelnen Akteur nichts anderes übrig, als zur *präventiven Gegenausbeutung* zu greifen; das führt dann in die bekannten „sozialen Fallen", weil diese Logik für alle Interaktionspartner in Dilemmastrukturen gilt. Infolge der grundlegenden Asymmetrie zugunsten der Defektionsstrategie wird das Endresultat – in der Realität unter Umständen nach entsprechenden Lernprozessen der Akteure – von dem Akteur bestimmt, der in dieser Situation nur seinen Vorteil im Auge hat, also durch den „homo oeconomicus". Da allen Interaktionen Dilemmastrukturen zugrundeliegen (vgl. unten 6.2.4.6), wird das langfristige Resultat von Interaktionen durch diesen homo oeconomicus zuverlässig abgebildet.

Damit ist die breite Verwendung der homo oeconomicus-Annahme durch die grundlegenden Dilemmastrukturen begründet: Es handelt sich um eine „Annahme", *die sich systematisch aus Dilemmastrukturen als Grundstruktur aller Interaktionen herleitet.* Unter Wettbewerbsbedingungen muss jeder Akteur versuchen, seine beste Alternative zu realisieren, wer das nicht tut, kommt in Schwierigkeiten. Diese Struktur liegt aus ökonomischer Sicht selbst dort noch zugrunde, wo sie auf den ersten Blick nicht mehr erkennbar ist, etwa bei parametrisch modellierten Wahlhandlungen eines Haushalts.

Es sei hier noch einmal daran erinnert, dass es sich um eine rein positive Analyse der grundlegenden Interaktionsstrukturen und nicht um eine Bewertung handelt: Manchmal sollen Dilemmastrukturen überwunden werden, durch geeignete institutionelle Arrangements, manchmal werden sie etabliert und aufrechterhalten (Wettbewerb), wiederum durch geeignete institutionelle Arrangements wie z.B. das Kartellamt. In beiden Fällen aber wird das Resultat der Interaktionen durch die Verwendung des homo oeconomicus-Konstrukts zuverlässig abgeleitet.

Unsere *These* lautet also: *Da Dilemmastrukturen die Grundstruktur aller Interaktionen darstellen, lassen sich die Resultate sämtlicher Interaktionen mit Hilfe des homo oeconomicus zuverlässig ableiten*[6]: Nicht einmal ein „Altruist" im lebensweltlich-umgangssprachlichen Verständnis des Wortes wird sich systematisch und auf Dauer durch Interaktionspartner ausbeuten lassen (können). Eine soziale Ordnung, in der die Ehrlichen (immer) die Dummen sind, lässt sich bestenfalls eine begrenzte Zeit mit Predigen von „Werten" aufrechterhalten. Auch „Altruisten" können „lernen", und sie werden und müssen sich gegen die Ausbeutung ihres Altruismus irgendwann zur Wehr setzen.

Jetzt können wir einige Schlussfolgerungen aus unserer These zum homo oeconomicus für das Verständnis von Ökonomik ziehen.

1. Ökonomik ist in diesem Konzept nicht eigentlich Wissenschaft des menschlichen „Verhaltens", und die sog. „Verhaltensannahmen" sind eigentlich keine Annahmen über das „Verhalten" der (verschiedenen) „Menschen": Die Menschen „verhalten" sich – in der ökonomischen Theorie sc. – *alle immer gleich*: Sie maximieren ihren Nutzen unter Restriktionen. Was mit der ökonomischen Rationalitätsannahme und mit dem homo oeconomicus *abgebildet wird*, sind daher nicht „Eigenschaften" des oder der „Menschen", sondern *Dilemmastrukturen, also „Situationen" in Interaktionen, und die von ihnen ausgehenden Anreize.* Die Anreizstruktur ist generell so, dass sich alle Interaktionspartner – über kurz oder lang – wie homines oeconomici verhalten werden – oder verhalten müssen –, weil grundsätzlich immer Dilemmastrukturen involviert sind. Diese Dilemmastrukturen sind manchmal offensichtlich, manchmal aber auch verdeckt. Letzteres ist etwa der Fall, wenn die ehrlichen Steuerzahler die Steuerausfälle infolge der Hinterziehung durch die unehrlichen Steuerzahler im Laufe der Zeit durch höhere Steuersätze kompensieren müssen; hier benötigen die ehrlichen Steuerzahler vielleicht einige Zeit, um dies „wahrzunehmen" und dann auf die Defektionsstrategie umzuschalten.
Ökonomik ist damit weniger eine allgemeine Theorie menschlichen Verhaltens, diese Rede ist zumindest missverständlich; Ökonomik ist präziser zu bezeichnen als allgemeine Theorie der Anreizstrukturen, die von den „Situationen" in Interaktionszusammenhängen, also von Dilemmastrukturen, ausgehen. Zugespitzt gesagt: *Ökonomik ist keine Verhaltenstheorie, sondern eine Situationstheorie.* Ökonomik sagt damit nichts über „den Menschen", oder etwas vorsichtiger und genauer: Was die Ökonomik über „den Menschen" sagt, ist äußerst dürftig; sie sagt nämlich nur, dass Menschen nicht systematisch und auf Dauer gegen ihre Anreize handeln werden. Die „Realitätsnähe"

---

[6] Voraussetzung ist natürlich die Kenntnis der Anfangs- und Randbedingungen; der Explanantia der Klasse 2 also; wir erinnern an das Schema aus Abschnitt 6.2.1.

der „Annahmen" in der Ökonomik liegt also nicht in irgendwelchen „Eigenschaften" von Menschen allgemein oder von besonderen Menschen, sondern in einer bestimmten, jetzt aber generell gültigen Eigenschaft von *Interaktionssituationen*, nämlich in dem Vorliegen gemeinsamer und konfligierender Interessen, also von Dilemmastrukturen.

2. Daraus folgt, dass der homo oeconomicus auch nicht als irgendwie gearteter „Durchschnitt" oder als „Schnittmenge" der „Eigenschaften" begriffen werden kann, die den verschiedenen „Menschen" empirisch, genauer: situationsunabhängig, zukommen. Auch das „repräsentative" Individuum oder das „repräsentative" Unternehmen kann nicht in dieser Weise interpretiert werden: Das „repräsentative" Unternehmen verhält sich gewinnmaximierend, weil es sich in einer Dilemmastruktur = Wettbewerb, und sei es im potenziellen Wettbewerb, bewegt (Alchian 1950). Die Situation zwingt tendenziell alle Unternehmen auf dieses Verhalten, was sich in der Makrotheorie als Anstieg des Anteils gewinnmaximierender Unternehmen bzw. Unternehmensstrategien niederschlägt: Dieser Mechanismus verbirgt sich hinter der Rede vom „repräsentativen" Unternehmen, das sich gewinnmaximierend verhält.

Die Schwierigkeiten mit der empirischen Verifizierung des homo oeconomicus sind natürlich der Wissenschaft Ökonomik nicht verborgen geblieben. Man hat es mit dem Ausweg versucht, dass der homo oeconomicus in der Ökonomik nicht so sehr aus empirischen Gründen verwendet werde, sondern aus theoretischen, analytischen Gründen: Geoffrey Brennan und James Buchanan etwa halten es für nötig, um Vergleiche zwischen institutionellen Arrangements – dies ist ihre Problemstellung – anstellen zu können, dass die Vorstellung des *Akteurs* in alternativen institutionellen Arrangements, die verglichen werden, *identisch* bleiben, d.h. als homo oeconomicus angesetzt werden muss; weiterhin müsse man wegen unterschiedlich großer Wohlfahrtswirkungen „optimistischer" und „pessimistischer" Vorstellungen von den Akteuren die letzteren ansetzen: Nach Brennan und Buchanan geht man deswegen in der Ökonomik zweckmäßigerweise vom „worst case" aus, weil dessen Wohlfahrtswirkungen in der negativen Richtung wesentlich größer seien als die Wohlfahrtswirkungen in der positiven Richtung bei einem optimistischeren Bild des Menschen: Wir machen, so Brennan/Buchanan, einen möglichst 'wasserdichten' Vertrag nicht deshalb, weil unser Vertragspartner tatsächlich ein skrupelloser Mensch ist, sondern weil die Möglichkeit besteht, dass er es sein oder werden *könnte*. Der homo oeconomicus wäre dann so etwas wie eine „zynische Fiktion" (Brennan/Buchanan 1985/1993, S. 62 ff.).

Nach *unserer Auffassung* ist der homo oeconomicus demgegenüber viel *stärker empirisch* fundiert. Es geht nicht um Fiktionen, es geht aber auch nicht um den „Menschen, wie er wirklich ist" – oder besser: wie er im „worst case" sein könnte –, wie Brennan und Buchanan es implizit noch unterstellen. Es geht um (reale) *Situationen*, in denen (reale) Anreize (reale) Akteure zu einem bestimmten Verhalten treiben. Insofern fehlt auch bei Brennan und Buchanan die *strikte Referenz des homo oeconomicus und der Rationalitätsannahme auf Dilemmastrukturen.* Dies ist um so erstaunlicher, als Buchanan die Grundlegung seiner Demokratie- bzw. Staatstheorie aus dem Gefangenendilemma entwickelt (Buchanan 1975/1984). Offenbar hat Buchanan den systematischen Zusammenhang von homo oeconomicus und Dilemmastrukturen nicht gesehen, was auch durch sein Bekenntnis gestützt wird, dass er selbst mit dem homo oeconomicus eigentlich wenig anzufangen wisse, dass dieses Konzept in seine Schriften vielmehr seine Koautoren (etwa G. Tullock, G. Brennan) hineingekommen sei (Buchanan 1989, S. 24).

Zusammenfassend: Der homo oeconomicus bildet weder einen „Durchschnitt" der Menschen noch den „worst case" ab, sondern die nachgerade „total normale" Grundstruktur aller Interaktionen, die Dilemmastruktur.

3. Der homo oeconomicus ist auf keinen Fall ein „Menschenbild" in dem Sinne, dass er eine Aussage über „den Menschen", „die Menschen", „bestimmte Menschen" und ihre „Eigenschaften" oder Motivationsstrukturen in der ganzen Breite ihrer Existenz machen würde. Der homo oeconomicus ist im Sinne unserer Methodologie ein *theoretisches Konstrukt*, das auf ganz bestimmte grundlegende *Problemstrukturen* der Ökonomik, nämlich Dilemmastrukturen, zugeschnitten ist. Es „gibt" keine Wesen, die mit dem Begriff „homo oeconomicus" im Ganzen oder in ihrem Kern zutreffend beschrieben wären; jeder Mensch ist unendlich viel mehr, als dieses – oder jedes andere – Modell je begrifflich erfassen könnte.

Das heißt aber nicht, dass die Interaktionsresultate, die sich unter bestimmten Anreizbedingungen systematisch einstellen, nicht durch Analyse der „Situation" mit Hilfe dieses Konstrukts abgeleitet werden könnten – für alle Menschen trotz unterschiedlicher Motivationsstrukturen[7]. Es wird im Forschungsprogramm der Ökonomik *nicht* entlang unterschiedlicher *Typen von Menschen* argumentiert, sondern entlang den *Merkmalen von Situationen* und den von ihnen ausgehenden Anreizen.

4. Jetzt können wir auch die Frage beantworten, warum Ökonomen immer wieder und trotz aller „Falsifikationen" oder „Anomalien" zu ihrem homo oeconomicus-Konstrukt greifen. Mit seiner Hilfe lassen sich wichtige Probleme

---

[7] Das bedeutet natürlich nicht, dass die ökonomische Rekonstruktion der Situation keine Rücksicht auf mögliche Unterschiede in der Sozialisation, in den Dispositionen usw. der Akteure nehmen müsste, doch gehören diese Unterschiede dann zur *Situations*beschreibung; vgl. hierzu Popper 1967/1995, worauf wir unter 6.2.4.5 zurückkommen.

– und zwar die Zusammenhänge von gesellschaftlichen Handlungsbedingungen und Handlungsfolgen, z.B. bei Themen wie Armut, Arbeitslosigkeit, Inflation, Auswirkungen von Steueränderungen, Ursachen von Umweltverschmutzung, Gründe und Folgen von Fusionen großer Unternehmen und vieles andere mehr – systematisch in einer Weise analysieren, die aufschlussreiche Einsichten generiert.

Lange Zeit dominierte hierbei eine Verwendung des homo oeconomicus, die sich auf die parametrische Analyse des Anpassungsverhaltens bei Preisänderungen beschränkte. Wir haben im Abschnitt 2.1 erläutert, dass sich mit dieser Vorgehensweise viele interessante Erkenntnisse gewinnen lassen. Im Rahmen einer Interaktionsökonomik ist dies allerdings – theoretisch – ein Spezialfall, auch wenn es viele Situationen gibt, in denen ein solches Vorgehen zweckmäßig ist. Es sollte dabei jedoch nicht übersehen werden, dass individuelle Handlungen immer in einem sozialen und institutionellen Kontext – mit entsprechenden Anreizwirkungen – stattfinden. So gestaltet beispielsweise ein Unternehmen seine Preispolitik in Abhängigkeit vom Verhalten seiner Konkurrenten, seiner (potenziellen) Kunden, der Öffentlichkeit usw.

Von besonderer Bedeutung ist das Modell bei der Analyse des Anpassungsverhaltens auf institutionelle Änderungen. Wenn etwa ein Vorschlag zur Gestaltung von Institutionen gemacht wird, lässt sich das Modell verwenden, um die dauerhafte Stabilität des in Rede stehenden institutionellen Arrangements zu überprüfen. Die Validität der Vorschläge zu einer Reform der Rentenversicherung z.B. wird überprüft, indem in den Reformvorschlag – gegeben die Randbedingungen wie Opportunitätskosten der Kindererziehung, Arbeitslosigkeit, Steuersystem etc. – gedanklich der homo oeconomicus eingesetzt und theoretisch überprüft wird, was passiert: Wenn der homo oeconomicus das institutionelle Arrangement aufgrund der diesen Institutionen inhärenten Anreize zerschlägt, kann man vor diesem Arrangement nur warnen; wegen der grundlegenden Dilemmastruktur steht zu erwarten, dass das System – im Laufe der Zeit, die die Menschen brauchen, um die Anreizstrukturen dieses Systems zu „lernen" – zusammenbrechen oder zumindest zu unerwünschten Folgen führen wird. Der homo oeconomicus fungiert hier als *Testinstrument für die Stabilität – formeller und informeller – Institutionen*: Nur wenn Institutionen homo oeconomicus-resistent sind, können sie langfristig stabil bleiben. Positiv gesagt: Nur anreizkompatible Institutionen können Bestand haben. Wie man nur TÜV-geprüfte Autos in den Verkehr lässt, so kann der Ökonom nur solche Institutionen empfehlen, die den homo oeconomicus-Test unbeschadet überstehen.

5. Viele Moralisten und Kulturkritiker bringen gegen die Verwendung des homo oeconomicus das Argument vor, damit werde – explizit oder implizit –

dieser homo oeconomicus normativ gerechtfertigt oder gar gefordert. In dieser Kritik wird der homo oeconomicus normativ, krypto-normativ verstanden und mit moralischen Gründen abgelehnt.

Wie aus den bisherigen Ausführungen deutlich geworden sein dürfte, fasst die Ökonomik den homo oeconomicus nicht als normatives Ideal: Das hat unseres Wissens noch kein Verfechter des homo oeconomicus so behauptet – lediglich die Kritiker haben das den Ökonomen unterstellt.

Dennoch kommt dem homo oeconomicus nach unserer Auffassung eine *große Bedeutung für eine normative Ökonomik* zu. Dies ist freilich *in einer ganz anderen Weise* gemeint, als die bisherige wissenschaftliche und öffentliche Argumentation vermuten lässt. Die grundlegende Idee – mehr können wir hier nicht entwickeln – lässt sich wie folgt umreißen.

Wenn die außerordentliche Bedeutung des homo oeconomicus für die positive Ökonomik an die generelle Verbreitung von Dilemmastrukturen in Interaktionen gekoppelt ist und darin ihre Begründung findet, dann wird damit uno actu jedem Akteur – jedem Individuum, jeder Gruppe, jedem Unternehmen, jedem Staat – ein *gewaltiges Potenzial* attestiert, bestehende Kooperationen zu zerstören und den Aufbau weiterer erwünschter Kooperationen zu blockieren. *In Dilemmastrukturen kann – modelltheoretisch – ein einzelner die kollektive Irrationalität, die kollektive Selbstschädigung, die soziale Falle erzwingen!* Modelltheoretisch reicht der potenzielle Defektierer, um alle anderen auf die Strategie der präventiven Gegendefektionen zu zwingen! Die Asymmetrie zugunsten der Defektion gilt sogar, wenn einzelne (Gruppen) dieses außerordentliche Machtpotenzial gar nicht anstreben: Dieses Potenzial ist eine direkte Folge des Organisationsprinzips moderner demokratisch verfasster Marktwirtschaften, das auf der Etablierung und Forcierung von asymmetrischen Interaktionsstrukturen, von Dilemmastrukturen, beruht. Daher sind Wohlstand, Fortschritt und Freiheit nur um den Preis der Risiken solch asymmetrischer Interaktionsstrukturen zu haben.

Daraus folgt: Wenn einzelne oder Gruppen über im Prinzip erwünschte Strukturen eine solche „Macht" erhalten, ist die Gesellschaft – der Nationalstaat, zunehmend die Weltgesellschaft – gut beraten, ausnahmslos alle – Individuen, Gruppen, Länder etc. – in den Gesellschaftsvertrag zu integrieren, sie also durch Berücksichtigung ihrer legitimen Interessen und durch Beteiligung an der Politik geneigt zu machen, in der gesellschaftlichen Kooperation zum gegenseitigen Vorteil bereitwillig mitzuarbeiten. Darin kann man eine *ökonomische Begründung für grundlegende normative Rechte* sehen – individuell für Menschen- und Grundrechte, innergesellschaftlich für Demokratie und soziale Sicherung, intergesellschaftlich für die aktive Entwicklung der Zweiten und Dritten Welt durch die Industrienationen. Über Bevölkerungsentwicklung, armutsbedingte Umweltzerstörung und drohende Migrationen können die Menschen in der Dritten Welt in den Industrienationen beträchtliche Entwicklungschancen blockieren und sogar Wohlstandsverluste initiieren. Die Zuerkennung grundlegender „Rechte" an alle, die – auch ungewollt – über das für Dilemmastrukturen typische Defektionspotenzial verfügen, erweist sich so als ein *ökonomisch fundiertes Gebot der Klugheit*. Normative Forderungen finden so eine ökonomische Begründung in den Dilemmastrukturen, die für alle Interaktionen konstitutiv sind.

Wir fassen zusammen: Die Ökonomik ist keine Theorie menschlichen Verhaltens, sie lässt sich zutreffender als *allgemeine Theorie der Anreizwirkungen von Interaktions-Situationen* kennzeichnen. Die positive Annahme der Rationalität der Akteure und die Figur des homo oeconomicus sind als problemspezifische Modellierungen zu Zwecken der Theoriebildung aufzufassen. Der homo oeconomicus ist ein theoretisches Konstrukt, das infolge des irreführenden Wortes „homo" verdeckt, dass es sich um eine Annahme nicht über den „Menschen", sondern über die *„Situationen"* von Menschen in *Interaktionen* handelt, denen *grundsätzlich Dilemmastrukturen* zugrunde liegen. Darin ist die – von der Wissenschaftstheorie mit Recht geforderte – „Realitätsnähe" des Standardmodells der Ökonomik zu sehen. Weil Dilemmastrukturen infolge ihrer Anreizwirkungen über kurz oder lang alle Akteure zum „Defektieren" zwingen, kann es als ein Gebot der Klugheit plausibilisiert werden, allen potenziellen Defektierern – genauer: allen *Klassen* potenzieller Defektierer – elementare Rechte und einen Mindestanteil an den Erträgen der gesellschaftlichen Kooperation zuzusichern, damit auch sie die soziale Ordnung mittragen und das Interesse verlieren, ihr Defektionspotenzial auszunutzen, weil sie jetzt „etwas zu verlieren haben".

6.2.4.3 Das Menschenbild der Ökonomik

Offen ist jetzt die Frage nach dem Menschenbild der Ökonomik, nachdem der homo oeconomicus dafür nicht in Frage kommt. Hat bzw. braucht die Ökonomik überhaupt so etwas wie ein „Menschenbild"?

Unter einem „Menschenbild" versteht man in Philosophie und Theologie, aber auch in der Alltagssprache, ein umfassendes, positive und normative Aspekte integrierendes Bild vom „Menschen" in der ganzen Breite und Fülle seiner historischen, gegenwärtigen und zukünftigen Existenz. Ökonomik ist nun aber eine Einzelwissenschaft, und sie ist wie alle anderen positiven Wissenschaften durch eine hochselektive Problemstellung gekennzeichnet: Daher kann es ihr ebensowenig wie den anderen positiven Wissenschaften um ein umfassendes „Menschenbild" in diesem Sinne gehen.

Richtig aber ist, dass die Ökonomik ganz bestimmte Minimalbestimmungen des „Menschen" implizit voraussetzt, um ihre Analysen problemspezifisch durchführen zu können. Sie formuliert diese Voraussetzungen möglichst „schwach": Dieser Terminus aus der Wissenschaftstheorie meint, dass diese Voraussetzungen nach Möglichkeit so allgemein zu fassen sind, dass sie einerseits ihren Zweck für die Theoriebildung erfüllen und andererseits von niemandem ernsthaft bestritten werden.

Wenn wir solche „schwachen" Voraussetzungen in bezug auf das „Menschenbild" der Ökonomik formulieren wollen, setzt sie eigentlich nur voraus, dass die Akteure über die grundsätzliche *Fähigkeit zu strategischem Verhalten* verfügen. Menschen können sich die *möglichen Folgen unterschiedlicher Verhaltensweisen in Interaktionen vorstellen und ihr Handeln, mit Bezug auf ihre jeweiligen Intentionen, an diesen Vorstellungen orientieren.* Ökonomik fokussiert daher nicht auf die Erforschung weiterer „Eigenschaften" des Menschen: Sind diese Minimalbedingungen erfüllt, was in aller Regel völlig problemlos unterstellt werden kann und keiner weiteren Begründungen bedarf, wendet sich die Ökonomik ihrem eigentlichen Geschäft: der Situationsanalyse, zu. Ökonomik ist keine Philosophie oder Theologie, sie ist keine Anthropologie oder Psychologie, sie braucht für ihr Forschungsprogramm keine umfassende oder auch nur ausgebaute Theorie „des Menschen". Damit wird jedoch keineswegs ausgeschlossen, dass die Ökonomik nicht von Erkenntnissen etwa der Psychologie profitieren könnte; sie muss diese Erkenntnisse nur – sofern sie für ihre Problemstellung relevant sind – in ihren, den ökonomischen, Kategorien rekonstruieren.

Mit Blick auf die *Gestaltungsabsicht* der Ökonomik, die immer normative Implikationen enthält, muss man den Blick aber auch auf die normativen Implikationen richten, die implizit in der Ökonomik leitend sind. Es handelt sich wiederum um die Suche nach einer „schwachen" normativen Implikation. Hier präsentieren wir einen Vorschlag, für den wir Anhaltspunkte bei dem Philosophen John Rawls und bei dem Ökonomen Gary S. Becker finden. Der Mensch, jeder Mensch, ist in der Sprache der Ökonomik zu betrachten als ein „asset", als ein Vermögensbestandteil, ein Aktivum, ein Potenzial, eine Quelle von Wertschöpfung. *„Der Mensch" ist ein „Potenzial",* weil er Werte schaffen kann – Werte für sich und die menschliche Gesellschaft –, und sei es nur in dem minimalen Sinne, dass er auf die Ausnutzung seines Defektionspotenzials verzichtet, indem er sich in die soziale Ordnung integriert. Dieses „asset" entfaltet *seine Möglichkeiten erst in der Gesellschaft* in voller Breite: Auch diese Bestimmung des Menschen als „asset" ist also nicht individualtheoretisch, sondern *interaktionstheoretisch* zu konzipieren. Damit bleibt das normative „Menschenbild" der Einzelwissenschaft Ökonomik an die Tradition der abendländischen Philosophie anschlussfähig, die den Menschen als „zoon politikon" bzw. als „animal sociale" gekennzeichnet hatte: als jenes Lebewesen, das ein politisches Gemeinwesen bildet bzw. bilden kann.

6.2.4.4 „Eigeninteresse" und „Opportunismus"

Der homo oeconomicus wird in seinem Handeln vom *„Eigeninteresse"* und von ihm allein regiert. A. Smith sprach vom „self interest" oder „own interest"; man kann auch unter der Voraussetzung vom „Egoismus" reden, dass man diesen Begriff rein positiv versteht und von allen normativen Konnotationen freihält. Da letzteres zumindest in der deutschen Sprache und Tradition schwer ist, ziehen wir die Bezeichnung „Eigeninteresse" vor.

Wir haben die empirische Kritik an dieser vermeintlichen Verhaltensannahme oben skizziert. Wir wenden uns jetzt einem neueren Vorschlag zu, der in der Ökonomik auf breiter Front aufgegriffen wird, und fragen, ob er gegenüber der herkömmlichen Auffassung von „Eigeninteresse" etwas Neues bringt und was daran neu ist.

Oliver E. Williamson plädiert dafür, das „einfache Eigeninteresse" durch die Annahme des *„Opportunismus"* zu ersetzen. „Opportunismus" definiert er als Verfolgung des Eigeninteresses „with guile", „mit List und Tücke", also durchaus unter Übertretung (des Geistes) von Vereinbarungen und Gesetzen, wenn dies ohne Sanktionen zu bleiben verspricht. Damit wird die Annahme des Eigeninteresses deutlich verschärft. Williamson nimmt diesen Theorieumbau vor im Rahmen einer Analyse von „governance structures", von organisatorischen bzw. institutionellen Arrangements zum Management von Interaktionsproblemen. Seine These lautet: Governance structures müssen auf „Opportunismus" und nicht auf das „einfache Eigeninteresse" zugeschnitten sein, weil man nur dann die schwierigen Probleme vor allem bei der *Durchsetzung* von vertraglichen Ansprüchen besonders bei spezifischen Investitionen mit in den Blick bekommt.

Williamson selbst interpretiert – wie seine Nachfolger allesamt auch – den „Opportunismus" als „Verhaltensannahme". Es handelt sich prima facie um eine „Eigenschaft des Menschen" (1985/1990, S. 7), und er beruft sich wiederholt auf Frank Knights Forderung aus den 20er Jahren, „die menschliche Natur, so wie wir sie kennen", zu erforschen (ebd. S. 3). Williamson zieht sich daher a fortiori jene Kritik zu, das schon gegen die Annahme des Eigeninteresses vorgebracht wurde: „So ist der Mensch empirisch doch gar nicht", „es gibt" doch auch noch ganz andere Motive und sogar so etwas wie Ehrlichkeit, Respekt etc. Williamson antizipiert diese Kritik, und es ist höchst aufschlussreich, mit welchen Gegenargumenten er seine Bevorzugung des „Opportunismus" verteidigt.

Er führt aus, „dass ich nicht darauf bestehe, dass jeder einzelne unentwegt oder auch nur überwiegend dem Opportunismus huldigt. Im Gegenteil: Ich nehme lediglich an, dass manche Menschen zeitweilig opportunistisch sind und dass unterschiedliche Vertrauenswürdigkeit selten im vorhinein klar erkennbar ist." (ebd. S. 73)

Williamson bringt hier implizit zum Ausdruck, dass die *Theoriebildung* in der Ökonomik nicht mit einem irgendwie gewonnenen „Durchschnitt" oder einer irgendwie „generellen" Eigenschaft „des Menschen" und noch nicht einmal „bestimmter Menschen" arbeitet. Organisatorische und institutionelle Arrangements werden – von der Theorie – zweckmäßigerweise auf „Opportunismus" zugeschnitten, auch wenn sich lediglich *„manche* Menschen *zeitweilig"* so verhalten. In unserer Sprache heißt das: *Die Theoriebildung erfolgt streng problemabhängig*, und das grundlegende Problem der Ökonomik ist die Sicherung der Akteure in Interaktionen gegen potenzielle Defektion der anderen. Ohne entsprechende Sicherungen lassen sich rationale Akteure auf – gewünschte, da potenziell produktive – Interaktionen erst gar nicht ein. Theoriebildung wird gesteuert von dem Ziel, produktive Interaktionen zu ermöglichen, und *für diese Problemstellung* hält Williamson die Arbeit mit „Opportunismus" für geeigneter als die mit dem „einfachen Eigeninteresse".

Erstaunlich ist allerdings, dass Williamson, der die oben zitierten Sätze und recht aufschlussreiche weitere Sätze in einem „Exkurs" zu seinem Buch „Die ökonomischen Institutionen des Kapitalismus" 1985/1990 selbst formuliert, hinsichtlich des methodologischen Status des „Opportunismus" in dem Selbstmissverständnis befangen bleibt, es handle sich um eine Annahme über das Verhalten des Menschen, *wie er wirklich ist.* Diese Ausdrucksweise im Anschluß an F. Knight, H. A. Simon und viele andere verdeckt, wie auch die Rezeption von Williamsons Vorschlag zeigt, dass das Verhalten keineswegs dem „Menschen, wie er wirklich ist", zuzurechnen ist, sondern den „Situationen", die durch das Fehlen kostengünstiger Durchsetzbarkeit vertraglicher Ansprüche in Interaktionen mit spezifischen Investitionen und damit durch Ausbeutbarkeit gekennzeichnet sind. Wir rechnen demgegenüber Interaktionsprobleme nicht auf menschliche Eigenschaften zu, sondern auf Bedingungen[8]: Die Annahme des „Opportunismus" gilt dann als Folge von Dilemmastrukturen mit besonders schwierigen Durchsetzungsproblemen, d.h. mit besonders vertrackten Anreizproblemen.

---

[8] Um diesen wichtigen, aber schwierigen methodologischen Punkt noch einmal am bereits bekannten Beispiel deutlich zu machen: Wenn der Luftballon aufsteigt, so rekonstruiert der Physiker das anhand der *Bedingungen*, nicht etwa anhand des 'Wesens' des Luftballons, obwohl das natürlich nicht heisst, dass die Aussagen über den Luftballon beliebig wären.

So modifiziert, stimmen wir Williamson darin zu, dass mit „Opportunismus" auf wichtige Probleme explizit aufmerksam gemacht wird, die unter der traditionellen Annahme des „einfachen Eigeninteresses" allenfalls implizit enthalten waren; insbesondere wird der Fokus auf Interaktionen statt auf Ressourcen gelenkt. Der „Opportunismus" ermöglicht den Zugang zu Phänomenen wie „versteckte Information", „versteckte Handlungen", „effizienter Vertragsbruch" und zum ganzen Komplex der „unvollständigen Verträge", aber auch zu den Gegenmaßnahmen wie „Vertrauen", „Reputation", „Geiselaustausch" bzw. „Pfandhinterlegung" und anderes mehr. In dieser Hinsicht halten wir den Übergang vom „Eigeninteresse" zum „Opportunismus" für einen Fortschritt in der modernen Ökonomik. Wünschenswert wäre nun, dass auch diese Kategorie nicht als (situationsunabhängige) „Eigenschaft" des Menschen, „wie er wirklich ist", verstanden wird, sondern als (situationsabhängige) Reaktion auf Anreizbedingungen in Dilemmastrukturen, durch die alle Interaktionen gekennzeichnet sind.

6.2.4.5 Die Zuschreibung von Verhaltensänderungen auf Bedingungsänderungen

Ökonomik führt Änderungen der Resultate von Interaktionen auf Änderungen des Verhaltens von Akteuren und diese wiederum auf Änderung von Bedingungen, Restriktionen zurück: Dies ist das Erklärungsprogramm der Ökonomik. Allen Interaktionen liegen gemeinsame und konfligierende Interessen als Grundstruktur zugrunde: Dieses Schema „Dilemmastrukturen" tritt an die Stelle der „allgemeinen Gesetze" in den Naturwissenschaften und der Wissenschaftstheorie der Naturwissenschaften. Dieses Schema wird als zweckmäßig für die Theoriebildung eingeschätzt und – bis ein besseres Schema gefunden wird – vorläufig invariant gesetzt. Die Annahme der Rationalität und das Konstrukt des homo oeconomicus sind aus diesem Schema „Dilemmastrukturen" abgeleitet, sie finden darin ihre zureichende Begründung.

Nun hat man in einer Methodologie, die auf „Lernen aus Erfahrung" setzt und sich nicht selten auf Karl R. Popper beruft, Schwierigkeiten mit der Vorstellung des Invariant-Setzens von Theorieelementen: Im Prinzip müsse man bereit sein, wird dort gesagt, ausnahmslos alle Elemente einer Theorie zur Disposition zu stellen und einer empirischen Überprüfung zu unterwerfen.

Wir halten dies für eine verkürzte Sichtweise und berufen uns dafür vor allem auch auf jenen Autor, der oft zur Stützung angeführt wird, auf Popper nämlich. Der Grundgedanke Poppers lässt sich dahin formulieren, dass es keine endgültigen Bestätigungen, „Verifikationen", irgendwelcher Aussagen geben kann, dass sie vielmehr allesamt für „Kritik" offengehalten werden müssen: Dem stimmen wir zu. Empirische Aussagen müssen der Kritik mit Hilfe empirischer Befunde zugänglich bleiben, was bei Popper unter dem Stichwort „Falsifizierbarkeit" empirischer Hypothesen läuft: Auch dem stimmen wir zu. Was in der – deutschen – Rezeption Poppers besonders in den Lehrbüchern oft übersehen wird, ist Poppers Gespür dafür, dass Theorien auch andere als empirische Aussagen enthalten und dass diese folgerichtig *anders als empirisch* überprüft und kritisiert werden können und müssen.

Die Annahme rationalen Verhaltens ist u.E. ein solches nicht-empirisches Element in sozialwissenschaftlichen Theorien: Popper selbst hat das „Rationalitäts*prinzip*" so ähnlich eingestuft und es als zweckmäßiges Prinzip sozialwissenschaftlicher Erklärungen gerechtfertigt, obwohl es in der generellen Version empirisch „sicher falsch" sei. Verhalten, das prima facie „irrational" erscheint und damit der allgemeinen Rationalitätsannahme der Theorie zu widersprechen scheint, sollten wir als rationales Verhalten in einer bestimmten „Situation" interpretieren! Seine Begründung: „Wir lernen mehr, wenn wir unser Situationsmodell dafür verantwortlich machen!" (1967/1995, S. 355)

Popper weist das Rationalitätsprinzip damit klar als *methodologisches Prinzip* aus, das in Langfassung heißt: Laste scheinbare empirische Falsifikationen des Rationalitätsprinzips nicht dem Rationalitätsprinzip selbst an, sondern deinem „Situationsmodell". Popper bestimmt den Status des Rationalitätsprinzips als „empirische Vermutung" und hält es für „einen integralen Teil jeder, oder fast jeder, überprüfbaren Gesellschaftstheorie" (ebd., S. 354, 355), und er fährt fort: „Wenn nun eine Theorie überprüft wird und sich als falsch erweist, müssen wir immer entscheiden, welchen ihrer verschiedenen Bestandteile wir für ihren Misserfolg verantwortlich machen sollen. Meine These ist, dass es ein fundierter methodologischer Grundsatz ist, nicht das Rationalitätsprinzip, sondern den Rest der Theorie, nämlich das Modell, verantwortlich zu machen." (ebd., S. 355)

Das Rationalitätsprinzip bestimmt er abschließend als „eine gute methodologische Devise"; in unserer Sprache gesagt, handelt es sich um eine Heuristik, die die Vielfalt der Erscheinungen der sozialen Welt auf die vielfältigen *Bedingungen* zuschreibt und gerade dadurch viel über diese Welt, über diese Bedingungen, in Erfahrung bringt. Gerade das *methodologische Invariant-Setzen des Rationalitätsprinzips* und die Zurechnung vermeintlicher Abweichungen auf – übersehene – Bedingungen begründet ein fruchtbares empirisches (!) Forschungsprogramm für die Sozialwissenschaften bzw. für die Ökonomik.

Ganz ähnlich argumentiert G.S. Becker: „Wenn z.B. einige Theaterbesitzer auf dem Broadway Preise festsetzen, die lange Wartezeiten für freie Plätze zur Folge haben, wird unterstellt [von den Ökonomen, K.H./A.S.], dass die Besitzer die gewinn-maximierende Preisstruktur nicht kennen, statt davon auszugehen, dass der Analytiker nicht weiß, wieso die tatsächlichen Preise den Gewinn maximieren. Wenn man nur einen Teil der Einkommensunterschiede von Individuen erklärt hat, wird der unerklärte Anteil dem Glück oder dem Zufall zugeschrieben, nicht der Unkenntnis oder der Unfähigkeit, zusätzliche systematische Komponenten zu messen." (1976/1982, S. 12)

Aus *methodologischen Gründen verbietet* Becker dem Ökonomen – und damit zuvörderst auch sich selbst –, soziale Erscheinungen, die Explananda, (1) auf Glück und Zufälle, (2) auf Unwissen oder „Irrationalität" und (3) auf „Werte" qua „Präferenzen" oder Präferenzenänderungen zuzuschreiben. Ein fruchtbares ökonomisches Forschungsprogramm schreibt Verhaltensänderungen grundsätzlich auf Änderungen der Restriktionen zu. Und da kaum ernsthaft bestritten werden kann, dass sich – jetzt in der Alltagssprache gesagt – Präferenzen ändern, dass Menschen niemals alles wissen und oft emotional und impulsiv, also „irrational" in diesem Sinne, handeln und dass sie sich auch von Werten leiten lassen, baut Becker die ganze ökonomische Theorie entgegen dem lebensweltlichen Verständnis so um, dass die für Verhaltensänderungen relevanten Faktoren unter dem Titel „Restriktionen" verbucht und verarbeitet werden können – ähnlich wie Galilei seine Theorie entgegen dem lebensweltlichen Verständnis darauf aufbaute, dass alle Gegenstände grundsätzlich mit gleicher Beschleunigung fallen und es von den Bedingungen („Restriktionen") abhängt, wie schnell etwas im konkreten Fall fällt. Aus diesem methodologischen Grund werden die „normalen" Präferenen z.B. für Äpfel oder Orangen bei Becker zu „tieferliegenden Präferenzen" umgedeutet, die intraindividuell, interindividuell und interkulturell „stabil" gesetzt werden können; „Werte" und „Normen" werden als internalisierte Restriktionen interpretiert, und selbst auf „irrationales" und „altruistisches" Verhalten lässt sich das so umorganisierte ökonomische Rationalitätskonzept nach Becker anwenden, weil auch in diesen Fällen der Möglichkeitenraum durch Änderung der Restriktionen in einer Weise verändert wird, dass eine *systematische* Verhaltensänderung in der unter Verwendung der Rationalitätsannahme theoretisch erwarteten Richtung abgeleitet werden kann.

Neuerdings beschäftigt sich Becker mit einer Theorie der Präferenzen*änderung*: Die Präferenzen selbst werden zum Explanandum, das er nun, methodisch völlig identisch, aus anderen, den „tieferliegenden" Präferenzen, die stabil bleiben, und Restriktionenänderungen ableitet. Die hier dominante und jetzt neu eingeführte Restriktion ist eine besondere Art von „Kapital", von „Vermögen", das Identitätskapital oder das individuelle Humankapital. Dieses ist im Laufe der individuellen Lebensgeschichte angesammelt und ermöglicht z.B. einen nutzenmaximierenden Konsum von Musik bei einem Musikkenner, wo ein Nicht-Musikkenner anderen Konsum vorziehen würde. Die Ertragsraten bestimmter Verhaltensweisen fallen so bei verschiedenen Individuen unterschiedlich hoch aus: Das ist die ökonomische Rekonstruktion des Sachverhaltes, den wir alltagssprachlich als „Vorliebe für Musik", also als „Präferenz", auslegen.

Diese ökonomische Formulierung erlaubt durchaus empirisch testbare Hypothesen wie z.B. die folgenden: (1) Junge Menschen weisen – statistisch sc. – eine größere Verhaltensbreite bezüglich ihres „Charakters" auf als ältere, die bereits einen Identitätskapitalstock über lange Jahre ausgebildet haben. (2) Wenn das Selbstverständnis oder Selbstbild einer Person aufgrund bestimmter Ereignisse erst einmal zusammengebrochen ist – in ökonomischer Sprache: das individuelle Identitätskapital erst einmal „entwertet" ist –, wie das z.B. bei Menschen sein kann, die straffällig geworden und längere Zeit im Gefängnis gewesen sind, ist die Gefahr einer weiteren kriminellen Karriere signifikant größer als ohne eine solche vorausgegangene „Entwertung"; diesen Zusammenhang bringt das deutsche Sprichwort: „Ist der Ruf erst ruiniert, lebt es sich ganz ungeniert", in lebensweltlicher Formulierung pointiert zum Ausdruck. Auch die Entstehung und Änderung von „Präferenzen" lassen sich also „rational" aus den (Änderungen der) „Bedingungen" erklären.

Wir fassen zusammen: Wissenschaftliche Theoriebildung ist etwas ganz anderes als die alltagssprachliche Beschreibung von sozialen Phänomenen. Erstere geht strikt problemorientiert und systematisch vor und muss genaue Auskunft über ihre Vorgehensweise geben. Dies gilt für Grundbegriffe ebenso wie für Zuschreibungsverfahren. Da alle Theoriebildung eine hochselektive Reduktion von Komplexität vornehmen muss, um leistungsfähig zu sein, kann sie niemals einfach phänomenologisch zugreifen. Diese Grundsätze bereiten heute in den Naturwissenschaften kaum noch Schwierigkeiten, was aber zu Zeiten von Galilei noch ganz anders gewesen ist. In den Sozialwissenschaften und insbesondere in der Ökonomik sind wir keineswegs schon so weit anzuerkennen, dass wir für die „Erklärung und Gestaltung der Bedingungen und Folgen von Interaktionen" eine vorgängige umfassende Theorie „des Menschen" nicht benötigen.

6.2.4.6 Die Allgegenwart von Dilemmastrukturen

Wir haben überlegt, diese Überschrift mit einem Fragezeichen zu versehen: In der Tat formuliert diese Version wohl ziemlich exakt jene Frage, die auch gutwillige Leser nicht länger zurückhalten können. Wir haben auf das Fragezeichen verzichtet, weil die Überschrift in dieser Form genau unsere Auffassung wiedergibt. Das bedarf allerdings einer sorgfältigen Begründung.

Wir treiben Theorie – und nicht Phänomenologie: Natürlich leugnen wir nicht, dass es in der sozialen Welt Interaktionen „gibt", die das Prädikat „pareto-superior" im interaktionstheoretischen Sinn verdienen. Aber wir schließen daraus nicht – wie naheliegende Einwände das tun –, dass hier keine Dilemmastrukturen vorliegen, wir rekonstruieren gelingende Interaktionen lediglich anders – eben aufgrund von Theorie.

Um unsere These von der Allgegenwart von Dilemmastrukturen zu begründen, erinnern wir zunächst an unsere wiederholten Hinweise, dass wir nicht „spieltheoretisch" vorgehen. Die Spieltheorie kennt unterschiedlichste Spiele, einfache und komplexe, einmalige und iterierte, ineinandergeschachtelte und dergleichen mehr. Wir arbeiten dagegen mit dem *„Konzept Dilemmastrukturen"*, das durch das Gefangenendilemma in Normalform lediglich *illustriert* werden kann. Die Modelle der Spieltheorie betrachten wir als spezifische Variationen unserer allgemeinen „Dilemmastrukturen", die zur genauen Analyse konkreter empirischer Probleme unersetzlich sind – auch wenn die Spieltheorie bei einer größeren Anzahl von Akteuren starke Abstraktionen vornehmen muss, um handhabbar zu bleiben. Für unser „Konzept Dilemmastrukturen" benötigen wir nur die Gedanken (1) der Interdependenz des Verhaltens in Interaktionen, (2) des Zugleichs von gemeinsamen und konfligierenden Interessen in allen Interaktionen und (3) der Ausbeutbarkeit der individuellen Vorleistungen für das pareto-superiore Interaktionsresultat. In einer etwas anderen Sprache gesagt, beginnt unsere Analyse mit dem Gedanken, dass die grundlegende, „ursprüngliche" im Sinne von „keinen Regeln unterworfene", Interaktion in soziale Fallen, in kollektive Selbstschädigungen, klassisch: in den „Krieg aller gegen alle" des Thomas Hobbes, führt.

Aber dies ist – wie bei Hobbes – nicht der Endpunkt der Analyse, sondern ihr streng theoretischer – und nicht etwa empirischer – *Startpunkt*. Im nächsten Schritt geht es um die *Frage*, was mit dieser „ursprünglichen" Struktur in realen gesellschaftlichen Interaktionen geschieht: *Bleibt sie erhalten oder verschwindet sie?* Wenn sie „verschwindet", dann lässt sich für die Theoriebildung daraus folgern, dass der Ansatz bei Dilemmastrukturen überflüssig, unzweckmäßig, irreführend ist. Wenn sie aber nicht verschwindet, sondern – wie wir gleich zeigen wollen – allgegenwärtig bleibt, dann ist die Theorie gut beraten, in die Fußstapfen von Hobbes zu treten und Dilemmastrukturen als generellen theoretischen Ansatzpunkt für die Analyse sämtlicher Interaktionen zu wählen.

Es sind *drei Weisen* der von uns behaupteten *Allgegenwart von Dilemmastrukturen* zu unterscheiden.

1. Wir erinnern an die Funktion von Regeln, Institutionen für Interaktionen: Sie stellen standardisierte Lösungen für dilemmastrukturbedingte Interaktionsprobleme dar, indem sie die für ein Verhalten im Sinne pareto-superiorer Resultate nötige Verlässlichkeit der wechselseitigen Verhaltenserwartungen sicherstellen. Das bedeutet, dass man *gelingende Interaktionen* mit Kooperationsgewinnen für alle Akteure rekonstruieren muss als *institutionell gestaltete Dilemmastrukturen.* Sie resultieren aus *zwei Klassen* von Aussagen: aus der „ursprünglichen" Dilemmastruktur und besonderen institutionellen Handlungsbedingungen. Unser Konzept zielt also darauf, zwischen diesen beiden Klassen von Aussagen analytisch streng zu unterscheiden, die Dilemmastruktur invariant zu setzen und das Gelingen pareto-superiorer Interaktionen auf das Vorhandensein – und das Misslingen auf das Fehlen – geeigneter Institutionen zuzuschreiben.

Den großen theoretischen Vorteil dieser Konzeptualisierung sehen wir zum einen darin, dass in der Theorie präsent gehalten wird, dass die „ursprüngliche" Dilemmastruktur der Interaktion *latent präsent bleibt.* Daraus folgt: Sollte(n) die Institution(en) zusammenbrechen, *lebt die Dilemmastruktur mit ihrer ganzen Problematik wieder auf:* Sie liegt gewissermaßen immer auf der Lauer. Eine solche Rekonstruktion trifft theoretisch immer zugleich Aussagen auch darüber, wo genau die Gefährdungen für z.Z. problemlose Interaktionen liegen und womit gerechnet werden muss, wenn die für das Gelingen ursächlichen Institutionen aus was für Gründen auch immer ihre Wirksamkeit einbüßen.

Gründe für solche Entwicklungen gibt es viele, und es passiert im sozialen Leben laufend, dass Regeln, Institutionen, und zwar formelle wie informelle, ihren Einfluss verlieren. So können Konventionen und religiös gestützte Normen erodieren, „Werte" können sich verändern, Kontroll- und Sanktionssysteme können unwirksam werden – durch Vollzugsdefizite, neue Ausweichstrategien der Akteure, grenzüberschreitende Wirtschaftsaktivitäten ohne internationale Rahmenordnung, Revolutionen oder Zerfall der staatlichen Ordnung (Russland) –, und es können neue Handlungsmöglichkeiten infolge technischer, informationstechnischer oder sozialer Innovationen entstehen, die (noch) nicht geregelt sind (Gentechnologie, internationale Finanzmärkte) und anderes mehr. Die Folge: Sofort treten die Dilemmastrukturen (wieder) auf, und die gesellschaftlichen Interaktionen durchlaufen eine mehr oder minder lange Phase der Instabilität, bis es gelungen ist, geeignete Institutionen zu (er-)finden.

Unsere Konzeptualisierung ist – zum anderen – auch in der umgekehrten Version von theoretischer Kraft: Ausnahmslos alle Probleme unserer Welt – von Hunger und Armut angefangen über Bevölkerungswachstum, Migration,

Umweltverschmutzung bis zu Arbeitslosigkeit und Kostenexplosion im Gesundheitswesen und vieles andere mehr – lassen sich als Folge von Dilemmastrukturen interpretieren, für die bislang noch keine geeigneten, d.h. zu pareto-superioren Ergebnissen führenden institutionellen Arrangements erfunden und implementiert werden konnten. Das Konzept Dilemmastrukturen „sieht" auch hier die gemeinsamen Interessen, Zonen für die Besserstellung aller; es sieht solche Chancen theoretisch vor und bildet insofern eine Heuristik für die Forschung, indem es sagt, wo die Lösungen für die Aneignung denkbarer Kooperationsgewinne zu suchen sind: in institutionellen Reformen nämlich.

2. Nun sind die Interaktionen niemals in jedem Detail geregelt, sie sind durch Institutionen niemals vollständig determiniert. Institutionen *regeln nur selektiv* die wichtigsten und die häufig wiederkehrenden Interaktionsprobleme. Es verbleiben dann die sog. „Handlungsspielräume". In diesen ungeregelten Bereichen *leben die Dilemmastrukturen fort*. Damit haben wir eine zweite Weise der behaupteten Allgegenwart der Dilemmastrukturen gefunden: Man kann sie als *Rest-Dilemmastrukturen* bezeichnen. Hier bleibt der „natürliche" Wettbewerb infolge konfligierender Interessen – zumindest über die Aufteilung der Kooperationsgewinne – in Gang, und der geht keineswegs nur um monetäre Kooperationsgewinne, sondern um alle anderen „Währungen", in denen die Menschen ihre „Vorteile" ausdrücken. Im Unterschied zu den „schweren" Übeln infolge ungeregelter Dilemmastrukturen aus dem vorigen Absatz handelt es sich hier oft um Fälle, die zu regeln, insbesondere formell zu regeln, zu teuer und/oder unerwünscht ist. Hier greifen oft informelle Regeln wie moralische Ideen (Gerechtigkeit, Fairness, Integrität), Sitten und Konventionen, aber auch kalkulierte individuelle Selbstbindungen wie Reputation und dgl. mehr – oder man vernachlässigt die Schäden der Ausbeutung, weil sie gering sind und/oder nur selten vorkommen.

3. Schließlich gibt es eine dritte Weise, in der Dilemmastrukturen präsent sind, und die ist für den Ökonomen von besonderem Interesse: den *Markt-Wettbewerb*. Wettbewerb ist hier nichts anderes als eine artifiziell etablierte und institutionell (Kartellamt) gesicherte Dilemmastruktur jeweils auf derselben Marktseite.

Der Erfolg des Kapitalismus beruht in einem nicht geringen Ausmaß auf diesem Wettbewerb. Er ist auch erfolgreich auf andere als „wirtschaftliche" Bereiche übertragen worden – Wissenschaft, Politik in der Demokratie, aber auch Institutionen, Weltanschauungen und vieles andere mehr. Hier werden die für Dilemmastrukturen typischen Verhaltensweisen in den Dienst der gesellschaftlichen Kooperation gestellt – unter geeigneten Regelsystemen.

Damit ist das *ganze Feld von Interaktionen von Dilemmastrukturen in der einen und/oder anderen Weise durchherrscht.*

Die Folge für die ökonomische Theorie: Das *geeignete Analyseinstrument auf der Handlungsebene ist der homo oeconomicus.* Und wenn Verträge eingehalten, Menschenrechte beachtet und in Katastrophenfällen „spontan" geholfen wird, dann ist dies kein Gegenargument gegen Dilemmastrukturen und homo oeconomicus, vielmehr sind diese „Phänomene" als *institutionell*[9] *beherrschte Dilemmastrukturen* zu interpretieren. Selbst individuelle Tugenden, „Dispositionen", lassen sich als informelle Regeln zur Überwindung von Interaktionsproblemen rekonstruieren. Anders gesagt: In gelingenden Interaktionen wird das Gelingen auf geeignete formelle oder informelle Institutionen zugerechnet und unter der Rubrik „Restriktionen" verbucht, so dass für den „Rest", also für alle sogenannten „Handlungsspielräume", und zwar für die ungeregelten „Handlungsspielräume" wie insbesondere auch die erzwungenen „Handlungsspielräume" des Wettbewerbs, die Dilemmastruktur fortbesteht und mit Hilfe des homo oeconomicus zu analysieren ist. Der homo oeconomicus wird also in diesen Fällen nur unter den gegebenen institutionellen Beschränkungen eingesetzt.

Um unsere Auffassung zum homo oeconomicus zu plausibilisieren, haben wir viele Seiten gebraucht: Wir betonen abschließend, dass man diese Ausführungen besonders kritisch lesen möge, weil sie sich in dieser Form in der Literatur nicht finden lassen, so viele einzelne Bemerkungen und Hinweise wir dort zur Stützung unserer Auffassung auch finden können.

6.3 Sinn und Grenze der ökonomischen Methode

6.3.1 Der „Imperialismus" der Ökonomik

Ökonomik befasst sich mit der Erklärung und Gestaltung der Bedingungen und Folgen von Interaktionen auf der Basis von individuellen Vorteils-/Nachteils-Kalkulationen der Akteure. Ökonomik ist damit – wie alle anderen positiven Wissenschaften auch – durch eine hochselektive Problemstellung gekennzeichnet. Die Begriffe Vorteil und Nachteil sind völlig offen in dem Sinne, dass darunter alles verstanden werden kann, was die Akteure selbst als Vorteile und Nachteile ansehen. Dies ermöglicht die Anwendung der ökonomischen Methode weit über den Gegenstandsbereich der „Wirtschaft" hinaus: Eheschließungen, Scheidungen, generatives Verhalten, Kriminalität und Drogenkonsum, Politikerverhalten, Rechtsetzung und Entwicklung von Institutio-

---

[9] Es muss sich nicht immer um bewusst gestaltete Institutionen handeln.

nen und Moral werden damit einer strengen ökonomischen Analyse zugänglich. Die Ökonomik ist in einem gewissen Sinne „imperialistisch" geworden. Wie alle positiven Wissenschaften definiert sich auch die Ökonomik weder von einem bestimmten Gegenstandsbereich – wie etwa „der Wirtschaft", dem „Materiellen" oder dem „Geld" – noch von der Anwendbarkeit bestimmter Forschungstechniken – wie der Marginal- und Gleichgewichtsanalyse – her, sondern von einer ganz bestimmten, hochselektiven Problemstellung. Hier, an der Problemstellung, hat also eine Reflexion von Sinn und Grenze der ökonomischen Methode anzusetzen.

Es ist natürlich trivial, dass die Ökonomik nicht alle Fragen beantworten kann: Kritiker missverstehen die Bezeichnung „ökonomischer Imperialismus" oft in der Weise, dass ein solcher Anspruch von Ökonomen erhoben würde. Die Bezeichnung war ursprünglich als Kritik an dem Versuch der Ökonomen gemeint, über die „Wirtschaft" hinaus auch andere „Bereiche" der Welt mit der ökonomischen Methode zu bearbeiten, für die vermeintlich andere Wissenschaften allein zuständig waren und die jetzt von der Ökonomik usurpiert werden sollten. Nach einem modernen Wissenschaftsverständnis sind aber nicht bestimmte Gegenstandsbereiche konstitutiv für eine wissenschaftliche Disziplin, sondern bestimmte Problemstellungen. Daher kann die moderne Ökonomik *zugleich „imperialistisch" in bezug auf den Bereich möglicher Forschungsgegenstände und sehr begrenzt in bezug auf die Fragestellung, die Perspektive der Forschung sein.*

Der „ökonomische Imperialismus" hat daher nichts mit wissenschaftlichen Omnipotenzansprüchen zu tun. Allerdings zwingt uns eine solche Konzeption, den Sinn und die Grenze der Ökonomik *neu*, nämlich nicht von Gegenstandsbereichen, sondern *von der Problemstellung her* zu bestimmen. Im nächsten Schritt muss dann das Verhältnis der Ökonomik zu den anderen, besonders zu verwandten Wissenschaften herausgearbeitet werden, was ebenfalls auf der theoretischen Grundlage des „ökonomischen Imperialismus" in einer neuen Weise zu erfolgen hat; es geht um ein neues Verständnis von Interdisziplinarität, die heute vielfach postuliert wird, aber konzeptionell bislang sehr unklar geblieben ist.

6.3.2 Der Sinn der ökonomischen Methode

Die Ökonomik ist keine genuine Theorie menschlichen Handelns: Sie erklärt weder Einzelentscheidungen von Individuen, noch will sie „den Menschen" erforschen. Sie hat es vielmehr mit sozialen Phänomenen zu tun, die sich systematisch in Interaktionen einstellen. Sie erklärt Verhaltensmuster, genauer: Interaktionsmuster, sie erklärt eine verbreitete, eine gesellschaftliche, „Praxis" und deren Resultate, mögen diese nun erwünscht sein wie bei Tauschbeziehungen auf legalen Märkten oder unerwünscht wie bei Tauschbeziehungen auf dem Markt für Heroin oder innerhalb von Kartellen oder der Mafia. Im Anschluss an die Tradition sozialwissenschaftlichen Denkens bezeichnen wir solche Interaktionsmuster allgemein als eine „soziale Ordnung", wobei auch dieser Begriff rein positiv gebraucht wird; ob eine bestimmte soziale Ordnung erwünscht oder unerwünscht ist, muss gesondert entschieden werden.

Der Grundgedanke lautet, dass Akteure unter den Bedingungen knapper Ressourcen und des daraus folgenden Wettbewerbs als Interaktionsprinzip generell aus individuellen Vorteils-/Nachteils-Kalkulationen handeln und sich – unter Umständen erst nach Lernprozessen – den jeweiligen Bedingungen anpassen. Ökonomik befasst sich mit der Frage nach der Stabilität von Interaktionen und so zugleich auch mit den Gründen für Veränderungen in den Interaktionsmustern und deren Folgen. Wenn man den Aspekt der Gestaltung in den Vordergrund stellt, der den letzten Sinn von Ökonomik, wie wir sie verstehen, ausmacht, werden mit Hilfe der ökonomischen Methode die *Implementationschancen erwünschter Verhaltensmuster und die Chancen zur Destabilisierung unerwünschter Verhaltensmuster* analysiert. Es sind die Stabilisierungs- und Destabilisierungschancen der jeweiligen sozialen Ordnung, die die hochselektive Problemstellung der ökonomischen Methode konstituieren: *Auf diese Frage ist die Ökonomik zugeschnitten.*

Der entscheidende Grund für diese Fokussierung einer speziellen Wissenschaft Ökonomik auf diese Problemstellung liegt darin, dass die Phänomene bzw. Probleme der sozialen Welt als Resultate menschlichen Handelns – unter bestimmten „natürlichen" und sonstigen Bedingungen – begriffen werden müssen und dass die Akteure in ihrem Tun/Handeln über – zumindest minimale – Handlungsspielräume verfügen. Diese Spielräume füllen sie auf der Basis individueller Vorteils-/Nachteils-Kalkulation aus, so dass diese in Verbindung mit der Analyse der Restriktionen die elementare handlungstheoretische Grammatik der sozialen Welt darstellt. Unter Bedingungen von Knappheit und Wettbewerb entsteht jede soziale Ordnung als Resultat der Handlungen von Akteuren, die in ihrem Handeln unter den gegebenen Bedingungen den eigenen Vorteil suchen und in Interaktionen aufgrund der Dilemmastruktur suchen müssen.

Die Resultate von Interaktionen, angefangen vom einmaligen Tausch zwischen zwei Partnern bis zu Arbeitslosigkeitsraten, Geburtenraten und sonstigen „Raten", entstehen so *als nicht-intendierte Resultate intentionaler Handlungen*: Die Handlungen der Akteure sind durchaus zielgerichtet, intentional, aber sie sind eigeninteressiert-intentional; die Resultate der *Interaktionen* stellen sich jedoch als nicht-intendierte Resultante der – anderes intendierenden – Handlungen der Akteure ein. Für die hochaggregierten Resultate

ganzer Volkswirtschaften ist es unmittelbar plausibel, dass niemand das Ge-
samtresultat als unmittelbar handlungsleitendes „Motiv" seines Tuns nimmt
und etwa bereit wäre, für eine höhere Beschäftigungsrate auf eigene Vorteile
zu verzichten. Aber selbst beim einmaligen zweiseitigen Tausch sorgen die
konfligierenden Interessen hinsichtlich der Aufteilung der Kooperationsgewinne in der Regel dafür, dass keiner der Partner mit seiner First-best-Lösung
herauskommt, so dass sie das Resultat dieser Interaktion zwar – alltagssprachlich gesagt – akzeptieren, aber keineswegs intendiert haben. Solange
jemand auch nur minimale Handlungsspielräume hat, auf die seine Interaktionspartner keinen direkten, im Wege des Zwangs erfolgenden Zugriff haben,
besteht das Resultat von Interaktionen immer in Ergebnissen, die so nicht von
allen direkt intendiert waren, weil die Inhaber solcher Handlungsspielräume
diese nach ihren eigenen Interessen ausfüllen und im Wettbewerb auch ausfüllen müssen.

Die ökonomische Methode funktioniert so, dass alle Faktoren, die in der
jeweils in Rede stehenden Aktion nicht disponibel sind, in die Bedingungen
gesteckt werden, so dass der dann noch verbleibende Raum möglicher Resultate allein durch die Vorteils-/Nachteils-Erwartungen der Akteure ausgefüllt
wird. Anders gesagt: Welche soziale Ordnung, welches Verhaltensmuster,
sich langfristig einstellt, wird – unter den gegebenen Bedingungen wohlgemerkt – von den individuellen Vorteilserwartungen determiniert. Noch einmal
andersherum gesagt: *Erwünschte Verhaltensmuster etablieren sich nur, wenn
sie für die Akteure vorteilhaft entweder sind oder erscheinen oder gemacht
werden (können)*, wie umgekehrt eine unerwünschte soziale Ordnung, z.B.
verbreitete Korruption oder Drogenkonsum, nur dann zum Verschwinden
gebracht werden kann, wenn die Vorteile entweder in Nachteile verkehrt
(durch effiziente Strafverfolgung z.B.) oder neutralisiert (durch Abschöpfung
der Zusatzgewinne z.B.) oder durch größere Vorteile anderen Verhaltens
(etwa Subventionen) für die Akteure unattraktiv werden.

Die Vorteils-/Nachteils-Grammatik der ökonomischen Methode ist auf die
hochselektive Problematik der – durchaus dynamischen – Stabilität von Ver-
haltensregelmäßigkeiten, von sozialen Ordnungen, von Kooperation und
Wettbewerb zugeschnitten. Insbesondere für die Gestaltungsaufgabe ist daher
die ökonomische Methode von unüberbietbarem Wert. Keine Religion, keine
Weltanschauung oder Ethik wird von den Akteuren erfolgreich verlangen
können, dauerhaft und systematisch gegen die eigenen Vorteile zu verstoßen
oder sich gegen die Nachteile infolge der Ausbeutung durch andere in Dilemmastrukturen nicht zur Wehr zu setzen.

Daher lautet unsere *These: Um die Chancen der Implementation von „sozialer Ordnung" auf breiter Front in der Gesellschaft abzuschätzen, ist die ökonomische Methode unverzichtbar.*

Daher darf man nicht den verbreiteten Fehler machen, zu früh aus der streng ökonomischen Analyse sozialer Phänomene und Probleme auszusteigen, wie insbesondere Kritiker des „ökonomischen Imperialismus" oft verlangen – meist aus normativen Beweggründen: Zur ökonomischen Methode greift man nur, um die Implementationschancen von sozialer Ordnung abzuschätzen, und wenn man bei Schwierigkeiten mit der ökonomischen Erklärung vorschnell auf „Werte", „Kultur", „Zufall" oder „Irrationalität" rekurriert, *bringt man sich um genau die Erkenntnisse, derentwegen man die ökonomische Methode überhaupt bemüht hatte.* Daher müssen, um die Implementationschancen erwünschter und unerwünschter sozialer Ordnungen rein positiv analysieren zu können, solche Phänomene, die wir alltagssprachlich mit Begriffen wie „Werte", „Kultur", „Vertrauen" o.ä. bezeichnen, in die Fachsprache der strengen Ökonomik, d.h. in die Sprache der individuellen Vorteils-/Nachteils-Kalkulation, in die Sprache der Anreize und Restriktionen, *übersetzt* werden, und dieser Diskurs darf ebensowenig vorzeitig abgesetzt werden wie ein Antibiotikum bei einer schweren Infektion.

Kritiker werfen diesem Vorgehen oft vor, damit werde alles menschliche Verhalten auf Vorteilskalkulationen, auf „Egoismus", reduziert. Diese Kritik ist nicht stichhaltig, weil sie den *Sinn* der Übersetzung solcher Faktoren, die wir alltagssprachlich in Worten mit moralischer Konnotation fassen, in terms of economics missversteht: Diese Übersetzung impliziert keineswegs so etwas wie die Behauptung, es gebe „in der Wirklichkeit" nur das Vorteils-Motiv. Allerdings ist zuzugestehen, dass die meisten Ökonomen den streng methodologischen, problembezogenen Sinn der Übersetzung in terms of economics bislang nicht deutlich genug ausgewiesen haben.

6.3.3 Die Grenze der ökonomischen Methode

Ein neues Verständnis von positiver Wissenschaft verlangt eine entsprechende, ebenfalls neue Bestimmung der Grenze dieser Wissenschaft.

Nach den bisherigen Ausführungen dürfte folgende vorläufige Bestimmung der Grenze plausibel sein: Wenn moderne Einzelwissenschaften durch eine hochselektive Problemstellung konstituiert sind, dann finden sie ihre *Grenze genau an anderen legitimen, gleichermaßen hochselektiven Problemstellungen, die andere Wissenschaften konstituieren.* Und es kann keinem Zweifel unterliegen, dass es eine – im Prinzip unbegrenzte – Vielzahl anderer legitimer Problemstellungen gibt. Zu vielen dieser Probleme kann die Ökonomik nichts oder nur wenig sagen, auch wenn sie zu manchen von ihnen „in Beziehung" gesetzt werden kann.

So liegen Fragen nach den letzten Bausteinen der Materie ebenso außerhalb der Ökonomik wie die Analyse der Genstrukturen oder Forschungen zu Entstehung, Alter und Grenze des Weltalls. Diese Fragestellungen können zwar in einer doppelten Weise mit der Ökonomik in Beziehung gesetzt werden: Die entsprechende Forschung verbraucht Ressourcen, und die Erkenntnisse solcher Forschungen können ökonomische Wirkungen entfalten. Aber die *Methode der Forschungen selbst* ist sicher nicht die ökonomische Methode.

Ebenfalls jenseits der ökonomischen Methode liegen die verschiedenen, teilweise hochelaborierten Binnenlogiken von Philosophie und Rechtsdogmatik, von Literatur, Kunst und Musik, von Mathematik und Sprachen. Die Frage, ob es in der modernen Lyrik eines Paul Celan lediglich um einen bestimmten „Sound" oder um eine präzise poetoloische Auseinandersetzung mit dem Sprachverständnis Goethes im „West-östlichen Divan" geht, ist mit der ökonomischen Methode sicher nicht ertragreich zu bearbeiten. Ob allerdings die Formensprache moderner Literatur und Kunst eine Bedeutung für das allgemeine Kreativitätspotenzial der Gesellschaft hat und worin diese Bedeutung liegen könnte, nähert sich schon eher Fragen, die der ökonomischen Methode zugänglich sind, nämlich Fragen der ökonomischen Folgewirkungen einer literarisch-künstlerischen Allgemeinbildung. Hier liegen wichtige Schnittstellen für interdisziplinäre Forschungsansätze sowie für die Einschätzung der gesellschaftlichen Bedeutung – und Förderungswürdigkeit – von Kunst und Literatur.

Wir wenden uns jetzt der Grenzziehung zwischen der Ökonomik und Wissenschaften wie der Psychologie, Sozialpsychologie, Biologie und Soziologie zu, die der Ökonomik nach allgemeiner Auffassung „näher" stehen als die bisher erwähnten Disziplinen. Auch hier muss die Grenzziehung entlang den unterschiedlichen Problemstellungen erfolgen. Dabei können wir naturgemäß nicht beanspruchen, die Problemstellungen anderer Wissenschaften mit dem gleichen Anspruch formulieren zu können wie die der Ökonomik. Es kann also lediglich darum gehen, gewisse, für das Verständnis der Wissenschaften und für interdisziplinäre Forschung durchaus folgenreiche Unterschiede zu *illustrieren*.

Der *Psychologie* fehlt unseres Erachtens die generelle Fokussierung auf Vorteils-/ Nachteils-Kalkulationen und auf situative Anreize, wodurch die Ökonomik charakterisiert ist. Die Psychologie verfolgt ein Forschungsprogramm, das sich stark von der Ökonomik unterscheidet. Sie fokussiert auf psychische Prozesse bei Individuen, seien diese nun stärker emotionaler oder stärker kognitiver Natur, und sie interessiert sich dafür weniger im Hinblick auf die sozialen Folgen als vielmehr im Hinblick auf das bessere Verstehen des menschlichen Empfindens, Denkens und Handelns. Daher kann Psychologie auch stärker als die Ökonomik mit Laborexperimenten arbeiten, weil sie situationsunabhängige Forschungen betreibt[10]. Die Psychologie hält so – wenigstens in einem wichtigen Teil ihrer Forschungen – die „Situationen" konstant (Laborexperimente) und fragt, wie verschiedene Personen darauf reagieren – und schreibt Unterschiede folgerichtig auf Persönlichkeitsmerkmale zu. Demgegenüber hält die Ökonomik das Modell des Akteurs konstant (homo oeconomicus) und fragt, welche sozialen Folgen sich aus den Anreizbedingungen verschiedener „Situationen" infolge des Verhaltens dieses homo oeconomicus ergeben. Kognitive und emotionale Verarbeitungskapazitäten von Individuen bilden einen zentralen Gegenstand der Psychologie ebenso wie systematisch auftretende „Fehleinschätzungen" von Situationen aufgrund kognitiver und emotionaler Beschränkungen: In solchen Fragen deutet sich bereits die Verbindung zur Ökonomik an, ohne dass diese Fragen selbst mit der ökonomischen Methode bearbeitet würden.

Die *Sozialpsychologie* beschäftigt sich generell mit Gruppenprozessen. Auch sie können eher emotionaler oder eher kognitiver Art sein. Kommunikationsprozesse, ihre Voraussetzungen und Schwierigkeiten, die Rolle von Peer-Groups und der ganze Bereich der neueren empirischen „Werteforschung" gehören hierher. Die Werteforschung ist bedeutsam für die Ökonomik, aber sie wird nicht mit der ökonomischen Methode betrieben; bei solchen Forschungen verwendet die Psychologie eigene Mess- und Skalierungsverfahren und hat mit deren Hilfe z.B. für die letzten Jahrzehnte einen „Wertewandel", nach der neuesten Forschung: von „Pflicht- und Akzeptanzwerten" zu „Selbstentfaltungswerten", nachgewiesen (Klages 1996).

Die *Soziobiologie* scheint in ihrem Theoriekern sehr nah an der Ökonomik zu liegen, besteht dieser doch in einer spezifischen Interpretation der „Nutzenmaximierung unter Restriktionen", wie er in der Ökonomik geläufig ist. Völlig anders definiert als in der Ökonomik sind in der Soziobiologie indes die maximierenden Einheiten – Individuen, von Einzellern angefangen, Gruppen mit gleichem Genpool – und die „Währung", in der hier der „Nutzen" gemessen wird – der Fortpflanzungserfolg bzw. das Überleben des Genpools.

---

[10] Es sei allerdings darauf hingewiesen, dass sich in den letzten Jahren die sogenannte „experimentelle Ökonomik" ebenfalls stark mit der Durchführung und Auswertung von Laborexperimenten befasst hat; die Grenzen zur (Sozial-)Psychologie sind hier fließend. Allerdings bleibt häufig offen, was daran „ökonomisch" ist.

Und vor allem: So etwas wie Institutionen, ein zentraler Gegenstand nicht nur der Institutionenökonomik, macht in der Soziobiologie wenig Sinn.

Die *soziologische Systemtheorie* vom Typ Niklas Luhmanns (1984, 1997) fokussiert auf eine Beschreibung der grundlegenden Strukturen moderner Gesellschaften mit funktional ausdifferenzierten Subsystemen ohne Repräsentationszentrum im Unterschied zu traditionalen Gesellschaften ohne Funktionssysteme und mit anerkannter verbindlicher Repräsentationsinstanz des Ganzen (z.B. Adel, Königtum, die Stadt als „Zentrum" etc.). Unsere überkommene Begrifflichkeit, in der wir alltagssprachlich, wissenschaftlich und vor allem moralisch die Probleme der sozialen Welt gewöhnlich angehen, ist überwiegend an den Strukturen traditionaler Gesellschaften der europäischen Geschichte entwickelt worden; sie gerät daher in bedeutende theoretische Schwierigkeiten, wenn Religion, Moral oder Politik, die ehemals das Ganze des sozialen Körpers durchherrschten, auf funktionale Subsysteme umgestellt oder Restbereiche beschränkt werden, so dass z.B. die Subsysteme Politik oder Wirtschaft religiöse oder moralische Erwartungen nicht mehr einfach bedienen können, weil in der „Wirtschaft" nur die Sprache von Zahlung/Nichtzahlung und in der Politik nur die Sprache von Macht/Nichtmacht „verstanden" wird. Ein guter Teil der Probleme moderner Ökonomik besteht in dieser Perspektive darin, dass die Politik nicht das tut, was als „wirtschaftlich vernünftig" gilt: Das lässt sich mit Luhmann aus diesen Strukturen moderner Gesellschaften mit hoch spezialisierten Subsystemen und deren eigener „Sprache" sehr gut erklären, ohne dass man moralisieren müsste: Es ist eben „politisch vernünftig", mehr auf Machterhalt zu setzen als auf „effizientes Wirtschaften"; auf letzteres setzt die Politik nur, wenn es dem Machterhalt dient. Ganz ähnlich können Unternehmen im Wettbewerb auf Moral nur dann setzen, wenn dies sich auch, ggf. langfristig, für sie rentiert.

Fragen der genannten Art und viele andere sind legitime, interessante, *für bestimmte Probleme höchst wichtige Fragen:* Sie sind es, die in einem modernen Konzept die Grenze der ökonomischen Methode definieren. Man kann mit ihr nicht z.B. die Fragen der Psychologie sinnvoll traktieren – es sei denn man verändert die Fragestellung, was aber in der Regel nicht zweckmäßig ist.

Die damit dargestellte Beschränktheit jeder Einzelwissenschaft und ihrer Methoden und Konzepte ist vor allem auch in den Fällen wichtig, in denen man über die Grenzen einer Einzelwissenschaft hinweg miteinander redet. Man muss dann oft genau hinsehen, worum es im jeweiligen Diskussionszusammenhang geht. In der Psychologie kann es richtig sein zu behaupten, dass Menschen nicht immer nur rational handeln; wenn in der Ökonomik gleichwohl Rationalität behauptet wird, so liegt das an der unterschiedlichen Bedeutung des gleichen Worts „rational", das sich einmal, in der Psychologie, auf eine bestimmte Eigenschaft des Menschen bezieht, und im anderen Fall, in der Ökonomik, die (methodo)logische Behauptung darstellt, dass Akteure systematisch auf die Anreize der Situation reagieren.

Offen ist jetzt noch die Frage, in welcher Weise die Ergebnisse anderer Wissenschaften, die aufgrund anderer Problemstellungen und mit anderen Methoden generiert worden sind, für die Ökonomik fruchtbar (gemacht) werden können: Dies ist die Frage nach dem Verständnis von Interdisziplinarität, das einem modernen Verständnis von positiven Einzelwissenschaften entspricht. Wir diskutieren die Modelle von Interdisziplinarität vor allem mit Bezug auf die Ökonomik.

6.3.4 Modelle von Interdisziplinarität

Über die Frage, ob und wie genau die Resultate anderer Wissenschaften in die Ökonomik einbezogen und für die Ökonomik fruchtbar gemacht werden können, gibt es bis heute keine klare und allgemein akzeptierte Antwort. Wir unterscheiden im Folgenden drei Modelle von Interdisziplinarität und kennzeichnen sie in ihren wesentlichen Zügen: (1) das Modell der „Schrebergartenkolonie", (2) das Modell des „Flickenteppichs" und (3) das Modell des erweiterten Restriktionensets.

1. Das erste Modell lässt an die Zusammenarbeit in einer Schrebergartenkolonie denken; wir bezeichnen es deshalb als *Modell der „Schrebergartenkolonie"*. Entsprechend stellt man sich die Welt der Wissenschaften so vor, dass deren gesamtes Areal in verschiedene Parzellen mit verschiedenen exklusiven Eigentumsrechten für die einzelnen Wissenschaften eingeteilt ist. Die Wissenschaften sind hier für „Bereiche" der „Welt" zuständig, so ist die „Wirtschaftswissenschaft" – wir sagen mit Absicht nicht „Ökonomik" – dann die „Lehre von der Wirtschaft"

Interdisziplinarität bedeutet in diesem Modell, dass man die Resultate der verschiedenen Wissenschaften in der Weise untereinander austauscht, wie man die Früchte, die in den verschiedenen Schrebergärten gewachsen sind, über den Zaun hinweg austauscht, so dass die gute Versorgung aller mit den verschiedenen Erkenntnissen gewährleistet ist. Die Einzelergebnisse der Wissenschaften werden zu einem Gesamtbild zusammengetragen, ggf. mit Hilfe der Grundlagenwissenschaft „Philosophie", die sich dann gern als Verwalterin der Schrebergartenkolonie versteht und ihre Aufgaben vor allem darin sieht, bei Grenzstreitigkeiten zu richten und das „Ganze" im Blick zu halten.

Vieles befremdet heute an diesem überholten, aber keineswegs ausgestorbenen Modell: So „passen" die Resultate verschiedener Wissenschaften keineswegs so einfach zusammen, denn sie beruhen auf ganz unterschiedlichen Voraussetzungen und wurden mit ganz unterschiedlichen Methoden gewonnen. Auch wird die ganze Problematik der gleichzeitigen Bearbeitung „derselben" Problem-Bereiche durch verschiedene Wissenschaften nicht ernst genommen. Hier wird explizit oder implizit häufig „Konkurrenz" zwischen Theorien unterstellt und bei widersprechenden Ergebnissen auf die Falschheit mindestens einer Auffassung erkannt – schließlich geht es ja um Erkenntnis von ein und derselben Welt. Von der *Problemabhängigkeit* der wissenschaftlichen Disziplinen – und vor allem: von der *Unterschiedlichkeit* der Probleme verschiedener Einzelwissenschaften – ist keine Rede. Nicht zuletzt lässt sich das exorbitante Wachstum der Zahl wissenschaftlicher Disziplinen bei gleichzeitigem Wachstum von „Grenzüberschreitungen" nicht befriedigend verarbeiten: Die Analogie zur „Realerbteilung" ist völlig verfehlt.

2. Gegenwärtig am weitesten verbreitet ist ein zweites Modell, in dem die Resultate der verschiedenen Wissenschaften ad hoc, wie es gerade plausibel scheint, und damit unsystematisch zusammengesetzt werden: Wir bezeichnen es als das *Modell des „Flickenteppichs"*. Hier sind sowohl die Vorstellung des vorher im Umfang festgelegten Terrains wie die festen Grenzziehungen wie auch die Schiedsrichterrolle einer Grundlagenwissenschaft aufgegeben. Interdisziplinarität bedeutet in diesem Modell, dass der jeweilige Forscher die Resultate verschiedener Wissenschaften so zusammensetzt, dass sich ein möglichst kohärentes, widerspruchsfreies Gesamtbild für die Erklärung von Phänomenen ergibt.

Dabei wird die Art der Zusammensetzung selten bzw. überhaupt nicht explizit reflektiert, und da liegt das Problem. Da die Zusammensetzung keiner ausgewiesenen und reflektierten Methode folgt, kann sie gelingen oder misslingen; das hängt dann ganz vom „Zufall" ab. Diese Art der Zusammensetzung kann von der Ausbildung und Kompetenz des einzelnen Forschers bestimmt sein, von der Zusammensetzung der Forschergruppe, von wissenschaftlichen „Schulen" und Traditionen und – vor allem – von *Alltagsplausibilitäten* im Hintergrund der methodischen Forschung. Ohne explizite Methodenreflexion bleibt die Güte dieser Zusammensetzungen einzelwissenschaftlicher Erkenntnisse willkürlich und hinter jenen Standards zurück, die man von der Wissenschaft erwartet. Einige verbreitete, die verschiedenen Erkenntnisse verbindende Alltagsplausibilitäten dieser Art seien hier aufgeführt, um vor solchen Fallen zu warnen.

Eine erste, die etwa von einem so renommierten Sozialwissenschaftler wie Jon Elster – und vielen anderen mit nur geringfügigen Modifikationen – vorgetragen wird, geht davon aus, dass es die Ökonomik mit „Präferenzen" von „Individuen" zu tun habe und dass sie sich deshalb zuerst um die Erforschung dieser Präferenzen bemühen müsse, wofür auf die Psychologie zurückzugreifen sei: Schließlich seien Präferenzen ein psychisches Phänomen. Daher betrachten auch manche Ökonomen die Psychologie als Grundlage für die Ökonomik.

Eine zweite, folgenreiche Alltagsplausibilität ist schon in unserer Darstellung der Vorgehensweise des Th. Hobbes genannt worden; sie stellt eine weit verbreitete Grundüberzeugung dar: Wer das soziale Ganze, die „Gesellschaft", erklären will, muss über eine umfassende Theorie der Teile dieses Ganzen, der „Menschen", der „Individuen", verfügen. Der „methodologische Individualismus" der Ökonomik wird dann damit begründet, dass die „Individuen" die letzten Bausteine der sozialen Welt seien, was jedoch keineswegs selbstverständlich ist: Aristoteles bezeichnete als kleinste Einheit die Familie, man kann Gruppen, Organisationen oder gar Staaten nennen, man kann aber auch hinter die Individuen auf die Gene und Genpools zurückgehen; es hängt ganz vom Problem ab, auf welche „Akteure" in der Ökonomik abgestellt wird.

Eine dritte Alltagsplausibilität besteht darin, dass Ökonomen dort, wo streng ökonomische Argumente auszugehen scheinen, ad hoc zu Explanantia wie Werte, Moral, Vertrauen, Kultur, geschichtliche Erfahrungen, besondere, z.B. „intrinsisch" genannte, Motivationsstrukturen, aber auch zu „Irrationalitäten" greifen und aus diesen eklektizistisch aufgeklaubten Elementen höchst unsystematisch den je eigenen Flickenteppich zusammenstückeln. Die Karriere der „Kultur" seit den 80er Jahren ist eine der jüngsten Epochen eines solchen Verständnisses von Interdisziplinarität. Wo die ökonomische Erklärung Lükken aufweist, werden sog. „nicht-ökonomische" oder „außerökonomische" Faktoren additiv angefügt – und für die Konkurrenz von Theorien gilt dann implizit als Kriterium zur Beurteilung der Qualität solcher „Theorien" nicht selten die Regel: Es gewinnt, wer am meisten hat, z.B. wer mit dem reichhaltigsten Set von „Motiven" arbeitet. Gute Theorie besteht jedoch gerade nicht in einer möglichst reichhaltigen Aufzählung von Faktoren, die 'irgendwie' auch wichtig sind, sondern in deren Reduktion auf einige wenige *systematisch* relevante Elemente und der *systematischen* Integration und Differenzierung der Bedingungen, denen sie unterliegen.

Es bedarf nach unseren Ausführungen kaum einer expliziten Kritik dieses unreflektierten, unsystematischen, eklektizistischen Zusammenflickens verschiedener Erkenntnisse aus Wissenschaft und Alltag. Die Tatsache, dass dieses Modell von Interdisziplinarität – nicht selten unter dem Etikett „Verhaltenswissenschaft" – gleichwohl in der Volkswirtschaftslehre und in der Betriebswirtschaftslehre durchaus verbreitet ist, macht deutlich, wie notwendig Methodologie ist.

3. Das dritte Modell, unser Modell, bezeichnen wir als *Modell des erweiterten Restriktionensets*. Ausgangspunkt dieses Modells ist die These, dass die Ökonomik durch eine hochselektive Problemstellung konstituiert ist. Resultate anderer Wissenschaften, die nach dieser Methodologie nicht unter der Fragestellung der Ökonomik gewonnen wurden, können daher nicht unbearbeitet in die Ökonomik übernommen werden – auch nicht mit der scheinbar so plausiblen Begründung, sie sagten doch etwas über dieselbe „Wirklichkeit" aus, um deren Erkenntnis es ja auch dem Ökonomen gehe. Im ökonomischen Diskurs müssen Erkenntnisse anderer Wissenschaften den Kategorien *dieses ökonomischen Diskurses* entsprechen. Das bedeutet: Sie müssen als „Präferenzen" oder als „Restriktionen" auftreten. Und da aus Gründen, die wir oben erläutert haben, eine Rückführung von sozialen Phänomenen auf Präferenzen wenig oder gar nichts erklärt[11], verbleibt nur noch der Platz der Restriktionen, um Resultate anderer Wissenschaften in die Ökonomik zu integrieren. Diese Erkenntnisse müssen also den Bedingungen, den Restriktionen zugeschlagen werden, dies ist der methodische Ort, an dem sie für die Ökonomik fruchtbar gemacht werden können. Andersherum: Resultate anderer Wissenschaften können im ökonomischen Forschungsprogramm nur dann und nur soweit fruchtbar gemacht werden, wie sie sich als Restriktionen interpretieren lassen, die das nutzenmaximierende Handeln der Akteure in Interaktionen wesentlich (mit-)bestimmen, die sich aber in der betrachteten Handlung selbst nicht in der Kontrolle des jeweiligen Akteurs befinden.

Es folgen einige Beispiele für Erkenntnisse anderer Wissenschaften, die in der Ökonomik als Restriktionen interpretiert und auf diese Weise theoretisch fruchtbar gemacht werden.

Beispiele für 'übersetzte' Restriktionen:

- Die von manchen Ökonomen betonte „begrenzte Rationalität" ist eigentlich eine Restriktion, nämlich die (trivialerweise) begrenzte Fähigkeit des menschlichen Geistes, Informationen zu verarbeiten. Die Psychologie hat hierzu wichtige Erkenntnisse erarbeitet, die die Ökonomik zur Kenntnis nehmen muss, wenn sie den ökonomisch „rationalen" Umgang mit diesen Restriktionen analysiert. Diese Restriktion ist sorgfältig zu unterscheiden von der Rationalitätsannahme der Ökonomik.

---

[11] Allerdings wird man aus pragmatischen Gründen etwa psychologische Kenntnisse bei den Annahmen über die Präferenzen berücksichtigen. Auch hier hängt es vom Problem ab, ob eine solche Vorgehensweise sinnvoll ist oder nur dazu führt, das zu analysierende Problem wegzudefinieren.

- Der „Wertewandel" von den „Pflicht- und Akzeptanzwerten" zu „Selbstentfaltungswerten", den die Sozialpsychologie für die letzten Jahrzehnte eindrucksvoll dokumentiert hat, wird als Restriktion interpretiert, der z.B. Unternehmen bei der Organisationsgestaltung Rechnung zu tragen haben, wenn sie ökonomisch erfolgreich bleiben wollen: Sie sollten ihren Mitarbeitern solche Selbstentfaltungsspielräume eröffnen.
- Die Wirtschaftspolitik muss die Ausdifferenzierung der Gesellschaft in Funktionssysteme, die die soziologische Systemtheorie ausgearbeitet hat, als zusätzliche Restriktion in Rechnung stellen, um nicht in den Fehler zu verfallen, etwa Bildungs- und Umweltpolitik mit moralischen Appellen zu neuen „Werten" oder „Vorbildern" betreiben zu wollen und ohne jede Wirkung zu bleiben.
- Umgekehrt muss die Ökonomik dieselbe Restriktion in Rechnung stellen, wenn sie vom „politischen System" geeignete Rahmenbedingungen verlangt, um an den globalisierten Märkten bestehen zu können: Mit Postulaten ohne Verständnis für die politischer Kalkulation folgenden Verhaltensweisen von Politikern – und mit deren Beschimpfung, wenn sie sich anders verhalten – ist nichts zu erreichen.

Das Modell von Interdisziplinarität, das wir hier als drittes vorstellen und als Modell des erweiterten Restriktionensets bezeichnen, hat besonders die folgenden *Vorzüge*:

(1) Es hält den Gedanken der Problemabhängigkeit aller wissenschaftlichen Erkenntnisse aufrecht.

(2) Es verwendet Ergebnisse anderer Disziplinen in einem streng ökonomisch bleibenden Forschungsprogramm.

(3) Es übersetzt die Resultate anderer Disziplinen methodisch kontrolliert in zusätzliche, von der Ökonomik selbst nicht generierte, aber ökonomisch zu verarbeitende Restriktionen und vermeidet auf diese Weise den unerquicklichen Flickenteppich des zweiten Modells.

(4) Es kann das Wachstum der Zahl wissenschaftlicher Disziplinen und die gleichzeitigen „Grenzüberschreitungen" akzeptieren, weil die Grenzen nicht durch – lebensweltlich oder ontologisch definierte – Gegenstandsbereiche, sondern durch Problemstellungen definiert werden und weil derselbe Gegenstand unter verschiedensten, auch vermehrbaren Problemstellungen betrachtet werden kann.

(5) Schließlich setzt es vor die Übernahme von Erkenntnissen, die nicht mit Hilfe der ökonomischen Methode gewonnen wurden, die nachdrückliche Warnung vor irgendwelchen Alltagsplausibilitäten: Diese mögen im Alltag ihren Sinn haben, aber in interdisziplinärer Forschung sollten sie nur mit

äußerster Zurückhaltung und unter genauer methodologischer Reflexion verwendet werden.

Besonders wichtig sind die Punkte (3) und (5), weil sie den Finger darauf legen, sowohl die Generierung „nicht-ökonomischer" Erkenntnisse als auch die Übernahme in die Ökonomik streng methodisch vorzunehmen. Auf diese Weise – genauer: nur auf diese Weise – kann das ganze Potenzial der verschiedenen positiven Wissenschaften interdisziplinär fruchtbar gemacht werden. Demgegenüber muss jeder Rückgriff auf Alltagsplausibilitäten der Art, dass es ja schließlich um Erkenntnis „derselben" Welt oder „des Menschen" gehe, dieses Potenzial verschütten.

Dass dieses Modell von Interdisziplinarität ein höchst ambitioniertes Programm darstellt und in der Wirklichkeit niemals vollständig (von einzelnen Forschern) zu erfüllen ist, versteht sich von selbst.

6.4 Ökonomik und moderne Gesellschaft

Wir haben an verschiedenen Stellen von der „modernen Gesellschaft" gesprochen, ohne auszuführen, was damit genau gemeint ist. Nach den Kapiteln 3 bis 5 wird man zu Recht vermuten, dass die Institutionalisierung der Demokratie und der Marktwirtschaft sowie die Existenz von Organisationen zentrale Merkmale dieser modernen Gesellschaft sind. Allerdings sind diese Charakterisierungen wenig aufschlussreich, denn wie so oft bei „Erklärungen" durch Hinweis auf Phänomene enthalten diese nur wenig Hinweise auf tieferliegende strukturelle *Zusammenhänge*.

Nachfolgend wollen wir zwei verschiedene *theoretische* Beschreibungen der modernen Gesellschaft in der gebotenen Kürze vorstellen. In beiden geht es darum, so etwas wie ein *Strukturprinzip* auszumachen, das die moderne Gesellschaft im Unterschied zu früheren Gesellschaftsformationen charakterisiert. Sofern es gelingt, ein derartiges Strukturprinzip zu finden, trägt das erheblich zum Verständnis und zur Steuerung der modernen Gesellschaft bei; es erlaubt gewissermaßen die Integration verschiedener einzelner Beschreibungen und kann so zu besseren Erklärungen beitragen als additive Hinweise auf empirische Phänomene. Dabei ist ausdrücklich darauf aufmerksam zu machen, dass für die Beschreibung derartiger Strukturprinzipien das gleiche gilt, was wir zuvor generell zu Theorien ausführten: Auch diese Beschreibungen sind *problemabhängig*, und deshalb muss es *kein Widerspruch* sein, wenn wir im Folgenden zwei *verschiedene Strukturprinzipien* diskutieren und beiden etwas abgewinnen können: Sie gehen auf zwei verschiedene Konzeptionen und letztlich zwei unterschiedliche Problemperspektiven zurück.

Der erste Vorschlag eines Strukturprinzips entstammt der soziologischen Theorie, und hier insbesondere einer der einflussreichsten Theorien der Gegenwart, der Systemtheorie von Niklas Luhmann, die das grundlegende Prinzip der modernen Gesellschaft in der *funktionalen Ausdifferenzierung gesellschaftlicher Teilsysteme* sieht (6.4.1). Ein Verständnis dieses Prinzips ist auch für ökonomische Analysen von großer Bedeutung, weil sich aus der Tatsache der funktionalen Differenzierung *Restriktionen* ergeben, die für ökonomische Situationsanalysen in der modernen Wirtschaft relevant sein können, ohne dass die Ökonomik selbst mit ihrer Methode diese Einsichten generieren könnte.

Anschließend erörtern wir einen anderen Vorschlag dafür, was als ein Strukturprinzip der modernen Gesellschaft angesehen werden könnte, und dieser Vorschlag ist hergeleitet aus der Konzeption von Ökonomik, wie wir sie in diesem Buch entwickelt haben. Danach ist es der *differenzierte Umgang mit Dilemmastrukturen,* der das Charakteristikum der modernen Gesellschaft darstellt (6.4.2). Dieser Vorschlag ist bislang wenig ausgearbeitet und daher in gewissem Sinne „spekulativ". Wir bringen dennoch eine Skizze der Grundgedanken, um zu zeigen, dass moderne Ökonomik heute in der Lage ist, einen wichtigen Beitrag zur Selbstverständigung der modernen Gesellschaft und damit zu ihrer Gestaltung zu leisten.

Diese auf Interessen abstellende, 'ökonomistische', Theorie führt zu einer Frage, die von verschiedenen Gesellschaftskritikern, Gesellschaftstheoretikern und Ökonomen wiederholt aufgeworfen wurde: Stellt nicht eine Analysemethode, die dem homo oeconomicus – und damit dem Denken auf der Basis individueller Vor- und Nachteile – eine so zentrale Rolle zumisst, eine Gefahr für die moralischen Grundlagen der Gesellschaft dar? Wer nach der bisherigen Lektüre vermutet, dass wir das anders sehen, liegt richtig; die Gründe für unsere Sicht geben wir im abschließenden Punkt 6.4.3 an.

6.4.1 Soziologische Theorie der Gesellschaft: Funktionale Differenzierung

Vorläufer des Konzepts der funktionalen Differenzierung ist das Konzept der Arbeitsteilung, das wir bereits in Abschnitt 2.4.3 behandelt haben. Schon für Adam Smith war Arbeitsteilung zentral, wenngleich er dieses Prinzip vor allem im Bereich der „Wirtschaft" ansiedelte. Später entwickelten Karl Marx (1818–1883), Emile Durkheim (1858–1917) und andere diesen Begriff zunehmend zu einem Konzept, mit dem auch gesellschaftliche Prozesse beschrieben wurden, nämlich die „Arbeitsteilung" zwischen verschiedenen gesellschaftlichen Subsystemen – Politik, Recht, Wirtschaft, Wissenschaft usw.

Eine präzisere Form der Beschreibung dieser gesellschaftlichen „Arbeitstei-lung" wird von der Soziologie unter der Bezeichnung *„funktionale Diffe-renzierung"* angeboten.

Das entscheidende Merkmal funktionaler Differenzierung ist darin zu sehen, dass die *gesellschaftlichen Subsysteme nach funktionalen Gesichtspunkten zugeschnitten*, systemtheoretisch: differenziert, sind. Jedes Teilsystem wird für spezifische gesellschaftliche Aufgaben zuständig, für die es strukturelle Verknüpfungen, institutionelle Arrangements und entsprechende „Kommuni-kationen", d.h. Tätigkeiten, ausbildet, die ständig aneinander anschließen und so das Teilsystem aufrechterhalten („Autopoiesis"). Es handelt sich hier um eine Weiterentwicklung der gesellschaftlichen Arbeitsteilung, bei der sich nun allerdings nicht einzelne Akteure, sondern gesellschaftliche Teilsysteme auf spezifische Aufgabenbereiche spezialisieren. Andere Aufgaben werden ent-sprechend von anderen Teilsystemen übernommen: Die Teilsysteme weisen daher einen hohen Grad an Autonomie im Hinblick auf die Erfüllung ihrer Funktion auf. Verbunden ist dies mit einer Ausblendung von Ereignissen und Zusammenhängen, die in bezug auf diese Funktion irrelevant sind. So ist für die „Wirtschaft" die wissenschaftliche Qualität von Theorien unerheblich, von Interesse ist allein ihre wirtschaftliche Verwertbarkeit; umgekehrt sind Wis-senschaftler – als Wissenschaftler – gerade von wirtschaftlichen oder rechtli-chen Problemen entlastet mit der Möglichkeit, sich ganz auf die wissenschaft-lichen Fragestellungen konzentrieren zu können. Das heißt weiterhin, dass in der Wirtschaft nicht primär nach wissenschaftlichen oder politischen, sondern eben nach wirtschaftlichen Gesichtspunkten und vor allem in den Kategorien des Wirtschaftssystems entschieden wird[12]. Demgegenüber würde es gegen die Spielregeln des Wissenschaftssystems verstoßen, den Abdruck von Arti-keln in Fachzeitschriften von wirtschaftlichen oder politischen statt von wis-senschaftlichen Gesichtspunkten abhängig zu machen.

Jedes gesellschaftliche Funktionssystem hat mithin seine eigene 'Logik' in dem Sinne, dass es institutionelle Arrangements ausgebildet hat und weiter-entwickelt, die für seine besondere Funktion spezifisch zugeschnitten, genau deshalb aber oft für Außenstehende unverständlich sind, denn die zugrunde-liegenden funktionalen *Zusammenhänge* sind phänomenologisch nicht sicht-bar. So ist es dann beispielsweise für den auf Flexibilität ausgelegten Manager so schwer verständlich, warum der Beamte noch diese und jene Formalität erfüllt haben will, deren Notwendigkeit der Mananger von *seinem* Alltag her nicht kennt und nicht versteht. Aus dem gleichen Grund können manche von

---

[12] Auch das ließe sich als Begründung für die zentrale Stellung der Annahme der Ge-winnmaximierung (vgl. 5.3.1) anführen.

Politikern oder Bürokraten erdachten Maßnahmen in der Wirtschaft die erhoffte Wirkung verfehlen, weil bestimmte Spielregeln des Wirtschaftssystems von Akteuren aus anderen Systemen nicht berücksichtigt wurden. Und es ist möglicherweise ebenfalls dieser Umstand der Eigenlogik, der wissenschaftliche Politikberatung oft so erfolglos sein lässt, wenn die Empfehlungen von Modellen hergeleitet wurden, die die Spielregeln jener Teilsysteme, die die Empfehlungen realisieren sollen, nicht berücksichtigen.

Verbunden ist mit dieser Entwicklung eine radikale Veränderung der *Stellung des Individuums in der Gesellschaft*. In früheren Gesellschaften waren die Individuen *vollständig, in ihrer ganzen Person*, eingebunden in die jeweilige Gruppe, der sie angehörten und in der sie einen spezifischen Platz hatten, ob als Magd oder als Höfling. Wem einmal das Unglück widerfuhr, aus der für ihn vorgesehenen Rolle in seiner Gruppe herauszufallen, musste mit einem kurzen und unglücklichen Leben rechnen, für ihn gab es keinen Ort in der Gesellschaft.

Mit dem Übergang zur modernen Gesellschaft, der sich verstärkt ab dem 17. Jahrhundert vollzieht, ergeben sich drastische Strukturwandlungen, die sich deutlich vor allem im Wandlungsprozess der Familie zeigen. Bereits Max Weber schildert diesen Prozess wie folgt:

> „Von innen her wirkt die Entfaltung und Differenzierung der Fähigkeiten und Bedürfnisse in Verbindung mit der quantitativen Zunahme der ökonomischen Mittel. Denn mit Vervielfältigung der Lebensmöglichkeiten erträgt schon an sich der Einzelne die Bindung an feste undifferenzierte Lebensformen, welche die Gemeinschaft vorschreibt, immer schwerer und begehrt zunehmend, sein Leben individuell zu gestalten und den Ertrag seiner individuellen Fähigkeiten nach Belieben zu genießen. Von außen her wird die Zersetzung gefördert durch Eingriffe konkurrierender sozialer Gebilde: z.B. auch rein fiskalischer Interessen an intensiverer Ausnutzung der individuellen Steuerkraft –, welche den Interessen an der Zusammenhaltung des Besitzes zugunsten der militärischen Prästationsfähigkeit entgegenwirken können." (Weber 1921/1980, S. 226)

Der einzelne ist auf die Hausgemeinschaft durch den Ausbau der sozialen Sicherungs- und Fürsorgesysteme zunehmend weniger angewiesen; auch Schulung, Weiterbildung und darüber hinausgehende Angebote findet er in zunehmendem Maße außerhalb der Hausgemeinschaft, so dass er diese „nicht mehr als die Trägerin derjenigen objektiven Kulturgüter anerkennen (kann), in deren Dienst er sich stellt". Des weiteren ergibt „die Geldwirtschaft ... einerseits die objektive *Berechenbarkeit* der individuellen Erwerbsleistungen der Einzelnen und ihres Verbrauchs und eröffnet ihnen nach der anderen Seite – durch die Entfaltung des geldvermittelten 'indirekten Tausches' – überhaupt erst die Möglichkeit, individuelle Bedürfnisse frei zu befriedigen" (ebd., S. 227).

Als Folge spielt sich das Leben der Individuen im Unterschied zu früheren Gesellschaftsformationen in der modernen, funktional differenzierten Gesellschaft nicht mehr vorrangig nur in einem einzigen, eng umrissenen sozialen Lebenskontext ab, vielmehr ist man in unterschiedliche gesellschaftliche Systeme eingebunden: Man geht zur Wahl und engagiert sich vielleicht noch im politischen System, man ist Teilnehmer des wirtschaftlichen Systems als Konsument und als Arbeitnehmer oder Unternehmer, man bewegt sich in Vereinen, Kirchengemeinschaften und in der Familie usw.; und überall spielt man „Rollen", die durch die verschiedenen Spielregeln der verschiedenen Systeme definiert sind. Von den Individuen verlangt das, dass sie bei der Verfolgung ihrer persönlichen Ziele diese unterschiedlichen Regelzusammenhänge unterscheiden und sich an deren Funktionserfordernisse anpassen können. Dadurch „emanzipieren" sich die einzelnen aus der traditionalen Gemeinschaft, in die sie von Geburt eingefügt waren. Das ist der Preis dafür, dass durch die funktionale Ausdifferenzierung die moderne Gesellschaft so leistungsfähig geworden ist. Wir begreifen dies heute als Prozess zunehmender *Individualisierung*, die zur Ausdifferenzierung der Gesellschaft in funktionale Teilsysteme *komplementär* ist.

All dies bedeutet nun nicht, dass die Aussagen über Anreizwirkungen, über Interaktionsprobleme usw., die wir in diesem Buch getroffen haben, relativiert werden müssten. Vielmehr ist es so, dass die Anreize in starkem Maße von den jeweiligen Funktionssystemen geprägt sind. Das Konzept der Anreize stellt gewissermaßen eine Querstruktur dar, das in allen gesellschaftlichen Subsystemen verwendet werden kann, allerdings sind die Anreize je systembezogen zu spezifizieren; die wichtigste „Währung", in der ein Politiker z.B. seine Anreize kalkuliert, ist nicht Geld, sondern Wählerstimmen.

Genau deshalb ist es uns wichtig, auf dieses Strukturprinzip der funktionalen Differenzierung der modernen Gesellschaft nachdrücklich hinzuweisen. Wenn es sich bei der Ökonomik, wie wir meinen, nicht um eine „Theorie der Wirtschaft" handelt, sondern um eine allgemeine Theorie menschlicher Interaktionen, ist es um so wichtiger, die institutionellen Bedingungen der jeweiligen Interaktionen zu beachten, und diese Bedingungen werden maßgeblich durch die Funktionssysteme geprägt.

Von besonderer Bedeutung ist das bei der Frage der Implementierung gesellschaftlicher Regeln. So können die Aufgaben der Funktionssysteme praktisch nicht mehr von anderen Systemen übernommen werden, und damit steigen die wechselseitigen Abhängigkeiten und Einbindungen in – im Prinzip veränderbare – Beziehungen persönlicher und formaler Art. Zu beachten ist, dass die damit konstatierte Vermehrung wechselseitiger Abhängigkeiten der gesellschaftlichen Funktionssysteme keinen Widerspruch darstellt zu einer Vergrößerung individueller Freiheitsräume. Tatsächlich resultiert aus den Bedingungen moderner Gesellschaften eine Steigerung individueller Freiheiten *und* wechselseitiger Abhängigkeiten. Der einzelne kann heute sehr viel mehr als früher selbst festlegen, was er tut, welche Bindungen er eingeht usw. Zugleich ist er jedoch viel mehr als früher eingebunden in vielerlei oft funktional bestimmte Beziehungen, die seinen Handlungsspielräumen Grenzen setzen. Das hat vor allem damit zu tun, dass man, um seine selbstgesteckten Ziele zu erreichen, praktisch immer und in vielfacher Hinsicht auf andere angewiesen ist; man kann sich seine Bindungen mehr als früher aussuchen, Bindungen bleiben sie gleichwohl, und diese Bindungen nehmen zu, während die Bindungen der traditionalen Gesellschaft sich auflösen.

Eine weitere wichtige Implikation ist darin zu sehen, dass eine gezielte Steuerung der Funktionssysteme von außen, also von anderen Systemen her, besonders von der Politik her, nur noch in eingeschränkter Weise möglich ist. Die Politik kann einige Spielregeln wirtschaftlicher Produktion ändern, doch wird sie damit rechnen müssen, dass betroffene Akteure aus der Wirtschaft – legitimerweise – Einfluss auf die Gestaltung dieser Spielregeln zu nehmen versuchen und, wenn solche Versuche erfolglos bleiben, möglicherweise abwandern. Versucht die Politik hingegen, direkt in die Spielzüge der Wirtschaft einzugreifen, ist in der Regel mit erheblichen Kostensteigerungen – evtl. an unvermuteten Stellen – zu rechnen, unter Umständen bis hin zur Beeinträchtigung der Funktionserfüllung des gesamten Subsystems; wir hatten diese Zusammenhänge unter anderem in den Abschnitten 4.5.3 und 5.4.1 thematisiert.

Ferner folgt daraus, dass dann, wenn man Maßnahmen zur Bewältigung gesellschaftlicher Probleme mit Aussicht auf Erfolg ergreifen will, diese in die durch die institutionellen Bedingungen geprägte 'Logik' der jeweiligen Funktionssysteme gebracht werden müssen. In der Politik wird nicht zufällig von der Notwendigkeit des „Marsches durch die Institutionen" gesprochen, wenn man etwas bewegen will. Und Unternehmen müssen mit Maßnahmen, die aus gesellschaftlicher Sicht erwünscht sind wie z.B. Umweltschutz, Geld verdienen können – dabei sind natürlich Ideenreichtum und längerfristige Kalküle gefragt –, andernfalls werden sie im Subsystem Wirtschaft nicht lange mitspielen können.

Insgesamt zeigt sich, dass durch funktionale Differenzierung eine enorme Ausweitung der Aneignung von Kooperationsgewinnen möglich wurde, allerdings um den Preis einer steigenden Komplexität der institutionellen Strukturen der Gesellschaft, wie es an verschiedenen Stellen unseres Buches immer wieder deutlich wurde.

Der historisch jüngste Schritt in dieser Entwicklung ist die Herausbildung von *Organisationen*. Neben der funktionalen Differenzierung und der Individualisierung stellen Organisationen das dritte konstitutive Merkmal einer modernen Gesellschaft aus der Sicht der soziologischen Systemtheorie dar, und den Prototyp von Organisationen, „Unternehmen" nämlich, gibt es erst seit der zweiten Hälfte des 19. Jahrhunderts.

Organisationen sind, wie wir im fünften Kapitel ausgeführt haben, nicht durch „Individuen" oder „Personen" konstituiert, sondern durch „Positionen", die ihrerseits durch bestimmte „Aufgaben" in einem größeren Leistungserstellungsprozess definiert sind. Individuen gehören unter Umständen verschiedenen Organisationen in verschiedenen Funktionssystemen der Gesellschaft an, und sie müssen es lernen, mit den verschiedenen Funktionssystemen und mit der Verfassung und Kultur der verschiedenen Organisationen in produktiver Weise umzugehen.

Wiederum ist darauf hinzuweisen, dass das Eingebundensein der Individuen in Organisationen die „Individualisierung" nicht etwa aufhebt, vielmehr stehen alle drei Merkmale moderner Gesellschaften – funktionale Differenzierung, Individualisierung und die Existenz von Organisationen – aus der Sicht der Systemtheorie im Verhältnis der wechselseitigen Steigerung zueinander. Gerade die Züge, die Kulturkritiker oft als Zersplitterung und Entfremdung des Menschen kritisieren, bilden die Voraussetzung für die Verarbeitung von immer mehr Komplexität in modernen Gesellschaften – ökonomisch gesagt: für die Leistungsfähigkeit moderner Gesellschaften im Vergleich zu traditionalen Gesellschaften.

Dadurch ergeben sich immer neue Chancen und Optionen, es wird aber auch schwieriger, die *relevanten Alternativen wahrzunehmen*. Die gestiegene Komplexität verlangt ein hohes Maß an Verständnis für die Funktionszusammenhänge, in die das eigene Handeln eingebettet ist, um erreichte Standards nicht zu verspielen.

6.4.2 Ökonomische Theorie der Gesellschaft: Management von Dilemmastrukturen

Eine ökonomische Theorie der modernen Gesellschaft liegt weder in ausgearbeiteter Form vor noch bildet sie einen Bestandteil des normalen Forschungsprogramms der Ökonomen. Allerdings gibt es in der Theoriegeschichte der letzten drei bis vier Jahrzehnte eine Reihe von Ansatzpunkten, die sich u. E. in der Weise theoretisch integrieren lassen, dass sich als Fluchtpunkt so etwas wie eine ökonomische Theorie der modernen Gesellschaft abzuzeichnen beginnt. Die Ökonomik könnte damit das gesellschaftstheoretische Paradigma ihrer klassischen Autoren von Adam Smith bis John Stuart Mill und Max Weber wiederaufnehmen, es auf dem gegenwärtigen Stand des theoretischen und methodologischen Wissens erneuern und auf diese Weise einen bedeutenden, spezifisch ökonomischen Beitrag zur Selbstverständigung und Gestaltung der modernen Gesellschaft leisten.

Ökonomisch ist eine solche Theorie, insofern in ihr individuelle Vorteils-/ Nachteils-Kalkulationen die zentrale Rolle in der Erklärung und Gestaltung von Interaktionen spielen: Ökonomik kann auf eine Mikrofundierung dieser Art nicht verzichten. Sie unterscheidet sich darin fundamental vom Ansatz der soziologischen Theorie der modernen Gesellschaft, der Systemtheorie Luhmanns, die eine reine Makrotheorie ist und programmatisch nur Makroentwicklungen ohne Mikrofundierung nachzeichnet.

Sorgfältigerer Überlegungen bedarf die Frage, welches Charakteristikum eine solche Theorie als ökonomische Theorie der *modernen* Gesellschaft ausweist.

Der Gedanke, dass im Zentrum der sozialen Welt nicht Aktionen von Individuen, sondern Interaktionen stehen, kommt als Antwort darauf nicht in Frage, denn dieser Gedanke ist alt, sogar sehr alt: In den ersten Büchern des Alten Testaments ist zu lesen: „Es ist nicht gut, dass der Mensch allein sei" (1 Mos 2,18), und nach der griechischen Philosophie entsteht soziale Ordnung, die Polis, „weil jeder einzelne von uns sich selbst nicht genügt, sondern gar vieles bedarf" (Platon, Politeia 369 b). Neu in dem Sinne, dass dadurch die Entwicklung der modernen Welt in der Neuzeit im Ausgang von Europa sich erklären ließe, sind auch nicht die Dilemmastrukturen als solche: Sie bilden die Grundstruktur aller Interaktionen unter Bedingungen der Knappheit; es hat sie daher immer gegeben, und Ansätze zu einer theoretischen Erkenntnis des Problems gehen ebenfalls bis auf Platon zurück.

„*Neu*" in diesem genannten Sinne aber ist nach unserer Auffassung, dass es seit Beginn der Neuzeit zunehmend gelungen ist, diese Dilemmastrukturen *unter Kontrolle zu bringen und produktiv zu machen.* Dies erfolgt zugleich in *beiden Formen*, der *Überwindung* von Dilemmastrukturen in Regeln, Institutionen und ihrer *institutionellen Etablierung* und Sicherung im Leistungswettbewerb. Es ist der artifizielle, höchst differenzierte Umgang mit anspruchsvollen Dilemmastrukturen, der systematisch gewaltige soziale – und in der Folge technische – Innovationen hervorgebracht hat, und es dürfte für die weitere Entwicklung von Wirtschaft und Gesellschaft entscheidend sein, ob eine *weitere Fruchtbarmachung von Dilemmastrukturen durch neue Formen von Regeln* gelingt. Im Mittelpunkt einer ökonomischen Theorie der modernen Gesellschaft steht daher das **Management von Dilemmastrukturen**, das diese sellschaft – unter schweren Rückschlägen – deutlich besser beherrscht als frühere Gesellschaftsformationen.

Dilemmasituationen stellen grundsätzlich schwerwiegende Probleme für Interaktionen dar. Jahrhunderte und Jahrtausende haben solche Strukturen produktive Interaktionen behindert, blockiert, verzögert und wieder zerstört. Allenfalls zufällig und punktuell wurden Modelle des differenzierten und dadurch produktiven Umgangs erfunden. Sogar jahrtausendealte Hochkulturen wie Ägypten, Mesopotamien und China sind untergegangen. Dass die gewaltige Entwicklung der modernen Welt von einem kulturell höchst unbedeutenden Appendix des asiatischen Kontinents, von Europa nämlich, ihren Ausgang nimmt, kann eine ökonomische Theorie der modernen Gesellschaft darauf zurückführen, dass ein höchst differenzierter, kunstvoller Umgang mit diesen Strukturen erfunden, stabilisiert und systematisch weiterentwickelt werden konnte – in einem historisch vergleichsweise kurzen Zeitraum von wenigen Jahrhunderten. Der Ursprung dieses produktiven Umgangs mit Dilemmastrukturen ist durchaus kontingent; für die weitere Ausbreitung sind, wie der Wirtschaftshistoriker Eric Jones zeigt, dann solche Prozesse wichtig, die selber als differenzierter Umgang mit Dilemmastrukturen zu charakterisieren sind: Wettbewerbsprozesse zwischen Gesellschaften bzw. „Staaten" innerhalb eines geeigneten Regelsystems (Jones 1981/1991).

Immer mehr Interaktionen werden diesem doppelten Gebrauch von Dilemmastrukturen unterworfen, nämlich dem *Wettbewerb* – Aufrechterhaltung der Dilemmastruktur – *unter Regeln* – selektive konsensuelle Überwindung höherer Ordnung der Dilemmastruktur. Anfangs handelte es sich darum, sogar lebensnotwendige Güter wie – um auf Adam Smiths berühmte Formulierung anzuspielen – Fleisch, Brot und Bier (die Autoren schreiben dies in Bayern!) dem Markt zu überantworten, gegenwärtig wird diese doppelte Anwendung von Dilemmastrukturen auf die Telekommunikation übertragen, auf den Wettbewerb zwischen Universitäten oder auf den Wettbewerb von sozialen Sicherungssystemen.

Wettbewerb wird produktiv nur unter einem geeignetem Regelsystem. Insofern muss man in einer ökonomischen Theorie der modernen Gesellschaft immer *beide Faktoren zusammen als Kern der Erklärung* ansetzen. Es ist das höchst differenzierte *Zusammenspiel* von gemeinsamen und konfligierenden Interessen, von Kooperation und Wettbewerb, von Konsens und Antagonismus, das die gewaltigen Produktivkräfte der modernen Welt entfesselt hat: Insofern liegen der Entwicklung der modernen Industrie nicht technische, sondern *soziale Innovationen* zugrunde, jedenfalls für eine ökonomische Theorie der modernen Gesellschaft.

Diese notwendige Einbettung des Wettbewerbs in geeignete Spielregeln führt dazu, dass all jene Vorstellungen verfehlt sind, nach denen der Wettbewerb „naturwüchsig" und ungeregelt ist und womöglich sogar sein sollte, um dem evolutionstheoretischen Prinzip der „fitness" besser zur Geltung zu verhelfen. Das Modell des wirklich ungeregelten Wettbewerbs ist Th. Hobbes' „Kampf aller gegen alle", ein Zustand, in dem „the life of man solitary, poor, nasty, brutish, and short" ist. Zumindest Privateigentum und Vertragsfreiheit wollen auch die entschiedensten Verfechter ökonomischer Evolutionskonzepte als Voraussetzung von Entwicklung anerkannt wissen, aber die Etablierung von property rights und der Grundsatz „pacta sunt servanda" (Verträge müssen eingehalten werden) bedeuten nichts anderes, als dass diese Regeln den Wettbewerb in bezug auf den Umgang mit Verträgen und Privateigentum gerade beschränken: Hier ist der Wettbewerb stillgestellt – per gesellschaftlichem Konsens. Der Rechtsstaat ist daher so etwas wie ein „Kartell" der Bürger: Es können die Verfügungsrechte eines anderen nur *nach Regeln* erworben werden und nicht mehr nach den Verhaltensweisen des Hobbesschen Naturzustandes, der „reinen" Form des „Wettbewerbs". Jeder Wettbewerb, soll er produktiv sein, setzt formelle und informelle Regeln dieses Wettbewerbs voraus. Das bedeutet umgekehrt: Wenn Wettbewerbsprozesse sich als produktiv erweisen, dann finden sie nicht nach dem Modell des Hobbesschen Naturzustandes statt, sondern folgen zumindest impliziten, informellen Regeln, die man vielleicht phänomenologisch gar nicht ausmachen kann, die der Theoretiker aber nicht übersehen darf.

Diese gleichzeitige doppelte, differenzierte Verwendung von Dilemmastrukturen führt dazu, dass wir theoretisch immer mit mindestens zwei Stufen argumentieren müssen, mit Spielregeln und Spielzügen. Und wenn wir diese Zweistufigkeit als relative, also als Mehrstufigkeit, fassen, dann erhalten wir ein vielschichtiges und vielgestaltiges System von Interaktionen und Institutionen, die teils hierarchisch, teils gleichrangig ineinandergreifen: Der Wettbewerb unter Konkurrenten auf der gleichen Ebene vollzieht sich unter Regeln auf der übergeordneten Ebene; aber diese Regeln stehen wiederum mit anderen Regelsystemen in anderen Gesellschaften im Wettbewerb – gleiche Ebene: Wettbewerb der Ordnungen – unter höheren, formellen oder informellen, internationalen Regeln, die per – explizitem oder implizitem – Konsens beachtet werden.

Damit nehmen wir unseren Grundgedanken von der normativen Ambivalenz von Dilemmastrukturen wieder auf und interpretieren ihn gesellschaftstheoretisch: Gut im Sinne von vorteilhaft für alle sind weder der Wettbewerb generell noch die Kooperation generell. Auch geht es nicht um das „Wieviel" von Konsens und Wettbewerb und auch nicht um die geeignete Mischung von beidem. Es geht vielmehr um das höchst selektive, auf die spezifischen Problemstrukturen genau zugeschnittene Zusammenwirken von Wettbewerb und Kooperation. Erst die Beherrschung dieses kunstvollen Zusammenspiels von Konsens und Konflikt, von gemeinsamen und konfligierenden Interessen macht Interaktionen in der Moderne so produktiv, wie sich das die Philosophen, Theologen und Wissenschaftler der Antike und des Mittelalters, die den Kooperationsgedanken als solchen bereits kannten, nicht haben träumen lassen.

Die wachsende Erfahrung mit dem Management solch komplexer Dilemmastrukturen ermöglicht eine immer differenziertere Bearbeitung der Probleme mit immer kunstvolleren Arrangements. Dazu kann auch gehören, dass man allzu differenzierte – und damit komplexe – Regelungen wieder vereinfacht, um ihre Transparenz und Verständlichkeit zu erhöhen, doch sind solche Vereinfachungen in aller Regel eine sehr komplizierte Sache, denn man will ja die Vorteile der bisherigen Regelungen beibehalten und womöglich ausbauen, die Nachteile hingegen vermeiden. Die Deregulierung der Post und des Strommarktes erfordert jahrelange Arbeit an den geeigneten neuen Regelungen, die erst diese Deregulierung zum Erfolg bringen können.

Zu jeder sozialen Ordnung gehört eine Form der *sozialen Kontrolle*. Traditionale Gesellschaften lösten dieses Problem generell durch die unmittelbare Face-to-face-Kontrolle, die sich kostengünstig im täglichen Umgang der Interaktionspartner in einer überschaubaren Welt vollzog. Moderne Gesellschaften sind zumindest in bedeutenden Teilbereichen anonyme Großgesellschaften mit ausdifferenzierten Funktionssystemen, die den einzelnen große individuelle Verhaltensspielräume ermöglichen; wir hatten auf die „Individualisierung" hingewiesen. Hier versagt die traditionale Face-to-face-Kontrolle. Aber gerade wenn Dilemmastrukturen forciert, systematisch etabliert und auf immer mehr Handlungsbereiche ausgedehnt werden, bedarf es – wegen der bekannten Anreize in solchen Strukturen – einer um so stärkeren und lückenloseren sozialen Kontrolle, um die Verlässlichkeit wechselseitiger Verhaltenserwartungen sicherzustellen, ohne die keine Gesellschaft auskommt.

Ein modernes Konzept von *sozialer Kontrolle* hat unter dieser Bedingung von Individualisierung bei der *Selbstkontrolle* jedes einzelnen anzusetzen. Aber dies kann nicht die Selbstkontrolle entlang internalisierter moralischer Normen sein, wie zahllose Theologen, Philosophen, Pädagogen und Geisteswissenschaftler, Politiker und Bürger das erwarten. Der Grund für das Versagen der moralischen Selbstkontrolle liegt darin, dass moralisches Verhalten einzelner aufgrund internalisierter Normen in den für die Moderne kennzeichnenden neuen Dilemmastrukturen (Wettbewerb, Individualisierung) ausbeutbar ist und daher nicht stabil bleiben kann.

Die einzige Kontrolle, die unter den Bedingungen der modernen Welt lük-
kenlos und kostengünstig funktioniert, ist die *Selbstkontrolle entlang den Anreizen:* Die Steuerung moderner Gesellschaften zunehmend über Anreize,
über die institutionelle Gestaltung der Bedingungen, an denen sich die individuellen Vorteils-/Nachteils-Kalkulationen orientieren, ist die einzige problem-
gerechte, weil *auf die Strukturen der modernen Gesellschaft präzise zugeschnittene Form von Kontrolle*, die auch wirksam ist. Bei dieser Form von
Kontrolle handelt es sich, obwohl nur das Individuum beteiligt zu sein scheint,
deswegen um eine Form der *sozialen* Kontrolle, weil die entscheidende Stell-
größe die politisch gestalteten *Bedingungen* für diese Selbstkontrolle entlang
den Anreizen sind. Die soziale Kontrolle hat in der Moderne daher nicht die
ökonomische Anreizlogik auszuheben, wie viele Moralisten meinen, sondern
sich ihrer zu bedienen, indem die institutionellen Bedingungen kollektiv, politisch, so gestaltet werden, dass sich gesellschaftlich erwünschte Resultate *im
Windschatten individueller Anreize bzw. in Form von Anreizen* durchsetzen:
als nicht-intendierte Resultate eigeninteressierter Handlungen – unter geeigneten Regeln.

Weil und sofern in Dilemmastrukturen kein einzelner das erwünschte Resultat determinieren kann, wenn auch nur minimale „Handlungsspielräume"
bei den anderen Akteuren verbleiben, kann das für alle beste Resultat nur erzielt werden, wenn auch alle anderen Akteure Anreize haben oder bekommen,
in der Gesellschaft als dem „System der Zusammenarbeit zum gegenseitigen
Vorteil" bereitwillig mitzumachen. Wenn im Prinzip jeder Akteur über ein
Defektionspotenzial verfügt, ist es für alle vorteilhaft, d.h. zustimmungsfähig,
sich gegenseitig grundlegende Rechte einzuräumen und diese zu sichern. Dies
betrifft vor allem das Recht zur Setzung der Regeln, nach denen die Akteure
miteinander umgehen wollen. Denn die Akteure werden nur jene Regeln beobachten, die sie selbst – aus individuellen Vorteilserwägungen – gesetzt haben. Daher können es nur die Betroffenen sein, die *selbst und gemeinsam* die
Regeln festsetzen, nach denen sie miteinander umgehen wollen. Der Ansatz
bei Dilemmastrukturen führt so zu dem normativen Gedanken der „Demokratie" als der grundlegenden Ordnungsform für eine moderne Gesellschaft:
Nur unter dieser sozialen Ordnung können Dilemmastrukturen ihre Produktivität entfalten. Damit mündet die ökonomische Theorie der modernen Gesellschaft in jene Bahnen ein, die in Soziologie und Politologie unter den
Stichworten „Individualisierung" und „Partizipation" diskutiert werden.

Die hier skizzierte ökonomische Theorie der modernen Gesellschaft bedarf
der Ausarbeitung. Unseres Erachtens zeichnet sie sich als theoretischer
Fluchtpunkt und als Integrationsplattform vieler Ansätze der Ökonomik der

letzten Jahrzehnte ab. Sie zeichnet sich unter anderem auch dadurch aus, dass sie bahnbrechende Resultate anderer positiver Wissenschaften methodisch kontrolliert, nämlich als „zusätzliche Restriktionen", integrieren kann. Und sie zeichnet sich dadurch aus, dass sie in Übereinstimmung mit der klassischen Ökonomik bereits vom Ansatz her auf die Gestaltung der erwünschten sozialen Ordnung fokussiert ist.

Die größten Widerstände gegen eine solche ökonomische Theorie der modernen Gesellschaft kommen aus einer normativen Perspektive. Dilemmastrukturen in der Form des Wettbewerbs haben immer die Kritik der Moralphilosophie herausgefordert und bis heute bestimmt. Gegenwärtig befinden wir uns in einer neuen Runde der Erörterung des alten Problems, ob nicht der ökonomische Ansatz mit der zentralen Bedeutung von Wettbewerb und „Eigeninteresse" die normativen Grundlagen der Gesellschaft zerstört. Dieser Frage wenden wir uns abschließend anhand der jüngsten Diskussion um die Frage zu, ob nicht die Ökonomik als Wissenschaft, speziell die Ökonomen als Universitätslehrer, die Menschen bzw. die Studierenden moralisch verderben.

6.4.3 Verdirbt der homo oeconomicus die Moral?

Immer wieder ist von verschiedenen Theoretikern behauptet worden, der homo oeconomicus sei aus dem Grund abzulehnen, dass er die Moral der Menschen verderbe. Das zunehmende Vertrautwerden mit Dilemmastrukturen und dem homo oeconomicus – so die Vorstellung – führe zu einer selbstverständlichen Gewöhnung an solche Gedanken. Es führe weiter dazu, Vorschläge zur Gestaltung der sozialen Ordnung aus dieser und keiner anderen Perspektive zu machen, und da es sich dabei keineswegs um „wertneutrale" Konzepte handele, führe die Arbeit solch neoklassischer Ökonomen entsprechend dem Mechanismus einer self fulfilling prophecy zur allmählichen Herausbildung von Gesellschaftsstrukturen, in denen Kooperation, Solidarität und Moral auf der Strecke bleiben.

Diese Auffassung hat vor wenigen Jahren in einer empirischen Studie der Autoren Robert Frank, Thomas Gilovich und Dennis Regan (1993) scheinbar eine empirische Bestätigung gefunden. Sie hatten Studierende verschiedener Fakultäten mit Situationen konfrontiert, denen Dilemmastrukturen zugrundelagen, und dann zwei Gruppen gebildet: Die eine wurde im Studium des ersten Semesters mit ökonomischen Konzepten und insbesondere mit dem Gefangenendilemma traktiert, die andere wurde damit nicht befasst. Sie testeten anhand geeigneter Fragen die „kooperative Einstellung" der Studierenden am Beginn von deren erstem Semester und an dessen Ende. Das Ergebnis: Diejenige Gruppe, die mit diesen ökonomischen Konzepten während des Semesters traktiert wurde, wies am Ende des Semesters eine deutlich höhere Defektionsbereitschaft auf als die andere Gruppe; eine Ausnahme bildeten lediglich die Astronomen.

Diese Studie hat viel Aufsehen erregt, und sie wirkt weit über die wissenschaftliche Fachliteratur hinaus. So resümierte die Wochenzeitschrift „Der Spiegel" diese Studie wie folgt: „Danach muss als gesichert gelten: Das Studium der Betriebs- oder Volkswirtschaft formt lopezoide Charaktere – selbstisch, aggressiv und ... bei der Durchsetzung ihres eigenen Vorteils so gnadenlos wie ein Henkersstrick."[13]

Wir halten die von den Autoren selbst und erst recht die vom „Spiegel" gezogenen Schlussfolgerungen für falsch. Begründen wollen wir dies nicht mit Detailkritik an der Versuchsanordnung, an den verwendeten empirischen Methoden etc., statt dessen legen wir eine andere Interpretation vor, die mit den empirischen Befunden der Autoren durchaus vereinbar ist. Sie lässt sich in einem Satz zusammenfassen: Die während des ersten Semesters mit Dilemmastrukturen und dem homo oeconomicus traktierten Studierenden waren in der Lage, soziale Ausbeutungssituationen aufgrund von Dilemmastrukturen schneller und sicherer zu erkennen als ihre Kommilitonen und Kommilitoninnen aus anderen Studiengängen, und sie sicherten sich durch präventive Gegenausbeutung dagegen ab.

Dazu passt sehr gut das Ergebnis von empirischen Untersuchungen, die drei andere Autoren, Anthony Yezer, Robert Goldfarb und Paul Poppen (1996) als Kritik an der Studie von Frank, Gilovich und Regan gefunden haben. Diese Forscher kamen zu dem Ergebnis, dass die Ausbildung mit solchen Theoriekonzepten nicht zu weniger kooperativem Verhalten führt, sondern eher zu einer *geringeren Differenz zwischen tatsächlichem Verhalten und den theoretisch zu erwartenden Verhaltensweisen in Dilemmastrukturen.* Offenbar hatten die mit diesen Konzepten traktierten Studierenden während des Semesters „gelernt".

Wir vertreten daher die Gegenthese: *Die Aufklärung mit den Konzepten Dilemmastrukturen und homo oeconomicus bewahrt Akteure vor „naiver", „blinder" Kooperation,* die nach unseren Aufführungen persönlich nur zu folgenschweren Enttäuschungen und interaktionstheoretisch nicht stabil sein kann, *weil sie nicht reflexionsresistent* ist. Wegen der systematischen Asymmetrie zugunsten der Defektion in Dilemmastrukturen müssen Regeln, Insti-

---

[13] Das ungewöhnliche Adjektiv „lopezoid" bezieht sich auf den Manager Ignacio Lopez, der von General Motors zu VW wechselte, dabei mit äußerster Rücksichtslosigkeit vorgegangen war und sogar Forschungsergebnisse aus der alten Firma mitgenommen haben soll. – Im übrigen sei hier angemerkt, dass die Ausführungen der Autoren in der Originalstudie sehr viel zurückhaltender waren als die Wiedergabe durch den „Spiegel", obwohl sie durchaus in dieselbe Richtung gingen. Für den Spiegelbeleg verweisen wir auf das erste Kapitel, Abschnitt 1.2.

tutionen – mit O. E. Williamson – darauf zugeschnitten sein, dass sich *„manche* Menschen *zeitweilig"* opportunistisch verhalten. Gerade die Aufklärung über die relevanten Problemstrukturen in Interaktionen setzt Menschen in den Stand, die Probleme und Risiken solcher Interaktionen genau zu identifizieren *und dagegen institutionelle Vorkehrungen zu treffen,* um der Moral auf breiter Front in der Gesellschaft Geltung zu verschaffen. Naives, blindes moralisches Hineintappen in diese Fallen führt über die unvermeidlichen systematischen Enttäuschungen sehr leicht zu einer Erosion der gesamten moralischen Einstellung. Dilemmastrukturen und homo oeconomicus verderben also nicht die Moral, ganz im Gegenteil verhilft deren Studium der Moral zu einer anreizkompatiblen Implementierung, ohne die sie in der Gesellschaft keinen Bestand haben kann.

Die oben angeführte These der Kritiker zum Verfall der Moral infolge der neoklassischen Ökonomik stellt ihrerseits nur eine spezielle Variante einer allgemeinen, historisch und gegenwärtig verbreiteten, Kritik an wissenschaftlicher *Aufklärung* dar, wobei man diese „Aufklärung" sowohl als historische Epoche des 18. Jahrhunderts als auch systematisch verstehen kann. Wir können also die These dahin verallgemeinern, dass institutionelle Arrangements nach Meinung dieser Kritiker nur solange funktionieren, wie die Betroffenen deren Mechanismen nicht durchschauen. Auch wenn viele Sozialwissenschaftler eine solche explizite These entrüstet ablehnen (würden), beruhen doch ganze Bibliotheken insbesondere wirtschaftspolitischer, finanzpolitischer, organisationstheoretischer und Management-Literatur auf der *impliziten* Voraussetzung, dass die Betroffenen nicht merken, wie sie und wofür sie „instrumentalisiert" werden.

Ganz analog zu unserer Gegenthese zum Verfall der Moral entwickeln wir hier die Gegenthese zum sozial destruktiven Charakter von wissenschaftlicher Aufklärung: Die soeben vorgestellte These der Kritiker von (zuviel) Aufklärung schafft bestenfalls vorübergehend eine Entlastung, eine Atempause, auf Dauer aber lässt sich Wissen, Aufklärung nicht geheimhalten. Gestaltungsvorschläge, die ihr Funktionieren darauf bauen, dass die Betroffenen die Mechanismen, denen sie unterworfen werden, nicht durchschauen, sind zum Scheitern verurteilt – dies erst recht im Zeitalter des Internet: Der Sozialismus und andere Diktaturen haben das erfahren müssen, und es ist kein Zufall, dass das Internet in China trotz Behinderung und Verbot einen großen Aufschwung nimmt.

Zur Lösung der Probleme unserer Welt bleibt nur der umgekehrte Weg: Die durch Aufklärung der Betroffenen – zunächst – entstehenden Probleme *können nur durch noch mehr Aufklärung gelöst werden.* Nur wenn die Manager von Institutionen, Organisationen den Betroffenen mit guten Gründen klar machen können, dass es – langfristig – für alle, auch für sie selbst, vorteilhaft ist, so und nicht anders zu verfahren, werden diese Betroffenen auf Dauer geneigt sein, an der gesellschaftlichen Kooperation zum gegenseitigen Vorteil bereitwillig mitzuarbeiten, um noch einmal die Formulierungen von J. Rawls zu benutzen. Aufgrund der Strukturen moderner Gesellschaften ist das Defektionspotenzial kleiner und kleinster Gruppen derart gewachsen, dass die Integration ausnahmslos aller in die Weltgesellschaft für die deren Bestand und produktives Funktionieren zwingend geboten ist. Dazu wiederum ist es unabdingbar, dass die Betroffenen *einsehen,* dass bestimmte institutionelle Arrangements zu ihrem Vorteil gereichen: *Ohne Aufklärung über die grundlegenden Zusammenhänge der Interaktionen in den modernen Gesellschaften werden die vor uns liegenden gewaltigen Probleme auf Dauer kaum lösbar sein.*

Lektürevorschläge

Als 'Klassiker' zu Fragen ökonomischer Theoriebildung empfehlen wir den Einleitungsaufsatz aus Becker 1976/1982, Coase 1982, Friedman 1953, und Popper 1967/1995. Empfehlenswert sind auch Kirchgässner 1991 und Lindenberg 1985 sowie, zum vertiefenden Verständnis der hier vorgestellten Überlegungen, Homann 1994, 1997 und Suchanek 1994, 1999.

Eine gute Einführung in seine Gesellschaftstheorie bietet Luhmann 1986/1990.

Zusammenfassung

1. Die Grundlage jeder Theorie bildet ihre Problemstellung; ihre Aufgabe ist die pragmatische Reduktion der oft hochkomplexen problemrelevanten Zusammenhänge, um die Probleme verständlich und rational diskutierbar werden zu lassen.

2. Die Problemstellung der Ökonomik, ihr Forschungsprogramm, ist die Erklärung und Gestaltung der Bedingungen und Folgen von Interaktionen auf der Basis von individuellen Vorteils-/Nachteils-Kalkulationen.

3. Der homo oeconomicus ist kein Menschenbild, sondern ein theoretisches Konstrukt zur Abbildung des Verhaltens in Dilemmastrukturen. Deshalb ist der homo oeconomicus nicht aus der Anthropologie oder der Verhaltenswissenschaft abgeleitet, sondern aus der Problematik der Dilemmastrukturen.

4. Die Grenze der Ökonomik wird durch ihre hochselektive Problemstellung definiert; andere Wissenschaften haben andere Problemstellungen. Diese

Bezogenheit theoretischer Aussagen zu den jeweiligen Problemen gilt es im interdisziplinären Diskurs zu berücksichtigen.

5. Die Aufklärung mit Hilfe der Konzepte Dilemmastruktur und homo oeconomicus ist nicht Ursache gesellschaftlicher Probleme, sondern bildet die Grundlage für deren Bewältigung.

Schlüsselbegriffe

Eigeninteresse

Erklärung und Gestaltung

Funktionale Differenzierung

Heuristik

homo oeconomicus

Interdisziplinarität

ökonomischer Imperialismus

Problemabhängigkeit von Theorien

Rationalitätsprinzip

Reduktion von Komplexität

Literaturverzeichnis

Alchian, A. A. (1950): Uncertainty, Evolution, and Economic Theory, in: Journal of Political Economy 58, S. 211–221.

Alchian, A. A., H. Demsetz (1972): Production, information costs, and economic organization, in: American Economic Review 62, S. 777–795.

Althammer, W. (1989): Gewerkschaften als Informationsagentur, in: Die Gewerkschaft in der ökonomischen Theorie, Frankfurt am Main u.a., S. 72–94.

Arrow, K. J. (1951/1963): Social Choice and Individual Values, 2. Aufl., New York.

Barnard, C. (1938/1962): The Functions of the Executive, 15. Aufl., Cambridge.

Baron, J. N., D. M. Kreps (1999): Strategic Human Resources: Frameworks for General Managers, New York u.a.

Becker, G. S. (1993/1996): Die ökonomische Sicht des Verhaltens, in: Familie, Gesellschaft und Politik – die ökonomische Perspektive, hrsgg. v. I. Pies, Tübingen, S. 21–49.

Becker, G. S. (1996): Familie, Gesellschaft und Politik – die ökonomische Perspektive, hrsgg. v. I. Pies, Tübingen

Berle, A., G. Means (1932): The Modern Corporation and Private Property, London.

Böhm, F. (1961): Demokratie und ökonomische Macht, in: Institut für ausländisches und internationales Wirtschaftsrecht (Hrsg.): Kartelle und Monopole im modernen Recht, 2 Bde., Karlsruhe, Bd. I, S. 3–24.

Brennan, G., J. M. Buchanan (1985/1993): Die Begründung von Regeln, Tübingen.

Breton, A. (1996): Competitive Governments. An Economic Theory of Politics and Public Finance, Cambridge.

Buchanan, J. M. (1954): Social Choice, Democracy, and Free Markets, in: Journal of Political Economy, 114–123.

Buchanan, J. M. (1975/1984). Die Grenzen der Freiheit. Tübingen.

Buchanan, J. M. (1987): Constitutional economics, in: J. Eatwell, M. Milgate, P. Newman, (Hrsg.): The New Palgrave. A Dictionary of Economics, S. 585–588.

Buchanan, J. M. (1989): Essays on the Political Economy, Honolulu.

Buchanan, J. M. (1991): The Economics and the Ethics of Constitutional Order, Ann Arbor.

Buchanan, J. M. (1995): Individual rights, emergent social states, and behavioral feasibility, in: Rationality and Society 7, S. 141–150.

Chandler, A. D. (1990): Scale and Scope. The Dynamics of Industrial Capitalism, Cambridge – London.

Coase, R. H. (1937): The Nature of the Firm, in: Economica 4, S. 386-405.

Coase, R. H. (1960): The Problem of Social Cost, in: Journal of Law and Economics 2, S. 1–40.

Coase, R. H. (1982): How should Economists choose, hrsgg. v. American Enterprise Institute for Public Policy Research, Washington – London.

Coase, R. H. (1988): The Firm, the Market, and the Law, Chicago – London.

Demsetz, H. (1967): Toward a Theory of Property Rights, in: American Economic Review 57, S. 347–359.

Dixit, A. K. (1996): The making of economic policy. A transaction–cost politics perspective, Cambridge, Mass. u.a.

Dixit, A. K., B. J. Nalebuff (1991/1995): Spieltheorie für Einsteiger, Stuttgart.

Downs, A. (1957/1968): Ökonomische Theorie der Demokratie, Tübingen.

Erlei, M., M. Leschke, D. Sauerland (1999): Neue Institutionenökonomik, Stuttgart.

Eucken, W. (1952/1990). Grundsätze der Wirtschaftspolitik, 6. Aufl., Tübingen.

Feld, L. P., W. W. Pommerehne, A. Hart (1994): Voluntary Provision of a Public Good: Results From a Real World Experiment, in: Kyklos 47, S. 505–518.

Frank, R. H., T. Gilovich, D. T. Regan (1993): Does Studying Economics Inhibit Cooperation?, in: Journal of Economic Perspectives 7 (3), S. 159–171.

Friedman, D. (1999): Der ökonomische Code. Wie wirtschaftliches Denken unser Handeln bestimmt, Frankfurt am Main.

Friedman, M. (1953): The Methodology of Positive Economics, in: Essays in Positive Economics, Chicago, S. 3–43.

Gardner, R. (1995): Games for Business and Economics, New York u.a.

Gerecke, U. (1998): Soziale Ordnung in der modernen Wirtschaft. Ökonomik – Systemtheorie – Ethik, Tübingen.

Greif, A. (1989): Reputation and coalitions in medieval trade: evidence on the Maghribi traders, in: The Journal of Economic History 49, S. 857 – 882.

Greif, A. (1993): Contract enforceability and economic institutions in early trade: the Maghribi traders' coalition, in: The American Economic Review 83, S. 525 – 548.

Grossman S. J., O. D. Hart (1986): The Costs and Benefits of Ownership: A Theory of Vertical and Lateral Integration, in: Journal of Political Economy 94, S. 691–719.

Hardin, G. (1968): The tragedy of the commons. The population problem has no technical solution; it requires a fundamental extension in morality, in: Science 162, S. 1243–1248.

Hartwig, K.–H., I. Pies (1995): Rationale Drogenpolitik in der Demokratie. Wirtschaftswissenschaftliche und wirtschaftsethische Perspektiven einer Heroinvergabe, Tübingen.

Hayek, F. A. v. (1946/1976): Die Verwertung des Wissens in der Gesellschaft, in: ders.: Individualismus und wirtschaftliche Ordnung, Salzburg, S. 103–121.

Hayek, F. A. v. (1968/1969): Der Wettbewerb als Entdeckungsverfahren, in: Freiburger Studien. Gesammelte Aufsätze, Tübingen.

Hayek, F. A. v. (1973/1986): Recht, Gesetzgebung und Freiheit, Band 1: Regeln und Ordnung, 2. Aufl., Landsberg am Lech.

Hayek, F. A. v. (1974/1996): Die Anmaßung von Wissen, in: Die Anmaßung von Wissen. Neue Freiburger Studien, hrsg. v. Wolfgang Kerber, Tübingen, S. 3–15.

Hayek, F. A. v. (1976/1981): Recht, Gesetzgebung und Freiheit, Bd. 2: Die Illusion der sozialen Gerechtigkeit, Landsberg am Lech.

Hirschman, A. O. (1984/1989): Wider die „Ökonomie" der Grundbegriffe: Drei einfache Möglichkeiten, einige ökonomische Begriffe komplizierter zu fassen, in: ders.: Entwicklung, Markt und Moral. Abweichende Betrachtungen, München – Wien, S. 226–243.

Hobbes, T. (1651/1980): Leviathan oder Stoff, Form und Gewalt eines kirchlichen und bürgerlichen Staates, Stuttgart.

Homann, K. (1988): Rationalität und Demokratie, Tübingen.

Homann, K. (1994): Homo oeconomicus und Dilemmastrukturen, in: H. Sautter, (Hrsg.): Wirtschaftspolitik in offenen Volkswirtschaften, Göttingen, S. 387–411.

Homann, K, (1994a): Ökonomik und Demokratie. Perspektiven nach dem Ende des Sozialismus, in: W. Jäger (Hrsg.): Neue Wege der Nationalökonomie, Münster, S. 49–83.

Homann, K. (1997): Sinn und Grenze der ökonomischen Methode in der Wirtschaftsethik, in: D. Aufderheide, M. Dabrowski (Hrsg.): Wirtschaftsethik und Moralökonomik, Berlin, 11–42.

Homann, K. (1999): Zur Grundlegung einer modernen Gesellschafts- und Sozialpolitik. Das Problem der „sozialen Ordnung", in: U. Blum et al. (Hrsg.): Soziale Marktwirtschaft im nächsten Jahrtausend, Stuttgart, S. 119–148.

Homann, K. (1999a): Die Legitimation von Institutionen, in: W. Korff u.a. (Hrsg.): Handbuch der Wirtschaftsethik, Bd. 2: Wirtschaftsethik wirtschaftlicher Ordnungen, Gütersloh, S. 50–95.

Jensen, M. C., W. H. Meckling (1976): Theory of the Firm: Managerial Behavior, Agency Costs and Ownership Structure, in: Journal of Financial Economics 3, S. 305–360.

Jones, E. L. (1981/1991): Das Wunder Europa. Umwelt, Wirtschaft und Geopolitik in der Geschichte Europas und Asiens, Tübingen.

Joskow, P. L. (1985): Vertical Integration and Long-term Contracts: The Case of Coal-Burning Electricity Generating Plants, in: Journal of Law, Economics, and Organization 1, S. 33–80.

Kant, I. (1910 ff.): Kant's gesammelte Schriften, hrsg. von der Dt. Akad. d. Wiss., Berlin.

Kirchgässner, G. (1991): Homo Oeconomicus. Das ökonomische Modell individuellen Verhaltens und seine Anwendung in den Wirtschafts- und Sozialwissenschaften, Tübingen.

Kiser, E., Y. Barzel (1991): The Origins of Democracy in England, in: Rationality and Society 3, S. 396–422.

Klages, H. (1996): Der »schwierige« Bürger – Bedrohung oder Zukunftspotential, in: Weidenfeld, Werner (Hrsg.): Demokratie am Wendepunkt – die demokratische Frage als Projekt des 21. Jahrhunderts, Berlin, S. 233–253.

Klein, B. (1988): Vertical Integration as organizational ownership: The Fisher Body-General Motors relationship revisited, in: Journal of Law, Economics, and Organization 4, S. 199–218.

Klein, B., R. G. Crawford, A. A. Alchian (1978): Vertical integration, appropriable rents, and the competitive contracting process, in: The Journal of Law and Economics 21, S. 297–326.

Knight, F. H. (1921): Risk, Uncertainty and Profit, Boston – New York.

Kräkel, M. (1999): Organisation und Management, Tübingen.

Kreps, D. M. (1990): Corporate Culture and Economic Theory, in: J. E. Alt and K. A. Shepsle (Hrsg.): Perspectives on positive political economy, Cambridge – New York – Melbourne, S. 90–143.

Krugman, P. (1996): Pop internationalism, Cambridge, Mass. u.a.

Levi, M. (1981/1985): Wirtschaft ohne Rätsel, 2. Aufl., Basel.

Lindbeck, L. (1970): The Political Economy of the New Left, New York.

Lindenberg, S. (1985): An assessment of the new political economy: its potential for the social sciences and for sociology in particular, in: Sociological Theory 3, S. 99–114.

Lewis, D. (1969/1975): Konventionen. Eine sprachphilosophische Abhandlung, Berlin u.a.

Luhmann, N. (1984): Soziale Systeme. Grundriß einer allgemeinen Theorie, Frankfurt am Main.

Luhmann, N. (1986/1990): Ökologische Kommunikation, 3. Aufl., Opladen.

Luhmann, N. (1997): Die Gesellschaft der Gesellschaft, 2 Bände, Frankfurt am Main.

McKean, R. (1975): Economics of Trust, Altruism, and Corporate Responsibility, in: E. Phelps (Hrsg.): Altruism, Morality, and Economic Theory, New York, S. 29–44.

Meckling, W. H. (1976): Values and the choice of the model of the individual in the social sciences, in: Schweizerische Zeitschrift für Volkswirtschaft und Statistik 112, S. 545–560.

Milgrom, P., J. Roberts (1992): Economics, Organization, and Management. Englewood Cliffs, N. J.

Mises, L. v. (1927): Liberalismus, Jena.

Myrdal, G. (1930/1963): Das politische Element in der nationalökonomischen Doktrinbildung, Hannover.

Nalebuff, B. J., A. A. Brandenburger (1996): Coopetition – kooperativ konkurrieren, Frankfurt – New York.

Nell-Breuning, O. v. (1928): Grundzüge der Börsenmoral, Freiburg.

North, D. C. (1981/1988): Theorie des institutionellen Wandels, Tübingen.

North, D. C. (1990/1992): Institutionen, institutioneller Wandel und Wirtschaftsleistung, Tübingen.

Olson, M. (1965/1985): Die Logik des kollektiven Handelns, Tübingen.

Olson, M. (1982/1985): Aufstieg und Niedergang von Nationen. Ökonomisches Wachstum, Stagflation und Starrheit, Tübingen.

Olson, M. (1993): Dictatorship, Democracy, and Development, in: American Political Science Review 87, S. 567–76.

Ostrom, E. (1990/1999): Die Verfassung der Allmende: jenseits von Staat und Markt, Tübingen.

Ostrom, E., R. Gardner, J. Walker (1994): Rules, games, and common-pool resources, Ann Arbor.

Phelps, E. S. (1985): Political Economy. An Introductory Text, New York – London.

Picot, A., H. Dietl, E. Franck (1997): Organisation. Eine ökonomische Perspektive, Stuttgart.

Pies, I. (1993): Normative Institutionenökonomik, Tübingen.

Pies, I. (1999): Ordnungspolitik in der Demokratie – Ein ökonomischer Ansatz diskursiver Politikberatung, Habilitationsschrift Münster, Veröff. i. Vorb.

Popper, K. R. (1944–45/1987): Das Elend des Historizismus, 6. Aufl., Tübingen.

Popper, K. R. (1967/1995): Das Rationalitätsprinzip, in: ders.: Lesebuch, Tübingen, S. 350–359.

Popper, K. R. (1984): Auf der Suche nach einer besseren Welt, München – Zürich.

Radford, R. A. (1945): The Economics of a P.O.W. Camp, in: Economica 12.

Rawls, J. (1971/1979): Eine Theorie der Gerechtigkeit, Frankfurt am Main.

Ricardo, D. (1817/1994): Über die Grundsätze der politischen Ökonomie und der Besteuerung, Marburg.

Richter, R., E. Furubotn (1996/1998): Neue Institutionenökonomik, 2. Aufl., Tübingen.

Robbins, L. (1932/1935): On the Nature and Significance of Economic Science, 2. Aufl., London.

Röpke, W. (1937/1961): Die Lehre von der Wirtschaft, 9. Aufl., Basel.

Schelling, T. (1960/1980): The Strategy of Conflict, 12. Aufl., Cambridge, Mass. u.a.

Schumpeter, J. A. (1942/1993): Kapitalismus, Sozialismus und Demokratie, 7. Aufl., Tübingen.

Schweizer, U. (1999): Vertragstheorie, Tübingen 1999.

Simon, H. A. (1945/1981): Entscheidungsverhalten in Organisationen, nach der 3. amerikanischen Aufl., Landsberg am Lech.

Sinn, H.-W. (1986): Risiko als Produktionsfaktor, in: Jahrbücher für Nationalökonomie und Statistik 201, S. 557–571.

Sinn, H.-W. (1988): Gedanken zur volkswirtschaftlichen Bedeutung des Versicherungswesens, in: Zeitschrift für die gesamte Versicherungswissenschaft 77, S. 1–27.

Smith, A. (1776/1983): Der Wohlstand der Nationen. Eine Untersuchung seiner Natur und seiner Ursachen, München.

Suchanek, A. (1994): Ökonomischer Ansatz und theoretische Integration, Tübingen.

Suchanek, A. (1999): Kritischer Rationalismus und die Methode der Sozialwissenschaften, in: I. Pies, M. Leschke (Hrsg.): Karl Poppers kritischer Rationalismus, Tübingen, S. 85–104.

Suchanek, A. (2000): Normative Umweltökonomik. Zur Herleitung von Prinzipien rationaler Umweltpolitik, Tübingen.

Titmuss, R. M. (1970): The Gift Relationship. From Human Blood to Social Policy, London.

Tocqueville, A. de (1835-40/1990): Über die Demokratie in Amerika, Stuttgart.

Vanberg, V., J. M. Buchanan (1991): Constitutional Choice, Rational Ignorance and the Limits of Reason, in: Jahrbuch für Neue Politische Ökonomie 10, S. 61–78.

Weber, M. (1921/1980): Wirtschaft und Gesellschaft: Grundriß der verstehenden Soziologie, 5. rev. Aufl., Tübingen.

Weber, M. (1922/1988): Gesammelte Aufsätze zur Wissenschaftslehre, hrsg. von J. Winckelmann, 7. Aufl., Tübingen.

Weizsäcker, C. F. v. (1964/1990): Die Tragweite der Wissenschaft, 6. erw. Aufl., Stuttgart.

Wieland, J. (1993): Formen der Institutionalisierung von Moral in amerikanischen Unternehmen. Die amerikanische Business-Ethics-Bewegung: Why and how they do it, Bern – Stuttgart – Wien.

Williamson, O. E. (1975): Markets and hierarchies, New York

Williamson, O. E. (1985/1990): Die ökonomischen Institutionen des Kapitalismus, Tübingen.

Williamson, O. E. (1996): The Mechanisms of Governance, New York u.a.

Yezer, A. M., R. S. Goldfarb, P. J. Poppen (1996): Does Studying Economics Discourage Cooperation? Watch What We Do, Not What We Say of How We Play, in: Journal of Economic Perspectives 10 (1), S. 177–186.

Personenregister

Sachregister